阳泉市地方税务志

YANGQUANSHI DIFANG SHUIWUZHI

《阳泉市地方税务志》编纂委员会　编

方志出版社

图书在版编目（CIP）数据

阳泉市地方税务志 /《阳泉市地方税务志》编纂委员会编.--北京：方志出版社，2019.5
ISBN 978-7-5144-3743-0

Ⅰ.①阳… Ⅱ.①阳… Ⅲ.①地方税收—概况—阳泉
Ⅳ.①F812.725.342

中国版本图书馆CIP数据核字（2019）第079934号

阳泉市地方税务志

编　　者：《阳泉市地方税务志》编纂委员会
责任编辑：高孟君

出 版 者：方志出版社
地址　北京市朝阳区潘家园东里 9 号（国家方志馆 4 层）
邮编　100021
网址　http://www.fzph.org
发　　行：方志出版社图书经销中心
电话　（010）67110500
经　　销：各地新华书店
排　　版：北京纺印图文设计制作有限公司
印　　刷：北京中科印刷有限公司

开　　本：889 × 1194　　1/16
印　　张：38.5
字　　数：714 千字
版　　次：2019 年 5 月第 1 版　2019 年 5 月第 1 次印刷

ISBN 978-7-5144-3743-0　　定价：390.00 元

《阳泉市地方税务志》编纂委员会

《阳泉市地方税务志》编审人员

主　　编	陈友福					
副 主 编	秦　峰					
执行副主编	田世熙					
总　　纂	贾海维					
分　　纂	史庆生	李建印	程瑞林	李春红	高晓琴	
执行编辑	张来明	马思宇	武旭明			
审　　校	赵永华	赵　清	翟　敏	张志新	孙爱文	张小英
	王慧忠	史耀红	韩长红	吕可勤	李彦晒	梁　璞
撰　　稿	田世熙	史庆生	贾海维	李建印	程瑞林	赵　清
	张小英	张洲明	张来明	李贵忠	李国庆	李春红
	姚江涛	王慧忠	李　涛	潘雅君	马思宇	王　晶
	王　皓	梁　璞	贾磊刚	阴志鹏	李玉堂	武旭明
	姚冬兰	赵　强	张宏钧	岳利强	李小娇	周藻如
	李　冉	李银峰	高晓琴	韩长红	陈改芳	田录全
	梁红晓	吕可勤				

阳泉市平定县境内的娘子关（张富贵　摄）

阳泉市区桃河两岸（张富贵　摄）

阳泉市地方税务局办公楼

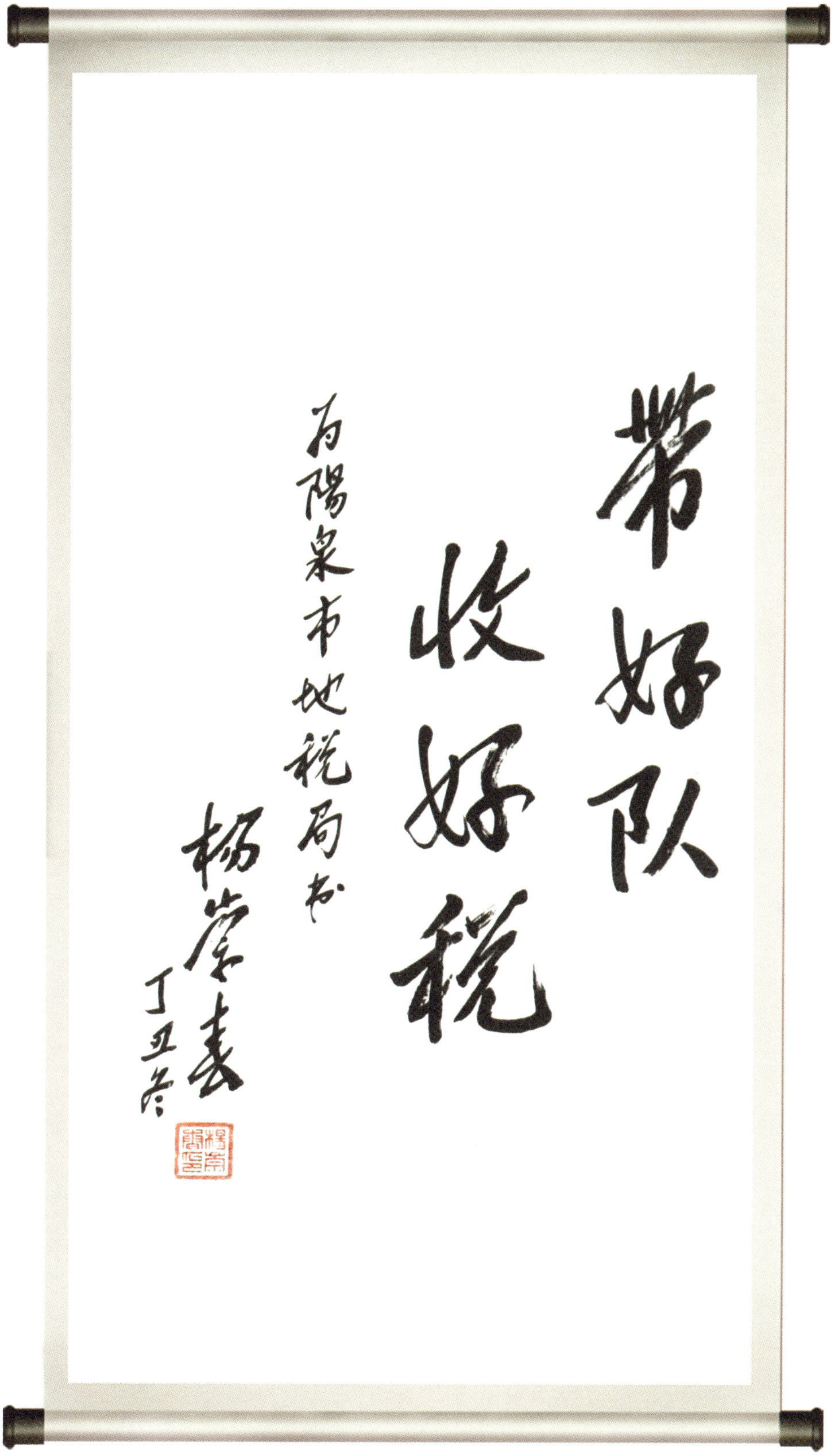

1998 年 2 月 12 日，国家税务总局副局长杨崇春为阳泉市地税局题字

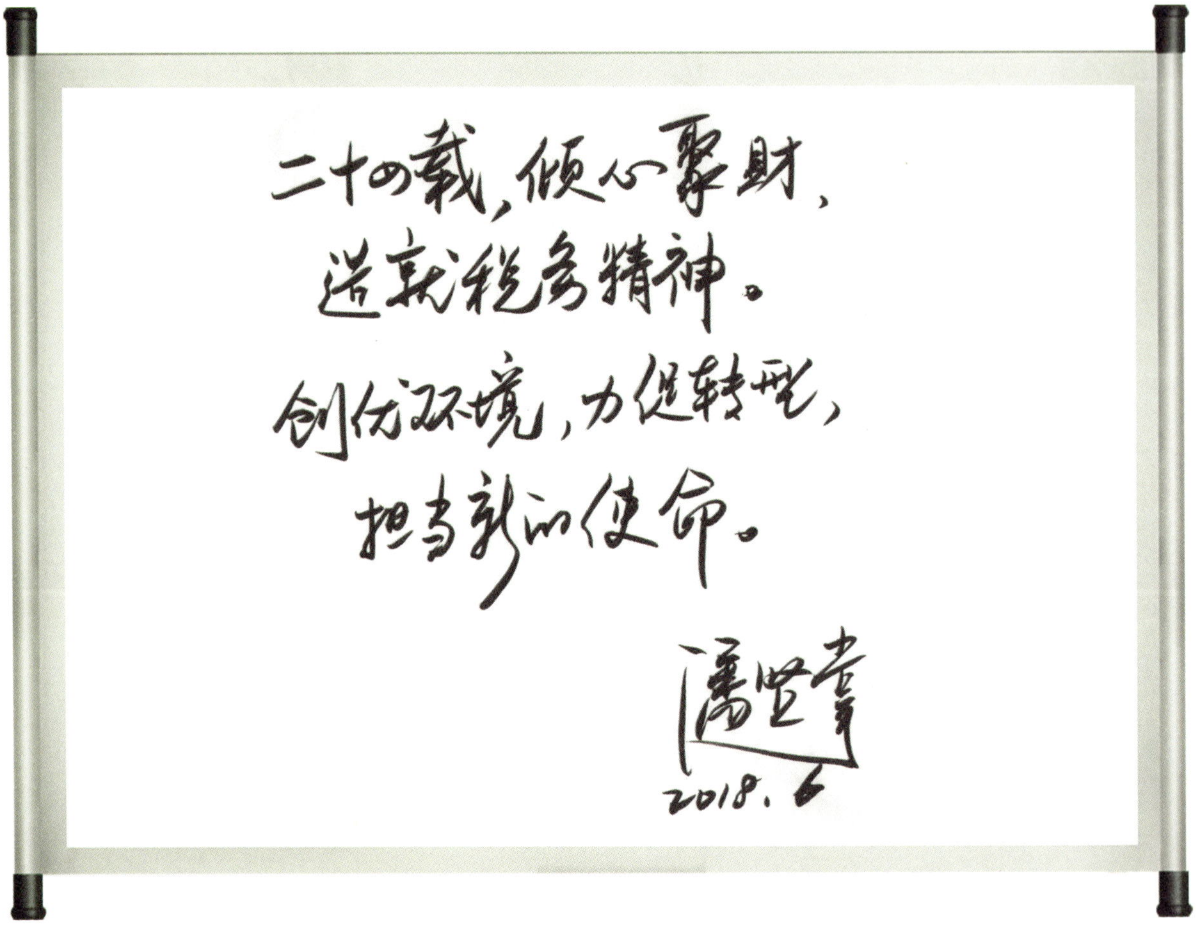

2018 年 6 月，山西省地方税务局党组书记、局长潘贤掌为《阳泉市地方税务志》题字

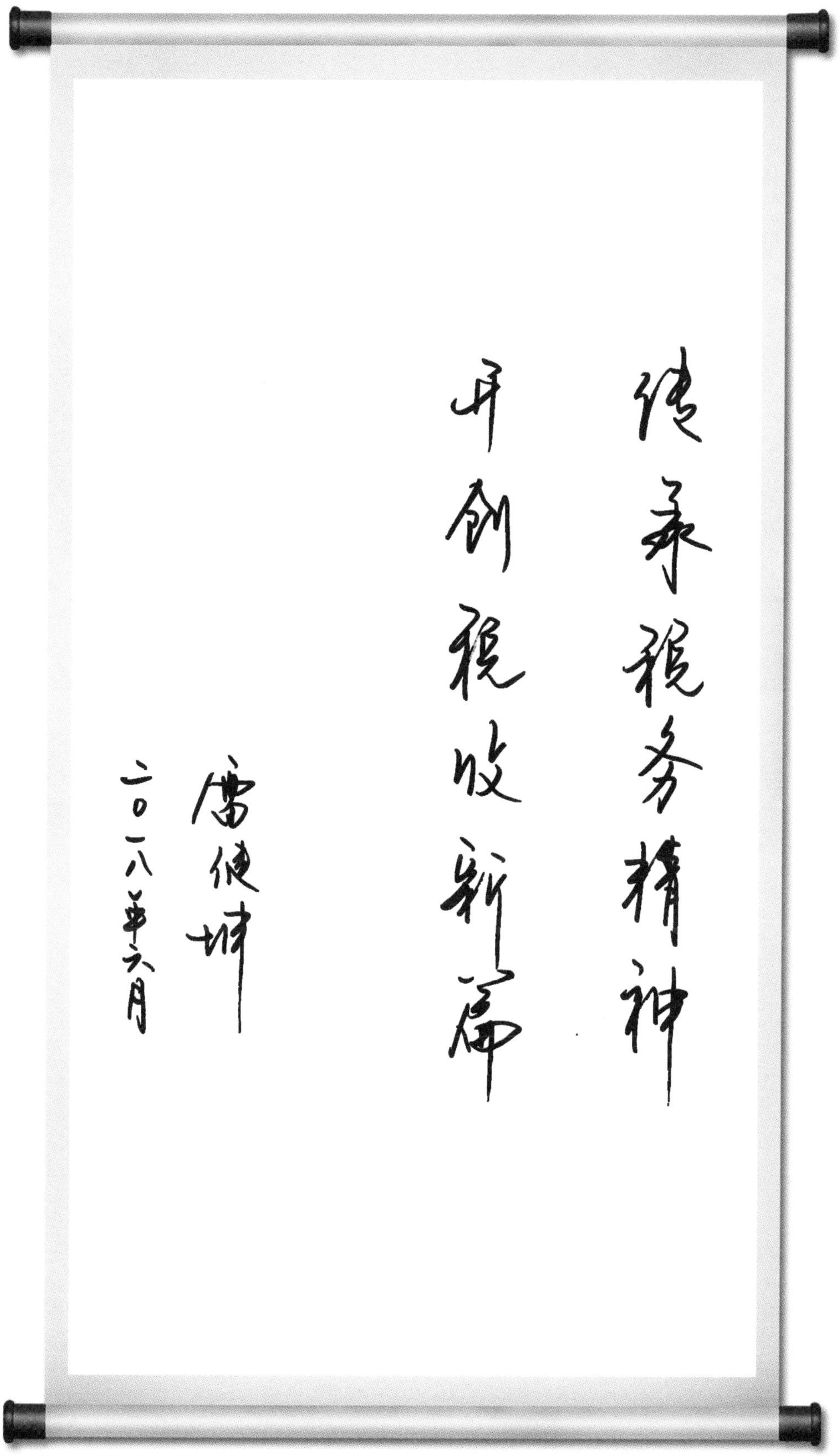

2018 年 6 月，阳泉市市长雷健坤为《阳泉市地方税务志》题字

2006 年 5 月 16 日，国家税务总局党组书记、局长谢旭人（右四）在省地税局党组书记、局长卢晓中（左三）的陪同下，到阳泉市郊区地税局河底税务所调研

1998 年 2 月 12 日，国家税务总局副局长杨崇春（右二）在省地税局局长宋德晋（左二）、省国税局局长李思温（右一）的陪同下，到阳泉市地税局考察

2001 年 9 月 9 日，国家税务总局副局长许善达（最前排左十二）一行 7 人，在省地税局局长宋德晋（最前排右八）、省国税局局长李思温（左九）的陪同下，与阳泉市城区地税局全体干部职工合影

1999 年 4 月 28 日，省地税局副局长张辉喜（右三）到阳泉市城区地税局办税服务厅调研

2003 年 8 月 14 日，省地税局党组书记、局长宋德晋到阳泉市地税局调研指导工作

2006 年 9 月 30 日，省地税局党组书记、局长卢晓中（右三）到阳泉市地税局直属一分局调研

2003 年 11 月 4 日，省地税局副局长巨宪华（左三）一行到阳泉市地税局进行慰问，并深入阳泉市郊区地税局河底税务所慰问基层一线税务干部

1997 年 8 月 19 日，省地税局纪检组长李书耀（右一）到阳泉市地税局考察指导工作

1998 年 1 月 8 日，省地税局副局长郑建国（前排左四）到阳泉市矿区地税局慰问干部职工

2002 年 10 月 31 日，阳泉市地税系统召开税收征管示范街（市场）暨税收信息化建设现场观摩会。省地税局副局长冯佳根（右三）到阳泉市城区地税局考察指导市场税收管理

2006 年 10 月 23 日，省地税局副局长张跃建（右三）到阳泉市郊区地税局指导纳税评估工作

2006 年 12 月 25 日，省地税局副局长张澎湧（左二）到阳泉市地税局指导税务所规范化建设工作

2007 年 4 月 17 日，省纪委驻省地税局纪检组长徐景志（右二）到阳泉市地税局巡视纪检工作

2009 年 2 月 17 日，省纪委驻省地税局纪检组长郭英杰（左一）到阳泉市地税局调研指导工作

2012 年 12 月 26 日，省地税局副局长刘建光（左三）参加阳泉市城区地税局 24 小时自助办税服务启动仪式

2013 年 6 月 21 日，省地税局副局长李晋峰（前排左五）在盂县地税局调研时与干部职工合影留念

2015 年 8 月 19 日，省地税局总会计师薛延孝（右三）带领巡视办相关负责人到阳泉市地税局开展巡视工作

2015 年 12 月 10 日，省地税局副巡视员刘彦侃（右二）到阳泉市地税局调研“三严三实”专题教育活动开展情况

2016 年 2 月 29 日至 3 月 1 日，省纪委驻省地税局纪检组长卫爱平（左三）到阳泉市地税局调研

2016 年 3 月 3 日，省地税局副巡视员刘义（右四）带领督查调研组到阳泉市城区地税局办税服务大厅督导检查工作

2016年6月6日，省税务学会会长张效忠到阳泉市地税局督导工作

2016年11月9日，省地税局总经济师李晋芳（左三）到盂县地税局办税服务大厅督查国税、地税合作

2011 年 8 月 9 日，全省地税系统纳税服务工作现场推进会在阳泉市召开

2003 年 10 月 11 日，市委书记程步云（左二）、省地税局局长宋德晋（左一）、市委副书记孙水生（右一）等为阳泉市地税局办公大楼开工奠基

2006 年 9 月 30 日，市委书记谢海（左二）、省地税局局长卢晓中（右三）为阳泉市地税局新办公大楼建成剪彩

2017 年 12 月 9 日，市委书记陈永奇（右三）到阳泉市郊区国税、地税联合办税服务大厅调研

2018 年 3 月 13 日，市委书记关建勋（右三）考察阳泉市郊区国税、地税联合办税服务大厅

2000 年 12 月 29 日，市委副书记、市长郭良孝（左二），常务副市长杨清风（左三）到阳泉市地税局征收二分局慰问干部职工

1995 年 2 月 24 日，市委常委、常务副市长赵迪南（左三）在阳泉市地税局 1994 年度总结表彰大会上为收入完成优秀单位颁奖

2006 年 11 月 10 日，市委常委、常务副市长王舰民（左二）在阳泉市地税局调研

2008 年 9 月 5 日，市委常委、常务副市长王旭明（正前右四）到阳泉市地税局参加政风行风听政对话会

2018 年 6 月 6 日，市委常委、常务副市长马爱锋到阳泉市地税局考察指导工作

1994 年 8 月 8 日，阳泉市地税局成立

阳泉市地税局领导班子。从左到右依次是石润堂、赵建宇、张耀华、翟振华、商广真。张耀华为党组书记、局长，任期从 1994 年 7 月到 1997 年 11 月

1995 年 2 月 24 日，阳泉市地税局召开 1994 年度总结表彰大会

1995 年 4 月 1 日，阳泉市地税局组织税务干部走上街头开展税法宣传

1996 年，全市税收会计改革现场观摩会在阳泉市地税局召开

1997 年 4 月 3 日至 5 日，全省地方税收征管改革工作会议在阳泉市召开

阳泉市地税局领导班子。从左到右依次是郗建光、商广真、翟振华、赵建宇、张春光。翟振华为党组书记、局长，任期从1998年3月到2011年5月

1998年4月30日，阳泉市地税局在市电视台举办“各界人士话税收”论坛

1999年8月8日，阳泉市地税系统成立五周年争先创优经验交流暨表彰大会召开

2000 年 3 月 17 日，阳泉市地税系统基层基础设施建设工作现场会在平定县地税局召开

2000 年 4 月 21 日，阳泉市地税局在阳泉电视台举办“个人所得税知识竞赛”

2001 年 2 月 6 日，阳泉市地税局工会成立暨第一次会员代表大会召开

2001 年 9 月 13 日，阳泉市地税局召开全市地税系统税收调研成果转化应用经验交流会议

2001 年 10 月 25 日至 26 日，阳泉市地税局召开规范税收执法现场会暨经验交流会

2002 年 1 月 10 日，阳泉市地税局开展全市地税系统机构改革竞争上岗演讲

2002 年 4 月 1 日，阳泉市地税局进入集贸市场开展税收宣传活动

2002 年 10 月 17 日至 19 日，阳泉市地税局举行全市地税系统业务比武税收业务知识竞赛

2002 年 10 月 31 日，阳泉市地税局召开全市地税系统税收征管示范街（市场）暨信息化建设现场观摩会

2002 年 11 月 22 日，阳泉市委、市政府授予阳泉市地税局“市级文明单位”称号

2003 年 9 月 28 日，阳泉市昌盛印刷厂剪彩开业

2004 年 7 月 30 日，阳泉市地税局开展饮食行业发票刮奖活动新闻发布会

2007 年 11 月 17 日，阳泉市地税局税务干部参加 2007 年全国税务人员税收执法资格统一考试

2008 年 11 月 11 日，全省地税系统基层基础建设暨规范执法现场会在阳泉市召开

阳泉市地税局领导班子。从左到右依次是秦峰、雷志刚、程志明、陈明泽、张旋、李建全。陈明泽为党组书记、局长，任期从 2011 年 5 月到 2015 年 2 月

2012 年 4 月 27 日，阳泉市地税局党组书记、局长陈明泽通过阳泉市《政风行风热线》向社会承诺

2012 年 12 月 26 日，阳泉市城区地税局举行 24 小时自助办税服务启动仪式

2013 年 5 月 15 日，阳泉市地税局召开优化纳税服务环境促进征纳关系和谐集中教育活动动员会

2014 年 5 月 15 日，阳泉市地税局公开遴选公务员演讲会现场

2014 年 10 月 30 日，阳泉市人大常委会组织人大代表评议地税工作

2014 年 12 月 4 日，阳泉市地税局参加法制教育宣誓活动

阳泉市地税局领导班子。从左到右依次是田野、李建全、程志明、陈友福、张旋、雷志刚、秦峰。陈友福为党组书记、局长，任期从 2015 年 2 月到 2018 年 7 月

2015 年 5 月 8 日，阳泉市地税局召开违规经商办企业专项整治工作动员大会

2015 年 8 月 6 日，阳泉市地税局联合市国税局、建设银行阳泉分行共同举办“税易贷”业务启动仪式

2015 年 9 月 24 日，阳泉市地税局举办道德讲堂

2016 年 6 月 16 日，阳泉市文明礼仪教育培训活动启动仪式在阳泉市地税局举行

2016 年 8 月 4 日，阳泉市税务学会成立大会召开

2017 年 6 月 8 日，税收普法知识有奖竞答活动在阳泉市地税局进行现场抽奖

2017 年 7 月 4 日，阳泉市地税局与国税局联合召开打击发票违法犯罪专项斗争动员大会

2017 年 8 月 31 日，阳泉市委常委、组织部部长任建华到阳泉市地税局作党建专题辅导报告

2017 年 11 月 30 日，阳泉市税警联络机制办公室挂牌成立

2017 年 12 月 8 日，国税、地税涉税事项一人通办观摩会在阳泉市郊区地税局召开

2018 年 3 月 19 日，阳泉市环境保护税改革工作推进会在阳泉市地税局召开

1995 年 8 月 7 日，阳泉市地税局开展“热爱地税、献身地税”巡回演讲活动，庆祝阳泉市地税局成立一周年

2001 年 7 月 15 日，阳泉市地税局举办纪念中国共产党建党 80 周年“走进新世纪”职工书画展

2004 年 8 月 10 日，阳泉市地税局在桃河公园举行全市地税系统纪念建局 10 周年长跑比赛

2006年8月18日，阳泉市地税系统在阳泉市城市广场举办纪念建党85周年暨长征胜利70周年歌曲演唱会

2008年5月21日，阳泉市地税系统举办迎奥运健身运动会。图为开幕式

2011 年 9 月 20 日，阳泉市地税局组队参加山西省地税系统第四届职工运动会。图为参加开幕式的干部职工与省、市地税局领导合影

2012 年 12 月 27 日，阳泉市地税局举办全市地税系统“喜迎十八大、建设五个地税”主题文艺会演

2013 年 6 月 27 日，阳泉市地税局干部郝静静代表阳泉市地税局参加市直机关工委组织的迎“七一”演讲比赛，并获得二等奖

2014 年 6 月 25 日，阳泉市地税局组织中共党员到西柏坡开展党性教育活动

2016 年 4 月 25 日，阳泉市地税局组织干部职工参加市直机关“建依杯”第二届广播操比赛

2017 年 4 月 24 日，阳泉市地税局组队参加市直机关职工运动会篮球比赛

2017 年 8 月 30 日至 9 月 7 日，在全省地税系统第六届职工运动会上，阳泉市地税局取得女子 100 米短跑冠军、女子 800 米中长跑冠军、女子 4 × 100 米跑步接力赛冠军、华牌比赛老年组亚军、羽毛球男子团体赛季军、跳绳比赛季军、女子跳远比赛季军，团体总分第 4 名，获得“最佳组织奖”

2017 年 10 月 9 日，阳泉市地税局代表市直机关参加全市“维护核心见诸行动”主题教育知识竞赛

2018 年 3 月 9 日，阳泉市地税局为庆祝“三八”妇女节，组织“忆苦思甜、奉献地税”活动

2018 年 5 月 4 日，阳泉市地税局团委组织青年在冠山书院开展“弘扬传统、奉献青春”主题实践活动

2018 年 5 月 20 日，阳泉市地税局参加全市地税系统职工运动会

2018 年 5 月 20 日，全市地税系统职工运动会开幕式

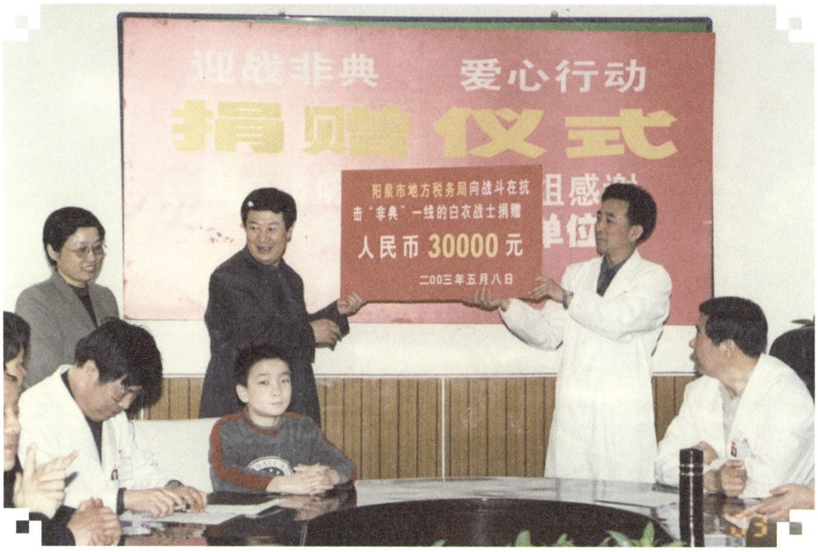

2003年5月8日，阳泉市地税局组织干部职工为阳泉市非典疫情防治指挥中心捐款。图为局长翟振华（右三）送捐款现场

2006年5月31日，阳泉市地税局到扶贫点慰问学生

2009年11月11日，阳泉市地税局组织干部职工清理办公楼前道路积雪

2014 年 10 月 22 日，阳泉市地税局为定点扶贫村赠送收割机

2015 年 6 月 11 日，阳泉市地税局干部职工开展学雷锋活动，走上街头清理小广告

2015 年 9 月 28 日，阳泉市地税局向新华西街社区捐赠计算机设备

2016 年 2 月 2 日，阳泉市地税局党组书记、局长陈友福（右三）带领扶贫队深入定点扶贫村进行慰问

2016 年 4 月 12 日，阳泉市地税局组织干部职工到定点扶贫村开展义务植树活动

2017 年 6 月 1 日，阳泉市地税局组织人员到定点扶贫村慰问少年儿童

2017 年 7 月 18 日，阳泉市地税局党组书记、局长陈友福深入北大街青年路社区与群众座谈，开展社区共驻共建服务社区居民活动

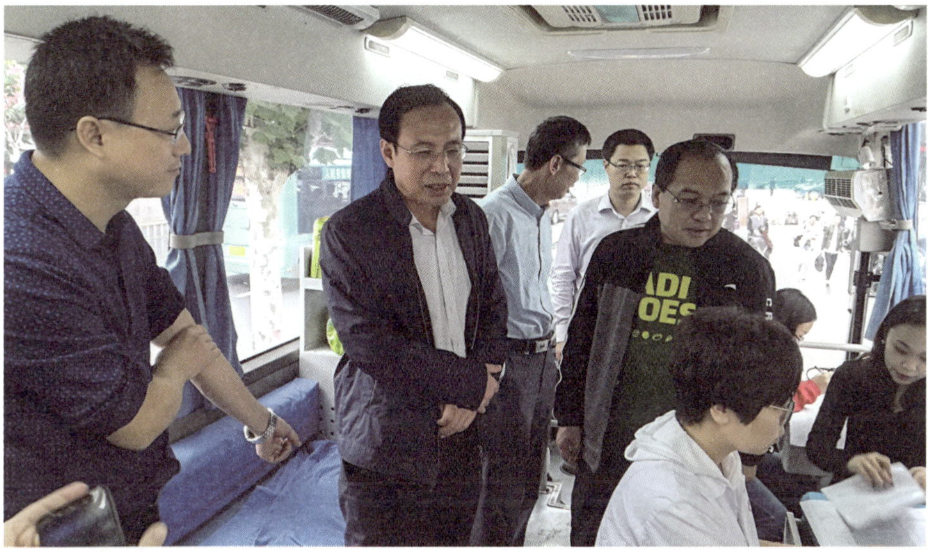

2017 年 9 月 19 日，阳泉市地税局组织干部职工开展义务献血活动

2017 年 10 月 26 日，阳泉市地税局举办重阳节老干部联谊活动

2015 年 2 月，阳泉市地方税务局被中央精神文明建设指导委员会评为全国文明单位

2018 年 2 月，阳泉市地方税务局被山西省精神文明建设指导委员会命名为文明单位标兵（2016—2017）

2010 年 4 月，阳泉市地方税务局被中共山西省委和山西省人民政府评为山西省模范单位

2012 年，阳泉市地方税务局被山西省劳动竞赛委员会授予山西省五一劳动奖状

2009 年 3 月，阳泉市地方税务局被中共山西省委和山西省人民政府评为公正执法十佳单位（1999—2009）

2008 年 7 月，阳泉市地方税务局被山西省劳动竞赛委员会记集体一等功

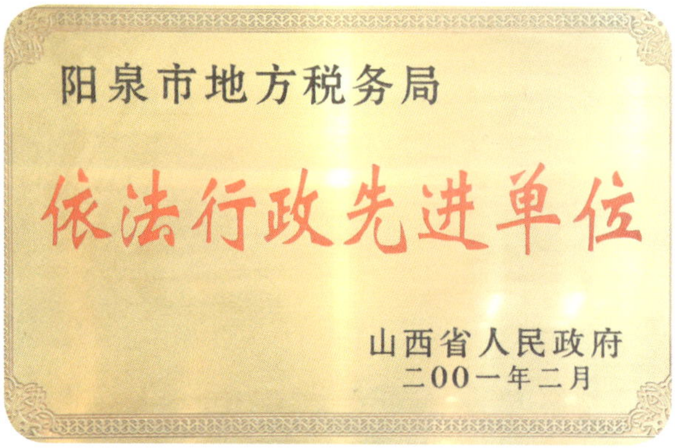

2001年2月，阳泉市地方税务局被山西省人民政府评为依法行政先进单位

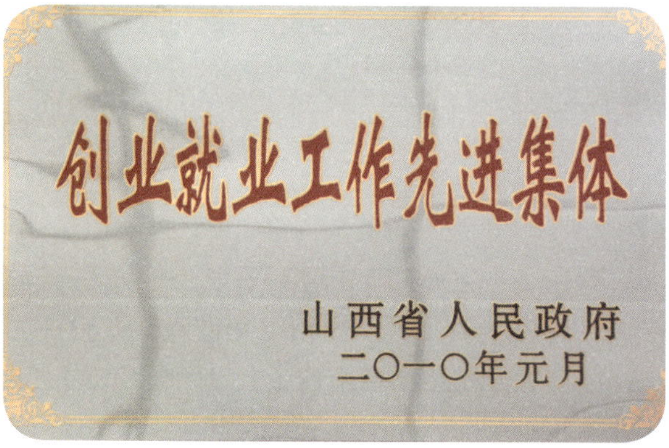

2010年1月，阳泉市地方税务局被山西省人民政府评为全省创业就业工作先进集体

2016年1月，阳泉市地方税务局领导班子被山西省地方税务局评为2015年度优秀领导班子

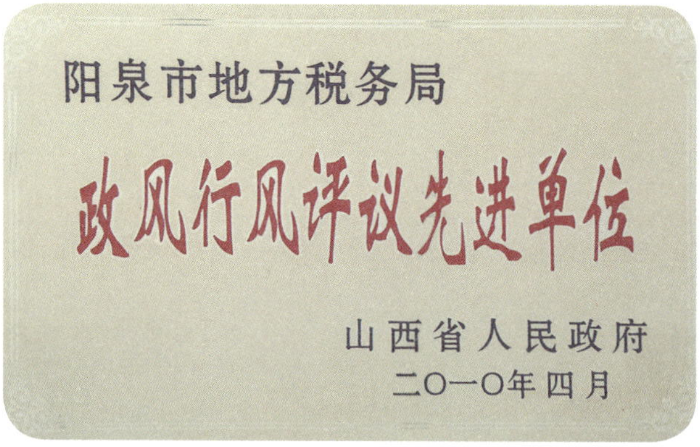

2010年4月，阳泉市地方税务局被山西省人民政府评为政风行风评议先进单位

2006年6月，阳泉市地方税务局党委被中共山西省委组织部评为先进基层党组织

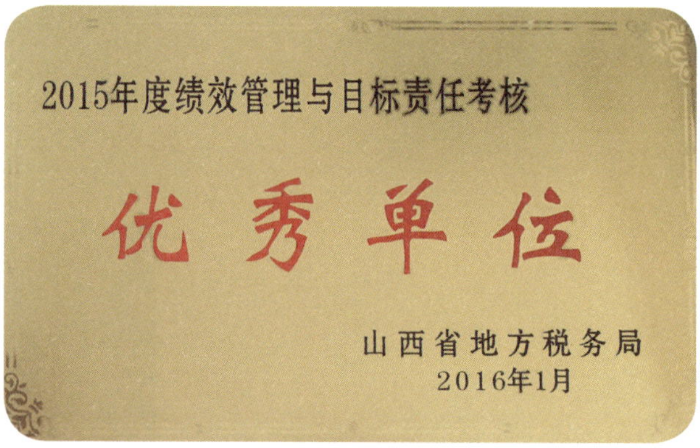

2016年1月，阳泉市地方税务局被山西省地方税务局评为2015年度绩效管理与目标责任考核优秀单位

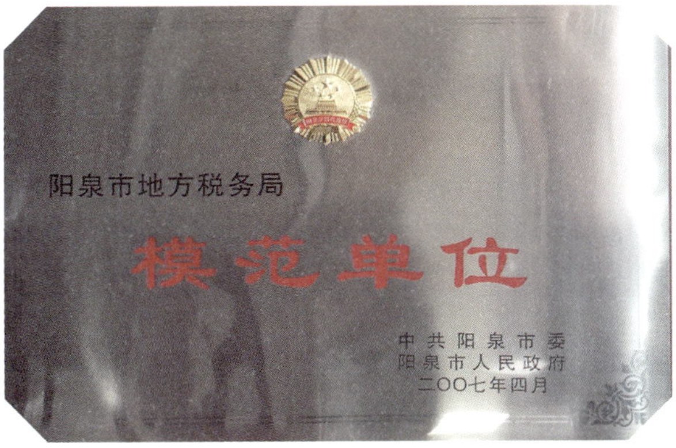

2007 年 4 月，阳泉市地方税务局被阳泉市委、市政府授予模范单位

2003 年 12 月，平定县地方税务局被国家税务总局评为全国税务系统信息化建设先进单位

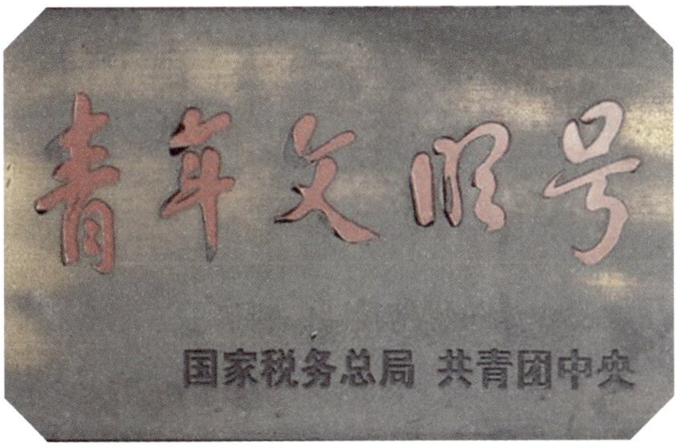

2004 年，平定县地方税务局娘子关税务所被国家税务总局和共青团中央授予“青年文明号”称号

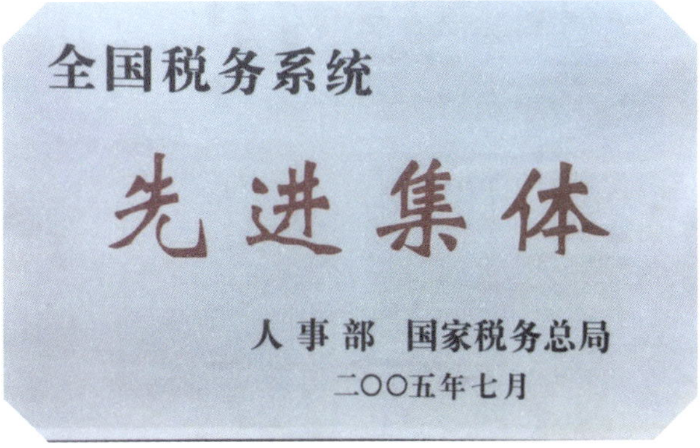

2005 年 7 月，平定县地方税务局被人事部和国家税务总局评为全国税务系统先进集体

2005 年 3 月，平定县地方税务局征收分局被全国妇联授予“巾帼文明岗”荣誉称号

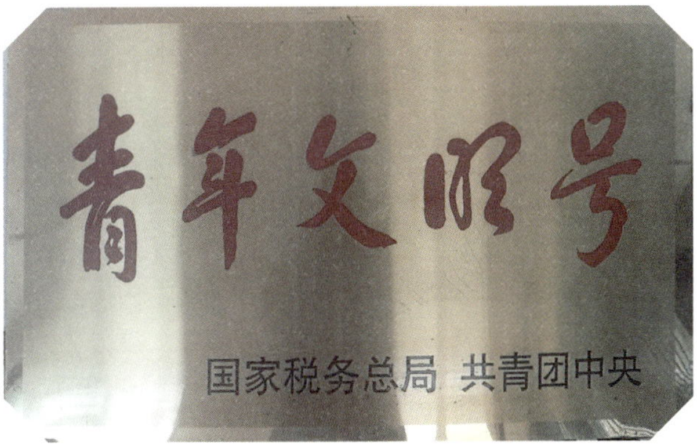

2008 年，阳泉市郊区地方税务局河底税务所被国家税务总局和共青团中央授予“青年文明号”称号

2018 年 6 月，阳泉市地方税务局机关全体在职人员合影

第一排左起：耿建明　田世熙　赵永华　李建全　程志明　陈友福　张　旋　雷志刚　秦　峰　张　涌　史庆生

第二排左起：郭　利　王九花　王晶慧　岳丽琴　岳丽平　司京梅　武　慧　张晋姝　张小英　王文洁　翟　敏　赵　清　刘　荣　王军梅

第三排左起：王慧忠　黄晓琳　郝静静　王玉花　郝志莲　李丽娜　李建印　张志新　梁逢煜　姚江涛　张同祥　李春红　王　晶　苏　桥

第四排左起：贾海维　杨志光　潘雅君　李国庆　张　琪　荆军红　郭向东　程瑞林　李贵忠　赵志军　岳金湃　史耀红　李　涛

第五排左起：郝慧明　杜志刚　刘晋伟　李彦晒　巨　鑫　毕常茂　杨志隆　王　皓　李玉明　马思宇　陈贵涛　史宏明　王志军

2018 年 6 月，阳泉市地方税务局退休人员合影

第一排左起：李淑凤　郭润芳　赵红艳　张淑英　郭　虹　郭富华　王淑蔚　王海云　王书卿　穆凯棠　张良英

第二排左起：程凤英　武改瑞　姚忠信　王守庆　石润堂　赵书传　张建新　王三和　杨　恕　张雁明　贾凤水

第三排左起：张　勉　聂富祥　张春光　赵建宇　商广真　冯　恒　郗建光　姚　广

2018 年 6 月，阳泉市地方税务局直属一分局全体人员合影

第一排左起：陈慧珍　冯彩云　杨慧田　王庭玉　何　江　张良英　武改瑞　王晓英
第二排左起：窦　华　高晓琴　常　蓉　张晓虹　王　旭　王　芳　曹海霞　郭　利　李瑞宪
第三排左起：王莉如　李怀保　彭　英　陈海峰　荆志强　杨茂林　朱定怀　段文英　张桂萍

2018 年 6 月，阳泉市地方税务局直属二分局全体人员合影

第一排左起：岳维祥　连智平　翟文斌
第二排左起：穆志华　郭晓华　刘鑫涛　张　静　石其慧　韩长红
第三排左起：邓丽娜　张耀富　杜瑞泉　高旭东　胡春明　王海富

2018 年 6 月，阳泉市地方税务局直属三分局全体人员合影

第一排左起：张建新　王守庆　李宏林　穆世斌　孙爱文　赵书传　赵宏志
第二排左起：程晋华　李　畅　杨文丽　陈改芳　史静赟　张晓金　李　辉
第三排左起：郗　涛　檀晓辉　严　斌　冯玉庆　高海涛　薛志亮　光全元

2018 年 6 月，阳泉市地方税务局直属四分局全体人员合影

第一排左起：王迎萍　王　刚　韩俊斌　霍建国　张怀庆　李海翔
第二排左起：周丽霞　田录全　马永昌　李计明　赵素民　郭爱军
第三排左起：陈守辉　李　佳　郭红丽　王　玫　赵恒滨　贾建林　张爱田　王晓军

2018 年 6 月，阳泉市地方税务局直属五分局全体人员合影

第一排左起：张　宏　赵红艳　尚保青　宋志刚　赵　波　张洲明　李文玲
第二排左起：王　荣　张　鑫　岳军青　姚培祥　张　哲　梁红晓
第三排左起：崔子云　赵重阳　史　珂　姚　广　魏荣伟　高金平

2018 年 6 月，阳泉市地方税务局经济技术开发区分局全体人员合影

第一排左起：郭晓军　张海涛　高文祥　郭真祥　岳昱清　牛战平　冯志斌　戴瑞春　卢钢春　张立新
第二排左起：赵重亮　董晓华　李江江　安彦萍　郑　娟　石　朝　周　翔　窦彦波　智剑锋

2018 年 6 月，阳泉市地方税务局稽查局全体人员合影

第一排左起：刘守宙　闫振江　史志成　李　征　穆凯棠　李瑞芳　张国萍　王继莲　孙　旺

第二排左起：常小鑫　吕可勤　赵爱国　姬兆军　张志勇　陈　瑾　宋利军　郭润芳　史华琴

第三排左起：田　斌　郭　亮　苏　敏　韩俊福　李常红　康建宏　韩志强　赵　辉　王军民　张彦庆

第四排左起：李旭平　赵炜明　聂富祥　孙永刚　康海深　贾风水　胡志军　张光建　王德生　王忠平

2018 年 6 月，平定县地方税务局全体人员合影

第一排左起：耿科昌　任晓军　翟金孩　穆富科　王　金　刘维信　康　金　梁秀威　赵元喜
翟双胜　刘文生　赵振林　翟冠华　韩拉贵　贾宏如　王小宏　康有柱　王德惠
岳景胜　刘保祥　王俊洪　朱宝芳　李飞娥　穆便鱼　陈　福　郝　龙

第二排左起：焦建平　朱兴平　李勇超　靳瑞香　岳彦梅　王艳红　李有芳　翟彩萍　岳振莲
王　飞　吴怡娴　张红瑞　刘存娥　仇怀秀　刘　婧　穆佳佳　杨燕琳　张润华
岳　莉　张素芬　赵岩青　王永红　张晓云　苗慧华　冯俊莲　郭亮亮　王步文
赵进贵　杨继平　王世斌

第三排左起：张　滢　郭秀明　石成山　穆愈明　史建宏　唐建国　郝志杰　白春明　马利军
刘建华　董巧全　王战勇　杨生云　尹再存　王拴义　秦林平　张九威　段玉明
李非科　岳　山　白建新　葛树森　梁文怀　王俊平　赵海珠　费保平　白国文
王书全　梁　璞　田富孩　边进龙

第三排左起：郭文君　王乃旭　荆　功　苏　帅　许志庭　阴志鹏　贾磊刚　冯杰卿　任珍元
梁海文　许建喜　王海金　王海文　李　鹏　石守杰　王云剑　常双明　霍文海
梁永庆　王秀平　石文珍　李　顺　梁守斌　王贵平　李鱼峰　刘秋喜　张志岗
王海斌　刘家曦　卜秀婷　宋艳梅

2018 年 6 月，盂县地方税务局全体人员合影

第一排左起：吕　宏　王素兰　孙瑞芳　王红梅　郝瑞丽　王雯琦　武志芳　邸佩佩　李晓婷　赵婉清　韩晓洁　李改英　王晓芳　李佳琦　王春燕

第二排左起：刘宝珍　陈彦青　康建军　刘瑞平　郭书香　王翠花　吕云晓　杨润英　刘秀清　乔凤莲　牛晓红　刘丽芳　赵海红　尹彩英　张丽华　张桂清　贾红梅　李爱香　赵国华

第三排左起：许润厚　赵建忠　王万才　吴　凡　周福虎　蔺崇哲　王巨宝　柴林义　李玉晶　曹　涛　赵文华　付东玉　郭俊才　张慧光　王金海　孟建国　王　飞　杨　康　高晋华　田有金

第四排左起：王学文　李俊清　张向峰　闫利军　崔周平　荣有奇　张俊文　张学民　韩志扬　王志瑞　李子清　武成敬　张宏斌　赵宪国　郑建忠　韩计明　刘根平　王毅峰　崔新平

第五排左起：付永东　张建明　王宝根　侯俊书　刘秋华　李玉堂　梁爱平　王计忠　杨小忠　陈　斌　刘德明　闫永青　武向峰　郝润年　张会恒　李培基　张圣霖　王希瑞　赵长胜　郭骥才

2018 年 6 月，阳泉市郊区地方税务局全体人员合影

第一排左起：刘美英　郭　欣　刘　倩　田　静　赵育倩　张　晨　牛丽川　王燕飞　李惠平　卢再庆　冯招明　秦　丹　王小瑄　吴燕婷　王子建　石俊华　吕爱英　郑晓燕　史桂珍

第二排左起：张红梅　王翠梅　王　敏　李雪香　高存娥　赵志芳　乔先娥　杨栓玉　王文龙　王永让　王晓玲　郭瑞萍　梁毓卿　王玉萍　李俊花　鲍媛媛　姚冬兰　张春花　宋桂芳

第三排左起：李文宝　段栋章　张　钧　李石英　史万才　赵志成　韩国平　张存所　闫晓春　李建明　薛建平　李永先　刘金瑞　吕　伟　程常青　赵　强　商继瑞　程海斌　王卫东

第四排左起：王　波　朱伟杰　郭敏建　窦文才　石俊智　翟　亭　闫　林　王利斌　赵永亮　郭晓峰　史小刚　侯志明　史永泉　王晓杰　郭利明　李元存　康富兴　杨　峰　荆夏华

2018 年 6 月，阳泉市城区地方税务局全体人员合影

第一排左起：王　毅　翟延明　周金良　郑方炜　高丽萍　潘　芳　王凤兰　张　青　史家亮　付文勇　贾完根　王　兵　王爱莲　高茂成　荆向红　陆　伟　张　瑜　孙玉来　张宏钧

第二排左起：孙　荣　李彦宁　卢　方　王芳丽　李　敏　张彩虹　王彩美　王　丽　周效林　张　莉　姚玮玮　张可宇　张淑兰　李　宁　赵彩虹　高　娟　安凌平　余文利　张丽萍　苏文媛　郭　霞

第三排左起：王　文　韩秀俊　张丽娟　白　雪　王啸捷　刘　颖　葛蓉晖　葛永玲　李新俊　李慧敦　李晋武　刘以川　王慧平　张素钢　杨宝川　穆琛莹　王晓燕

第四排左起：王　楠　袁振乾　赵海鸿　毕志军　董志刚　田卫家　李小龙　梁晓飞　冯治广　尹国兆　岳利强　史宏伟　李　伟　霍晓斌　王华军　庞晋承

2018年6月，阳泉市矿区地方税务局全体人员合影

第一排左起：郗海燕 李小娇 王馨悦 王晓琴 翟美荣 武海珍 王维娅 周藻如 尹梅清
靳计香 刘润林 李海霞 赵 洁 吴 玮 李 丽 樊 晶 翟转转 穆彩萍

第二排左起：赵文娟 张 敏 赵晓丹 刘 飏 刘 妍 刘晓静 张来明 赵 睿 刘永红
高 飞 王晓艳 王佳静 王小燕 张晋婷 张俊英 张 芸 王天甜

第三排左起：王有明 梁福东 姚志春 侯建旭 王友谊 李燕卫 杨有体 李清丰 郝宪东
王永辉 王 勇 安永兵 徐子健 赵卫华 程志星 荆文亮 李 冉

序

正值新一轮税收征管体制改革之际,《阳泉市地方税务志》将要出版了。这是一件可喜可贺的大事!盛世修志。《阳泉市地方税务志》的出版,全局上下高度重视,市地方志办公室鼎力支持,经过有关人员认真筹划,历时两年多辛勤编纂,是全体地税干部和参与编纂人员共同努力的结果。这部书以1994年分税制改革为起点,以2018年国税、地税征管体制改革为终点。这24年的阳泉地税历史承载了阳泉地税精神,诠释了整整一代地税人在阳泉经济社会发展中的贡献,为社会各界了解阳泉地税、研究这一时期阳泉税收和经济社会发展提供了较为翔实的资料,同时也为这段令人难忘的历史画上了一个圆满的句号。

“筚路蓝缕启山林,栉风沐雨砥砺行”。阳泉地税部门根植于阳泉这块具有悠久历史积淀和红色文化传统的热土上,成长于国家改革发展不断深化的新时代,在省地税局和阳泉市委、市政府的领导下,从白手起家到基础设施不断完善,从手工征税到信息技术普遍应用,从税收年收入不足2亿元到年收入80多亿元。24年间,阳泉市地方税务局在艰苦奋斗中改革创新,在埋头苦干中奋勇争先,用辛勤的汗水和喜悦的泪水,用坚韧不拔的意志,踏平坎坷成大道,走出了一条科学发展之路,留下了多少可歌可泣的故事,为阳泉的历史画卷增添了浓重的一笔。《阳泉市地方税务志》用一种朴实无华的笔墨,遵循辩证唯物主义和历史唯物主义的基本原理,力求全方位描述阳泉地税部门24年间的税费收入、征收管理、纳税服务、法制建设、信息化建设以及队伍建设和行政管理等各个方面的工作,力求做到思想性、科学性和资料性的统一。按照这一指导思想和纵写历史、横分门类的方法,较为完整地记述阳泉地税这一段改革、发展、拼搏、创新的历史。为了实现这一目标,在志书编纂中,各级地税部门认真收集、整理资料,方志专家全程指导,编纂人员反复论证、反复修改,努力使史实更加真实、更加完整,整体结构和篇目设置更加完善,力求为后人提供可资借鉴的税收史料和人文资料。

以史为鉴可以知兴替。《阳泉市地方税务志》全方位展示了阳泉地税形象，具有明史、资政、育人之功能，是一部进行爱国主义和革命传统教育的教材。相信这部志书将以其翔实的内容、较高的利用和收藏价值，受到社会各界的认同和欢迎。伴随着国税、地税征管体制改革，地税人已踏上新的征程。该志必将为弘扬主旋律、凝聚正能量、提振精气神发挥应有的作用，成为阳泉人民特别是新的阳泉税务部门开宏图、创新业，继往开来争一流、履职尽责谋发展的智库；必将为践行社会主义核心价值观，使知荣辱、讲奉献、造环境、促转型在税务部门中蔚为风尚，为引领、激励广大干部职工更好地服务和促进阳泉经济社会发展提供有益的历史借鉴。

回首往事，感慨万千；展望未来，激情满怀。让我们站在新的历史起点上，为实现中华民族伟大复兴的中国梦而奋力前行！

阳泉市地方税务局党组书记、局长 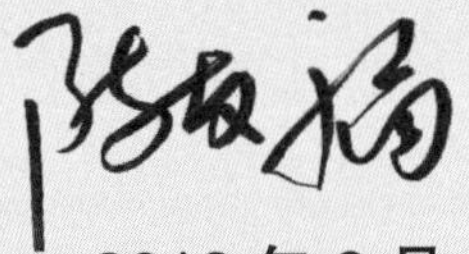

2018 年 6 月

凡 例

一、本志以马克思列宁主义、毛泽东思想、邓小平理论、“三个代表”重要思想、科学发展观和习近平新时代中国特色社会主义思想为指导，坚持辩证唯物主义和历史唯物主义的立场、观点和方法，力求客观、真实、科学、准确地记述阳泉市地方税务局存续期间改革发展的基本史实，力求做到思想性、科学性和资料性的统一，以达到保存史料、资政育人之目的。

二、本志记述的内容包括2018年阳泉市行政区划所确定的区域内地方税务机关的组织机构建设、税和非税的征收、管理、稽查业务及党政管理等各项工作。

三、本志记述的时间上限为1994年5月分税制改革阳泉市地方税务局开始组建，下限为2018年7月国税、地税征管体制改革，阳泉市地方税务局与阳泉市国家税务局合并。

四、本志由概述、大事记、机构、地税业务、党政工作、人物、附录等部分组成。文体以志为主，兼用述、记、传、图、表、录诸体。诸表所列基层单位，均为2018年时使用的名称（各单位的历史名称及其使用期限，在志文中均有详记）。

五、本志分“机构”“地税业务”“党政工作”“人物”四篇。篇下设“阳泉市地税局”“县（区）地税局”“税费收入”“征收管理”“电子税务”“税收法制建设”“纳税服务”“党群工作”“队伍建设”“行政管理”“人物传略”“人物简介”“人物名录”，共计十三章。章下酌情设节、目等层次。

六、“人物传略”章，遵循“生不立传”原则，收录为阳泉市地方税务事业发展做出贡献的已故人物，传记的排列以人物的卒年为序；“人物简介”章，收录担任过阳泉市地方税务系统正科级及以上领导职务的人员和市直分局、县（区）局领导班子成员，历年来受国家税务总局及以上部门表彰的人物，人物简介按出生时间先后顺序排列。

七、“大事记”收录标准为：阳泉市地方税务系统正科级及以上机构的组建和变动；阳泉市地方税务局机关党组成员或班子成员的任职；副部级以上领导干部到阳泉市地税系统调研、考察工作；省级以上部门在阳泉召开的有关地税工作的重要会议；阳泉市地方税务系统发展进程中的标志性事件；贯彻落实国家、省、市的重大决策部署；单位和个人在税收业务工作方面做出具有全省以上影响的成绩和特色工作；重大涉税案件；重要基础设施建设、设备更新等。所有条目按年、月、日先后顺序编排。

八、本志以事分类，以时为序，横排竖写，用语体文记述，力求用语规范，行文简练。

九、本志采用公元纪年。

十、数字用法，以国家质量监督检验检疫总局、国家标准化管理委员会于2011年7月29日批准发布、自2011年11月1日起实施的国家标准《出版物上数字用法》为准。

十一、计量单位用法，以1984年2月27日国务院《关于我国统一实行法定计量单位的命令》为准。

十二、标点符号用法，以国家质量监督检验检疫总局、国家标准化管理委员会于2011年12月30日批准发布、自2012年6月1日起实施的国家标准《标点符号用法》为准。

十三、对于频繁使用的较长名称，酌情使用简称和略写。如：中国共产党简称“中共”，阳泉市郊区简称“郊区”，山西省地方税务局简称“省地税局”，阳泉市地方税务局简称“市地税局”，地方税务简称“地税”，县（区）地方税务局简称“县（区）地税局”，阳泉市地方税务局直属分局简称“市直分局”，营业税改征增值税简称“营改增”，发展国民经济和社会发展第十二个五年规划略写为“十二五”规划。“党员”一般指中国共产党党员，特殊情况予以说明。

十四、图照采取卷首集中排列与文中分散排列两种方式，表、录随文设置。

十五、本志资料来源，一是市、县（区）地方税务部门保存的档案、工作记录、报表和其他资料；二是市、县（区）档案馆和图书馆馆藏文献；三是市、县（区）有关单位编纂的资料性工具书；四是一些退休人员和在职人员的笔记和口述资料等。

十六、本志有关数据，出自各级地税部门提供的相关资料。

目录

概　述

阳泉市地处山西省东部，东与河北省接壤，自古为晋冀通衢。全市土地面积 4569 平方千米，辖平定县、盂县、郊区、城区、矿区和 1 个省级经济技术开发区。2017 年年末总人口 140.88 万人。阳泉市山河秀丽，历史悠久，物产丰富，堪称太行明珠。几千年来，生活在这块土地上的人民勤劳勇敢，自强不息，创造出无数辉煌的业绩，描绘出无比绚丽的画卷。

阳泉市是典型的资源型城市，境内矿产资源丰富，是全国最大的无烟煤生产基地。矿产资源为全市的经济发展以及全市财政收入的增长做出了巨大贡献。矿产资源带来的税收，曾一度占全市财政收入的 80% 以上。但随着资源优势的逐步丧失，随着新时代中国特色社会主义思想的引领，阳泉市的经济已步入转型发展的新时期。

阳泉市地方税务局是根据国家分税制财政管理体制改革的要求组建的。1994 年 8 月 8 日在市南大街 8 号成立，实行上级地方税务机关与地方政府双重领导，以上级地方税务机关领导为主的管理体制。地税部门成立后，先后由张耀华、翟振华、陈明泽、陈友福担任党组书记、局长。从 1994 年到 2018 年的 24 年间，全市各级地税部门在省地税局和阳泉市委、市政府的领导下，在各级党委、政府、社会各界及广大纳税人的积极支持配合下，认真践行“为国聚财、为民收税”的宗旨，走过了一条艰苦的创业之路、持续的改革之路、辉煌的发展之路，形成了高效廉洁的地税机构、科学严密的征管体系、优质便捷的纳税服务、稳固强大的信息系统，一支政治坚定、清正廉明、能打胜仗的地税队伍初具规模。

一

1994—2018 年，市地税局紧紧围绕省地税局和市委、市政府的工作部署，坚持解放思想，勇于实践创新，从抓队伍建设、抓依法治税、抓税收征管、抓纳税服务、抓信息化建设等方面，不断创新工作理念，推动各级地税部门与时俱进，提高工作水平。

建局初期，结合分税制改革后地方税收的特点，围绕省地税局和市委、市政府的工作要求，提出“抓住组织收入一个中心，突出强化征管、干部队伍建设两个重点，实现转移到征管、转移到基层、转移到干部队伍建设三个转移，做好爱国爱岗、艰苦奋斗、勤政廉政、税法宣传四个教育，开展业务学习竞赛活动、征管能手达标活动、热爱地税、献身地税演讲活动、促产增收活动、打击偷抗骗税专项斗争五项活动”的工作思路。“九五”计划期间，在征管工作中坚持大税小税一起抓，不断深化改革，积极强化管理，促进了地税队伍逐步规范、地税收入稳定增长、征管改革稳步推进、各项工作步入正轨。“十五”计划期间，结合经济税收形势，围绕省地税局提出的“改革与管理”两大主题，提出“依法治税抓改革、从严治队强管理、千方百计保基数、全力以赴完任务”的工作思路，并结合工作实践，不断改进和深化这一思路，由“完任务”“保基数”的收入型理念逐步向“优质服务正行风、科学管理促发展”的服务型理念转变。同时，积极开展人事制度改革，调动了干部职工的工作热情，全市各级地税部门的工作热情和工作水平不断提高。“十一五”规划时期，面对新的经济和税收形势，提出了坚持“国家利益至上、纳税人利益至上”的“两个至上”税收工作原则和贯彻“一切为了纳税人、一切服务纳税人、一切方便纳税人”的“三个一切”工作理念，并以这一工作原则和理念为支撑，持续开展行政效能建设、税收业务建设、基层基础建设、和谐地税建设“四项建设”，积极抓好领导能力建设、深化科学管理、优化税收服务、防范执法风险、引深大教育“五项重点”工作，全力推进科学管理工程、依法治税工程、优质服务工程、精兵强将工程、反腐倡廉工程、党建创建工程“六大工程”，实现了保收入、强管理、重服务、优作风、促发展的目标，税收职能作用得到进一步发挥。“十二五”规划时期，坚持省地税局提出的“大税收、大服务”理念，围绕服务经济社会科学发展和推进地税事业科学发展的主题，着力构建“改革创新为统领、组织收入为中心、党风廉政建设和反腐败斗争为基石”的“三位一体”工作格局，重点抓好深化收入攻坚、推进依法治税、创新税收征管、优化纳税服务、提升队伍素质、强化作风建设等六方面的工作，全面建设责任地税、创新地税、服务地税、法治地税、人本地税等“五个地税”，全力服务全市转型跨越发展，加快推进地税现代化，实现了税收收入的翻番。进入“十三五”规划时期，提出创新发展是实现地税现代化的根本动力、协调发展是实现地税现代化的内在要求、绿色发展是实现地税现代化的必由之路、开放发展是实现地税现代化的必然选择、共享发展是实现地税现代化的价值追求、廉洁和安全发展是实现地税现代化的重要保障“六大理念”，确定了“一个中心、两个基础、两个保障、六个目标”的“1226”工作思路，即继续开展组织收入攻坚，把组织收入作为全年各项工作的落实重心；做好税收征管和纳税服务两大核心业务两个基础，强化管理和服务的深度融合；坚持依法治税和从严治党两个保障，把推进依法治税作为地税事业发展的根本方向，把落实全面从严治党作为推进党建和党风廉政建设的关键环节；实现税收征管精细化、信息聚合集成化、税收执法规范化、纳税服务优质化、干部素质多能化、从严治党常态化六个目标。特别是中共十九大召开后，认真落实省地税局“带好队、收好税、造环境、促转型”工作要求和阳泉市实现“四大定位”“三个率先”目标任务，提出全面加强党对税收工作的领导，切实把握高质量推进税收现代化的战略要求，紧紧围绕全市转型发展主线，开展好“不忘初心、牢记使命”主题教育，突出组织收入、征管改革、创优环境三项重点的工作思路，在更高的起点上推进科学管理、深化征管改革、完成税收业务流程再造、实现“金税三期”等核心业务上线、全面推行专业化管理，总体收入规模和地方公共财政收入在全市财政收入中的比重不断提高。24年间，一系列务实创新的工作理念的提出和落实，使全市地税工作紧跟时代脉搏，契合发展要求，较好地服务了阳泉经济转型发展的大局。

二

1994—2017年年底，阳泉市地税系统共组织各项收入678.01亿元，其中税收收入498.86亿元，占财政总收入的39.24%。24年间，阳泉市地税收入呈现两个特点：一是收入规模不断扩大。2017年，全市组织税收收入45亿元，与组建初期的1994年相比，增加了20.4倍。二是地税收入在全市财政收入中所占比重逐步增加。1994年，地方税收收入占财政总收入的比重为35.37%，占地区生产总值的比重为4.52%；到2017年年底，地方税收收入占财政总收入的比重为41.77%，占地区生产总值的比重为6.70%，占财政收入的比重和占地区生产总值的比重分别增加了6.4个百分点和2.18个百分点。规费收入179.15亿元，年均增长13.66%。

1994年，全市各级地税部门在人员少、经费缺、办公场所不足等困难情况下，抓住组织收入这一中心，提出“大税小税一起抓、集中零散同管理”的口号，组织开展收入攻坚。当年，全市地税系统共组织税收收入2.21亿元，占年计划的102.10%，实现了建局开门红。此后，组织收入不断增长，收入规模不断扩大。1998—2000年，针对亚洲金融危机造成的严峻经济税收形势，认真落实国务院副总理李岚清提出的“加强征管、堵塞漏洞、清缴欠税、惩治腐败”税收工作方针，把个体私营税收列为税收征管工作重点，连续三年开展个体私营税收清理整顿。在当时纳税意识十分低下的情况下，三年组织个体私营税收近2亿元，受到了省地税局和市委、市政府表彰。“九五”计划时期，全市共组织各项收入18.77亿元。其中，税收收入16.39亿元，年均增幅6.54%。“十五”计划时期，受国家宏观经济形势好转、政策调整和地税系统强化征管推动，全市地税系统累计组织各项收入37.27亿元，比“九五”计划时期增长96.97%，增收18.33亿元。地税收入占同期全市财政一般预算收入的55.66%。“十一五”规划时期，全市煤炭价格持续上涨，固定资产投资持续增加，经济持续增长。加之全市地税系统不断强化税收征管，提高税收征管质量，推动了税收收入增速进一步加快。“十一五”规划时期，累计组织各项收入192.44亿元，收入规模由2005年的11.66亿元增长到2010年的60.69亿元，五年增长了4.2倍，年均增长39.08%。特别是2010年，在经历全球金融危机的冲击后，大步跨越了50亿元和60亿元两个大关。“十二五”规划时期，全球金融危机蔓延，国际市场衰退，全国产能过剩，煤炭价格急剧下跌。受此影响，阳泉市地方税收收入出现下降。但阳泉市地税部门认真贯彻组织收入原则，坚持依法治税，经济下行期持续开展组织收入攻坚，经济上升期不断扩大收入规模，地税收入实现了与经济发展协调运行，五年共组织各项收入270.08亿元，一般预算收入比重持续位居全省第一。2016年，面对经济下行带来的当期税源与税收任务之间的尖锐矛盾，面对全面“营改增”给地税工作带来的一系列重大影响，地税部门完成全年税收任务的信心不变，深化收入攻坚的力度不减，完成任务的责任人人承担。通过深入分析抓收入、集中时间增收入、强化责任保收入、清理欠税补收入、重点税源促收入等措施，当年全系统共组织各项收入36.78亿元。在当年的税收收入中，共清理欠税和加收滞纳金1.98亿元，有效弥补了当期税源的不足。2017年，全市地税系统继续开展组织收入攻坚。全年全系统共组织各项收入51.11亿元，与2016年同期相比增长38.97%。其中，通过加强纳税评估、继续清理欠税、推行风险管理、细化税种管理等有效措施，增加收入7.2亿元。在全年的收入中，税收收入完成45亿元，与2016年同期相比增长79.1%；规费收入完成6.11亿元，增长18.57%；地方公共财政收入完成33.88亿元，为年度计划的1.55倍，增长62.87%；市县级公共财政收入完成20.84亿元，为市计划14亿元的1.48倍，增长54.81%，占全市财政一般预算收入的比重达41.68%，比全省平均水平高7个百分点，在全省11个地市中排第一名。24年间，税收收入任务的连年超额完成，为全市经济社会发展做出了积极的贡献。

三

1994—2018年，阳泉市地税部门始终把提高纳税意识作为一项重要工作来抓。一是持续开展税收宣传。坚持集中宣传与日常宣传相结合。24年间，按照每年4月国家税务总局确定的税收宣传活动主题，结合经济税收形势和阳泉市实际开展主题税法宣传活动。宣传内容涵盖税收与改革、税收与文明、税收与诚信、税收与法治、税收与民生、税收与服务、税收与发展等各个方面。同时，将“税收宣传月”活动与日常税收宣传紧密结合，确保税收宣传达到预期效果。宣传形式包括出动宣传车、设立咨询点、散发宣传资料、新闻媒介刊播，以及进企业、进机关、进学校、进社区、进农村、进商场，建立税法基地、开设税法讲堂、举办税法知识竞赛和书画展览比赛、实行税企联动、网上送税法、开放纳税服务微信公众号、建立纳税人 QQ 群、开展分行业、分税种的纳税辅导和政策宣传等多种形式，线上线下全方位进行税收宣传。随着改革开放的深入，宣传的深度和广度不断提升，宣传方式日益精准。经过多年不懈宣传，纳税意识逐步深入人心。二是不断强化征收管理。在日常税收管理中，通过与国税、公安、检察、住房城乡建设、国土等有关部门联合执法，严厉打击偷抗税行为，大力清理欠税，同时加强税收征收管理，促进了纳税人对税法的遵从。三是严格落实税收政策。坚持“依法征税，应收尽收，坚决不收过头税，坚决防止和制止越权减免税”的组织收入原则，加强执法督查，积极防范税收执法风险，不折不扣贯彻落实各项税收优惠政策和新的征管规程，通过不断规范税收执法行为，树立地税部门良好形象，提高纳税人主动纳税的积极性。四是扎实推进依法行政。深化行政审批制度改革，取消了契税、耕地占用税减免审核。促进规范执法，建立了纳税评估平台，推行“两随机、一公开”检查方式。严厉打击发票违法犯罪活动。五是创优理念，拓展依法治税新空间。强化普法示范教育基地建设，创建了红色山城——阳泉税收展览馆，被省地税局命名表彰为“山西省地税系统 2016 年度法治基地”。注重法治手段创新，成立了市公安局派驻税务联络机制办公室。开展税收执法大督察，制定了《执法全过程记录制度试点工作方案》，被确定为全省地税系统唯一的试点。注重营造法治环境，贯彻绿色税收理念，顺利完成水资源税和环保税开征工作。

24 年间，全市地税系统有 3 家单位被省委依法治省领导组命名为省级“依法治理示范单位”，市地税局被省委、省政府命名为“公正执法十佳单位”“山西省模范单位”，荣立山西省“五一”表彰二等功，8 家单位被省地税局命名为全省地税系统“规范执法示范单位”，4 个基层地税局被省地税局授予“依法行政示范单位”或“依法治税示范单位”，2 个基层地税局被省地税局命名为“法治税务示范基地”。

四

1994—2018 年，市地税局结合不同时期的征管工作要求和工作实践，不断创新征管工作机制。“九五”计划时期，对代扣代缴单位进行了清理整顿，对不认真履行义务的单位和个人进行了处罚，并对代扣代缴人员进行义务培训。开展了税务登记换证和国税、地税征管范围调整工作，将换证和清查漏管户工作相结合。强化了工作目标责任制管理，把责任和利益捆绑在一起，调动了各级地税干部组织收入的积极性。对税收票证管理使用情况进行抽查解剖，对存在的问题及时纠正，保证了税收票证存放安全、使用规范、缴销及时。“十五”计划时期，以管户为基础，不断强化税源管理，全面推行税收管理员制度，完善各税种管理办法。大力清理欠税，这一时期清缴的欠税占整个“十五”

计划时期税收收入的10%以上。深化征管改革，依托计算机网络，基本实现了对管户、纳税申报、税款征收和违章处罚的计算机监控管理。按照依法、精简、效能、统一的原则，调整和规范了基层征管机构，初步形成了分权制衡、衔接有序、协调高效的征管新机制。“十一五”规划时期，以提高征管质量和效率为目标，强化基础管理，探索信息化管理，初步形成了业务与技术融合，管理与科技协调的征管新机制。加强税源监控，实施管户信息“一户式”存储，开展文书上线，提高征管档案信息化水平。应用税收分析、纳税评估反馈信息，开展稽查检查，以查促收、以查促管、以查促查的作用得到发挥，税源监控、税收分析、纳税评估、税务稽查“四位一体”的良性互动机制初步形成。应用新综合征管软件数据，开展征管质量考核，建立了市、县、所三级征管质量监控、分析、反馈、改进机制，征管质量和效率全面提高。“十二五”规划时期，深入开展税源调研，及时掌控各基层单位的税源增减变化和税收任务的完成情况。强化收入预测分析，每月根据税收完成进度，分税种、分单位、分行业、分级次进行分析，特别是对重点税源企业的生产经营及收入增减变化情况进行分析和梳理，掌握苗头性、趋势性情况。强化目标责任考核，建立了收入问责和督查机制，加强收入质量和责任考核，对进度滞后的征收单位进行组织检查或评估检查。强化企业所得税管理，推广企业所得税汇算清缴系统软件，开展“两税”信息比对，对发现的异常数据，逐户检查，及时追缴税款入库。进入“十三五”规划时期后，把实现税收现代化作为奋斗目标。以深化改革和强化法制为抓手，围绕税收征管和纳税服务两大核心业务，按照《山西省深化国税、地税征管体制改革实施方案》和省地税局制定的《进一步深化地方税收改革与管理的意见》，努力深化国地税合作，推动税收征管提质增效。认真落实税收政策改革措施，不断强化税种管理。全面推进“营改增”改革，房地产“去库存”优惠政策有效落实，发票清理缴销工作全面完成。平稳推进非煤资源税改革，组织开展煤炭资源税专项检查，积极推进所得税风险管理，房产税、土地使用税、印花税等小税种精细化管理迈出新步伐。以“金税三期”优化版上线为契机，推动征管信息化取得新进展，实现了国税、地税涉税信息实时共享。

五

1994—2018年，信息技术运用从无到有，从手工办税到计算机单机版软件的运行，从软硬件装备逐步完善到信息化网络全面覆盖，迈入了信息现代化的高速路。“九五”计划初期，全市地税部门加大对计算机配备的投入，加强计算机在征管中的全面应用，积极探索建立计算机“管税”“管人”的良性互动机制。在不断提高驻市区和县城地税部门计算机集中征收水平的同时，积极筹措资金，加大投入，为农村税务所配备计算机，推行单机征收，扩大计算机在征管领域的应用。到2000年年底，全市所有的税务所都配齐了计算机，投入正常运行的达88.60%。在加强计算机硬件配备的同时，大力推广应用省地税局开发的各类管理软件，并从实际出发积极开发编写应用软件。“十五”计划时期，制定了《阳泉市地税系统办公自动化实施方案》，各基层局、税务所全部配备了计算机，多数局达到了人均1台。通过努力，各县（区）地税局、市直各分局和市地税局机关均建成了机关办公自动化局域网。市地税局机关和各基层局都实现了公文网上双轨运行和有关信息资料共享。引入市场机制，不断加大投入，加快信息化建设，初步建成了上连省地税局、下接县区地税局的广域网。在推广应用征管、计会、农税、稽查、公文处理等管理软件的同时，结合实际开发了重点税源监控、企业所得税管理、管户核对等软件，计算机应用范围不断拓展，信息化建设取得重要突破。“十一五”规划时期，全市各级地税部门全力以赴采取措施完成了新版综合征管软件上线的各项工作。根据新综合征管软件对计算机设备的要求，对全市地税系统的计算机进行了更新和升级，从硬件上满足了征管软件的运行要求。这期间还完成了网络向税务所、办税服务厅的延伸工作。各县（区）地税局全部建成了视频会议室。办公自动化水平不断提高，公文处理系统、内部邮件系统、IP语音电话等运行稳定，质量进一步提高。加强网络运行安全管理，制定了《阳泉市地方税务局网络设备日、周、月检查维护细则》，实时对网络进行系统、全面的检测和维护，保证了网络的安全高效运行，信息化建设取得重大进展。“十二五”规划时期，进一步推进财税库银横向联网电子缴税工作，积极与银行协调沟通，确保POS机正常运转，并把各月电子缴税征收税款的目标下达到各基层局，按季度对电子缴税签约进度和征收税款进度进行考核。做好征管软件上线数据清理工作，将存在问题或需要核实的数据筛选出来,利用专用数据清理平台将这些数据下发到各基层单位进行核实校正。做好“金税三期”上线工作，制定工作方案，明确部门责任，关注工作进展，现场解决问题。注重信息网络安全，制定了《网络设备日、周、月检查维护细则》，对制度建设、日常管理、应急演练、硬件建设、安全自查、软件运行等方面进行系统、全面的检测与维护，及时排查运行环节中存在的隐患，保证了全市地税系统信息网络安全和信息系统稳定运行。开展房地产税收一体化信息共享平台建设，对全市所有住宅存量房信息进行持续采集，逐步完善了信息数据库，在此基础上，上线了房地产一体化信息系统和存量房价格评估系统，并实现了与“金税三期”软件的顺利对接。“十三五”规划时期，在住宅存量房基本纳入房地产价格评估系统的基础上，又对全市的非住宅存量房信息进行了采集，上线运行了非住宅存量房价格评估系统，将全市的商业用房交易税收也纳入了计算机管理。

六

1994—2018年，全市地税部门把为纳税人提供优质服务作为贯穿于税收工作中的一条主线，不断转变服务理念，持续改进服务形式，努力提升服务质量。组建初期，促产增收作为税务部门的一项主要工作，积极助力企业发展，为企业的发展发挥不小的作用。“九五”计划时期，发布了《关于保障纳税人合法权益加强社会监督的公告》，实行了保障纳税人的合法权益，加强社会监督的文明办税承诺制度。全面推行税务公开制度，推行了办税九公开，充分信任纳税人，理解纳税人，热情为纳税人服务，并协助纳税人办理纳税事宜，纳税服务水平有了新的提高。“十五”计划时期，在加强服务硬件设施建设的同时，转变服务理念，建立健全纳税服务制度，推行了首问责任、限时办结、延时服务、提醒服务等多项优质服务制度。“十一五”规划时期，以“一切为了纳税人、一切方便纳税人、一切服务纳税人”为服务理念，出台了税务所和办税服务厅建设与管理意见，开展了“标准化税务所、标准化办税服务厅”创建活动，开展了“纳税（费）服务年活动”，纳税服务质量进一步提升。同时，开展对税务干部的理想信念教育、职业道德教育、税收法制教育，为纳税人服务的意识进一步增强。“十二五”规划时期，全面推进了纳税服务标准化、专业化、信息化、集约化建设，全系统不断深化办税公开，广泛开展“便民办税春风行动”，积极推动一窗式办税、一站式服务、涉税事项同城通办、银行网点代收税款、双定户批量扣税、纳税信用等级评定、取消税务发票工本费、强化税收宣传咨询等工作。进一步完善“网上办税厅”建设，继续扩大网上申报和机打发票的运行范围，不断丰富创新服务内容和手段，通过“12366”纳税服务平台、QQ 群、地税网站、服务评价系统等，架起了一座座集政策宣传、服务质效反馈于一体的税企连心桥，把税务部门政策法规、涉税信息等及时传递到纳税人，并帮助纳税人释疑解惑，方便了纳税人办税，减轻了纳税人负担，促进了征纳关系和谐。“十三五”规划时期，纳税服务水平进一步提高。以落实《全国县级税务机关纳税服务规范》为着力点，进一步简化办税流程，推进纳税服务不断迈向规范化。市地税局门户网站开设办税服务窗口，通过“线上＋线下”了解纳税人需求，大力推进“银税互动”，根据税务机关提供的纳税信用信息，2016 年全市金融机构累计向 25 户小微企业发放贷款 9730 万元。继续深化为民解忧工作，不遗余力推进全市房屋权属登记历史遗留问题的解决，为 966 户纳税户办理契税纳税申报。到 2017 年年底已办理 110 户，856 户正在申报办理，用实际行动诠释了聚财为国、执法为民的宗旨。2017 年，把认真贯彻《全省税务系统优化税收营商环境服务经济转型发展实施意见》作为造环境、促转型的重要抓手，结合实际将 28 条措施进一步细化为 89 项工作任务，制定了责任清单，采取了“五跟进、五不放”措施，推动 28 条措施落地生根。打造良好税收营商环境。深入开展“带好队、收好税、造环境、促转型”大调研大讨论活动和万名税干入企调研服务活动，简并优化办税流程、下放审批权限、完善征管体制改革工作制度、开展“税银合作”、深化“五证合一”“两证整合”工作，营商环境有了根本改善。优化完善了大企业税收监管系统，完成了对阳煤集团所有成员单位的税收和财务指标的监控。全市所有县（区）地税局都与国税部门合作建成了联合办税服务厅，相继成立了国、地税联合党支部。严格落实优化营商环境税收优惠政策，2017 年，对符合条件的个体工商户、煤炭生产工人、小微企业、房产税纳税人、契税纳税人等按规定减免各项税收 5200 万元，帮助符合条件的企业享受延后清缴滞纳金 479 万元，为全市经济转型释放了税收政策红利。

七

1994—2018 年，全市地税部门坚持严字当头和以情感人并重，一方面确保规矩纪律的严肃性，另一方面突出人文关怀激励，不断提高队伍的履职能力。一是持续强化干部教育，创建学习型组织，坚持每季必考、考必通报、考必奖惩，连年开展业务比武竞赛，并通过“走出去、请进来”等方式，抓好政治和业务各类学习教育，全市地税干部职工的综合素质不断提高。二是不断深化人事制度改革，建立了竞争上岗、岗位轮换、异地交流、领导干部末位淘汰制等人事制度改革机制，先后多次进行了公开、公平、公正、有序的人事调整，树立了正确的用人导向，营造了鼓励人们干事业、支持人们干成事业的氛围，激发了队伍的活力。三是狠抓反腐倡廉，营造为税清廉的工作环境。坚持市、县、所三级联动的工作机制，加强惩防体系建设。深入开展政风行风民主评议。坚持和完善党组统一领导，党组成员齐抓共管，部门各负其责，全员参与的领导体制和工作机制，保证了税收工作管到哪里，反腐倡廉就抓到哪里。通过率先垂范抓领导、警钟长鸣抓教育、防患未然抓制度、内外结合抓监督、“一岗双责”防风险、严格问责促担当，不断完善廉政机制，使税务干部自觉接受群众监督，自觉遵守《八项规定》及各项廉政纪律。四是始终加强党的建设。坚持党组抓党建，健全党的组织机构，完善各级党组织，把支部建到了税务所。严格组织纪律，开展党员教育，规范党组织和党员行为。五是不断加强文明建设。持续引深精神文明创建活动，全系统有 7 家单位创建成省级标兵文明单位，市地税局创建成了全国标兵文明单位。加强离退休人员服务管理工作。积极开展干部驻村精准扶贫和捐款捐物、植树造林等各项社会公益活动，24 年共捐款 112 万余元，捐赠电脑、图书、衣服、文具等物品价值 10 万余元。六是加强地税文化建设，积极开展和参加各类文体技能比赛，创建成山西省第一批“六有”工会示范点，市地税局机关党委被命名为全市“先进基层党组织”，全市地税系统呈现出和谐奋进的良好局面。

八

1994—2018 年，全市地税系统始终以促发展为己任，正确把握税收与经济的辩证关系，不断提高服从、服务全市经济社会发展大局的能力和水平，在全面完成税费收入任务的同时，认真落实各项税收优惠政策，按照形势变化和上级要求积极进行税收政策调整，充分发挥了税收在稳增长、调结构、促改革、惠民生中的积极作用。1994—2017年，全市组织各项税费收入近700亿元，其中税收收入近500亿元，规费收入近200亿元。同一时期，全市地税部门按照各项税收优惠政策，减免税金达25亿元，减免税项目主要涉及下岗职工再就业扶持减免、新办企业减免、民政福利企业减免、高新技术企业减免、国产设备投资抵免、劳改企业减免、企业困难减免、小微企业减免以及特定事件抗非典时期的减免、商品房买卖政策减免等，为推动各项社会事业的进步和民生改善提供了重要的财力保障。特别是2016年，为14581户纳税人办理税收减免1.68亿元，税收助力供给侧结构性改革的减负目标得到落实。市地税局被省委、省政府命名为“就业再就业工作先进集体”“创业就业工作先进单位”。24年间，全市各级地税部门把服务全市工作大局作为一切工作的出发点和落脚点，广泛开展税收调研，结合工作实践努力做好税收政策研究、评价与反馈工作，从组建初期到“十一五”规划时期，重点围绕税收收入增长，先后开展了“税负测算和新税制运行情况调研”“税收增长点调研活动”“管理与税收大调研”“让利销售对经济与税收的影响”“地方税收与经济协调增长”“促进资源型地区经济发展的税收政策研究”等课题的调查研究。2010年，国务院批准山西成为国家资源型经济转型综合配套改革试验区，此后一直到“十二五”规划时期，围绕这一新的形势，全市地税部门开展了“资源型经济转型综合配套改革试验区税收政策研究”“营业税改征增值税后确保地方财力稳定增长的对策”“建筑业营改增问题研究”“地方税收增长点研究”等方面的调查研究。同时,通过开展“如何解决群众办理房产证难的问题”等方面的调研，积极为广大纳税人解决实际困难。2016年，围绕科技创新开展了“科技创新税收政策实施效果评估”研究。2017年，围绕“造环境促转型”与落实国务院42号文件和省地税局118号文件精神，以处级干部大调研活动和万名税干入企服务活动为契机，深入开展调研工作，先后完成《坚持问题导向创新管理方式推动地税征管工作稳步前进》《依托“网格化”管理服务平台积极探索深化“放管服效”改革新模式》《房地产去库存成效明显》等调研报告。同时，积极促进调研成果转化，多项政策建议得到国家税务总局和省委、省政府、市委、市政府及省地税局的肯定和采纳，多项调研成果获得国家和省、市级的奖励，有力地服务了全省、全市的改革发展和经济转型，促进了地税事业的发展。

斗转星移，日月如梭。地税部门在国家财税体制改革中应运而生，又在新时代改革开放不断深化过程中踏上新的征程。24年间，全市地税干部职工栉风沐雨、砥砺前行，用一腔沸腾的热血，谱写了一曲可歌可泣的奋进之歌，打造了一种改革创新的地税精神，留下了一笔团结奉献的精神财富，诠释了为国聚财的爱国豪情，为阳泉经济社会发展贡献了整整一代人的青春。

大 事 记

1994 年

5 月 10 日 阳泉市税务局召开机关全体干部职工大会，宣布上级税务机关关于阳泉市税务局分设为国税、地税两局及税务人员分流的决定。在这次税务机构改革中，市税务局直属一分局、稽查队和财税招待所成建制划拨到新设立的市地税局，原市税务局机关及下属机构的 107 人分流到市地税局。

5 月 12 日 山西省税务机构分设筹备领导组成员原崇信（省财政厅厅长）、张潞生（省税务局局长）、李思温（省税务局副局长）到阳泉考察市地税局领导班子组成人选，决定由张耀华、翟振华、赵建宇、商广真组成市地税局领导班子，张耀华为第一负责人。

5 月 13 日 以阳泉市税务局稽查队为基础，组建市地税局第二分局，职能由专职稽查改为管理局。

7 月 5 日 市地税局召开机关全体会议，宣布市局机关临时机构的设置及人员组成决定，内设临时机构 8 个。

7 月 30 日 山西省地税局任命张耀华为市地税局局长。

8 月 1 日 阳泉市财政局农业税管理科整体划转到市地税局，成立市地税局农业税管理科。

8 月 1 日 市地税局成立稽查队，负责开展税收日常检查。

8 月 8 日 市地税局召开成立大会，办公地点为南大街 8 号。

8 月 9 日 平定县地税局、盂县地税局、郊区地税局成立。

8 月 10 日 城区地税局、矿区地税局、市地税局第一分局、市地税局第二分局成立。

9 月 16 日 市地税局召开全市、县（区）地税局长会议，局长张耀华与各基层地税局、各科室负责人签订 1994 年工作目标责任书。

10 月 7 日 经阳泉市市直机关党委会议研究批准，市地税局成立党总支和机关、一、二、三分局 4 个支部。

10 月 10 日 市地税局对公路交通运输货票统一收归管理，旧票一律收缴销毁，新票从即日起启用。

10 月 14 日 市地税局、国税局召开联席会议，安排部署联合换发税务登记证工作。

10 月 31 日 经山西省地税局党组研究决定，张耀华任市地税局党组书记。

11 月 5 日 盂县地税局城镇税务所被共青团山西省委、省劳动厅、省地税局联合授予“青年文明号”称号，系山西省第一批“青年文明号”。

1995 年

5 月 16 日 市地税局第二分局自行研制开发的统计软件正式投入使用，实现了用计算机记录会计分户账和统计报表的自动打印。

6 月 10 日 阳泉市地税系统 10 名经费会计在全省会计培训考试中夺得团体第一名。

7 月 1 日 市地税局开展深化税收征管改革试点工作。一是以市地税局第二分局为试点，开展纳税申报先行、纳税检查紧跟、现代化手段支撑的三位一体的征管改革，逐步实现专管员由管户向管事转变，由分行业管理向分税种管理转变，由手工操作向计算机管理转变。二是以城区地税局为试点，改革个体税收管理办法，改分片管理为分行业管理，调整了税务所设置，成立了 3 个行业管理所，分别管理个体运输（主要是出租车）、外来及本地个体建筑安装队、个体饮食服务的税收。

9 月 1 日 市地税局组织开展个人所得税税法宣传活动，拉开了 9 月“个人所得税管理月”活动的帷幕。

11 月 市地税局第一分局提升为副处级建制。

12 月 市地税局接收农税机构及人员交接完成，共接收农税人员 93 名。

12 月 28 日 市地税局第二分局提升为副处级建制。

12 月 29 日 市地税局经济技术开发区征收分局成立。

1996 年

1 月 9 日 平定县地税局王志军、盂县地税局王金海、郊区地税局宋利军、矿区地税局边进龙被省地税局命名为“1995 年度山西省地税系统征管能手”。

2 月 13 日 市地税局稽查分局成立。

9 月 按照国家税务总局安排，进行征管范围调整，个体工商业户的地方税由国税代征变为地税直接征收。

11 月 1 日 市地税局职工宿舍楼动工兴建。

12 月 28 日 市地税局机关档案管理达山西省二级标准。

1997 年

2 月 26 日 经省地税局征管处与计算机中心组成的考察团考察，城区地税局办税服务厅被确定为全省地税征管软件首家开发运行试点单位。

4 月 3—5 日 全省地方税收征管改革工作会议在阳泉召开。会议交流了全省各地征管改革的经验，实地观摩了省地税局在城区开发的全省网络版税务管理软件，研究了软件的推广应用工作，讨论了省地税局深化税收征管改革的实施方案。

6 月 经市地税局与建设银行阳泉分行协调，在建设银行阳泉分行办公大楼三楼设立办税服务大厅。

7 月 30 日 在省地税局组织的全省地税系统“税收宣传月”活动优秀项目评比中，市地税局推荐的“六坚持一承诺”项目荣获优秀项目奖。

8 月 4 日 市地税局征管改革方案经省地税局批准全面实施。

11 月 山西省地税局任命翟振华为市地税局党组副书记、副局长，主持市地税局工作，张耀华转任调研员。

11 月 22 日 在山西省人事厅、省地税局联合组织下，阳泉市举行首次地税系统国家公务员过渡考试。全市地税系统参加考试人员共计 442 人，全部顺利过渡。

是年 按照国家税务总局确立的“以纳税申报和优化服务为基础，以计算机网络为依托，集中征收，重点稽查”的征管模式，《阳泉市地方税务局关于进一步强化税收征管改革的实施意见》的改革方案经省地税局批准后全面实施。

1998 年

2 月 12 日 国家税务总局副局长杨崇春到阳泉考察，并为市地税局题词“带好队，收好税”。

3 月 10 日 山西省地税局党组任命翟振华为市地税局党组书记、局长。

4 月 15 日 市地税局在稽查分局成立阳泉市地方税务局违法案件举报中心。

7 月 1 日 市地税局第二分局开发设计出统计分析软件。

11 月 1 日 市地税稽查分局更名为市地税局稽查局。

12 月 1 日 市地税局农业税征收管理分局成立。

12 月 31 日 阳泉市税务师事务所成立。

1999 年

4 月 1 日 “税收宣传月”活动在全市开展。阳泉市五大班子领导在市地税局党组书记、局长翟振华，副局长赵建宇、商广真、郗建光，纪检组长张春光陪同下，深入兴隆集贸市场向群众散发宣传资料，现场回答群众咨询，各级地税部门也采取多种形式开展税法宣传。

7 月 9 日 市地税局贯彻全省关于开展行政事业单位、社会团体税收检查电视电话会议精神，与市财委、市财政局、市物价局联合在全市开展行政事业单位、社会团体税收大检查，历时 2 个月，共检查行政事业单位、社会团体 60 余户，查补税款 497 万元。与公安部门联手查处了一起较大的利用假发票偷税的案件，共抓获犯罪嫌疑人 3 名，查出假发票 80 余万元，涉嫌购买假发票的几家饭店也受到严厉查处。

7 月 26 日 阳泉市地税系统税收增长点专题研讨会在市宾馆召开。会议共筛选出质量较高的调查报告 76 篇，书面交流 32 篇，内容涉及 15 个税种 16 个行业，找出问题 213 个，提出建议和措施 384 条，受到省地税局表彰。

8 月 8 日 阳泉市地税系统争先创优经验交流暨表彰大会在市宾馆报告厅召开。会上对在文明创建活动中涌现出的 17 名“六好服务明星”、22 名优秀股所长、9 名查账能手、9 名廉政先进个人、1 名勇斗歹徒的好青年和 1 个最佳办税服务厅进行表彰，同时还命名了第二批市级文明税务所 8 个，第二批征管能手 12 名。会上，18 家单位和个人交流了文明创建活动的经验。

10 月 20—21 日 山西省地税系统（北片）“经济结构与税源结构变化情况及趋势”理论研讨会在阳泉召开。各地市精选出 22 篇论文和调查报告参加了会议，其中 19 篇在会上进行了交流。城区地税局撰写的《经济结构与税源结构关系的调查报告》在大会上进行了交流。

11 月 1 日 矿区地税局被山西省档案局评为山西省档案二级标准先进单位。

11 月 23 日 市地税局在全市地税系统首次推行干部竞争上岗。竞争的职位包括全市地税系统的 28 个正副科（局）级领导职位。

12 月 1 日 市地税局农业税征收管理分局在阳泉市房地产交易中心设立税款征收窗口，负责城区、矿区、开发区、郊区房屋交易契税及二手房工商税收的征收工作，是山西省最早进驻房地产交易中心开展“一窗式、一站式”服务的地市。

12 月 31 日 市地税局被授予全省“行风建设先进单位”荣誉称号。

是年 市地税局被国家税务总局授予全国税务系统清产核资先进单位，被山西省政府授予全省政府系统信息先进集体、全省依法行政先进单位。

2000 年

1 月 30 日 市地税局计算机管理中心成立。

4 月 22 日 市地税局 6 人参加省地税局组织的全省地税系统票证知识竞赛，获团体第三名。薛志亮、田静、葛永玲、王继莲、武海珍获票证知识竞赛优秀选手。

4 月 24 日 市地税局第二分局张勉研制开发的“印花税征管软件”正式投入使用。

4—6 月 在全市组织开展大规模的专业市场税收清理整顿。

9 月 14 日 在阳泉宾馆召开全系统“管理与税收”研讨会，会议共收到调查报告 76 篇。其中，书面交流 55 篇，大会交流 1 篇，对经济结构与税源结构、税收征管、征管改革、人事制度改革、农税改革等方面的问题进行了研讨。省地税局党组副书记、副局长巨宪华，科研所所长周平川出席研讨会。省地税局专门下发文件，对调研活动及成果进行通报表彰。

9 月 22 日—10 月 22 日 省地税局与市地税局联合组成“企业让利对经济与税收影响”专题调研组，省地税局党组副书记、副局长巨宪华任组长，科研所所长周平川和市地税局党组书记、局长翟振华任副组长。省地税局科研所、市地税局、郊区地税局有关人员共同进行调研，并向省地税局提交《企业让利对经济与税收的影响》专题调查报告。

2001 年

1 月 1 日 根据省财政厅晋财〔2000〕155 号《关于财政体制调整后有关预算管理收入征缴入库等具体问题的通知》，地方国有企业所得税的征收管理由各级财政划归地税部门管理。

2月6日 市地税局工会成立暨第一次会员代表大会召开，市地税局工会委员会成立。

2月24日 市地税局被山西省人民政府评为“依法行政先进单位”。

9月9日 国家税务总局副局长许善达、国家税务总局征管司司长王文彦、计算机中心主任王秀等一行7人，在省地税局局长宋德晋、省国税局局长李思温的陪同下，考察城区地税局办税服务厅。

10月 市地税局经济技术开发区征收分局提升为副处级建制，同时更名为市地税局经济技术开发区分局。

11月18日 阳泉市行政审批中心税务登记窗口开始运行。

11月19日 市地税局第一分局、市地税局第二分局、郊区地税局、矿区地税局档案管理工作通过了山西省档案局评审验收，达到山西省档案管理一级标准。

12月31日 市地税局第一分局更名为市地税局征收一分局。

2002年

1月9日 市地税局第二分局更名为市地税局征收二分局。

1月31日 根据财政部、国家税务总局〔2002〕25号《关于所得税收入分享改革后有关预算管理问题的通知》和山西省财政厅晋财〔2001〕155号《关于财政体制调整后有关预算管理收入征缴及入库等具体问题的通知》，对企业所得税和个人所得税预算管理实行分享改革。

1月 市地税局农业税征收管理分局更名为市地税局农业税征收管理局（正科级建制），办公地址为阳泉市三角线8号（后改为迎宾路8号）。

3月 平定县地税局娘子关税务所被省人事厅、省地税局、省国税局授予“山西省税务系统先进集体”称号。

4月18日—6月11日 开展煤炭税收专项清理整顿。全市抽调45名业务骨干，组成18个检查组，采取交叉检查的方式，对平定县、盂县、郊区的乡镇、个体私营煤矿的税收情况进行检查。共检查208户企业，查补税款及加收滞纳金共计841.52万元。

4月25日 市地税局在全省地税系统财会业务培训考试中获得团体第一名。

9月7日 全市地税系统562名干部参加人事部、税务总局组织的全国税务人员执法资格统一考试。

10 月 10 日　市地税局开发区分局档案管理达山西省档案管理一级标准。

10 月 17—19 日　市地税局举行全市地税系统 2002 年业务比武竞赛。比赛设税收业务考试、稽查查账、计算机操作、计算机文字录入、税收业务竞赛、文秘写作 6 个项目。市地税局和 9 个基层局共 10 个代表队参加了竞赛，参赛人数达 270 多人（次）。盂县地税局、城区地税局、矿区地税局分别获得团体前三名。

是年　按照省地税局批准的《阳泉市市县地方税务局机构改革实施意见》，对市地税局、市直分局和县（区）局的机构设置进行调整，调整后基层局的派出机构比原来减少 14 个。

2003 年

5 月　按照省地税局和阳泉市委、市政府的部署，市地税局开展农村税费改革。与有关部门沟通协商，共同制定《改革试点方案》，当月完成了计税土地面积、计税常年产量和新的农业税进村入户的公示工作，入户率达到 10%。

8 月 14 日　省地税局党组书记、局长宋德晋到市地税局进行调研指导工作。在市地税局召开基层建设座谈会，肯定了市地税局和各基层局的基层建设工作。

10 月 11 日　市地税局举行新办公大楼（北大街 38 号）开工奠基仪式。

12 月 11 日　全省地税系统党建工作研讨暨平定现场会在阳泉召开。全省各市、县地税局领导听取平定县地税局党建工作经验介绍，观摩了平定县地税局的城域网，并就加强全省地税系统党建工作进行了研讨。会议对阳泉市地税系统党建工作予以肯定，对平定县地税局依托计算机网络创新党建工作经验进行了总结推广。省地税局局长宋德晋、纪检组长徐景志、省直机关工委副书记陈跃钢、阳泉市委副书记李天太到会。

是年　平定县地税局被国家税务总局授予“全国税务信息化建设先进单位”称号。

2004 年

5 月 9 日　平定县地税局娘子关税务所被共青团中央、国家税务总局授予“国家级青年文明号”称号。

5 月 18 日　市地税局与国税局联合举行全市 A 级纳税信用单位颁证仪式，为在全市首次纳税信用等级评定中获得 A 级纳税信用单位称号的 153 户企业颁发证书并授牌。

7月30日 市地税局召开饮食业推行定额刮奖发票新闻发布会。

8月10日 市地税局在桃河公园举行全市地税系统纪念建局10周年长跑比赛，全系统154名选手参加比赛。

8月10日 市地税局税务登记管理局成立。

9月23日 市地税局代表队在全省地税系统业务比武税收知识竞赛中荣获团体第一名。

12月6日 市地税局党总支召开中国共产党阳泉市地方税务局直属机关党员大会，成立中国共产党阳泉市地方税务局直属机关委员会，选举产生中国共产党阳泉市地方税务局直属机关委员会组成人员。

2005年

3月 平定县地税局征收分局被全国妇联授予“巾帼文明岗”荣誉称号。

4月 市地税局征收一分局与阳煤集团联合制作《依法诚信纳税,共建小康社会》电视访谈节目。

6月1日 市地税局税务登记管理局更名为市地税局直属一分局；市地税局征收二分局更名为市地税局直属二分局；市地税局征收一分局更名为市地税局直属三分局。

7月1日 市地税局机关取消公文纸质传递，所有文件收发全部通过计算机在局域网上运行。

7月 平定县地税局被人事部、国家税务总局授予“全国税务系统先进集体”荣誉称号。

9月20日 阳泉市委、市政府召开强化煤炭行业税收征管工作会议。按照会议要求，阳泉市地税系统开展整顿和规范煤炭税收行业税收专项活动。

9月25日 在全省地税系统业务能手选拔竞赛考试中，市地税局选派的选手全部入选，以入选率100%的成绩获得团体第一名。李畅、薛志亮、曹海霞、郑方炜、韩长红、戴瑞春、王军梅、刘鑫涛、姚江涛9人被命名为省级业务能手。

12月31日 阳泉市地税系统共组织各项收入116640万元，突破10亿元大关。

12月 根据十届全国人大常委会第十九次会议自2006年1月1日起废止《农业税条例》的决定，市地税局从2006年1月1日起在全市停征农业税。

是年 市地税局推行税收管理员制度和纳税评估制度。

是年 市地税局按照省地税局《进一步深化税收征管改革实施意见》要求，将税务所设置、税务机构名称进行了规范统一，将登记征收局、征收分局统一更名为直属分局；规范了征收、管理、稽查各环节的工作职能，推行了“统一登记、集中征收、属地管理、重点稽查”的征管模式。

2006 年

5 月 15—16 日 国家税务总局局长谢旭人及总局办公厅、征管司、流转税司、信息中心有关领导一行 6 人，在省地税局局长卢晓中陪同下，先后深入平定县地税局办税服务厅、郊区地税局河底税务所和郊区邓家峪煤矿了解煤炭经济税收情况。谢旭人对市地税局工作给予充分肯定。

5 月 市地税局农业税征收管理局更名为市地税局直属五分局（正科级建制），办公地址为阳泉市三角线 8 号（后改为迎宾路 8 号）。

9 月 26—29 日 市地税局举行 2006 年全市地税系统业务比武竞赛。比武竞赛设税收业务、财务会计、查账、计算机、文秘写作、税收知识竞赛 6 个项目。全系统 219 人参加竞赛，有 4 人获业务比武综合奖。

9 月 30 日 市地税局举办新办公楼落成典礼，市地税局机关迁入北大街 38 号新办公楼办公。

12 月 20 日 市地税局与各县区地税局和市直各分局实现计算机公文处理联网运行，同时实现了与省地税局的联网运行。

2007 年

4 月 1 日 市地税局开始征收煤炭可持续发展基金。

7 月 1 日 阳泉市地税系统综合征管软件成功上线。

10 月 20 日 市地税局落实车船税管理条例，委托保险公司代收代缴车船税工作正式启动。

是年 阳泉市地税系统组织的各项收入连续突破 20 亿元和 30 亿元两个大关，达到 310100 万元。

2008 年

5 月 14 日 市地税局向“5·12”汶川特大地震灾区捐款 10 万元。同时，市局机关党委、工会、妇委会等群团组织和市局机关、市直各局的干部职工踊跃向灾区捐款捐物，党员干部积极交纳特殊党费，为灾区人民奉献爱心。

5 月 阳泉市地税系统举办迎奥运健身运动会，省地税局、市委、市政府的主要领导出席了运动会开幕式。全市地税系统 12 支代表队、1080 人次参加了长跑、篮球、拔河、乒乓球、羽毛球、跳绳、华牌和中国象棋 8 个项目的争夺。

8 月 30 日 市地税局在全省地税系统新征管软件操作技能比武中获得团体第二名。全市有 11 名选手参加比赛，分别代表税务登记、税务开票、税收管理员、税务所长、计会人员、信息技术人员 6 个岗位人员参赛。

9 月 10 日 市地税局设立政策法规科。

11 月 11 日 全省地税系统基层基础建设暨规范执法现场会在阳泉召开。会议代表参观了盂县地税局办公楼、办税服务厅和秀水税务所、郊区地税局河底税务所、矿区地税局第五税务所。

是年 全市地税系统查处 100 万元以上偷税大要案件 7 起。

是年 郊区地税局河底税务所被国家税务总局、共青团中央授予 2007 年度税务系统“青年文明号”称号。

是年 全市地税系统共组织各项收入 404967 万元，突破 40 亿元大关。

2009 年

3 月 20 日 在省委、省政府召开的纪念依法治省工作 10 周年暨法治山西建设动员大会上，市地税局荣获全省“公正执法十佳单位（1999—2009）”称号。

3 月 市地税局印发《关于在全市地税系统开展全员读书活动的实施意见》，在全市地税系统开展读书活动。

3 月 市地税局直属五分局提升为副处级建制。

4 月 28 日 市地税局荣获山西省“五一”劳动表彰二等功。

8 月 29 日 市地税局举行“迎国庆 60 周年健身长跑”活动，市地税局和市直分局干部职工参加了比赛，市局机关男、女队分获团体冠军。

10 月 27 日 在全省地税系统业务能手选拔竞赛考试中，市地税局选派的选手全部入选，以入选率 100% 的成绩获得团体第一名。程瑞林、王继莲、韩志强、王小宏、陈贵涛、卢钢春、刘守宙、张惠、白国文 9 人被命名为省级征管能手。

12 月 市地税局直属五分局深入推进房地产税收一体化管理工作，在全省率先落实国家出台的“自 2008 年 11 月 1 日起，对个人首次购买 90 平方米及以下普通住房的，契税税率暂统一下调到 1%”的契税优惠政策。

是年 市地税稽查局查处 100 万元以上的偷税大要案件 6 起，在全省地税稽查工作考核中名列第一名。

是年 市地税局实行“涉税事项通办、服务资源共享”的新型征管和服务模式。

2010 年

4 月 21—23 日 全省地税系统网络与信息运维技术培训暨工作会议在市地税局召开。与会代表参观了市地税局机房并听取了经验介绍，观摩了平定县地税局上线工作，对市地税局网络与信息运维工作给予肯定。

4 月 30 日 市地税局被山西省委、省政府授予“山西省模范单位”称号。

9 月 30 日 市地税局直属四分局成立（副处级建制）。

9 月 市地税局直属五分局更名为市地税局直属二分局（副处级建制）。

10 月 26 日 市地税局直属二分局更名为市地税局直属五分局（副处级建制）。

是年 全市共开展大型发票检查行动 27 次，共对 1260 余户餐饮、茶馆、洗浴中心、建筑安装等行业纳税人的用票情况进行检查，查获假发票 1138 份、使用收据代替发票 3709 份、二次使用餐饮业发票 7624 份，查补入库各项收入 27.32 万元。

是年 市地税局被山西省政府授予“创业就业工作先进集体”和“政风行风评议先进单位”。

是年 全市地税系统共组织各项收入 606914 万元，突破 60 亿元大关。

2011 年

5 月 省地税局党组任命陈明泽为市地税局党组书记、局长。翟振华升任省地税局副巡视员。

6 月 1 日 房地产税收一体化管理软件在市地税局直属二分局税收征收窗口正式

上线。

7月 市地税局实行"一级稽查"改革，将原来的城区、矿区、郊区地税稽查业务整合并入市地税局稽查局。

8月8—10日 全省地税系统纳税服务工作现场推进会在阳泉药林会议中心召开。会议观摩了市地税局直属一分局办税服务厅和城区地税局办税服务厅。市地税局直属一分局办税服务厅的"自助办税"和"网上申报"作为观摩亮点进行了推介。

10月15日 在全国税务系统企业所得税业务知识考试中，市地税局获得山西地税考区第一名。

11月 市地税局直属二分局征税窗口荣获"全省地税系统示范窗口"荣誉称号。

是年 全市地税系统共组织各项收入706081万元，突破70亿元大关。

2012年

4月12日 市地税局召开全市地税系统纳税评估工作推进会，省地税局党组副书记、副局长刘建光，征管处处长石珠明到会。

4月24日 市地税局荣获"山西省五一劳动奖状"。

4月 市地税局直属二分局承办的全省地税房地产税源项目管理和存量房评估信息共享平台试点工作全面启动。

5月 市地税局、市地税局直属二分局、矿区地税局荣获"全省地税系统依法行政依法治税先进集体"称号。

7月4日 市地税局设立离退休人员管理科。

7月14日 市地税局召开中国共产党市局机关党委换届选举大会。会议选举产生新一届市局机关党委。市局机关党委组成人员：书记李巨荣，副书记秦峰，党委委员张志勇、霍建国、史庆生、王淑蔚、耿建明。

9月5日 国家税务总局和省地税局在市地税局召开廉政风险防控工作调研会，现场观摩平定县地税局廉政风险防控工作。

10月26日 全省地税系统首台24小时自助办税终端在城区地税局启用。

10月 在全省地税系统小企业会计准则和税收相关法律业务抽考中，市地税局直属五分局程瑞林、张宏进入全省前10名。

是年 市地税稽查局查处涉税百万元以上大要案件7件，涉税金额1347.39万元。同时，查处发票违法案件6起，查获假发票10份，受理发票涉税举报案件4件，查补税款 5598 万元、滞纳金 432 万元、罚款 927 万元，查补规费 345 万元。

是年 全市地税系统共组织各项收入 831167 万元，突破 80 亿元大关。

2013 年

1 月 阳泉市房地产交易中心税收征收窗口开出契税和耕地占用税纳入新征管软件后的第一张税票。

8 月 “金税三期”税收管理系统稽查业务版块在市地税局上线。

10 月 8 日 “金税三期”管理系统在全市地税系统上线。

是年 市地税局拍摄的公益微电影《税路》在省地税局“公益微活动”宣传评比中，荣获全省地税系统一等奖。

2014 年

4 月 市地税局积极开展“便民办税春风行动”。制定出台《阳泉市地方税务局涉税事项办税服务厅集中受理管理办法》，让纳税人充分享受优质便捷的服务，纳税人满意度测评全省排名第一。

4 月 12 日 市地税局组织税收宣传小分队深入郊区桃林沟村，开展了以“桃花节里送税法”为主题的“五个一”（演一场晚会、放一部电影、树一批模范纳税人、送一份税收宣传资料、发一个税收宣传志愿者倡议）活动。

6 月 5—7 日 省地税局征管科技处组织部分管理阳煤集团成员单位的市局（太原、忻州、晋中、临汾）在市地税局开展大企业税收管理研讨。省地税局征管科技处副处长陈永祺、各局征管科负责大企业管理工作的人员和各局熟悉大企业管理工作的人员，以及市地税局直属三分局有关人员共计 20 余人，讨论建立完善大企业税收风险管理机制和大企业风险管理平台业务需求，部署对阳煤集团成员单位涉税信息数据采集工作。

9 月 18 日 市地税稽查局经过 2 个多月的侦查，锁定制售假发票的犯罪嫌疑人 1 名，鉴别获取 9 份假发票，票面金额达 869 万元，该犯罪嫌疑人被公安机关抓获。

10 月 28 日 市地税局按照省地税局开展大企业税收管理试点的要求，与中软公司开发团队开发了大企业税收专业化管理系统，建立了阳煤集团一户式数据档案。这一系统成为 2014 年全省地税系统创新项目。

12 月 14 日 市地税局机关创建成为“全国文明单位”。

是年 市地税稽查局查处涉税在百万元以上偷税案件 9 件，其中千万元以上案件 3 件，涉税总金额 16218.71 万元。当年查补收入占当地地税收入比例、直接查补收入占稽查查补入库率以及人均查补入库比例 3 项指标居全省第一名。市地税局被省地税局授予“查补收入明星单位”和“完成目标责任优秀单位”称号。

是年 市地税局直属三分局开展大企业税收专业化管理试点工作。依托“金税三期”系统，编写了大企业税收管理系统，搭建了大企业税收管理信息平台，受到省地税局的肯定，并代表省地税局参加了国家税务总局创新工作项目评审，荣获全国税务系统 2014 年创新工作项目二等奖。

2015 年

2 月 27 日 省地税局党组任命陈友福为市地税局党组书记、局长。陈明泽调任临汾市地税局。

4 月 1 日 市地税局停止代征价格调节基金。

8 月 6 日 市地税局、国税局与建设银行阳泉市分行签订支持山城阳泉小微企业发展合作协议，在全省率先搭建“税易贷”金融服务平台。

9 月 25 日 市地税局机关及 12 个基层局档案管理工作全部达到省一级标准。

10 月 9 日 市地税局“三证合一、一照一码”登记制度改革启动。

12 月 17 日 全省地税系统业务能手和岗位标兵选拔成绩揭晓，市地税局共有 16 人获得 2015 年省级业务能手称号，以入选率 69.57% 的优异成绩再次蝉联全省团体第一名；有 9 人次单科成绩进入全省前 20 名，获全省地税系统“岗位标兵”称号。同时，市地税稽查局王继莲、市地税局直属五分局程瑞林分别摘得全省业务能手第一名和第二名。

是年 市地税稽查局共计审理涉税在百万元以上偷税案件 3 件，其中 2 件千万元以上案件依法移交上级大要案审理委员会审理；发现并查处假发票大案 2 起，共计发现 15 张假发票，查补税款 69.71 万元，处罚 16.5 万元，并通过报刊对上述 5 起税收违法案件进行曝光。

是年 市地税局全面落实国家税务总局征管规范和商事制度改革。一是落实《全国税收征管规范（1.0 版）》，将征管规范与《全国县级税务机关纳税服务规范》进行对接，对“金税三期”征管系统中的相关岗责流程进行相应优化，将税务依申请事项全部前移至办税服务厅办理，进一步方便了纳税人。二是推进“三证合一、一照一码”登记制度改革，协同市工商、国税等部门积极落实“三证合一”登记制度改革，全年全市地税系统完成1221户“三证合一”纳税人的涉税事项办理。

是年 市地税局直属一分局开设“纳税服务”微信公众平台，受到省地税局通报表扬。

2016年

2月25日 市地税局、国税局联合出台《阳泉市国家税务局、阳泉市地方税务局稽查合作实施方案》，全面铺开国税、地税联合检查工作。

3月11日 市地税局、国税局首次联合举办高新技术企业所得税优惠政策辅导培训班，全市高新技术企业所得税纳税人参加培训。

4月1日 市地税局、国税局围绕“聚焦营改增试点，助力供给侧改革”这一主题，邀请20余户试点纳税人代表，就各行业关心的改革热点、难点问题进行现场座谈交流，沟通税收政策，拉开了“税收宣传月”系列活动的序幕。

5月12日 市地税局机关党委召开党员大会，进行换届选举。大会按照无记名投票的方式，选举出了新一届中共阳泉市地方税务局直属机关委员会委员9名，分别为秦峰、耿建明、赵永华、田世熙、史庆生、张志新、姚江涛、连智平、穆世斌；选举出机关党委书记秦峰、副书记耿建明；选举出新一届机关纪委委员，分别为赵永华、李春红、冯彩云、张怀庆、尚保青、姬兆军；选举出机关纪委书记赵永华。

7月 市地税局直属二分局非住宅评估系统上线运行。

8月4日 阳泉市税务学会成立大会召开，会议审议并表决通过《阳泉市税务学会章程（草案）》《阳泉市税务学会财务管理制度》《阳泉市税务学会会费收取办法》《阳泉市税务学会选举办法》，选举产生了学会会长、副会长、秘书长、副秘书长、理事和常务理事。

10月8日 市地税局“金税三期”优化版上线运行。

是年 市地税局全面贯彻落实中央《深化国税、地税征管体制改革方案》，与市国税局成立深化征管体制改革领导组，联合下发《国税、地税合作工作规范（2.0）》《国税、地税合作工作规范（3.0）》实施方案，共同确定了31项基本合作基目、9项创新合作项目。

2017 年

1 月 阳泉市地税系统、国税系统互设窗口全覆盖，7 个办税服务厅互设窗口 25 个，互派人员 26 名，实现了纳税人地税、国税业务“一厅办结”。

6 月 矿区地税局、矿区国税局合作建成“红色山城 · 阳泉税收”展览馆。

8 月 30 日—9 月 7 日 市地税局选派 71 名运动员参加全省地税系统第六届职工运动会，取得女子 100 米冠军、女子 800 米冠军、女子 4×100 米接力冠军、华牌老年组亚军、羽毛球男子团体季军、跳绳季军、女子跳远季军，名列全省团体总分第四名，并获得最佳组织奖。

9 月 市地税局贯彻落实省地税局部署，在全系统开展“带好队、收好税、造环境、促转型”大调研大讨论活动。

10 月 17 日 市地税局党组书记、局长陈友福带队到扶贫村走访贫困户，送去价值 1 万多元的面粉。

10 月 由阳泉市税务学会主办的《漾泉税务》首刊付印。

11 月 2 日 市地税局贯彻落实《全省税务系统优化税收营商环境服务经济转型发展实施意见》（简称《实施意见》）。制定下发《阳泉市税务系统落实〈全省税务系统优化税收营商环境服务经济转型发展实施意见〉任务分解及责任清单》，将省地税局 28 条措施进一步细化为 89 项工作任务，通过制定工作清单和责任清单，促使《实施意见》落到实处。

11 月 30 日 阳泉市地税系统召开水资源税、环保税改革工作推进会。

11 月 矿区地税局被确定为全市地税系统执法全过程记录制度试点单位。

12 月 1 日 市地税局、水务局、自来水公司在市自来水公司河神庙阳泉煤业集团供水站联合举行水资源税开征零点启动仪式。

是年 市地税局与国税局联合开展万名税务干部入企调研服务。制定了《万名税干入企调研服务专项行动实施方案》，统一印制了《致纳税人的一封信》、“阳泉市税务人员入企调研廉政监督卡”，每名入企税务干部持该卡入户，由企业为税务干部在调研服务过程中的廉政情况进行测评，共收集企业提出的问题 273 个，为企业发展献计献策 391 条。

2018年

2月 阳泉市地税系统内部控制监督平台上线运行。

3月19日 市地税局组织各县区环保局及地税局有关人员，邀请纳税人代表，召开环境保护税改革工作推进会。

4月2日 办税机器人“小豆”（该机器人是城区创新产业园孵化出来的新产品，可开展涉税咨询和导税服务）在城区国税、地税联合办税大厅上岗。

4月17日 市地税局和国税局实行“一门办税”。

7月5日 国家税务总局阳泉市税务局成立。

7月20日 国家税务总局平定县税务局、国家税务总局盂县税务局、国家税务总局郊区税务局、国家税务总局城区税务局、国家税务总局矿区税务局成立。

第一篇

机构

第一章 阳泉市地税局

1994 年，按照国家分税制财政体制改革的要求，税务机构分设为国家税务局和地方税务局。1994 年 8 月，阳泉市地税局成立，正处级建制，实行上级地方税务局与当地人民政府双重领导，以上级地方税务局领导为主的管理体制。主要负责阳泉市内营业税、企业所得税、个人所得税等税种和价格调控基金、水资源补偿费等规费（基金）的征收管理工作。组建时内设办公室、行政科、人事教育科、税政一科、税政二科、征收管理科、计划会计科、农税科 8 个科室，下辖第一分局、第二分局 2 个直属分局，对平定县地税局、盂县地税局、阳泉市郊区地税局、阳泉市城区地税局、阳泉市矿区地税局 5 个县（区）局实行垂直管理。组建初期，全市地税系统共有干部职工 340 人，其中，市局机关 43 人，市直分局 74 人，县（区）局 223 人。此后，为适应征管改革总体要求，更好履行工作职责，满足地税事业发展需要，所设机构历经 1995 年年末、2001 年年末、2010 年年末等数次变迁，全市地税系统机构不断完善。截至 2018 年 6 月，市地税局有办公室、人事教育科、监察室、政策法规科、征管和科技发展科、纳税服务科、计划财务科、税政一科、税政二科、规费征收管理科、督察内审科、机关党务办公室、离退休人员工作科 13 个内设科室，有干部教育中心、电子税务管理中心、后勤服务中心、税务票证管理所、税务咨询所 5 家直属事业单位，有稽查局、直属一分局、直属二分局、直属三分局、直属四分局、直属五分局、经济技术开发区分局 7 个直属行政单位，对平定县地税局、盂县地税局、阳泉市郊区地税局、阳泉市城区地税局、阳泉市矿区地税局 5 个县（区）局实行垂直管理。全市地税系统共有在职干部职工 627 人，其中，市局机关 68 人，市直分局 147 人，县（区）局 412 人；共有退休人员 111 人。2018 年 7 月 5 日，按照国税、地税征管体制改革的要求，市地税局和市国税局合并，组成国家税务总局阳泉市税务局。

第一节 机构沿革

1994 年 5 月，根据《山西省人民政府关于组建山西省各级地方税务局的通知》（晋政发〔1994〕41 号）精神，市地税局开始筹建。

5 月 10 日，从阳泉市税务局机关和直属分局分流到地税局 107 人，其中，市税务局一分局、稽查队、财税招待所成建制划转。

5月12日，省地税局指定张耀华、翟振华、赵建宇、商广真为市地税局筹建负责人，张耀华为第一负责人。同时，平定县地税局、盂县地税局、阳泉市郊区地税局、阳泉市城区地税局、阳泉市矿区地税局也开始筹建。

7月5日，为便于开展筹建工作，市地税局机关设立8个临时内设机构。分别是办公室、行政科、人事教育科、税政一科、税政二科、征收管理科、计划会计科、农税科，并指定了临时负责人。

7月30日，省地税局任命市地税局领导班子成员，局长张耀华，副局长翟振华、赵建宇、商广真。

8月1日，市地税局任命了市地税局机关8个科室的负责人。

8月8日，市地税局召开成立大会，办公地点设在阳泉市城区南大街8号（现为迎宾路8号）。

8月9—10日，平定县地税局、盂县地税局、阳泉市郊区地税局、阳泉市城区地税局、阳泉市矿区地税局、市地税局第一分局、市地税局第二分局也正式成立。组建初期，全市地税系统共有干部职工340人，其中，由税务部门划转319人，由财政部门选配市县两级领导班子3人，学校毕业分配15人，经省地税局批准调特殊岗位人员3人。同年7月起，由财税部门征收的农业税、农业特产税、契税、耕地占用税4个税种划归地税部门征收，征收人员同时整体划转到地税部门。市地税局、平定县地税局、盂县地税局、阳泉市郊区地税局陆续展开了农税人员的接收工作。年底，全系统共接收农税人员93人。

10月，根据省委办公厅、省政府办公厅《关于我省地方税务系统实行垂直管理的通知》（晋办发〔1994〕48号），地税部门实行上级地税机关与当地人民政府双重领导，以上级地税机关领导为主的垂直管理体制，党、团工作实行属地管理。

10月31日，省地税局党组任命张耀华为市地税局党组书记，翟振华、赵建宇、商广真为市地税局党组成员。

1995年3月，根据省地税局《关于设立直属机构的批复》（晋地税人复字〔1995〕09号），明确市地税局一分局、二分局为副处级建制；12月，市地税局经济技术开发区分局成立，为正科级建制。

11月，根据省地税局《山西省各地、市地方税务局内设机构、主要职能配置方案》（晋地税人字〔1994〕第19号），市地税局机关内设科室进行调整，设办公室、人事教育科、监察审计科（与纪检组合署办公，一套人马，两块牌子）、计划会计科、征收管理科、流转税管理科、所得税管理科、财产税管理科、特别税管理科、农业税管理科 10 个科室，均为正科级。

1996 年 2 月，市地税局稽查分局成立，为副处级建制。

1998 年 4 月，根据省编办《关于地、市地方税务局直属事业单位机构编制的批复》（晋编办字〔1995〕90 号）和省地税局文件，市地税局成立税务咨询所，正科级建制，差额补助事业单位。

1998 年 12 月 31 日，根据《关于对阳泉市地方税务局农业税收征管改革方案的批复》（晋地税农发〔1998〕34 号），市地税局农业税征收管理分局成立，正科级建制。

2000 年 1 月，根据省地税局《关于各地票证管理机构变更为计算机管理中心的通知》，市地税局计算机管理中心成立，正科级建制，全额预算事业单位（2003 年 12 月更名为信息管理中心，2012 年 2 月更名为电子税务管理中心）。

2002 年 1 月，根据省编办、省地税局《山西省市县地方税务局机构改革的实施意见》（晋编办发〔2001〕152 号），全系统进行机构改革，市地税局机关内设办公室、人事教育科、纪检监察室、征收管理科、计划财务科、税政管理一科、税政管理二科、规费管理科、机关党务办公室 9 个科室。同时，对市地税局直属机构的设置也进行调整。市地税局稽查分局更名为市地税局稽查局，将市地税局原一、二分局改为市地税局征收一、二分局，将开发区分局升为副处级建制。

2004 年 7 月，市地税局税务登记管理局成立，副处级建制。

2006 年 12 月，根据省编办《关于全省地税系统部分直属机构更名的通知》（晋编办字〔2006〕98 号），市地税局部分直属机构的名称和职能进行调整。市地税局税务登记管理局更名为市地税局直属一分局；市地税局征收二分局、征收一分局分别更名为市地税局直属二分局、直属三分局；市地税局农业税征收管理局更名为直属五分局（仍为正科级建制）。同时，对更名的分局的职能、内设机构名称进行调整。同月，根据省编办《关于地、市地方税务局直属事业单位机构编制的批复》（晋编办字〔1995〕90 号），市地税局成立票证管理所；根据省编办《关于各市地方税务局成立机关后勤服务中心的通知》（晋编办字〔2003〕195 号），市地税局成立机关后勤服务中心。

2007 年 11 月，根据省编办《关于全省地税系统部分基层税务所调整规格的通知》和省地税局文件，全市地税系统 42 个税务所中的 20 个税务所升格为副科级。

2008 年 9 月，根据省编办《关于阳泉、晋城、朔州三市地方税务局增加内设机构的通知》（晋编办〔2007〕354 号），市地税局机关成立政策法规科。

2009 年 3 月，根据省编办《关于省地税系统部分直属机构规格的通知》（晋编办字〔2008〕42 号）和《关于各县（市、区）地方税务局直属二分局机构规格的通知》

（晋编办字〔2008〕211号）市地税局直属五分局升格为副处级，县（区）局直属二分局升格为副科级。

2010年2月，根据省编办《关于各市地税局成立干部教育中心的通知》（晋编办〔2004〕268号），市地税局成立干部教育中心，副处级建制，企业化管理事业单位。

8月，根据省编办、省地税局《山西省市县地方税务局机构改革的实施意见》（晋编办发〔2001〕152号），市地税局直属四分局成立。

9月，根据省编办《关于各市地方税务局部分直属行政机构更名的通知》（晋编办字〔2010〕51号），市地税局直属五分局更名为直属二分局，市地税局直属二分局更名为直属五分局。同时，对新的直属二分局的职能进行了调整。

10月，根据省地税局《关于调整市县地方税务局主要职责内设机构的通知》（晋地税发〔2010〕104号）精神，市地税局征收管理科更名为征管和科技发展科，税政管理一科更名为税政一科，税政管理二科更名为税政二科，规费管理科更名为规费征收管理科，调整后的市地税局机关内设科室为办公室、人事教育科、纪检监察室、政策法规科、征管和科技发展科、计划财务科、税政一科、税政二科、规费征收管理科、机关党务办公室10个科室。

2011年7月，根据省地税局一级稽查改革方案，对市、区局稽查局承担的职责任务进行调整。调整后，除保留平定县和盂县两个县局稽查局外，阳泉市郊区地税局、阳泉市城区地税局、阳泉市矿区地税局的稽查局撤销，3个区局原承担的稽查职能划入市地税局稽查局。市地税局稽查局负责市直分局、开发区分局和城区、矿区、郊区范围内的稽查工作。

9月，根据省编办《关于各市地税局增设煤炭基金征收管理科的通知》（晋编办字〔2010〕221号），市地税局成立了煤炭基金征收管理科。

2012年2月，根据省编办《关于各市县地方税务局所属事业单位清理规范的通知》（晋编办字〔2011〕177号）精神，市地税局信息管理中心更名为市地税局电子税务管理中心，市地税局机关后勤服务中心更名为市地税局后勤服务中心，市地税局票证管理所更名为市地税局税务票证管理所，同时保留市地税局干部教育中心、市地税局税务咨询所。市地税局清理规范后的事业单位仍为5家分别为市地税局干部教育中心（自收自支事业单位，企业化管理），市地税局电子税务管理中心（全额事业单位），市地税局后勤服务中心（自收自支事业单位），市地税局税务票证管理所（全额事业单位），市地税局税务咨询所（差额事业单位）。

7月，根据省地税局《关于朔州等七市地方税务局增设离退休人员工作科的通知》（晋地税发〔2012〕41号），市地税局离退休人员工作科成立。

2013 年 5 月，根据省地税局《关于各市地方税务局增设纳税服务科的通知》（晋地税发〔2013〕42 号），市地税局成立纳税服务科。

2016 年 7 月，根据省编办《关于各市地税局部分内设机构变更名称的通知》（晋编办字〔2016〕132 号），市地税局煤炭基金征收管理科变更为督察内审科，其主要职责也发生变更。

2018 年 3 月 13 日，第十三届全国人民代表大会第一次会议审议并批准国务院机构改革方案。方案决定改革国税、地税征管体制，将省级和省级以下国税、地税机构合并，具体承担所辖区域内各项税收、非税收入征管等职责。国税、地税合并后，实行以国家税务总局为主与省（区、市）人民政府双重领导管理体制。

7 月 5 日，阳泉市地方税务局与阳泉市国家税务局合并挂牌，组成国家税务总局阳泉市税务局。

7 月 20 日，国家税务总局平定县税务局、国家税务总局盂县税务局、国家税务总局阳泉市郊区税务局、国家税务总局阳泉市城区税务局、国家税务总局阳泉市矿区税务局挂牌成立。

1994—2018 年阳泉市地税局领导名表

表 1-1

姓 名	职 务	级别	任 职 时 间	备注
张耀华	局长	正处	1994.7—1994.10	—
	党组书记、局长	正处	1994.10—1997.11	—
翟振华	党组副书记、副局长	副处	1997.11—1998.3	主持工作
	党组书记、局长	正处	1998.3—2011.5	—
陈明泽	党组书记、局长	正处	2011.5—2015.2	—
陈友福	党组书记、局长	正处	2015.2—2018.7	—
翟振华	副局长	副处	1994.7—1994.10	—
	党组成员、副局长	副处	1994.10—1997.11	—
赵建宇	副局长	副处	1994.7—1994.10	—
	党组成员、副局长	副处	1994.10—2009.8	—
商广真	副局长	副处	1994.7—1994.10	—
	党组成员、副局长	副处	1994.10—2001.12	—
石润堂	党组成员、纪检组长	副处	1995.4—1997.5	—
张春光	党组成员、纪检组长	副处	1997.7—2001.12	—
	党组成员、副局长	副处	2001.12—2011.2	—

续表 1-1

姓　名	职　　　务	级别	任　职　时　间	备注
郗建光	党组成员、副局长	副处	1997.11—2004.7	—
张千颂	党组成员、纪检组长	副处	2001.12—2010.2	—
	党组成员、副局长	副处	2010.2—2012.5	—
李巨荣	党组成员、总经济师	副处	2001.12—2010.2	—
	党组成员、纪检组长	副处	2010.2—2013.9	—
崔　军	党组副书记、副局长	副处	2005.7—2010.2	—
宁新帅	党组成员、副局长	副处	2008.1—2008.12	挂职
陈明泽	党组成员、副局长	副处	2010.2—2011.5	—
程志明	党组成员、总经济师	副处	2010.2—2012.5	—
	党组成员、副局长	副处	2012.5—2018.7	—
雷志刚	党组成员、总会计师	副处	2012.1—2018.7	—
张　旋	党组成员、副局长	副处	2012.2—2018.7	—
李建全	党组成员、副局长	副处	2012.5—2018.7	—
秦　峰	党组成员、总经济师	副处	2012.5—2018.7	—
田　野	党组成员、纪检组长	副处	2014.7—2018.1	

第二节　内设科室和直属事业单位

一、内设科室

（一）办公室

1994 年 8 月，市地税局成立时设立办公室。主要职责：负责起草和审核重要文件报告，负责有关会议的组织工作；负责秘书事务、文电处理、文书档案、信访、保密和编写简报、信息、综合及组织地方税收工作的宣传报道；负责接待和处理对外事务；负责机关后勤服务和安全保卫等。2006 年 12 月，不再具体承办机关后勤服务等工作，由新成立的机关后勤服务中心提供服务。

截至 2018 年 6 月，主要职责：处理机关日常政务；拟定本系统年度工作计划、总结和有关工作制度；组织起草和审核市地税局重要文稿；负责机关文电、机要、会务、档案、督查、信访、保密、密码、政务信息简报等工作；承担对外宣传、新闻发布及机关政务公开、政府信息公开工作；承办机关网站管理工作；负责对外事务和本系统外事工作；组织办理人大建议，政协提案；负责税收科研工作。

（二）人事教育科（思想政治工作办公室）

1994 年 8 月，市地税局成立时设立人事教育科。主要职责：负责所属单位机构、编制、人员、劳资和人事档案管理工作；承办所属单位副科级以上领导干部的管理工作；负责所属单位离退休干部的管理工作；承办党组有关事项和决议的督促、落实工作；负责基层建设，组织开展劳动竞赛和评先创优活动；负责机关党务、税务干部队伍思想政治工作及学历教育和岗位培训；负责税收宣传工作等。2002 年 1 月，不再承担机关党务、工、青、妇，机关政治理论学习，机关精神文明建设工作职责，由新成立的机关党务办公室承担；不再承担税收宣传职责，由征收管理科承担。2008 年 8 月，省地税局成立巡视工作办公室，增加承担组织落实上级巡视工作制度，承办巡视有关工作的职责。2010 年 10 月，加挂思想政治工作办公室牌子。2012 年 7 月，人事教育科不再承担离退休干部的管理工作职责，由新成立的离退休人员工作科承担。

截至 2018 年 6 月，主要职责：承办市地税局党组日常事项；组织落实干部人事制度及本系统地税人才队伍建设规划，拟定具体实施方案和相关管理制度；承担人事劳资、机构编制管理工作；承担县（市、区）局领导班子和科级干部以及后备干部的管理、考核及监督等工作；监督检查本系统执行干部人事规章制度情况。根据省地税局的要求，拟定本系统基层建设、教育培训、精神文明建设、思想政治工作等相关管理制度、工作规划和年度计划；组织开展本系统基层建设；负责干部职工的学历教育和业务培训，组织开展各类教育培训活动；组织开展劳动竞赛和评先创优活动，加强精神文明建设、税务文化建设。负责加强本系统思想政治工作。组织落实上级巡视工作制度，承办巡视有关工作。

（三）政策法规科

2008 年 9 月，根据省编办《关于阳泉、晋城、朔州三市地方税务局增加内设机构的通知》（晋编办〔2007〕354 号），市地税局机关成立政策法规科。主要职责：负责组织实施对税收法规、规章执行情况的监督检查；拟定地方税收业务的规章制度；承办重大税收案件的审理和行政处罚工作；办理税务行政诉讼、行政复议和行政赔偿；负责税收宣传等。2013 年 5 月，不再承担税收宣传的职责，由新成立的纳税服务科承担。2016 年 7 月，不再承担税收执法督察检查方面的职责，由新成立的督察内审科承担。

截至 2018 年 6 月，主要职责：依据全省地税系统依法行政、依法治税工作方案，拟定具体实施办法；组织协调涉及多税种、综合性税收政策的落实工作；组织开展综合性税收政策调研；承担机关有关规范性文件的合法性审核工作，并定期进行清理、评估和反馈；承办局外涉及多税种、综合性税收政策文件会办工作；牵头重大税收案件审理及规范税务行政审批工作；承办税收规范性文件的备案备查工作；办理行政复议、赔偿案件及行政诉讼案件。

（四）征管和科技发展科

1994 年 8 月，市地税局成立时设立征收管理科。主要职责：负责税收征收管理的各项工作；负责个人税收的征收管理工作；负责行政复议、行政诉讼的日常工作；负责税务代理工作。2002 年 1 月，税收宣传的职责改由征收管理科承担。2008 年 9 月，不再承担行政复议、诉讼、税收法律法规执行情况的监督检查、税收宣传等职责，由新成立的政策法规科承担。2010 年 10 月，征收管理科名称变更为征管和科技发展科（纳税服务科），同时，主要职责增加纳税服务的相关工作。2013 年 5 月，不再承担纳税服务相关工作，由新成立的纳税服务科承担。

截至 2018 年 6 月，主要职责：负责贯彻落实综合性税收征管法律、法规、规章和规范性文件和省地税局制定的具体操作办法；研究提出专业化征收管理和税收征管规程完善的建议；组织实施税收征管数据管理和应用办法、综合性纳税评估办法，承办征管质量考核、风险管理和税收收入征管因素分析工作；承担税务登记、纳税申报、普通发票管理、税控器具推广应用等工作；组织落实个体和集贸市场税收征管、税收管理员制度；负责税收征管资料管理；推进征管改革等。承担税收管理信息化建设中业务需求整合和流程优化的综合管理工作；承担大型企业税收相关工作。

（五）纳税服务科

2013 年 5 月，根据省地税局《关于各市地方税务局增设纳税服务科的通知》（晋地税发〔2013〕42 号），市地税局设立纳税服务科。主要职责：组织、协调和指导全市地税系统各部门、各税种、各环节的纳税服务工作；组织实施纳税服务工作规范和操作规程；组织落实纳税人权益保障规章制度及规范性文件；组织协调、实施纳税辅导、税收政策咨询、税收法律救济等工作，受理纳税人投诉；组织实施税收信用体系建设；指导税收争议的调解；组织实施面向纳税人的税法宣传，负责“税收宣传月”工作。至 2018 年 6 月，主要职责未发生变化。

（六）计划财务科

1994年8月，市地税局成立时设立计划会计科。主要职责：负责税收计划的编制和分配，汇总、分析、编报税收会计、统计信息数据；负责各项税收收入的征解、提退管理工作；负责各种税收票证的管理；办理各项经费、装备、财产的领拨、核算和管理工作；负责省政府交办的基金、费的征收与管理工作；负责计算机的推广、应用和开发工作。2000年1月，不再承担计算机的推广、应用和开发的工作职责，由新成立的计算机管理中心承担。2002年1月，更名为计划财务科，增加内部审计的工作职责，不再承担省政府交办的基金、费的征收与管理的工作职责，由新成立的规费管理科承担。2010年10月，加挂督察内审科的牌子。2016年7月，不再承担内部审计职责，由新成立的督察内审科承担。

截至2018年6月，主要职责：根据省地税局下达的年度税收任务，编制、分配和下达本系统年度税收任务；监督检查税收任务执行情况和税款缴、退库情况；组织开展税收收入分析预测、预警和税收收入能力估算工作；组织开展经济税源调查、重点税源监控工作；组织落实税收会计核算、统计核算、税收票证管理等相关制度；承担税收收入数据的综合管理应用工作，对外发布收入数据。拟定财务管理、基本建设管理等相关制度和办法，对执行情况进行监督检查；审核汇编部门预算、决算；管理本系统经费、财务、装备、固定资产，办理各项经费划拨；负责本系统基本建设计划的审核、申报和管理工作；组织实施会计核算、会计基础规范、国库集中支付、政府采购工作；组织实施本系统资产的购置、占有、使用、处置、清理等工作；承担着装管理工作等。

（七）税政一科（国际税务管理科）

1994年8月，市地税局成立时设立税政一科。1995年11月，市地税局设立流转税管理科、财产税管理科、特别税管理科。流转税管理科的主要职责：负责营业税、资源税的税政业务和征收管理工作，制定具体执行办法；负责处理执行税法和税收政策中的有关事项；负责税收资料普查工作。财产税管理科的主要职责是：负责房产税、土地使用税、车船使用税、土地增值税、遗产和赠与税等税政业务和征收管理工作，制定具体执行办法；负责处理执行税法和税收政策中的有关事项。特别税管理科的主要职责：负责固定资产投资方向调节税、城乡维护建设税、印花税、屠宰税、筵席税、教育费附加等税费的税政业务和征收管理工作，制定具体执行办法；负责处理执行税法和税收政策中的有关事项。2002年1月，市地税局将流转税管理科、财产税管理科、特别税管理科合并为税政管理一科（挂涉外税收管理科的牌子），主要职责：负责营业税、资源税、房产税、土地使用税、土地增值税、城市维护建设税、印花税、屠宰税、固定资产投资方向调节税、筵席税等税政业务和征收管理工作；制定具体征收管理办法；负责处理执行税法和税收政策中的有关事项。承担涉外税收管理工作。2010 年 10 月，更名为税政一科（国际税务管理科）。2017 年，国际税收职能由税政二科承担。

截至 2018 年 6 月，主要职责：负责营业税、资源税、房产税、城镇土地使用税、车船税、土地增值税、城市维护建设税、印花税等税种及相关附加费的征收管理工作，拟定征收管理具体实施办法；对具体业务问题进行解释和处理；组织实施有关税种的纳税评估、税源管理等办法;指导有关税种的日常管理、日常检查；参与有关税种的纳税辅导、咨询服务、税收法律救济工作。指导、协调、检查有关税收法律法规和国家（地区）间税收协议、协定（安排）的执行；负责非居民税收管理工作，解释和处理具体业务问题；组织实施特别纳税调整、涉外企业税收管理、居民境外投资税收服务与管理工作。

（八）税政二科

1994 年 8 月，市地税局成立时设立税政二科。1995 年 11 月，更名为所得税管理科。主要职责：负责企业及个人所得税税政业务和征收管理工作，制定具体执行办法；负责处理执行税法和税收政策中的有关事项。2002 年 1 月，所得税管理科更名为税政管理二科。2010 年 10 月，更名为税政二科。自成立以来，主要职责未发生大的变动。

截至 2018 年 6 月，主要职责：负责企业所得税、个人所得税等的征收管理工作，拟定征收管理具体实施办法；对具体业务问题进行解释和处理；组织实施有关税种的纳税评估、税源管理、汇算清缴等办法；指导有关税种的日常管理、日常检查；参与有关税种的纳税辅导、咨询服务、税收法律救济工作等。

（九）规费征收管理科

2002 年 1 月，根据省编办、省地税局《山西省市县地方税务局机构改革的实施意见》（晋编办发〔2001〕152 号），市地税局设立规费管理科。主要职责：负责省政府交付的地方性规费、基金的征收管理工作，制定具体征收管理办法；负责处理执行政策中的有关事项。2010 年 10 月，更名为规费征收管理科。由于代征规费基金屡有变化，规费管理科主要职责进行相应变动。

截至 2018 年 6 月，主要职责：负责煤炭水资源补偿费、教育费附加、价格调节基金、农村教育事业费附加、文化事业建设费、河道工程维护管理费、残疾人就业保障金、工会经费、城镇退役士兵安置任务有偿转移资金等规费（基金）的征收（代征）管理工作，拟定征收管理具体实施办法；根据省地税局下达的年度计划，编制、分配和下达本系统年度计划并监督检查计划执行情况；对具体业务问题进行解释和处理；组织实施有关规费（基金）的分析评估、费源管理等工作；指导有关规费（基金）的日常管理、日常检查；参与有关规费（基金）的咨询辅导、法律救济工作。

（十）督察内审科

督察内审科的前身是煤炭基金征收管理科，2011 年 9 月，根据省地税局《关于调整市县地方税务局主要职责内设机构的通知》（晋地税发〔2010〕104 号），市地税局设立煤炭基金征收管理科。主要职责：负责煤炭可持续发展基金代征管理工作，拟定征收管理具体实施办法；负责煤矿转产发展资金和矿山环境恢复治理保证金的监缴工作；根据省地税局下达的年度计划，编制、分配和下达本系统年度计划并监督检查计划执行情况；对具体业务问题进行解释和处理；组织实施分析评估、费源管理等工作；指导日常管理、日常检查；参与咨询辅导、法律救济工作。2014 年 12 月 1 日，煤炭可持续发展基金停征后，煤炭基金征收管理科的职能进行了调整。2016 年 7 月，根据省编办《关于各市地税局部分内设机构变更名称的通知》（晋编办字〔2016〕132 号）和省地税局文件精神，基金科变更为督察内审科。主要职责：负责内部审计工作；组织实施本系统财务管理、基本建设项目、大宗物品采购审计和领导干部经济责任审计、离任审计等工作；组织实施对税收法律法规、部门规章和规范性文件执行情况的监督检查；组织落实税收执法责任制、税收执法过错责任追究制度，承担税收执法质量考核工作；督察落实各类审计结论和税收执法检查结论等。至 2018 年 6 月，主要职责未发生变化。

（十一）机关党务办公室

2002 年 1 月，根据省编办、省地税局《山西省市县地方税务局机构改革的实施意见》（晋编办发〔2001〕152 号），市地税局设立机关党务办公室。主要职责：负责机关党务、工会、青年、妇女工作；负责机关政治理论学习、思想政治教育；负责机关精神文明建设工作。至 2018 年 6 月，主要职责未发生变化。

（十二）离退休人员工作科

2012 年 7 月，根据省地税局《关于朔州等七市地方税务局增设离退休人员工作科的通知》(晋地税发〔2012〕41号),市地税局设立离退休人员工作科。主要职责:负责市地税局机关离退休人员管理服务工作,指导本系统离退休人员管理服务工作。至2018年6月,主要职责未发生变化。

(十三)纪检监察室

1995年11月,根据省地税局《山西省各地、市地方税务局内设机构、主要职能配置方案》(晋地税人字〔1994〕第19号),市地税局机关设立监察审计科(与纪检组合署办公,一套人马,两块牌子),主要职责:负责监督检查所属机构及其工作人员贯彻国家税收政策、法规、制度的情况,受理监察对象违法违纪行为的检举、控告和调查处理;负责所属干部违纪行为的惩戒工作和违纪案件的督查工作;负责所属单位的财务收支内部审计和领导干部离任审计。2002年1月,根据省地税局《山西省市县地方税务局纪检监察机构设置意见》(晋地税人发〔2001〕35号),市地税局设立党组纪检组、局监察室,一套人马,两块牌子,合署办公。不再承担内部审计的相关职责,改由计划财务科承担,其他职责未变。至2018年6月,主要职责未发生变化。

(十四)农业税管理科

1995年11月,根据省地税局《山西省各地、市地方税务局内设机构、主要职能配置方案》(晋地税人字〔1994〕第19号),市地税局设立农业税管理科。主要职责:负责农业税、农业特产税、耕地占用税、契税的税政业务和征收管理,制定具体执行办法,研究农民税负政策和农业税税制改革,处理执行税法和税收政策中的有关事项。1998年12月,农业税管理科变更为市地税局农业税征收管理分局。

1994—2018年阳泉市地税局机关科室领导名表

表1–2

科 室	职 务	姓 名	任 职 时 间	备 注
办公室	主任	赵书传	1994.8—2002.1	—
		宋志刚	2002.1—2006.12	—
		史庆生	2008.9—2012.7	—
		田世熙	2012.7—2018.7	—
	副主任	岳昱清	1995.11—2000.1	—
		宋志刚	1995.11—2000.1	—
		史庆生	2002.1—2008.9	—
		赵 清	2012.7—2017.12	—

续表 1-2

科　室	职　务	姓　名	任　职　时　间	备　　注
人事教育科	科长	赵爱国	1995.11—2002.1	—
		岳昱清	2002.1—2004.8	—
		赵永华	2006.12—2012.7	—
		史庆生	2012.7—2018.7	—
	副科长	赵爱国	1994.8—1995.11	—
		赵永华	2000.1—2006.12	—
		耿建明	2008.9—2012.7	—
		翟　敏	2012.7—2013.5	—
		王慧忠	2013.5—2018.7	—
纪检监察室	主任	王淑蔚	2002.1—2013.5	—
		张志新	2013.5—2016.9	—
		耿建明	2016.9—2018.7	—
	副科长	李淑凤	1995.11—2002.1	其间为监察审计科
政策法规科	科长	孙爱文	2010.8—2013.5	—
		李国庆	2013.5—2017.12	—
		郭向东	2017.12—2018.7	—
	副科长	王志军	2008.9—2010.8	—
		翟　敏	2010.8—2012.7	其间在人事教育科工作
		李计明	2012.7—2013.5	其间在税政一科工作
		周丽霞	2013.5—2013.12	其间在机关党务办公室工作
		王军梅	2013.12—2018.7	其间在税政一科工作
征管和科技发展科	科长	张志勇	1995.11—2002.1	其间为征收管理科
		韩静涛	2002.1—2010.8	其间为征收管理科
		王志军	2010.8—2017.12	—
		李建印	2017.12—2018.7	—
	副科长	张志勇	1994.8—1995.11	其间为征收管理科
		檀晓辉	1995.11—1999.11	其间为征收管理科
		张洲明	2000.1—2006.12	其间为征收管理科
		郗　涛	2008.9—2011.9	其间为征收管理科
		张来明	2011.9—2017.12	—
		史耀红	2017.12—2018.7	—
纳税服务科	科长	梁逢煜	2013.5—2017.12	—
	副科长	杨志光	2017.12—2018.7	主持工作

续表 1-2

科室	职务	姓名	任职时间	备注
计划财务科	科长	王海云	1998.5—2002.1	其间为计划会计科
		尚保青	2002.1—2004.7	—
		秦　峰	2006.12—2010.8	—
		司京梅	2010.8—2011.9	—
		李建印	2012.2—2017.12	—
		张小英	2017.12—2018.7	—
	副科长	王海云	1994.8—1998.5	其间为计划会计科
		尚保青	2000.1—2002.1	其间为计划会计科
		司京梅	2002.1—2010.8	—
		秦　峰	2004.8—2006.12	主持工作
		李建印	2010.8—2012.2	—
		张小英	2012.2—2012.7	—
		赵宏志	2012.7—2014.10	—
		戴瑞春	2014.10—2017.12	—
		王玉花	2017.12—2018.7	—
税政一科	科长	史全保	1994.8—1995.11	—
		岳昱清	2000.1—2002.1	其间为流转税管理科
		郭富华	2000.1—2002.1	其间为财产税管理科
		程凤英	2000.1—2002.1	其间为特别税管理科
		郭富华	2002.1—2011.9	—
		张洲明	2011.9—2017.12	—
		梁逢煜	2017.12—2018.7	—
	副科长	郭润芳	1994.8—1995.11	—
		王庭玉	1995.11—1998.4	其间为流转税管理科
		张晋姝	1998.5—2000.1	其间为流转税管理科
		郭富华	1998.5—2000.1	其间为财产税管理科
		程凤英	1998.5—2000.1	其间为特别税管理科
税政二科	科长	郭润芳	1995.11—2002.1	其间为所得税管理科
		程凤英	2002.1—2013.5	—
		孙爱文	2013.5—2017.12	—
		翟　敏	2017.12—2018.7	—
	副科长	王庭玉	1994.8—1995.11	—
规费征收管理科	科长	张晋姝	2002.1—2011.9	—
		司京梅	2011.9—2014.10	—
		张小英	2014.10—2017.12	—

续表 1–2

科　室	职　务	姓　名	任　职　时　间	备　　注
督察内审科	科长	张晋姝	2011.9—2011.12	负责人，其间为煤炭可持续发展基金征收管理科
			2011.12—2013.12	其间为煤炭可持续发展基金征收管理科
		郭向东	2013.12—2016.11	其间为煤炭可持续发展基金征收管理科
			2016.11—2017.12	—
		张志新	2017.12—2018.7	—
	副科长	张　哲	2012.7—2013.12	其间为煤炭可持续发展基金征收管理科
		李　涛	2014.10—2016.11	其间为煤炭可持续发展基金征收管理科
			2016.11—2018.7	—
机关党务办公室	主任	王　刚	2006.12—2011.9	—
		田世熙	2011.9—2012.7	—
		耿建明	2012.7—2016.9	—
		张志新	2016.9—2017.12	—
		程瑞林	2017.12—2018.7	—
	副主任	王　刚	2002.1—2006.12	—
离退休人员工作科	科长	张小英	2012.7—2014.10	—
		翟　敏	2014.10—2017.12	—
		赵　清	2017.12—2018.7	—
行政科	科长	张千颂	1994.8—1995.11	—
农业税管理科	科长	张良英	1995.11—1998.12	—

二、直属事业单位

市地税局成立时，没有事业单位。1998 年 4 月，设立税务咨询所。2000 年 1 月，设立计算机管理中心。2006 年 12 月，设立票证管理所、机关后勤服务中心。2010 年 2 月，设立干部教育中心。2012 年 2 月，根据省编办《关于各市县地方税务局所属事业单位清理规范的通知》(晋编办字〔2011〕177 号)，市地税局的 5 家直属事业单位予以保留，分别是干部教育中心、电子税务管理中心、后勤服务中心、税务票证管理所、税务咨询所。

（一）干部教育中心

2010 年 2 月，根据省编办《关于各市地税局成立干部教育中心的通知》(晋编办〔2004〕268 号)，市地税局设立干部教育中心，副处级建制，企业化管理事业单位。

主要职责：负责教育培训管理制度、发展规划、培训计划的组织实施；承担全市地税系统干部在职培训、初任培训、任职培训和各类专门业务培训任务。至 2018 年 6 月，主要职责未变化。

（二）电子税务管理中心

2000 年 1 月，根据省地税局《关于各地票证管理机构变更为计算机管理中心的通知》，市地税局设立计算机管理中心，正科级建制，全额预算事业单位。主要职责：为全市地税系统信息化建设提供技术保障；承担全市地税系统网络建设和安全维护；承担全市地税税收及基金规费征收管理应用系统和软件的开发、推广；收集整理相关技术信息和资料;确保网络信息安全。2003 年 12 月，根据省编办《关于同意成立市（地）地方税务局信息管理中心的通知》（晋编字〔2003〕52 号）和省地税局文件，计算机管理中心更名为信息管理中心。2012 年 2 月，更名为电子税务管理中心。至 2018 年 6 月，主要职责未变化。

（三）后勤服务中心

2006 年 12 月，根据省编办《关于各市地方税务局成立机关后勤服务中心的通知》（晋编办字〔2003〕195 号），市地税局设立机关后勤服务中心，正科级建制，自收自支事业单位。主要职责：为机关办公提供后勤服务；承担机关物业管理；提供相关社会服务。2012 年 2 月，更名为后勤服务中心。至 2018 年 6 月，主要职责未变化。

（四）税务票证管理所

2006 年 12 月，根据省编办《关于地、市地方税务局直属事业单位机构编制的批复》（晋编办字〔1995〕90 号），市地税局设立票证管理所，正科级建制，全额预算事业单位。主要职责：负责税票、发票的发放、保管、检查等工作。2012 年 2 月，更名为税务票证管理所。主要职责：承担各类税收票证和普通发票的领发、保管等工作。至 2018 年 6 月，主要职责未变化（税收票证的领发、保管，根据工作需要，由计财科承担）。

（五）税务咨询所

1998 年 4 月，根据省编办《关于地、市地方税务局直属事业单位机构编制的批复》（晋编办字〔1995〕90 号），市地税局设立税务咨询所，正科级建制，差额补助事业单位。2012 年 2 月，主要职责调整为：提供税收法律法规和政策业务等咨询服务；组织落实注册税务师行业管理政策及管理制度；承担涉及全市地税系统内部会计审计和税务师事务所的审核审批的辅助事务工作。至 2018 年 6 月，主要职责未变化。

1994—2018 年阳泉市地税局直属事业单位领导名表

表 1–3

科　室	职　务	姓　名	任　职　时　间	备　　注
干部教育中心	主 任	秦　峰	2010.2—2012.5	—
		赵永华	2012.5—2018.7	—
电子税务管理中心	主 任	宋志刚	2000.1—2002.1	其间为计算机管理中心
		李贵忠	2002.1—2018.7	2003 年更名为信息管理中心，2012 年 2 月更名为电税中心
	副主任	李贵忠	2000.1—2002.1	其间为计算机管理中心
		李春红	2002.1—2012.2	其间为计算机管理中心
		荆军红	2013.5—2018.7	—
后勤服务中心	主 任	宋志刚	2006.12—2007.1	—
		连智平	2008.9—2012.7	—
		刘永红	2012.7—2014.10	—
		姚江涛	2014.10—2018.7	—
	副主任	宋利军	2006.12—2010.8	2009 年 12 月以前，在税政二科工作
		岳丽平	2010.8—2012.7	—
		潘雅君	2013.5—2018.7	—
税务票证所	所 长	张洲明	2006.12—2011.9	—
		李春红	2012.2—2018.7	—
	副所长	雷志刚	2006.12—2010.8	2009 年 12 月以前，在规费科工作
		张小英	2010.8—2012.2	其间在计财科工作
		李　涛	2012.7—2014.10	其间在监察室工作
		王文洁	2014.10—2018.7	其间在后勤中心工作
税务咨询所	所 长	李旭东	2003.5—2011.9	—
		段红卫	2012.2—2013.12	—
		岳丽平	2013.12—2017.12	—
		贾海维	2017.12—2018.7	—
	副所长	韩静涛	1998.4—2002.1	—
		安　清	2002.1—2010.8	—
		段红卫	2010.8—2012.2	2011 年 9 月以前，在计财科工作
		陈贵涛	2012.7—2013.12	其间在税政二科工作
		张　琪	2014.10—2018.7	其间在电税中心工作

第三节　直属单位

一、阳泉市地方税务局直属一分局

（一）概况

阳泉市地方税务局直属一分局原名为阳泉市地税局税务登记管理局，成立于2004年8月，副处级建制。内设综合科、计划会计科、征收科、登记科。原市地税局征收一分局计划会计科和市地税局征收二分局计划会计科撤销后，部分人员分流到阳泉市地税局登记管理局。主要职责：负责办理市区范围内私营以上纳税户的地方税务登记；受理市直分局管户的纳税申报、税款征收工作，负责发售发票；负责税收法律法规及税收政策的咨询服务；负责税收会计、税收统计、税收票证工作等。成立之初，分局机关在北大街73号办公楼办公，征收科在北大街建设银行三楼办公，登记科在德胜街市政府行政审批中心大楼办公。2006年9月，市地税直属一分局迁至北大街38号，市地税局办公楼二层办公。2005年6月，阳泉市地方税务局税务登记管理局更名为阳泉市地方税务局直属一分局。

建局以来，市地税局直属一分局全面落实《全国县级税务机关纳税服务规范》，推行“一窗式”办税服务模式，实行办税事项一窗受理、内部流转、限时办结、窗口出件，满足纳税人在一个窗口办结所有涉税事项的需求；推行网上办税，实现财税库银横向联网，2018年6月，网上申报率达到98.5%，电子缴税率达到96.64%；推行税务登记“五证合一”“一照一码”改革和税务登记“免填单”服务，精简了税务登记的流程和资料；全面贯彻落实总局《办税事项“最多跑一次”清单》和“一门办税”持续优化营商环境决策部署，以信息互联互通、数据共享为前提，为纳税人节约了办税时间，提高了办税效率。建局期间，共组织入库各项收入356亿元。2011年全省地税系统纳税服务工作现场推进会上，市地税局直属一分局办税服务厅的“自助办税”和“网上申报”作为观摩“亮点”进行推介。2006年，被山西省劳动竞赛委员会授予集体一等功。2013年，被省地税局授予全省地税系统“五好党支部”荣誉称号。

2004—2018 年阳泉市地税局直属一分局领导名表

表 1–4

姓　名	职　务	级　别	任 职 时 间
岳昱清	局　长	副　处	2004.7—2010.7
王庭玉	局　长	副　处	2010.7—2018.7
李惠平	副局长	正　科	2004.7—2010.8
张良英	副局长	正　科	2006.12—2011.8
牛战平	副局长	正　科	2010.8—2013.5
冯彩云	副局长	正　科	2011.9—2017.12
何　江	副局长	正　科	2013.5—2018.7
杨慧田	副局长	正　科	2017.12—2018.7

（二）内设科室

综合科 负责制定分局办公规章制度；负责制定分局年度工作计划及长远发展规划；负责会议组织、秘书事务，组织、编发信息、调研工作，处理日常政务、起草和审核有关文件和报告；负责分局人事教育、纪检、监察、精神文明建设、党务、工会、青年、妇女、后勤保障、财务、固定资产管理等工作。

计划会计科 负责对市直二、三、四、五分局税收会计的全面核算管理和税收统计工作；负责税收票证的领发、使用、缴销、保管和核算工作；负责办理直属二、三、四、五分局管户的税款退库手续及与国库的对账工作。

征收科 负责受理审核纳税人、扣缴义务人和代征单位的纳税申报资料及税费、滞纳金、罚款的征收工作；负责发票的销售、代开和办税服务厅的税法宣传工作。

登记科 负责受理、审核纳税人办理税务登记的相关资料，负责办理开业、变更、注销、验证、换证、遗失税务登记事项的处理；负责税务登记资料的传递和与相关部门的信息交换及税法宣传工作。

2004—2018 年阳泉市地税局直属一分局科室领导名表

表 1–5

科　室	职　务	姓　名	任　职　时　间	备　　注
综合科	科　长	尚保青	2004.7—2011.10	—
		郭向东	2012.6—2013.12	—
		陈海峰	2013.12—2018.7	—

续表 1-5

科 室	职 务	姓 名	任 职 时 间	备 注
综合科	副科长	刘永红	2004.7—2008.9	—
		李 畅	2008.9—2013.5	—
		荆志强	2011.10—2012.6	—
		戴瑞春	2013.5—2014.10	在市局计财科工作
		陈贵涛	2014.10—2018.7	在市局税政二科工作
计划会计科	科 长	张桂萍	2004.7—2012.6	—
		荆志强	2012.6—2018.7	—
	副科长	荆志强	2004.7—2011.10	—
		张晓金	2004.7—2010.8	—
		李瑞宪	2010.8—2018.7	—
		郭 利	2013.5—2018.7	—
征收科	科 长	武改瑞	2004.7—2013.5	—
		李 畅	2013.5—2017.12	—
	副科长	冯志斌	2004.7—2010.8	—
		李宏林	2004.7—2008.9	—
		郭向东	2008.9—2012.6	—
		陈海峰	2010.8—2013.12	—
		卢钢春	2012.6—2014.10	—
		史耀红	2014.10—2017.12	在市局征管和科技发展科工作
		段文英	2013.12—2018.7	2017 年 12 月，主持征收科工作
		武 慧	2017.12—2018.7	在市局计划财务科工作
登记科	科 长	连智平	2004.7—2008.9	—
		陈慧珍	2008.9—2013.12	—
		赵素民	2013.12—2017.12	—
		彭 英	2017.12—2018.7	—
	副科长	陈慧珍	2004.7—2008.9	—
		赵素民	2011.8—2013.12	—
		曹海霞	2013.12—2018.7	—

二、阳泉市地方税务局直属二分局

（一）概况

1994 年 8 月，阳泉市财政局农业税管理科整体划转到阳泉市地方税务局，成为市地税局农业税管理科。农业税管理科担负着全市农业税、农林特产税、契税、耕地占用税（简称“农业四税”）的征收和管理工作，办公地址为阳泉市城区三角线8号（现为迎宾路8号）。1998年12月，更名为市地税局农业税征收管理分局，正科级建制。担负全市“农业四税”的征收和管理工作。2002年1月，更名为市地税局农业税征收管理局，正科级建制。2006年8月，更名为市地税局直属五分局，正科级建制。2009年3月，市地税局直属五分局升格为副处级建制，下设综合科、税政科、征收科和管理科4个科。主要负责契税、耕地占用税、烟叶税（简称“三税”）的征收管理工作，拟定征收管理具体实施办法；对具体业务进行解释和处理；组织开展“三税”的纳税评估、税源管理等工作；指导“三税”的日常管理、日常检查；参与“三税”的纳税辅导、咨询服务、税收法律救济工作；负责全市范围内跨区域契税、耕地占用税款的直接征收工作；牵头负责县（区）局房地产税收一体化协调管理工作，负责房地产税源管理和房地产交易环节税收征收管理；负责农村综合改革有关工作；承担对县区地税局的业务指导和系统管理工作。2010年9月，市地税局直属五分局更名为市地税局直属二分局，副处级建制。2011年11月至2013年9月，办公地址迁到泉东路183号，2013年10月迁回迎宾路8号。

建局以来，市地税局直属二分局累计组织各项收入7.5亿元，减免各项税费3.8亿万元。在全市房地产开发企业推行“项目管理”，2011年2月，联合市发展和改革委员会、市国土资源局、市住房保障和城乡建设管理局3个部门出台《阳泉市重点工程暨房地产税收一体化管理实施办法》。积极解决因历史原因形成的无发票购房户房产证办理难的问题，2015年以来，累计为符合条件的111户办理契税申报缴纳，得到国家税务总局、省政府有关部门、市政府及省局的高度关注，国家税务总局下发《国家税务总局关于契税纳税申报有关问题的公告》推进这一问题的解决。2011年6月，上线运行了房地产一体化管理软件，实现了房地产项目从立项、开发、销售、清税的一体化管理。2011年12月，上线运行了存量房评估系统，实现了存量房价格自动评估。2016年，该系统通过升级改造与“金税三期”系统完成对接，实现了存量房评估数据的实时提取。2018年3月，存量房评估系统经过再次升级改造，实现了与国土、住房城乡建设部门已售商品房和存量房信息数据共享，使百姓办理二手房交易纳税申报审核时间大大缩短。截至2018年3月底，存量房评估系统共采集全市范围798个小区、6277幢楼房的评估数据信息。市地税局直属二分局先后被授予“市级文明单位”“市级文明单位标兵”，山西省地方税务局“省级标准化窗口”“省级示范窗口”“山西省地税系统依法行政依法治税先进集体”等荣誉称号。

1994—2018 年阳泉市地税局直属二分局领导名表

表 1–6

姓　名	职　务	级　别	任 职 时 间	备　　注
张良英	局　长	正　科	1998.12—2002.1	农业税征收管理分局局长
			2002.1—2006.12	农业税征收管理局局长
韩月明	局　长	正　科	2006.12—2010.2	直属五分局局长
韩静涛	局　长	副　处	2010.2—2010.12	直属五分局局长
			2010.12—2011.10	直属二分局局长
连智平	局　长	副　处	2012.5—2018.7	—
郭向东	副局长	副　科	2002.1—2006.12	农业税征收管理局副局长
			2006.12—2008.9	直属五分局副局长
邓丽娜	副局长	副　科	2002.1—2006.12	农业税征收管理局副局长
			2006.12—2010.8	直属五分局副局长
		正　科	2010.8—2011.4	直属五分局副局长
			2011.4—2012.9	直属二分局副局长
刘永红	副局长	副　科	2008.9—2010.8	直属五分局副局长
		正　科	2010.8—2011.4	直属五分局副局长
			2011.4—2011.11	直属二分局副局长
			2011.11—2012.7	主持工作
宋利军	副局长	正　科	2012.7—2017.12	—
翟文斌	副局长	正　科	2013.5—2013.12	—
			2017.12—2018.7	—
岳维祥	副局长	正　科	2013.12—2018.7	—

（二）内设科室

综合科　负责分局内部办公、人事教育、纪检监察、机关党务与精神文明建设、税收计划、经费收支核算和财务管理、信息化管理、后勤服务及财产管理等工作。

税政征管科　负责契税、耕地占用税、烟叶税的纳税辅导、咨询服务、税收法律救济工作；拟定征收管理具体实施办法；对具体业务进行解释和处理；负责农村综合改革有关工作。

征收科　负责全市跨区域契税、耕地占用税款的直接征收工作；负责房地产税源管理和房地产交易环节税收征收管理；承担对县（区）局直属二分局的业务指导和系统管理工作。

税源管理科　牵头负责县（区）局房地产税收一体化协调管理工作，负责所辖纳税户的纳税辅导、咨询服务、纳税评估、税源管理。

1994—2018 年阳泉市地税局直属二分局科室领导名表

表 1-7

科　室	职　务	姓　名	任　职　时　间	备　　注
综合科	科　长	贾海维	2010.8—2011.4	直属五分局综合科科长
			2011.4—2017.12	直属二分局综合科科长
		韩长红	2017.12—2018.7	—
	副科长	薛志亮	2010.8—2012.7	直属五分局综合科副科长
		刘鑫涛	2012.7—2013.5	—
		张　静	2013.5—2018.7	—
税政征管科	科　长	赵　睿	2013.5—2014.10	—
	副科长	赵　睿	2010.8—2011.4	直属五分局税政征管科副科长
			2011.4—2013.5	直属二分局税政征管科副科长
		韩长红	2014.10—2017.12	主持工作
		穆志华	2017.12—2018.7	主持工作
征收科	科　长	胡春明	2012.7—2018.7	—
	副科长	胡春明	2010.8—2011.4	直属五分局征收科副科长
			2011.4—2012.7	直属二分局征收科副科长
		张　宏	2012.7—2013.5	在直属五分局工作
		刘晓军	2013.5—2014.10	在市地税局办公室工作
		刘　荣	2014.10—2018.7	在市地税局税政二科工作
税源管理科	科　长	刘鑫涛	2014.10—2018.7	—
	副科长	石其慧	2010.8—2011.4	直属五分局税源管理科副科长
			2011.4—2013.5	直属二分局税源管理科副科长
		刘鑫涛	2013.5—2014.10	—

三、阳泉市地方税务局直属三分局

（一）概况

阳泉市地方税务局直属三分局原名为阳泉市地税局第一分局，成立于 1994 年 8 月，正科级建制。1995 年 11 月，市地税局第一分局升格为副处级建制。2002 年 1 月，市地税局第一分局更名为市地税局征收一分局。2005 年 6 月，更名为市地税局直属三分局，内设综合科、税政征管科、税源管理一科、税源管理二科和税源管理三科。办公地址在阳泉市城区北大街 8 号（现为北大街 73 号）。市地税局直属三分局主要担负阳泉煤业集团有限责任公司、阳泉煤业（集团）股份有限公司及其各分、子公司煤炭采掘及建筑安装、机械制造等非煤产业，阳泉市区部分发供电企业、交通运输业等纳税人的地方税收及各项规费、基金的征收管理工作。

市地税局直属三分局以阳泉煤业集团煤炭采掘业税源管理为主，煤炭税收占全局税收的比重在 90% 以上。为做好煤炭资源税征收管理工作，针对阳泉煤业集团系统复杂的机构设置和核算流程，设计了“煤炭生产企业经济税收运行情况表”和“煤炭产销存月报表”，及时掌握煤炭生产企业的有关经营指标、税收缴纳情况，以及分品种掌握企业的生产、销售和库存情况，动态掌握煤炭价格变化趋势。努力实现大企业管理由税务机关单向监管向税企共同防控的转变、事后管理和检查为主向税收风险全过程防控的转变。2013 年，开展以阳煤集团为试点的大企业税收专业化管理试点工作，探索大企业税收专业化管理模式。以组织架构为切入点，依托“金税三期”系统，搭建大企业税收管理信息平台，实现了对集团涉税数据的“总集成”。大企业税收专业化管理的经验得到省、市地税局的肯定，代表省地税局参加了全国税务系统 2014 年创新大企业税收管理创新项目展示。建局期间，累计组织各项收入 307.97 亿元。先后被授予“市级文明单位”“市级文明单位标兵”“社会管理综合治理红旗单位”“山西省劳动竞赛委员会集体一等功”“山西省采矿排水水资源费征缴工作先进单位”“山西省煤炭可持续发展基金征收管理工作先进集体”“阳泉市直工委先进党支部”“全省地税系统创新型党组织”等荣誉称号。

1994—2018 年阳泉市地税局直属三分局科室领导名表

表 1-8

姓　名	职　务	级　别	任　职　时　间	备　　注
葛秉田	局　长	正　科	1994.8—1995.11	—
	副局长	正　科	1995.11—1997.7	主持工作
	局　长	副　处	1997.7—2001.12	—
李如岗	局　长	副　处	2001.12—2006.7	—
宋志刚	局　长	副　处	2007.1—2012.5	—
穆世斌	局　长	副　处	2012.5—2018.7	—
韩建军	副局长	正　科	1994.8—1995.11	—
张千颂	副局长	正　科	1995.11—1998.4	—
张　涌	副局长	正　科	1995.11—2002.1	—
赵书传	副局长	正　科	2002.1—2011.9	—
郭润芳	副局长	正　科	2002.1—2008.9	—
田秀珍	副局长	正　科	2008.9—2011.9	—

续表 1-8

姓 名	职 务	级 别	任 职 时 间	备 注
韩俊斌	副局长	正 科	2011.9—2017.12	—
李宏林	副局长	正 科	2012.7—2018.7	—
孙爱文	副局长	正 科	2017.12—2018.7	—

（二）内设科室

综合科 1994 年 8 月，设立办公室。2002 年 1 月，更名为综合科。主要职责：负责分局内部办公、人事教育、纪检监察、机关党务与精神文明建设、税收计划、经费收支核算和财务管理、信息化管理、后勤服务及财产管理等工作。

税政征管科 1994 年，设立税政科。1998 年，更名为征管科。2001 年，更名为税政科。2005 年 7 月，更名为税政征管科。主要职责：负责分局税收政策业务和税收征管业务等。

税源管理一科、二科 1994 年 8 月，设立检查科。1995 年 11 月，更名为征收管理一科、征收管理二科。1998 年 1 月，更名为管理科、检查科。2002 年 1 月，更名为管理一科、管理二科。2005 年 7 月，更名为税源管理一科、税源管理二科。主要职责：负责规定范围内管户的日常管理和日常检查，负责承担收入任务等。

税源管理三科 2002 年，设立管理三科。2005 年 7 月，更名为税源管理三科。主要职责是负责规定范围内的管户的日常管理和日常检查，负责承担收入任务等。

计划会计科 1994 年 8 月设立。2004 年 8 月撤销。人员划转到市地税局税务登记管理局。

1994—2018 年阳泉市地税局直属三分局科室领导名表

表 1-9

科 室	职 务	姓 名	任 职 时 间	备 注
综合科	科 长	李旭东	2000.1—2003.5	2000.1—2002.1 为办公室
		何 江	2003.5—2013.5	—
		赵宏志	2017.12—2018.7	—
	副科长	赵宝贵	1995.11—2000.1	其间为办公室
		何 江	2002.1—2003.5	—
		光全元	2003.5—2012.5	—
		彭 英	2014.10—2017.12	主持工作
		穆志华	2012.7—2017.12	—
		陈改芳	2017.12—2018.7	—

续表 1-9

科 室	职 务	姓 名	任 职 时 间	备 注
税政征管科	科 长	田秀珍	2000.1—2002.1	其间为征管科
		韩俊斌	2003.5—2011.9	2003.5—2006.12 为税政科
		郗 涛	2013.5—2018.7	—
	副科长	田秀珍	1995.11—2000.1	其间为税政科
		韩俊斌	2002.1—2003.5	—
		郗 涛	2011.8—2013.5	—
税源管理一科	科 长	付文勇	2000.1—2008.9	2000.1—2002.1 为管理科，2002.1—2006.12 为管理一科
		牛战平	2008.9—2010.8	—
		姬兆军	2010.8—2012.7	—
		薛志亮	2013.5—2018.7	—
	副科长	王 荣	1995.11—2000.1	其间为征收管理一科
		薛志亮	2012.7—2013.5	—
税源管理二科	科 长	李惠平	2002.1—2004.8	其间为管理二科
		翟冠华	2006.12—2010.8	—
		张晓金	2010.8—2018.7	—
	副科长	康建宏	1995.11—2000.1	其间为征收管理二科
		苏 敏	1999.11—2002.1	其间为检查科
		李惠平	2000.1—2002.1	主持工作，其间为检查科
		翟冠华	2004.8—2006.12	—
税源管理三科	科 长	檀晓辉	2002.1—2016.1	2002.1—2006.12 为管理三科
		李 畅	2017.12—2018.7	—
计划会计科	科 长	张桂萍	2000.1—2004.7	—
	副科长	张桂萍	1995.11—2000.1	—
		荆志强	2000.1—2004.7	—
		张晓金	2000.1—2004.7	—
登记科	科 长	连智平	2003.5—2004.7	—
	副科长	光全元	2002.1—2003.5	主持工作
		陈慧珍	2002.1—2004.7	—

四、阳泉市地方税务局直属四分局

（一）概况

阳泉市地方税务局直属四分局成立于2010年8月30日，副处级建制。内设综合科、税政征管科、税源管理一科、税源管理二科、税源管理三科。办公地址为北大街73号。

主要负责市属煤炭企业，市煤炭运销公司及其部分下属企业，市供销社系统、外贸系统、公共事业管理系统的企业，以及北京铁路局阳泉站、山西北方晋东化工有限公司等纳税人的地方税收及各项规费、基金的征收管理工作。建局期间，共组织各项收入50亿元。2012 年，被山西省妇女联合会评为“三八红旗集体”。

2010—2018 年阳泉市地税局直属四分局领导名表

表 1-10

姓　名	职　务	级　别	任　职　时　间
霍建国	局　长	副　处	2010.2—2018.7
王迎萍	副局长	正　科	2010.8—2011.9
翟冠华	副局长	正　科	2010.8—2011.9
王　刚	副局长	正　科	2011.9—2017.12
郭真祥	副局长	正　科	2012.7—2014.10
张怀庆	副局长	正　科	2014.10—2018.7
韩俊斌	副局长	正　科	2017.12—2018.7

（二）内设科室

综合科　负责内部办公、人事教育、纪检监察、机关党务与精神文明建设、税收计划、经费收支核算和财务管理、信息化管理、后勤服务及财产管理等工作。

税政征管科　负责分局税收政策业务和税收征管业务等。

税源管理一科、二科、三科　负责规定的范围内的管户的日常管理和日常检查，负责承担收入等工作。

2010—2018 年阳泉市地税局直属四分局科室领导名表

表 1-11

科　室	职　务	姓　名	任　职　时　间	备　　注
综合科	科　长	田世熙	2010.8—2011.9	—
		翟　敏	2013.5—2014.10	在市局人事教育科工作
		赵宏志	2014.10—2017.12	—
		李计明	2017.12—2018.7	—
	副科长	田录全	2010.8—2018.7	—
		史家亮	2012.2—2013.5	主持工作

续表 1–11

科　室	职　务	姓　名	任　职　时　间	备　　注
税政征管科	科　长	郭爱军	2010.8—2014.1	—
		周丽霞	2014.10—2018.7	—
	副科长	周丽霞	2014.1—2014.10	—
税源管理一科	科　长	宋利军	2010.8—2012.7	—
		郭爱军	2014.1—2018.7	—
	副科长	岳丽平	2012.7—2014.1	—
税源管理二科	科　长	雷志刚	2010.8—2012.2	—
		张彦庆	2012.7—2017.12	—
		赵素民	2017.12—2018.7	—
	副科长	张彦庆	2012.2—2012.7	—
税源管理三科	科　长	马永昌	2014.1—2018.7	—
	副科长	马永昌	2010.8—2014.1	—

五、阳泉市地方税务局直属五分局

（一）概况

阳泉市地方税务局直属五分局原名为阳泉市地方税务局第二分局，成立于 1994 年 8 月，正科级建制。办公地址在阳泉市城区北大街 8 号（现为北大街 73 号）。1995 年 11 月，市地税局第二分局升格为副处级建制。2002 年 1 月，市地税局第二分局更名为市地税局征收二分局。2005 年 6 月，更名为市地税局直属二分局。2010 年 9 月，更名为市地税局直属五分局。2018 年 6 月，内设综合科、税政征管科、税源管理一科、税源管理二科和税源管理三科。建局期间，累计组织各项收入 19 亿元。先后被评为“全省地税系统文明单位”和市直机关工委“先进基层党组织”。

1994—2018 年阳泉市地税局直属五分局领导名表

表 1–12

姓　名	职　务	级　别	任　职　时　间	备　　注
李如岗	局　长	正　科	1994.8—1995.12	—
	副局长	正　科	1995.12—1997.7	主持工作
	局　长	副　处	1997.7—2002.1	—

续表 1-12

姓 名	职 务	级 别	任 职 时 间	备 注
王庭玉	局 长	副 处	2002.1—2010.7	—
李建全	局 长	副 处	2010.7—2012.5	—
宋志刚	局 长	副 处	2012.5—2018.7	—
石润堂	副局长	副 科	1994.8—1995.4	—
张 涌	副局长	副 科	1994.8—1995.11	—
聂富祥	副局长	正 科	1995.11—2002.1	—
苏 敏	副局长	副 科	1995.11—1999.11	—
赵 波	副局长	正 科	2002.1—2017.12	—
田秀珍	副局长	正 科	2002.1—2008.9	—
韩建军	副局长	正 科	2008.9—2011.9	—
尚保青	副局长	正 科	2011.9—2018.7	—
张洲明	副局长	正 科	2017.12—2018.7	—

（二）内设科室

综合科 1994年8月，设立办公室。2002年1月，更名为综合科。主要负责内部办公、人事教育、纪检监察、机关党务和精神文明建设、税收计划、经费收支核算和财务管理、信息化管理、后勤服务及财产管理等工作。

税政征管科 1995年12月，设立税政科。1998年4月，更名为征管科。2002年1月，更名为税政科。2005年7月，更名为税政征管科。主要负责分局税政业务和税收征管业务等。

税源管理一科 1994年8月，设立管理科。1995年12月，更名为管理一科。1998年4月，更名为管理科。2002年1月，更名为管理一科。2005年7月，更名为税源管理一科。主要负责规定范围内管户的日常管理和日常检查，负责承担收入任务等工作。

税源管理二科 1995年12月，设立管理二科。2005年7月，更名为税源管理二科。主要负责规定范围内管户的日常管理和日常检查，负责承担收入任务等工作。

税源管理三科 2002年1月，设立管理三科。2005年7月，更名为税源管理三科。主要负责规定范围内管户的日常管理和日常检查，负责承担收入任务等工作。

计划会计科 1994年8月设立。2004年8撤销。人员分流到市地税局税务登记管理局。

1994—2018 年阳泉市地税局直属五分局科室领导名表

表 1-13

科 室	职 务	姓 名	任 职 时 间	备 注
综合科	科 长	赵宝贵	2000.1—2011.9	—
		程瑞林	2012.7—2017.12	—
	副科长	李旭东	1995.11—2000.1	—
		程瑞林	2011.9—2012.7	主持工作
		梁红晓	2017.12—2018.7	主持工作
		陈 谨	2002.1—2008.9	—
		岳军青	2008.9—2013.5	—
		张 宏	2013.5—2018.7	—
税政征管科	科 长	李志龙	2000.1—2010.8	—
		安 清	2010.8—2013.5	—
		岳军青	2013.5—2018.7	—
	副科长	荆志强	1995.11—2000.1	—
		穆世斌	2000.1—2002.1	—
税源管理一科	科 长	牛战平	2000.1—2002.1	—
		王 荣	2002.1—2018.7	—
	副科长	牛战平	1995.11—2000.1	—
税源管理二科	科 长	王 荣	2000.1—2002.1	—
		牛战平	2002.1—2008.9	—
		姚培祥	2008.9—2018.7	—
	副科长	付文勇	1995.11—2000.1	—
税源管理三科	科 长	王迎萍	2002.1—2010.8	—
		梁逢煜	2010.8—2013.5	—
		安 清	2013.5—2013.11	—
		张 哲	2014.10—2018.7	—
	副科长	张 哲	2013.11—2014.10	—
计划会计科	科 长	武改瑞	2000.1—2004.7	—
	副科长	武改瑞	1995.11—2000.1	—
		康建宏	2000.1—2002.1	—
		岳维祥	2002.1—2003.5	—
		冯志斌	2002.1—2004.7	—

六、阳泉市地方税务局稽查局

（一）概况

阳泉市地方税务局稽查局原名为阳泉市地方税务局稽查分局，成立于 1996 年 2 月 23 日，副处级建制。办公地址在阳泉市北大街 8 号。成立之初，内设综合科、稽查一科、稽查二科。1998 年 11 月 1 日，根据山西省地方税务局转发国家税务总局《关于进一步加强税务稽查工作的意见》，市地税局稽查分局正式更名为市地税局稽查局。2002 年 1 月，市地税稽查局增设审理科、稽查三科。2006 年 9 月 30 日，办公地址迁至迎宾路 8 号。2011 年 7 月，根据省地税局实行“一级稽查”改革要求，将原来的城区、矿区、郊区地税稽查业务整合并入市地税稽查局。内设综合科、举报中心、审理科、执行科、稽查一分局、稽查二分局 6 个科室。2013 年 5 月，市地税稽查局增设发票检查分局。2016 年 9 月，根据山西省地方税务局《关于撤销各级地税局稽查局发票检查机构的通知》，市地税稽查局撤销发票检查分局。

1996—2018 年阳泉市地税局稽查局领导名表

表 1–14

姓 名	职 务	级 别	任 职 时 间	备 注
史全保	局 长	副 处	1997.7—2004.5	—
李建全	局 长	副 处	2004.7—2010.7	—
张志勇	局 长	副 处	2010.7—2018.7	—
史全保	副局长	正 科	1995.11—1997.7	主持工作
韩建军	副局长	正 科	1995.11—2008.9	—
赵爱国	副局长	正 科	2002.1—2013.5	—
郭润芳	副局长	正 科	2008.9—2010.12	—
陈 瑾	副局长	正 科	2011.7—2018.7	—
姬兆军	副局长	正 科	2012.7—2018.7	—
翟文斌	副局长	正 科	2013.12—2017.12	—
宋利军	副局长	正 科	2017.12—2018.7	—

（二）内设科室

综合科 1996 年 2 月，设立。负责稽查局日常政务和后勤管理工作；负责稽查局财务及经费管理、人事、干部教育培训、党建和纪检监察工作；负责税务违法案件协查的组织、管理和监控工作。

举报中心 2011 年 7 月，设立。负责受理税务违法案件的举报和年度检查计划的选案工作；负责税务违法举报案件的系统管理。

审理科 2002 年 1 月，设立。负责起草、转发地税稽查法律、法规及规章，负责市稽查局稽查案件的内部审理和案件复查工作；负责组织听证、行政复议和行政诉讼等，负责与公安、检察、审判机关协调税务稽查中的司法工作；负责涉税违法案件的移送工作和重大抗税案件的统筹协调工作；负责市稽查局稽查案件档案的管理。

执行科 2011 年 7 月，设立。负责税务处理决定书的执行，查补税款、滞纳金、罚款的催缴入库工作；负责对所查处案件的税收保全措施、税务强制执行措施及扣押、查封物品的拍卖工作。

稽查一分局、二分局 2011 年 7 月，设立。前身为 1996 年 2 月设立的稽查一科、二科和 2002 年 1 月设立的稽查三科。负责税务违法案件的查处工作；负责实施稽查计划中确定的纳税户以及举报案件的稽查工作；负责税务专项检查工作中确定的纳税户的稽查工作。

发票检查分局 2013 年 5 月，设立。负责组织、协调和指导全市地税系统开展打击发票、煤炭基金和规费专用票据等违法犯罪活动和专项整治工作。2016 年 9 月，撤销。

1996—2018 年阳泉市地税局稽查局科室领导名表

表 1-15

科　室	职　务	姓　名	任　职　时　间	备　　注
综合科	科　长	王忠平	2001.12—2008.8	—
		陈　瑾	2008.8—2011.7	—
		李旭平	2011.7—2013.5	—
		李常红	2013.5—2018.7	—
	副科长	李志龙	1996.2—2000.2	—
		王迎萍	2000.2—2001.12	—
		张光建	2000.1—2017.12	—
		吕可勤	2017.12—2018.7	—

续表 1-15

科　室	职　务	姓　名	任　职　时　间	备　　注
举报中心	主　任	胡志军	2012.7—2018.7	—
	副主任	胡志军	2011.7—2012.7	—
		田　斌	2012.7—2018.7	—
审理科	科　长	苏　敏	2002.1—2018.7	—
	副科长	赵炜明	2011.7—2013.5	—
		王玉花	2013.5—2017.12	在直属四分局工作
执行科	科　长	康建宏	2011.7—2018.7	—
	副科长	刘守宙	2012.7—2018.7	—
稽查一科	科　长	张建新	2002.1—2008.8	—
		王忠平	2008.8—2011.7	—
	副科长	王迎萍	1996.2—2000.2	—
		李旭平	1996.2—2001.12	—
		张建新	2000.2—2001.12	—
		赵炜明	2002.1—2011.7	—
		姬兆军	2002.1—2010.8	—
稽查一分局	局　长	王忠平	2011.7—2017.12	—
		张彦庆	2017.12—2018.7	—
	副局长	孙　旺	2011.7—2017.12	—
		李常红	2011.7—2013.5	—
		孙永刚	2013.5—2018.7	—
		王德生	2017.12—2018.7	—
稽查二科	科　长	李旭平	2002.1—2011.7	—
	副科长	张建新	1996.2—2000.2	—
		韩俊斌	1996.2—2001.12	—
		王忠平	2000.1—2001.12	—
		胡志军	2002.1—2011.7	—
		王军民	2002.1—2007.11	—
稽查二分局	局　长	韩俊福	2012.7—2018.7	—
	副局长	韩俊福	2011.7—2012.7	—
		韩志强	2011.7—2018.7	—
		王继莲	2012.7—2018.7	—
稽查三科	科　长	康建宏	2002.1—2011.7	—

续表 1-15

科 室	职 务	姓 名	任 职 时 间	备 注
发票检查分局	局 长	李旭平	2013.5—2018.7	—
	副局长	赵炜明	2013.5—2015.4	—
		王 玫	2013.5—2018.7	在直属四分局工作

七、阳泉市地方税务局经济技术开发区分局

（一）概况

阳泉市地方税务局经济技术开发区分局成立于1995年12月29日，正科级建制。负责开发区范围内各项地方税收征收管理和各项政府代征基金（费）的征收管理工作，办公地点设在北大街粮食局。1996年，迁入开发区办公综合楼。2000年2月，设办公室、管理科、税政征管科、计会征收科4个科室。2001年11月，内设科室调整为综合科、税政科、计会征收科、管理科。2001年年底，升格为副处级建制。2007年，迁入市经济技术开发区分局新办公大楼（开发区大连路109号）。2012年8月，内设科室调整为综合科、税政科、计会征收科、管理一科、管理二科。建局期间，累计组织收入近18亿元。先后多次荣获省级"文明和谐单位"、省级"文明和谐单位标兵"称号。

1995—2018年阳泉市地税局经济技术开发区分局领导名表

表 1-16

姓 名	职 务	级 别	任 职 时 间	备 注
张志勇	局 长	副 处	2001.12—2010.7	—
岳昱清	局 长	副 处	2010.7—2018.7	—
王长命	局 长	正 科	1998.5—1999.11	—
	副局长	副 科	1995.11—1998.5	主持工作
李海翔	副局长	副 科	1999.11—2002.1	主持工作
	副局长	正 科	2002.1—2014.10	—
高文祥	副局长	副 科	1995.11—1999.11	—
	副局长	正 科	2002.1—2011.9	—
何 江	副局长	副 科	2000.1—2002.1	—
郭富华	副局长	正 科	2011.9—2012.7	—
牛战平	副局长	正 科	2013.5—2018.7	—
郭真祥	副局长	正 科	2014.10—2018.7	—

（二）内设科室

综合科 2000年2月设立，时称办公室。2001年11月，更名为综合科。主要负责分局内部的办公、人事教育、纪检监察、党务与精神文明建设工作。

税政科 2000年2月，设立。2008年9月，更名为税征科。2012年8月，复名税政科。主要负责分局的税政业务和税收征管业务。

计会征收科 2000年2月，设立。负责税收计划、征收、会计、统计和税收票证工作。

管理科 2000年2月，设立。2008年9月，更名为税源管理科。2011年9月，复名管理科。2012年7月，分设为管理一科、管理二科。主要负责管户日常管理和日常检查；负责承担收入任务，实行税费统管。

管理一科、二科 2012年7月由管理科分设，主要负责规定范围内的管户日常管理和日常检查；负责承担收入任务，实行税费统管。

2001—2018年阳泉市地税局经济技术开发区分局科室领导名表

表1–17

科　室	职　务	姓　名	任　职　时　间	备　　注
综合科	负责人	郭晓军	2001.12—2011.9	—
	科　长	郭晓军	2013.12—2018.7	—
	副科长	郭晓军	2011.9—2013.12	—
		田世熙	2002.1—2010.8	在市局办公室工作
税政科	负责人	赵　睿	2001.12—2003.5	—
	科　长	张海涛	2014.5—2018.7	—
	副科长	郭爱军	2003.5—2010.8	在市局税政一科工作
		张海涛	2010.8—2014.5	—
计会征收科	负责人	郑　娟	2001.12—2004.6	—
		张怀庆	2004.6—2007.8	—
		郑　娟	2007.8—2009.3	—
	科　长	张怀庆	2011.9—2014.10	—
		戴瑞春	2017.12—2018.7	—
	副科长	张怀庆	2009.3—2011.9	—
		卢钢春	2014.10—2017.12	主持工作

续表 1-17

科　室	职　务	姓　名	任　职　时　间	备　　注
管理科	负责人	张怀庆	2001.12—2004.6	—
		赵　睿	2004.6—2010.8	—
	科　长	冯志斌	2011.9—2013.5	—
	副科长	贾海维	2002.1—2010.8	在市局办公室工作
		冯志斌	2010.8—2011.9	—
管理一科	科　长	冯志斌	2013.5—2018.7	—
	副科长	杜鹏敏	2013.12—2018.7	—
管理二科	科　长	李计明	2013.5—2017.12	—
		卢钢春	2017.12—2018.7	—
	副科长	郑　娟	2013.5—2018.7	—

第二章 县（区）地税局

阳泉市地税局下辖5个县（区）地税局，分别为平定县地税局、盂县地税局、阳泉市郊区地税局、阳泉市城区地税局、阳泉市矿区地税局。均于1994年8月9日成立，为正科级建制，实行阳泉市地方税务局与县（区）人民政府双重领导，以阳泉市地方税务局领导为主的管理体制。各县（区）地税局均内设股（室），下设直属分局和税务所。截至2018年6月，全市各县（区）地税局共设有42个基层税务所，共有在职人员412人，退休人员62人。

第一节 平定县地税局

一、概况

1994年8月9日成立，局机关办公地址设在平定县政府招待所三层。1996年，办公地址迁至县城学院南大街74号。

2018年6月，全局共有干部职工121人，其中在职100人，退休21人。内设办公室、人事教育股、纪检监察室、税政股、征管和科技发展股、计划会计股、信息化管理股；下设稽查局、直属一分局、直属二分局、第一税务所、第二税务所、张庄税务所、冶西税务所、锁簧税务所、石门口税务所、柏井税务所、东回税务所、岔口税务所、巨城税务所、娘子关税务所。

二、机构沿革

1994年8月9日成立，内设办公室、人事监审股、征管股、税政股、计会股、农业税征管股；下设稽查队、城镇税务所、城关税务所、南坳税务所、维社税务所、张庄税务所、锁簧税务所、石门口税务所、柏井税务所、东回税务所、岔口税务所、岩会税务所、娘子关税务所。全局内设5股1室，下设1个股级队，12个股级税务所。

1995年1月，根据平地税办发〔1994〕93号，增设冶西税务所。2月6日，根据阳地税人发〔1995〕2号精神，增设巨城税务所，稽查队更名为直属稽查分局，计会股更名为计划会计股，征管股更名为征收管理股，税政股更名为税政管理股，农业税征管股更名为农业税管理股。

1996 年 1 月，根据阳地税人发〔1995〕第 41 号和平地税人发〔1996〕第 3 号，增设集贸税务所。

1998 年 10 月，根据阳地税农发〔1998〕第 10 号，农业税管理股更名为农业税征收管理分局。

2000 年 3 月，根据平地税人发〔2000〕第 3 号，直属稽查分局升为副科级局，更名为稽查局，内设综合股、稽查一股、稽查二股、稽查三股、执行股 5 个正股级股。

2001 年 5 月，根据阳地税人发〔2001〕第 11 号，设征收厅，撤销岩会税务所。

2002 年 3 月，根据阳地税人发〔2002〕第 1 号和平地税办发〔2002〕第 2 号，征收厅升为副科级建制，更名为征收分局，内设综合股、征收股 2 个正股级股；城镇税务所和集贸税务所合并，更名为第一管理局，内设管理一股、管理二股、管理三股；城关税务所、南坳税务所、维社税务所合并，更名为第二管理局，内设管理一股、管理二股、管理三股。6 月，依据平地税办发〔2002〕第 12 号，成立后勤服务中心。

2005 年 5 月，根据平地税办发〔2005〕第 6 号，人事、监审分设，人事监审股分设成了人事教育股和纪检监察室（原称人监股）；同月，设信息中心。5 月，根据平地税办发〔2005〕第 5 号，征收分局更名为直属分局，内设机构中增设计会股，征收股更名为办税服务厅，第一管理局更名为第一税务所，第二管理局更名为第二税务所，撤销后勤服务中心。

2006 年 7 月，根据平地税任字〔2006〕1 号，信息中心更名为信息化管理股。9 月，依据平地税发〔2006〕第 138 号，农业税征收管理分局更名为直属二分局，直属分局更名为直属一分局。

2007 年 3 月，征收管理股和税政管理股合并为税政征管股，稽查局内设机构中增设了审理股，撤销了执行股。

2008 年 9 月，第一税务所、第二税务所、冶西税务所、张庄税务所、锁簧税务所 5 个煤炭乡镇所升为副科级所。

2010 年 8 月，根据晋地税发〔2010〕86 号，直属二分局升为副科级局，内设综合股、征收股、管理股 3 个正股级股；稽查局内设机构中撤销了稽查三股。10 月，根据《山西省地方税务局关于调整市县地方税务局主要职责内设机构的通知》（晋地税发〔2010〕104 号），税政管理股更名为税政股，征收管理股更名为征管和科技发展股。

2011 年 7 月，根据平地税发〔2011〕66 号，柏井税务所、东回税务所迁至石门口税务所合署办公，岔口税务所迁至巨城税务所合署办公。

2013 年 1 月，税政征管股恢复为征收管理股、税政管理股。

2014 年 1 月，稽查局内设机构中增设发票检查股。7 月，机构核查时，按照市地税局要求，将直属一分局内设机构中的办税服务厅更名为征收股。

2016 年 1 月，随着“营改增”税制改革的进一步深化，在保留 11 个基层税务所编制的基础上，根据平地税发〔2016〕5 号，张庄税务所迁至锁簧税务所合署办公，娘子关税务所迁移到巨城税务所合署办公，冶西税务所迁至第二税务所合署办公。8 月，根据晋地税发〔2016〕81 号，稽查局内设机构中，撤销发票检查股。

2018 年 6 月底，局机关内设 7 个股级职能股室：办公室、人事教育股、纪检监察室、税政股、征管和科技发展股、计划会计股、信息化管理股；下设 3 个副科级直属局：稽查局、直属一分局、直属二分局；下设 5 个副科级税务所：第一税务所、第二税务所、张庄税务所、冶西税务所、锁簧税务所；下设 6 个股级税务所：石门口税务所、柏井税务所、东回税务所、岔口税务所、巨城税务所、娘子关税务所。

1994—2018 年平定县地税局领导名表

表 1-18

姓　名	职　务	级　别	任职时间
梁怀锁	局　长	正　科	1994.8—1996.12
韩拉贵	副局长	副　科	1994.8—1996.12
	局　长	正　科	1996.12—2000.1
	党组书记、局长	正　科	2000.1—2002.1
韩月明	党组书记、局长	正　科	2002.1—2006.12
穆世斌	党组成员、副局长	副　科	2002.1—2006.12
	党组书记、局长	正　科	2006.12—2012.7
李惠平	党组书记、局长	正　科	2012.7—2016.9
翟冠华	党组书记、局长	正　科	2016.9—2018.7
王德惠	副局长	副　科	1994.8—2000.1
	党组成员、副局长	副　科	2000.1—2002.1
赵元喜	副局长	副　科	1994.8—2000.1
	党组成员、副局长	副　科	2000.1—2002.1
程志明	党组成员、副局长	副　科	2000.1—2002.1

续表 1-18

姓 名	职 务	级 别	任职时间
翟双胜	纪检监察员	副 科	1995.6—1996.10
	纪检组长	副 科	1996.10—2000.1
	党组成员、纪检组长	副 科	2000.1—2002.1
	党组成员、副局长	副 科	2002.1—2012.7
	党组副书记	正 科	2012.7—2013.10
王守庆	党组成员、副局长	副 科	2002.1—2006.12
付文勇	党组成员、副局长	正 科	2006.12—2010.8
刘永红	党组成员、纪检组长	副 科	2002.1—2004.7
冯彩云	党组成员、纪检组长	副 科	2004.8—2006.12
	党组成员、副局长	副 科	2006.12—2011.9
郭真祥	党组成员、纪检组长	副 科	2006.12—2010.8
	党组成员、副局长	副 科	2010.8—2012.7
赵振林	党组成员、副局长	副 科	2011.9—2018.7
康有柱	党组成员、副局长	副 科	2012.7—2014.10
	党组副书记	正 科	2014.10—2017.12
张志新	党组成员、纪检组长	副 科	2010.8—2012.7
	党组成员、副局长	副 科	2012.7—2013.5
王 兵	党组成员、副局长	副 科	2013.5—2017.12
贾宏如	党组成员、纪检组长	副 科	2012.7—2014.10
	党组成员、副局长	副 科	2014.10—2018.7
刘文生	党组成员、副局长	副 科	2017.12—2018.7
王小宏	党组成员、纪检组长	副 科	2014.10—2018.7

三、内设股（室）、直属机构、税务所

办公室 1994 年 8 月，设办公室。

人事教育股 1994 年 8 月，设人事监审股。2005 年 5 月 31 日，税收征管改革，人事、监审分设，更名为人事教育股。

纪检监察室 2005 年 5 月 31 日，设纪检监察室（原称人监股）。

征管和科技发展股 1994 年 8 月，设征管股。1995 年 2 月，更名为征收管理股。2007 年 3 月，与税政管理股合并，更名为税政征管股。2013 年，与税政股分设，更名为征管和科技发展股。

计划会计股 1994 年 8 月，设计会股。1995 年 2 月，更名为计划会计股。

税政股 1994 年 8 月，设税政股。1995 年 2 月，更名为税政管理股。2007 年 3 月，

与征收管理股合并，更名为税政征管股。2013 年，与征管管理股分立，更名为税政股。

信息化管理股 2005 年 5 月 31 日，设信息中心。2006 年 7 月，更名为信息化管理股。

稽查局 1994 年 8 月，设稽查队。1995 年 1 月，更名为直属稽查分局。2000 年 3 月，稽查局升为副科级局，内设综合股，稽查一股，稽查二股，稽查三股，执行股。2007 年 3 月，将执行股更名为审理股。2014 年 1 月至 2015 年，设发票检查股，2016 年撤销。

直属一分局 2001 年 5 月，设征收厅。2002 年 4 月，更名为征收分局，副科级建制，内设征收股、综合股。2005 年 5 月 31 日，更名为直属分局，内设办税服务厅，综合股，计会股。2006 年 7 月，更名为直属一分局。2014 年 7 月，办税服务厅被机构核查更名为征收股。负责第一税务所、第二税务所、冶西税务所、直属二分局所辖区域内纳税户的税务登记、申报、税款（规费）征收、发票管理工作。

直属二分局 1994 年 8 月，设农业税征管股。1995 年 2 月，更名为农业税管理股。1998 年 10 月至 1999 年，更名为农业税征收管理分局。2006 年 7 月，更名为直属二分局。2010 年 8 月，直属二分局升格为副科级局。负责全县耕地占用税、契税的征收管理和房地产税收一体化、协调管理工作。

第一税务所 1994 年 8 月，设城镇税务所。2002 年 4 月至 2004 年，更名为第一管理局，内设管理一股、管理二股、管理三股。2005 年 5 月 31 日，取消内设，更名为第一税务所。2008 年 9 月，第一税务所升格为副科级所。负责平定县城范围内国有集体企业和三岔口至北堑石高速公路口区域内的私营企业及个体工商户的地方税、共享税的征收管理、税源管理、征管评估、纳税服务工作。

集贸税务所、南坳税务所、维社税务所、岩会税务所 1996 年 1 月至 2001 年 5 月，设集贸税务所。2002 年 4 月，并入第一税务所。1994 年 8 月至 2001 年 5 月，设南坳税务所、维社税务所。2002 年 4 月，并入第二税务所。1994 年 8 月至 2000 年 3 月，设岩会税务所。2001 年 5 月 31 日，税收征管改革，被取消。以上 4 个所未被撤销前，按行政区划分别负责所属区域内所有企业及个体工商户的地方税、共享税的征收管理、税源管理、征管评估、纳税服务工作。

第二税务所 1994 年 8 月，设城关税务所。2002 年 4 月至 2004 年，更名为第二管理局，内设管理一股，管理二股，管理三股。2005 年 5 月 31 日，取消内设，更名为第二税务所。2008 年 9 月，第二税务所升格为副科级所。2016 年，与冶西税务所合署办公，办公地点在第二税务所。负责冠山镇辖区内私营企业和除三岔口至北堑石高速公路口范围内的个体工商业户的地方税、共享税的征收管理、税源管理、征管评估、纳税服务工作。

冶西税务所 1995年1月，设冶西税务所。2008年9月，冶西税务所升格为副科级所。2016年，与第二税务所合署办公，办公地点在第二税务所。负责冶西镇辖区内所有企业及个体工商户、五矿范围内的所有个体工商户、冠山镇宋家庄村和贵石沟村的所有个体工商户的地方税、共享税的征收管理、税源管理、征管评估、纳税服务工作。

张庄税务所 1994年8月，设张庄税务所。2008年9月，张庄税务所升格为副科级所。2016年，与锁簧税务所合署办公，办公地点在锁簧税务所。负责张庄镇辖区内所有企业及个体工商户的地方税、共享税的征收管理、税源管理、征管评估、纳税服务工作。

锁簧税务所 1994年8月，设锁簧税务所。2008年9月，锁簧税务所升格为副科级所。2016年，与张庄税务所合署办公，办公地点在锁簧税务所。负责锁簧镇辖区内所有企业及个体工商户的地方税、共享税的征收管理、税源管理、征管评估、纳税服务工作。

石门口税务所 1994年8月，设石门口税务所。2011年，与柏井税务所、东回税务所合署办公，办公地点在石门口税务所。负责石门口乡辖区内所有企业及个体工商户的地方税、共享税的征收管理、税源管理、征管评估、纳税服务工作。

柏井税务所 1994年8月，设柏井税务所。2011年，与石门口税务所、东回税务所合署办公，办公地点在石门口税务所。负责柏井镇辖区内所有企业及个体工商户的地方税、共享税的征收管理、税源管理、征管评估、纳税服务工作。

东回税务所 1994年8月，设东回税务所。2011年，与石门口税务所、柏井税务所合署办公，办公地点在石门口税务所。负责东回镇辖区内所有企业及个体工商户的地方税、共享税的征收管理、税源管理、征管评估、纳税服务工作。

岔口税务所 1994年8月，设岔口税务所。2011年，与巨城税务所合署办公。2016年，与巨城税务所、娘子关税务所合署办公，办公地点为巨城税务所。负责岔口乡辖区内所有企业及个体工商户的地方税、共享税的征收管理、税源管理、征管评估、纳税服务工作。

巨城税务所 1995年1月，设巨城税务所。2011年，与岔口税务所合署办公。2016年，与岔口税务所、娘子关税务所合署办公，办公地点为巨城税务所。负责巨城镇辖区内所有企业及个体工商户的地方税、共享税的征收管理、税源管理、征管评估、纳税服务工作。

娘子关税务所 1994年8月，设娘子关税务所。2016年，与巨城税务所、岔口税务所合署办公，办公地点为巨城税务所。负责娘子关镇辖区内所有企业及个体工商户的地方税、共享税的征收管理、税源管理、征管评估、纳税服务工作。

1995年2月6日，阳地税人发〔1995〕2号批准古贝税务所、阳胜税务所、床泉税务所、槐树铺税务所、马山税务所、黄统岭税务所编制，但未设机构，没有相关人员。

1994—2018年平定县地税局内设股（室）、直属机构、税务所领导名表

表 1-19

科　室	职　务	姓　名	任　职　时　间	备　　注
办公室	主　任	翟双胜	1994.8—1996.1	—
		郭真祥	1997.3—1998.3	—
		梁　璞	2001.5—2005.3	—
		王世斌	2005.3—2008.9	—
		田富孩	2008.9—2018.7	—
	副主任	郭真祥	1996.1—1997.3	—
		梁　璞	1998.3—2001.5	主持工作
人事教育股	股　长	杨德政	1994.8—1998.3	—
		岳景胜	1998.3—2002.9	—
			2002.9—2003.4	兼人事教育股股长
		王永红	2005.3—2007.3	—
		翟　敏	2007.3—2008.9	—
		翟彩萍	2008.9—2009.2	—
		张九威	2009.2—2018.7	—
	副股长	王永红	2003.4—2005.3	主持工作
纪检监察室	主　任	岳景胜	2003.4—2007.3	—
		王永红	2007.3—2010.2	—
		郝志杰	2011.10—2018.7	—
	副主任	郝志杰	2010.2—2011.10	主持工作
征管和科技发展股	股　长	王　金	1994.8—2003.4	—
		梁海文	2003.4—2005.3	—
		王小宏	2005.7—2008.9	—
		董巧全	2008.9—2013.1	—
		王贵平	2013.1—2018.7	—
计划会计股	股　长	刘宝祥	1994.8—2005.3	—
		张润华	2005.3—2013.1	—
		仇怀秀	2013.1—2015.4	—
		梁守斌	2016.7—2018.7	—
	副股长	梁守斌	2015.4—2016.7	主持工作
税政股	股　长	郝　龙	1995.1—1998.3	—
		王志军	1998.3—1998.12	—
		焦建平	2003.4—2005.3	—
		翟　敏	2005.3—2007.3	—

续表 1–19

科　室	职　务	姓　名	任　职　时　间	备　　注
税政股	副股长	董巧全	2008.9—2013.1	—
		王海金	2013.1—2015.1	—
		刘　婧	2015.1—2018.7	—
		梁逢煜	1999.1—2000.2	主持工作
		王秀平	2000.2—2001.5	主持工作
		唐建国	2001.5—2003.4	主持工作
		董巧全	2007.3—2008.9	主持工作
信息化管理股	股　长	唐建国	2006.7—2018.7	—
稽查分局	局长	李　顺	1996.1—2000.2	—
		杨继平	1997.3—1998.3	—
		焦建平	1997.3—2000.2	—
		霍建国	1997.3—2000.2	—
		李荣魁	1999.1—2000.2	—
稽查局	局　长	姚培祥	2000.1—2002.1	—
		赵振林	2002.1—2011.9	—
		杨志光	2011.9—2013.5	—
		边进龙	2013.5—2018.7	—
直属一分局	局长	郭真祥	2002.1—2006.12	—
		贾宏如	2006.12—2012.7	—
		张润华	2012.7—2018.7	—
直属二分局	局　长	尹再存	1994.8—2005.3	—
		王拴义	2005.3—2009.2	—
		王小宏	2009.2—2014.10	—
		葛树森	2014.10—2018.7	—
第一税务所（原城镇税务所）	所　长	王志军	1994.8—1998.3	—
		刘秋喜	1998.3—2002.4	—
		贾宏如	2002.4—2007.3	—
		高　飞	2007.3—2012.7	—
		王世斌	2012.7—2016.9	—
		杨继平	2016.9—2018.7	—
集贸税务所	所　长	李荣魁	1996.1—1999.1	—
		王俊洪	1999.1—2000.2	—
		卢再庆	2001.5—2002.4	—
	副所长	卢再庆	2000.2—2001.5	主持工作

续表 1-19

科 室	职 务	姓 名	任 职 时 间	备 注
南坳税务所	所 长	康有柱	1994.8—1995.1	—
		赵振林	1997.3—2000.2	—
		王拴义	2000.2—2002.4.	—
	副所长	赵振林	1995.1—1997.3	主持工作
维社税务所	所 长	刘永红	1997.3—2000.2	—
		霍文海	2000.2—2002.4	—
	副所长	焦建平	1994.8—1995.1	主持工作
		刘永红	1995.1—1997.3	主持工作
岩会税务所	所 长	岳景胜	1994.8—1998.3	—
		杨继平	1998.3—2000.2	—
		石成山	2000.2—2001.2	—
第二税务所（原城关税务所）	所 长	李非科	1996.1—1998.3	—
		贾宏如	1998.3—2002.4	—
		刘秋喜	2002.4—2005.3	—
		许建喜	2005.3—2008.9	—
		卢再庆	2008.9—2012.7	—
		高 飞	2012.7—2016.9	—
		王世斌	2016.9—2018.7	—
	副所长	马利军	1994.8—1996.1	主持工作
冶西税务所	所 长	康有柱	1995.1—1997.3	—
		王步文	1997.3—2000.2	—
		许建喜	2000.2—2005.3	—
		刘秋喜	2005.3—2008.9	—
		王世斌	2008.9—2012.7	—
		王云剑	2012.7—2016.9	—
		梁海文	2016.9—2018.7	—
张庄税务所	所 长	李 顺	1994.8—1996.1	—
		霍文海	1997.3—2000.2	—
		赵振林	2000.2—2002.4	—
		霍文海	2002.4—2003.6	—
		王拴义	2003.6—2005.3	—
		卢再庆	2005.3—2008.9	—
		许建喜	2008.9—2012.7	—
		杨继平	2012.7—2016.9	—

续表 1-19

科　室	职　务	姓　名	任　职　时　间	备　注
张庄税务所	副所长	王云剑	2016.9—2018.7	—
		霍文海	1996.1—1997.3	主持工作
锁簧税务所	所　长	常双明	1994.8—1998.3	—
		李非科	1998.3—2005.3	—
		霍文海	2005.3—2008.9	—
		杨慧田	2008.9—2011.9	—
		许建喜	2012.7—2013.5	—
		梁海文	2013.5—2016.9	—
		高　飞	2016.9—2017.12	—
		白国文	2017.12—2018.7	—
	副所长	葛树森	2011.10—2012.7	主持工作
石门口税务所	所　长	贾宏如	1997.3—1998.3	—
		郭真祥	1998.3—2002.4	—
		卢再庆	2002.4—2005.3	—
		高　飞	2005.3—2007.3	—
		王小宏	2007.3—2008.9	—
		王云剑	2010.2—2012.7	—
		葛树森	2013.1—2014.11	—
		王乃旭	2014.11—2018.7	—
	副所长	贾宏如	1994.8—1997.3	主持工作
		白建新	2008.9—2009.2	主持工作
		王云剑	2009.2—2010.2	主持工作
柏井税务所	所　长	王福柱	1994.8—1998.3	—
		李　顺	2000.2—2005.3	—
		梁海文	2005.3—2008.9	—
		尹再存	2008.9.—2011.2	—
		杨继平	2011.2—2012.7	—
		王步文	2013.1—2014.11	—
		石文珍	2015.4—2018.7	—
	副所长	朱蝉顺	1998.3—2000.2	主持工作
东回税务所	所　长	朱巨才	1994.8—1995.1	—
		穆富科	1997.4—2002.4	—
		董巧全	2002.4—2003.6	—
		李非科	2005.3—2008.9	—

续表 1–19

科　室	职　务	姓　名	任　职　时　间	备　　注
东回税务所	副所长	石文珍	2008.9—2011.2	—
		白国文	2011.2—2011.8	—
		王贵平	2011.10—2013.1	—
		穆富科	1995.1—1997.4	主持工作
		高　飞	2003.6—2005.3	主持工作
岔口税务所	所　长	王俊洪	1994.8—1999.1	—
		王世斌	2001.5—2005.3	—
		杨慧田	2005.3—2008.9	—
		李非科	2008.9—2010.2	—
		石成山	2010.2—2015.4	—
		岳　山	2015.4—2018.7	—
	副所长	许建喜	1999.1—2000.2	主持工作
		王世斌	2000.2—2001.5	主持工作
巨城税务所	所　长	刘秋喜	1995.1—1996.1	—
		刘建华	1997.3—1997.12	—
		王战勇	1997.12—2005.3	—
		王乃旭	2005.3—2008.7	—
		梁海文	2008.9—2013.7	—
		白国文	2013.7—2018.7	—
	副所长	段玉明	1994.8—1995.1	主持工作
		刘建华	1996.1—1997.3	主持工作
娘子关税务所	所　长	康　金	1994.8—1996.9	—
		穆世斌	1997.3—2000.1	—
		刘永红	2000.2—2002.4	—
		王拴义	2002.4—2003.6	—
		葛树森	2005.3—2008.9	—
		王小宏	2008.9—2009.2	—
		刘建华	2009.2—2010.2	—
		卢丑生	2010.2—2011.8	—
		白国文	2011.8—2013.7	—
		王步文	2014.11—2018.7	—
	副所长	穆世斌	1996.9—1997.3	主持工作
		葛树森	2003.6—2005.3	主持工作
		王乃旭	2013.7—2014.11	主持工作

四、税费征收

（一）组织收入

1994 年是平定县地方税务局成立的第一年，在经济形势严峻、税种多、税源分散、征收任务难度大的情况下，当年全局共组织完成各项收入 4094 万元。

2004 年，突破 1 亿元，组织完成各项收入 10257.4 万元。

2007 年，突破 2 亿元，组织完成各项收入 28933.5 万元。

2008 年，突破 3 亿元，组织完成各项收入 38903 万元。

2010 年，突破 4 亿元，组织完成各项收入 42532 万元。

2011 年，突破 5 亿元，组织完成各项收入 54502.9 万元。

2012 年，突破 6 亿元，组织完成各项收入 63130 万元。2012 年是平定县地税局组建 24 年中组织收入的巅峰。此后，由于经济形势、税制改革等多方面原因，收入逐年下降。

2013 年，组织完成各项收入 50819 万元。

2014 年，组织完成各项收入 43781 万元。

2015 年，组织完成各项收入 35942 万元。

2016 年，组织完成各项收入 29513 万元。

2017 年，组织完成各项收入 29137 万元。

（二）征收管理

2000 年 4—5 月，开展个体户税收清理整顿工作，共清理出漏征漏管户 398 户，注销停歇业户 41 户，补办税务登记 222 户，临时注册登记 176 户，查补各项税款 41602.46 元，加收罚款和滞纳金 2997.50 元。

2002 年，开展集贸市场专项整顿，积极开展创建“征管示范街”和“征管示范市场”。

2005 年，对煤炭生产企业和自开票运输企业进行摸底调查，检查省重点企业 17 户，市重点企业 6 户，县重点企业 4 户，查补收入合计 79.03 万元。其中，税款 44.10 万元，罚款 29.01 万元，滞纳金 5.92 万元。

2006 年，对建筑安装、房地产开发企业、娱乐业、煤炭生产企业等行业开展税收专项检查，累计查补税款 33 万元，滞纳金 2 万元，罚款 30 万元。

2008 年，加强车船税税源管理，建立完善车船税税源数据库，更新数据资料，共征收入库车船税 226 万元。

2013 年，开展管户清查，共清理出各类漏征漏管户 319 户，查补税款 4.7 万元。

2016 年，开展对企业集团及下属子、分公司的信息采集和录入工作。

（三）纳税服务

2009 年 4 月，推行涉税事项同城通办，确定直属一分局等 4 个征收机关为通办单位，并确定部分涉税业务通办事项，切实减少了办税厅排队等候现象。2010 年，扩大了涉税事项通办单位范围，受理通办单位扩大到全县地税系统所有征收单位。同年，与平定报社在《平定报》上联合开设《税官信箱》专栏，围绕最新的税收政策以及纳税人关心关注的热点、难点涉税问题，对税收法律、税收政策以及纳税服务进行广泛宣传，对读者提出的问题给予详细解答。2011 年，按照省地税局关于办税服务厅标准化建设方案，先后投资 65 万元对办税服务厅进行改造。改造后的办税服务厅总建筑面积 362.76 平方米，其中办税服务厅及附属用房建筑面积 259.23 平方米，行政用房及其他设施建筑面积 103.53 平方米。2013 年，平定县地税局直属一分局办税服务厅被评为三星级办税服务厅；平定县地税局直属一分局王海金等 7 人被授予三星级办税服务人员。平定县地税局建立完善了首办负责制、限时办结制、一次性告知制、限时办结制、涉税事项集中受理制、公开办税制、服务承诺制、“内转外不转”审批制、延时服务制度、提醒服务制度、约谈服务制度、超时默认制度、AB 角零缺位制、重大投资项目跟踪服务制等多项制度，并将纳税服务质量的考核纳入目标责任制考核。在办税场所设 A 级纳税人绿色通道、下岗职工再就业绿色通道、军队转业退役人员自谋职业绿色通道、重大投资项目绿色通道、高校毕业生绿色通道、残疾人员办税绿色通道。

五、党政工作

（一）队伍建设

1. 组织建设情况

1996 年，对全局副股级以上的 48 名干部建立廉政档案。岔口税务所被评为廉政建设先进集体，岳景胜、焦建平、郝龙等被评为先进个人。1998 年，进行内部审计和财务经费审计。2008 年，建立地税系统党组织和党员数据信息库，将平定地税系统 1 个总支、11 党支部和 90 名党员信息成功输入“中国共产党基本信息管理系统（2005）”新版软件，完成了基层党组织和党员的数据汇总工作，建立了全局自上而下的党组织信息库。

2. 思想建设情况

2008 年，开展增强“五个意识”集中学习教育活动。2009 年 3 月，开展学习实践科学发展观活动。2010年，推进学习型党组织建设。2012年3月8日，开展保持党的纯洁性学习教育活动；5月，庆祝中国共产党成立91周年，喜迎中共十八大，县地税局开展了“创先争优、热爱地税、喜迎十八大”为主题的自编自创合唱艺术节活动；10月，为每个干部职工征订了《公务员职业道德读本》，在全局开展了以“忠于国家、服务人民、恪尽职守、公正廉洁”为主要内容的职业道德专题教育。2016年，开展“两学一做”学习教育，出台了《平定县地方税务局党组中心组（扩大）集体学习方案》，将每周五下午16:00—18:00定为集体学习时间，按周采取党组成员、股室负责人、基层单位负责人及省市级业务能手轮流领学授课的方式组织学习。

（二）党建工作

1994年8月，成立党支部。1996年5月17日，成立党总支委员会。始终坚持把党支部建在税务所，持续开展“一个支部一个堡垒、一个小组一片阵地、一个党员一面旗帜”活动等。1995年1月，组建了10个党小组，并发展成为中共平定县地方税务局总支委员会和机关党支部、稽查局党支部、直属一分局党支部、直属二分局党支部、第一税务所党支部、第二税务所党支部、锁簧税务所党支部、石门口税务所党支部、巨城税务所党支部9个党支部，涵盖全局91名党员。2003年12月11日，全省地税系统党建研讨暨平定现场会在平定县地方税务局召开，得到省地税局的肯定。2017年12月18日，平定县国税局、地税局设了国、地税联合办税大厅，同时，组织成立国、地税联合办税大厅党支部。

（三）群团组织

1. 工会建设情况

2002年4月26日，召开第一届工会会员代表大会，经民主选举产生第一届工会组织，主席刘永红；副主席穆愈明；委员张晓云、王海金、王海斌。

2007年4月20日，召开第二届工会会员代表大会，经民主选举产生第二届工会组织，主席冯彩云；副主席王世斌；委员梁璞、王书全、张晓云、李有芳、张云鹏。选举成立工会经费审查委员会，主任郝志杰；委员张九威、王步文。选举成立工会女工委员会，主任张晓云；委员李有芳、朱宝芳。

2010年7月20日，召开第三届工会会员代表大会，经民主选举产生第三届工会组织，主席冯彩云；副主席田富孩；委员梁璞、张素芬、张晓云、岳彦梅、王俊平。选举成立工会经费审查委员会，主任郝志杰；委员张九威、唐建国。选举成立工会女工委员会，主任张晓云；委员李有芳、朱宝芳。

2012 年 3 月 28 日，赵振林为平定县地方税务局工会主席。

2015 年 8 月 12 日，贾宏如为平定县地方税务局工会主席。

2017 年 11 月 9 日，赵振林为平定县地方税务局工会主席。

平定县工会积极发挥作用。一是组织开展“扶贫济困，献爱心、送温暖”活动。二是积极参加县总工会组织的各项活动。自编自演的税法宣传喜剧小品《相媳妇》，在平定县工会主办的“五月赞歌”文艺晚会上精彩上演，被国家税务总局评为 2010 年税收宣传优秀项目。2012 年，参加了全县“五一”职工拔河赛、“古州杯”职工篮球赛，并获优秀组织奖。三是开展了全员读书活动。在县局内部网站设了“地税书屋”“读书心得”“读书沙龙”“读书论坛”等活动阵地，为全局干部职工搭建了基层活动、讨论交流和理论考试三个平台。四是成功举办了四届职工运动会。五是组织干部职工进行健康体检。六是在职工生日当天，送去生日蛋糕。

2. 妇女工作开展情况

平定县地税局妇女委员会成立于 1994 年 10 月 24 日，主任李飞娥，委员王永红、张润华。2010 年 8 月 3 日，经平定县妇联主席会议研究决定，平定县地方税务局妇女委员会主任张晓云；委员张素芬、张润华。

平定县地税局妇女委员会围绕地税中心工作，开展“巾帼建功业、文明树新风、和谐促发展”活动，较好地发挥了妇女干部职工的作用，促进了各项任务的完成。

六、基础设施建设

（一）办公场所建设

1996 年 7 月 18 日，平定县地税局办公楼落成正式办公，办公地址为县城学院南大街 74 号。1995 年 7 月 10 日，维社税务所落成。9 月 4 日，娘子关税务所搬迁至新的办公楼。之后，各乡镇税务所逐渐有了自己的办公场所。

（二）信息化建设

1997 年，投资 17.5 万元购买 6 台计算机和 1 台服务器。1998 年，投资 3.5 万元为文印室购买佳能原装（NP6115）复印机 1 台和超霸原装（550）速印机 1 台。2002 年 7 月，建成了覆盖平定县地税局机关及 5 个直属局和 9 个税务所的现代化信息综合管理系统，实现了平定县地税局与各基层单位通过 ATM+SDH 方式的全面联网，告别了传统的税收管理手段。2003 年，平定县地税局被国家税务总局授予“全国税务信息化建设先进单位”。

七、主要荣誉

2001 年 8 月，仇怀秀被山西省妇女联合会授予“十行百优妇女”称号和山西省“三八红旗手”称号。

2003 年，平定县地税局荣获“全国税务系统信息化建设先进单位”称号。

2004 年 5 月，平定县地方税务局娘子关税务所荣获国家级“青年文明号”称号。

2005 年，平定县地税局征收分局荣获全国妇女“巾帼文明岗”称号；平定县地税局荣获“全国税务系统先进集体”称号。张润华被山西省妇女联合会授予“十行百优十佳妇女”称号和山西省“三八红旗手”称号。

2007 年 3 月，冯彩云被山西省妇女联合会授予山西省“三八红旗手”称号。

2010 年，税法宣传喜剧小品《相媳妇》被国家税务总局评为税收宣传优秀项目。

2011 年 12 月，朱宝芳被山西省妇女联合会授予山西省“三八红旗手”称号。

2012 年 1 月，朱宝芳被中华全国妇女联合会授予“全国三八红旗手”“全国妇女创先争优先进个人”称号。

第二节　盂县地税局

一、概况

1994 年 8 月 9 日，盂县地方税务局成立，局机关设在盂县钟镇街与东关街交会处。2007 年，迁入位于秀北西街新办公综合大楼。担负全县 14 个乡镇 2442 平方千米范围内管户的税费征收管理任务。

2018 年 6 月，全局共有干部职工 121 人，其中在职 104 人，退休 17 人。内设办公室、纪检监察室、计划会计股、征管和科技发展股、税政股、信息化管理股、人事教育股；下设稽查局、直属一分局、直属二分局、第一税务所、第二税务所、秀水税务所、南娄税务所、路家村税务所、孙家庄税务所、仙人税务所、西烟税务所、上社税务所、梁家寨税务所。

二、机构沿革

1994 年 8 月 9 日，盂县地税局成立。内设办公室、人事监审股、计划会计股、征收管理股、税政管理股、农业税管理股。下设城镇税务所、城关税务所、南娄税务所、下曹税务所、路家村税务所、清城税务所，孙家庄税务所、西烟税务所、上社税务所、交口税务所、梁家寨税务所、稽查大队。全局内设 5 股 1 室，下设 1 个股级队、11 个股级税务所。

1995 年，增设苌池、牛村、土塔、北下庄 4 个税务所。

1996 年，城镇税务所分设为城镇第一税务所、城镇第二税务所。1 月 27 日，稽查大队改为稽查分局。

1999 年 5 月，撤销土塔税务所，并入孙家庄税务所；撤销北下庄税务所，并入交口税务所。稽查局撤销办公室、一队、二队，成立综合股、稽查一股、稽查二股、审理股和执行股，新增设个体税务所。

2001 年，根据“盂县地方税务局机构编制及领导职数分配表”，对机构进行调整。县地税局机关设 4 股 2 室及 10 个派出机关：人教股、税政股、征管股、计会股；办公室、监察室。直属机构含稽查分局、征收分局和农税分局;企业管理局、个体管理局、秀水税务所、南娄税务所、孙家庄税务所、路家村税务所、上社税务所、仙人税务所、西烟税务所、梁家寨税务所。撤销牛村和苌池税务所，成立秀水税务所和孙家庄中心税务所。

2002 年，进行人事制度改革，对机构人员进行调整。县局机关内设办公室、人事监审股、征收管理股、计会股、税政股。未设监察室，监察工作暂归人教股负责。下设稽查局、征收分局、农业税征收管理局、企业管理局、个体管理局、秀水税务所、南娄税务所、路家村税务所、孙家庄税务所、上社税务所、仙人税务所、西烟税务所、梁家寨税务所。

2003 年，监察室从人教股分出，专设纪检监察室。

2005 年 5 月，盂县地税局征收分局更名为盂县地税局直属分局。直属分局内设办税服务厅、计会股、综合股。同年，盂县地税局企业管理局、个体管理局分别更名为盂县地税局第一税务所、盂县地税局第二税务所。将盂县地税局直属分局、稽查局、农税局归为县局直属机构。直属机构的内设机构称股，股级机构的内设机构称组。

2006 年 7 月，根据《阳泉市地方税务局转发省地税局关于设置县（市、区）地税局信息化管理股的通知》（阳地税发〔2006〕89 号），设盂县地税局信息股。9 月，根据《阳泉市地方税务局关于全市地税系统部分直属机构变更名称调整职能的通知》，盂县地方税务局直属分局更名为盂县地方税务局直属一分局，职能不变；盂县地方税务局农业税征收管理局更名为盂县地方税务局直属二分局，负责耕地占用税、契税、烟叶税的税征业务、征收管理、计划、会计、统计和稽查工作。两个机构建制规格、人员编制、内设机构均不变。

2010 年 8 月，根据晋地税发〔2010〕86 号，直属二分局升格为副科级局，内设综合股、征收股、管理股 3 个正股级股。

2018 年 6 月底，局机关内设 7 个股级职能科室：办公室、人事教育股、纪检监察室、计划会计股、征管和科技发展股、税政股、信息化管理股；下设 3 个副科级直属局：稽查局、直属一分局、直属二分局；5 个副科级税务所：第一税务所、第二税务所、秀水税务所、南娄税务所、路家村税务所；5 个股级税务所：孙家庄税务所、仙人税务所、西烟税务所、上社税务所、梁家寨税务所。

1994—2018 年盂县地税局领导名表

表 1-20

姓　名	职　务	级　别	任职时间
武润先	党组书记、局长	正　科	1994.8—2002.1
李建全	党组书记、局长	正　科	2002.1—2004.7
霍建国	党组成员、副局长	副　科	2002.1—2004.7
	党组书记、局长	正　科	2004.7—2010.8
张　涌	党组书记、局长	正　科	2010.8—2014.10
曹　涛	党组书记、局长	正　科	2014.10—2018.7
韩月明	党组成员、副局长	副　科	1994.8—2002.1
柴林义	党组成员、副局长	副　科	1994.8—2011.9
梁志林	党组成员、纪检组长	副　科	1994.8—2002.1
郭计才	党组成员、副局长	副　科	1994.8—2013.7
张学峰	党组成员、纪检组长	副　科	2002.1—2010.8
康有柱	党组成员、副局长	副　科	2004.7—2012.7
岳维祥	党组成员、纪检组长	副　科	2010.8—2012.7
	党组成员、副局长	副　科	2012.7—2013.12
孟建国	党组成员、副局长	副　科	2011.9—2018.7
张慧光	党组成员、副局长	副　科	2012.7—2013.12
李玉晶	党组成员、纪检组长	副　科	2012.7—2013.12
	党组成员、副局长	副　科	2013.12—2018.7
郭俊才	党组成员、副局长	副　科	2013.12—2018.7
赵文华	党组成员、纪检组长	副　科	2013.12—2018.7

三、内设股（室）、直属机构、税务所

办公室　1994 年 8 月，设办公室。

人事教育股　1994 年 8 月，设人事监审股。2003 年 3 月，将监察室、人教股分设，更名为人事教育股。

纪检监察室　2003 年 3 月，设纪检监察室。

征管和科技发展股　1994 年 8 月，设征管股。1995 年 2 月，更名为征收管理股。2007 年 3 月，与税政管理股合并，更名为税政管理股。2013 年，与税政股分设，更名为征管和科技发展股。

计划会计股　1994 年 8 月，设计会股。

税政股　1994 年 8 月，设税政股。

信息化管理股　2006 年 7 月，设信息化管理股。

稽查局　1994 年 8 月，设稽查队。1996 年 1 月，更名为稽查分局。1999 年 5 月，稽查局内设办公室、一队、二队，改设为综合股、稽查一股、稽查二股、审理股和执行股。2014 年 1 月，设发票检查股。2016 年，撤销。

直属一分局　2002 年 4 月，成立盂县地税局征收分局。2005 年 5 月，更名为盂县地方税务局直属分局，内设办税服务厅、计会股、综合股。2006 年 7 月，更名为直属一分局。2014 年 7 月，办税服务厅被征收股机构核查更名为征收股。

直属二分局　1994 年 8 月，设农业税管理股。2001 年，成立农业税征收管理局。2006 年 7 月，更名为直属二分局。2010 年 8 月，直属二分局升格为副科级局。

集贸税务所　1996 年 1 月，设集贸税务所。负责受理纳税人办理开业、变更、注销税务登记；税务登记的验证、换证；受理纳税人、扣缴义务人纳税申报、税款征收及按预算级次划解入库；受理纳税人领购、印制发票的申请；对“双定”（定期、定额）户纳税人的定额评议；对纳税人的日常税务检查；办理纳税人减、免、缓、欠、退税，延期申报申请的审核报批；对委托代征单位和扣缴义务人的监督管理等。

第一税务所　1994 年 8 月，设城镇税务所。1996 年，城镇税务所分设为城镇第一税务所、城镇第二税务所。2002 年，城镇第一税务所和城镇第二税务所合并，更名为企业管理局。2005 年 1 月，更名为第一税务所。

第二税务所　1999 年，设个体税务所。2001 年机构调整，更名为个体管理局。2005 年，更名为第二税务所。

秀水税务所　1994 年 8 月，设城关税务所。1995 年，设苌池税务所。2000 年，撤销苌池税务所和城关税务所，合并为秀水税务所。

南娄税务所 1994年8月，设南娄税务所、下曹税务所。2000年，撤销下曹税务所，并入南娄税务所。

路家村税务所 1994年8月，设路家村税务所、清城税务所。2001年，撤销清城税务所，并入路家村税务所。

孙家庄税务所 1994年8月，设孙家庄税务所。1995年，设牛村所、土塔所。1999年，撤销土塔所，并入孙家庄税务所。2001年，撤销牛村所，并入孙家庄税务所。

仙人税务所 1994年8月，设交口税务所。1995年，设北下庄税务所。1999年，撤销北下庄税务所，并入交口税务所。2001年，更名为仙人税务所。

上社税务所、西烟税务所、梁家寨税务所 均设立于1994年8月。

1994—2018年盂县地税局内设股（室）、直属机构、税务所领导名表

表1-21

科室	职务	姓名	任职时间	备注
办公室	主任	秦峰	1995.4—2000.3	—
		侯俊书	2000.3—2006.2	—
		郭俊才	2006.2—2010.9	—
		武向峰	2011.1—2014.12	—
		田有金	2015.1—2018.7	—
人事教育股	股长	孙俊富	1995.4—2000.12	人事监审
		韩计明	2000.12—2003.3	人事监审股
		韩计明	2003.3—2005.1	人教股
		郑建中	2005.1—2009.8	—
		刘丽芳	2009.8—2014.2	—
		郝瑞丽	2015.1—2018.7	—
	副股长	杨志隆	2014.3—2014.7	主持工作
纪检监察室	主任	张宏斌	2003.3—2005.1	—
		刘秀清	2005.1—2006.8	—
		武向峰	2006.8—2011.1	—
		田有金	2011.1—2012.7	—
		闫利军	2012.7—2018.7	—
征管和科技发展股	股长	赵宪国	1995.4—2001.2	—
		赵文华	2001.2—2005.1	—
		韩志扬	2005.1—2009.8	—
		王丽莉	2009.8—2014.1	—
		郝瑞丽	2014.2—2014.12	—
		付永东	2015.1—2018.7	—

续表1-21

科　室	职　务	姓　名	任　职　时　间	备　　注
计划会计股	股　长	张学蕴	1995.4—1998.2	—
		王希瑞	1998.2—2002.1	—
		闫利军	2002.1—2005.1	—
		尹彩英	2005.1—2018.7	—
税收政策股	股　长	付东玉	1995.4—2001.2	—
		王计忠	2001.2—2005.1	—
		王丽莉	2005.1—2009.8	—
		韩志扬	2009.8—2011.1	—
		许润厚	2011.1—2015.1	—
		王雯琦	2015.1—2018.7	—
信息化管理股	股　长	付永东	2006.7—2015.4	—
		武建英	2015.5—2018.7	—
稽查局	局　长	张学峰	1994.8—2002.1	—
		孟建国	2002.1—2011.9	—
		张学民	2011.9—2018.7	—
直属一分局	局　长	张慧光	2002.1—2004.7	—
		张志新	2004.7—2010.9	—
		韩志扬	2010.9—2012.7	—
		刘丽芳	2012.7—2018.7	—
直属二分局	局　长	郑建中	2001.2—2002.3	农业税征收管理局
		刘秀清	2002.3—2005.1	农业税征收管理局
		刘秋华	2005.1—2009.8	—
		韩计明	2009.8—2010.8	—
		张宏斌	2010.8—2016.9	—
		吴　凡	2016.9—2018.7	—
	副股长	杨志光	1995.4—2001.2	主持工作
第一税务所	所　长	梁志林	1994.7—1996.2	城镇税务所
		张慧光	1996.2—2002.1	城镇第一税务所
		李玉堂	1996.2—2000.4	城镇第二税务所
		张志新	2000.4—2001.3	城镇第二税务所
		刘秀清	2001.3—2002.3	城镇第二税务所
		郭俊才	2002.3—2005.1	企业管理局

续表 1-21

科　室	职　务	姓　名	任　职　时　间	备　　注
第一税务所	所　长	韩俊福	2005.1—2005.5	企业管理局
			2005.5—2008.9	第一税务所
		李玉晶	2008.9—2012.7	—
		荣有奇	2012.7—2016.9	—
		刘秋华	2016.9—2018.7	—
第二税务所	所　长	刘秀清	1999.7—2001.3	个体税务所
		韩俊福	2001.3—2002.3	个体税务所
			2002.3—2005.1	个体管理局
		吴　凡	2005.1—2005.5	个体管理局
			2005.5—2012.7	第二税务所
		张俊文	2012.7—2013.12	—
		刘秋华	2013.12—2016.9	—
		张宏斌	2016.9—2018.7	—
秀水税务所	所　长	侯俊书	1994.8—1998.1	城关税务所
		赵贵福	1995.1—1998.1	苌池税务所
			1998.1—2001.2	城关税务所、城关中心所
		张俊文	1998.1—1999.4	苌池税务所
		赵宪国	1999.4—2000.4	苌池税务所
		李玉晶	2001.2—2005.1	—
		赵文华	2005.1—2008.9	—
		张学明	2008.9—2011.9	—
		田有金	2011.9—2012.7	主持工作
		吴　凡	2012.7—2016.9	—
		荣有奇	2016.12—2018.7	—
南娄税务所	所　长	孟建国	1994.7—1997.1	下曹税务所
		武向峰	1997.1—1999.4	下曹税务所
		王志瑞	1999.4—2000.4	下曹税务所
		李玉堂	1994.7—1996.2	—
		赵宪国	1996.2—1997.1	—
		孟建国	1997.1—2002.3	—
		张志新	2002.3—2005.1	2004.7—2005.1 兼任所长
		荣有奇	2005.1—2008.9	—
		赵文华	2008.9—2013.12	—

续表 1–21

科 室	职 务	姓 名	任 职 时 间	备 注
南娄税务所	所 长	张俊文	2013.12—2016.9	—
		韩志扬	2016.9—2018.7	—
路家村税务所	所 长	王希瑞	1994.7—1998.1	清城税务所
		闫永青	1998.1—1999.4	清城税务所
		武向峰	1999.4—2001.2	清城税务所
		韩计明	1994.7—1997.1	—
		赵宪国	1997.1—1999.4	—
		张建明	1999.4—2001.2	—
		武向峰	2001.2—2005.1	—
		李玉晶	2005.1—2008.9	—
		荣有奇	2008.9—2012.7	—
		韩志扬	2012.7—2016.9	—
		张俊文	2016.9—2018.7	—
孙家庄税务所	所 长	闫永青	1995.1—1996.2	土塔税务所
		武向峰	1996.2—1997.1	土塔税务所
		荣有奇	1997.1—1998.5	土塔税务所
		武向峰	1995.1—1996.2	牛村税务所
		闫永青	1996.2—1998.1	牛村税务所
		武诚敬	1998.1—1999.4	牛村税务所
		荣有奇	1999.4—2000.4	牛村税务所
		王计忠	1994.7—1996.2	—
		张志新	1996.2—2000.4	—
		荣有奇	2000.4—2005.1	—
		张学明	2005.1—2008.9	—
		李宝贵	2008.9—2010.8	—
		刘根平	2010.8—2011.1	主持工作
		张俊文	2011.1—2012.7	—
		赵建忠	2012.7—2018.7	—
仙人税务所	所 长	杨富成	1994.7—1996.2	交口税务所
		张建明	1995.1—1998.5	北下庄税务所
		韩俊福	1996.2—2001.2	交口税务所
		郭俊才	2001.2—2002.3	—
		张俊文	2002.3—2005.1	—

续表 1–21

科　室	职　务	姓　名	任　职　时　间	备　　注
仙人税务所	所　长	张宏斌	2005.1—2011.1	2010.8—2011.1 兼任所长
		刘根平	2011.1—2018.7	—
上社税务所	所　长	王志瑞	1995.1—1999.4	主持工作
		崔新平	1999.4—1999.7	主持工作
		韩志扬	1999.7—2005.1	—
		许润厚	2005.1—2009.8	—
		赵建忠	2009.8—2012.7	—
		田有金	2012.7—2014.12	—
		武向峰	2014.12—2018.7	—
西烟税务所	所　长	郝　润	1995.1—1996.2	主持工作
		武诚敬	1996.2—1998.1	—
		郝　润	1998.1—2002.3	—
		吴　凡	2002.3—2005.1	—
		赵建忠	2005.1—2007.5	—
		张俊文	2007.5—2009.8	—
		杨志光	2009.8—2011.10	—
		刘秋华	2011.10—2014.1	—
		许润厚	2014.1—2018.7	—
梁家寨税务所	所　长	刘宝珍	1994.7—2001.2	—
		武建英	2001.2—2009.8	—
		张俊文	2009.8—2009.11	—
		崔新平	2009.11—2018.7	—

四、税费征管

（一）税费收入

1994—2017 年，盂县地税局组织各项收入由 1994 年的 3139 万元增至 2017 年的 52400 万元，年均增长 13%，累计组织各项收入 104.23 亿元。税收收入由 1994 年的 2959 万元增至 2017 年的 44109 万元，年均增长 12%，累计入库 66.73 亿元；规费收入由 1994 年的 180 万元增至 2017 年的 8291 万元，年均增长 18%，累计征收 37.49 亿元。

（二）征收管理

盂县地方税务局通过理顺管理体制，完善征管制度，从强化基础工作入手，逐步推行专业化和信息化管理，加大考核力度，狠抓税源管理，推动征管质效持续提高。通过多年来的努力，初步构建起税收业务与信息化紧密融合、协调运行的管理新机制。强化重点行业和高收入者管理。完善征管考核机制，深化税收专业化管理。深化“大征管”新格局，实现了以大数据为依托、信息化管理为手段、风险防控为导向、管户分级分类管理、管理员“管户”向“管事”转变、变事前审批为加强事中事后监管的征管格局。

（三）纳税服务

坚持开展“税收宣传月”活动，实现了征收与宣传服务同步进行。开展“标准化办税服务厅”和“标准化税务所”创建工作。对办税服务厅进行升级改造，推行一窗式办税、一站式服务，开通财税库银横向联网电子缴税和 POS 机刷卡缴税，设置服务评价器，实行涉税审批事项办税服务厅集中办理。贯彻落实《纳税服务规范》，深化“便民办税春风行动”。对征收岗位和税源管理岗位人员进行专门培训，对设立登记、变更登记、注销登记、减免税备案等 16 项基本涉税事项实行“免填单”服务。将股室承办的核准类事项全部前移到办税服务厅，实现了“窗口受理、内部流转、限时办结、窗口出件”。推进电子缴税。利用办税服务厅 LED 屏、公告栏、QQ 群等平台，加强电子缴税的宣传辅导，增强征纳互动，使纳税人迅速掌握电子缴税方式。落实税收优惠政策。通过发放宣传手册和征求意见书、发送手机短信、建立税企互动群等方式，多方征求纳税人意见，为纳税人答疑解惑，确保优惠政策落地生根，惠及民生。实行“涉税事项一人通办”，全面实现“一人一窗双系统”的联合办税模式。

五、党政工作

（一）队伍建设

盂县地方税务局注重加强队伍建设。人事管理方面，通过完善干部激励机制、专家授课、全员综合培训、季度考试等形式，通过鼓励和要求全员参加“在线学习”，积极参加业务能手封闭培训和其他培训，鼓励干部职工通过自学考试、函授、电大等途径，进行学历再提高教育，提高干部职工的学历层次，使干部职工达到本科以上学历的人数占总人数的 88%。

文明创建方面，开展争创“省级文明单位”“青年文明号”“文明税务所”“巾帼示范岗”“文明家庭”“征管示范街”活动，提升了干部队伍的整体素质。

（二）党建及党风廉政建设

1994年11月16日，经中共盂县财贸系统委员会批复，中共盂县地方税务局党支部正式成立。1999年6月，经盂县组织部同意，成立中共盂县地方税务局党总支。2005年1月，经盂县县委批准，成立中共盂县地方税务局党委。截至2018年4月，盂县地方税务局共有基层党组织14个，其中党委1个，党支部13个；在册党员99人，其中在职党员85人，退休党员14人。

党建工作方面，认真落实“两个责任”，建立健全领导层层负责的工作体制和机制，形成责任明确、齐抓共管的党建工作格局；规范支部建设，严格组织生活，定期召开民主生活会，做好党员民主评议；严把发展党员入口关，严格审核各项材料和各个环节。

廉政建设方面，认真贯彻落实中共中央和省委关于反腐败斗争指示精神，通过观看廉政教育警示片、开展保持党的纯洁性学习教育活动、进行廉政谈话、签订廉政倡议书、开展重点岗位督查检查和述职述廉活动、发放廉政纪律执行情况监督卡等多种活动的开展，促使党员干部自觉筑牢思想防线。

（三）群团组织

工会 1995年6月28日，成立盂县地税局工会，郭计才任第一任工会主席。2015年4月1日，局长办公会决定李玉晶任工会主席，郝瑞丽任副主席，刘丽芳、田有金、高晋华任工会委员；尹彩英任工会经费审查委员会主任，闫利军、付永东任工会经费审查委员会委员；刘丽芳任妇女职工委员会主任，王雯琦、史雪娇、王春燕任妇女职工委员会委员；工会小组组长由各基层单位负责人兼任。

团组织 1995年6月28日，成立盂县地税局团支部，秦峰任团支部书记。历任团支部书记分别为张学民、付永东、刘丽芳、杨志隆、高晋华。

妇女联合会 1995年6月28日，成立盂县地税局妇女联合会，付秀果任妇联主任。2001年2月，赵海红任妇联主任。2015年4月1日，刘丽芳任妇联主任，尹彩英任组织委员，王雯琦任学习委员，郝瑞丽任宣传委员。2018年1月，郝瑞丽任妇联主任。

关心下一代委员会 1996年5月20日，成立盂县地税局关心下一代委员会，武润先担任主任，郭计才担任副主任，委员有韩月明、柴林义、梁志林、秦峰、孙俊富。

六、基础设施建设

（一）办公场所建设

1994 年 8 月成立之初，盂县地税局办公地址在盂县钟镇街招待所旁办公。

2007 年，在秀水西街新建的功能齐全的综合办公大楼投入使用。综合办公大楼共 6 层，建筑面积 6300 余平方米。办公大楼一层东侧为盂县地税局办税服务大厅，使用面积 304 平方米，配置了高标准的内部设施，设置办税服务区、休息等候区、咨询辅导区、自助办税区，设置 11 个业务窗口。

2016 年，仙人税务所迁移到孙家庄税务所合署办公，上社税务所和梁家寨税务所迁移到南娄税务所合署办公，西烟税务所迁移到秀水税务所合署办公。

（二）信息化建设

1999 年，与盂县农业银行在钟镇街建立了第一个银税办税服务厅，利用 1 台服务器和 3 台计算机组成局域网，统一使用省地税局征管软件。

2002 年，购置各型电脑 35 台，DELL 服务器 1 台，网络集成器 1 个，不间断电源 1 组，调制解调器 1 个。

2005 年，完成信息化机房建设，与网通、移动公司合作，架设数据光纤，实现公文处理、电子邮件全省联网，各股室办公实现自动化，配备 IP 电话。

2007 年，搬迁到秀水西街新综合大楼办公，购置联想电脑共 46 台，视频会议系统投入使用；对基层 6 个税务所进行光纤接入，全面建成四级网络，实现省、市、县、所征收管理、文件传输、信息查询、公文自动化的网络互联。

2008 年，自行开发“盂县地税局互联网门户网站及网上办税系统”，自行编写全局网络测试软件，迅速快捷地测试全局 10 个基层网络的通畅情况，在全省召开的基础现场会上做了功能演示，得到认可和好评；在省地税局组织的全省征管软件大比武中，取得信息岗位第三名；随着地税系统四级网络建成，开辟盂县地税局 FTP 文件传输平台，方便各股室及税务所的电子文件传递。

2009 年，购置联想扬天 T4900 电脑和联想扬天 M5190N 电脑共 60 台；建成网络电教机房，税务信息化，网络化管理上了一个新的台阶。

2010 年，为机房及各所办税服务厅等重要部位安装了监视器及空调等设备，保证了整个系统网络运行的安全和稳定。

2012 年，撰写的《五保障确保信息系统高效安全、稳运行实现税收管理跨越发展》经验材料，在全省地税系统信息与网络安全保障工作会议进行了经验交流。

2014 年 3 月 15—16 日，对县局 10 个网络结点进行网络切割，新旧网络进行顺利替换，实现了“金税三期”网络设备的全面改造。同时，在市地税局纳税服务科、电税中心配合下，对一分局、秀水所、南娄所、路家村所、上社所，孙家庄所安装“阳光税务”监控系统，实现市、县、所三级办税场所无缝覆盖。

2015 年，在国税大厅布置网络节点，实现国税、地税联合办公；购置联想启天 A9050 一体机 130 台，用于充实征收一线用机和电教室使用。

2016 年，对县地税局办公大楼 200 余个网络节点进行重新布线，更新内外网 20 余台交换机设备，增加各楼层电话模块、独立机箱、防雷模块。

七、主要荣誉

1994 年 11 月 5 日，盂县地税局第一税务所被共青团山西省委、省劳动厅、省地税局授予“青年文明号”称号。

2002—2010 年，稽查局在全市稽查系统年终目标责任制考核中连年名列第一。

2006—2011 年，盂县地方税务局连续 6 年获省级“文明和谐单位标兵”称号。

2010 年以来，盂县地税局先后有 6 名干部获得“省级业务能手”称号；3 个基层党支部获得“五好党支部”称号，4 个基层税务所创建成为“省级青年文明号”。

2010 年，盂县地税局领导带头撰写调研文章 12 篇，在省、市级刊物发表文章 6 篇。盂县地税局连续 4 年被省地税局评为“优秀税收科研工作联系点”。同年，7 个基层税务所在全省地税系统基层税务所征管状况监控分析考评中获省地税局“嘉奖”表彰，并荣获 2009 年度“省级煤炭可持续发展基金征收管理工作先进集体”称号。

2012—2017 年，盂县地税局连续 6 年获省级“文明单位”称号。

2015—2017 年，盂县地税局连续 3 年被评为全市地税系统绩效管理与目标责任考核优秀单位，实现了历史性的突破。

2018 年，刘丽芳被评为全国税务系统百佳办税服务厅主任。

第三节　阳泉市郊区地税局

一、概况

1994 年 8 月 9 日，郊区地税局正式成立，办公地址在郊区财贸大楼。1996 年迁入郊区荫营镇办公楼办公。

2018 年 6 月，全局共有干部职工 91 人，其中在职 79 人，退休 12 人。内设办公室、纪检监察室、人事教育股、税政股、征管和科技发展股、计划会计股、信息化管理股；下设直属一分局、直属二分局、第一税务所、河底税务所、平坦税务所、义井税务所、李家庄税务所、杨家庄税务所、西南舁税务所、旧街税务所。

二、机构沿革

郊区地税局筹建时，从郊区税务局划拨正式干部 41 人，助征员 10 人，临时工 2 人。下设 1 室 4 股 7 所：办公室；人事监审股、税政管理股、征收管理股、计划会计股；荫营所、河底所、三郊所、白泉所、平坦所、义井所、辛兴所。此外，还下设稽查队。

1994 年 8 月 9 日，郊区地税局成立。内设办公室、人事监审股、税政管理股、征收管理股、计划会计股；下设荫营税务所、河底税务所、三郊税务所、白泉税务所、平坦税务所、义井税务所、辛兴税务所以及稽查队。全局内设 4 股 1 室，下设 1 个股级队，7 个股级税务所。

1995 年 1 月 9 日，按照乡乡设金库的财政体制要求，增设燕龛所、东村所、李家庄所、杨家庄所、西南舁所、旧街所 6 个税务所。1 月 20 日，从郊区财政局划转农税人员 22 人，成立农业税管理股。5 月，撤销稽查队。6 月，同郊区检察院联合成立税务检察室。

1996 年 12 月 26 日，郊区地税局稽查分局成立，副科级建制，内设综合股、稽查一股、稽查二股，为正股级建制。

1997 年 1 月，按照省地税局征管改革实施方案，成立票证管理所，人事监审股分设为人事教育股和监察审计股。

1998 年 5 月 31 日，人事教育股和监察审计股合并为人事监审股，税政管理股和征收管理股合并（一套人员，两块牌子）。6 月，撤销票证管理所。

1999 年 1 月，郊区地税局稽查分局更名为郊区地税局稽查局，职能不变。3 月 20 日，农业税管理股更名为农业税征收管理分局，职能不变。11 月 6 日，增设郊区地税局个体税收管理所。

2001 年 3 月，按照阳地税人发〔2001〕12 号要求，将 14 个税务所合并为 9 个：荫营第一税务所（原荫营所、三郊所、个体所）、荫营第二税务所（原白泉所）、河底税务所（原河底所、燕龛所、东村所）、平坦税务所（原平坦所、辛兴所）、义井税务所、李家庄税务所、杨家庄税务所、西南舁税务所、旧街税务所。4 月，稽查局内设股室增设稽查三股，为正股级建制；同月，原市郊区地税局农业税征收管理分局更名为农业税征收管理局，职能不变。

2002 年 2 月 6 日，根据阳地税人发〔2002〕3 号，征收分局正式成立，副科级建制，内设综合股、管理股；撤销荫营一所和荫营二所；设置纪检组。4 月 15 日，人教监审股分设为纪检监察室和人事教育股。12 月，税政征管股分设为税政股和征管和科技发展股。

2004 年 3 月，征收分局内设机构调整为综合股、管理一股、管理二股。12 月，稽查局内设机构调整为综合股、稽查一股、稽查二股，撤销稽查三股。

2005 年 6 月 3 日，根据《阳泉市地方税务局进一步深化税收征管改革的实施方案》（阳地税征发〔2005〕12 号）及《阳泉市地方税务局关于对郊区地方税务局深化税收征管改革实施方案的批复》（阳地税征发〔2005〕32 号）文件精神，撤销原郊区地税局征收分局，成立郊区地税局直属分局（副科级建制）和郊区地税局第一税务所（正股级建制）。直属分局内设机构为办税服务厅、综合股、计会股，正股级建制。

2006 年 7 月，根据《山西省地方税务局关于设置县（市、区）地税局信息化管理股的通知》（晋地税发〔2006〕91 号）文件精神，成立信息化管理股，为正股级建制。10 月，根据《阳泉市地方税务局关于全市地税系统部分直属机构变更名称调整职能的通知》（阳地税发〔2006〕172 号）文件精神，郊区地税局直属分局更名为郊区地税局直属一分局，郊区地税局农业税征收管理局更名为郊区地税局直属二分局。两个机构建制规格、人员编制、内设机构均不变。

2008 年 9 月，第一税务所、河底所、平坦所、义井所升为副科级建制。

2010 年 10 月 26 日，根据省地税局《关于阳泉市地方税务局部分直属行政机构更名的通知》（晋地税发〔2010〕86 号）文件精神，直属二分局升为副科级建制。

2011 年 7 月，撤销郊区地税局稽查局。12 月 27 日，根据省、市地税局关于规范和纳税服务的工作安排，设郊区地税局直属的纳税服务中心。纳税服务中心业务指导、管理由征管股负责。

2012 年 3 月 30 日，直属二分局加挂“存量房评估管理办公室”牌子。

2017 年 5 月底，根据《中共阳泉市委阳泉市人民政府关于印发〈关于城区、矿区托管部分（乡）镇、行政村的意见〉的通知》（阳发〔2017〕7 号）文件要求，义井税务所由城区地税局托管，管户整体移交；平坦税务所部分纳税人移交矿区地税局征收管理，人员、资产仍归郊区地税局管理。

2018 年 6 月底，内设 7 个职能科室：办公室、纪检监察室、人事教育股、税政股、征管和科技发展股、计划会计股、信息化管理股；下设 2 个副科级直属机构：直属一分局、直属二分局；4 个副科级税务所：第一税务所、河底税务所、平坦税务所、义井税务所；4 个股级税务所：李家庄税务所、杨家庄税务所、西南舁税务所、旧街税务所。

1994—2018 年阳泉市郊区地税局领导名表

表 1–22

姓 名	职 务	级 别	任职时间
郗建光	党组书记、局长	正 科	1994.8—1997.11
王庭玉	党组书记、局长	正 科	1998.4—2002.1
聂富祥	党组书记、局长	正 科	2002.1—2010.8
付文勇	党组书记、局长	正 科	2010.8—2016.9
李惠平	党组书记、局长	正 科	2016.9—2018.7
闫 林	党组成员、副局长	副 科	1994.8—2011.9
王长命	党组成员、副局长	副 科	1994.8—2002.1
王淑蔚	党组成员、纪检组长	副 科	1994.8—2002.1
王守庆	党组成员、副局长	副 科	1996.10—2002.1
董吉文	党组成员、副局长	副 科	1996.10—2011.9
梁志林	党组成员、副局长	副 科	2002.1—2011.9
姚培祥	党组成员、纪检组长	副 科	2002.1—2008.9
姚江涛	党组成员、副局长	副 科	2011.9—2014.10
李宏林	党组成员、纪检组长	副 科	2008.9—2011.9
	党组成员、副局长	副 科	2011.9—2012.7
卢再庆	党组成员、副局长	副 科	2012.7—2018.7
赵 睿	党组成员、副局长	副 科	2014.10—2016.9
王燕飞	党组成员、纪检组长	副 科	2011.9—2014.10
	党组成员、副局长	副 科	2014.10—2018.7
冯招明	党组成员、纪检组长	副 科	2014.10—2018.7
杨慧田	党组成员、副局长	副 科	2016.9—2017.12
牛丽川	党组成员、副局长	副 科	2017.12—2018.7

三、内设股（室）、直属机构、税务所

办公室 1994 年 8 月，设办公室。

人事教育股 1994 年 8 月，设人教监审股。1997 年 1 月，分设为人事教育股和监察审计股。1998 年 6 月，合并。2002 年 2 月，分设为人事教育股和纪检监察室。

纪检监察室 2002 年 2 月，由人事监审股分设。

计划会计股　1994年8月，设计划会计股。

税政股　1994年8月，设税政股。1998年6月，同征管股合并为税政征管股。2002年12月，分设为税政股、征管和科技发展股。

征管和科技发展股　1994年8月，设征管股。1998年6月，同税政股合并为税政征管股。2002年12月，分设为税政股、征管和科技发展股。

信息化管理股　2006年7月，设信息化管理股。

农业税管理股　1995年1月，农业税收由财政局划归地税局管理，按照国家税制改革需要成立。

稽查局　1994年8月，设稽查队。1995年5月，撤销稽查队。6月，同郊区检察院联合成立税务检察室。1996年12月26日，成立郊区地税局稽查分局，副科级建制，设综合股、稽查一股、稽查二股。1999年1月，郊区地税局稽查分局更名为郊区地税局稽查局。2001年4月，稽查局增设稽查三股。2004年12月，稽查局内设机构调整为综合股、稽查一股、稽查二股，撤销稽查三股。2011年7月，撤销郊区地税局稽查局。

直属一分局　2002年2月6日，成立征收分局，副科级建制，内设综合股、管理股2个内设机构。2004年3月，内设机构调整为综合股、管理一股、管理二股。2005年6月3日，撤销征收分局，成立直属分局，副科级建制，内设机构为办税服务厅、综合股、计会股。2006年10月，更名为郊区地税局直属一分局，建制规格、人员编制、职能、内设机构均不变。2013年，直属一分局负责郊区范围内纳税户的税务登记、税款征收等工作。

直属二分局　1994年8月，设农业税管理股。1999年3月20日，更名为农业税征收管理分局。2001年4月，更名为农业税征收管理局。2006年10月，更名为阳泉市郊区地方税务局直属二分局。2010年10月26日，直属二分局升格为副科级建制。2012年3月30日，直属二分局加挂存量房评估管理办公室牌子。主要负责契税、耕地占用税、烟叶税（以下简称“三税”）等的征收管理工作，拟定征收管理具体实施办法；对具体业务问题进行解释和处理；组织开展“三税”的纳税评估、税源管理等工作；指导“三税”的日常管理、日常检查；参与“三税”的纳税辅导、咨询服务、税收法律救济工作；牵头负责房地产税收一体化协调管理工作，负责房地产税源管理和房地产交易环节税收征收管理；负责农村综合改革有关工作；承办上级交办的其他事项。

第一税务所　1994年8月，设荫营所。1995年1月，增设燕龛所。1999年11月，增设郊区地方税务局个体税收管理所。2001年3月，原荫营所、三郊所、个体所合并为荫营第一税务所，原白泉所更名为荫营第二税务所。2002年2月6日，征收分局成立，副科级建制，内设综合股、管理股，撤销荫营一所和荫营二所。2005 年 6 月 3 日，成立阳泉市郊区地方税务局第一税务所，正股级建制。2008 年 9 月，第一税务所升格为副科级建制。

河底税务所 1994 年 8 月，设河底所。1995 年 1 月，增设东村所。2001 年 3 月，原河底所、燕龛所、东村所合并为河底税务所。2008 年 9 月，河底税务所升格为副科级建制。负责郊区河底镇、燕龛乡、东村乡范围内纳税户的税收征管。

平坦税务所 1994 年 8 月，设平坦所。1995 年 1 月，增设李家庄所。2001 年 3 月，原平坦所、辛兴所合并为平坦税务所。2008 年 9 月，平坦税务所升格为副科级建制。负责郊区平坦镇、辛兴乡范围内纳税户的税收征管。2017 年 5 月底，平坦税务所部分纳税户移交矿区地税局征收管理。

义井税务所 1994 年 8 月，设义井所。2008 年 9 月，义井税务所升格为副科级建制。负责郊区义井镇范围内纳税户的税收征管。2017 年 5 月底，义井税务所由城区地税局托管，管户整体移交。

李家庄税务所 1995 年 1 月 9 日，设李家庄所，正股级建制，负责李家庄乡纳税户的税收征管。

杨家庄税务所 1995 年 1 月 9 日，设杨家庄所，正股级建制，负责杨家庄乡纳税户的税收征管。

西南舁税务所 1995 年 1 月 9 日，设西南舁所，正股级建制，负责西南舁乡纳税户的税收征管。

旧街税务所 1995 年 1 月 9 日，设旧街所，正股级建制，负责旧街乡纳税户的税收征管。

三郊税务所 1994 年 8 月，设三郊所，负责郊区三郊乡、西南舁乡范围内纳税户的税收征管。1995 年 1 月，设西南舁所，西南舁乡范围内纳税户的税收征管划归西南舁所。2001 年 3 月，三郊所合并到荫营第一税务所，税收业务相应合并。

白泉税务所 1994 年 8 月，设白泉所，负责郊区白泉乡、杨家庄乡范围内纳税户的税收征管。1995 年 1 月，设杨家庄所，杨家庄乡范围内纳税户的税收征管划归杨家庄所。2001 年 3 月，白泉所更名为荫营第二税务所，职能不变。

东村税务所 1995 年 1 月，设东村税务所，负责郊区东村乡范围内纳税户的税收征管。2001 年 3 月，合并到河底税务所，税收业务相应合并。

燕龛税务所 1995 年 1 月，设燕龛税务所，负责郊区燕龛乡范围内纳税户的税收征管。2001 年 3 月，合并到河底税务所，税收业务相应合并。

辛兴税务所 1994 年 8 月，设辛兴所，负责郊区辛兴乡、旧街乡范围内纳税户的税收征管。1995 年 1 月，增设旧街所，旧街乡范围内纳税户的税收征管划归旧街所。2001 年 3 月，合并到平坦税务所，税收业务相应合并。

票证管理所 1997 年 1 月，成立票证管理所，并下达事业编制指标 6 人，该所为全额预算拨款单位，负责全局发票业务。1998 年 6 月，撤销票证管理所，发票业务划归征管股。

个体税收管理所 1999 年 11 月 6 日，设郊区地方税务局个体税收管理所，负责荫营镇个体纳税户的税收征管。2001 年 3 月，合并到荫营第一税务所。

1994—2018 年阳泉市郊区地税局内设股（室）、直属机构、税务所领导名表

表 1–23

科 室	职 务	姓 名	任 职 时 间	备 注
办公室	主 任	董吉文	1994.8—1996.10	—
		程志明	1998.4—2000.2	—
		郭晓峰	2000.2—2003.9	—
		王燕飞	2003.9—2011.11	—
		康富兴	2011.11—2014.10	—
		李文宝	2014.10—2018.7	—
人事教育股	股 长	高存娥	1994.10—1997.1	人教监审股
		郭敏建	1997.1—1998.5	人事教育股
		高存娥	1997.1—1998.5	监察审计股
		高存娥	1998.6—2002.2	人事监审股
		郭敏建	2002.2—2011.11	人事教育股
		李文宝	2011.11—2014.2	人事教育股
		吕爱英	2014.2—2018.7	人事教育股
	副股长	高存娥	1994.8—1994.10	人教监审股（主持工作）
纪检监察室	主 任	高存娥	2002.2—2009.3	—
		李文宝	2009.3—2011.11	—
		翟延明	2011.11—2012.5	—
		郭利明	2012.5—2014.2	—
		李文宝	2014.2—2015.12	—
		郭瑞萍	2015.12—2018.7	—
计划会计股	股 长	王淑蔚	1994.10—1996.1	—
		赵志芳	1997.1—2018.7	—
	副股长	王淑蔚	1994.8—1994.10	主持工作

续表 1–23

科 室	职 务	姓 名	任 职 时 间	备 注
税政股	股 长	张洲明	1995.6—1998.5	税政股
			1998.5—2000.2	税政征管股
		宋利军	2000.2—2002.12	税政征管股
		杨拴玉	2002.12—2004.12	税政股
		张彦庆	2004.12—2008.9	税政股
		吕爱英	2008.9—2014.2	税政股
		石俊华	2014.2—2018.7	税政股
	副股长	程志明	1994.8—1995.5	主持工作
征管和科技发展股	股 长	王守庆	1995.5—1996.10	—
		姜志强	1997.1—1998.5	—
		宋利军	2002.12—2003.5	—
		王 兵	2003.5—2008.9	—
		程常青	2008.9—2011.11	—
		石俊华	2011.11—2014.2	—
		郭利明	2014.2—2018.7	—
	副股长	李常宏	1994.8—1995.5	主持工作
信息化管理股	股 长	郭利明	2006.7—2015.12	—
		翟 亭	2017.2—2018.7	—
农业税管理股	股 长	高存鱼	1995.5—1997.1	—
		姜志强	1998.6—1999.3	—
	副股长	王晓玲	1997.1—1998.6	主持工作
稽查局	局 长	李海翔	1996.10—1999.1	稽查分局
			1999.1—2000.2	稽查局
		霍建国	2000.2—2002.1	—
		康有柱	2002.1—2004.8	—
		李常弘	2004.8—2011.7	—
	副队长	李常弘	1994.8—1995.5	稽查队（主持工作）
	副主任	姜志强	1995.11—1997.1	税务检察室（主持工作）
直属一分局	局 长	冯彩云	2002.1—2004.8	征收分局
		石俊智	2004.8—2005.5	征收分局
			2005.5—2006.10	直属分局
			2006.10—2012.7	直属一分局
		康富兴	2012.7—2014.10	—
		田 静	2014.10—2018.7	—

续表 1-23

科　室	职　务	姓　名	任　职　时　间	备　　注
直属二分局	局　长	姜志强	1999.3—2001.4	农业税征收管理分局
		梁毓卿	2001.4—2004.12	农业税征收管理局
		王晓玲	2004.12—2006.10	农业税征收管理局
			2006.10—2011.1	直属二分局
		郑方炜	2011.9—2016.9	—
		石俊智	2016.9—2018.7	—
	副局长	郑方炜	2011.1—2011.9	主持工作
第一税务所	所　长	张洲明	1994.10—1995.5	荫营所
		程志明	1995.5—1998.3	荫营所
		宋利军	1998.3—2000.2	荫营所
		冯彩云	2000.2—2001.4	荫营所
			2001.4—2002.2	荫营一所
		王　兵	2001.4—2002.2	荫营二所
		姜志强	2005.5—2008.9	第一税务所
		张　钧	2008.9—2014.10	第一税务所
		康富兴	2014.10—2018.7	第一税务所
	副所长	张洲明	1994.8—1994.10	荫营所（主持工作）
河底税务所	所　长	姜志强	1994.8—1995.11	—
		李惠平	1996.1—1997.1	—
		梁毓卿	1997.1—1998.4	—
		李惠平	1998.4—1998.7	—
		张　钧	1998.7—2001.4	—
		李石英	2001.4—2002.12	—
		冯招明	2002.12—2008.9	—
		王　兵	2008.9—2013.5	—
		张　钧	2014.10—2018.7	—
平坦税务所	所　长	王守庆	1994.8—1995.5	—
		李常宏	1995.5—1997.1	—
		冯彩云	1997.1—2000.2	—
		冯招明	2000.2—2002.12	—
		李石英	2002.12—2008.9	—
		刘文生	2008.9—2012.7	—
		石俊智	2012.7—2016.9	—
		赵志成	2016.9—2018.7	—

续表 1-23

科　室	职　务	姓　名	任　职　时　间	备　　注
义井税务所	所　长	王永让	1994.8—1998.7	—
		李惠平	1998.7—2000.2	—
		梁毓卿	2000.2—2001.4	—
		石俊智	2001.4—2004.8	—
		刘文生	2004.8—2008.9	—
		冯招明	2008.9—2014.10	—
		翟延明	2014.10—2018.7	—
李家庄税务所	所　长	郭晓峰	1995.1—1998.7	—
		杨栓玉	1998.7—2002.12	—
		李建明	2002.12—2010.1	—
		康富兴	2010.1—2012.4	—
		翟延明	2012.4—2014.10	—
		李建明	2015.12—2017.2	—
		侯志明	2017.2—2018.7	—
杨家庄税务所	所　长	宋利军	1995.5—1997.1	—
		李惠平	1997.1—1998.4	—
		梁毓卿	1998.4—2000.2	—
		段栋章	2000.2—2004.12	—
		杨拴玉	2004.12—2007.5	—
		康富兴	2007.5—2010.1	—
		李建明	2010.1—2015.12	—
		程海斌	2015.12—2017.2	—
		郭晓峰	2017.2—2018.7	—
西南异税务所	所　长	杨拴玉	1995.6—1998.7	—
		李计明	1998.7—2000.2	—
		李建明	2001.4—2002.2	—
		王　兵	2002.2—2003.5	—
		程常青	2004.3—2008.9	—
		翟延明	2008.9—2010.1	—
		段栋章	2010.1—2018.7	—
	副所长	李建明	2000.2—2001.4	主持工作
		程常青	2003.5—2004.3	主持工作

续表 1–23

科　室	职　务	姓　名	任　职　时　间	备　　注
旧街税务所	所　长	李常宏	1997.1—1999.3	—
		王　兵	1999.3—2001.4	—
		李计明	2001.4—2002.5	—
		刘文生	2002.12—2004.8	—
		张彦庆	2004.8—2004.12	—
		段栋章	2004.12—2010.1	—
		翟延明	2010.1—2011.11	—
		程常青	2011.11—2017.2	—
		程海斌	2017.2—2018.7	—
	副所长	冯彩云	1995.5—1997.1	主持工作
		刘文生	2002.5—2002.12	主持工作
三郊税务所	所　长	李计明	1995.5—1997.1	—
		宋利军	1997.1—1998.3	—
		刘培钧	1999.3—1999.6	—
		冯招明	1999.9—2000.2	—
		史万才	2000.2—2001.4	—
	副所长	李计明	1994.8—1995.5	主持工作
		李石英	1998.3—1999.3	主持工作
白泉税务所	所　长	张　钧	1994.10—1998.7	—
		郭晓峰	1998.7—2000.2	—
		石俊智	2000.2—2001.4	—
	副所长	张　钧	1994.8—1994.10	主持工作
东村税务所	所　长	刘培钧	1995.5—1999.3	—
		李石英	1999.3—2001.4	—
燕龛税务所	所　长	李惠平	1995.5—1996.1	—
		李计明	1997.1—1998.7	—
		王永让	1998.7—1999.9	—
	副所长	梁毓卿	1996.1—1997.1	主持工作
		李文宝	1999.9—2001.4	主持工作
辛兴税务所	所　长	李海翔	1994.8—1997.1	—
		石俊智	1998.4—2000.2	—
		李计明	2000.2—2001.4	—
	副所长	石俊智	1997.1—1998.4	主持工作
票证管理所	所　长	高存鱼	1997.1—1997.4	—
	副所长	梁兰英	1997.4—1998.6	主持工作
个体税收管理所	副所长	杨　峰	2000.2—2001.4	主持工作

四、税费征管

（一）税费收入

1994 年至 2018 年 3 月，共计完成各项税收收入 55.74 亿元，其中地方税收 41.89 亿元，区级一般预算收入 28.29 亿元，各项规费收入 13.49 亿元。

24 年间，收入规模不断扩大。2007 年，税收收入首次突破 1 亿元。2008 年，税收收入跨越 2 亿元，达到 2.3 亿元。2011 年，税收收入跨越 3 亿元，达到 3.5 亿元。2012 年，税收收入跨越 4 亿元，达到 4.5 亿元，创历史最高水平。2016 年开始，受“营改增”全面实施的影响，税收收入回落到 3.13 亿元，2017 年，降至 2.6 亿元。

（二）征收管理

管户管理：1994—2000 年，管户数量由成立时的 1606 户增至 2000 年年底的 1689 户。2001—2005 年，管户数量增加 696 户。2001 年，通过在全区范围内开展了个体税收检查整顿工作，清理出 70 户漏征漏管户，其间共有 52 户个体工商户办理税务登记证，征收税款 10 万多元，共发放税务文书 155 份。2006—2010 年，管户数量增加 670 户。2008 年，郊区地税局对省地税局的煤炭税费评估软件进行了试点，重点对郊区煤炭行业 50 户纳税人进行了专项税费评估，共评估出税款 5.42 万元，各项规费 3.25 万元。2011—2015 年，管户数量增加 606 户。

征管改革：1994—1996 年，以管理员管户为基础，进行税收管理。1997 年，全面实行自行纳税申报，通过办税服务厅集中征收。1998 年，荫营税务所实现计算机单机开票。1999 年，全局 13 个税务所，4 个税务所实现计算机单机开票。2000 年，全局实现计算机单机开票。2001—2006 年，继续完善计算机开票统计，利用计算机进行管户管理，征收开票。2007 年，全局实现局域网征收开票，数据集中在县区局，7 月，正式同省地税局接轨，数据全部集中省地税局，实现新综合征管系统的正式上线。2013 年，“金税三期”（集中版）上线。2014—2018 年，依托“金税三期”开展各项征管工作。

1997 年，稽查以专项检查为重点，采取日常稽查检查和突击稽查检查相结合的办法，组织了 4 组 16 支队伍，在全区范围内开展了深入细致的“查漏补遗”工作，全年共查补税款 650 多万元，弥补了税收缺口。1998 年，对立案的 23 起偷税案件全部进行了立案稽查，对受理的 3 起举报案件从严从重进行了查处。1998 年，全局共稽查纳税户 133 户，查补税款 183.8 万元，加收滞纳金 39.3 万元，罚款 103.2 万元，共计 326.9 万元，全部入库。其中罚款占查补税款的 56.14%。2000 年 6 月，市地税局在郊区地税局召开稽查工作现场会，在全市推广郊区地税局稽查工作经验，《山西地税简报》专门刊登了郊区地税局的稽查工作经验材料。当年，稽查局对217户纳税户实施稽查检查，其中有问题户122户，查补税款、加收滞纳金、罚款324万元。

（三）纳税服务

1994—2000年，根据郊区乡镇设置情况，郊区地税局设13个全职能税务所，均设征收室。

1996年4月，与郊区区委宣传部、郊区电视台等新闻单位联合在全区开展“厂长、会计、个体户税法知识竞赛”活动，荣获1996年度全省“税收宣传月”活动“优秀项目奖”。

2001年，开展税收宣传教育“六下乡”活动，发放一张税务名片，连起你、我、他。

2005年，与郊区国税局、文体局联合创办“税苑飞红”税收宣传专场文艺节目，《税收服务一窗化》《税务战线创辉煌》《税苑百花开》《家贼难防》等文艺节目受到广大纳税人的一致好评。

2006年，与郊区公安局联合查处一起代开假发票的违法案件。

2007年，推行“一站式”“一窗式”和“内转外不转”工作流程，提升服务质效。

2008年3月31日，在郊区青少年活动中心举办税法宣传漫画展，共接待4批800余名学生进行参观学习。

2009年，郊区地税局、国税局联合举办以“税收·发展·民生”为主题的税收法律、法规有奖知识竞赛活动。

2010—2011年，创办农民税校，培训4期，参训人数达230人。

2012年，开展“十员十讲送税法”活动。

2014年4月12日，桃林沟村举办“桃花节”期间，深入该村进行税法宣传，开展“送税下乡”活动。

2015年4月27—28日，对管辖范围内缴纳企业所得税的纳税人进行新企业所得税纳税申报表填报培训，全区90%的企业所得税纳税人参加了培训。

2016年，国税、地税干部走上街头，借力传统庙会，联合开展“聚焦营改增试点，助力供给侧改革”主题宣传。

2017年，联合郊区国税局、工商局开展“为民服务春风行动”，深入个体户密集的街区，将税法送至纳税人经营地，为纳税人提供详细的税收优惠政策、“三证合一”办理需要携带的资料，并将申报日期等事项告知纳税人。同时，通过微信二维码为纳税人答疑解惑，共计为300余户个体户办理了营业执照和税务登记证。

2017 年 11 月，成立阳泉市首家国地税联合办税大厅，占地面积 840 平方米。设有办税服务区、等候休息区、咨询辅导区、自助办税区、24 小时自助办税服务中心共 5 个服务区和 14 个办税窗口，实现了“进一个厅，取一个号，到一个窗，办两家事”的办税模式。

五、党政工作

（一）队伍建设

1996 年，采用“一月一税种，一月一小考”的办法，对税务干部进行集中培训，利用每周五集中学习，考试结果通报全局，并记入业务学习档案。

1997 年，采取“每日一题、每月一考”、班前一小时学习等方法，不断提高税务干部的业务素质。全局参加专科以上函授学习的干部 19 人，占干部总人数的 43.28%；大专以上文化程度的干部 41 人，占干部总人数的 61.19%，文化结构有了明显改善。

1998 年 10 月，组织 27 名党员参加了全省“学理论、学党章”考试；11 月，组织 13 名入党积极分子参加郊区区委组织部组织的培训考试。开展了党员、征管能手、税干“一带一、一帮一”活动。

1999 年，先后组织税收会计、票证业务培训、稽查检查、文秘、计算机等 7 期业务培训，并选派业务骨干、部分股、所长参加了市地税局组织的稽查检查业务培训班，省地税局组织的计会、办公等培训活动。通过学习培训，进一步提高了税干的业务素质。

2000 年，采取定期培训、以考代培等措施，狠抓税务干部两个素质的提高。每季组织一次业务考试、半年进行一次政治考试，考试成绩全局进行通报，并且奖优罚劣。

2001 年，制定了干部政治理论和业务培训计划及政治、业务考试制度，每季组织开展一次业务考试，考试成绩与《股、所长末尾淘汰制》《一般干部待岗制》等制度挂钩，以此激发税务人员的学习积极性，提高了税干的依法办税意识和业务操作技能。

2002 年，在全市地税系统业务比武中，郊区地税局分别获得计算机操作、税收业务考试团体第二名和第三名的好成绩。

2004 年，2 名税务干部经过层层选拔、考试，获得“省级业务能手”称号。在全市地税系统第三届业务比武活动中，1 名税务干部取得了模拟查账第一名。

2005 年，先后组织三批干部职工参加计算机国家一级培训和考试，共有 65 人取得了全国计算机等级考试一级合格证书，通过率达 100%。

2007 年，进行了税收管理员、内勤人员、机关人员三期新征管软件的培训。

2010 年，在市地税局组织的业务比武活动中，6 人取得了税收业务、计算机操作和文秘写作等名次。在“业务能手”选拔中，1人获得“省级业务能手”称号，5人获得“市级业务能手”称号。

2011年，举办税务会计、税收管理、会计实务、业务骨干、网上申报、机打发票、公务员更新知识、公务员初任培训等各类培训班20期。全年参加培训人员1150人次。

2014年，组织开展政治理论培训、业务骨干培训、“金税三期”系统上线业务培训、纳税服务培训、廉政培训等各类培训14期，培训达289人次。

2015年，制定了《郊区地税局2015年干部教育培训计划》，重点加强税务干部队伍业务素质建设，促进了干部学业务比技能的积极性。截至年底，有44人取得本科学历，有24人取得专科学历。

2016年，为确保“金税三期”优化版10月1日能够正式上线运行，由郊区金税三期培训师、软件公司讲师免费为辖区内的2000余户纳税人进行了连续4场的“金税三期”个人所得税扣缴软件培训班。

2017年，郊区地税局、国地税联合办税服务厅成立，为促进国、地税业务深度融合，实现“一站式”办税。

（二）党建及党风廉政建设

1. 党建工作

1994年6月，郊区地税局党总支被批准成立，共有党员10名，设书记1名，委员5名，下设2个党支部。1998年，郊区地税局以班子建设为中心，制定完善了各项党建制度，认真落实民主集中制，强化全局党员干部的党性和廉政意识，增强了全局干部职工的感召力、凝聚力和战斗力。

2003年，开展了纪念建党82周年系列纪念活动，兴起了学习贯彻“三个代表”重要思想的新高潮。

2005年，在全局党员中开展了为期3个月的先进性教育活动。

2007年，学习领会中共十七大精神，开展标准化党支部创建活动。10月，在党员干部中开展中共十七大精神知识竞赛。

2008年，增设了5个基层党支部，进一步完善了基层党组织建设。郊区地税局被中共阳泉市委授予先进基层党组织。

2009年，开展学习贯彻科学发展观活动。平坦税务所党支部被省地税局党建工作领导组授予全省地税系统“五好党支部”。

2010年，在全局各支部继续开展“共产党员承诺”“争当优秀共产党员”活动。在各窗口单位持续开展共产党员挂牌明示活动，明确共产党员身份，发挥党员的先锋模范作用。

2013 年，开展了“贯彻落实十八大、立足岗位做奉献”主题征文活动。直属一分局党支部被中共阳泉市郊区财贸系统委员会评为“先进基层党组织”。

2014 年，开展“在职党员进社区”活动。多次深入三郊村社区进行座谈、慰问，积极为三郊村社区排忧解难。

2015 年，开展“三严三实”专题教育。

2016 年，开展“两学一做”学习教育活动，组织全局党员、入党积极分子参加了全省地税系统开展的“两学一做”微信在线答题活动，全局在线答题率达到 90.30%。

2017 年，成立国税、地税办税服务厅联合党支部。

2. 党风廉政建设

1995 年 4 月，邀请郊区人大常委、各乡镇人大主席在郊区地税局召开廉政座谈会。

1997 年 10 月 15 日，认真按照全国纪检监察系统工作会议提出的“八条规定”对照检查，按“十五不准”自查。

1998 年 5 月 29 日，召开了反腐败、反官僚的工作会议，制定了郊区地税局关于开展反对官僚主义斗争的实施方案，开展了反腐败、反官僚主义的工作。

2003 年 5 月 5—7 日，山西卫视、山西经济频道连续三天 10 次播出了反映郊区地税局税收工作及精神文明、行风建设的专题影片，在全省营造了良好的舆论氛围。6 月 16 日，郊区地税局开展专项执法监察，集中精力对税务所 2002 年 12 月和 2003 前半年的税收票证进行了检查。

2004 年，对 2003 年 12 月和 2004 年 1—6 月的税收票证的使用、管理、税款入库、发票的出售等情况进行了全面检查。

2007 年，向社会发放征求意见表 3 次，共计 2000 余份，对征求到的 10 个方面的意见建议，研究制定整改方案和措施，整改落实乃至整个政风行风建设做到了有的放矢。

2008 年，在办税服务厅（室）开展了“窗口比服务，行业赛作风”竞赛活动，申报创建“全国精神文明建设先进单位”，河底税务所被团中央、国家税务总局命名为“全国青年文明号”。

2011 年 11 月 18 日，郊区廉政风险防控工作推进会在郊区地税局召开，听取了郊区地税局开展廉政风险防控工作的经验交流发言，观看了廉政风险防控工作专题汇报片，观摩了实证资料，市纪委和郊区纪委的领导对郊区地税局的工作给予肯定。

2003—2011 年，全局 8 个基层单位在所属乡镇站、所评议中连续 8 年夺得第一名。

2015 年，按照“转职能、转方式、转作风”的“三转”工作要求，纪检监察部门带头改进作风，强化自我约束，提高履职能力。

2016 年 3 月，制定下发了《党风廉政建设约谈实施办法（试行）》，进行了工作推进约谈 22 次、133 人次，取得了很好的效果。

2017 年，制定下发了郊区地税局《领导干部八小时以外行为规范》《四类人员管理办法》《党员干部八小时以外家属联系监督卡并按年建档管理》。

（三）群团组织

郊区地税局成立后，建立健全了工会、共青团、妇联等群团组织，并积极发挥应有的作用，丰富职工生活，关心关爱社会。1994—2018 年的 24 年来，共向社会捐款捐物 36 万余元。

2017 年，郊区地税局直属一分局被阳泉市总工会授予“阳泉市十大杰出女子班组”称号。

2017 年，郊区地税局第一税务所张存所被国家卫生和计划生育委员会、中国红十字总会、解放军总后勤部卫生部授予全国无偿献血银奖。此前，分别在 2012 年、2015 年、2016 年分别获得国家卫生和计划生育委员会、中国红十字总会、解放军总后勤部卫生部授予的全国无偿献血奉献铜奖、银奖和金奖。

六、基础设施建设

（一）办公场所建设

1994 年组建时，郊区地税局和 13 个税务所全部是借用郊区政府或乡政府的办公用房。1996 年，郊区地税局建成 5 层独立办公楼，建筑面积 1789 平方米，使用面积 1287 平方米；购置会议桌 40 张，座椅 80 把；开办了食堂，保障了局机关和部分派出机构人员的中午就餐。根据“两个转移”的方针，把税务所的基础建设作为征管改革的重点，为 13 个税务所配齐了汽车，为 9 个税务所配备了摩托车，为 3 个税务所安装了电话。2002 年，建成河底税务所办公楼和西南舁税务所办公楼。2003 年，建成杨家庄税务所办公楼。2004 年，建成平坦税务所办公楼。2008 年，建成郊区地税局档案室，购置了档案柜，被评为省级标准的档案室；购置直属二分局办公楼和义井税务所办公楼。2011 年，购置李家庄税务所办公楼。2014 年，为局机关和各单位所购置了健身器材，丰富了干部职工的业余文体生活。2015 年，郊区地税局更新了会议桌 40 张，椅子 80 把。2016 年，旧街税务所和平坦税务所合并办公，占用平坦税务所办公用房。截至 2018 年 3 月，全局配备执法车辆 9 辆。

（二）信息化建设

1994 年，郊区地税局成立时，仅有 4 台 486 电脑。

1997 年，使用全省地税系统网络版征管软件，同时建成办税服务厅，投入使用，实现了集中征收管理。

1999 年，办税服务厅全部安装了省地税局的网络版征管软件，使用了财务分析等软件，征管水平有了新的提高。

2002 年，郊区地税局及各税务所全部配备了计算机。

2005 年，市、县、所三级组成的信息化网络顺利建成，各级间主信道通过 E1（市到县、县到所均为 1 条 E1）线路连接。

2006 年，郊区地税局成立信息化管理股。

2006—2007 年，实现了人手一台电脑，为征管软件的上线、运行以及其他税收软件的应用和干部计算机操作水平的提高奠定了硬件基础。

2008 年，购买 LED 显示屏 2 个，触摸屏 3 台，省地税局调拨路由器 6 个，交换机 6 台，分别配备到税务所以及征收大厅。

2010 年，实现电子、纸质公文双流转，在保证政务办公可靠性的同时，进一步向无纸化办公迈进。

2011 年，建立了自助办税厅，给每个征收单位接通了外网，实现了每个征收单位都可以自助办税的目标。

2013 年 10 月，实现“金税三期”成功上线。“营改增”基础准备工作和“金税三期”数据迁移，将属于“营改增”范围的管户数据同国税部门进行了交换。

2014 年，办税服务厅引进自助办税机。

2016 年，全局电脑统一更换 360 桌面管理系统和杀毒软件；做好公文系统的备份工作，为新公文系统上线做准备。4 月，地税窗口进驻国税。10 月，国税窗口进驻地税。10 月 8 日，“金税三期”优化版顺利上线。

七、主要荣誉

1994—2018 年的 24 年间，稽查局、直属一分局、平坦税务所、河底税务所 4 个单位先后创建成为全省地税系统文明单位，稽查局、直属一分局、平坦税务所、义井税务所、李家庄税务所、西南舁税务所、旧街税务所 7 个单位创建成为全市地税系统文明单位；河底税务所单位创建成为国家级青年文明号，直属一分局和平坦税务所 2

个单位被命名为省级青年文明号，义井税务所被命名为市级青年文明号示范集体；河底税务所和平坦税务所2个单位创建成为市级文明单位，稽查局、直属一分局、河底税务所、平坦税务所、义井税务所、李家庄税务所、杨家庄税务所、西南舁税务所、旧街税务所9个单位创建成为区级文明单位。同时，郊区地税局也已创建成为省、市级文明单位、全省地税系统文明单位和市级文明行业。

第四节　阳泉市城区地税局

一、概况

1994年8月10日，城区地税局成立，办公地址为兴盛巷1号。2001年1月10日，城区地税局综合楼投入使用。2010年12月1日，新征收综合大楼正式落成。

2018年6月，全局共有干部职工73人，其中在职69人，退休4人。内设办公室、税政科、征管和科技发展科、计划会计科、人事教育科、信息化管理科和纪检监察室；下设直属一、二分局和第一至第八税务所。

二、机构沿革

1994年8月10日，城区地税局成立。从城区税务局分出正式干部34名，助征员10名，临时工4名。内设办公室、人教监审股、税政股、征管股、计会股；下设新市街税务所、南大街税务所、北大街税务所、集贸一所、集贸二所。全局内设4股1室，下设5个股级税务所。

1995年2月26日，任命各科、室、所、分局负责人，稽查分局、集贸三所成立。

1996年10月29日，市地税局党组任命城区地税局党组。

1997年2月28日，城区地税局稽查局正式成立。3月3日，城区地税局办税服务厅投入试运行，新市街税务所和集贸二所所有管户进厅办税。5月1日，全局所有管户进厅办税。

1999年4月20日，集贸四所正式成立，对租赁业、装潢业实行专业化管理。

2000年3月18日，集贸五所正式成立，对饮食业实行专业化管理。

2001年1月10日，城区地税局迁至阳泉市大阳泉路1号。

2002年2月，根据《阳泉市城区地方税务局机构改革实施意见的批复》，内设机构增设征收分局、企业管理局，人事监审科（股）分为人事教育科和纪检监察室。

2005 年 6 月 1 日，根据《阳泉市地方税务局关于对城区地方税务局深化税收征管改革实施方案的批复》，撤销原阳泉市城区地方税务局企业管理局，分设为第一、第二、第三税务所，原阳泉市城区地方税务局集贸一所、二所、三所、四所、五所予以撤销，全局重新设置第四至第八税务所。

2006 年 8 月 18 日，按照《阳泉市地方税务局转发省地税局关于设置县（市、区）地税局信息化管理股的通知》文件要求，成立城区地税局信息化管理科。9 月，按照《阳泉市地方税务局关于全市地税系统部分直属机构变更名称调整职能的通知》（阳地税发〔2006〕172 号）文件要求，征收分局更名为直属一分局，成立了直属二分局。

截至 2018 年 6 月底，局机关内设 7 个股级职能机构：办公室、纪检监察室、人事教育科、税政科、征管和科技发展科、计划会计科、信息化管理科；设 1 个股级事业单位：税务票证管理所；下设 2 个副科级直属局：直属一分局、直属二分局；4 个副科级税务所：第一税务所、第二税务所、第五税务所、第七税务所；4 个股级税务所：第三税务所、第四税务所、第六税务所、第八税务所。

1994—2018 年阳泉市城区地税局领导名表

表 1-24

姓 名	职 务	级 别	任职时间
张春光	局长	正 科	1994.8—1996.10
	党组书记、局长	正 科	1996.10—1997.7
杨 恕	党支部书记	正 科	1994.8—1996.10
	党组成员、党支部书记	正 科	1996.10—1997.7
张千颂	党组书记、局长	正 科	1998.4—2002.1
程志明	党组书记、局长	正 科	2002.1—2010.8
聂富祥	党组成员、副局长	副 科	1994.8—1995.12
	党组书记、局长	正 科	2010.8—2011.9
翟冠华	党组书记、局长	正 科	2011.9—2016.9
付文勇	党组书记、局长	正 科	2016.9—2018.7
赵 波	党组成员、副局长	副 科	1994.8—2002.1
孙爱文	党组成员、副局长	副 科	1996.10—2010.8
许彦平	纪检监察员	副 科	1996.10—1998.4
	党组成员、纪检组长	副 科	1998.4—2002.1
	党组成员、副局长	副 科	2002.1—2011.9
郭俊才	党组成员、副局长	副 科	2010.8—2013.12
李国庆	党组成员、副局长	副 科	2010.8—2013.5

续表 1–24

姓 名	职 务	级 别	任 职 时 间
王爱莲	党组成员、纪检组长	副 科	2003.5—2011.9
	党组成员、副局长	副 科	2011.9—2013.5
杨慧田	党组成员、纪检组长	副 科	2011.9—2013.5
	党组成员、副局长	副 科	2013.5—2016.9
牛丽川	党组成员、副局长	副 科	2013.12—2017.12
史家亮	党组成员、副局长	副 科	2013.5—2018.7
贾完根	党组成员、副局长	副 科	2016.9—2018.7
张 青	党组成员、纪检组长	副 科	2013.5—2018.7

三、内设科（股）室、直属机构、税务所

办公室 1994 年 8 月，设办公室。

人事教育科 1994 年 8 月，设人事监审科。2005 年 5 月 31 日，人事、监审分设改为人事教育科。

纪检监察室 2005 年 5 月 31 日，设纪检监察室。

征管和科技发展科 1994 年 8 月，设征管股。1995 年 2 月，更名为征管科。1998 年 3 月，与税政科合并，更名为税政征管科。2011 年 2 月，与税政科分立，更名为征管和科技发展科。

计划会计科 1994 年 8 月，设计会股。1995 年 2 月，更名为计划会计科。

税政科 1994 年 8 月，设税政股。1995 年 2 月，更名为税政科。1998 年 3 月，与征管科合并，更名为税政征管科。2011 年 2 月，与征管科分立，改为税政科。

信息化管理科 2006 年 8 月，设信息化管理科。

稽查局 1997 年 2 月，成立稽查局。2011 年 12 月，撤销。

直属一分局 1997 年 3 月，城区地税局办税服务厅投入试运行。2002 年 2 月，设征收分局。2005 年 6 月，更名为直属分局。2006 年 9 月，更名为直属一分局，沿用至今。负责城区范围内管户的申报征收工作。

直属二分局 2006 年 9 月，成立直属二分局，承接原第七税务所管户，负责全局范围内房地产、建筑业的管理。

集贸一所 1994 年 8 月，设集贸一所，负责全局范围内房地产、建筑业的管理。2005 年 6 月，撤销。

集贸二所 1994年8月，设集贸二所，负责城区范围内个体管户的管理。2005年6月，撤销。

集贸三所 1995年2月，设集贸三所，负责城区范围内交通运输业户的管理。2005年6月，撤销。

集贸四所 1999年4月，设集贸四所，负责全局租赁业、装潢业的专业管理。2005年6月，撤销。

集贸五所 2000年3月，设集贸五所，负责全局饮食业户的专业管理。2005年6月，撤销。

新市街税务所 1994年8月，设新市街税务所，负责全局下站范围内的企业管户管理。2002年2月，更名为企业管理局一组。

南大街税务所 1994年8月，设南大街税务所，负责全局上站范围内的企业管户管理。2002年2月，更名为企业管理局二组。

北大街税务所 1994年8月，设北大街税务所，负责全局北大街范围内的企业管户管理。2002年2月，更名为企业管理局三组。

企业管理局 2002年2月，由原新市街税务所、南大街税务所、北大街税务所合并组成，分为一组、二组、三组，负责全局范围内的企业管户管理。2005年6月，撤销。

第一税务所 2005年6月，设第一税务所，负责全局下站范围内的企业管户管理，管辖范围同原企业管理局一组。2008年9月，机构升格为副科级税务所。

第二税务所 2005年6月，设第二税务所，负责全局上站范围内的企业管户管理，管辖范围同原企业管理局二组。2008年9月，机构升格为副科级税务所。

第三税务所 2005年6月，设第三税务所，负责全局南山范围内的个体管户管理。

第四税务所 2005年6月，设第四税务所，负责下站范围内个体管户的管理。

第五税务所 2005年6月，设第五税务所，负责上站范围内个体管户的管理。2008年9月，机构升格为副科级税务所。

第六税务所 2005年6月，设第六税务所，负责滨河范围内个体管户的管理。

第七税务所 2005年6月，设第七税务所。2008年9月，机构升格为副科级税务所。负责北大街范围的部分企业及个体工商户的管理。

第八税务所 2005年6月，设第八税务所，负责全局交通运输业及部分企业管户的管理。

1994—2018 年阳泉市城区地税局内设股（室）、直属机构、税务所领导名表

表 1-25

科　室	职　务	姓　名	任 职 时 间	备　　注
办公室	主　任	孙爱文	1994.5—1995.2	—
		史庆生	1998.5—2000.3	—
		程瑞林	2000.3—2008.9	—
		田录全	2008.9—2010.8	—
		李新俊	2011.2—2012.2	—
		张宏钧	2012.2—2013.12	—
		王　毅	2014.1—2015.7	—
		赵海鸿	2015.7—2017.7	—
		刘以川	2017.7—2018.7	—
人事教育科	科　长	许彦平	1994.5—2001.4	—
		潘　芳	2001.4—2002.2	—
		刘以川	2002.2—2003.2	—
		张　青	2003.2—2011.2	—
		田　静	2011.2—2014.10	—
		周效林	2014.10—2018.7	—
纪检监察室	主　任	刘以川	2005.5—2006.1	—
		梁红晓	2006.1—2012.2	—
		李新俊	2012.2—2018.7	—
征管和科技发展科	科　长	王华军	1995.2—1997.2	—
		张　青	1997.2—1998.6	—
		高　娟	1998.6—2002.2	—
		徐子健	2002.2—2008.9	—
		张来明	2008.9—2011.10	—
		张素钢	2012.8—2013.6	—
		李慧敦	2013.6—2018.7	—
计划会计科	科　长	潘　芳	1995.2—2001.10	—
		张　莉	2001.10—2018.7	—
税政科	科　长	郭爱军	1995.2—1997.2	—
		邓丽娜	1997.2—1998.6	—
		高　娟	1998.6—2000.2	—
		徐子健	2000.2—2008.9	—
		张来明	2008.9—2011.2	—
		张　惠	2011.2—2012.8	—

续表 1-25

科　室	职　务	姓　名	任　职　时　间	备　　注
税政科	科　长	周效林	2012.8—2014.10	—
		郭　霞	2014.10—2017.7	—
		张可宇	2017.7—2018.7	—
信息化管理科	科　长	郝慧明	2006.8—2013.6	—
		李小龙	2013.6—2018.7	—
稽查局	局　长	曹　涛	1996.10—2000.1	—
		王爱莲	2000.1—2003.5	—
		岳维祥	2003.5—2010.8	—
		韩俊福	2010.8—2011.12	—
	副局长	孙　旺	1999.1—2000.2	—
		高　娟	2000.2—2005.2	—
		霍晓斌	2005.2—2011.2	—
		田　斌	2011.2—2011.12	—
直属一分局	负责人	孙　旺	1997.2—1999.1	办税服务厅负责人
	主　任	李宏林	1999.1—2000.2	办税服务厅主任
		李　敏	2000.2—2002.1	办税服务厅主任
	局　长	潘　芳	2002.1—2013.11	征收局
		高丽萍	2013.11—2018.7	直属一分局
直属二分局	局　长	韩长红	2010.8—2013.5	—
		陆　伟	2013.5—2016.9	—
		郑方炜	2016.9—2018.7	—
集贸一所	所　长	孙　旺	1995.2—1997.2	—
		荆向红	1997.2—2000.1	—
		郭爱军	2000.1—2000.2	—
		霍晓斌	2000.2—2002.6	—
		陆　伟	2002.6—2005.6	—
集贸二所	所　长	姬兆军	1995.2—1998.4	—
		姚培祥	1998.8—2000.2	—
		周金良	2000.2—2005.6	—
集贸三所	所　长	霍晓斌	1995.2—1997.2	—
		王华军	1997.2—2001.4	—
		张　青	2001.4—2003.2	—
		霍晓斌	2003.2—2005.2	—

续表 1–25

科　室	职　务	姓　名	任 职 时 间	备　　注
集贸四所	所　长	陆　伟	1999.5—2002.7	—
		张　瑜	2002.7—2005.6	—
集贸五所	所　长	荆向红	2000.3—2001.4	—
		王华军	2001.4—2005.6	—
新市街税务所	所　长	曹　涛	1994.5—1996.10	—
		李宏林	1997.2—1999.1	—
		安　清	1999.1—2002.2	—
南大街税务所	负责人	霍晓斌	1994.5—1995.2	负责人
	所　长	安　清	1995.2—1999.1	—
		姬兆军	1999.1—2000.2	—
		李宏林	2000.2—2002.2	—
北大街税务所	负责人	姚培祥	1994.5—1995.2	负责人
北大街税务所	所　长	姚培祥	1995.2—1998.4	—
		邓丽娜	1998.6—2002.2	—
企业管理局	局　长	李宏林	2002.2—2003.5	—
		翟冠华	2003.5—2004.9	—
第一税务所	所　长	韩长红	2005.5—2008.9	—
		程瑞林	2008.9—2011.9	—
		牛丽川	2011.9—2013.12	—
		张宏钧	2013.12—2016.9	—
		陆　伟	2016.9—2018.7	—
第二税务所	所　长	田　斌	2005.5—2007.1	—
		刘以川	2007.1—2008.9	—
		陆　伟	2008.9—2013.5	—
		韩长红	2013.5—2014.10	—
		孙玉来	2014.10—2016.9	—
		张　瑜	2016.9—2018.7	—
第三税务所	所　长	田录全	2005.5—2008.9	—
		王华军	2008.9—2013.6	—
		周金良	2013.6—2018.7	—
第四税务所	所　长	张　瑜	2005.5—2008.9	—
		周金良	2008.9—2013.6	—
		徐子健	2013.6—2015.7	—
		张素钢	2015.7—2018.1	—

续表 1-25

科　室	职　务	姓　名	任　职　时　间	备　　注
第四税务所	所　长	姚玮玮	2018.1—2018.7	—
第五税务所	所　长	周金良	2005.5—2008.9	—
		张　瑜	2008.9—2013.5	—
		梁红晓	2013.5—2016.9	—
		孙玉来	2016.9—2018.7	—
第六税务所	所　长	王华军	2005.5—2008.9	—
		徐子健	2008.9—2013.6	—
		张素钢	2013.6—2015.7	—
		王　毅	2015.7—2018.7	—
第七税务所	所　长	陆　伟	2005.5—2008.9	—
		韩长红	2008.9—2010.8	—
		张　青	2010.8—2013.5	—
		张　瑜	2013.5—2016.9	—
		张宏钧	2016.9—2018.7	—
第八税务所	所　长	高　娟	2005.2—2008.9	—
		刘以川	2008.9—2012.2	—
		梁红晓	2012.2—2013.5	—
		王华军	2013.6—2015.7	—
		徐子健	2015.7—2017.7	—
		张素钢	2017.7—2018.7	—

四、税费征管

（一）税费收入

1994 年，组织各项收入 1831 万元。2003 年，收入规模突破 5000 万元。2007 年，收入规模突破 1 亿元，全年组织收入 16343 万元。2008 年，突破 2 亿元，全年组织收入 22066 万元。2012 年，突破 3 亿元大关。2013—2016 年，城区经济连续下行，国家“营改增”等结构性减税政策大面积出台，全面加强税收征管，挖潜堵漏，全力组织收入。1994—2018 年的 24 年中，共计组织各项收入 308582 万元，完成地方公共财政预算收入 216015 万元。

（二）征收管理

城区地税局积极推进科学化、精细化管理，不断革新升级征管模式，稳步实施信息管税，促进了信息技术与税收征管深度融合；不断加强信息化基础设施建设，持续开展征管质量监控分析考评，推进征管档案电子化，税收管理手段、方式、机制进入了“大数据”时代。切实规范执法行为，形成了执法、守法、护法的良性互动工作机制。积极落实“六权治本”要求，强化内部监督，在社会上聘用“税务行风特邀监督员”，对税务干部执法行为进行监督。制定了《城区地税局行政执法责任制（草案）》《城区地税局行政执法考核制（草案）》《城区地税局税收执法内部评议制（草案）》《城区地税局双向追究责任制暂行办法》等制度，加强对执法过错、越权执法、执法不当等行为的责任追究，强化了对税收执法权的监督。在省地税局开展的规范执法示范单位创建工作中，第一税务所被省地税局评为全省“规范执法示范单位”。2011 年，获“城区普法依法治理先进集体”荣誉称号。

（三）纳税服务

城区地税局始终坚持执法与服务并重，不断增强服务意识，最大限度方便纳税人。2013 年，在全省地税系统首次推行“24 小时自助办税服务”，将纳税服务向非工作时间延伸，实现 24 小时全天候纳税服务；秉持“打造特色服务品牌、树立人和税兴局面”理念，积极参与行风建设，组织开展税法宣传，推行首问责任制、延时服务、免填单服务、一站式服务。以“便民办税春风行动”为抓手，推进“三证合一、一照一码”改革，公布权力清单，完善纳税人信用等级评定奖惩机制，切实做到了服务“零距离”、流程“零障碍”、质量“零差错”、信誉“零投诉”，创造了良好的经济税收环境。2018 年 4 月 1 日，正式启用了智慧办税中心，面积达 300 多平方米，致力于打造“互联网 +”智慧办税，设有自助办税区、咨询辅导区、等候休息区、A 级纳税人之家、纳税人权益维护中心 5 个区域，共设 21 台电脑、5 台自助办税终端、1 台复印设备、1 台智能导税机器人。为纳税人提供了多元化的办税选择，实现了“实体厅”和“自助办税”的完全分离。

五、党政工作

（一）队伍建设

思想教育方面，城区地税局坚决贯彻、积极组织学习中共中央的重要精神和各项决策部署，使全体税务干部树立了正确的世界观、人生观和价值观。业务学习方面，开展各类干部教育活动，坚持每季必考、考必通报，形成以学带考、以考促学的良好机制。2017 年，城区地税局共培养出省级业务能手 14 人。精神文明创建方面，不断规范制度标准，开展各类创先争优和文明和谐创建活动。2004 年，城区地税局被命名为市级“文明单位”。2006 年，被命名为城区“标兵文明单位”。2007 年，被命名为市级“标兵文明单位”。2008 年，被命名为省级“文明和谐单位”。

（二）党风及党风廉政建设

城区地税局始终坚持党组抓党建的指导思想，严格落实党建工作目标责任制，认真落实全面从严治党要求，扎实开展党的系列专题教育活动，保证了党员干部思想统一。开展党员先锋岗和党员承诺活动，充分发挥党员先锋模范作用。在党员队伍建设上，按照“坚持标准、保证质量、改善结构、慎重发展”的思路，培育吸收先进税干加入党员队伍。到 2018 年，共有党员 46 名。

廉政建设方面，城区地税局持续完善廉政制度和监督体系，建立了自上而下、部门内外全覆盖的监督体系。加强廉政风险内控机制建设，建立廉政谈话制度、“访企查廉”制度、重点岗位监督制度等日常管理监督机制。组织开展廉政文化书画展，在节假日等关键环节利用多媒体手段宣传廉政，在全局树立了崇廉明德、风正税丰的税务廉政文化理念。加强作风建设，开展“整治四风”“违规经商办企业”“违规插手中介”等多项整治，全局政风行风明显好转。2013 年，被评为“阳泉市预防职务犯罪工作先进集体”。2016 年，被授予全省、全市地税系统和阳泉市的“先进基层党组织”荣誉称号。

（三）群团组织

城区地税局成立后，始终注重加强对群团组织的领导，发挥工会、共青团、妇联等群团组织的桥梁纽带作用，丰富了职工生活，关心社会。1994—2018 年，积极响应号召，奉献爱心，各个群团组织共向灾区捐款捐物达 11 万元，向社会捐款捐物约 5.5 万元，为患病困难职工及家属捐款 83230 元帮助其渡过难关。

六、基础设施建设

（一）办公场所建设

1994 年 8 月成立之初，办公地址在兴盛巷 1 号。1999 年 11 月 9 日，城区地税局与市电磁有限责任公司达成买地协议，同年 12 月 30 日，城区地税局综合楼奠基并正式破土动工，2001 年 1 月 10 日正式竣工并投入使用，大楼建筑面积 2810 平方米。2010 年 12 月 1 日，新征收综合大楼正式落成，建筑面积 2970 平方米，直属分局、直属二分局，稽查局，办税服务厅，第一、二、三、八税务所迁入新征收综合大楼。

（二）信息化建设

1997年，实现了计算机征收管理，在原兴隆街办税服务厅开设了办税服务厅局域网。2001年1月，搬迁至南外环路，各种网络设备进入机房。2005年4月，完成信息化机房建设。2015年，按照国家标准对机房设施进行改造，更换20平方米的静电地板成为标准的陶瓷防静电地板，对地板下面的电源线、光纤、网线、视频监控线等进行重新整理，统一配备了消防灭火设备、温度湿度测试仪。2005—2016年，为配合综合征管软件更新换代，投资120余万元，陆续购入服务器3台，交换机3台，路由器1台，UPS设备5套，便携式及台式电脑208台，平板电脑71台，接受省地税局调拨视频会议设备2台，循序渐进不断提升信息化水平，有力保障工作开展。

七、主要荣誉

城区地税局组建后，先后获得全省地税系统“文明单位”称号，“个体税收十亿攻坚先进集体”称号等；被命名为“山西省地方税务局规范执法示范单位”，省级“文明和谐单位”等。

第五节　阳泉市矿区地税局

一、概况

1994年8月9日，矿区地税局成立，办公地址位于阳泉市平潭小区1组团1号楼。负责矿区行政范围内私营以上企业、个体工商户及外来施工队伍的税收征收管理工作。建局初期，辖区范围东起洪城河路、西至阳泉西收费站，辖区面积约为9平方千米。2013年8月，市地税局重新明确辖区范围，五矿贵石沟片区划归矿区地税局管辖，辖区面积扩大到18平方千米。2017年5月，矿区政府对部分乡镇实施“行政托管”，郊区18个行政村划至矿区辖域，矿区地税局税收辖区面积扩充到86.29平方千米。

2018年6月，共有干部职工68人，其中在职60人、退休8人。内设7个职能科室：办公室、人事教育科、纪检监察室、税政科、征管和科技发展科、计划会计科、信息化管理科；下设 2 个分局：直属一分局、直属二分局；下设 5 个税务所：第一税务所、第二税务所、第三税务所、第四税务所、第五税务所。

二、机构沿革

1994 年 8 月，矿区地税局组建，内设办公室、税政征管股、计划会计股；下设马家坪税务所、桥头税务所、赛鱼税务所。全局内设 2 股 1 室，3 个股级税务所。

1995 年 2 月，根据阳地税人发〔 1995 〕 6 号批准，矿区地税局内设机构 4 科 1 室（股级）：办公室、人事监察审计科、税政管理科、征收管理科、计划会计科；派出机构 1 局 3 所：直属稽查分局、马家坪税务所、桥头税务所、赛鱼税务所。

1999 年 10 月 8 日，矿区地税局办税服务大厅投入正式使用，实现了集体以上企业的集中征收。

2000 年 12 月 27 日，成立日潭税务所，分管全局企业税收工作。

2000 年 5 月 29 日，成立稽查局。

2001 年 12 月 28 日，设纪检组、监察室。

2002 年 1 月，征收分局成立。

2002 年 1 月 17 日，根据阳地税人发〔2002〕5 号，内设机构 5 个：办公室、人事教育科、征收管理科、计划会计科、税政管理科。直属机构 2 个：稽查局，其内设机构 4 个：综合科（举报中心）、稽查一科、稽查二科、审理科；征收分局，其内设机构 2 个：综合科、征收科。派出机构 4 个：赛鱼税务所、桥头税务所、马家坪税务所、企业管理局。纪检监察机构 1 个：纪检监察室。

2005 年 1 月，马家坪税务所更名为第一税务所、桥头税务所更名为第二税务所，赛鱼税务所更名为第三税务所，企业管理局更名为第五税务所。3 月 28 日，矿区地税局征收分局更名为矿区地税局直属分局，5 月，设第四税务所。

2006 年 8 月，成立矿区地税局信息化管理科。

2010 年 9 月，成立矿区地税局直属二分局，征收分局同时更名为直属一分局。

2011 年 7 月，撤销矿区地税局稽查局，其职能并入市地税局稽查局。

2011 年 12 月，内设科室为办公室、人事教育科、纪检监察室、征管和科技发展科、计划会计科、税政科、信息化管理科；直属单位有直属一分局、直属二分局，第一税务所、第二税务所、第三税务所、第四税务所、第五税务所。

2018 年 6 月，局机关内设 7 个股级职能科室：办公室、人事教育科、纪检监察室、征管和科技发展科、计划会计科、税政科、信息化管理科；下设 2 个副科级直属局：直属一分局、直属二分局；2 个副科级税务所：第四税务所、第五税务所；3 个股级税务所：第一税务所、第二税务所、第三税务所。

1994—2018 年阳泉市矿区地税局领导名表

表 1–26

姓 名	职 务	级 别	任 职 时 间	备 注
姚忠信	局 长	正 科	1994.8—1999.11	—
李建全	副局长	副 科	1994.8—1999.11	—
	局 长	正 科	1999.11—2000.1	—
	党组书记、局长	正 科	2000.1—2002.1	—
张 涌	党组书记、局长	正 科	2002.1—2010.8	—
李惠平	党组书记、局长	正 科	2010.8—2012.7	—
曹 涛	党组成员、副局长	副 科	2000.1—2012.7	—
	党组书记、局长	正 科	2012.7—2014.10	—
刘永红	党组书记、局长	正 科	2014.10—2018.7	—
仇慧琴	副局长	副 科	1994.8—1995.6	—
	副局长（兼纪检监察员）	副 科	1995.6—2000.1	—
	党组成员、纪检组长	副 科	2000.1—2008.9	—
秦 峰	党组成员、副局长	副 科	2000.1—2004.8	—
张慧光	党组成员、副局长	副 科	2004.8—2012.7	—
翟文斌	党组成员、纪检组长	副 科	2008.9—2010.8	—
	党组成员、副局长	副 科	2010.8—2013.5	—
贾完根	党组成员、纪检组长	副 科	2010.8—2012.7	—
	党组成员、副局长	副 科	2012.7—2016.9	—
王晓艳	党组成员、副局长	副 科	2012.7—2018.7	—
刘文生	党组成员、纪检组长	副 科	2012.7—2017.12	—
杨志光	党组成员、副局长	副 科	2013.5—2017.12	—
赵 睿	党组成员、副局长	正 科	2016.9—2018.7	主任科员
张来明	党组成员、副局长	副 科	2017.12—2018.7	—
高 飞	党组成员、纪检组长	副 科	2017.12—2018.7	—

三、内设股（室）、直属机构、税务所

办公室 1994 年 8 月，设办公室。

人事教育科 1994 年 8 月，设人事监审科。2002 年 1 月 17 日，人事、监审分设，更名为人事教育科。

纪检监察室 2002 年 1 月 17 日，设纪检监察室。

征管和科技发展科 1994 年 8 月，设税政征管股。1995 年 2 月，更名为征收管理科。1998 年 3 月，与税政科合并，更名为税政征管科。2011 年 2 月，与税政科分设，更名为征管和科技发展科。

计划会计科 1994 年 8 月，设计划会计股。1995 年 2 月，更名为计划会计科。

税政科 1994 年 8 月，设税政征管股。1995 年 2 月，更名为税政管理科。1998 年 3 月，与征管科合并，更名为税政征管科。2011 年 2 月，与征管科分设，更名为税政科。

信息化管理科 2005 年 5 月 31 日，设信息中心。2006 年 7 月，更名为信息化管理科。

直属一分局 2002 年 1 月，成立矿区地税局征收分局（副科级建制）。2006 年 11 月，更名为直属分局。2010 年 9 月，更名为直属一分局。

直属二分局 2010 年 8 月，成立直属二分局（副科级建制）。

稽查局 2000 年 5 月，成立稽查局。2011 年 7 月，撤销。

第一税务所 1994 年 8 月，设家坪税务所。2005 年 1 月，更名为第一税务所。

第二税务所 1994 年 8 月，设桥头税务所。2005 年 1 月，更名为第二税务所。

第三税务所 1994 年 8 月，设赛鱼税务所。2005 年 1 月，更名为第三税务所。

第四税务所 2005 年 12 月，设第四税务所。2008 年 9 月，升格为副科级税务所。

第五税务所 2000 年 12 月 27 日，设日潭税务所。2002 年，更名为企业管理局。2005 年 3 月，更名为第五税务所（股级建制）。2008 年 9 月，升格为副科级税务所。

1994—2018年阳泉市矿区地税局内设股（室）、直属机构、税务所领导名表

表1-27

科　室	职　务	姓　名	任　职　时　间	备　　注
办公室	主　任	张光建	1994.8—2000.3	—
		王计平	2000.3—2005.12	—
		彭　英	2005.12—2008.12	—
		姚江涛	2008.12—2011.10	—
		孙玉来	2011.10—2014.12	—
		王　勇	2015.4—2018.7	—
人事教育科	科　长	王计平	2002.1—2005.11	兼任人事教育科科长
		赵　洁	2008.1—2018.7	—
	副科长	刘晓军	2005.12—2007.12	主持工作
纪检监察室	主　任	王计平	2002.1—2004.4	—
		赵　清	2006.12—2011.5	—
		张俊英	2011.10—2018.7	—
	副主任	赵　清	2004.4—2006.12	主持工作
征管和科技发展科	科　长	周藻如	1994.8—1998.3	—
		边进龙	1998.3—2002.3	征收管理科
		郗　涛	2004.3—2005.11	—
		吴秀花	2005.11—2018.7	—
	副科长	胡铁军	2002.4—2002.12	征收、税政管理科（主持工作）
		郗　涛	2003.1—2004.3	征收管理科（主持工作）
计划会计科	科　长	白建峰	1994.8—2009.12	—
		张俊英	2009.12—2011.10	—
		武海珍	2011.10—2014.10	—
			2014.10—2015.8	兼任计划会计科科长
		吴　玮	2016.4—2018.7	—
税政科	科　长	吴秀花	2003.1—2005.12	—
		姚江涛	2006.12—2008.11	—
		张　芸	2010.5—2018.7	—
	副科长	姚江涛	2005.12—2006.11	主持工作
		张　芸	2009.1—2010.5	主持工作
信息化管理科	科　长	卢钢春	2008.11—2010.8	—
		吴　玮	2011.10—2016.3	—
	副科长	卢钢春	2006.8—2008.11	主持工作

续表 1-27

科　室	职　务	姓　名	任 职 时 间	备　　注
直属一分局	局　长	翟文斌	2002.1—2006.11	征收分局
			2006.11—2008.9	直属一分局
		彭　英	2008.9—2014.10	—
		武海珍	2014.10—2018.7	—
直属二分局	局　长	杨有体	2010.8—2016.9	—
		李燕卫	2016.9—2018.7	—
稽查局	局　长	孙　旺	2000.9—2011.7	—
第一税务所	所　长	何　江	1994.8—2000.1	马家坪税务所
		梁福东	1997.7—2000.2	马家坪税务所
		侯建旭	2000.3—2002.12	马家坪税务所
		刘润林	2003.1—2005.1	马家坪税务所
			2005.1—2005.11	第一税务所
		荆文亮	2005.12—2011.1	—
		赵志成	2011.1—2013.5	—
		王永辉	2013.5—2017.4	—
		郝宪东	2017.4—2018.7	—
第二税务所	所　长	周文燕	1994.8—2002.12	—
		彭　英	2005.1—2005.12	—
		刘润林	2005.12—2008.5	—
		赵志成	2008.6—2010.12	—
		荆文亮	2011.1—2018.7	—
	副所长	彭　英	2003.1—2005.1	主持工作
第三税务所	所　长	刘志刚	1994.8—2001.2	赛鱼税务所
		刘润林	2001.3—2002.12	赛鱼税务所
		荆文亮	2004.12—2005.1	赛鱼税务所
			2005.1—2005.12.	第三税务所
		李燕卫	2005.12—2008.9	—
		王计平	2008.9—2010.12	—
		王永辉	2011.1—2013.7	—
		王　勇	2013.7—2015.3	—
		郝宪东	2015.4—2017.4	—
		王永辉	2017.4—2018.7	—
	副所长	荆文亮	2003.1—2004.1	赛鱼税务所（主持工作）

续表 1-27

科　室	职　务	姓　名	任　职　时　间	备　　注
第四税务所	所　长	翟文斌	2001.1—2002.3	日潭税务所
	局　长	边进龙	2002.4—2005.12	企业管理局
	所　长	王计平	2005.12—2008.9	—
		李燕卫	2008.9—2013.5	—
		赵志成	2013.5—2016.9	—
		杨有体	2016.9—2018.7	—
	副所长	翟文斌	2000.1—2001.1	日潭税务所（主持工作）
第五税务所	所　长	边进龙	2005.12—2013.5	—
		李燕卫	2013.5—2016.9	—
		梁红晓	2016.9—2017.12	—
		徐子建	2017.12—2018.7	—

四、税费征管

（一）税费收入

1994—2017 年，矿区地税局累计组织各项收入 38.23 亿元。各项收入规模由 1994 年的 1076 万元到 2017 年的 35553 万元，年均增长 16.43%，24 年来增长了 33.04 倍。其中，各项税收由 1994 年的 1034 万元增长到 2017 年的 32797 万元，年均增长 16.22%，24 年中增长 31.72 倍；各项规费由 1994 年的 42 万元增长到 2017 年的 2756 万元，年均增长 19.95%，24 年中增长了 65.62 倍。

1994 年，组织税收收入 1034 万元。2007 年，税收收入突破 1 亿元，组织各项收入 12030 万元。2010 年，税收收入突破 2 亿元，完成 21000 万元。2012 年，税收收入突破 3 亿元，完成 30501 万元。2015 年，税收收入突破 4 亿元，完成 40759 万元。2016 年，“营改增”全面推开后，税收收入回落至 3 亿元。

（二）征收管理

1997 年，矿区地税局与各街道办事处签订协税协议，初步形成协税护税网络。

1999 年，在基层税务所推行“片管员”制度，完善区局、税务所、税收管理员三级管户管理制度，强化纳税人“一户式”档案管理，推行税务管理员“AB 角”管理制度，通过分片管理和集中管理相结合、双人上岗和重点稽查相结合，把管户分片、分行业进行细化管理，当年个体私营税收达到 438 万元，比 1998 年增收 138 万元，增长 46%。

2001 年，开展创建“三街一区”无漏管活动，多次开展“拉网式”“地毯式”管户清查，实现了辖区内管户税务登记、定额通知书、税票“三到户”。

2002 年，开展集贸市场清理整顿工作，设 3 个专项整治点，创建“征管示范街”“征管示范市场”，以典型带动全局管户规范化管理。

2004 年，调整饮食行业的税收定额，推行“阳光定税”和“税票公开”，使饮食业税负更接近于实际水平。同年，在阳泉市地税系统基础管理工作经验观摩交流会上，矿区地税局选送的“一窗式服务”、私有房屋租赁管理办法等基础管理工作经验材料进行大会交流，其中，私有房屋租赁管理经验材料被省地税局红头文件转发并在全省推广。

2006 年，推行“稽查准入”“户籍式”税源管理模式、“一户式”储存征管信息等精细化措施，实行定期巡查、征管全过程记录、重点户定期约谈、欠税公告等制度，科学化、精细化管理水平日趋提高。

2007 年，确立了以“一图、一册、一簿”为载体的税收管理员管理亮点工程，加强量化责任和考核管理；开征煤炭可持续发展基金，当年征收 292 万元，为年计划的 171.76%。2007—2011 年，5 年间累计征收煤炭可持续发展基金 12522 万元，多次受到省地税局表彰。

2008 年 11 月，被省地税局授予全省地税系统“规范执法示范单位”称号。同月，成立矿区人民检察院驻矿区地税局预防职务犯罪联络处，标志着矿区地税局规范执法工作上了一个新的水平。

2009 年，加强重点行业税收管理。《建筑业项目管理办法》在省地税局税政工作研讨会上交流推广。

2013 年，面临“营改增”和“金税三期”上线后的新挑战、新机遇，率先转变征管服务方式，实现从“以票控税”向“信息管税”“合作管税”“综合治税”深入转变。

2014 年，建立了“三级联动”建筑业纳税评估管理机制，税收分析材料在省地税局的税源分析评比中获得三等奖。

2015 年，在全市地税系统率先配备执法记录仪进行税务检查、税务约谈，现场执法 428 次，提供现场执法证据 63 余例，查处案件 12 件，开展税收执法记录仪视频观摩会 6 期，参会学习 300 余人次。实现了执法全过程留痕、可回溯管理，降低了征纳涉税风险，保障了征纳双方合法权益。同年，探索门牌号管理机制，对辖区内的底商按照门牌号逐一登记，以固定的门牌号信息对个体工商户进行动态管理，创新对漏征漏管户的征管模式。

2016 年，与矿区国税局联合创办“红色山城”阳泉税收展览馆，多次荣获省级“依法治税先进集体”荣誉称号，被评为“山西省地税系统 2016 年度法治基地”。同年，作为全市地税系统运用执法记录仪的试点单位，工作经验被市地税局以简报专题刊发推广。

2017年，管户数量从建局时683户增至3562户。

（三）纳税服务

2005年，矿区地税局推行“集中受理、内部流转、限时办结、窗口出件”的“一窗通办”服务和首问负责制，构建税收多元化服务体系。2006年，推行“一单两书”，实施分段计时、全员考核的绩效管理模式，纳税服务进一步优化。在2007年地税系统行政效能建设现场会上，经验材料《立足管理求创新、优质服务提效能》作为全市地税系统唯一一家县区地税局经验在现场会上交流。开展个性化办税服务，推行导税服务、全程服务、延时服务、预约服务、提醒服务，深化涉税事项同区通办服务。加强“两制”和“两个操作示范”与《纳税服务工作规范》有机结合，以“便民办税春风行动”为切入点，打造标准化办税服务厅和自助办税服务厅。配备电子屏、公告栏、叫号系统、24小时自助终端办税服务器、便民服务台等设备，实现“实体+自助”互补办税模式。推行“错峰纳税”、服务关口前移、二维码一次性告知、QQ纳税服务群、“公益微税收”等个性化服务，开展“万名税干入企”活动，打通纳税服务“最后一千米”，进一步优化税收营商环境。

五、党政工作

（一）队伍建设

矿区地税部门组建后，持续加强干部队伍建设。制定下发了《股所级干部末位淘汰制》《一般干部待岗制》《矿区地税局干部竞争上岗实施方案》，对连续两年考核排名最后的股所长进行淘汰，对连续两次季度业务考试排名最后的一般干部实行待岗，激活了干部队伍活力；抓好日常业务培训和季度统考工作，在局域网上开辟了“学习园地”专栏，搭建模拟测试环境，让税干们在网上答题并开展讨论；联合知名高校举办更新知识培训，开展学习型组织建设；落实基层联系点制度，关心基层干部和困难职工，关爱老干部，建立重大节日上门慰问看望制度；完善干部休假制度，维护职工合法利益；建立谈心谈话沟通机制，及时了解干部职工的思想动态；开展生日送祝福，定期组织职工体检，增强职工归属感和幸福感，激发干事创业热情；创造充满地税特色的文化氛围，确立了“尚和、崇法、重信、尽责”的核心价值观，提炼了“忠诚奉献、公正勤廉、求是创新、兴税报国”的矿区地税精神；创新提出“13710+快乐”工作法，引导干部职工放松心情、享受工作；积极组织参加山西省地税第二届职工文化艺术节，建立了文化长廊，制作了文化版面；组织编写了矿区地税文化手册，营造了健康、祥和、温馨的工作环境；创办《书香税苑》，开展读书活动，评选“最美家属”，举办“道德讲堂”，组织家风建设征文，引导干部职工见贤思齐、崇德向善；开展爱心捐助，举办运动会、诗歌朗诵会、主题演讲会，文艺会演，提振干部活力；组建“学雷锋志愿队”，开展志愿者服务活动，开展“优秀共产党员”“先进基层党组织”等评比表彰活动，深入红色教育基地，重温入党诗词，使“红色基因”内化于心、外化于行。

（二）党建及党风廉政建设

开展“一个支部一个堡垒、一个小组一片阵地、一个党员一面旗帜”活动，引导“五好党支部”和“无违纪支部”创建，开展争先创优，把文明创建与效能建设、政风行风评议紧密结合，形成了“围绕税收抓党建，工、青、团、妇工作协调发展”的工作格局。2007年，《构建“三新模式”、强化党建工作》经验材料在全省地税系统党支部书记暨党务干部培训班上交流并被省委《山西信息》全文转载。坚持“党组抓党建”的特色格局，党员多次向社会贫困和弱势群体捐款捐物，单为汶川地震灾区捐助就达8万余元，发挥了党组织的战斗堡垒和党员干部的先锋模范作用。

六、基础设施建设

（一）办公场所建设

1997年，投资600余万元，新建矿区地税局综合办公大楼。

2005—2007年，投资700万元，新建第二税务所、第三税务所、第四税务所、稽查局，对第一税务所、第五税务所、办税服务厅进行改造，7个基层单位全部有了独立的办公场所，实现“开放式”办公，基层硬件配置达到了九个“统一”，工作环境得到统一改善。

2009年，投资480余万元，新建第二税务所、稽查局，改建第三税务所，办税服务网点的标准化建设深入推进。

2012年，更新区局机关和4个税务所机房，更换全局办公电脑71台，信息网络建设再上新台阶。

2014—2015年，建立全局视频监控系统、视频会议系统，在全市地税系统率先配备执法记录仪进行现场执法。

（二）信息化建设

2000 年 3 月 1 日，马家坪税务所、桥头税务所、赛鱼税务所推行单机远程征收和局域网互联，实现了对 100% 纳税户的微机控管。2007 年，综合征管软件上线。自行开发和运行了“矿区地税局工作日志”，在税务所和办税服务厅运行。对税收管理员各项工作进行实时监控和量化考核，建立起“管理有记录、过程可监控、结果可核查、绩效可考核”的良性循环和持续考核机制。2009 年，个人所得税管理系统上线，个人所得税全员全额申报工作深入推进。加大征管质量考核力度，按月对基层单位征管系统运行情况和征管质量进行考核，推行电子缴税和网上申报。

七、主要荣誉

1994—2018 年的 24 年间，矿区地税局多次被山西省精神文明建设指导委员会授予“山西省文明单位”“文明和谐创建先进集体”称号，被省地税局授予“全省税务系统先进集体”“规范执法示范单位”“山西省地税系统文明单位”，被阳泉市委、市政府评为“文明行业”“文明单位”等荣誉称号，连续 12 年被矿区行评办评为政风行风评议执法类部门第一名。

第二篇

地税业务

第一章　税费收入

税收收入是国家财政收入的主要来源。阳泉市地方税务局组建以来，按照分税制财政体制的要求，负责 17 个税种的征收管理工作，依据各税种的法定计税依据、征收办法、分享比例，为中央和省、市、县各级政府组织财政收入。同时，还负责征收或代征了部分政府专项收入、政府性基金、工会经费等 15 项规费基金。地税部门坚持组织收入原则，坚持税费同征、同管、同查，积极落实各项税收优惠政策，优化税收营商环境，为促进经济社会发展做出了应有的贡献。

第一节　税　收

一、税收收入体制

收入体制，即中央与地方、地方各级政府之间的财政收入划分制度，主要内容是合理划分各级财政收入的范围和管理权限。税收收入在各级财政之间的分享体制，是按照企业隶属关系、管辖范围和税种分享比例相结合的方式划分，不同的时期各有侧重。自 1994 年阳泉市地税部门成立以来，税收收入体制主要经历了 4 次重大变革。

（一）1994 年分税制改革

1. 国家分税制改革

中共十四大后，随着社会主义市场经济改革的持续推进，原有的财政管理体制不再适应经济发展，财力分散、财政职能软化、中央政府财力不足和宏观调控能力弱化等方面的问题突显。为了改变这种状况，1993 年 12 月，国务院发布了《关于实行分税制财政管理体制的决定》，要求从 1994 年 1 月 1 日起，改革现行地方财政包干体制，对各省、自治区、直辖市以及计划单列市实行分税制财政管理体制，按税种划分中央和地方财政收入，中央和地方分设税务机构，分别收税。将维护国家权益、实施宏观调控所必需的税种划为中央税；将同经济发展直接相关的主要税种划为中央与地方共享税；将适合地方征管的税种划为地方税，并充实地方税税种，增加地方税收入。具体划分如下：

（1）中央固定收入包括关税，海关代征消费税和增值税、消费税，中央企业所得税，地方银行和外资银行及非银行金融企业所得税，铁道部门、各银行总行、各保险总公司等集中缴纳的收入（包括营业税、所得税、利润和城市维护建设税），中央企业上缴利润等。外贸企业出口退税，除 1993 年地方已经负担的 20% 部分列入地方上缴中央基数外，以后发生的出口退税全部由中央财政负担。

（2）地方固定收入包括营业税（不含铁道部门、各银行总行、各保险总公司集中缴纳的营业税），地方企业所得税（不含上述地方银行和外资银行及非银行金融企业所得税），地方企业上缴利润，个人所得税，城镇土地使用税，固定资产投资方向调节税，城市维护建设税（不含铁道部门、各银行总行、各保险总公司集中交纳的部分），房产税，车船使用税，印花税，屠宰税，农牧业税，农业特产税，耕地占用税，契税，遗产和赠予税，土地增值税，国有土地有偿使用收入等。

（3）中央与地方共享收入包括增值税、资源税、证券交易税。增值税中央分享 75%，地方分享 25%。资源税按不同的资源品种划分，大部分资源税作为地方收入，海洋石油资源税作为中央收入。证券交易税，中央与地方各分享 50%。

国家税务总局配套出台了《关于组建在各地的直属税务机构和地方税务局的实施意见》，对国税、地税的征收范围进行了具体明确：

国家税务局系统主要负责中央税和共享税的征收和管理。即：增值税；消费税；进口产品消费税、增值税，直接对台贸易调节税（委托海关代征）；铁道、各银行总行、保险总公司集中缴纳的营业税、所得税和城市建设维护税；中央企业所得税；地方和外资银行及非银行金融企业所得税；海洋石油企业所得税、资源税；证券交易税（未开征前先征收在上海、深圳市证券交易所交易证券的印花税）；对境内外商投资企业和外国企业的各项税收以及外籍人员（华侨、港澳台同胞）缴纳的个人所得税（按税种分别入中央库和地方库）；出口产品退税的管理；集贸市场和个体户的各项税收（按税种分别入中央库和地方库）；中央税的滞补罚收入；按中央税、共享税附征的教育费附加（属于铁道、银行总行、保险总公司缴纳的入中央库，其他入地方库）；国家能源交通重点建设基金、国家预算调节基金。

地方税务局主要负责地方税的征收和管理（不包括已明确由国家税务局负责征收的地方税部分）。即：营业税；个人所得税；土地增值税；城市建设维护税；车船使用税；房产税；屠宰税（2006 年 2 月 17 日废止）；资源税；城镇土地使用税；固定资产投资方向调节税（2000 年 1 月 1 日起暂停征收，2012 年 11 月 9 日废止）；地方企业所得税（包括地方国有、集体、私营企业）；印花税；筵席税（1994 年 5 月 13 日停止征收）；

地方税的滞补罚收入；按地方营业税附征的教育费附加。

2. 山西省分税制改革

根据财政部、中国人民银行、国家税务总局《关于实行“分税制”财政体制后有关预算管理问题的暂行规定》，1993 年 12 月 16 日，山西省财政厅、中国人民银行山西省分行、山西省税务局联合下发《关于实行“分税制”财政体制后有关预算管理、税款征收及收入对账等具体问题的通知》，在确定中央级和地方级收入分享的基础上，进一步明确了中央、省本级、市县级的固定收入及共享收入的分享机制。1994 年 4 月 13 日，山西省人民政府发布《关于组建山西省各级地方税务局的通知》，将原财政部门负责征收的农业税划归了地税部门，增加了遗产和赠予税（未开征），农业税（2006 年 1 月 1 日废止），农业特产税（2006 年 2 月 17 日废止），耕地占用税，契税。此外，1994 年 4 月 28 日开征的烟叶税也划归地税部门。具体划分如下：

（1）省级固定收入包括银行、保险企业营业税；中央直属电力、石油、石化、有色金属、统配煤矿和太原钢铁公司等企业缴纳的营业税；省级企业所得税、上缴利润和计划亏损补贴；其他收入。

（2）地市、县级固定收入包括营业税（不含银行、保险企业营业税）；地市县企业所得税（不含地市非银行金融企业所得税），上缴利润和计划亏损补贴;个人所得税;固定资产投资方向调节税；城市维护建设税；房产税；车船税；印花税（不含证券交易印花税）；屠宰税；农业税；农林特产税；契税；耕地占用税；遗产税；土地增值税；税款滞纳金罚款收入；其他收入。

（3）中央与省共享收入包括增值税，中央分享 75%，省分享 25%，具体分享范围包括中央直属电力、石油、石化、有色金属部门，中央直属统配煤矿（包括阳泉矿务局、阳泉钢铁厂等）；资源税，海上石油资源税为中央级收入，省以上煤炭开发企业缴纳的资源税，为省级收入；证券交易税，中央和省各分享 50%。

（4）中央和地市县共享的收入包括增值税（不含中央与省分享部分），中央分享 75%，地市县分享 25%;地市县属以下企业和个人缴纳的资源税全部为地市县级收入。

（5）省与地市县共享收入包括土地使用税，省与地市县各分享 50%；耕地占用税，省 40%，地市县 60%；国有土地有偿使用收入，省 20%，地市县 80%。其他各项收入，按照原级次执行。新体制在划分共享收入时，按确定的共享分成比例直接缴入各级金库。

“分税制”财政体制改革，确立了纵向集中的财政管理体制，提高了中央财政收入占全国财政收入的比重，增强了中央的调控能力。1994 年是“分税制”财政管理体制改革实施后的第一年。当年，阳泉市新设立的国税、地税部门按照各自征管范围的划分，积极开展组织收入工作，合计完成税收收入 6.10 亿元，比 1993 年增长

24.09%，增收 1.18 亿元。其中，中央级税收完成 2.99 亿元，占税收收入的 49.08%，比 1993 年提高 41 个百分点。（为了同口径比较，以上税收均未含农业四税）

（二）2002 年财政管理体制改革

1. 国家所得税收入分享改革

2001 年 12 月 31 日，国务院印发《关于所得税收入分享改革方案的通知》，提出要改革按企业隶属关系划分中央和地方所得税收入的模式。自 2002 年 1 月 1 日起，除铁路运输、国家邮政、中国工商银行、中国农业银行、中国银行、中国建设银行、国家开发银行、中国农业发展银行、中国进出口银行以及海洋石油天然气企业缴纳的所得税继续作为中央收入外，其他企业所得税和个人所得税收入由中央与地方按比例分享。2002 年所得税收入，中央分享 50%，地方分享 50%；2003 年所得税收入，中央分享 60%，地方分享 40%；2003 年以后年份的分享比例根据实际收入情况再行考虑。

2. 山西省财政管理体制改革

山西省人民政府发布《关于调整省对市地财政管理体制的通知》，从 2002 年起，在基本维持现行省与市地事权划分的基础上，调整省对市地的财政管理体制，主要内容包括：

（1）改变按企业隶属关系划分流转税、资源税和企业所得税收入的办法，只保留中国人民银行及国有商业银行和保险企业缴纳的营业税，其余收入均下放市地管理。

（2）将耕地占用税及基金预算收入中的国有土地使用权有偿使用收入由省与市地按比例分享改为市地固定收入；新增建设用地土地有偿使用费收入仍按现行规定实行中央、省、市地按比例分享。

（3）将全省一般预算收入划分为省级固定收入、市地固定收入、中央、省、市地共享收入和省与市地共享收入，并将各级次的划分进行调整。

（4）建立省对困难县转移支付保障制度。

（5）将省级科技三项费及支援农业生产支出（不含农业综合开发支出）中的部分固定专项支出下放市地管理。

（6）取消太原市、大同市、阳泉市、晋城市、朔州市、晋中市按老体制递增上解办法，改为以 2001 年应上解额定额上解。

山西省财政厅、山西省国家税务局、山西省地方税务局、中国人民银行太原中心支行联合发布了《关于财政体制调整后有关预算管理和收入征缴及入库等具体问题的通知》。阳泉市人民政府、市财政局等部门也出台了相关配套文件。各税种的收入级次划分调整如下：

（1）省级财政固定收入：中国人民银行及国有商业银行、保险公司缴纳的营业税、中央下划的跨省区经营及集中缴库企业缴纳的企业所得税（50% 部分）。

（2）市级财政固定收入：隶属关系为市属及以上企业的固定资产投资方向调节税、城市维护建设税、房产税、印花税、土地增值税、车船使用和牌照税。

（3）县区级财政固定收入：县区征管范围的固定资产投资方向调节税、城市维护建设税、房产税、印花税、土地增值税、车船使用和牌照税、屠宰税、农业税、农业特产税、耕地占用税、契税。

（4）共享收入划分：①增值税，中央、省、市地分别为 75%、8.75%、16.25%；②个人所得税和企业所得税（不含中央下划企业），中央、省、市地分别为 50%、17.5%、32.5%（2003 年中央、省、市地分别为 60%、14%、26%，之后未作调整）；③营业税、资源税和城镇土地使用税，省、市地分别为 35%、65%。市地级收入分别按照管辖范围为划为市或县（区）级收入。

（三）2006 年财政体制调整

为了解决上级集中较多、县级收入留成过小等问题，2006 年，山西省人民政府出台《关于调整规范省市县财政体制和在 35 个国家重点扶贫开发县实行"省直管县"财政改革试点的通知》，从 2007 年 1 月起，按属地原则划分收入，统一规范税收共享收入范围和分享比例。各项税收收入(含新办企业税收收入)，一律按属地原则划分，由企业所在地的县级(县级市、县，不含区，下同)税务机关征收和管理。理顺和完善税收征管体制，原体制上级税务机关直接征收各县境内的税收收入，一律划归县级税务部门负责征收和管理。省、市、县税收收入共享范围为增值税、营业税、资源税、企业所得税、个人所得税等 5 个税种的地方留成部分(以下简称"五税")。城镇土地使用税全部下放为市县收入。五税分享比例为：省级分享 30%，市级分享比例不超过 15%，县级分享比例不低于 55%；按原体制规定未参与县级税收收入分享的市，改革后原则上仍不参与县级收入分享；确因市级以上企业收入基数下放对市级财力增长影响较大的，经批准市级可适当参与县级收入分享。市与市辖区的收入分享比例按照充实和增强县级财政实力的原则由市级确定。

阳泉市财政局、阳泉市国家税务局、阳泉市地方税务局、中国人民银行阳泉市中心支行联合发布《关于财政体制调整后有关预算管理和收入征缴及入库问题的通知》《关于调整 2003 年所得税收入分享比例的通知》对相关事项进行了明确，决定下划平定县、盂县境内原属市级管理的 14 户企业至县级，该县境内新办企业一律归县级税务机关征收和管理。同时，市级参与 2 个县 5 个共享税种的收入分享。

财政收入体制调后，五个共享税种具体分享比例如下：

（1）平定县、盂县：增值税，中央分享 75%，省级分享 7.5%，市级分享 2.5%，县级分享 15%；企业所得税和个人所得税，中央分享 60%，省级分享 12%，市级分享 4%，县级分享 24%；营业税和资源税，省级分享 30%，市级分享 10%，县级分享 60%。

（2）市辖区及开发区的上述 5 个共享税种收入，中央及省分享比例不变，市级不参与市辖区（包括城区、矿区和郊区）及开发区的税收分享。城镇土地使用税列入市县级固定收入范围。

（四）中共十八大后的财税体制改革

中共十八大报告在对全面深化经济体制改革进行部署时提出：加快改革财税体制，健全中央和地方财力与事权相匹配的体制，完善促进基本公共服务均等化和主体功能区建设的公共财政体系，构建地方税体系，形成有利于结构优化、社会公平的税收制度。围绕预算管理制度、税收制度、事权和支出责任相适应的制度改革等方面，国家出台了全方位、立体化的一系列财税体制改革方案，其中对收入体制影响较大的包括营业税改征增值税（以下简称“营改增”）、资源税从价计征、水资源税和环境保护税的开征等。

1.“营改增”

2013 年开始试行“营改增”，交通运输业和部分现代服务业、铁路运输业和邮政业、电信业营业税改征增值税陆续实施，收入划分仍执行原有政策，即原增值税部分仍然执行中央级 75%、地方级 25% 的分享比例；而改征增值税部分则维持原有营业税分享比例，原归属中央的铁路建设基金营业税收入，改征增值税后仍归属中央；原归属地方的营业税收入，改征增值税后继续归属地方。

2016 年 4 月 1 日起，营业税改征增值税全面试点。根据国务院《全面推开“营改增”试点后调整中央与地方增值税收入划分过渡方案》的规定，从 2016 年 5 月 1 日起，中央和地方分别分享增值税收入的 50%；营业税和改征增值税收入（净入库数）的 50% 划解至中央级，原增值税 25% 部分由中央级划为地方级。

省、市两级政府对划归地方的 50% 分享比例为：市级征管范围，省、市（本级）分别分享 15%、35%；县区级征管范围，省、市、县（区）分别分享 15%、5%、30%。5 月 1 日至 6 月 30 日按原级次征收入库的增值税和营业税收入，由财政部门和人行国库部门进行调库。

2. 煤炭资源税从价计征改革

2015 年 1 月 1 日起，煤炭资源税从价计征正式实施，山西省财政厅、山西省地方税务局、中国人民银行太原中心支行联合发布《关于煤炭资源税改革后有关预算管理问题的通知》，将煤炭资源税省级与市县级收入分成比例由原来的30%、70%调整为65%、35%。阳泉市出台配套文件进一步明确：改革后煤炭资源税市与县区分享比例实行一致政策，县（区）级征管范围所属企业缴纳的煤炭资源税，市级分享5%，县（区）分享30%；市级征管范围所属企业缴纳的煤炭资源税，市级分享35%。

3. 水资源税和环境保护税

水资源税和环境保护税分别于2017年12月1日、2018年1月1日相继开征，按照山西省财政厅、山西省地方税务局、中国人民银行太原中心支行联合发布的《关于开征水资源税后有关预算管理问题的通知》《关于开征环境保护税后有关预算管理问题的通知》以及阳泉市的相关配套文件，水资源税与环境保护税均为地方级收入，中央不参与分成，2个税种实行相同的税收分享比例，市级征管范围省、市（本级）分享比例为30%、70%；县（区）征管范围省、市、县（区）分享比例为30%、15%、55%。

2018年各税种收入分享比例一览表

表2-1

税种	中央级	省级	市级	县（区）级
一、增值税	—	—	—	—
市直属局（不含金融保险铁路）	50%	15%	35%	—
县区局（不含金融保险铁路）	50%	15%	5%	30%
金融、保险、铁路	50%	50%	—	—
二、消费税、车辆购置税	100%	—	—	—
三、企业所得税、个人所得税	—	—	—	—
市直属局	60%	12%	28%	—
平定、盂县	60%	12%	4%	24%
其他区局	60%	12%	—	28%
四、资源税	—	—	—	—
1. 煤炭资源税	—	—	—	—
市直属局	—	65%	35%	—
县区局	—	65%	5%	30%
2. 水资源税	—	—	—	—
市直属局	—	30%	70%	—
县区局	—	30%	15%	55%
3. 其他资源税	—	—	—	—
市直属局	—	30%	70%	—
平定县、盂县	—	30%	10%	60%
其他区局	—	30%	—	70%

续表 2-1

税种	中央级	省级	市级	县（区）级
五、环境保护税	—	—	—	—
市直属局	—	30%	70%	—
县区局	—	30%	15%	55%
六、其他各税	—	—	—	—
市直属局	—	—	100%	—
县区局	—	—	—	100%

二、税种

（一）营业税

1993 年 12 月，国务院颁布《中华人民共和国营业税暂行条例》（1994 年 1 月 1 日起施行），建立了统一、规范的适用于内、外资企业的营业税制度。为适应经济形势发展和增值税转型改革的需要，国务院于 2009 年对《中华人民共和国营业税暂行条例》进行修订，对差额征收营业税的项目进行调减，同时明确了交易价格明显偏低的处理规定，规范了营业税扣缴义务人的规定，调整了部分营业税纳税地点，延长了营业税的申报缴纳期限。营业税的纳税人是在中华人民共和国境内提供营业税条例规定的劳务、转让无形资产或者销售不动产的单位和个人。

营业税设置交通运输业、建筑业、金融保险业、邮电通信业、文化体育业、娱乐业、服务业、转让无形资产、销售不动产 9 个征税项目。采用比例税率，交通运输业 3%、建筑业 3%、金融保险业 5%、邮电通信业 3%，文化体育业 3%、娱乐业 5%—20%、服务业 5%、转让无形资产 5%、销售不动产 5%。纳税人经营娱乐业具体适用税率，营业税条例规定由省、自治区、直辖市人民政府在条例规定的幅度内决定。

从 2001 年 5 月 1 日起，按 20% 税率征收营业税的娱乐业范围包括歌厅、舞厅、卡拉 OK 歌舞厅（包括夜总会、练歌房、恋歌房）、音乐茶座（包括酒吧）、台球、高尔夫球、保龄球、游艺（如射击、狩猎、跑马、游戏机、蹦极、卡丁车、热气球、动力伞、射箭、飞镖等）。

自 2003 年 1 月 1 日起，单位和个人开办“网吧”取得的收入，按娱乐业税目依 20% 税率征收营业税。

自 2004 年 7 月 1 日起，经国务院批准，对台球、保龄球减按 5% 的税率征收营业税，税目仍属于娱乐业。

2013 年 11 月，《山西省财政厅山西省地方税务局关于明确我省娱乐业营业税税率的通知》（晋财税〔2013〕26 号）明确全省娱乐业营业税税率中高尔夫球适用 10% 税率，除高尔夫球之外的其他娱乐业项目适用 5% 的税率。

2013 年 8 月，“营改增”在全国范围内试点行业实施。交通运输业、研发和技术服务、信息技术服务、文化创意服务、物流辅助服务、有形动产租赁服务、鉴证咨询服务、广播影视服务行业营业税改为增值税，由国税局征收管理。2014 年 1 月 1 日起，将铁路运输和邮政服务业纳入营业税改征增值税试点，至此，交通运输业全部纳入“营改增”范围。2016 年 3 月 18 日召开的国务院常务会议决定，自 2016 年 5 月 1 日起，在全国范围全面推开“营改增”试点，将建筑业、房地产业、金融业、生活服务业全部纳入“营改增”试点，这是自 1994 年分税制改革以来，财税体制的又一次深刻变革。

2017 年 10 月 30 日，国务院第 191 次常务会议通过《国务院关于废止〈中华人民共和国营业税暂行条例〉决定》，至此，营业税退出历史舞台。

（二）城市维护建设税

1985 年 2 月，国务院颁布《中华人民共和国城市维护建设税暂行条例》，从 1985 年度起实施。2010 年 10 月，根据第八届全国人民代表大会常务委员会第五次会议通过的《全国人民代表大会常务委员会关于外商投资企业和外国企业适用增值税、消费税、营业税等税收暂行条例的决定》，国务院决定统一内外资企业和个人城市维护建设税和教育费附加制度，下发《关于统一内外资企业和个人城市维护建设税和教育费附加制度的通知》，自 2010 年 12 月 1 日起，外商投资企业、外国企业及外籍个人适用国务院 1985 年发布的《中华人民共和国城市维护建设税暂行条例》。

凡缴纳增值税、消费税、营业税的单位和个人，都是城市维护建设税的纳税义务人。城市维护建设税的征税范围与增值税、消费税、营业税的征税范围相同，实行分区域的差别比例税率，即按纳税人所在城市、县城、乡镇等行政区划，分别规定不同的比例税率，纳税人所在地在市区（含县级市）范围的，税率为 7%；纳税人所在地在县城、镇的，税率为 5%；纳税人所在地不在市区、县城或镇的，税率为 1%。城市维护建设税以纳税人实际缴纳的增值税、消费税、营业税的税额为计税依据。

（三）房产税

1986 年 9 月，国务院颁布《中华人民共和国房产税暂行条例》，同年 10 月 1 日起施行。根据 1984 年 9 月全国人民代表大会常务委员会《关于授权国务院改革工商税制和发布试行有关税收条例（草案）》的决定，国务院发布的税收条例（草案）不适用于外商投资企业和外国企业。因此，当时的《中华人民共和国房产税暂行条例》仅适用于全国内资企业、单位和公民个人，对在中国拥有房产的外商投资企业、外国企业和外籍人员仍按《中华人民共和国城市房地产税暂行条例》的规定征收城市房地产税。2008 年 12 月，国务院颁布第 546 号令，自 2009 年 1 月 1 日起废止《中华人民共和国城市房地产税暂行条例》。2009 年 1 月，财政部、国家税务总局下发《关于对外资企业及外籍个人征收房产税有关问题的通知》，规定自 2009 年 1 月 1 日起，对外资企业及外籍个人的房产征收房产税，在征税范围、计税依据、税率、税收优惠、征收管理等方面按照《中华人民共和国房产税暂行条例》及有关规定执行。

房产税征税范围包括城市、县城、建制镇和工矿区。房产税采用比例税率，依照房产余值计算缴纳的，年税率为 1.2%；依照房产租金收入计算缴纳的，税率为 12%。山西省规定：凡设在城市、县城、建制镇以外的大中型企业，均开征房产税。

房产税分从价或从租两种计算缴纳形式。从价计征考虑房屋的自然损耗因素，以房产原值一次减除 10%—30% 后的余值作为计税依据。山西省规定：1980 年年底以前修建的房屋，依照房产原值一次减除 30% 后的余值作为计税依据，1981 年 1 月 1 日以后修建的房屋，依照房产原值一次减除 20% 后的余值作为计税依据。2017 年经省政府第 165 次常务会议审议通过，省地税局，省国税局联合印发《全省税务系统优化税收营商环境服务经济转型发展实施意见》（晋地税发〔2017〕118 号）将房产税计税余值的扣除标准统一为 30%。房产出租的，以房屋租金收入为房产税的计税依据。

房产税按年征收，分期缴纳，具体纳税期限山西省规定为：按房产余值计算缴纳的，按年征收，分半年缴纳，上半年的应缴税款于 6 月征收入库，下半年的应缴税款于 12 月征收入库；对房产管理部门出租的房屋，按租金收入计算缴纳，按月征收房产税。房产税由房产所在地的税务机关征收。纳税人总分支机构不在一地或跨地区的企业，由房产坐落地税务机关征收。

（四）城镇土地使用税

1988 年 9 月，国务院颁布《中华人民共和国城镇土地使用税暂行条例》，同年 11 月 1 日起施行。2006 年 12 月，国务院颁布 483 号令，发布《国务院关于修改〈中华人民共和国城镇土地使用税暂行条例〉的决定》，对 1988 年的《中华人民共和国城镇土地使用税暂行条例》（简称《条例》）作相应修订并重新公布。修订后的《条例》主要包括提高城镇土地使用税税额标准，征收范围扩大到外商投资企业和外国企业，修改与法律和行政法规不相适应的条款等 3 方面内容。

凡在城市、县城、建制镇和工矿区范围内使用土地的单位和个人，均为城镇土地使用税的纳税义务人。

城镇土地使用税采用幅度差别定额税率。根据全国经济的发展状况，按照城镇规模、基础设施、经济繁荣程度等条件，把城市、县城、建制镇和工矿区划分为不同的等级，规定不同的年税额，以平衡税负，调节不同地区、不同地段之间的级差收入。根据国家规定，2007 年，山西省财政厅、山西省地方税务局对大同等 10 个城市调整了土地使用税应税范围和适用税额，阳泉市单位税额详细见下表：

阳泉市城镇土地使用税税额表

表 2-2　　单位：元 / 平方米

区域	一等		二等		三等			
					一级		二级	
	税额	适用范围	税额	适用范围	税额	适用范围	税额	适用范围
城区、矿区、郊区	16	东至李白路、万通大市场、三角线、迎宾路，西至育才路、日潭小区、铁路西货厂、小阳泉，南至南大街，北至开发区烟台路、猫垴山公园、青年路	10	东至平安路、河坡电厂，西至一矿煤山路，南至五中、南庄口加油站、阳泉市耐火材料厂（南外环路），北至供电局仓库、西河路小学、四矿中学、红岭湾小学，以上范围内除一等土地外的土地	3	东至白羊墅、铝厂，西至半坡，南至西峪，北至甄家庄，以上范围内除一、二等土地外的土地；郊区区政府所在地（含荫营煤矿）、河底镇政府所在地（含固庄煤矿）	2	郊区未列举的其他行政区域
平定县	7	东至建设银行、工商局、审计局、水利局、中医院、城关农村信用合作社、乡镇局、狮口、沿新民街往西、原供销社车队、百货公司、征费所，南至检察院、大林山小学、城南河，西至蔬菜公司、七一厂、沿嘉河、冠山镇医院，北至平定宾馆、教育局、十字街菜市场	3.6	东至供水局、民政局、公路段、外贸公司、国税局、国土资源局、粮食局东、职业二校、工业硅厂西、粮油公司北，南至中泰房地产公司、化肥厂口加油站、沿城南河、大林山、二中、经委、城南河（华通大酒店），西至华通大酒店、城关中学西、原冠山镇政府西、原党校、一中西、供水局西，北至供水局、一中北、教育局北、粮食局北、职业二校北；冶西镇，娘子关镇	1.8	东至东升市场、高速公路口，西至土污西，南至回收公司南，北至南大街；锁簧镇、张庄镇、巨城镇、柏井镇、东回镇及所辖行政村	—	—

续表 2-2

区域	一等		二等		三等			
					一级		二级	
	税额	适用范围	税额	适用范围	税额	适用范围	税额	适用范围
盂县	6	秀水镇西白水、南白水、东白水、西关、南关、南村、北村、北关、东城武、西城武、北庄、东寨、东园、水泉、南坪、秀水、秦村、姜村、刘村、贺村、小横沟、大横沟、水车湾村，南娄镇东宋、西宋村，孙家庄镇东吉、西吉、大吉、高家庄、二郎庙、马乡、西崖底、孙家庄、常家沟、郭家坪、东坪、乌玉、南河南村，牛村镇前元吉、河下、温池、石崖只村，路家村镇下乌纱村	3	秀水镇除一等土地范围外所辖行政村；路家村镇，南娄镇、牛村镇镇政府所在地	1.5	南娄镇、孙家庄镇、牛村镇、路家村镇除一等土地、二等土地范围外所辖行政村，西烟镇、上社镇、苌池镇镇政府所在地	1	西烟镇、上社镇、苌池镇所辖行政村

城镇土地使用税按年征收，分期缴纳，具体纳税期限山西省规定为：按年计算，分季缴纳，分别于 3 月、6 月、9 月、12 月征收入库。城镇土地使用税由土地所在地的地税机关征收。对纳税人使用的土地不属于同一市、县管辖范围的，由纳税人分别向土地所在地的税务机关缴纳土地使用税。

（五）车船税

1986 年 9 月《中华人民共和国车船使用税暂行条例》颁布，同年 10 月 1 日起施行。根据国务院下发的《关于外商投资企业和外国企业适用增值税、消费税、营业税等税收暂行条例有关问题的通知》等规定，车船使用税不适用于外商投资企业、外国企业及外籍个人，对外商投资企业、外国企业及外籍个人的车船仍依照《车船使用牌照税暂行条例》的规定征收车船使用牌照税。2006 年 12 月，国务院颁布《中华人民共和国车船税暂行条例》（2007 年 1 月 1 日起施行），将车船使用税和车船使用牌照税合并。2011 年 2 月，第十一届全国人民代表大会常务委员会第十九次会议审议通过《中华人民共和国车船税法》(2012年1月1日起施行)。车船税共设置6个税目，具体有乘用车、商用车、挂车、其他车辆、摩托车和船舶。其中，乘用车按照排气量划分为7档；商用车包括商用客车和商用货车；其他车辆包括专用作业车和轮式专用机械车；船舶包括机动船舶和游艇。车辆的具体适用税额由省、自治区、直辖市人民政府依照《车船税税目税额表》规定的税额幅度和国务院的规定确定。山西省在国家规定的税额幅度内，结合全省实际，确定山西省车辆的适用税额。车船税按年申报，分月计算，一次性缴纳。具体纳税期限，山西省规定为1月1日至12月31日。依法应当在车船登记部门登记的车船，纳税人自行申报缴纳车船税的，纳税地点为车船登记地；由保险机构代收代缴车船税的，纳税地点为保险机构所在地。

（六）土地增值税

1993年12月，国务院颁布《中华人民共和国土地增值税暂行条例》(1994年1月1日起施行)。土地增值税的纳税人是转让国有土地使用权、地上建筑物及其附着物并取得收入的单位和个人。

土地增值税采用四级超率累进税率，最低税率为30%，最高税率60%。超率累进税率以征税对象数额的相对率为累进依据，按超累方式计算和确定适用税率。税率从低到高划分为4个级次：增值额未超过扣除项目金额50%的部分，税率为30%；增值额超过扣除项目金额50%，未超过100%的部分，税率为40%；增值额超过扣除金额100%，未超过200%的部分，税率为50%;增值额超过扣除项目金额200%的部分，税率为60%。

为加强土地增值税的预征和核定征收工作，自2010年7月1日起，市地税局对房地产开发项目土地增值税预征率和核定征收率进行调整，土地增值税预征率普通住宅项目为1.5%，非普通住宅为2%，写字楼为2%，商业营业用房、别墅及其他房地产项目为2.5%;土地增值税核定征收率住宅中的普通住房为5%，非普通住房为5.5%;商业用房、别墅及其他用房为6%。土地增值税采取属地征收的方法，由转让房地产坐落地的税务机关负责征收。

（七）印花税

1988年8月，国务院颁布《中华人民共和国印花税暂行条例》，同年10月1日起施行。印花税的纳税人是指在中华人民共和国境内书立、领受印花税暂行条例所列举凭证的单位和个人。印花税的征税范围具体包括购销、加工承揽、建设工程承包、财产租赁、货物运输、仓储保管、借款、财产保险、技术等合同或者具有合同性质的凭证；产权转移书据，包括财产所有权和版权、商标专用权、专利权、专有技术使用权等转移书据；营业账簿，包括单位和个人从事生产经营活动所设立的各种账册；权利、许可证照，包括房屋产权证、工商营业执照、商标注册证、专利证、土地使用证；经财政部确定征税的其他凭证等五大类。

印花税采用比例和定额两种税率计算缴纳。购销合同，以购销金额为计税依据，税率为 0.3‰；加工承揽合同，以加工或承揽收入为计税依据，税率为 0.5‰；建设工程勘察设计合同，以收取的费用为计税依据，税率为 0.5‰；建筑安装工程承包合同，以承包金额为计税依据，税率为 0.3‰；财产租赁合同，以租赁金额为计税依据，税率为 1‰；货物运输合同，以运输费用为计税依据，税率为 0.5‰；仓储保管合同，以仓储保管费用为计税依据，税率为 1‰；借款合同，以借款金额为计税依据，适用税率为 0.05‰；财产保险合同，原规定以投保金额为计税依据，税率为 0.03‰，1990 年国务院批准，从当年 7 月 1 日起，改为以保险费收入为计税依据，税率为 1‰；技术合同、产权转移书据，以凭证所载的金额为计税依据，税率分别为 0.3‰和 0.5‰；营业账簿分为记载资金的账簿和其他账簿；记载资金的账簿以实收资本与资本公积两项合计金额为计税依据，税率为 0.5‰；其他账簿和权利、许可证照，以凭证的数量为计税依据，采用定额税率按件贴花 5 元。

2012 年 1 月 1 日起，山西省阳泉市地方税务局公告 2012 年第 1 号《关于调整购销合同类印花税核定征收比例的公告》规定，对从事货物购进和销售的工业生产企业，其采购环节应征的印花税，按采购金额 70% 的比例核定计税依据；其销售环节应征的印花税，按销售收入 80% 的比例核定计税依据。对从事货物购进和销售的商品流通企业，其采购环节应征的印花税，按采购金额 80% 的比例核定计税依据；其销售环节应征的印花税，按销售收入 40% 的比例核定计税依据。

（八）资源税

1993 年 12 月，国务院颁布《中华人民共和国资源税暂行条例》（1994 年 1 月 1 日起施行），规定除继续对原油、天然气和煤炭征税外，同时开始对金属矿产品和其他非金属矿产品征税，并将盐并入资源税的征收范围。

2011 年 9 月，国务院颁布修改后的《中华人民共和国资源税暂行条例》（2011 年 11 月 1 日起施行），将原来从量定额的征收方式改为从价定率或者从量定额的方式。

2014 年 12 月 1 日起全国实行煤炭资源税从价计征改革。2016 年 7 月 1 日起，全国范围内实施资源税全面从价计征改革。山西省煤炭资源税税率定为 8%，阳泉市洗选煤的折算率定为 85%。

山西省资源税税目税率表

表 2–3

税目		征税对象	适用税率	税目		征税对象	适用税率
金属矿	铁矿	精矿	3%	非金属矿	煤层（成）气	原矿	1%
	金矿	金锭	3%		黏土	原矿	5 元 / 立方米
	铜矿	精矿	3%		砂石	原矿	2.5 元 / 立方米
	铝土矿	原矿	9%		大理岩	原矿	10 元 / 立方米
	铅锌矿	精矿	5%		花岗岩	原矿	2%
	锰矿	原矿	3.5%		芒硝	精矿	3%
	银矿	精矿	4.5%		白云岩	精矿	5%
非金属矿	石墨	精矿	3%		石膏	原矿	10%
	石灰石	原矿	6%		沸石	原矿	20%

2017 年 12 月 1 日起，山西省进行水资源税改革试点工作，直接取用地表水、地下水的单位和个人为水资源税纳税人。

（九）固定资产投资方向调节税

1991 年 4 月，国务院颁布第 82 号令《中华人民共和国固定资产投资方向调节税暂行条例》，从 1991 年 1 月 1 日起施行。1994 年 9 月国税、地税分设后，固定资产投资方向调节税由地税机关负责征收管理。1999 年，财政部、国家税务局总局、国家发展计划委员会联合下发《关于暂停固定资产投资方向调节税的通知》，从 2000 年 1 月起暂停征收。2012 年 11 月，国务院颁布第 628 号令《国务院关于修改和废止部分行政法规的决定》，废止《中华人民共和国固定资产投资方向调节税暂行条例》。

（十）屠宰税

1950 年 1 月，政务院颁布《全国税政实施细则》，将屠宰税列为全国统一开征的税种，12 月正式颁布《中华人民共和国屠宰税暂行条例》。1994 年 1 月，国务院将此税种下放到地方管理，是否征收和具体征收办法由各省、自治区、直辖市人民政府自行决定，并报国务院备案。2001 年 1 月，取消屠宰环节和收购环节征收的屠宰税。2006 年 2 月，《中华人民共和国屠宰税暂行条例》废止。

（十一）筵席税

1988 年 9 月，国务院颁布《中华人民共和国筵席税暂行条例》。1994 年税制改革时，国务院将筵席税下放到地方管理，山西省暂停征收筵席税。2008 年 1 月，国务院颁布第 516 号令,《中华人民共和国筵席税暂行条例》废止。

（十二）车船使用牌照税

1951 年 9 月，政务院颁布《车船使用牌照税暂行条例》，对行驶于国家公共道路的车辆、航行于国内河流、湖泊和领域港口的船舶（外来船舶同外商租用中国船舶只征收吨税）征收车船使用牌照税。1986 年 9 月，国务院颁布《中华人民共和国车船使用税暂行条例》，对外商投资企业、外国企业及外籍个人的车船仍依照《车船使用牌照税暂行条例》征收车船使用牌照税。2006 年 12 月，国务院第 162 次常务会议通过并颁布《中华人民共和国车船税暂行条例》，废止《车船使用牌照税暂行条例》，自 2007 年 1 月 1 日起开征车船税。

（十三）城市房地产税

1951 年 8 月 8 日，政务院颁布《城市房地产税暂行条例》，自颁布之日起施行。对拥有房屋产权和土地使用权的外商投资企业、外国企业以及外籍个人、华侨、港、澳、台同胞，征收城市房地产税。房地产税由产权所有人缴纳，产权出典者，由承典人缴纳；产权所有人、承典人不在当地或产权未确定及租典纠纷未解决者，均由代管人或使用人代为报缴。房产税依标准房价按年计征。地产税依标准地价按年计征。1953 年税制修正时改为从价按年计征的房产税，税率为 1.2%；从价按年计征的地产税，税率为 1.8%；从价合并按年计征的房地产税，税率为 1.8%；从租计征的房地产税，税率为 18%。2008 年 12 月 31 日，国务院公布第 546 号令，自 2009 年 1 月 1 日起废止 1951 年 8 月 8 日政务院公布的《城市房地产税暂行条例》，外商投资企业、外国企业和组织以及外籍个人，依照《中华人民共和国房产税暂行条例》缴纳房产税。

（十四）环境保护税

2016 年 12 月 25 日，十二届全国人大常委会第二十五次会议审议通过《中华人民共和国环境保护税法》，并于 2018 年 1 月 1 日起施行。在中华人民共和国领域和中华人民共和国管辖的其他海域，直接向环境排放应税污染物的企业事业单位和其他生产经营者为环境保护税的纳税人，应当依照本法规定缴纳环境保护税。应税污染物是指该法所附“环境保护税税目税额表”和“应税污染物和当量值表”规定的大气污染物、水污染物、固体废物和噪声。2017 年 12 月 1 日，山西省第十二届人民代表大会常务委员会第四十二次会议通过《山西省人民代表大会常务委员会关于大气污染物和水污染物环境保护税适用税额的决定》，自 2008 年 1 月 1 日起实施。大气污染物适用税额 1.8 元 / 污染当量，水污染物适用税额 2.1 元 / 污染当量；暂不增加同一排放口征收环境保护税的应税污染物项目数。

（十五）企业所得税

1993 年 12 月，国务院颁布《中华人民共和国企业所得税暂行条例》，规定凡在中华人民共和国境内实行独立核算的企业或者组织，除个人独资企业和合伙企业、外商投资企业和外国企业外，都是企业所得税的纳税人，包括国有企业、集体企业、私营企业中的有限责任公司、联营企业、股份制企业和有生产、经营所得和其他所得的其他组织。企业所得税的征税对象为纳税人来源于中国境内、境外的生产、经营所得和其他所得。纳税人每个纳税年度的收入总额减去准予扣除项目金额以后的余额，为应纳税所得额。一般企业适用 33% 的税率，微利企业暂时适用 27% 或者 18% 的税率，金融、保险企业暂时适用 55% 的税率（1997 年以后降为 33%）。同月，国务院改革地方财政包干体制，企业所得税的征收中央企业归国税部门负责管理，地方国有企业由财政部门管理地税部门代征，集体企业和私营企业所得税由地税部门负责征收管理。

1998 年 12 月 5 日，为建立适合企业所得税管理特点的科学、严密的内部工作制度和监督制约机制，促进依法治税、强化征收管理，更好地发挥企业所得税组织收入和调节经济的职能作用，市地税局制定印发《企业所得税规范化管理办法》（阳地税所发〔1998〕第 39 号）。2000 年 12 月 11 日，为进一步加强企业所得税征收管理工作，使之尽快趋于科学化、规范化、制度化，市地税局制定印发《核定征收企业所得税实施办法》（阳地税所发〔2000〕第 19 号）。2001 年 3 月 26 日，根据省财政厅《关于划转国有企业所得税收入预算指标的函》（晋财预字〔2000〕7 号）和省地方税务局《关于划转国有企业所得税预算指标意见的函》（晋地税二函〔2000〕1 号）的通知精神，市地税局印发《关于国有企业所得税划归地税部门管理的通知》（阳地税所发〔2001〕第 5 号），从 2001 年 1 月 1 日起，国有企业所得税划归地税部门管理。划归后，税款仍然严格按照征收级次缴纳各级财政国库。2004 年 2 月 12 日，为切实加强煤炭企业所得税征收管理工作，市地税局印发《阳泉市地方税务局关于加强煤炭企业所得税征收管理的通知》（阳地税税二发〔2004〕4 号），为了进一步加强企业技术改造国产设备投资抵免所得税的管理工作，市地税局制定了《阳泉市地方税务局技术改造国产设备投资抵免企业所得税管理办法》（阳地税税二发〔2004〕6 号）。2004 年 12 月 6 日，为进一步规范和完善企业所得税减免税管理，市地税局制定印发《企业所得税减免税管理办法》（阳地税税二发〔2004〕26号）。2005年2月25日，为做好对已取消的企业所得税审批项目的后续管理工作，促进纳税人和税务机关正确执行各项税收政策，结合阳泉市企业所得税管理实际，市地税局制定了《阳泉市地方税务局对已取消的企业所得税审批项目的后续管理管理规定》（阳地税税二发〔2005〕7号）。

2007年3月16日，第十届全国人民代表大会第五次会议审议通过了《中华人民共和国企业所得税法》。2007年11月28日，国务院第197次常务会议通过了《中华人民共和国企业所得税法实施条例》，新法统一了内、外资企业所得税制度，新法及实施条例自2008年1月1日起施行。

2007年10月21日，为进一步加强房地产企业所得税管理，市地税局印发了《阳泉市地方税务局房地产开发企业所得税纳税评估管理办法（暂行）》（阳地税发〔2007〕162号）。2008年2月1日，市国税局、市地税局联合下发《阳泉市国家税务局关于调整核定征收企业所得税应税所得率的通知》，对阳泉市企业所得税应税所得率予以调整公布。2011年1月12日，市国税局、市地税局联合下发《阳泉市国家税务局关于调整"煤炭及制品的批发、零售"核定征收企业所得税应税所得率的公告》，对阳泉市煤炭及制品的批发、零售企业所得税应税所得率予以调整公布。2011年1月12日，市国税局、市地税局联合下发《阳泉市国家税务局　阳泉市地方税务局关于调整"非金属矿物质制品"核定征收企业所得税应税所得率的公告》，对阳泉市非金属矿物质制品企业所得税应税所得率予以调整公布。2015年，为进一步规范阳泉市非营利组织免税资格认定及税收征管工作，保障社会公益事业发展，阳泉市财政局、阳泉市国家税务局、市地税局联合印发了《关于规范我市非营利组织免税资格认定管理工作的通知》。

（十六）个人所得税

1994年1月1日起施行修改后的《中华人民共和国个人所得税法》，1994年1月28日国务院第142号令配套发布《中华人民共和国个人所得税法实施条例》，自此，原来征收的个人所得税、个人收入调节税、城乡个体工商户所得税"三税合一"统一为个人所得税。

1996年8月1日，将原来属批发零售由国税部门征收的个体工商户的个人所得税划归地税部门直接征收，这是国家税务总局做出的国税、地税征管范围调整的重大举措。

1996年，市地税局与市文化局联合制定了《对文化市场和娱乐市场的个人所得税管理办法》，针对此行业的个人收入明细表报送制度改革试点工作取得了明显效果。

1999 年 8 月 30 日，第九届全国人民代表大会常务委员会第十一次会议通过了第二次修正的《中华人民共和国个人所得税法》，主要是恢复征收储蓄存款利息所得个人所得税。

2000 年 9 月，财政部、国家税务总局制定了《关于个人独资企业和合伙企业投资者征收个人所得税的规定》，明确从 2000 年 1 月 1 日起，个人独资企业和合伙企业投资者将依法缴纳个人所得税。

2005 年 10 月 27 日，全国人大常委会第三次修正《中华人民共和国个人所得税法》，规定从 2006 年 1 月 1 日起，将工资、薪金所得减除费用标准由 800 元 / 月提高到 1600 元 / 月，同时，扩大和完善了自行纳税申报范围。

2007 年 6 月 29 日，全国人大常委会第四次修正了《中华人民共和国个人所得税法》,将储蓄存款利息所得个人所得税税率由 20% 调减为 5%。2007 年 12 月 29 日，全国人大常委会第五次修正了《中华人民共和国个人所得税法》，同时，作为配套行政法规的《中华人民共和国个人所得税法实施条例》也作了相应的修改，规定从 2008 年 3 月 1 日起施行。此次修订主要是将工资、薪金所得减除费用标准由 1600 元 / 月提高到 2000 元 / 月，同时，将涉外人员的附加减除费用标准由 3200 元 / 月调整为 2800 元 / 月。

2007 年，为保证全市个人所得税自行纳税申报工作的顺利进行，市地税局研究制定了《阳泉市地方税务局个人所得税自行纳税申报管理工作实施方案》《个人所得税自行纳税窗口申报简易程序》《个人所得税自行纳税申报邮寄申报简易规程》《个人所得税自行纳税申报工作保密制度》《个人所得税自行纳税申报工作应急预案》。

2011 年 6 月 30 日，第十一届全国人大常委会第二十一次会议第六次修改了《中华人民共和国个人所得税法》。2011 年 7 月 19 日，国务院第 600 号令修改了《中华人民共和国个人所得税法实施条例》，修改后的《中华人民共和国个人所得税法》及其实施条例均自 2011 年 9 月 1 日起施行。此次修订主要是将工资、薪金所得减除费用标准由 2000 元 / 月提高到 3500 元 / 月，将涉外人员的附加减除费用标准由 2800 元 / 月调整为 1300 元 / 月，同时将个人所得税税率表一 (工资、薪金所得适用)、个人所得税税率表二 (个体工商户的生产、经营所得和对企事业单位的承包经营、承租经营所得适用) 作了重要修改。

2012 年，为了公平税负，提高税收征管效率，研究出台了《阳泉市地方税务局关于核定征收个体工商户生产经营所得个人所得税有关问题的公告》以及《阳泉市地方税务局关于调整个体工商户“非金属矿采选”核定征收个人所得税应税所得率的公告》。

2017 年 11 月，山西省地税局、国税局联合印发了《全省税务系统优化税收营商环境服务经济转型发展实施意见》（晋地税发〔2017〕118 号），对月销售额不超 3 万元的个体工商户个人所得税征收率核定为 0；对煤炭生产企业按国家有关规定发放给井下作业职工的艰苦岗位津贴，可以在计算个人所得税时扣除。

（十七）农业税

国家对一切从事农业生产、有农业收入的单位和个人征收农业税，俗称“公粮”。1958 年 6 月 3 日，第一届全国人民代表大会常务委员会第九十六次会议通过《中华人民共和国农业税条例》。2005 年 12 月，十届全国人大常委会第十九次会议通过决定，自 2006 年 1 月 1 日起废止《中华人民共和国农业税条例》，全面取消农业税。

（十八）农业特产税

农业特产税是农业特产农业税的简称，是国家对从事农业特产生产经营并取得收入的单位和个人征收的一项税收。1983 年 11 月 12 日，国务院发布《关于对农林特产收入征收农业税的若干规定》，决定对农业特产收入单独征收农业税，标志着农业特产税的诞生。1989 年 3 月 13 日，国务院发布《关于进一步做好农林特产税征收工作的通知》，要求各地全面开征农业特产税，农业特产税进入了全面征收阶段。当年，全国除西藏自治区、台湾外，均开征了农业特产税。1994 年 1 月 30 日，国务院发布《关于对农业特产收入征收农业税的规定》，规定并入农业特产税征收的原产品税应税产品继续在收购环节向收购者征收。由此，农业特产税形成了对水产品、茶叶、原木、原竹、生漆、天然树脂等产品既对生产者征收，又对收购者征收的双环节征收格局。2000 年，全国开始农村税费改革试点，对农业税和农业特产税政策进行了重大调整，合并征收环节，规范农业特产税的征收，下调农业特产税税率，合并有关应税项目。2004 年，国务院决定暂停征收除烟叶以外的农业特产税。2006 年 2 月 17 日，废止农业特产税。

（十九）耕地占用税

耕地占用税是对占用耕地建房或者从事其他非农业建设的单位和个人征收的一种税。1987 年 4 月 1 日，国务院发布《中华人民共和国耕地占用税暂行条例》，决定对占用耕地建房或者从事其他非农业建设的单位和个人征收耕地占用税。2006 年，为进一步通过税收手段调节占地、加大保护耕地的力度，中央 1 号文件明确提出“提高耕地占用税税率”的要求。2007 年 12 月 1 日，国务院颁布了中华人民共和国国务院令第511号令，对耕地占用税暂行条例进行了全面修订。新修订的《中华人民共和国耕地占用税暂行条例》于2008年1月1日正式施行。2008年2月26日，财政部、国家税务总局公布《中华人民共和国耕地占用税暂行条例实施细则》，并于公布之日起实施。《山西省耕地占用税实施办法》（山西省人民政府令第229号）自2010年8月4日起施行。

耕地占用税的征税对象是占用耕地建房或者从事其他非农业建设的行为，这一行为必须同时具备以下两个条件：一是占用了耕地；二是建房或者从事非农业建设。建房包括建设建筑物和构筑物。

耕地占用税的征税范围为国家所有和集体所有的耕地。占用园地建房或者从事非农业建设的，视同占用耕地征收耕地占用税。纳税人临时占用耕地，应当按规定缴纳耕地占用税。纳税人在批准临时占用耕地的期限内恢复所占用地耕地原状的，全额退还已经缴纳的耕地占用税。污染、取土、采矿塌陷等原因损毁耕地的，比照临时占用耕地的规定，由取土或造成污染、塌陷的单位或个人缴纳耕地占用税。2年内未恢复耕地原状的，税款不予退还。

耕地占用税实行定额税率，根据不同地区人均占有耕地数量和经济发展状况规定不同的税率，即实行地区差别税率。山西省税额标准：

（1）人均耕地不超过1亩的地区（以县级行政区域为单位，下同）每平方米为30元。

（2）人均耕地超过1亩但不超过1.5亩的地区，每平方米为25元。

（3）人均耕地超过1.5亩但不超过2亩的地区，每平方米为20元。

（4）人均耕地超过2亩但不超过2.5亩的地区，每平方米为18元。

（5）人均耕地超过2.5亩但不超过3亩的地区，每平方米为15元。

（6）人均耕地超过3亩的地区，每平方米为12元。

经济技术开发区、经济发达且人均耕地在0.5亩以下的地区，占用基本农田的，适用税额在当地适用税额的基础上提高50%。

2017年11月，《全省税务系统优化税收营商环境服务经济转型发展实施意见》（晋地税发〔2017〕118号）规定对国家鼓励类企业占用经济技术开发区、经济发达且人均耕地在0.5亩以下地区耕地的，耕地占用税适用税额取消提高50%征收。

耕地占用税以纳税人实际占用耕地面积，按照规定税率一次性计算征收。耕地面积的计量单位为平方米。计税面积核定的主要依据是农用地转用审批文件，纳税人实际占地面积（含受托代占地面积）大于批准占地面积的，按实际占地面积计税；实际占地面积小于批准占地面积的，按批准占地面积计税。耕地占用税应纳税额计算公式：应纳税额＝应税面积（平方米）×适用税额（元/平方米）。

（二十）契税

契税是指在土地、房屋权属发生转移时，向取得土地使用权、房屋所有权的单位和个人征收的一种行为税。

1950年，政务院颁布了《契税暂行条例》，规定对土地、房屋的买卖、赠与、典当和交换征收契税。1997年7月7日，国务院颁布了《中华人民共和国契税暂行条例》，并自同年10月1日起实施。同年10月28日，财政部制定印发了《中华人民共和国契税暂行条例细则》。1998年12月15日，山西省人民政府制定出台了《山西省契税实施办法》。2002年8月13日，进行了修订。

在中华人民共和国境内转移土地、房屋权属的行为是契税的征税范围。具体是指国有土地使用权出让；土地使用权转让（农村集体土地承包经营权的转移除外），包括出售、赠与和交换；房屋买卖；房屋赠与；房屋交换。

在中华人民共和国境内转移土地、房屋权属，承受的单位和个人为契税的纳税人。承受，是指以受让、购买、受赠、交换等方式取得土地、房屋权属的行为。单位，是指企业单位、事业单位、国家机关、军事单位和社会团体以及其他组织。个人，是指个体经营者及其他个人。土地使用权交换、房屋所有权交换、土地使用权与房屋所有权相互交换，由补偿差额部分货币、实物、无形资产或者其他经济利益的一方缴纳税款。以划拨方式取得土地使用权，经批准转让房地产时，房地产转让者应补缴契税。《山西省契税实施办法》规定，山西省契税税率标准为4%。

山西省不同时期房屋交易契税税率标准为：

1997年10月1日前，个人购买住房的，契税税率为6%（1950年《契税暂行条例》）。

自1997年10月1日起到1999年8月1日止，个人购买住房的，契税税率为4%（山西省人民政府令第133号《山西省契税实施办法》）。

自1999年8月1日起到2002年8月13日止，个人购买自用普通住宅的，契税税率为4%，暂减半征收（财税字〔1999〕210号《财政部　国家税务总局关于调整房地产市场若干税收政策的通知》）。

自2002年8月13日起到2010年9月30日止，个人按市场价格购买自用普通住宅的，契税税率为3%，并减半征收（山西省人民政府令第158号《山西省契税实施办法》）。

自2007年8月1日起，对个人购买经济适用住房，减半征收契税；属于普通住房的，契税税率为3%；属于非普通住房的，契税税率为4%（财税〔2008〕24号《财

政部　国家税务总局关于廉租住房经济适用住房和住房租赁有关税收政策的通知》)。

自 2008 年 11 月 1 日起到 2010 年 9 月 30 日止，对个人首次购买 90 平方米及以下普通住房的，契税税率暂统一下调到 1%（财税〔2008〕137 号《财政部　国家税务总局关于调整房地产交易环节税收政策的通知》)。

自 2010 年 10 月 1 日起，对个人购买普通住房，且该住房属于家庭（成员范围包括购房人、配偶以及未成年子女，下同）唯一住房的，减半征收契税。对个人购买 90 平方米及以下普通住房，且该住房属于家庭唯一住房的，减按 1% 税率征收契税（财税〔2010〕94 号《财政部　国家税务总局　住房城乡建设部关于调整房地产交易环节契税个人所得税优惠政策的通知》)。

自 2016 年 2 月 22 日起，对个人购买家庭唯一住房（家庭成员范围包括购房人、配偶以及未成年子女，下同），面积为 90 平方米及以下的，减按 1% 的税率征收契税；面积为 90 平方米以上的，减按 1.5% 的税率征收契税。对个人购买家庭第二套改善性住房，面积为 90 平方米及以下的，减按 1% 的税率征收契税；面积为 90 平方米以上的，减按 2% 的税率征收契税。家庭第二套改善性住房是指已拥有一套住房的家庭，购买的家庭第二套住房（财税〔2016〕23 号《财政部　国家税务总局　住房城乡建设部关于调整房地产交易环节契税营业税优惠政策的通知》)。

2017 年 11 月，《全省税务系统优化税收营商环境服务经济转型发展实施意见》（晋地税发〔2017〕118 号）将从事鼓励类产业的企业土地出让转让环节契税税率由 4% 调整为 3%。

契税的计税依据：国有土地使用权出让、土地使用权出售、房屋买卖，为成交价格；土地使用权赠与、房屋赠与，由征收机关参照土地使用权出售、房屋买卖的市场价格核定；土地使用权交换、房屋交换、土地使用权与房屋交换，为所交换的土地使用权、房屋的价格的差额；以划拨方式取得土地使用权，经批准转让房地产时，为补缴的土地使用权出让金或者土地收益。成交价格明显低于市场价格并且无正当理由的，或者所交换土地使用权、房屋的价格的差额明显不合理并且无正当理由的，由契税征收机关参照市场价格核定。

三、税收收入

（一）税收收入情况

1994—2017 年，全市累计组织税收收入 498.86 亿元，占财政总收入的 39.24%。税收收入规模从 1994 年的 2.21 亿元增长到 2017 年的 45 亿元，扩大了 19.38 倍，年均增长 14.00%；税收收入占财政总收入的比重从 1994 年的 35.37% 提高到 2017 年的 41.77%，提升了 6.4 个百分点。

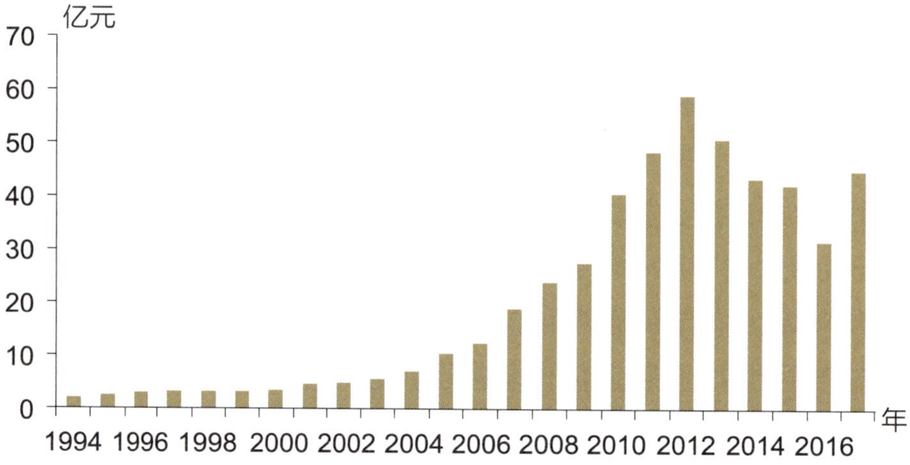

图 2–1　1994—2017 年税收收入完成情况图

1. 1994—1995 年

1994 年，全市共组织税收收入 2.21 亿元，占财政总收入的比重为 35.37%，占地区生产总值的比重为 4.52%。

1995 年，全市共组织税收收入 2.51 亿元，比 1994 年增长 13.81%，增收 0.31 亿元，占财政总收入的比重为 31.26%，占地区生产总值的比重为 3.86%。

两年的组织收入工作，为实现新旧税收体制的平稳过渡和保证税收收入平稳增长奠定了基础。

2. 1996—2000 年（"九五" 计划时期）

1996—2000 年，全市累计组织税收收入 16.39 亿元，年均增幅 6.54%。受 1997 年亚洲金融危机影响，全市经济发展放缓（地区生产总值增速由 1996 年的 10.9% 降到 2000 年的 6.1%），地方税收增速下滑。这一时期，强化政治任务观、层层压实责任、推进征管质量提高、扩大重点税源监控面、加大清欠和稽查力度，成为收入规模保持稳定的关键。

1996 年，全市组织税收收入 2.98 亿元，比 1995 年增长 18.54%，增收 0.47 亿元，占财政总收入的比重为 30.42%，占地区生产总值的比重为 4.03%。1996 年，全市地区生产总值增长 10.9%；全市产品生产、销售分别比 1995 年增长 40.9% 和 30.6%，创历史最高水平。

1997 年，全市地税系统组织税收收入 3.26 亿元，比 1996 年增长 9.48%，增收 0.28 亿元，占财政总收入的比重为 30.93%，占地区生产总值的比重为 3.97%。1997 年，全市地区生产总值增长 8.9%，工业增加值增长 22.4%，实现销售产值增长 13.4%，社会商品零售总额增长 12%。亚洲金融危机影响已经显现，煤炭、化工产品出现价格下跌、库存增加的现象，资金困难成为企业普遍问题。

1998 年，全市组织税收收入 3.31 亿元，比 1997 年增长 1.49%，增收 0.05 亿元，占财政总收入的比重为 30.87%，占地区生产总值的比重为 3.77%。1998 年，全市地区生产总值增长 8.7%，全市煤炭产销量继续下降，相关税收减收。

1999 年，全市组织税收收入 3.39 亿元，比 1998 年增长 2.55%，增收 0.08 亿元，占财政总收入的比重为 33.58%，占地区生产总值的比重为 3.71%。亚洲金融危机影响持续加大，全市地区生产总值增速降至 6.4%，全市原煤产量下降 3.67%，吨煤售价下降 9.43%，阳煤集团货款回款率下降 2 个百分点；全市销售收入在 500 万元以上的企业亏损面为 42.6%，与之密切相关的税收减收。

2000 年，全市组织税收收入 3.45 亿元，比 1999 年增长 1.65%，增收 0.06 亿元，占财政总收入的比重为 31.46%，占地区生产总值的比重为 3.52%。全市地区生产总值增速降至 6.1%，是 1994 年以来增幅最低的一年，经济发展对税收增长的带动作用减弱。全市煤炭行业受国家“关井压产”宏观调控政策影响，原煤产量下降 5.8%，传统产业优势弱化。固定资产投资方向调节税停征、全市固定资产投资下降 20%、180 余户企业因环保未限期达标被迫关闭或停产，减税 6000 余万元。

3. 2001—2005 年（“十五”计划时期）

2001—2005 年，全市累计组织税收收入 33.18 亿元，年均增长 24.89%。受国家积极的财政政策和稳健的货币政策以及西部大开发政策的持续影响，宏观经济持续改善，全国能源需求增加，带动全市经济持续向好。煤炭资源税政策调整和地税系统积极有效的征管措施，促进了税收收入加速增长。

2001 年，全市组织税收收入 4.79 亿元，比 2000 年增长 38.75%，增收 1.34 亿元，占财政总收入的比重为 33.79%，占地区生产总值的比重为 4.48%。2001 年，全市地区生产总值增长 8.2%，全市原煤产量增长 6.3%。山西国阳新能股份有限公司、山西通宝能源河坡电力分公司享受企业所得税返还政策，分别缴纳企业所得税 1.24 亿元、0.14 亿元。

2002 年，全市组织税收收入 4.95 亿元，比 2001 年增长 3.47%，增收 0.16 亿元，占财政总收入的比重为 29.65%，占地区生产总值的比重为 4.20%。全市地区生产总值增长 10.1%，回升 1.9 个百分点；全市原煤产量增长 22.01%，煤炭价格平均增长 22.3%。

2003 年，全市组织税收收入 5.75 亿元，比 2002 年增长 16.02%，增收 0.80 亿元，占财政总收入的比重为 28.14%，占地区生产总值的比重为 4.17%。全市地区生产总值增长 13.80%；全市规模以上企业原煤产量增长 22.3%，煤炭价格增长 8.2%；全市规模以上工业企业工业增加值增长 20.2%；全社会固定资产投资增长 28.2%；全市城镇居民人均可支配收入增长 12.1%。全市经济向好，带动税收增长。

2004 年，全市组织税收收入 7.21 万元，比 2003 年增长 25.43%，增收 1.46 亿元，占财政总收入的比重为 26.25%，占地区生产总值的比重为 4.27%。主要税种、主要行业税收收入全部增长。全市地区生产总值增长 15%；全市规模以上煤炭企业原煤产量增长 20.8%，煤炭价格增长 20.9%；全市规模以上工业企业增加值增长 19.8%。全市经济持续向好，带动税收增速加快。

2005 年，全市组织税收收入 10.48 亿元，比 2004 年增长 45.47%，增收 3.27 亿元，占财政总收入的比重为 28.24%，占地区生产总值的比重为 5.03%。主要税种、主要行业税收收入全部增长。全市地区生产总值增长 13.3%；全市规模以上煤炭企业原煤产量增长 8.1%，煤炭价格增长 41.4%；全市地税系统重点监控的 44 户建筑企业主营业务收入增长 39.7%；房地产交易活跃，房价上涨。煤炭资源税单位税额从 1.6 元提高到 3.2 元，并补征 2004 年下半年单位税额调高部分。经济拉动和政策性增税推动税收收入增速进一步加快，收入规模突破 10 亿元大关。

4. 2006—2010 年（“十一五”规划时期）

2006—2010 年，全市累计组织税收收入 123.58 亿元，年均增长 31.04%。受 2008 年全球金融危机的影响，国家实施宽松的货币政策和积极的财政政策，全市煤炭价格持续上涨，固定资产投资持续增加，经济持续增长。全市地税系统不断强化税收征管，提高税收征管质量，推动税收收入增速进一步加快。

2006 年，全市组织税收收入 12.47 亿元，比 2005 年增长 18.95%，增收 1.99 亿元，占财政总收入的比重为 28.46%，占地区生产总值的比重为 5.09%。全市地区生产总值增长 9.4%；全市规模以上工业企业增加值增长 9.2%；全市原煤产量增长 4.32%，煤炭价格上涨 9.7%；全市固定资产投资增长 65.6%，商品房预售活跃。经济发展带动税收继续增长。

2007 年，全市组织税收收入 19.00 亿元，比 2006 年增长 52.37%，增收 6.53 亿元，占财政总收入的比重为 33.31%，占地区生产总值的比重为 6.64%。2007 年是全市地税系统税收收入增幅最高的年份，主要税种、主要行业税收收入全部增长。全市地区生产总值增长 12.3%；全市规模以上煤炭企业原煤产量下降 0.7%（因安全事故影响部分煤矿停产整顿），煤炭价格增长 8%；全社会固定资产投资增长 38.29%，全市购房需求旺盛，房地产价格上涨较快。新综合征管软件系统上线，税收预警机制启动，重点税源监控面扩大，清缴欠税成效显著（清理陈欠 0.73 亿元）。

2008 年，全市组织税收收入 24 亿元，比 2007 年增长 26.32%，增收 5 亿元，占财政总收入的比重为35.23%，占地区生产总值的比重为7.26%。全市地区生产总值增长11.2%；全市规模以上煤炭企业原煤产量增长9.7%，煤炭价格增长31.4%；全市规模以上工业企业增加值增长12.1%，工业品出厂价格增长20.8%；全市固定资产投资增长25.8%，房地产市场持续向好；全市消费品零售总额增长17.2%。新的企业所得税法实施，税率从33%降低至25%，优惠政策范围扩大，造成企业所得税减收。

2009年，全市组织税收收入27.61亿元，比2008年增长15.02%，增收3.61亿元，占财政总收入的比重为35.35%，占地区生产总值的比重为7.92%。2009年，阳泉市经济受全球金融危机影响显现，全市地区生产总值增长7.1%，下降3.1个百分点；全市30种主要工业产品中16种产量下降、4种全面停产，全市44%的规模以上企业、75%的小型企业处于停产半停产状态，企业亏损面达35%，是2001年以来亏损程度最高的一年。全市规模以上煤炭企业原煤产量增长5.7%，煤炭价格增长5.75%，煤炭市场保持平稳运行，加上政策增税（煤炭企业增值税税率从13%恢复为17%）和汇算清缴增税（1.68亿元），煤炭开采和洗选业税收为全市地方税收贡献了92.88%的增加额，推动了税收收入稳定增长。

2010年，全市组织税收收入40.5亿元，比2009年增长46.72%，增收12.89亿元，占财政总收入的比重为40.44%，占地区生产总值的比重为9.37%。2010年是全市地税系统增收规模最大的年份，收入规模突破40亿元大关。阳煤集团转让新景矿一次性缴纳企业所得税11.2亿元，是2010年税收大幅增长的原因。在国家宽松的货币政策的刺激下，阳泉市经济反弹。全市地区生产总值增长14.2%；规模以上企业工业增加值增长23%，主要制造业产品产量实现较快增长；原煤产量增长3.8%，煤炭价格增长10.4%；固定资产投资增长23.1%；消费品零售总额增长18.3%；金融机构贷款余额增长26.02%。

5. 2011—2015年（“十二五”规划时期）

2011—2015年，全市地税系统累计组织税收收入244.37亿元，年均增幅0.83%。全球金融危机蔓延，国际市场衰退，全国产能过剩，能源需求下降。煤炭“黄金十年”（2002—2012年）结束，煤炭价格急剧下跌。从2013年开始，全市经济增速加速下滑，地区生产总值增速由2011年的12.3%、2012年的11.9%下滑到2013年的7%、2014年的3.2%、2015年的1.1%。多数企业亏损严重，资金周转困难，开始减资减员。税收收入持续下降，收入规模大幅萎缩。2015年煤炭资源税从价计征改革，收入规模从2014年的2.1亿元增长到2015年的9.1亿元，税收收入下降趋势减缓。为保持税收收入稳定，全市地税系统连续几年开展了组织收入攻坚战，不断强化征管措施，千方百计组织收入弥补税源缺口。

2011年，全市组织税收收入48.62亿元，比2010年增长20.03%，增收8.11亿元，占财政总收入的比重为40.03%，占地区生产总值的比重为9.17%。全市地区生产总值增长12.3%；全市规模以上工业增加值增长15.2%；全市原煤产量增长3.28%，煤炭价格增长17%；固定资产投资增长30.2%，道路建设、基础设施改造、廉租房建设等施工进度加快；社会消费品零售总额增长17.4%；金融机构贷款余额增长17.6%。经济增长带动税收增长，稽查检查也成效明显（稽查收入0.61亿元）。

2012年，全市组织税收收入59亿元，比2011年增长21.36%，增收10.38亿元，占财政总收入的比重为41.83%，占地区生产总值的比重为9.77%。收入规模突破接近60亿元，成为全市地税系统税收收入最高的年份。全市地区生产总值增长9.2%；工业增加值增长11.9%；全市原煤产量增长15.6%，煤炭价格下降13.03%；固定资产投资增长26.3%；社会消费品零售总额增长20.9%。全市经济保持增长，但多项指标增速下滑，在全省排名靠后，拉动税收增长作用减弱。2011年缓缴税款入库3.2亿元、纳税评估入库5.1亿元、纳税辅导入库2.7亿元，成为保持收入增长的主要因素。

2013年，全市组织税收收入51亿元，比2012年下降13.56%，减收8亿元，占财政总收入的比重为45.83%，占地区生产总值的比重为8.30%。2013年全市经济增速明显回落。全市地区生产总值增长7%；规模以上工业企业工业增加值增长7.3%，亏损面44%；全市原煤产量下降4.5%，煤炭价格下降15.84%；固定资产投资增长23.7%;社会消费品零售总额增长4.8%。面对困难，市地税局制定《组织收入考核办法》，开展了税源调研和收入督查，进一步强化稽查检查（入库2.25亿元）和纳税辅导（汇算补缴所得税3.9亿元）工作，部分缓解了收入下降压力。

2014年，全市地税系统组织税收收入43.54亿元，比2013年下降14.64%，减收7.46亿元，占财政总收入的比重为44.38%，占地区生产总值的比重为7.06%。全市经济增速回落加快。全市地区生产总值增长3.2%；规模以上工业企业主营业务收入下降33.18%，企业亏损面56.12%；全市煤炭产量下降3%，重点煤炭企业原煤综合售价下降幅度均在20%以上；固定资产投资增长9.8%；全市限上社会消费品零售总额下降4.3%。市地税局出台了《关于做好组织收入攻坚工作的实施意见》，提出了20条收入攻坚措施、开展对3个基层单位和39户企业的重点解剖检查（入库税款1.39亿元）、加强125个重点工程的监控（入库税款1.54亿元）、推行阳光稽查（入库税款2.94亿元）、开展管户信息比对（净增管户1949户）、加强信息管税、强化便民办税，全力以赴组织收入；通过查补、清欠、缓缴税款入库等挖潜措施弥补税款11.91亿元。通过一系列的组织收入攻坚措施，有效缓解了经济下行影响，为稳定财政收入起到了积极作用。

2015 年，全市地税系统组织税收收入 42.21 亿元，比 2014 年下降 3.04%，减收 1.33 亿元，占财政总收入的比重为 49.71%，占地区生产总值的比重为 7.09%。2015 年，全市经济下行压力持续加大。全市地区生产总值增长 1.1%；原煤产量增长 2.3%，阳煤集团和地方煤矿原煤平均售价下降 32% 以上；固定资产投资增长 14.8%，商品房销售面积下降 19.5%，新开工面积下降 58.2%，商品房库存增长 27.1%；限额以上消费品零售总额下降 15%。煤炭资源税从价计征改革，使资源税收入翻了 2 倍多，减轻了税收收入下行压力，资源税占税收收入的比重提高 15.72 个百分点。

6. 2016—2017 年

2016 年，全市组织税收收入 31.62 亿元，比 2015 年下降 25.09%，减收 10.59 亿元，占财政总收入的比重为 40.85%，占地区生产总值的比重为 5.08%。"营改增"政策的全面实施直接和间接造成减税 5.8 亿元和 0.9 亿元。由于企业持续亏损，造成企业所得税从 2012 年的最高点 26.6 亿元逐年大幅下降到 2017 年的 4.3 亿元。2016 年，全市地区生产总值增长 3.4%；工业增加值增长 0.8%；阳煤集团原煤综合售价年末比年初增长 108%；固定资产投资增长 1.0%；限额以上社会消费品零售总额下降 1.4%。略有回升的全市经济尚未形成税收收入增长动力。纳税人纳税意识增强，征管质量持续提高，各项挖潜措施潜力越来越小（评估、查补、清欠 1.9 亿元）。

2017 年，全市组织税收收入 45 亿元，比 2016 年增长 42.30%，增收 13.38 亿元，占财政总收入的比重为 41.77%，占地区生产总值的比重为 6.70%。全市地区生产总值增长 6.3%；工业增加值增长 6.0%；全市原煤产量增长 2.6%，阳煤集团煤炭价格增长 64.28%；固定资产投资增长 5.6%，限额以上消费品零售总额下降 1.2%。全市经济回升，尤其是煤炭市场的明显好转，带动税收增长，并弥补了"营改增"实施和多项税收优惠政策落实带来的减税影响。同时，全市地税系统抓住煤炭市场好转的时机，综合运用纳税评估、稽查检查、欠税清缴等措施，组织入库税款 4.2 亿元。

1994—2018 年税收与经济、财政比较情况表

表 2-4　　单位：万元、%

年度	税收收入	地方级收入		财政总收入	税收收入比重	财政一般预算收入	市县级收入比重	地区生产总值	宏观税负
		总额	市县级收入						
1994	22078	22078	20043	62420	35.37	26899	74.51	488412	4.52
1995	25128	25128	23183	80391	31.26	36500	63.52	651333	3.86
1996	29786	29786	27470	97928	30.42	43000	63.88	739329	4.03

续表 2-4

年度	税收收入	地方级收入		财政总收入	税收收入比重	财政一般预算收入	市县级收入比重	地区生产总值	宏观税负
		总额	市县级收入						
1997	32610	32610	30005	105423	30.93	45472	65.99	820468	3.97
1998	33097	33097	30352	107218	30.87	48217	62.95	879049	3.77
1999	33940	33940	31119	101071	33.58	48218	64.54	915391	3.71
2000	34500	34500	31465	109656	31.46	48442	64.95	980913	3.52
2001	47868	47868	34636	141675	33.79	52806	65.59	1067718	4.48
2002	49527	41770	31692	167017	29.65	58169	54.48	1178278	4.20
2003	57461	47022	36145	204185	28.14	69526	51.99	1377918	4.17
2004	72071	58251	45355	274518	26.25	93492	48.51	1686407	4.27
2005	104839	82612	62111	371214	28.24	129255	48.05	2085855	5.03
2006	124701	95927	70757	438121	28.46	153756	46.02	2448713	5.09
2007	190002	132522	102101	570402	33.31	216203	47.22	2861713	6.64
2008	240014	178832	140573	681341	35.23	261701	53.72	3304063	7.26
2009	276067	202914	160929	780894	35.35	297740	54.05	3487100	7.92
2010	405048	274859	217080	1001563	40.44	376931	57.59	4321597	9.37
2011	486182	332565	263089	1214645	40.03	466357	56.41	5303844	9.17
2012	590017	398595	312290	1410431	41.83	568786	54.90	6041540	9.77
2013	510010	342500	268175	1112718	45.83	479486	55.93	6145908	8.30
2014	435368	333668	266580	981085	44.38	470476	56.66	6166154	7.06
2015	422129	350196	241156	849200	49.71	441594	54.61	5957008	7.09
2016	316198	273444	180422	774118	40.85	412776	43.71	6228625	5.08
2017	449954	338761	208396	1077259	41.77	499961	41.68	6720222	6.70
2018 年上半年	288952	214614	134025	694103	41.63	327741	40.89	3179043	9.09

（二）分税种收入情况

1994—2017 年，全市地税系统征收过 17 个税种，包括营业税、企业所得税、资源税、个人所得税、城市维护建设税、房产税、印花税、土地使用税、契税、耕地占用税、车船税、土地增值税、固定资产投资方向调节税、农业税、农业特产税、增值税、屠宰税。其中，固定资产投资方向调节税于2001年停征，农业特产税于2002年停征，屠宰税于2004年停征，农业税于2006年正式停征（阳泉市于2005年全面停征），营业税于2016年全面“营改增”后停征。2017年年底，征收的税种还有12个。

全市税收收入主要来源于营业税、企业所得税、资源税、个人所得税和城市维护建设税等5个税种。24年中，5个税种收入合计431.21亿元，占税收收入总量498.86亿元的比重为86.44%。5个税种收入规模由1994年的1.73亿元扩大到2017年的38.03亿元，年均增长14.39%。

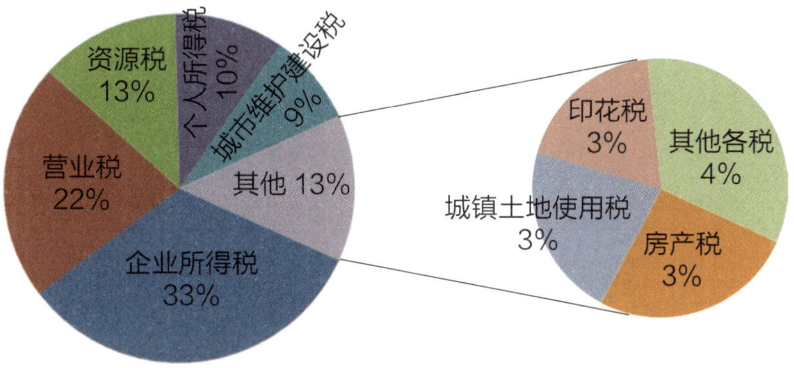

图 2–2　各税种贡献占比图

1994—2018年分税种完成情况表

表 2–5　　　　单位：万元

年度	税收合计	营业税	企业所得税	个人所得税	资源税	城市维护建设税	房产税	印花税	城镇土地使用税	土地增值税	车船税	耕地占用税	契税	增值税	固定资产投资方向调节税	屠宰税	农业税	农业特产税	税款滞罚收入
1994	22078	5580	4479	477	4107	2607	1357	123	743	—	158	732	78	—	994	2	519	82	40
1995	25128	7648	3858	887	4452	3152	1557	324	737	—	183	690	112	—	825	3	577	107	16
1996	29786	9160	4462	2380	4605	3518	1736	206	971	—	153	158	119	—	1355	33	787	107	36
1997	32610	10381	4636	2241	4849	4139	2176	296	1357	24	186	213	151	—	1071	66	567	115	142

续表 2–5

年度	税收合计	营业税	企业所得税	个人所得税	资源税	城市维护建设税	房产税	印花税	城镇土地使用税	土地增值税	车船税	耕地占用税	契税	增值税	固定资产投资方向调节税	屠宰税	农业税	农业特产税	税款滞罚收入
1998	33097	10637	4114	2788	3726	4270	2722	626	1522	3	178	501	157	—	1031	81	634	107	—
1999	33940	11519	4281	2906	3446	3699	2535	414	1505	2	199	185	326	—	2414	80	379	50	—
2000	34500	11885	3690	3461	3694	4047	2926	573	1294	—	133	83	211	—	1873	84	507	39	—
2001	47868	11721	19918	2836	2611	4211	3265	703	936	2	160	106	404	—	194	57	704	40	—
2002	49527	14159	11621	3894	5973	6800	3303	778	903	35	181	40	1001	—	22	33	747	37	—
2003	57461	16221	12558	4841	6127	8108	5028	1014	1770	—	176	57	1107	—	7	20	427	—	—
2004	72071	19296	15044	7990	6169	11976	4960	1872	2169	—	219	494	1644	—	—	3	235	—	—
2005	104839	25133	24620	12425	15713	13660	5223	2162	2910	158	314	492	2029	—	—	—	—	—	—
2006	124701	34028	31145	16811	16906	13536	4516	2499	1799	348	328	372	2413	—	—	—	—	—	—
2007	190002	44772	74522	21278	18310	14717	6185	3232	2973	424	367	282	2940	—	—	—	—	—	—
2008	240014	63406	70649	31321	23341	23018	7656	4424	10333	291	1753	781	3041	—	—	—	—	—	—
2009	276067	68320	88990	32932	22862	27753	9269	7225	11854	440	2059	1023	3340	—	—	—	—	—	—
2010	405048	81340	167767	49215	24465	37305	9466	9169	15215	1685	3192	1490	4739	—	—	—	—	—	—
2011	486182	99309	201841	54188	29866	51599	11075	12415	11209	3209	3683	2471	5317	—	—	—	—	—	—
2012	590017	129246	266564	52474	30821	48433	13188	15600	12240	4300	5026	3653	8472	—	—	—	—	—	—
2013	510010	115940	231307	47877	20139	33498	12405	10847	10630	5575	5590	7243	8959	—	—	—	—	—	—
2014	435368	127593	125606	43895	28234	33835	18494	13190	13633	8309	6205	3244	13130	—	—	—	—	—	—
2015	422129	114888	87260	32628	93753	22268	16883	12500	15106	4923	6437	4475	10994	—	14	—	—	—	—
2016	316198	64965	43233	28723	100574	23155	14102	11837	11457	3581	7373	1924	5124	150	—	—	—	—	—
2017	449954	1279	139089	44811	167452	27633	15294	15361	13691	5044	8031	4715	7127	427	—	—	—	—	—
2018年上半年	288952	883	87487	35525	104122	15337	13606	7870	9543	2843	4589	310	6139	178	—	—	—	—	—

说明：2018 年 1 月 1 日新开征环境保护税，上半年入库 520 万元

1. 营业税收入

1994—2017 年，营业税累计收入 109.84 亿元，占税收收入的平均比重为 22.02%。1994 年，营业税收入 0.56 亿元，2012 年达到历史最高水平，为 12.93 亿元。24 年间，有 14 个年度收入规模超过了其他所有税种，为第一大税种。2016 年 5 月 1 日，“营改增”全面实施，标志着营业税退出了历史舞台。营业税收入主要来源于建筑业、服务业、销售不动产、金融业和交通运输业，占营业税收入的平均比重分别为 44.17%、22.17%、14.70%、8.72%、6.25%。

1994—2016 年营业税分品目完成情况表

表 2–6 单位：万元

年度	合计	建筑业	交通运输业	邮电通信业	金融保险业	娱乐业	服务业	转让无形资产	销售不动产	文化体育业	税款滞罚收入
1994	6033	2232	1197	218	541	40	1681	—	114	10	—
1995	7914	3082	1774	314	707	81	1800	1	146	9	—
1996	9160	3336	1600	455	755	121	2608	2	272	11	—
1997	10381	3994	1864	551	779	71	2847	—	259	16	—
1998	10637	4588	1406	602	194	43	3294	13	476	21	—
1999	11519	5011	1372	723	278	66	3358	13	554	26	118
2000	11885	4520	1349	821	431	33	3448	5	1104	44	130
2001	11721	3619	1716	1015	421	12	3905	4	819	75	135
2002	14159	3775	1902	1029	492	20	5770	8	943	85	135
2003	16221	4741	2236	1284	659	16	5696	24	1319	101	145
2004	19296	5669	2787	1209	1087	22	6625	9	1705	126	57
2005	25133	8519	3149	1406	1186	31	8168	8	2438	178	50
2006	34028	12475	3343	1903	1678	32	8467	20	5877	185	48
2007	44772	16973	3676	1278	3080	64	11929	2	7437	278	55
2008	63406	27967	4692	1846	3985	78	13791	80	10613	288	66
2009	68320	25689	5087	2074	5555	73	16147	106	12974	400	215

续表 2–6

年度	合计	建筑业	交通运输业	邮电通信业	金融保险业	娱乐业	服务业	转让无形资产	销售不动产	文化体育业	税款滞罚收入
2010	81340	33222	7000	3258	5578	95	17503	257	13891	382	154
2011	99309	43249	7506	3344	9115	104	21674	221	13660	375	61
2012	129246	61576	7634	4019	12917	116	24649	197	17229	486	423
2013	115940	54751	7265	3573	9384	173	24066	282	15585	548	313
2014	127593	61782	100	2111	13303	78	22902	97	26200	325	695
2015	114888	61281	–6	1	16135	52	20686	155	15745	269	570
2016	64965	32950	1	—	7447	15	12090	77	12008	106	271

2. 企业所得税收入

1994—2017 年，企业所得税累计收入 164.13 亿元，占税收收入的平均比重为 32.9%。2012 年，企业所得税收入 26.66 亿元，占税收收入的比重为 45.18%，收入规模达到最高水平。企业所得税收入主要来源于煤炭行业，占企业所得税收入的平均比重达到 76.37%。企业所得税是增幅和增收额变动最大的税种。1994—2000 年，国有企业所得税由地税部门征收，财政部门管理，企业所得税收入规模在 3500 万元—4500 万元之间。2001 年 12 月，山西省人民政府调整了省对市地财政管理体制，企业所得税划归地税部门征收管理，2001 年增长 439.78%，增收 1.63 亿元。2007 年，煤炭价格上涨较快，同时受新的《中华人民共和国企业所得税法》实施影响，欠税清理力度加大，2007 年增长 13.27%，增收 4.34 亿元。2009 年和 2010 年，阳煤集团转让全资子公司新景矿和开元煤矿，取得转让收入，合计缴纳企业所得税 14 亿元，2010 年增长 88.52%，增收 7.88 亿元。2013 年，全市经济持续下行，煤炭价格不断下降，同时，国家出台的企业所得税优惠政策范围扩大，力度加强，企业所得税连续四年下降，2016 年降幅最大，为 50.45%，最大减收额为 2014 年的 10.57 亿元。2017 年经济趋稳向好，煤炭行业量价齐增，企业所得税增长 221.72%，增收 9.59 亿元。

1994—2018 年企业所得税分行业完成情况表

表 2–7　　　　单位：万元

年度	合计	采矿业		制造业	电力、热力、燃气及水的生产和供应业	建筑业	批发和零售业	交通运输、仓储和邮政业	住宿和餐饮业	金融业	房地产业	租赁和商务服务业	科学研究和技术服务业	居民服务、修理和其他服务业	其他行业
		完成	其中：煤炭开采和洗选业												
1994	4644	295	268	1850	136	62	1003	45	—	—	16	—	—	60	1177
1995	4035	362	346	1612	140	91	934	59	—	1	17	—	—	17	802
1996	4462	854	—	1051	72	140	869	21	—	—		—	—	60	1395
1997	4635	1416	—	1235	47	118	751	27	—	—	19	—	—	125	897
1998	4114	1035	—	1057	68	112	469	67	—	–10		—	—	110	1206
1999	4281	709	647	1052	123	106	405	76	—	—	19	—	—	—	1791
2000	3690	675	509	1095	446	81	267	108	—	—	32	—	—	—	986
2001	19918	14357	13563	1507	1430	162	542	187	—	—	52	—	—	—	1681
2002	11621	7450	7449	1093	750	110	1341	153	—	—	66	—	—	—	658
2003	12558	7763	—	1569	813	209	1028	323	148	—	31	331	—	—	343
2004	15044	8624	8618	1382	1555	217	1121	580	177	—	93	1008	—	—	287
2005	24620	18637	18631	1193	317	254	1365	592	373	—	92	1156	—	—	641
2006	31145	24011	24010	1068	314	514	3383	667	194	—	209	551	—	—	234
2007	74522	63416	63380	2180	546	1255	3279	1144	356	—	413	1431	—	—	502
2008	70649	61044	61017	1297	69	1329	3769	1417	242	—	154	58	—	959	311
2009	88990	77852	77849	572	38	2273	4285	1387	272	11	303	348	—	671	978
2010	167767	147923	147923	1190	75	4702	6710	2814	243	691	1290	317	—	1103	709
2011	201841	176095	176094	755	55	6676	8243	3603	287	910	2303	1019	—	1309	586
2012	266564	223287	223200	1396	47	11589	19680	3525	383	1140	2936	595	659	960	367
2013	231307	188047	187665	502	10	13533	8417	4016	348	10120	2860	899	1188	1025	342
2014	125606	82248	82240	306	20	18050	5788	1803	313	8545	4393	723	2319	736	362
2015	87260	45639	45639	920	28	18361	2994	908	212	10793	4130	179	2074	668	354
2016	43233	8852	8852	1600	2	10111	930	966	140	14008	2961	256	2742	338	327
2017	139089	105569	105553	967	4	7547	3257	1408	157	13218	4622	–422	2332	295	135
2018 年上半年	87487	65109	65109	543	—	9887	1419	443	47	6457	2450	111	749	229	43

3. 资源税收入

1994—2017 年，资源税累计收入 64.22 亿元，占税收收入的平均比重为 12.87%，2016 年和 2017 年成为第一大税种。阳泉市资源税收入主要为煤炭资源税，占资源税收入的比重达 94% 以上。煤炭资源税政策的每次调整，都会引起资源税收入规模的大幅增加，对税收贡献也越来越大。2002 年，煤炭资源税单位税额从每吨 1.6 元调整为 2 元，当年资源税增长 128.76%，占税收收入的比重达到 12.06%，同比提高 6.61 个百分点。 2004 年 7 月 1 日起，煤炭资源税调整为每吨 3.2 元，2005 年征收的资源税中包含补缴 2004 年下半年的资源税，当年资源税增长 154.71%，占税收收入的比重达到 14.99%，同比提高 6.43 个百分点。2015 年，煤炭资源税由从量征收改为从价征收，当年资源税增长 232.06%，占税收收入比重达到 22.21%，同比提高 15.72 个百分点。“营改增”后，2016 年和 2017 年资源税比重分别为 31.81% 和 37.22%，成为第一大税种。

1994—2018 年资源税分品目完成情况表

表 2–8　　单位：万元

年度	合计	煤炭	其他非金属矿原矿	黑色金属矿原矿	有色金属矿原矿	其他	税款滞罚收入
1994	4136	3998	80	—	58	—	—
1995	4473	4020	303	—	150	—	—
1996	4605	4223	276	—	106	—	—
1997	4849	4532	223	—	94	—	—
1998	3726	3465	186	5	70	—	—
1999	3446	3153	140	8	40	—	105
2000	3694	3450	127	6	73	—	38
2001	2611	2338	119	7	83	—	64
2002	5973	5587	131	7	130	—	118
2003	6127	5741	163	7	126	—	90
2004	6169	5841	184	7	101	3	33
2005	15713	15409	160	9	69	1	65
2006	16906	16304	468	11	106	2	15
2007	18310	17322	575	—	400	2	11
2008	23341	20709	170	—	2450	—	12
2009	22862	20614	170	—	2021	—	57
2010	24465	21733	205	—	1264	—	1263
2011	29866	26748	193	4	2835	—	86

续表 2-8

年度	合计	煤炭	其他非金属矿原矿	黑色金属矿原矿	有色金属矿原矿	其他	税款滞罚收入
2012	30821	27212	1065	2	1540	—	1002
2013	20139	15784	1344	1	2985	3	22
2014	28234	21943	1441	3	4762	1	84
2015	93753	91417	1412	1	710	—	213
2016	100574	98016	1344	—	471	—	743
2017	167452	164308	1161	3	1064	—	916
2018 年上半年	104122	96215	651	—	546	4973	1737

4. 个人所得税收入

1994—2017 年，个人所得税累计收入 50.33 亿元，占税收收入的平均比重为 10.09%。1994 年和 1995 年个人所得税分别入库 477 万元和 887 万元，税收收入中所占比例较低，分别为 2.16% 和 3.53%。1996 年以后，个人所得税在税收收入中所占比例均维持在 5%—15% 之间，其中 2011 年征收 54188 万元，收入为历年之最。从个人所得税收入来源看，工资薪金所得占 72.55%，个体工商户生产经营所得占 13.23%，利息、股息、红利所得占 7.88%，劳务报酬所得占 3.10%，其他各项所得占 3.24%。2002 年以前，工资薪金所得个人所得税收入比重在 50% 以下，其中 1998 年最低为 13.41%，2002 年以后比重维持在 60%—80% 之间，其中 2017 年为 77.52%。个体工商户生产经营所得个人所得税在 2002 年以前比重在 50% 以上，2001 年以后占比逐年降低，2017 年仅为 7.81%。

1994—2018 年个人所得税分品目完成情况表

表 2-9　　单位：万元

年度	合计	工资、薪金所得	个体工商户生产、经营所得	企事业单位承包、承租经营所得	劳务报酬所得	稿酬所得	特许权使用费所得	利息、股息、红利所得	财产租赁所得	财产转让所得	偶然所得	其他所得	税款滞纳金、罚款收入
1994	605	79	264	17	17	—	—	70	—	—		—	158
1995	911	199	352	37	135	—	—	90	—	10	32	56	—
1996	2381	325	1382	146	231	—	—	252	—	—	45	—	—
1997	2241	338	1445	184	94	—	—	152	—	—	28	—	—
1998	2788	374	2039	152	145	—	—	59	—	—	19	—	—
1999	2907	597	1618	325	246	2	—	59	15	—	14	2	29

续表 2-9

年度	合计	工资、薪金所得	个体工商户生产、经营所得	企事业单位承包、承租经营所得	劳务报酬所得	稿酬所得	特许权使用费所得	利息、股息、红利所得	财产租赁所得	财产转让所得	偶然所得	其他所得	税款滞纳金、罚款收入
2000	3461	764	2285	48	197	1	—	126	8	—	2	—	30
2001	2836	1307	1243	113	31	1	—	76	—	2	—	—	63
2002	3894	2453	1148	128	36	1	—	72	2	—	9	—	45
2003	4841	3510	982	68	78	1	1	97	2	—	27	1	74
2004	7990	5700	1316	29	90	1	6	670	—	—	47	21	110
2005	12425	9502	2085	2	562	1	—	207	6	—	2	—	58
2006	16811	12689	2649	1	178	—	—	1069	—	—	74	125	26
2007	21278	14585	3482	50	246	—	—	1369	4	1129	366	—	47
2008	31321	22111	6112	47	366	1	—	2443	2	2	171	1	65
2009	32932	23064	5544	—	593	2	—	3436	10	11	47	—	225
2010	49215	33021	5640	29	702	—	—	9471	17	18	157	3	157
2011	54182	41842	5492	5	912	1	—	3263	19	2196	324	19	109
2012	52474	39109	5094	1	1261	—	—	5367	44	657	558	113	270
2013	47877	36673	4512	2	1058	—	—	4397	78	383	442	212	120
2014	43895	33392	3947	6	1378	1	—	3591	302	699	212	118	249
2015	32628	25323	2752	5	1771	1	69	1724	457	226	174	14	112
2016	28723	21328	3215	2	2326	—	—	586	631	211	217	—	207
2017	44811	34739	3498	—	3207	2	—	1111	742	544	668	—	300
2018 年上半年	35525	30700	1458	0	1735	0	0	468	298	313	523	0	30

1994—2017 年，城市维护建设税累计收入 42.69 亿元，占税收收入平均比重为 8.56%；房产税累计收入 17.53 亿元，平均比重为 3.51%；印花税累计收入 12.74 亿元，平均比重为 2.55%；土地使用税累计收入 14.7 亿元，平均比重为 2.95%；契税累计收入 8.29 亿元，平均比重为 1.66%；车船税累计收入 5.22 亿元，平均比重为 1.05%；土地增值税累计收入 3.84 亿元，平均比重为 0.77%；耕地占用税累计收入 3.54 亿元，平均比重为 0.71%。

已停止征收的几个税种收入累计收入情况为：固定资产投资方向调节税 0.98 亿元，农业税 0.61 亿元，农业特产税 0.07 亿元，屠宰税 0.05 亿元。

（三）分行业收入情况

2001 年，税务部门开始统计全口径的分行业税收收入数据。2001—2017 年，全市税收收入累计完成 476.97 亿元。第一产业税收收入 0.38 亿元，平均比重为 0.08%；第二产业税收收入 334.8 亿元，平均比重为 70.64%；第三产业税收收入 138.79 亿元，平均比重为 29.28%。

从行业分布情况看，税收收入主要来源于采矿业、建筑业、房地产业、批发零售业、金融保险业。2001—2017 年，5 个行业税收合计占全市税收收入的平均比重为 82.84%。

1. 采矿业收入

2001—2017 年，采矿业税收收入累计完成 247.44 亿元，占全市税收收入的平均比重为 52.21%。采矿业是阳泉市税收收入的主体行业，从 2001 年的 1.91 亿元增长到 2017 年的 31.64 亿元，增长了 15.59 倍，年均增长 19.19%，比同期税收收入增速快 4 个百分点，占税收收入比重从 2001 年的 40.91% 提高到 2017 年的 70.34%。

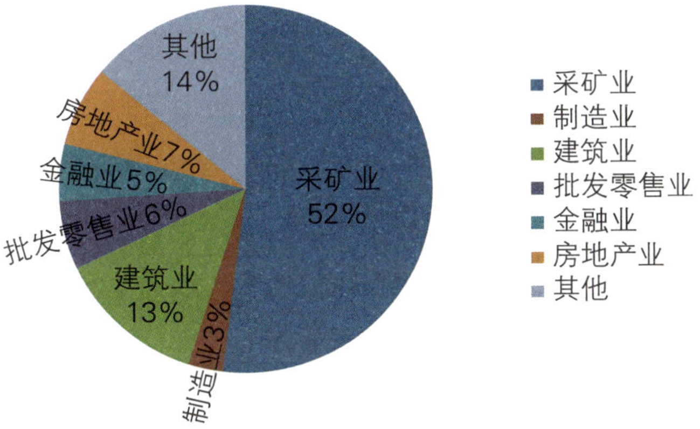

图 2–3　主要行业税收贡献占比图

2. 建筑业收入

2001—2017 年，建筑业税收收入累计完成 62.17 亿元，占全市税收收入的平均比重为 13.12%。建筑业是阳泉市除煤炭行业外，对税收影响较大的行业。2001—2015 年，建筑业税收实现 15 年持续增长，从 2001 年的 0.42 亿元增长到 2015 年的 8.66 亿元，增长了 20.20 倍，年均增长 23.95%，比同期税收收入增速快 6.9 个百分点。占税收收入比重从 2001 年的 9.20% 提高到 2015 年的 20.51%。2016 年“营改增”后，建筑业税收大幅下降。2017 年完成 1.48 亿元，比重降至 3.28%。

3. 房地产业收入

2001—2017 年，房地产业税收收入累计完成 30.60 亿元，占全市税收收入的平均比重为 6.46%。房地产业是阳泉市税收收入增长最快的行业，2001—2014 年，房地产税收持续高增长，从 2001 年的 0.1 亿元增长到 2014 年的 5.58 亿元，增长了 57.48 倍，年均增长 36.75%，比同期税收收入增速快 18 个百分点。占税收收入比重从 2001 年的 2.04% 提高到 2014 年的 12.82%。2014 年房地产业税收规模达到最高。2015—2017 年，受“营改增”政策、经济下行和房地产业去库存压力的影响，税收收入逐年下降，2017 年完成 15199 万元，比重降至 3.38%。

4. 批发零售业收入

2001—2017 年，批发零售业税收收入累计完成 27.44 亿元，占全市税收收入的平均比重为 5.79%。批发零售业税收规模在 2012 年达到最高，从 2001 年的 0.32 亿元增长到 2012 年的 4.42 亿元，占税收收入的比重从 2001 年的 6.94% 提高到 2012 年的 7.50%。2013—2017 年总体上呈下降趋势。2017 年批发零售业税收完成 2.2 亿元，占全市税收收入的比重为 4.89%。

5. 金融保险业收入

2001—2017 年，金融业税收收入累计完成 24.91 亿元，占全市税收收入的平均比重为 5.26%。金融业是阳泉市税收收入增长较快的行业之一。2001—2015 年，金融保险业税收实现 15 年持续增长，从 2001 年的 0.11 亿元增长到 2015 年的 3.91 亿元，增长了 33.83 倍，年均增长 28.86%，比同期全市税收收入增速快 11.8 个百分点。占全市税收收入的比重从 2001 年的 2.41% 提高到 2015 年的 9.26%。2016 年“营改增”后，金融业税收大幅下降。2017 年完成 2.51 亿元，比重降至 5.59%。

6. 制造业收入

2001—2017 年，制造业税收收入累计完成 15.65 亿元，占全市税收收入中的平均比重为 3.30%。批发零售业税收规模从 2001 年的 0.32 亿元增长到 2017 年的 1.54 亿元，年均增幅 9.99%，比同期全市税收收入增速低 7.1 个百分点。占全市税收收入的比重从 2001 年的 7.20% 降低到 2017 年的 3.42%。

7. 新兴产业收入

新兴产业不断增长，为税收发展带来新的增长点。全市积极推进产业转型升级，不断培育壮大新兴产业。2017 年，化工、建材等部分新兴产业增加值实现了 20% 以上的增长，光伏发电项目陆续开工建设。2017 年，全市新兴产业累计完成各项税收 1.36 亿元，增长 22.60%，增收 2509 万元，其中增收较多的行业包括化工制造、通用设备制造和金属制品等。阳泉市的新兴产业还处于发展阶段，税收主要来源于耕地占用税、契税以及房产税、土地使用税等固定税源，未来有望带动个人所得税、城市建设维护税等税种实现较快增长。

2001—2018 年分行业税收收入完成情况表

表 2-10　　　　单位：万元

年度	合计	第一产业	第二产业						第三产业														
			小计	采矿业		制造业	电力、热力、燃气及水的生产和供应业	建筑业	小计	批发和零售业	交通运输、仓储和邮政业	住宿和餐饮业	信息传输、软件和信息技术服务业	金融业	房地产业	租赁和商务服务业	科学研究和技术服务业	居民服务、修理和其他服务业	教育	卫生和社会工作	文化、体育和娱乐业	公共管理、社会保障和社会组织	其他行业
				完成	其中：煤炭																		
2001	46614	—	30475	19073	—	3357	3758	4287	16139	3235	4144	—	—	1122	954	4259	—	—	—	—	136	—	2289
2002	47702	—	28687	17205	—	2962	4005	4515	19015	4997	4405	—	—	1194	1161	6223	—	—	—	—	—	—	1035
2003	55870	—	35588	21452	—	3982	4339	5815	20282	3242	3577	—	1444	1647	1564	5812	—	—	—	—	—	—	2996
2004	69698	—	44245	27886	27413	4075	5274	7010	25453	3767	4996	—	1486	2390	2168	6915	—	—	—	—	—	—	3731
2005	102318	—	70351	50941	50536	4796	4152	10462	31967	4590	6200	2929	1830	3056	3255	8238	—	—	—	—	320	—	1549
2006	121916	—	83361	59820	59090	4633	4120	14788	38555	6844	6454	2245	1800	3585	7202	9232	—	—	169	—	330	—	694
2007	186780	—	137112	104015	102806	6216	5337	21544	49668	7883	7326	4088	1629	5626	9220	8218	—	3922	87	21	526	—	1122
2008	236192	11	158968	115105	113961	7929	5946	29988	77213	14176	9486	3803	2717	8061	13008	1167	—	10267	303	251	460	497	13017
2009	271704	190	192352	148636	147459	7667	5116	30933	79162	15692	9517	4415	3019	10947	15100	1734	—	7946	332	783	815	63	8799
2010	398819	234	298598	240144	239777	10222	5333	42899	99987	23019	12882	4922	3938	13543	18436	2306	—	8911	407	448	775	63	10337
2011	478394	432	359138	285505	283726	10577	6121	56935	118824	29614	15086	6097	4405	16878	18469	5787	—	10553	422	586	803	2540	7584
2012	590017	372	428518	328049	326308	13940	6037	80492	161127	44264	15308	6360	5284	21853	36837	8138	3696	9399	706	681	901	2804	4896
2013	510010	345	354490	260552	258197	14216	5519	74203	155175	26693	14809	5787	5026	31242	42297	5832	4645	9998	485	631	878	4134	2718
2014	435368	960	276431	165692	164022	16716	7326	86697	157977	27052	5562	5650	3580	32106	55797	6219	4679	7037	629	718	469	7784	695
2015	422129	854	286837	175951	175809	15771	8535	86580	134438	19649	3983	5299	1634	39086	39597	4208	4502	7347	1248	858	485	5635	907
2016	316198	311	208405	137862	137330	14007	6758	49778	107482	17736	3947	2397	2543	31613	25728	3059	3906	5302	1278	1222	301	7718	732
2017	449954	98	354415	316448	314993	15393	7824	14750	95441	22005	3529	1262	2553	25136	15199	2479	4109	3252	923	1282	245	12633	834
2018 年上半年	288952	124	231143	202765	202161	8957	4281	15140	57685	11630	2016	729	2404	18495	11507	2643	1562	1625	503	700	147	3397	327

（四）分级次收入情况

1994—2017 年，全市地税系统中央级收入累计完成 124.52 亿元，平均比重为 24.96%，年均增长 19.42%；省级收入累计完成 90.83 亿元，平均比重为 18.21%，年均增长 19.83%；市级收入累计完成 133.66 亿元，平均比重为 26.79%，年均增长 12.59%；县（区）级收入累计完成 149.85 亿元，平均比重为 30.04%，年均增长 8.98%。总体上看，中央级和省级收入增速快于市、县级收入。

从地方级收入情况看，24 年中，省级收入提升最快，占地方级收入的比重从 1994 年的 9.22% 提高到 2017 年的 38.48%；市级收入比重基本维持稳定，1994 年为 35.66%，2017 年为 35.56%；县级收入占地方级收入的比重从 1994 年的 55.13% 下降到 2017 年的 25.96%。

从历次财政收入体制改革对地方级收入影响情况看，2002 年财政收入体制改革，省级收入从改革前的平均比重 11.87%（1994—2001 年）提高到改革后的 24.42%（2002—2006 年），市级收入从改革前的 31.63% 提高至改革后的 36.86%，县级收入从改革前的 56.50% 降低至改革后的 38.71%。收入体制改革总体上省、市受益，县级收入下降。2006 年财政收入体制改革从 2007 年开始执行，省级收入从改革前的平均比重 24.42%（2002—2006 年）降低到改革后的 21.20%（2007—2014 年），市级收入提高到 37.82%，县级收入提高到 40.89%，收入体制改革总体上省级收入略有下降，市、县级受益。2015 年实施煤炭资源税从价计征改革，2015 年、2016 年陆续实施“营改增”改革，省级收入从改革前的平均比重 21.20%（2007—2014 年）提高到改革后的 34.54%（2015—2017 年），市级收入降低到 31.58%，县级收入降低到 33.88%，收入体制改革总体上省级受益，市级和县级收入下降。

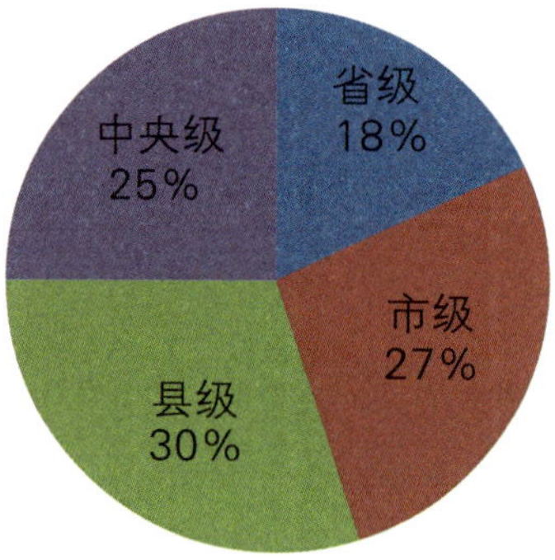

图 2–4　各级次税收贡献占比图

1. 中央级收入

2002 年财政体制改革后，中央参与企业所得税和个人所得税分成。2007 年和 2010—2013 年 5 个年度中央级收入比重超过 30%，高于省、市、县（区）三个级次收入，分别达到 30.25%、32.14%、31.6%、32.44% 和 32.84%。中央级收入增减变化与两个所得税一致。

2. 省级收入

1994—2000 年，省级收入比重低于 10%。2001 年，企业所得税增长 439.78%，增收 1.63 亿元，其中国有企业所得税增长 88457.14%，增收 1.24 亿元，省级收入比重提高 18.84 个百分点。2002 年，财政体制改革后，营业税、资源税和城镇土地使用税省级分成收入 35%，省级收入比重下降。2002—2006 年，保持在 17%—20% 之间。2007 年，营业税和资源税省级收入分成比例调整为 30%，土地使用税省级不再参与分成。2007—2014 年，省级收入比重有所下降，保持在 14%—16% 之间。2015 年 1 月 1 日起煤炭资源税省级收入分成 65%。2015—2017 年，省级收入比重提升到 25%，其中 2017 年为 28.97%，高于中央、市、县（区）三个级次收入。

3. 市级收入

1994—2001 年，市级收入比重高于 30%，呈下降趋势，从 1994 年的 35.66% 下降到 2001 年的 26.44%。2002 年，财政体制改革，当年市级收入比重回升至 31.35%。2003—2007 年，逐年下降。2007 年，市级收入比重为 25.47%。2007 年财政体制改革和 2015 年煤炭资源税改革对市级收入影响较小，市级收入比重都低于 30%，其中 2017 年为 28.97%，高于中央、县（区）级收入比重。

4. 县（区）级收入

1994—2000 年，县（区）级收入比重呈上升趋势。1994 年为 55.13%，2000 年为 58.85%，1998 年最高，为 60.31%。2002 年财政体制改革后，比重逐年下降，2002 年为 45.91%，2007 年为 28.27%。2007 年财政体制改革和 2015 年煤炭资源税改革对县（区）级收入影响较大，县（区）级收入比重最高为 2014 年的 34.19%，最低为 2017 年的 19.55%。

1994—2018 年分级次税收完成情况一览表

表 2-11　　单位：万元

年度	税收合计	中央级	省级	市级	县级
1994	22078	—	2035	7872	12171
1995	25128	—	1945	8700	14483
1996	29786	—	2316	9747	17723
1997	32610	—	2605	10391	19614
1998	33097	—	2745	10391	19961
1999	33940	—	2821	11002	20117

续表 2-11

年度	税收合计	中央级	省级	市级	县级
2000	34500	—	3035	11163	20302
2001	47868	—	13232	12658	21978
2002	49527	7757	10078	15526	16166
2003	57461	10439	10877	17937	18208
2004	72071	13820	12896	22431	22924
2005	104839	22227	20501	30263	31848
2006	124701	28774	25170	33857	36900
2007	190002	57480	30421	48389	53712
2008	240014	61182	38259	66292	74281
2009	276067	73153	41985	73571	87358
2010	405048	130189	57779	115750	101330
2011	486182	153617	69476	134507	128582
2012	590017	191422	86305	151104	161186
2013	510010	167510	74325	123390	144785
2014	435368	101700	67088	117711	148869
2015	422129	71933	109040	104170	136986
2016	316198	42754	93022	79315	101107
2017	449954	111193	130365	120451	87945
2018 年上半年	288952	74338	80589	73880	60145

（五）分单位收入情况

1. 平定县地税局收入

1994—2017 年，共组织税收收入 42.59 亿元，占全市税收收入的平均比重为 8.54%。税收收入规模从 1994 年的 0.36 亿元扩大到 2017 年的 2.56 亿元，年均增长 8.86%。2012 年税收收入规模达到最大，完成 4.80 亿元。1994—2012 年增长了 12.20 倍，年均增长 15.41%。2013 年以后受经济下行和“营改增”的影响，税收收入逐年持续下滑，2017 年收入规模比 2012 年缩减了 46.58%。

24 年中，中央级收入累计完成 5.32 亿元，占税收收入的平均比重为 12.49%，2002 年财政体制改革后才有中央级收入（以下各单位的情况与此相同）；省级收入累计完成 7.23 亿元，平均比重为 16.98%；市级收入累计完成 1.80 亿元，平均比重为 4.23%，2007 年实行市县财政体制改革后才有市级收入（以下各单位的情况与此相同）；县级收入累计 28.24 亿元，平均比重为 66.30%。

营业税为第一大税种，24 年累计完成 17.58 亿元，占全局税收收入的平均比重为 41.28%。2012 年为营业税收入规模最大的年份，完成 2.52 亿元，占当年税收收入的比重为 52.51%。企业所得税、个人所得税、城市维护建设税、资源税等 4 个税种 24 年中占税收收入的平均比重分别为 13.23%、9.69%、7.53%、6.81%。上述 5 个税种占税收收入的平均比重为 78.54%，其余税种均在 5% 以下。

建筑业和房地产业对税收的影响举足轻重，煤炭行业作为传统的支柱产业，对税收的贡献逐步减弱。2001—2017 年，建筑业税收收入累计完成 9.47 亿元，占全局税收收入的平均比重为 24.37%，居所有行业之首；房地产业税收收入累计完成 6.89 亿元，平均比重为 17.72%；煤炭开采和洗选业税收收入累计完成 5.54 亿元，平均比重为 14.24%。此外，制造业、电力、金融业、服务业、批发和零售业税收收入平均比重分别为 8.82%、5.95%、4.99%、4.82%、4.56%，是全局税收收入的重要组成部分。

2. 盂县地税局收入

1994—2017 年，共组织税收收入 66.10 亿元，占全市税收收入的平均比重为 13.25%。税收收入规模从 1994 年的 0.29 亿元扩大到 2017 年的 4.42 亿元，年均增长 12.51%。2012 年税收收入规模达到最大，完成 8.70 亿元，1994—2012 年增长了 28.61 倍，年均增长 20.71%。2013 年以后税收收入呈波浪式下滑，2013 年、2014 年分别下降 39.76%、11.22%，2015 年受资源税从价计征改革影响增长 11.16%，2016 年受“营改增”影响下降 27.83%，2017 年增长 18.34%，收入规模比最高年份 2012 年缩减了 49.22%。

24 年中，中央级收入累计完成 13.65 亿元，占税收收入的平均比重为 20.65%；省级收入累计完成 12.26 亿元，平均比重为 18.54%；市级收入累计完成 2.86 亿元，平均比重为 4.34%；县级收入累计 37.33 亿元，平均比重为 56.47%。

企业所得税、营业税和资源税 3 个税种为税收收入的主要来源，24 年合计完成 45.60 亿元，占全局税收收入的平均比重为 68.99%。企业所得税 24 年累计完成 18.25 亿元，平均比重为 27.62%。2012 年为收入最高年份，当年完成 3.04 亿元，占当年税收收入的比重为 34.97%。2013 年开始收入大幅下滑，2017 年完成 0.66 亿元，占当年税收收入的比重为 15.00%，收入规模缩减了 78.22%。资源税 24 年累计完成 10.85 亿元，平均比重为 16.42%；煤炭资源税从计征改革后，资源税成长为第一主体税种，2017 年资源税完成 2.17 亿元，占全年税收收入的比重为 49.14%。营业税 24 年累计完成

16.50 亿元，平均比重为 24.96%。个人所得税和城市维护建设税 2 个税种 24 年中占税收收入的平均比重分别为 7.96%、6.76%，其余税种均在 4% 以下。

煤炭、建筑和批发零售业为税收收入的主要收入行业，2001—2017 年占税收收入的平均比重为 75.10%。煤炭行业为盂县支柱产业，对盂县经济税收的影响举足轻重。2001—2017 年，煤炭行业税收累计完成 27.75 亿元，占全局税收收入的平均比重为 44.33%；煤炭资源税从价计征改后，煤炭行业地位急剧提升，2017 年煤炭税收完成 3.02 亿元，占当年税收收入的比重为 68.38%，在所有行业中据主导地位。2001—2017 年，建筑业税收累计完成 11.71 亿元，平均比重为 18.70%，“营改增”后，建筑业对税收的影响日渐式微；批发零售业税收累计完成 7.55 亿元，平均比重为 12.06%。制造业、金融业、房地产业税收收入平均比重分别为 3.55%、5.43%、4.13%，是全局税收收入的重要组成部分。

3. 郊区地税局收入

1994—2017 年，共组织税收收入 41.17 亿元，占全市税收收入的平均比重为 8.25%。税收收入规模从 1994 年的 0.28 亿元扩大到 2017 年的 2.67 亿元，年均增长 10.24%。2012 年税收收入规模达到最大，完成 4.5 亿元，1994—2012 年增长了 15.90 倍，年均增长 16.61%。2013 年以后税收收入呈下降趋势，2017 年收入规模比最高年份 2012 年缩减了 40.74%。

24 年中，中央级收入累计完成 5.78 亿元，占税收收入的平均比重为 14.04%；省级收入累计完成 7.33 亿元，平均比重为 17.81%；市级收入累计完成 0.06 亿元，平均比重为 0.15%，2015 年煤炭资源税从价计征改革及 2016 年“营改增”调整市对区财政收入分享体制后才有市级收入（以下各单位的情况与此相同）；区级收入累计完成 28.00 亿元，平均比重为 68.00%。

营业税、企业所得税、资源税、个人所得税、城市维护建设税为主要收入税种，24 年合计完成 33.08 亿元，占全局税收收入的平均比重为 80.35%。24 年中，营业税累计完成 15.21 亿元，平均比重为 36.94%；企业所得税累计完成 7.69 亿元，平均比重为 18.67%；资源税累计完成 4.73 亿元，平均比重为 11.48%，煤炭资源税从计征改革后，资源税成长为第一主体税种，2017 年资源税完成 0.91 亿元，占当年税收收入的比重为 34.20%；个人所得税累计完成 3.24 亿元，平均比重为 7.87%；城市维护建设税累计完成 2.21 亿元，平均比重为 5.37%。

郊区地税局税源分布呈多元化格局，建筑业、煤炭、房地产业、制造业、批发零售业、交通运输业、金融业 7 个行业为税收收入的主要收入行业，2001—2017 年占税收收入的平均比重为 93.41%。建筑业为税收收入第一大行业，累计完成 11.27 亿元，平均比重为 29.90%。“营改征”后，建筑业税收贡献日渐趋弱，2017 年仅完成 0.13 亿元，占当年税收收入的比重为 4.87%。采矿业税收累计完成 6.59 亿元，平均比重为 17.48%，煤炭资源税从价计征改革后，采矿业成为郊区的支柱税源，2017 年采矿业税收完成 1.11 亿元，占当年税收收入的比重为 41.43%。房地产业、制造业、批发零售业、交通运输业、金融业占税收收入的平均比重分别为 11.49%、9.99%、8.49%、7.22%、6.50%。

4. 城区地税局收入

1994—2017 年，共组织税收收入 32.39 亿元，占全市税收收入的平均比重为 6.49%。税收收入规模从 1994 年的 0.18 亿元扩大到 2017 年的 1.49 亿元，年均增长 9.67%。2013 年税收收入规模达到最大，完成 3.29 亿元，2016 年“营改增”后，税收收入大幅下降，2017 年收入规模比最高年份 2013 年缩减了 54.78%。

24 年中，中央级收入累计完成 4.21 亿元，占税收收入的平均比重为 13.02%；省级收入累计完成 5.31 亿元，平均比重为 16.39%；市级收入累计完成 0.06 亿元，平均比重为 0.17%；区级收入累计完成 22.81 亿元，平均比重为 70.42%。

营业税为城区地税局主体税种，24 年中营业税累计完成 15.57 亿元，平均比重为 48.05%。企业所得税、个人所得税、城市维护建设税、房产税、车船税为城区局重要收入税种，24 年中平均比重分别为 11.45%、12.19%、6.18%、6.14%、6.31%。“营改增”后，个人所得税、车船税成为主要收入税种，2017 年分别完成 0.39 亿元、0.36 亿元，占当年税收收入的比重分别为 25.89%、24.30%。

城区地税局税源较为分散，行业集中度低。房地产业为税收收入第一大行业，2001—2017 年累计完成 4.80 亿元，平均比重为 18.07%。批发零售业、住宿和餐饮业、金融业、居民服务业是税收收入较大的行业，占税收收入的平均比重分别为 9.68%、8.49%、7.79%、7.11%。

5. 矿区地税局收入

1994—2017 年，共组织税收收入 33.49 亿元，占全市税收收入的平均比重为 6.71%。税收收入规模从 1994 年的 0.10 亿元扩大到 2017 年的 3.28 亿元，年均增长 16.22%，比全市平均增长速快 2.22 个百分点，从建局之初两县三区收入规模最小的单位，跃居为第二名，仅次于盂县地税局。2015 年税收收入规模达到最大，完成 4.08 亿元，2016 年“营改增”后，税收收入有所下降，2017 年收入规模比最高年份 2015 年缩减了 19.53%。

24 年中，中央级收入累计完成 7.80 亿元，占税收收入的平均比重为 23.30%；省级收入累计完成 5.33 亿元，平均比重为 15.92%；市级收入累计完成 0.04 亿元，平均比重为 0.11%；区级收入累计完成 20.32 亿元，平均比重为 60.67%。

主要收入税种为营业税、企业所得税、个人所得税、城市维护建设税，24 年中 4 个税种对税收收入的累计贡献份额为 84.48%，4 个税种分别累计完成 11.36 亿元、9.82 亿元、3.49 亿元、3.63 亿元，占税收收入的平均比重分别为 33.92%、29.31%、10.41%、10.84%。“营改增”后，企业所得税地位显著提升，与个人所得税、资源税、印花税一道成为主要收入税种。2017 年，4 个税种的收入比重为 88.53%，占税收收入的比重为分别为 55.01%、13.26%、9.55%、10.71%。

建筑业和金融业为矿区地税局主要收入行业，2001—2017 年分别累计完成 8.05 亿元、7.06 亿元，占税收收入的平均比重分别为 25.07%、21.99%。“营改增”后，金融业、采矿业、批发零售业成为主要收入行业，2017 年占税收收入的比重分别为 41.70%、16.07%、12.15%。

6. 开发区地税分局收入

1994—2017 年，共组织税收收入 16.18 亿元，占全市税收收入的平均比重为 3.25%。税收收入规模从 1994 年的 0.02 亿元扩大到 2017 年的 1.05 亿元，年均增长 18.80%，比全市平均增速快 4.8 个百分点。2014 年税收收入规模达到最大，完成 3.41 亿元。“营改增”后，税收规模深度下滑，2017 年税收收入比最高年份 2014 年缩减了 69.31%。

24 年中，中央级收入累计完成 1.50 亿元，占税收收入的平均比重为 9.26%；省级收入累计完成 2.97 亿元，平均比重为 18.37%；区级收入累计完成 11.71 亿元，平均比重为 72.36%。

营业税为开发区地税分局最主要的收入税种，24 年中累计完成 8.68 亿元，占税收收入的平均比重为 53.64%。2014 年为收入规模最高的年份，完成 2.02 亿元，占税收收入的比重为 59.16%。“营改增”后，开发区地税分局主体税种不突出，主要收入税种为企业所得税、个人所得税、城市维护建设税、房产税、土地增值税等 5 个税种，2017 年 5 个税种收入规模相差不大，在 0.14 亿—0.16 亿元之间，合计占税收收入的比重为 72.69%。

建筑业和房地产业为开发区地税分局主要收入行业，2001—2017 年分别累计完成 3.85 亿元、6.24 亿元，占税收收入的平均比重分别为 24.69%、39.95%；收入规模最高的 2014 年，两个行业收入比重分别为 28.19%、53.26%。制造业和餐饮业为开发区地税分局重要收入行业，2001—2017 年平均比重分为 8.89%、6.28%。“营改增”后，房地产业、制造业、批发零售业成为主要收入行业，2017 年占税收收入的比重分别为 33.02%、26.67%、12.30%。

7. 直属二分局收入

2008—2017 年，共组织税收收入 4.96 亿元，占同期全市税收收入的平均比重为

8.51%。税收收入规模从 2008 年的 0.17 亿元扩大到 2017 年的 0.48 亿元，年均增长 12.26%。2014 年税收收入规模达到最大，完成 1.49 亿元，比 2008 年的增长了 7.76 倍，年均增长 43.57%。2015 年以后，受房地产交易下滑以及“营改增”等因素影响，税收收入连续下滑。2016 年，税收收入完成 0.43 亿元。2017 年回升至 0.48 亿元，收入规模比 2014 年缩减了 67.68%。

10 年来，中央级收入累计完成 0.35 亿元，占税收收入的平均比重为 7.11%；省级收入累计完成 0.54 亿元，平均比重为 10.90%；市级收入累计完成 2.63 亿元，平均比重为 53.13%；县区级收入累计完成 1.43 亿元，平均比重为 28.86%。县区级收入主要是二手房交易产生的契税，按照房产坐落地分别划入了城区、矿区、开发区国库。

契税为第一大税种，10 年累计完成 1.74 亿元，占全局税收收入的平均比重为 35.06%。2014 年为契税收入规模最大的年份，完成 0.55 亿元，占当年税收收入的比重为 36.97%。其次是营业税，10 年累计完成 1.60 亿元，占全局税收收入的平均比重为 32.33%，其中 2014 年完成 0.58 亿元，超过了当年的契税收入。土地增值税和企业所得税 10 年来占税收收入的平均比重分别为 8.70%、6.74%。上述 4 个税种占税收收入的平均比重为 82.82%，其余税种占比均在 5% 以下。

二分局的主要税源是房地产和建筑业。2008—2017 年，房地产业税收收入累计完成 3.64 亿元，占全局税收收入的平均比重为 73.36%，居所有行业之首；建筑业税收收入累计完成 0.57 亿元，平均比重为 11.44%；两者合计占全局税收的 84.80%，其他行业比重均不足 5%。

8. 直属三分局收入

分管阳煤集团，是全市收入规模最大的基层单位。1994—2017 年，共组织各项税收 212.40 亿元，占全市税收收入的 42.58%。24 年来收入规模不断扩大，从 1994 年的 0.67 亿元增长至 2012 年的 25.28 亿元，19 年间增长了 37.68 倍，年均增长 22.34%。随着煤炭行业“黄金十年”的结束，2013 年开始收入规模急剧下滑，2016 年达到最低点，完成 10.96 亿元，仅为 2012 年 43.35%。2017 年随着煤炭价格的上涨，收入规模迅速回升至 21.76 亿元。

24 年中，中央级收入累计完成 73.75 亿元，占税收收入的平均比重为 34.72%；省级收入累计完成 39.93 亿元，平均比重为 18.80%；市级收入累计完成 98.71 亿元，平均比重为 46.48%。

企业所得税是最大的税种。1994—2017 年累计完成 103.63 亿元，占全局税收收入的 48.79%，其中 2010—2014 年收入规模均超过 10 亿元，2012 年收入最多，完成

16.79 亿元，占当年全部税收的 66.39%。其次是资源税、个人所得税、城市维护建设税和营业税，24 年中占税收收入的平均比重分别为 17.04%、10.19%、9.91%、6.75%。5 个税种合计占全部税收的 92.68%。

煤炭行业是三分局最主要的收入来源。2001—2017 年，煤炭行业税收收入累计完成 180.08 亿元，占全局税收收入的平均比重为 87.19%。2012 年是煤炭行业收入规模最大的年度，完成 23.49 亿元，占当年全部税收的 92.91%。其次是建筑业，2001—2017 年，累计完成 9.41 亿元，占全局税收收入的平均比重为 4.56%，其他行业占比均不足 3%。

9. 直属四分局收入

2011—2017 年，共组织各项税收 30.47 亿元，占同期全市税收收入的 9.49%。由于其主要税源来自于煤炭行业，成立之初正处于煤炭行情的顶峰，分年度税收呈 V 字形，2012 年、2017 年为两个高点，分别完成 6.20 亿元、6.41 亿元。2014 年为收入最低点，完成 2.80 亿元，仅为 2012 年的 45.18%。

2010—2017 年，中央级收入累计完成 9.82 亿元，占税收收入的平均比重为 31.93%；省级收入累计完成 7.23 亿元，平均比重为 23.50%；市级收入累计完成 13.71 亿元，平均比重为 44.57%。

四分局近 92% 的收入来源于企业所得税、资源税、个人所得税、城市维护建设税和营业税。企业所得税是最大的税种。2010—2017 年，累计完成 12.86 亿元，占全局税收收入的 41.83%，其中 2012 年收入最多，完成 4.17 亿元，占当年税收收入的 67.26%。第二大税种是资源税，18 年间累计完成 7.99 亿元，占全局税收收入的 25.99%，其中 2017 年收入最多，完成 3.32 亿元，占当年全局税收的 51.82%。个人所得税、城市维护建设税和营业税，24 年中占税收收入的平均比重分别为 11.38%、7.19%、5.52%，其他税种占比均不足 3%。

煤炭行业是四分局最主要的收入来源。2010—2017 年，累计完成 23.64 亿元，占全局税收的平均比重为 76.86%，其中 2017 年收入规模最大，完成 5.89 亿元，占当年全局税收收入的 91.90%。其次是批发零售业，8 年间累计完成 3.96 亿元，平均比重为 12.86%。两大行业合计占全部税收的 89.72%，其他行业占比均低于 3%。

10. 直属五分局收入

1994—2017 年，共组织税收收入 18.59 亿元，占全市税收收入的平均比重为 3.73%。税收收入规模从 1994 年的 0.30 亿元扩大到 2017 年的 0.88 亿元，年均增长 4.85%。2014 年税收收入规模达到最大，完成 1.55 亿元，1994—2014 年增长了 5.24 倍，年均增长 8.63%。由于其主要收入来源于银行、电信等行业，受“营改增”的影响较为明显，2015 年开始收入规模逐年下滑，2017 年仅达到 2014 年的 56.68%。

24 年中，中央级收入累计完成 2.31 亿元，占税收收入的平均比重为 12.42%；省级收入累计完成 2.66 亿元，平均比重为 14.31%；市级收入累计完成 13.62 亿元，平均比重为 73.26%。

营业税是最大的税种，24 年累计完成 7.26 亿元，占全部税收收入的 39.08%，2012 年为营业税收入规模最大的年份，完成 0.78 亿元，占当年税收收入的比重为 53.83%。其次，占比较大的还有个人所得税、城市维护建设税和房产税，24 年中占税收收入的平均比重分别为 19.85%、14.06%、12.36%。上述 4 个税种，合计占全局税收的 85.35%，其他税种占比均低于 5%。

金融业和电信业是五分局的主要税源，制造业和批发零售业也贡献较大，4 个行业合计占全局税收的 75.06%。2001—2017 年，金融业累计完成 6.45 亿元，占全局税收的平均比重为 40.34%，居所有行业之首；电信业累计完成 2.78 亿元，平均比重为 17.35%；批发零售业累计完成 1.83 亿元，平均比重为 11.47%；制造业累计完成 0.95 亿元，平均比重为 5.91%。

11. 稽查局收入

1998—2003 年，稽查局共完成各项税收 0.22 亿元，占当期全市税收收入的平均比重为 0.87%。6 年间，收入规模基本平稳，最高的 2002 年完成 497 万元，最低的 2003 年完成 288 万元。

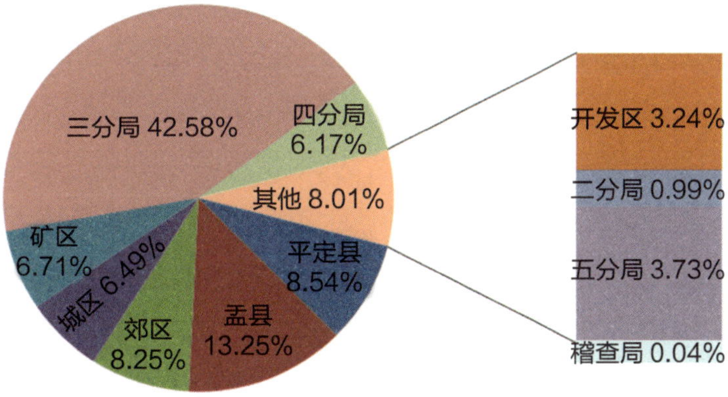

图 2–5　1994–2018 年各单位税收完成占比图

1994—2018 年分单位税收收入完成情况表

表 2–12　　　　单位：万元

年度	合计	平定县	盂县	郊区	城区	矿区	开发区	二分局	三分局	四分局	五分局	稽查局
1994	22078	3637	2938	2831	1779	1034	199	—	6708	—	2952	—

续表 2–12

年度	合计	平定县	盂县	郊区	城区	矿区	开发区	二分局	三分局	四分局	五分局	稽查局
1995	25128	4166	3278	3806	2068	1194	169	—	7043	—	3404	—
1996	29786	4862	4105	4452	2658	1431	438	—	8338	—	3502	—
1997	32610	5406	4496	4794	2940	1608	584	—	9089	—	3693	—
1998	33097	5767	4734	4257	3266	1490	607	—	9213	—	3435	328
1999	33940	5676	4826	3954	3463	2050	713	—	8890	—	4062	306
2000	34500	5858	4376	4133	3656	2056	753	—	8927	—	4414	327
2001	47868	5841	4856	4460	4022	2219	770	—	20911	—	4313	476
2002	49527	6516	5391	4930	4620	2490	880	—	20203	—	4000	497
2003	57461	7750	6360	5420	5361	2870	1020	—	23792	—	4600	288
2004	72071	8850	9500	6441	6250	3480	1400	—	30700	—	5450	—
2005	104839	10885	18201	7900	7900	5151	2250	—	46251	—	6301	—
2006	124701	13000	22440	9320	9190	6080	3180	—	54865	—	6626	—
2007	190002	18047	30361	14500	14500	10701	4400	—	89493	—	8000	—
2008	240014	21601	40650	18050	19300	16000	5650	1706	106550	—	10507	—
2009	276067	24999	48621	23001	23642	17458	6110	1872	118814	—	11550	—
2010	405048	28950	55760	27500	25561	21000	7549	1900	221363	2790	12675	—
2011	486182	37611	70900	35240	28160	25412	10506	2044	222317	42501	11491	—
2012	590017	48001	86999	45000	31139	30501	16016	3012	252848	62000	14501	—
2013	510010	39699	52412	44240	32901	36860	18477	6201	220897	45415	12908	—
2014	435368	33637	46529	39168	30008	38048	34095	14941	155462	28012	15468	—
2015	422129	33001	51723	40354	27702	40759	18174	8725	154079	34238	13374	—
2016	316198	26488	37331	31338	19023	32230	17525	4324	109610	28465	9864	—
2017	449954	25642	44178	26669	14877	32797	10465	4829	217618	64112	8767	—
2018 年上半年	288952	17161	40749	17074	9195	19769	9472	2908	121364	45373	5887	—

（六）重点税源情况

1994—1999 年，全市地税系统监控的重点税源企业主要是阳泉矿务局、阳泉钢铁公司、阳泉矿务局工程处、荫营煤矿。1994 年，4 户重点税源企业主营业务收入共计 19.62 亿元，实缴税收 0.52 亿元，占全市税收收入的比重为 23.51%。1995 年，主营业务收入共计 22.61 亿元，实缴税收 0.62 亿元，占全市税收收入的比重为 26.40%。1996 年，主营业务收入共计 31.44 亿元，实缴税收 0.56 亿元，占全市税收收入的比重为 19.40%。1997 年，主营业务收入共计 27.24 亿元，实缴税收 0.49 亿元，占全市税收收入的比重为 15.63%。1998 年，主营业务收入共计 22.99 亿元，实缴税收 0.49 亿元，占全市税收收入的比重为 15.57%。1999 年，主营业务收入共计 18.07 亿元，实缴税收 0.36 亿元，占全市税收收入的比重为 10.87%。

1999 年 5 月开始，全局正式对 200 户重点纳税户建立了监控网络，对其生产经营和税收完成情况进行了动态监控和跟踪管理，1—11 月实缴 1.19 亿元，占税收收入的比重为 38.08%。

2000 年进一步拓宽了重点税源监控范围，修改和完善了监控程序，增加了对重点企业欠税进行监控和分行业汇总功能，建立了市、县、所、专管员四级重点税源动态监控体系。市地税局监控的重点税源户 133 户，涵盖 13 个行业，营业收入总额 46.65 亿元，实缴税收 1.36 亿元，纳税额超过全市税收任务的 42%。县（区）局和市直分局监控的重点税源户 270 户，纳税额超过年度税收任务的 50%，其中市直分局监控的重点税源纳税额超过市直分局年度税收任务的 80%。2000 年，全市实缴税收超过 0.1 亿元的有 2 户，其中阳煤集团缴纳税收 0.25 亿元、阳光发电厂缴纳税收 0.11 亿元。

2001 年，全市地税系统监控的重点税源企业 140 户，营业收入总额 80.48 亿元，实缴税收 2.82 亿元，占全市税收收入的比重为 60.58%。其中，实缴税收超过 0.1 亿元的有 3 户，分别是山西国阳新能股份有限公司，实缴税收 1.35 亿元；阳光发电有限公司，实缴税收 0.12 亿元；山西通宝能源河坡电力分公司，实缴税收 0.15 亿元。

2002 年，全市推行计算机监控，扩大监控范围，调整了监控户数，全市监控的重点企业共计 159 户，营业收入总额 120.69 亿元，实缴税收 2.70 亿元，占全市税收收入的比重为 56.66%。其中，实缴税收超过 0.1 亿元的有 3 户，分别是山西国阳新能股份有限公司，实缴税收 0.80 亿元；阳光发电有限公司，实缴税收 0.16 亿元；阳煤集团，实缴税收 0.19 亿元。

2003 年，市地税局进一步加强了重点税源管理，制定了重点税源管理制度，市、县两级按月对重点税源进行监控，市地税局监控的重点税源企业 159 户，入库税收 3.00 亿元，占全市税收收入的比重为 53.72%；县区级监控的重点企业 390 户，实缴税收达到了税收收入的三分之二。其中，实缴税收超过 0.1 亿元的有 4 户，分别是山西国阳新能股份有限公司，实缴税收 0.87 亿元；阳光发电有限公司，实缴税收 0.18 亿元；

阳煤集团，实缴税收 0.34 亿元；阳泉市南庄煤炭集团，实缴税收 0.11 亿元。

2004 年，全市监控的重点税源企业 452 户，全年主营业务收入 309.78 亿元，实缴税收 4.91 亿元，占全市税收收入的比重为 68.09%。其中实缴税收超过 0.1 亿元的有 8 户，分别是山西国阳新能股份有限公司，实缴税收 0.95 亿元；阳泉煤业（集团）有限责任公司，实缴税收 0.49 亿元；山西通宝能源河坡电力分公司，实缴税收 0.17 亿元；阳光发电有限公司，实缴税收 0.16 亿元；山西太旧高速公路管理有限责任公司，实缴税收 0.14 亿元；阳泉市南庄煤炭集团有限责任公司，实缴税收 0.14 亿元；山西省盂县东坪煤矿，实缴税收 0.14 万元；山西省盂县石店煤矿，实缴税收 0.10 亿元。

2005 年，全市监控的重点税源企业 450 户，全年主营业务收入 361.48 亿元，实缴税收 6.79 亿元，占全市税收收入的比重为 66.39%。其中实缴税收超过 0.1 亿元的有 7 户，分别是山西国阳新能股份有限公司，实缴税收 1.64 亿元；阳泉煤业（集团）有限责任公司，实缴税收 0.69 亿元；阳泉市南庄煤炭集团有限责任公司，实缴税收 0.47 亿元；阳泉市大阳泉煤矿，实缴税收 0.16 亿元；山西阳光发电有限公司，实缴税收 0.16 亿元；山西阳泉荫营煤矿，实缴税收 0.14 亿元；山西省盂县东坪煤矿，实缴税收 0.10 亿元。

“十一五”规划期间，全市地税系统监控的重点税源企业户数从 364 户提高到 692 户，监控的税收比重提高到 80%。其中，2006 年全市监控的重点税源企业 364 户，全年实现主营业务收入 340.79 亿元，实缴税收 8.77 亿元，占全市税收收入的比重为 70.33%，实缴税收超过 0.1 亿元的有 7 户。2009 年，全市监控的重点税源企业 713 户，实缴税收 20.78 亿元，占全市税收收入的比重为 76.47%。2010 年，全市监控的重点税源企业 692 户，占全市税收收入的比重为 80% 以上。

2011 年，全市监控的重点税源企业 1005 户，实缴税收 41.03 亿元，占全市税收收入的比重为 85.76%。

2012 年，全市监控的重点税源企业 910 户，监控企业的税收占地方税收收入的 80% 以上。

2013 年，全市监控的重点税源企业 941 户，实缴税收 39.42 亿元，占全市税收收入的比重为 77.29%；监控的 182 户煤炭采掘及加工经销企业实缴税收 27.35 亿元，占全市税收收入的比重为 53.63%；监控的重点工程项目有 117 项。

2014 年，全市监控的重点税源企业 854 户，实缴税收 27.85 亿元，占全市税收收入的比重为 63.97%；监控的 163 户煤炭采掘及加工经销企业实缴税收 17.75 亿元，监控的 125 个重点工程实缴税收 1.54 亿元。

2015 年，全市监控的重点税源企业 848 户，实缴税收 30.68 亿元，占全市税收收入的比重为 72.68%。实缴税收超过亿元的有 4 户，分别是阳煤（集团）股份有限公司，实缴税收 7.33 亿元；阳煤（集团）有限责任公司，实缴税收 3.26 亿元；新景矿煤业公司，实缴税收 1.75 亿元；阳煤集团财务有限责任公司，实缴税收 1.07 亿元。

2016 年“营改增”后，全市地税系统监控的重点税源企业减少到 442 户，实缴税收 23.61 亿元，占全市税收收入的比重为 74.68%。实缴税收超过亿元的有 4 户，实缴税金千万元以上亿元以下的有 35 户。纳税前五名的企业是阳煤集团股份有限公司，实缴税收 3.89 亿元；阳煤集团有限责任公司，实缴税收 3.15 亿元；新景矿煤业公司，实缴税收 1.57 亿元；阳煤集团财务有限责任公司，实缴税收 1.39 亿元；阳泉荫营煤矿，实缴税收 0.67 亿元。

2017 年，全市监控的重点税源企业 495 户，入库各项税收 38.00 亿元，占全市税收收入的比重为 84.45%。实缴税收超过亿元的有 9 户，实缴税金千万元以上亿元以下的有 36 户。纳税前五名的企业是阳煤集团股份有限公司，实缴税收 11.11 亿元；新景矿煤业公司，实缴税收 3.89 亿元；阳煤集团有限责任公司，实缴税收 3.82 亿元；南庄煤炭集团，实缴税收 1.53 亿元；燕龛煤炭集团，实缴税收 1.42 亿元。

第二节　规费（基金）

1994—2018 年，阳泉市地税系统除负责法定征收管理的税种外，还承担国家和山西省在不同时期内开征的一些规费、基金及附加的征收管理工作。主要包括教育费附加、价格调节基金、水资源补偿费、林业基金、文化事业建设费、农村教育事业费附加、河道工程维护管理费、残疾人就业保障金、工会经费、焦炭生产排污费、民兵训练统筹费、税务部门罚没收入、煤炭可持续发展基金、地方教育附加等 14 项。

一、非税收入体制

各项非税收入的分成级次：

教育费附加　市、县（区）级 100%。

价格调节基金　市直分局、开发区分局、城区局、矿区局为省级 20%、市级 80%；其他县（区）局为省级 20%、市级 10%、县（区）级 70%。

水资源补偿费　省级 100%。

煤炭城市建设附加费 县（区）级 100%。

林业基金 省级 100%。

文化事业建设费 省级 100%。

农村教育事业费附加 县（区）级 100%。

河道工程维护管理费 1999 年 1 月 1 日至 2016 年 3 月 31 日，市直分局、开发区分局、城区地税局、矿区地税局为市级 100%；其他县（区）局为县（区）级 100%。2016 年 4 月 1 日起，市直分局、开发区分局、城区地税局、矿区地税局为省级 20%、市级 80%；其他县（区）局为省级 20%、市级 20%、县（区）级 60%。

残疾人就业保障金 2003 年至 2016 年 3 月 31 日，市、县（区）级 100%；中央部属、省属各类企业、外省（市）驻晋企业为省级 55%、市、县（区）级 45%。2016 年 4 月 1 日起，市直分局为省级 10%、市级 90%；其他县（区）局为省级 5%、市级 5%、县（区）级 90%。

工会经费 2005 年至 2016 年 3 月 31 日，市、县（区）级 100%；2016 年 4 月 1 日起，省级 100%。

焦炭生产排污费 中央 10%、省级 10%、市级 10%、县（区）级 70%。

民兵训练统筹费 市、县（区）级 100%。

税务部门罚没收入 市、县（区）级 100%。

煤炭可持续发展基金 省级 60%、市级 20%、县（区）级 20%。

采矿排水水资源费 2011 年 1 月 1 日至 2016 年 3 月 31 日，省级 100%；2016 年 4 月 1 日起，中央 10%、省级 90%。

地方教育附加 市直分局为省级 30%、市级 70%；其他县（区）局为省级 30%、县（区）级 70%。

二、规费（基金）项目

规费也称非税收入，是指由各级政府、国家机关、事业单位、代行政府职能的社会团体及其他组织依法利用政府权力、政府信誉、国家资源、国有资产或提供特定公共服务、准公共服务取得的除税收和政府债务收入以外的财政性资金，是政府财政收入的重要组成部分。就地税系统而言，征收（代征）的非税收入主要包括行政事业性收费、政府性基金以及罚没收入、工会经费等预算外收入。

1994—2017 年，全市地税系统累计征收（代征）的规费（基金）费种共有 15 个。2018 年年初，全市地税系统征收（代征）的规费（基金）费种有教育费附加、地方教育附加、残疾人就业保障金和工会经费，共4个。

在规费征管过程中，市地税局明确代征职责，通过加强与财政、国税、教育、残联、工会、水利等部门的协调配合，积极开展数据信息的采集和比对，加大对重点费源的监控力度，严格实施催报、催缴管理，征管手段日益完善。2011年以来，全市地税系统实行税费“同征、同管、同查、同考核”的管理机制，持续构建制度化、规范化、信息化的现代征管模式，《以纳税评估为契机 强化规费征管 推进规费管理再上新台阶》《规范规费票据管理 维护缴费人合法权益》等多篇调研被省地税局《税收理论与实践》刊载。2016年4月1日起，全市地税系统征收（代征）的规费（基金）全部纳入“金税三期”税收管理系统，顺利实现“撤账户、进金三、用税票、入国库”的工作目标，缴费人办理业务更加方便和快捷，规费征管进入了一个全新的历史时期。

自2007年煤炭可持续发展基金开征以来，市地税局通过全面推行“一把手工程”“一票否决制”和“税费一体化管理”的“三个一”工作机制，征收管理日益规范和严格。2008—2011年，全市对煤焦领域行政机关政务内容和事项进行了公开、公示。2009年，在完成“两金”监交任务过程中，形成煤矿转产发展资金、矿山环境恢复治理保证金与煤炭可持续发展基金对比、催交、年度审核、报表、档案管理等一套完整的流程，确保了煤炭可持续发展基金征收管理工作正常有序开展。2012年开展的纳税评估和纳税辅导中，共评估、补缴煤炭可持续发展基金及滞纳金26707.29万元。

（一）教育费附加

国家为发展地方教育事业，扩大地方教育经费的资金来源，凡缴纳增值税、消费税、营业税的单位和个人，以其实际缴纳的三税税额为计税依据征收教育费附加。

1986年4月28日，国务院颁布《征收教育费附加的暂行规定》（国发〔1986〕50号），决定从1986年7月1日起，在全国范围内征收教育费附加。1994年2月7日，《国务院关于教育费附加征收问题的紧急通知》（国发明电〔1994〕2号）规定，从1994年1月1日起，教育费附加以各单位和个人实际缴纳的增值税、营业税、消费税的税额为计征依据，附加率由原来的2%提高到3%，分别于缴纳增值税、营业税、消费税的同时缴纳。2010年10月18日，国务院发布《国务院关于统一内外资企业和个人城市维护建设税和教育费附加制度的通知》（国发〔2010〕35号），规定从2010年12月1日起，外商投资企业和外国在华企业均需缴纳教育费附加。

征收范围：凡缴纳增值税、消费税、营业税的单位和个人。

征收标准：按照各单位和个人实际缴纳的增值税、营业税、消费税税额的 3% 缴纳。

（二）价格调节基金

价格调节基金是县级以上人民政府用于稳定和调控与人民生活关系密切的重要商品价格的专项基金。2002 年 7 月 1 日，省政府办公厅将价格调控基金更名为价格调节基金。2015 年 4 月 1 日起停止征收。

1990 年 1 月 20 日，山西省人民政府发布《山西省价格调控基金征集管理暂行办法》（晋政发〔1990〕7 号），决定从 1990 年 1 月 1 日开始，由各级税务部门负责征集价格调控基金。2002 年 7 月 1 日，山西省人民政府办公厅发布《山西省人民政府办公厅关于理顺价格调节基金管理工作的通知》（晋政办发〔2002〕34 号），将价格调控基金更名为价格调节基金。2005 年 1 月 10 日，山西省人民政府印发《山西省价格调节基金征收使用管理办法》（晋政发〔2005〕5 号），价格调节基金委托各级地税机关代征，以缴纳单位或缴纳人当期实际缴纳增值税、消费税和营业税额的 1.5% 计征。2014 年 11 月 28 日，《山西省财政厅 山西省物价局关于停止征收涉及煤炭天然气成品油价格调节基金的通知》（晋财建一〔2014〕267 号）决定，自 2014 年 12 月 1 日起，全省涉及煤炭、天然气的价格调节基金和成品油批发、销售环节的价格调节基金停止征收。2015 年 3 月 26 日，《山西省人民政府关于印发山西省减轻企业负担促进工业稳定运行若干措施的通知》决定，从 4 月 1 日起在全省范围内停止征收价格调节基金。

征收范围：凡在山西省境内从事生产、经营活动，有销售和应税劳务收入并缴纳增值税、消费税和营业税的单位及个人。

征收标准：按实际缴纳的增值税、消费税和营业税三税之和的 1.5% 计征。高赋税的卷烟、酿酒生产企业按实际缴纳的增值税、消费税和营业税三税之和的 1% 计征。

（三）水资源补偿费

水资源补偿费是山西省为加快基础设施建设、筹集引黄工程建设资金开征的一种规费，于 2011 年 1 月 1 日起停止征收。

1996 年 5 月 7 日，山西省人民政府公布《山西省水资源补偿费征收管理办法》（晋政发〔1996〕65 号），规定从 1996 年开始在山西省征收水资源补偿费；水资源补偿费分为 3 种，分别是煤炭水资源补偿费、电力水资源补偿费和自来水水资源补偿费，其中，煤炭水资源补偿费由地税部门征收。1996 年 10 月 10 日，山西省地方税务局发布

《山西省地方税务部门水资源补偿费征收管理实施细则》(晋地税财装字〔1996〕47号),规定从1996年6月1日起,从事煤炭生产和加工的企业、个人、煤炭运销公司及其发煤站、煤焦管理或其他煤炭经销机构,均为煤炭水资源补偿费的缴费人,按销售原煤每吨2元、洗精煤每吨3元、焦炭每吨4元计征。2010年,财政部下发《关于停止征收水资源补偿费、电源基地建设基金、铁路建设附加费等有关事项的通知》(财综〔2010〕89号),规定从2011年1月1日起停止征收煤炭水资源补偿费。

征收范围:在山西省境内从事煤炭生产和加工的企业、个人、煤炭运销公司及其发煤站、煤焦管理或其他煤炭经销机构。

征收标准:煤炭水资源补偿费按销售原煤每吨2元、洗煤每吨3元、焦炭每吨4元计征,在企业内部实行连续生产加工的按生产销售的最终产品计算缴纳煤炭水资源补偿费。1996年8月1日至2003年12月31日对山西省范围内的中央财政国有重点煤矿(统配矿)的征收标准:原煤、选煤每吨2.5元,洗煤每吨3.5元,焦炭每吨4.5元。根据《关于原煤洗煤焦煤水资源补偿费征收标准问题的通知》(晋政办函〔2004〕19号)规定,从2004年1月1日起,中央统配煤矿按照地方煤焦企业煤炭水资源补偿费的征收标准执行。

(四)煤炭城市建设附加费

煤炭城市建设附加费是为解决煤炭城市基础设施建设经费不足问题、专项用于煤炭城市基础设施建设而开征的一种规费,于1994年停征。

1992年,《国务院关于同意征收煤炭城市建设附加费的批复》(国函〔1992〕55号)规定,从1992年7月1日开始在各煤炭城市征收煤炭城市建设附加费。根据国家计委和财政部印发的《关于煤炭城市建设附加费征收管理和使用暂行办法》,结合山西省实际,1993年5月25日,山西省人民政府印发《山西省煤炭城市建设附加费征收、管理和使用暂行办法的通知》(晋政发〔1993〕44号),规定在山西省范围内开征煤炭城市建设附加费,明确由税务部门核实、征收。1994年9月23日,国家计委和财政部联合下发《国家计委 财政部关于停止征收煤炭城市建设附加费的通知》,决定从1994年10月1日起,停止执行征收煤炭城市建设附加费政策。

征收范围:全省各煤炭城市及各产煤县、区的煤矿(含国家统配煤矿、地方统配煤矿、地方国有煤矿、二轻煤矿、劳改煤矿、乡镇煤矿、军办煤矿、军民联办煤矿及私营煤矿等)。

征收标准:按煤矿销售的商品煤不分煤种、品种,每吨均向用户价外加收附加费1元。用自产煤生产的洗精煤、焦炭按原煤折算,洗精煤每吨加收1.5元,焦炭每吨加收2元。

（五）林业基金

林业基金是为加速林业建设，提高森林覆盖率，改善生态环境开征的一种规费，于2008年5月停止征收。

1995年3月20日，山西省人民政府办公厅印发《山西省林业建设基金代征办法》（晋政办发〔1995〕35号），决定从即日起由地税部门代征林业建设基金。2004年5月28日，山西省财政厅公布《关于变更林业建设基金项目名称等有关问题的通知》（晋财综〔2004〕57号），将林业建设基金名称变更为林业基金。2008年5月林业基金停征。

征收范围：全省境内所有从事煤炭及其他矿产资源开采的单位和个人。

征收标准：国家统配煤矿和平朔煤矿工业公司按原煤开采量每吨0.05元征收；地方国有煤矿、集体、个体开办的煤矿、其他部门和单位开办的煤矿，以及以各种形式投资开办的煤矿，均按原煤开采量每吨0.1元征收；铝、铁、铜矿按原开采矿石每吨0.2元征收。煤炭、铝、铁、铜生产企业在销售或自用开采的原煤、铝、铁、铜矿石时，由当地地方税务部门在征收资源税的同时，按资源税的课税数量，收取林业基金。

（六）文化事业建设费

文化事业建设费是国务院为进一步完善文化经济政策，拓宽文化事业资金投入渠道而对广告、娱乐行业开征的一种规费。2016年5月1日全面实行"营改增"后，文化事业建设费由国税部门征收。

1996年9月5日，《国务院关于进一步完善文化经济政策的若干规定》（国发〔1996〕37号）规定，从1997年1月1日起，在全国范围内开征文化事业建设费。明确由地方税务机关在征收娱乐业、广告业营业税时一并征收。结合山西省实际，1998年10月8日，中共山西省委宣传部、山西省地方税务局发布《关于开征文化事业建设费的通告》，决定自1997年1月1日起，在山西省境内开征文化事业建设费，由地方税务局征收管理。2016年3月28日，财政部、国家税务总局发布《关于营业税改征增值税试点有关文化事业建设费政策及征收管理问题的通知》（财税〔2016〕25号），自2016年5月1日全面"营改增"后，文化事业建设费由国税部门征收。

征收范围：在中华人民共和国境内依照《中华人民共和国营业税暂行条例》的规定缴纳娱乐业、广告业营业税的单位和个人。

征收标准：按缴费人应当缴纳娱乐业、广告业营业税的营业额和 3% 的费率计算应缴费额。

（七）农村教育事业费附加

农村教育事业费附加是为促进全省农村基础教育发展，用于民办教师工资的发放和弥补中小学公用经费不足开征的一种规费，于 2001 年停止征收。

1995 年 12 月 4 日，山西省人民政府印发《山西省农村教育事业费附加征收管理使用实施办法》（晋政发〔1995〕129 号），规定了农村教育事业费附加的征收管理原则及征收对象、征收时间和征收比例等内容，由乡（镇）税务所或县级地方税务部门负责征收。

征收范围：农户（包括林、牧、渔业户）和不缴纳增值税、消费税、营业税的乡镇企业、私营企业、个体工商户。

征收标准：按上年农民人均纯收入的 1.5% 计征；对不缴纳增值税、消费税、营业税的乡镇企业、私营企业、个体工商户，按销售收入的 4‰计征。

（八）河道工程维护管理费

河道工程维护管理费是为加强河道工程维护管理，提高防洪抗灾能力，保障人民生命财产安全，对河道工程维护管理提供资金保障开征的一种规费，于 2017 年 4 月 1 日起停止征收。

1996 年 12 月 12 日，山西省人民政府印发《山西省河道工程维护管理费征收使用办法》（晋政发〔1996〕131 号），规定从 1997 年 7 月 1 日起在山西省范围内开征河道工程维护管理费。办法规定："保护范围内农田（包括河滩地）的河道工程维护管理费由河道管理单位征收，其余由地税部门代征"。1998 年 6 月 4 日，阳泉市人民政府下发《关于开征河道工程维护管理费的通知》（阳政发〔1998〕44 号），规定阳泉市河道工程维护管理费从 1998 年 1 月 1 日起开征。2016 年 4 月 1 日，山西省水利厅下发《关于认定河道工程维护管理费缴费单位的通知》（晋水管〔2016〕92 号），重新核实和确定了保护范围内缴费单位名单。2016 年 8 月 2 日，山西省财政厅、山西省水利厅、山西省地税局联合下发《关于全面推开"营改增"试点后河道工程维护管理费征收相关问题的通知》（晋财综〔2016〕50 号），规定从 2016 年 5 月 1 日全面推开"营改增"试点后河道工程维护管理费的征收标准。2017 年 4 月 1 日，《山西省地方税务局 山西省水利厅转发关于清理规范一批行政事业性收费有关政策的通知》（晋地税发〔2017〕49 号）规定，从 4 月 1 日起，全省地税系统停止代征河道工程维护管理费。

征收范围：凡在山西省境内受河道工程和防洪排涝工程设施保护的生产经营性单位、个体工商户和农户，均应缴纳河道工程维护管理费。

征收标准：工商企业和个体工商户按当年实际缴纳流转税总额的1%缴纳；有生产经营性收入的事业单位按当年实际缴纳增值税和企业所得税总额的2%缴纳。

（九）残疾人就业保障金

残疾人就业保障金是为保障残疾人权益，由未按规定安排残疾人就业或安排残疾人就业未达到规定比例的机关、团体、企业、事业单位和民办非企业单位（用人单位）缴纳的资金。

1995年1月14日，财政部发布《残疾人就业保障金管理暂行规定》（财综字〔1995〕5号），规范和加强了对残疾人就业保障金的征收和管理。1999年6月8日，山西省人民政府公布《山西省按比例安排残疾人就业规定》（山西省人民政府第137号令）。2001年11月19日，山西省人民政府办公厅下发《关于由地税部门代征残疾人就业保障金的通知》（晋政办发〔2001〕第102号），决定山西省行政区域内各类企业的残疾人就业保障金由各级地税部门代征。2016年2月23日，山西省财政厅、山西省地方税务局、山西省残疾人联合会、中国人民银行太原中心支行联合下发《全省残疾人就业保障金征收使用管理实施办法》（晋财综〔2016〕8号），进一步规范全省残疾人就业保障金的征收使用管理。

征收范围：山西省行政区域内安排残疾人就业达不到1.5%比例的各类企业、机关、团体、事业单位和民办非企业单位。企业和从事生产经营的事业单位的保障金由用人单位所在地的地方税务局负责征收（比照税收管辖范围执行），机关、团体、其他事业单位和民办非企业单位的保障金，按照分级征收的原则，由同级残疾人就业服务机构负责核定、征收。

征收标准：保障金按上年用人单位安排残疾人就业未达到1.5%的差额人数和上年用人单位在职职工年平均工资之积计算缴纳。

（十）工会经费

工会经费是指工会依法取得并开展各项活动所需的费用。按照《中华人民共和国工会法》，工会经费的主要来源是工会会员缴纳的会费和按全部职工工资总额的2%向工会拨交的经费这两项，其中按全部职工工资总额的2%向工会拨交的经费是最主要的来源。

2005年5月10日，山西省总工会、山西省地方税务局发布《关于由地税部门统一代征工会经费的通知》（晋工发〔2005〕32 号、晋税发〔2005〕6 号），决定从 2005 年 9 月 1 日起，由各级地税部门负责代征工会经费，由财政代扣工会经费的除外。2007 年 2 月 28 日，阳泉市总工会、市地税局发布《关于阳泉煤业（集团）有限责任公司工会经费由地税部门代征的通知》（阳工发〔2017〕8 号），规定从 2007 年 1 月起，阳煤集团公司及其所属基层单位（也包括所属异地的企业）的工会经费收缴，统一纳入市地税部门代征范围。2016 年 4 月 28 日，山西省总工会、山西省地方税务局、中国人民银行太原中心支行联合下发《关于使用财税库银横向联网系统征缴清算管理工会经费的补充通知》（晋工发〔2016〕16 号），明确从 2016 年 1 月 1 日起，地税部门代征工会经费、工会筹备金的范围为全省所有企业、从事生产经营的事业单位。

征收范围：地税部门代征工会经费、工会筹备金的范围为山西省境内所有企业以及从事生产经营的事业单位，其他应缴纳工会经费、工会筹备金的行政机关和各类经济组织由当地工会负责征缴，由财政代扣工会经费的单位除外。

征收标准：已建立工会组织的各类企业、从事生产经营的事业单位，按其全部职工工资总额的 2% 的 50% 缴纳工会经费，其余 50% 部分由基层工会留用；没有建立工会组织的各类企业、从事生产经营的事业单位，按其全部职工工资总额的 2% 征收工会筹备金。阳煤集团建立工会组织的所有企业、事业单位、机关等各类经济组织，按应拨缴 2% 工会经费的 40% 征缴，剩余的 60% 经费按月向同级工会拨付，企业工会在收到行政拨来的工会经费后，将 10% 的工会经费上解到集团公司工会；阳煤集团公司所属单位未建立工会组织的，按全部职工工资总额的 2% 征缴工会筹备金。中国金融工会会员单位在山西省缴纳工会经费，按照本级和在山西省分支机构全部职工工资总额 2% 的 15% 向所在地主管地税机关汇总计算缴纳工会经费，分支机构具备法人资格条件的，单独向所在地主管地税机关计算缴纳工会经费。

（十一）焦炭生产排污费

依据国务院《排污费征收使用管理条例》和《山西省人民政府关于对焦化行业实施专项清理整顿的决定》（晋政发〔2004〕17 号），2005 年 4 月 15 日，山西省人民政府印发《山西省焦炭生产排污费征收使用管理实施办法》（晋政发〔2005〕12 号），决定从 2005 年 1 月 1 日起，开征焦炭生产排污费。该实施办法对焦炭生产排污费的核定、征收、解缴和使用等做了详细规定，并明确由地税部门代征焦炭生产排污费。

征收范围：山西省焦化行业专项清理整顿期间全省行政区域内所有焦炭生产企业（包括中央企业）。

征收标准：各级环境保护行政主管部门依据《山西省焦炭生产企业排污费计费生

产量核定办法》核定焦化生产企业收费产量，按照《山西省焦炭生产排污费核定征收管理实施细则》规定的焦炭生产排污费征收标准计算核定焦化企业应缴排污费额，地税部门依据环境保护行政主管部门送达的排污费缴纳通知单副本、焦炭生产企业名单及上月应缴纳排污费数额清单代征焦炭生产排污费。

（十二）民兵训练统筹费

民兵训练统筹费是为加强国防后备力量建设，做好预备役部队和民兵训练经费保障工作，减轻政府财政负担开征的一种规费。于 2012 年 8 月 1 日停止征收。

1997 年 12 月 4 日，山西省第八届人民代表大会常务委员会第三十一次会议通过《山西省民兵预备役工作条例》，决定自 1998 年 1 月 1 日起，由地税机关征收城市企业和非全额拨款事业单位的民兵预备役统筹费。1998 年 4 月 21 日，阳泉市人民政府发布《阳泉市民兵工作经费统筹实施办法》，在全市实行民兵工作经费统筹，阳泉地区征收标准为单位上年度职工年工资总额的 0.1%。2012 年 8 月 29 日，山西省地方税务局以晋地税函〔2012〕220 号文件转发山西省财政厅《关于省地税局〈关于请示民兵训练统筹费能否继续征收的函〉的复函》（晋财综函〔2012〕3 号），要求从 2012 年 8 月 1 日起全面停止代征民兵训练统筹费。

征收范围：山西省行政区域内城市企业和非全额拨款事业单位。

征收标准：上年度职工年工资总额的 0.1%。

（十三）煤炭可持续发展基金

煤炭可持续发展基金是煤炭开采企业按照《山西省煤炭可持续发展基金征收使用管理实施办法》规定，上缴省人民政府财政部门的政府非税收入，于 2014 年 12 月 1 日停止征收。

2007 年 3 月 10 日，山西省人民政府第九十七次常务会议通过《山西省煤炭可持续发展基金征收管理办法》（山西省人民政府令第 203 号），决定从 2007 年 3 月 10 日起，对在山西省行政区域内从事开采和收购原煤的单位和个人征收煤炭可持续发展基金，地税机关根据山西省人民政府的决定，受财政部门的委托负责基金征收管理工作。

征收范围：山西省行政区域内从事开采和收购原煤的单位和个人。

征收标准：基金征收按不同煤种的征收标准和矿井核定产能规模调节系数计征。具体计征公式为：

基金征收额 = 适用煤种征收标准 × 矿井核定产能规模调节系数 × 原煤产量。

全省统一的适用煤种征收标准为：动力煤 5—15 元 / 吨，无烟煤 10—20 元 / 吨，焦煤 15—20 元 / 吨。具体的年度征收标准由省人民政府另行确定。

收购未缴纳基金原煤的矿井核定产能规模调节系数一律确定为 2.0。

矿井核定产能规模调节系数表

表 2-13

矿井核定产能规模	90 万吨以上（含 90 万吨）	45 万吨—90 万吨（含 45 万吨）	45 万吨以下
调节系数	1.0	1.5	2.0

（十四）采矿排水水资源费

采矿排水水资源费为贯彻《中华人民共和国水法》《取水许可和水资源费征收管理条例》（国院令第 460 号）和《山西省水资源管理条例》，2011 年 4 月 8 日，山西省人民政府办公厅下发《关于地税部门代征采矿排水水资源费的通知》（晋政办发〔2011〕25 号），规定从 2011 年 1 月 1 日起，山西省行政区域内各类企业采矿排水水资源费的征缴工作委托各级地税机关代为征收。根据《财政部　国家税务总局　水利部关于印发〈扩大水资源税改革试点实施办法〉的通知》（财税〔2017〕80 号）的相关要求，自 2017 年 12 月 1 日起，全省地税系统代征采矿排水水资源费的征收标准降为零。

征收范围：山西省境内从事煤炭及其他矿产资源开采的所有单位（含中央驻晋企业）和个人，矿产包括煤、铁、铜、金、铝矾土、高岭土、石英石及其他矿产。

征收标准：按实际开采量每吨原煤或原矿按 3 元计征。

（十五）地方教育附加

地方教育附加是各省、自治区、直辖市根据国家有关规定，为实施“科教兴省”战略，增加地方教育的资金投入，促进本省、自治区、直辖市教育事业发展开征的一种地方政府性基金，主要用于地方教育经费的补充。

根据《中华人民共和国教育法》、财政部《关于统一地方教育附加政策有关问题的通知》（财综〔2010〕98 号）、《关于同意山西省开征地方教育附加的复函》（财综函〔2011〕10 号）文件精神，山西省人民政府于 2011 年 10 月 26 日印发《全省地方教育附加征收使用管理办法》（晋政发〔2011〕25 号），明确从 2011 年 2 月 1 日由地税机关征收地方教育附加。

征收范围：在山西省行政区域内缴纳增值税、营业税、消费税的单位和个人（包括外商投资企业、外国企业和外籍个人）。

征收标准：按照缴费人实际缴纳“三税”税额的2%征收。

三、非税收入情况

1994—2017年，阳泉市地税系统累计组织各项非税收入1791470万元，年均增长率13.66%，为促进全省和阳泉市经济发展、推动各项社会事业进步和民生改善提供了重要的财力保障。

图2-6 1994—2017年阳泉市地税系统非税收入变化图

2007年以后，随着煤炭可持续发展基金、采矿排水水资源费等费种的开征、非税征管法制的进一步完善以及信息化管理水平的不断提高，阳泉市非税收入进入了高速增长时期，占总收入的比重由2006年的12.76%增长到2008年最高峰的40.73%。2014年开始，随着财政部、国家税务总局和省政府一系列减轻企业负担、取消收费项目的政策出台，以及“营改增”的全面实施和资源税改革的推进，水资源补偿费、价格调节基金、河道工程维护管理费等费种陆续停征，文化事业建设费改由国税征收，煤炭可持续发展基金、采矿排水水资源费改为资源税，非税收入规模迅速回落，2018年3月底，全市地税系统非税收入占总收入的比重下降到8.16%。

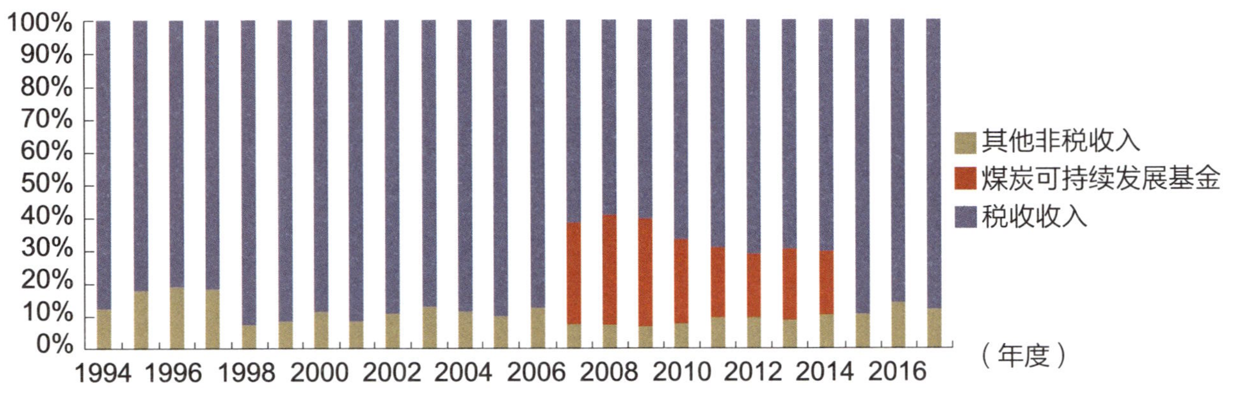

图 2-7　1994—2017 年阳泉市地税系统非税收入占总收入比重变化图

1994—2018 年分费种完成情况表

表 2-14　　单位：万元

年度	合计	教育费附加	价格调节基金	水资源补偿费	煤炭城市建设附加费	林业基金	文化事业建设费	农村教育事业费附加	河道工程维护管理费	残疾人就业保障金	工会经费	焦炭生产排污费	民兵训练统筹费	税务部门罚没收入	煤炭可持续发展基金	采矿排水水资源费	地方教育附加	社会保险基金	其他非税收入
1994	3216	116	468	2362	270	—	—	—	—	—	—	—	—	—	—	—	—	—	—
1995	5490	162	336	4938	54	—	—	—	—	—	—	—	—	—	—	—	—	—	—
1996	7098	1350	486	5185	—	77	—	—	—	—	—	—	—	—	—	—	—	—	—
1997	7415	1051	443	5772	—	86	56	7	—	—	—	—	—	—	—	—	—	—	—
1998	2737	948	405	1292	—	36	36	20	—	—	—	—	—	—	—	—	—	—	—
1999	3139	1180	509	923	—	87	33	363	44	—	—	—	—	—	—	—	—	—	—
2000	4615	1584	659	2168	—	96	46	11	51	—	—	—	—	—	—	—	—	—	—
2001	4605	1743	776	1905	—	90	38	—	53	—	—	—	—	—	—	—	—	—	—
2002	6200	2504	1090	2001	—	188	36	—	62	—	—	—	—	—	—	—	—	207	112

续表 2-14

年度	合计	教育费附加	价格调节基金	水资源补偿费	煤炭城市建设附加费	林业基金	文化事业建设费	农村教育事业费附加	河道工程维护管理费	残疾人就业保障金	工会经费	焦炭生产排污费	民兵训练统筹费	税务部门罚没收入	煤炭可持续发展基金	采矿排水水资源费	地方教育附加	社会保险基金	其他非税收入
2003	8820	2971	1234	2803	—	188	43	—	64	246	—	—	—	—	—	—	—	—	1271
2004	9591	3400	1532	3298	—	225	45	—	95	287	—	—	—	—	—	—	—	—	709
2005	11801	3996	1903	3533	—	241	57	—	91	356	400	210	77	—	—	—	—	—	937
2006	18234	7684	2219	3746	—	245	72	—	77	466	682	—	51	—	—	—	—	—	2992
2007	119999	9159	2936	9257	—	279	76	—	95	424	2634	—	123	10	95006	—	—	—	—
2008	164952	11943	4051	11016	—	321	82	—	116	429	3471	—	138	225	133160	—	—	—	—
2009	183509	13440	4865	10369	—	181	99	—	115	436	3533	—	140	318	150013	—	—	—	—
2010	201866	18436	9184	16022	—	—	110	—	367	690	4776	—	353	167	151761	—	—	—	—
2011	219899	22089	11045	3120	—	—	120	—	310	649	5151	—	356	179	148005	18200	10675	—	—
2012	241150	21604	12838	5289	—	—	135	—	1271	1291	5771	—	678	455	158174	20000	13644	—	—
2013	223186	20383	7716	—	—	—	171	—	705	962	6466	—	—	125	157140	18500	11018	—	—
2014	185052	19031	8225	—	—	—	57	—	1519	1798	6927	—	—	200	119136	17142	11017	—	—
2015	46211	11702	1370	—	—	—	32	—	1816	5098	6715	—	—	50	-4364	15870	7922	—	—
2016	51556	11934	-6	—	—	—	10	—	2333	5981	5645	—	—	45	—	17692	7922	—	—
2017	61129	15239	79	—	—	—	—	—	1386	7561	7520	—	—	39	—	19289	10016	—	—
2018年上半年	22247	8315	—	—	—	—	—	—	—	3914	4476	—	—	9	—	—	5533	—	—

1994—2018 年分单位非税收入完成情况表

表 2-15　　　　　　　　　　　　　　　　　　　　　　　　　　　　　单位：万元

年度	合计	平定县	盂县	郊区	城区	矿区	开发区	二分局	三分局	四分局	五分局	稽查局
1994	3216	457	180	490	51	42	12	—	1812	—	172	—
1995	5490	549	817	621	51	62	—	—	3205	—	185	—
1996	7098	558	840	698	92	112	20	—	4308	—	470	—
1997	7415	662	900	662	160	107	19	—	4540	—	365	—
1998	2737	382	296	291	171	83	11	—	1132	—	366	5
1999	3139	840	208	287	176	78	21	—	1136	—	392	1
2000	4615	540	381	191	210	104	29	—	2784	—	372	4
2001	4605	384	490	318	225	97	35	—	2684	—	369	3
2002	6200	500	839	442	319	165	40	—	3476	—	417	2
2003	8820	1829	1041	770	300	278	44	—	4053	—	505	—
2004	9591	1407	1636	876	377	297	55	—	4501	—	442	—
2005	11801	771	3516	1098	422	538	81	—	4836	—	539	—
2006	18234	939	5358	1332	694	865	156	—	8097	—	793	——
2007	119999	10887	27392	10449	1847	1329	267	—	66846	—	982	—
2008	164952	17302	43376	16831	2774	1752	458	44	81305	—	1110	—
2009	183509	11754	53586	18057	1878	2587	2919	58	91658	—	1012	—
2010	201866	13581	60138	13609	1470	3678	4594	66	101096	2487	1147	—
2011	219899	16892	53771	15853	1766	4469	6499	93	96040	23390	1126	—
2012	241150	15130	46199	12190	2250	8057	6621	149	123417	25396	1741	—
2013	223186	11120	29992	20150	2352	7950	3585	206	119888	26200	1743	—
2014	185052	10144	27437	13180	1951	5834	1692	458	96508	25498	2350	—
2015	46211	2941	3589	2878	1544	3351	1571	155	23038	4789	2355	—
2016	51556	3024	4651	3587	1606	2622	1818	198	24713	6928	2409	—
2017	61129	3495	8291	3263	2148	2756	1725	234	28268	8855	2094	—
2018 年上半年	22247	1875	2439	1673	1412	1517	978	217	8236	2778	1122	—

第三节　税费减免

1994—2017 年，全市减免税金共计 247849 万元。减免税项目涉及下岗职工再就业扶持减免、民政福利企业减免、高新技术企业减免、国产设备投资抵免、劳改企业减免、企业困难减免、小微企业减免以及特定事件抗非典时期的减免等等。全市地税系统把坚决落实税收优惠政策，当作组织收入原则的重要内容一以贯之，采取广泛宣传、送政策上门等多种方式，主动为纳税人落实减免税政策，助力全市经济社会稳健发展。

1994 年，全市减免税金 766 万元。减免的税种为：企业所得税 527 万元，农业税 188 万元，营业税 31 万元，城市维护建设税 17 万元，耕地占用税 3 万元。根据财政部、国家税务总局《关于企业所得税若干优惠政策问题的通知》（财税字〔1994〕001 号）规定，对福利企业、乡镇企业等实行减税或免税优惠政策，当年民政福利企业减免 103 万元，其中，企业所得税减免 88 万元。

1995 年 1 月 1 日起，全市地税系统执行《山西省企业所得税减免审批管理试行办法》，要求符合规定享受减税、免税的企业和经营单位，必须向当地主管税务机关提出书面申请报告，填写减免税申请审批表，并按规定提供相关资料，经县级地税机关批准后执行。1995 年，全市减免税金 215 万元。减免的税种为：农业税 130 万元，企业所得税 49 万元，契税 19 万元，营业税 11 万元，城市维护建设税 6 万元。减免的项目为：民政福利企业减免 43 万元，其他减免 172 万元。

1996 年，全市减免税金 230 万元。减免的税种为：农业税 200 万元，企业所得税 20 万元，耕地占用税 6 万元，营业税 3 万元，城市维护建设税 1 万元。减免的项目为：民政福利企业减免 7 万元，其他减免 223 万元。

1997 年，按照《山西省人民政府关于进一步推进再就业工作的意见》，鼓励用人单位吸纳下岗职工，“企业当年吸纳安置下岗职工占企业职工总人数 60% 的，免征三年所得税；当年安置下岗职工占企业总人数 30% 的，减半征收所得税三年”。当年，全市减免税金 448 万元。减免的税种为：农业税 416 万元，企业所得税 26 万元，城市维护建设税 4 万元，营业税 1 万元，耕地占用税 1 万元。减免的项目为：民政福利企业减免 21 万元，其他减免 427 万元。

1998 年，全市地税系统执行国务院《关于加强依法治税严格税收管理权限的通知》，认真开展了执法检查，重点对各基层局有无违反税收政策减税免税等方面问题进行了认真检查，对发现问题进行了及时纠正和处理。此外还组织了民政福利企业、校办企业年检和税收专项检查，逐户严格审查，对不符合减免税条件的福利企业和校办企业及时恢复了征税。当年，全市减免税金 81 万元。减免的税种为：企业所得税 79 万元，营业税 1 万元，城市维护建设税 1 万元。减免的项目为：民政福利企业减免 18 万元，其他减免 63 万元。

1999 年，市地税局加大减免税政策的宣传力度，在《阳泉日报》上以答记者问的形式，将国家对下岗职工的税收优惠政策做了详细解释，并要求各单位严格将有关税收优惠政策落在实处。当年,全市减免税金91万元。减免的税种为:企业所得税90万元,营业税1万元。减免的项目为：民政福利企业减免76万元，其他减免15万元。

2000年，全市减免税金100万元。减免的税种为：企业所得税92万元，营业税8万元。减免的项目为：民政福利企业减免61万元，其他减免39万元。

2001年，按照财政部、国家税务总局《关于调整住房租赁市场税收政策的通知》规定，“对按政府规定价格出租的公有住房和廉租住房，暂免征收房产税、营业税。对个人按照市场价格出租的居民住房，其应缴纳的营业税暂减按3%的税率征收，房产税暂减按4%的税率征收”。当年，全市减免税金67万元。减免的税种为：企业所得税39万元，营业税26万元，个人所得税2万元。减免的项目为：民政福利企业减免62万元，其他减免5万元。

2002年，全市减免税金1211万元。减免的税种为：企业所得税1184万元，营业税27万元。减免的项目为：民政福利企业减免102万元，其他减免1109万元。全市地税系统对建局以来的减免税情况进行了全面的调查统计，开展了营业税减免清理，进一步严格和规范了减免税管理。认真落实国有企业贫困职工和下岗职工再就业税收优惠政策，对1998年以来的下岗职工税收优惠政策落实情况进行了检查，为全市160余户自谋职业的特困职工或下岗职工免税务登记证工本费1.4万余元，减免税收387万元。

2003年，全市减免税金3043万元。减免的税种为：企业所得税2605万元，营业税401万元，城市维护建设税25万元，个人所得税12万元。减免的项目为：民政福利企业减免109万元，其他减免2934万元等。全市地税系统积极贯彻落实非典期间税收优惠政策，通过电视、报纸等新闻媒体和各级地税机关的办税服务厅、税法公告栏等场所进行了广泛宣传，全力配合政府和相关部门共同打赢抗击非典这场硬仗。严格执行省政府关于防治非典期间对部分行业减免规费、基金的优惠政策，全市防非典减免各项税收430万元；减免各项规费35.8万余元。全局积极落实下岗失业再就业税收优惠政策。与市劳动与社会保障局共同研究制定了落实方案，为全市国有企业下岗职工和享受最低生活保障并且失业一年以上的城镇其他失业人员发放再就业优惠证，对下岗失业人员再就业进行扶持，对营业税、城市维护建设税、个人所得税实行减免税优惠。根据省地税局要求，建立起了再就业工作目标责任制，工作报告制度和考核、验收工作机制，全市地税系统建立起了下岗失业人员再就业工作“一纵一横”目标责任制（形成纵向到底，即到具体承办人；横向到边，即到有关内设机构）。在为下岗失业人员办理减免税手续过程中实行了“一站式服务”，为31户纳税人减免税务登记证工本费1550元，减免各项税收3.9万元。

2004年，全市减免税金7087万元。减免的税种为：企业所得税6696万元，营业税248万元，个人所得税115万元，城市维护建设税26万元，房产税2万元。减免的项目为：民政福利企业减免393万元，再就业扶持减免302万元，其他减免6392万元。为了全面贯彻落实各项税收优惠政策，市地税局专门印制了《地方税收优惠政策摘编》，免费发放纳税人；对全市的农业产业化企业所得税优惠政策落实情况进行了专项调查；对提出国产设备投资抵免企业所得税申请的企业进行了资格审查。按照国务院办公厅转发的民政部等部门《关于扶持城镇退役士兵自谋职业优惠政策的意见》，对安置城镇退役士兵的企业和自谋职业的城镇退役士兵实行农业税、营业税、城市建设维护税、企业所得税的减免税优惠。确保再就业优惠政策落实到位，为符合条件的从事个体经营的下岗失业人员办理了减免税。当年全市地税系统共为1170户下岗失业人员自谋职业的纳税户，减免税务登记证工本费4.06万元，减免各项税收280万余元。

2005年，全市减免税金20075万元。减免的税种为：企业所得税19609万元，营业税265万元，个人所得税123万元，城市维护建设税38万元，房产税26万元，城镇土地使用税14万元。减免的项目为：民政福利企业减免577万元，再就业扶持减免335万元，其他减免19163万元。开展了2004年度农业税灾歉减免工作，对盂县14个乡镇、453个行政村、7万多名农户减免农业税60万元（全市3个农业县区中，平定县、郊区已停征农业税）。2005年，全市共为1415户下岗再就业人员减免税务登记工本费2.33万元，减免各项税费291万元。贯彻执行技术改造国产设备投资抵免企业所得税政策，9户企业抵免2004年度企业所得税7280.8万元。对国阳新能股份有限公司、阳泉市铝业股份公司两户企业报送的8300余万元的资产损失资料进行了审核，对阳泉市粮油经营中心等4户企业的资产损失进行了审批。

2006年，全市减免税金18837万元。减免的税种为：企业所得税18331万元，营业税270万元，城市维护建设税132万元，个人所得税86万元，房产税9万元，城镇土地使用税9万元。落实下岗失业人员再就业税收优惠，减免税务登记证工本费及各项税收3798.51万元。其中，为2767户下岗失业人员自谋职业的纳税户减免税务登记工本费11.32万元，免征税收及教育费附加909.65万元；为10户符合享受国家扶持下岗失业人员再就业优惠政策的企业，减免企业所得税2877.54万元，惠及下岗失业人员9000余人。

2007年，全市减免税金9909万元。减免的税种为：企业所得税9436万元，营业税339万元，个人所得税94万元，城市维护建设税28万元，城镇土地使用税7万元，房产税5万元。减免为项目为：民政福利企业减免449万元，其他减免9460万元。

2008年，全市减免税金27791万元。减免的税种为：企业所得税26953万元，营业税 654 万元，个人所得税 112 万元，城镇土地使用税 28 万元，土地增值税 24 万元，城市维护建设税 11 万元，房产税 9 万元。减免的项目为：民政福利企业减免 73 万元，再就业扶持减免 222 万元，其他减免 27496 万元。

2009 年，全市减免税金 4195 万元。减免的税种为：企业所得税 2720 万元，营业税 1381 万元，个人所得税 84 万元，城市维护建设税 10 万元。减免的项目为：民政福利企业减免 1 万元，再就业扶持减免 186 万元，其他减免 4008 万元。

2010 年，全市减免税金 14591 万元。减免的税种为：企业所得税 13761 万元，营业税 705 万元，个人所得税 60 万元，城镇土地使用税 32 万元，房产税 21 万元，城市维护建设税 12 万元。减免的项目为：再就业扶持减免 160 万元，其他减免 14431 万元。

2011 年，全市减免税金 20028 万元。减免的税种为：企业所得税 18495 万元，营业税 1386 万元，房产税 52 万元，城镇土地使用税 52 万元，个人所得税 36 万元，城市维护建设税 7 万元。减免的项目为：再就业扶持减免 104 万元，其他减免 19924 万元。

2012 年，全市减免税金 13821 万元。减免的税种为：企业所得税 11733 万元，城镇土地使用税 886 万元，营业税 854 万元，房产税 308 万元，个人所得税 20 万元，城市维护建设税 20 万元。减免的项目为：民政福利企业减免 25 万元，再就业扶持减免 22 万元，其他减免 13774 万元。

2013 年，全市减免税金 4300 万元。减免的税种为：营业税 1733 万元，个人所得税 1715 万元，契税 348 万元，土地增值税 346 万元，企业所得税 62 万元，城市维护建设税 54 万元，印花税 42 万元。减免的项目为：高新技术企业减免 1 万元，民政福利企业减免 12 万元，再就业扶持减免 11 万元，其他减免 4276 万元。

2014 年，全市减免税金 11450 万元。减免的税种为：营业税 4720 万元，企业所得税 3512 万元，个人所得税 1489 万元，契税 1137 万元，土地增值税 222 万元，城市维护建设税 168 万元，印花税 114 万元，城镇土地使用税 55 万元，房产税 33 万元。减免的项目为：再就业扶持减免 18 万元，其他减免 11432 万元。

2015 年，全市减免税金 23108 万元。减免的税种为：企业所得税 15701 万元，营业税 5055 万元，契税 1699 万元，城市维护建设税 236 万元，城镇土地使用税 125 万元，土地增值税 101 万元，印花税 83 万元，房产税 72 万元，个人所得税 36 万元。减免的项目为：高新技术企业减免 1230 万元，民政福利企业减免 1091 万元，再就业扶持减免 9 万元，其他减免 20778 万元。

2016 年，全市减免税金 25998 万元。减免的税种为：企业所得税 10051 万元，城镇土地使用税 5309 万元，营业税 3297 万元，资源税 2460 万元，契税 1737 万元，房产税 1341 万元，个人所得税 424 万元，土地增值税 289 万元，城市维护建设税 216

万元，印花税 53 万元，车船税 1 万元，其他税收 820 万元。减免的项目为：高新技术企业减免 1495 万元，民政福利企业减免 474 万元，再就业扶持减免 18 万元，其他减免 24011 万元。

2017 年，全市减免税金 41370 万元。减免的税种为：城镇土地使用税 10538 万元，企业所得税 8080 万元，个人所得税 5380 万元，土地增值税 5158 万元，契税 4626 万元，资源税 3077 万元，房产税 916 万元，印花税 179 万元，车船税 63 万元，其他税收 3353 万元。减免的项目为：高新技术企业减免 1249 万元，民政福利企业减免 246 万元，再就业扶持减免 23 万元，其他减免 39852 万元。

第二章 征收管理

阳泉市地方税务局组建后，从制度建设着手，不断强化征收管理，持续进行征管改革，努力提高征管信息化水平，严厉打击各种涉税违法犯罪行为。1994—2018 年的 24 年间，税务登记不断完善，申报流程不断规范，办税程序不断简化，代征代扣不断规范，纳税评估水平不断提高，发票管理不断强化，税收管理的成效大幅提高。同时建立健全了税务稽查制度，深化完善了稽查体制机制，通过税收专项检查和举报案件管理，整顿和规范了税收秩序，推进了依法治税，保障了税收收入，促进了经济社会的发展。

第一节 税收征管

一、征管改革

1994 年，国家实行以分税制为核心的财税体制改革，阳泉市按照省政府要求，着手分设阳泉市国家税务局、阳泉市地方税务局两套税务机构的工作。阳泉市地方税务局于 8 月 8 日正式成立，各县、区、分局分别于 8 月 9 日、10 日正式成立。组建后的市地税局机关设 8 科 1 室，下设 8 个基层局、39 个税务所，负责全市辖区内国税、地税共管户 10510 户、地税系统单独管户 3990 户地方税收的征收与管理工作。11 月，按照山西省地方税务局的安排部署，市、县两级农税机构和农税人员交由地税部门管理。

1995 年，开展深化税收征管改革试点工作。一是以市直属二分局为试点，开展纳税申报先行、纳税检查紧跟、现代化手段支撑的三位一体的征管改革，逐步实现专管员由管户向管事转变，由分行业管理向分税种管理转变，由手工操作向计算机管理转变。二是以城区地税局为试点，改革个体税收管理办法，改分片管理为分行业管理，调整了税务所设置，成立 3 个行业管理所，分别管理个体运输（主要是出租车）、外来及本地个体建筑安装队、个体饮食服务的税收。在城建部门和各驻阳泉办事处的配合下对外来建筑安装队实行税款的代征代扣；企业财务部门对个人所得税进行代扣代缴；工商、国土、房地产开发、房产管理部门对契税、印花税的代扣代缴。两县一郊都建立了县、乡、村三级协税护税网络。建立健全征管体系，保证税款应收尽收。探索进行计算机征收与管理工作。对全市的7个重点税务所进行计算机税务管理，对全市2230户国税、地税共管户、730户地税纯管户进行计算机开票征收和征管资料计算机管理，征管质量和效率得到提升。

1996年，市地税局在个人所得税申报改革、征管信息化建设、专管员制度变革等方面不断引深征管改革。一是推行个人所得税自行申报纳税和个人收入明细表报送制度的改革试点工作，按照省地税局要求，在金融、电力、铁路行业率先推行这项改革的同时，阳泉市又将试点扩大到律师、煤炭运销、交通征费3个行业，并与阳泉市文化局联合制定《对文化市场和娱乐市场的个人所得税管理办法》。二是征管信息化改革取得进展，加快征收大厅建设步伐，市直分局、城区地税局、开发区分局、平定县地税局的城镇、集贸两所共5个征收大厅建成，市地税直属二分局作为全市地税系统计算机开发的重点单位，在计算机开发利用上又取得了新的突破。三是继续抓好专管员制度改革试点。市地税直属二分局在1995年改革的基础上，又把改革进一步引向深入。基本取消了专管员管户制度，以税款的申报缴纳为主线，对内设各科室的职能进行重新划分，形成了从办理、变更税务登记（税政科）、到管理、审核纳税申报（管理一科）、到税款征收入库（计会科）、到违章跟踪检查（管理二科）环环紧扣、严密监控的新的征管格局，同时按照新的《地方税收征管规程》建立了一系列严格的资料信息传递制度。改革取得了明显效果。

1997年，按照国家税务总局确立的“以纳税申报和优化服务为基础，以计算机网络为依托，集中征收，重点稽查”的征管模式，《阳泉市地方税务局关于进一步强化税收征管改革的实施意见》的改革方案经省地税局批准后全面实施。各基层地税局结合自己的工作特点，围绕市地税局征管改革方案，制定了本单位的征管改革方案和实施细则。调整了征管机构，充实了稽查力量，全面实行自行纳税申报，通过办税服务厅集中征收。一是调整征管机构，按改革的要求配置职能。二是建立办税服务厅，实施集中征收。三是建立自行申报制度，对所有纳税人实行自行申报纳税制度，并对申报纳税进行分类管理。四是实行分类稽查制度，建立双层稽查体系，强化重点稽查。建立市直稽查分局和县（区）稽查分局、市直征收分局检查科的双层稽查体系。五是搭建计算机网络，推进计算机在征管中的应用，各项征管业务全面纳入计算机管理和监控。

2月26日，经省地税局征管处与计算机中心组成的考察团考察，阳泉市城区地税局办税服务厅被确定为全省地税征管软件首家试点单位。3月投入试运行，城区地税局1700多个不同类型的管户运用新软件征收。5月1日起，城区全部管户的税收业务由办税服务大厅集中征收。4月，市直分局的办税服务大厅也开始运用新软件征收，市、县两级地税局对征管软件进行了推广应用和培训工作。

4月3—5日，全省地方税收征管工作会议在阳泉召开。会议交流了征管改革的经验，实地观摩了省地税局开发的全省网络版税务管理软件，研究了软件的推广应用工作，讨论了省地税局深化税收征管改革的实施方案。省地税局领导张辉喜、巨宪华、冯佳根等参加了会议。这次会议是市地税局组建后首次承办的全省性税收工作会议。

1998年，市地税局继续推进纳税申报和集中征收管理模式改革，并对纳税服务措施进行优化，完善专管员职能转换，对稽查部门进行了人员调整充实。4月2日，市地税局召开企业改制与税收管理研讨会，交流研讨全市地税部门开展企业改制与税收管理调查的情况和成果。7月17日，市地税局在城区地税局召开全市地税系统个体私营税收管理现场会。城区地税局和各县（区）局介绍了个体税收清理整顿经验，与会人员进行了实地查验。省地税局征管处处长张晓东、市政府副秘书长李连兆、市财委副主任冯艾栋、城区副区长曹凯明参加会议并对阳泉市地税局的个体税收清理整顿工作给予高度评价。

1999年，全市9个基层局全部建立了办税服务厅，并全部装配使用了省地税局的网络版征管软件。12个农村税务所实行了计算机单机征收，自行开发使用了财务分析等软件，征管手段更加先进，征、管、查之间的相互制衡机制更为完善，征管水平有了新提高。

2000年，市地税局出台《阳泉市地税局关于进一步深化征管改革的实施意见》，把计算机在税收征管中的应用作为深化征管改革的突破口，探索建立计算机“管税”“管人”的良性互动机制，全市范围内所有的税务所都配齐了计算机，投入正常运行的达88.60%。市地税局在有条件的农村税务所推广应用了省地税局开发的农税征管软件，平定县、盂县、郊区3个地税局的农税报表实现计算机传输，确保了农业四税任务的完成。

5月22日，市地税局在平定县地税局娘子关税务所召开全市地税系统征管基础建设工作娘子关税务所现场会。各县（区）地税局、市直分局局长、分管局长、征管科（股）长和部分税务所长参加了会议，会议总结推广了娘子关税务所征管改革经验，发出“向娘子关税务所学习”的号召，娘子关征管改革经验材料被省地税局转发。

2001年，市地税局加快推进税收信息化建设，引深征管改革。一是加快计算机联网步伐，为全市所有税务所全部配备计算机，基本实现了计算机对管户、纳税申报、税款征收和违章处罚的全程监控。二是推广应用省地税局最新版征管软件，抓好稽查软件的试运行工作。三是修改完善全市重点税源监控软件，提高数据分析能力和动态监控水平。计算机“管人”“管税”的机制形成。着手进行农村税费改革准备工作。

组织开展了农业税计税基础调查工作，成立了农业税计税基础调查工作领导组，选择平定县锁簧镇、郊区荫营镇和盂县东梁乡进行典型调查。取得了有关农村现有土地的实际面积、常年粮食产量、农民税费负担等的第一手资料。11月18日，市地税局在阳泉市行政审批大厅设立税务登记窗口，对市直各分局管辖范围内的管户，城区、矿区、开发区范围内除个体工商户以外的所有内资企业，全市范围内的涉外企业进行税务登记。

2002年，按照省地税局批准的《阳泉市市县地方税务局机构改革实施意见》，对市地税局、市直分局和县（区）局的机构设置进行调整，调整后基层局的派出机构比原来减少14个。10月31日，市地税局召开阳泉市地税系统税收征管示范街（市场）暨税收信息化建设现场观摩会，参观了城区地税局创建的3条征管示范街和2个征管示范市场；参观了平定县地税局信息化建设成果展示。省地税局党组成员、副局长冯佳根，市委常委、常务副市长王舰民出席会议对市地税局的工作给予充分肯定。

2003年，适应新《中华人民共和国税收征收管理法》及其实施细则要求，建立和完善了各项征管工作制度，规范征收管理等各个环节，并按照“一法一则”的要求，对原有的一些征管制度进行了修订，相继印发《阳泉市地方税务局税务登记管理制度》《阳泉市地方税务局税款征收管理制度》《阳泉市地方税务局纳税申报管理制度》《阳泉市地方税务局日常税收检查制度》等18项制度，从登记管理、纳税申报、征收管理、发票管理、税收检查、税收法制、责任追究等方面进行了规范。5月下旬，市地税局开始推进农村税费改革。按照省地税局和阳泉市委、市政府的部署，通过《阳泉日报》、阳泉电台、阳泉电视台对有关农村税费改革的政策进行宣传，组织进村入户对全市3个农村县（区）第二轮土地承包情况、计税土地面积、计税常年产量进行了全面的调查摸底，掌握了计税面积、常年产量、计税价格等第一手基础资料。与有关部门共同制定了《改革试点方案》，为改革的顺利进行打下了基础。年底，完成了计税土地面积、计税常年产量和新的农业税进村入户的公示工作，入户率达到100%。

2004年，加快推进税务登记改革和基层基础建设。8月10日，市地税局税务登记管理局成立，负责办理税务登记、纳税申报、税款征收、发票发售、咨询服务等业务。同时制定了《登记管理局工作职责》《登记管理局征收工作操作规程》和《税务登记管理局、征收分局和稽查局有关资料传递的规定》等规定，规范了登记管理局与征收局的业务流程。12月8日，召开全市地税系统基础管理现场观摩交流会，总结创建基础管理示范单位经验，观摩了矿区地税局、平定县地税局、城区地税局、农税局、市地税直属一分局、市地税直属二分局、市稽查局等7个单位的基础管理工作情况。省地税局党组成员、总经济师刘建光及省地税局有关处室人员出席会议并对工作成效给予肯定。

2005年，推行“税收管理员制度”和“纳税评估制度”。按照省地税局《进一步深化税收征管改革实施意见》要求，将税务所设置、税务机构名称进行了规范统一，将登记征收局、征收分局统一更名为直属分局；规范了征收、管理、稽查各环节的工作职能，推行了“统一登记、集中征收、属地管理、重点稽查”的征管模式。

2006年，推进税收管理科学化、精细化、规范化建设。市地税局制定《阳泉市地税系统税收管理员工作实施办法》，进一步细化了税收管理员的职责。10月下旬，市地税局在郊区地税局召开纳税评估郊区观摩推进会，总结交流了郊区地税局在煤炭行业开展纳税评估的工作经验，积极探索建立纳税评估体系，形成了一套对煤炭行业进行评估的方法和指标体系，纳税评估工作经验材料《抓重点开展纳税评估，强管理提升服务水平》被省地税局转发。12月，市地税局召开阳泉市地税系统税务所规范化管理现场推进会，总结和交流全市地税系统税务所规范化管理工作经验，明确了税务所建设的目标和任务，推动了税务所规范化管理水平的提高。

2007年，加快税收征管信息化改革步伐。一是以全省综合征管软件上线为契机，将管户、欠税全部进台账、进大厅、进新的征管系统，掌握了全市经济和税源变化情况。二是强化和完善市、县（区）、税务所、税收管理员四级税源监控网络，加强税源管控，打牢征管基础。三是完善与落实税收管理员制度相关的配套办法，出台《税收管理员考核办法和岗位轮换办法》，加快了税收管理员制度的落实。4月19日，市地税局召开全市地税系统使用国家税务总局综合征管软件系统动员会，启动上线工作。7月1日起，全市地税系统全部使用国家税务总局推广的综合征管软件进行税收征收管理。9月19日，省地税局文件转发市地税局《关于贯彻省地税局“四项建设”决定的实施意见》和《关于贯彻落实省地税局制定的为纳税人和基层地税机关服务两个实务标准化操作示范的实施意见》的经验，对阳泉市地税局开展“四项建设”，落实“两个操作示范”工作给予肯定。

2008年，开展了全省地税“两个减负”试点工作。3月19日，省地税局将阳泉市地税局确定为全省减轻纳税人负担、减轻基层负担“两个减负”工作试点单位。平定县地税局和城区地税局两个试点县（区）局制定了《落实“两个减负”的实施方案》上报省地税局，得到了省地税局肯定。

2009年，实行了“涉税事项通办、服务资源共享”的新型征管和服务模式，被市政府列为2009年政府工作创新项目，国家税务总局外部网站进行了报道。市地税局以平定县地税局为试点，推行了网上文书流程审批，确定了税务登记类、纳税核定类、减免类、发票类等4大类29项文书在综合征管系统内实行网上流程审批。

2010年，探索推进以税收信息化为支撑的税源管理新机制。一是市地税局被省地税局确定为“新版重点税源监测分析管理系统应用试点单位”，编写改版业务需求、业务流程和客户端操作手册，将重点税源监测分析管理系统与综合征管软件系统对接，实现了重点税源数据从综合征管软件系统随机提取。二是推进财税库银横向联网电子缴税工作。市地税局启动了财税库银横向联网电子缴税工作，成立了由市政府牵头，地税、国税、财政、人行四家联合工作领导组，保证了电子缴税工作进展顺利。三是开展税收预警分析，全面推广使用税收预警分析管理系统，发挥了税收预警在税收管理和组织收入中的事前防范作用。四是征管文书在全市地税系统上线，构建落实“两制”和“两个操作示范”的长效机制。五是加强综合征管软件系统数据应用工作，在矿区地税局和城区地税局开展了建筑安装业纳税评估试点工作。

2011年，全面推广纳税人网上申报和机打发票应用系统两项重点工作。制定《阳泉市地方税务局网上申报实施方案》，将网上申报和机打发票应用系统在全市地税系统及广大纳税人中推广应用。12月底，全市地税系统登记的正常纳税户21868户，其中财税库银横向联网签约户共12170户，开通网上申报户4474户，占正常纳税户的20.46%，占财税库银签约户的36.76%，全年累计9838户纳税人成功实现网上报税。制定《阳泉市地方税务局重点税源企业纳税评估工作方案》。9月，在全市范围内对煤炭行业、房地产、建筑安装行业等80户企业开展了重点企业纳税评估及税源调查工作。按照省地税局部署，制定了稽查改革实施方案，将城区、矿区、郊区3个县（区）稽查局并入市稽查局。

2012年，深化信息管税，加强税收征管精细管理。一是全面加强征管数据质量考核，在省地税局征管状况监控考评中，全市税务所、税源管理科、办税服务厅总体位列全省第三，优秀税收管理员考评位列全省第二。二是推进财税库银横向联网电子缴税试点工作。三是推进房地产税源项目管理和存量房评估信息共享平台建设，成立了由税务人员和房产评估师组成的存量房交易评估房屋基准价委员会，市地税局被确定为全省“项目管理和存量房评估信息共享平台”建设试点单位。四是于10月26日在全省率先开通了24小时自助办税服务。

2013年，深化“金税三期”建设和大企业管理征管改革。一是推广应用“金税三期”信息管理系统。3月，“金税三期”上线筹备；10月8日，对外实行单轨运行。二是构建以信息化为支撑的现代税收征管体系，出台《关于进一步深化税收征管工作的实施意见》，明确了征纳双方权利和义务，和以风险管理为导向，以专业化管理为基础，以重点税源管理为着力点的征管模式。三是探索大企业税收管理试点，确定了市地税局直属三分局为大企业税收专业化管理试点单位。9月，对市地税局直属三分局的管户和管理人员进行了调整。

2014 年，在大企业税收管理方面取得突破。一是作为全省地税系统的大企业税收专业化管理试点单位，以“金税三期”系统为依托，以阳煤集团为试点，开发了大企业税收服务和管理信息平台，实现了对集团企业的管户和税收的集成管控。市地税局大企业税收专业化管理的经验在全省地税系统改革创新推进会上进行了交流，并代表省地税局参加了全国税务系统 2014 年度创新项目展示，荣获二等奖。

2015 年，全面落实国家税务总局征管规范和商事制度改革。一是落实《全国税收征管规范（1.0 版）》，将征管规范与《全国税务机关纳税服务规范》进行对接，对“金税三期”征管系统中的相关岗责流程进行相应优化，将纳税人依申请事项全部前移至办税厅办理，进一步方便了纳税人。二是顺利推进“三证合一、一照一码”登记制度改革，协同阳泉市工商、国税等部门积极落实“三证合一”登记制度改革，全年全市地税系统完成 1221 户“三证合一”纳税人的涉税事项办理。三是以盂县地税局为试点，积极推进国税、地税联合办税。全年盂县地税联合办税窗口共办理涉税业务 2800 余项，联合征收税费 198.27 万元。

2016 年，全面落实国税、地税合作规范，稳步推进征管体制改革。为全面贯彻落实中央《深化国税、地税征管体制改革方案》，市地税局与市国税局成立了深化征管体制改革领导组，组长为市地税局局长陈友福和国税局局长曾随正，副组长为市国、地税局班子成员，领导组成员为各科室负责人。根据征管体制改革方案的要求，创新开展国税、地税合作，“互联网 +”税务等各项工作。联合下发《国家税务局地方税务局合作工作规范（2.0 版）》《国家税务局地方税务局合作工作规范（3.0 版）》实施方案，共同确定了 31 项基本合作项目，9 项创新合作项目。与市国税局联合发文 17 份，在办税服务、风险管理、管户核查、信息共享等方面取得 6 个方面的突破。一是实现税务登记信息及时共享。二是全市 6 个基层局、市地税直属一分局全部进驻国税办税大厅互设窗口，全年征收地方税费 3100 万元。三是联合与 10 户大企业签订税收遵从协议，对双方的权利义务关系进行约定。四是按季联合开展欠税公告，对欠税额在 200 万元以上的 56 户纳税人总计 3.71 亿元欠税情况进行联合公告。五是联合与工商、民政、金融等 10 个部门签订合作协议，建立信息交换机制。六是联合开展税收风险管理，联合对 5 户企业开展税收风险后续管理，确认税收风险点 5 个，查补税款 38.04 万元。开展“金税三期”优化版双轨试运行。制定《双轨试运行工作方案》，对双轨阶段主要工作进行了安排部署。9 月 10 日起，盂县地税局小双轨试运行；9 月 12 日起，全市地税系统全面启动双轨试运行。双轨试运行期间，“金税三期”优化版系统补录业务量总计 18.86 万多户次（笔），双轨运行业务量走在全省前列。

2017 年，全面贯彻落实省地税局“带好队、收好税、造环境、促转型”的总体工作思路。制定《阳泉市地税系统转变税收征管方式提高征管效能的实施方案》，围绕打造审批最少、流程最优、体制最顺、机制最活、效率最高、服务最好的“六最”营商环境，积极探索税收征管方式的转变。盂县地税局和盂县国税局作为全省地税系统国税、地税合作示范单位之一，成功试行“一人一机一窗双系统”办税模式；郊区地税局和郊区国税局共建了办税服务厅；市地税局直属分局试行分类分级管理的税源专业化管理模式，全市地税系统转变征管方式提高征管效能工作不断向前迈进。

深入推进国地税合作。市地税局与市国税局联合转发了山西省国税局、地税局关于印发《联席会议制度》等 6 项推进深化国税、地税征管体制改革工作制度的通知，联合下发了《2017 年度税收风险分析规划》，联合按季对欠税进行了公告，联合开展了“金税三期”数据治理。

11 月 2 日，贯彻落实《全省税务系统优化税收营商环境服务经济转型发展实施意见》，制定并下发《阳泉市税务系统落实〈全省税务系统优化税收营商环境服务经济转型发展实施意见〉任务分解及责任清单》，将省地税局 28 条措施进一步细化为 89 项工作任务，通过制定工作清单和责任清单，促使《实施意见》落到实处。

二、税务登记

1994—1996 年，税务登记以手工填写为主，由各全职能税务所受理审核纳税人报送的税务登记表，并收取工本费，然后送回县（区）征管部门进行税务登记证的手工填写或电脑打印，再由税务所发放给纳税人。城区地税局、矿区地税局采用电脑打印税务登记证，其余县（区）局均为手工填写。核发税务登记证收费标准为个体工商户 50 元，私营以上企业 100 元。

1996 年，全市地税系统开展第一次税务登记验证、换证工作。使用全国组织机构统一代码证书。

1997 年 2 月，经省地税局征管处与计算机中心组成的考察团考察，阳泉市城区地税局办税服务厅被确定为全省地税征管软件首家运行试点单位，通过征管软件系统办理税务登记，打印税务登记证件。

1998 年，在全市地税系统推广使用省地税局开发的征管软件（TAXNET 系统），通过征管软件办理税务登记，打印税务登记证件。全市地税系统开展第二次税务登记验证、换证工作。

1999 年，组织了税务登记证换证工作，全市共换发税务登记证 9319 户，换发注册税务登记证 114 户，通过换证清理出漏管户 429 户。

2001 年 12 月，阳泉市地税征收一分局登记科成立，并入驻阳泉市行政审批中心。登记范围为市直各分局管辖范围内的管户、城区、矿区、开发区除个体工商户外的所有内资企业、全市范围内的涉外企业。审批事项为开业税务登记、变更税务登记、注销税务登记、审验税务登记、换发税务登记证的受理、审核、登记、发证。

2004 年 8 月，阳泉市地方税务局登记管理局成立，承担阳泉市地税局直属三分局登记科的登记职能。

2005 年，阳泉市地税直属一分局实行“一审一核”制度，设立税务登记资料科审查岗和核准岗，进一步明确了审查员、核准员的岗位职责、工作程序、时间要求等。

2006 年，全市地税系统开展第三次税务登记验证、换证工作。

2007 年 7 月，山西省地税系统综合征管软件上线，全市地税系统的税务登记实现“省地税局数据集中”办理模式。

2011 年 2 月 1 日起，根据《国家税务总局关于转发〈财政部　国家发展改革委关于取消部分涉企行政事业性收费的通知〉的通知》要求，办理税务登记和核发税务登记证时，不再收取工本费。

2013 年 10 月，“金税三期”税收管理系统全面上线，税务登记通过“金税三期”系统进行办理。市地税局根据《国家税务总局关于贯彻落实〈国务院关于第六批取消和调整行政审批项目的决定〉的通知》，取消“对停业和复业办理税务登记的核准”。

2014 年，市地税局根据《国家税务总局关于贯彻落实〈国务院关于取消和下放一批行政审批项目的决定〉的通知》，取消“对办理税务登记（开业、变更、验证和换证）核准”。

2015 年，市地税局根据《国家税务总局关于贯彻落实〈国务院关于取消非行政许可审批事项的决定〉的通知》，取消“对办理税务登记（外出经营报验）的核准”。

2015 年 10 月 1 日，全市地税系统推行“三证合一、一照一码”登记改革。对新设立企业、农民专业合作社（以下统称“企业”）领取由工商行政管理部门核发加载法人和其他组织统一社会信用代码（以下称“统一代码”）的营业执照后，无须再次进行税务登记，不再领取税务登记证。企业办理涉税事宜时，在完成补充信息采集后，凭加载统一代码的营业执照可代替税务登记证使用。

2016 年，市地税局根据《国家税务总局贯彻落实〈国务院关于第二批取消 152 项中央指定地方实施行政审批事项的决定〉的通知》，的要求，取消“扣缴税款登记核准”。

2016 年 10 月 1 日起，企业和农业合作社实行营业执照、组织机构代码证、税务登记证、社会保险登记证和统计登记证“五证合一”。12 月 1 日起，全市地税系统个体工商户营业执照和税务登记证整合，由工商行政管理、税务部门分别核发的营业执照和税务登记证，改为由工商行政管理部门核发1个加载法人和其他组织统一社会信用代码的营业执照，实现了工商、税务部门的个体工商户数据信息共享。

三、申报征收

1994年，全市地税系统申报征收主要采取由全职能税务所受理申报并征收的方式，使用手工填开的纸质税收完税证和缴款书，部分零散户使用定额税票。市地税直属一分局、市地税直属二分局税收完税证和税收缴款书全部由电脑打印，印花税票销售凭证为手工填写。平定县地税局为做好个体运输户税收征管，制定了《加强个体运输业税收征管的办法》，抽调税干在县交通征费稽查所设立个体车辆税收征收机构。规定一切机动车辆在缴纳养路费的同时缴纳运输有关税款，依照缴纳养路费的期限包缴，交通征费所凭完税凭证，办理养路费手续。矿区地税局与运管所、交警队、交安委一起组成联合检查组对个体运输户进行检查，并核发委托代扣代征证书，在换发驾驶证、行车证及年度检验时，代扣代缴各项税款。

1995年，健全完善了代征代扣网络和协税护税组织，全市全年共发展代征代扣户1650户，代扣代缴税款1904万元；共发展协税护税组织128个，受理举报偷税案件8起，追缴税款95.6万元。

1996年，开展个人所得税自行申报纳税和个人收入明细表报送制度的改革试点工作。市地税局与市文化局联合制定《对文化市场和娱乐市场的个人所得税管理办法》。在市体育彩票和福利彩票组织单位的配合下，对2次福利彩票和1次体育彩票抓奖中获奖个人的应纳个人所得税款及时进行了代扣代缴，共征收个人所得税33万元。全年共征收个人所得税2380万元。

1997年2月，省局在城区地税局办税服务大厅试点运行的新征管软件成功上线，实现了完税证明电脑开具、税款集中征收。市地税直属一分局、二分局联合办税厅和城区地税局与建设银行联合推行POS机刷卡缴税。平定县地税局在保留原有税务所的基础上，建立了13个征收办税厅（室），开设了税务登记、申报审核、税款征收、发票发售、税务咨询、综合服务等基本办税窗口。11月，在县城的城镇、集贸、城关3个所联合成立了办税服务厅，实行计算机集中征收。

1998年，部分配备计算机的税务所使用全省新征管软件实现单机版征收。盂县地税局将城镇一所、二所管户纳入计算机管理，统一使用征管软件征收税款。对零散个体摊点和封闭式农贸市场仍使用定额税票征收税款。城区地税局在个体税收清理整顿中采取边清理、边规范、边征收的方式，利用业余时间和节假日对早市、夜市摊点当场核定定额，由专管员使用定额完税证征收其应纳税款。加强了农业税收征管。开展了契税代征工作。在市土地局、开发区土地分局的支持配合下，设立了2个契税代征点。推进农业特产税“按亩计征”的试点工作。选择平定县张庄镇新村和南后峪村为试点单位，组织对其应税项目的种植品种、亩数、年限及株数等进行清查，建立农业特产税信息数据库。推行农业税收户缴户结办法，在各级政府、村委会及粮食部门的支持配合下，严格执行农业税收的户缴户结。

1999年，市地税局对6个专业市场和17个封闭性市场进行了认真清理，委托市场管委会统一代扣代缴税款，基本解决了封闭性市场的税费混淆、管户不清、定额征收管理不规范的问题。制定了《阳泉市契税管理办法》，将代征代扣与税务机关直接征收相结合，强化了政策宣传和日常督促检查，规范了契税减免程序。

2000年，在市房地产交易中心设立契税征收窗口，征收市区范围内的契税，初步形成了“纳税人申报、征收机关核查、相关部门配合”的契税征收模式。大力推广农税征管软件，为有条件的农村税务所安装了省地税局开发的农税征管软件，实现了农税征收方式和征管手段的改变。盂县地税局建立城镇局域网，将城镇第一税务所、第二税务所和个体税务所纳入计算机管理。对2个分局及8个税务所的管户实行单机管理，逐步完善以计算机申报征收为主的税款征收体系。

市地税局制定下发《关于严格规范代开发票管理的通知》，要求各基层局必须设立代开发票登记簿，必须使用专用发票，发票代开情况要按月向市地税局征管科上报，4—5月，在全市开展发票专项检查，共查出有问题户93户，违章发票4924份，共处罚款31.83万元，补税20.12万元。与公安部门配合加大对发票违法犯罪活动的打击力度。城区局根据群众举报，在城区公安分局税案办公室的配合下，一举查获两起饮食业假发票案，查出假发票1600份，票面金额21.07万元，补税罚款15万元，票贩子被公安机关依法逮捕。

2001年，市地税局加快计算机联网步伐，为全市所有税务所配齐了计算机，基本实现了计算机对管户、纳税申报、税款征收和违章处罚的全程监控。

2002年，进一步完善了个人所得税代扣代缴制度和对高收入个人的监控管理。对全市范围内确定的100个高收入个人和20个高收入行业的个人所得税税源资料进行了收集、整理，确保了个人所得税的稳定增长。全年共完成个人所得税3893万元。

平定县地税局进行了网络扩容改造，初步形成了以县局为中心，联通11个基层税务所的二级广域网结构体系，推广应用了省地税局新的征管软件（TAXNET5.24），并根据软件功能对征管业务进行了科学重组，税收征管纳入了科学化、规范化、制度化、电子化的管理轨道。

2003 年，推行使用 POS 机刷卡；实行“双简申报”，纳税人采取简易申报、简并征期的纳税方式；与建设银行、农业银行联手推出了“税银一体化”，只需携带银行储蓄充值卡，就可以在窗口划卡缴税。矿区地税局征收分局在办税窗口推出了“1+3”全能岗位征收模式。

2007 年 3 月，开展了个人所得税全员全额申报和年所得 12 万元以上纳税人个人所得税自行申报征收工作。7 月，全市地税系统全面使用国家税务总局推广的综合征管软件进行税收征收管理，全市地税信息化建设和征管工作迈上新台阶。

2008 年，城区地税局试行批量扣税操作系统，市地税局在全市范围内推行“双定户”实行批量扣税方式申报纳税。

2009 年，推行财税库银横向联网电子缴税业务，推行企业纳税人实时扣税和“双定户”银行批量扣税征收方式。充分利用全省统一的信息化管理平台，深入挖掘网络功能、整合征管资源、统一办税流程、在全市各县（区）局推行了涉税事项同城通办。涉税事项同城通办工作覆盖全市 70% 的税务所、12958 户纳税人，占全部管户的 71.14%。

2010 年，依托财税库银横向联网电子缴税平台，全面推行单位纳税人网上申报。全市 10 个征收单位全部开通电子缴税业务，开通率达 100%，签约户数 4308 户，签约率为 21.58%。通过横向联网进行了 36200 余次缴税业务，成功缴纳税（费）15050 万元。

2011 年，继续推进财税库银横向联网电子缴税工作，三方协议签约户数达到 12163 户，签约率 55.56%，累计发生电子缴税业务 6.6 万余笔，征收税款 70549 万元。

2012 年，进一步推进财税库银横向联网电子缴税工作，全年三方协议签约户数达到 18172 户，签约率 84.87%，征收税费 193373 万元。8 月 1 日，在平定县地税局试点上线新综合征管软件。10 月中旬，市地税局参加了省地税局新综合软件试运行情况座谈会，对新综合软件的试运行情况进行了汇报，为省地税局修改完善软件系统做出了贡献。12 月 8 日，举办了全市地税系统新综合征管软件培训班。市直各分局、各县（区）局征管、税政和信息部门负责人 40 余人参加了培训。

2013 年 10 月，“金税三期”税收管理系统上线，实现了税务系统的数据信息在国家税务总局和省地税局的两级集中处理。继续推进财税库银横向联网电子缴税工作，电子缴库业务量占缴库业务总量的 78.5%，电子缴库税额占入库总额的 61.2%。进一步完善和健全委托代征制度。认真落实省地税局委托代征管理办法，建立了代征代缴税款档案，做好委托代征协议的签订和证书的发放，明确了代征单位的责任，加强对代征企业的监管。

2016 年，国税、地税局办税服务厅互设窗口。6 个基层局、市地税直属一分局全部进驻国税大厅，全年征收地方税费 3100 万元。盂县地税局与国税局采取联合互派人员、互设窗口的方式共建办税服务厅，基本实现了联合税款征收、联合登记管理等功能。“营改增”后，二手房交易和个人房屋出租的增值税由地税部门代征税款代开增值税发票。全年全市共代开增值税发票 1293 份，代征税款 491 万元。10 月，“金税三期”优化版上线。

2017 年，深入推进国地税合作。12 月，盂县地税局和阳泉市郊区地税局率先开展“一窗一人一机双系统”办税方式，联合举办“一窗一人一机双系统”办税模式现场观摩会。郊区地税局与郊区国税局共建办税服务厅投入使用。

2018 年 1 月 1 日起，全面开启“一厅办结、一人通办”模式。5 月 1 日起，实现全市国税、地税业务“一厅通办”，纳税人办税事项“最多跑一次”，纳税人涉税资料“只报一套”，持续营造“六最”税收营商环境。

四、管户情况

（一）全市管户总体情况

1994 年至 2018 年 3 月，市地税局管户数量由 8388 户增至 38147 户。24 年间，管户增加 29759 户，年均增长 6.51%。

1994—1995 年（“八五”计划末期），全市地税系统管户数量由 8388 户增至 1995 年年底的 8928 户，同比增长 6.44%，增加 540 户。1994 年，机构组建后，各级地税部门认真开展管户、征管资料的交接工作，开展了对征管资料的整理、健全工作，重新建立了管户、税源等资料、账表、册籍。组织开展了清查漏管户，全市共清理出漏管户 203 户，补缴了各项税款，补办了各种登记。1995 年，结合税务登记证换证工作，全市开展了管户大清查，建立了县（区）局、所、专管员三级管户清册，税务所建立了征收台账，专管员建立了征收底册，对房产税、车船使用税、土地使用税建立了税源册籍，从根本上解决了漏管漏征的现象，全市共换发税务登记证 6933 户，注册登记证 990 户。

1996—2000 年（“九五”计划时期），全市地税系统管户数量增加 8097 户，至 2000 年底达到 17025 户。1996 年，国税、地税联合换证，开展征管范围调整工作，市地税局以此为契机，组织开展了管户清查，进一步摸清了管户底子和新移交征管范围的税源底子，查出漏管户 589 户，换发税务登记证 8728 户。1998 年，市地税局制定《关于加强个体私营税收管理的意见》，把个体私营税收列为税收征管工作的重点，全市共清查出漏管户3515户。1999年，把城郊接合部、管理局与管理局接合部及税务所与税务所接合部作为清理整顿的重点，全面清查漏征漏管户。对封闭性市场进行了清理，在市场管委会的配合下，分行业核定了户数、办理了税务登记、确定了税收定额、建立了管户档案，基本解决了封闭性市场的税收管理问题。

2001—2005年（“十五”计划时期）。全市地税系统管户数量增加2307户，至2005年年底达到19332户。管户增长的主要原因是城市旧城改造，房地产快速发展，城市规模不断扩大，导致管户新增。港澳台投资企业管户和外商投资企业管户分别减少2户和1户。2002年，开展了集贸市场专项整治，深入市场宣传，全面清理管户，及时调整定额，健全纳税资料，规范管理制度，推进个体税收规范化管理。2003年，不断加强管户管理，在全市各基层局普遍推行了专人负责、定期清漏的管户管理办法，出现漏征漏管，严格责任追究。完善了与工商、国税、银行等有关部门的定期联系制度，严格按照税务登记管理办法，及时对管户的开业、变更、停业、注销登记进行认定，实行动态监控，漏管户逐步得到解决。2004年，开展了与国税、工商部门的管户核对工作，对查出的漏管户及时进行登记，输入计算机管理。8月10日，市税务登记管理局正式成立，实现了征、管、查相互分离和相互制约。2005年，自行研制开发了阳泉市地方税务局管户核对软件，在全省征管工作会议上进行演示，为进一步加强管户管理创造了条件。

2006—2010年（“十一五”规划时期）。全市地税系统管户数量增加4381户，至2010年年底达到23713户。管户增长的主要原因是征管改革，实行税收管理员制度，不断优化纳税服务，经济持续发展等。新增农业、农机合作社751户。2006年，市地税局认真落实税收管理员工作制度，制定《阳泉市地税系统税收管理员工作实施办法》，将税收管理员的职责进一步细化。2007年，以综合征管软件上线为契机，在全市组织开展了管户清理和税源摸底调查，进一步摸清了管户底子。2010年，加强与工商、国税信息比对，清理漏征漏管户，以购票户、欠税户、多头注册户为重点，加强对非正常户的管理，税源基础进一步夯实。

2011—2015年（“十二五”规划时期）。全市地税系统管户数量增加5831户，至2015年年底达到29544户。管户增长的主要原因是积极探索税源专业化管理，实施管户分类管理，开展管户清查和比对，城镇化进程加快，经济持续发展等。2013年，市地税局通过实地调查、重点抽查、与工商、国税、质检、统计等部门进行管户比对等方式，积极开展管户清查，共补办税务登记1564户，其中比对清查处理管户1255户，清查处理非正常户53户。2014年，通过“营改增”试点摸底，移交国税“营改增”管户

33户，其中铁路运输和邮政服务业纳税人20户、电信业纳税人13户。积极开展管户清理比对，共补办税务登记498户，修改核对信息3955户。2015年，严格按照国家税务总局“三证合一”工作要求，协同工商、国税等部门积极落实“三证合一”登记制度改革，全市完成1221户“三证合一”纳税人的涉税事项办理。

2016年至2018年一季度，全市地税系统管户数量增加8603户，至2018年一季度达到38147户，管户增长的主要原因是国地税局联合在“金税三期”系统开展管户比对，非独立核算二级分支机构全部办理税务登记。2016年，按照《山西省国家税务局山西省地方税务局关于印发〈开展管户核实工作实施方案〉的通知》，与国税局联合组织开展管户清查、数据比对工作。2017年，市地税局与市工商局、市国税局联合开展管户清查，管户信息核实比对，对照漏征漏管户明细，实地上门清理，开展管户核实。截至11月，全市地税单管户占比1.38%，全省最低，国税、地税共管户93.29%，全省最高。根据市委、市政府决定，将郊区部分（乡）镇、行政村交由城区、矿区托管。制定了全市地税托管工作计划，按计划按步骤做好各项准备工作。对城区整建制托管郊区义井镇及所辖的14个行政村，矿区托管郊区平坦镇的18个行政村涉及的管户基础信息，历年税款（规费）征收情况，欠税（费）情况、征管档案资料等基础信息进行了认真核实整理。5月征期结束后，市地税局组织郊区局、城区局和矿区局进行了管户交接，税收征管档案移交，郊区局移交城区局管户1442户，移交矿区局管户256户。

1994—2018年管户情况表

表2–16　　　　单位：户、%

年度	国有企业	集体企业	股份制企业	私营企业	涉外企业	个体经济	其他	合计	比上年增长
1994	1191	4772	32	120	—	2208	65	8388	—
1995	1432	4897	197	270	—	1983	149	8928	6.44
1996	1219	3435	125	306	2	3725	64	8876	–0.58
1997	1267	2737	236	160	18	4023	132	8573	–3.41
1998	1171	3267	479	269	31	8566	202	13985	63.13
1999	1952	2524	491	270	28	10397	558	16220	15.98
2000	1817	2076	341	233	28	11947	583	17025	4.96
2001	910	2007	246	256	28	12107	957	16511	–3.02
2002	963	1887	261	267	30	12631	1218	17257	4.52
2003	877	1673	237	304	26	11949	1621	16687	–3.30
2004	846	1542	228	533	25	13980	2065	19219	15.17

续表 2-16

年度	国有企业	集体企业	股份制企业	私营企业	涉外企业	个体经济	其他	合计	比上年增长
2005	842	1398	199	822	25	13458	2588	19332	0.59
2006	684	1078	142	883	33	11189	3379	17388	-10.06
2007	625	878	139	1398	40	12061	3342	18483	6.30
2008	566	795	276	1487	49	13552	4277	21002	13.63
2009	569	750	400	1498	51	14883	4798	22949	9.27
2010	546	691	382	1280	51	15090	5673	23713	3.33
2011	528	654	581	1303	45	16424	6359	25894	9.20
2012	471	620	642	1252	47	16811	6791	26634	2.86
2013	444	594	694	1170	41	15557	7271	25771	-3.24
2014	518	681	849	1534	42	15751	7991	27366	6.19
2015	537	723	962	2340	42	16246	8694	29544	7.96
2016	507	528	870	3764	39	16681	8945	31334	6.06
2017	503	1325	774	5837	57	20620	8031	37147	18.55
2018.3	362	454	793	6251	35	21249	9003	38147	2.69

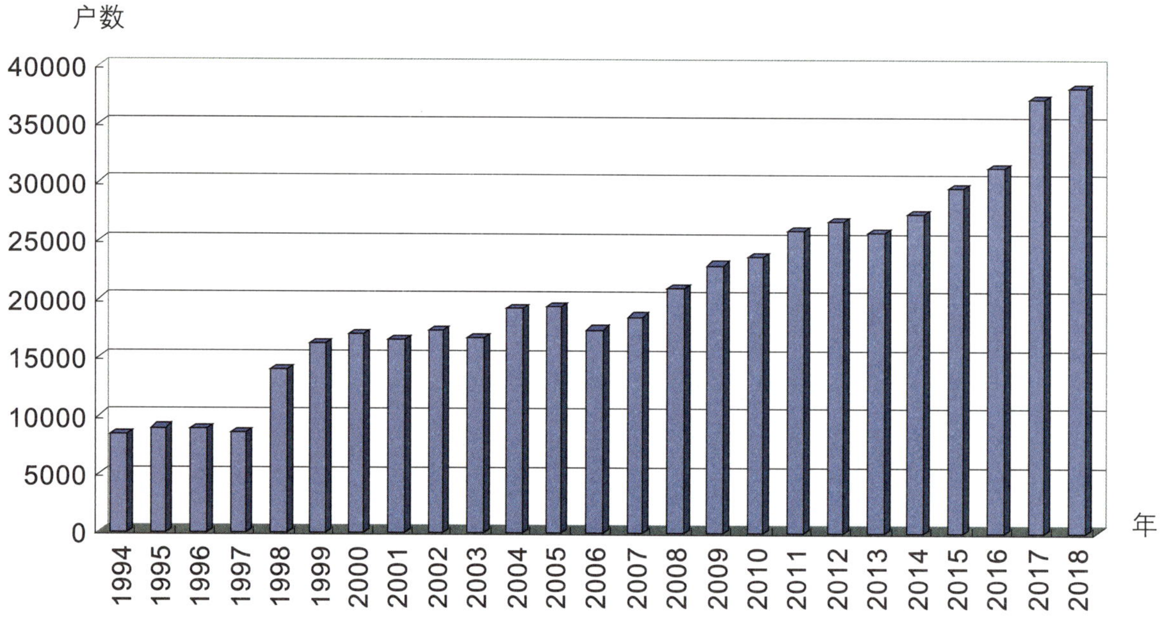

图 2-8　阳泉市 1994—2018 年管户情况统计图

（二）基层局管户情况

1. 平定县地税局

1994 年至 2018 年 3 月，管户数量由 2676 户增至 8458 户，年均增长 14.91%。

2000年，开展个体税收清理整顿工作，共清理出漏征漏管户398户，补办税务登记222户。2001年，重点对专业市场进行了清理整顿，建立和完善了专业市场管户档案，进一步规范了专业市场税收管理。2002年，完善了委托代征制度，对辖区内三大专业市场进行了逐户清理核查，对查出的漏征漏管户及时补办税务登记、补征税款。2006年，全面开展换证工作，夯实税源基础，共换发税务登记证3535户，换证率达到100%。2013年，开展管户清查，划区域、分街巷、责任到人，对辖区内所有经营业户进行普查登记。建立健全了户籍底册，做到了管户清、税源明。加强与国税、工商等部门的联系，核对户籍管理底数，共清理出各类漏征漏管户319户。2017年，国税、地税双方共同下发管户核实告知书，互通共享管户信息，联合进行管户比对核查。12月，国税、地税的管户与“金税三期”中的数据一致率达到99.9%以上。

2. 盂县地税局

1994年至2018年3月，管户数量由1309户增至6718户，年均增长17.05%。1998年，盂县局对管户进行税务登记和验证，查清了管户数量、分布、纳税情况；7月，与国税配合开展了漏征漏管户清查工作，查出漏管户320户，补办税务登记证1091户。1999年，制定了《管户管理制度》，对开业、变更、注销登记、换证、外出经营登记、管户核对与检查、管户质量考核等实行制度化管理，清理漏征漏管户230户，换办证1500户；组建城镇个体税务所，负责县城范围内个体税收征管工作。2007年，对2444户管户的税务登记、税种核定、三税信息、纳税定额、开户银行、减免税等基础信息进行了核实校验，对105户管户信息进行了补录，对144户管户作了非正常户认定处理。2012年，与工商、国税、质检、银行等部门配合，进行管户信息交换比对，实现了管户进底册、进大厅、进计算机。2013年，与工商、国税、质检、统计等部门协调，对管户信息重新梳理，补办税务登记412户。移交盂县顺天达运输有限公司等138户“营改增”管户，其中公路交通运输业75户，研发和技术服务5户，信息技术服务3户，文化创意服务11户，有形动产租赁服务11户，鉴证咨询服务25户，邮政服务3户，广播影视5户。2014年，与相关部门加大管户信息交换比对力度，重新梳理原有管户，为412户漏管户补办了税务登记。2016年，制定《关于在全县范围内联合开展管户清查整顿行动的工作方案》，对管户分地域分管理机关下达任务；与国税合作，对全县范围内所有管户进行了清查整顿。对国税登记地税未登记的442户、地税登记国税未登记1164户税户，依法办理税务登记，地税正常户办理税务登记176户。

3. 郊区地税局

1994年至2018年3月，管户数量由1606户增至3780户，年均增长13.63%。2004年，针对郊区地域广，纳税人办理税务登记事宜不方便的现状，将办理税务登记的权限下放至基层税务所，各税务所在办理完税务登记证后，由区地税局审核，对不符合要求的责令税务所及时改正，确保高效地为纳税人办理税务登记。2005 年，加强与国税、工商部门的联系，认真核对管户，重点对个体工商户和个人独资、合伙企业进行清查。进一步完善各级管户档案，对变更或注销的纳税户及时督促其办理有关手续。通过清查，进一步摸清了管户底子，查出 38 户漏征漏管户。2015 年 6 月，根据阳泉市政府要求，郊区地税局将管辖范围内的李家庄乡驼铃头村、长岭村、侯家沟村、杨家庄乡张家洼村、路家山村的企业和个体户共计 171 户纳税户移交开发区地税局管理。2017 年 6 月，根据市委、市政府印发的《关于城区、矿区托管郊区部分（乡）镇、行政村的意见的通知》，郊区义井镇及所辖的义井村、义东沟、南庄村、大阳泉、王家峪、西峪、牛家峪、西峪掌、神峪、河下、泊里、小河、圪台、白羊墅 14 个行政村的单位纳税人和个体工商户共计 1441 户移交城区地税局管理；郊区平坦镇的赛鱼、大南沟、南山、小南沟、石卜嘴、西河、富山、庙上、前庄、老坪掌、北头嘴、大村、半坡、吴家掌、石板片、马家坡、神堂嘴、官沟 18 个行政村的单位纳税人和个体工商户共计 251 户移交矿区地税局管理。

4. 城区地税局

1994 年至 2018 年 3 月，管户数量由 1186 户增至 10148 户，年均增长 9.36%。1996 年，由于征管范围调整，个体工商业户应纳的地方税由国税局代征转变为地税直接征收，增加了管户数量。1998 年，先后组织 4 次全局性的大规模清理整顿。由局领导带队，逐街逐巷，挨门挨户进行检查，对查出的漏管户及时下达文书，限期办证，及时将个体户的纳税资料输入计算机，共计清理漏管户 562 户。进一步严密办税服务厅与局、所信息传递办法，由办税厅每月 3 次定期向税务所反馈办证户、停、歇业户名单，税务所据此进行检查、核实，发现漏管户立即进行清理。1999 年，制定《城区地税局零散税管理办法》，进一步规范零散税征收管理。2005 年，推行了“三个一遍”（税收管理员每周对管户巡查一遍，税务所每个月对管户巡查一遍，税务所内部每个季度互查一遍）管理办法，做到了逐户登记、逐户排查，并组织人员对偏远地带、隐蔽业户进行了清查，有效地杜绝了漏征漏管户的发生；6 月、11 月，抽调人员对税务所的管户情况进行了拉网式清查，逐户核实，逐户排查，有效地杜绝了漏征漏管户的发生。2010 年年底达到 7138 户，管户增长的主要原因是滨河商业区建立。2013 年，采取税务所自查与区局抽查、局党组成员带队亲自检查等方式进行清查，历时 1 个月，对全局所管辖的 51 条大小街道的个体管户进行了集中清理，共检查户数 5160 户，补办税务登记 977 户。2016 年，开展管户数据信息比对。每季末 5 日和征期结束后，定期对国税、地税未申报户、代开发票户、非正常户认定和管户注销等信息进行交换和比对，有效堵塞税收征管漏洞。2017 年，健全纳税人基础信息档案管理机制，强化日常巡查巡管，建立税源管理台账和巡查日志，及时更新纳税人信息数据库，堵塞税源管理漏洞。

5. 矿区地税局

1994 年至 2018 年 3 月，管户数量由 683 户增至 3861 户，年均增长 107.48%。2005 年，推行了区地税局、税务所、税收管理员三级管户管理制度，通过税收管理员及时了解管户情况、提供服务和日常检查，做到了管户底册全，管理底子清，管户信息畅通；制定下发《个体工商户停歇业管理办法》等制度，加大对假停业、假注销、逾期未申报户的检查、处罚力度。2017 年，初步构建起了“政府领导、财政牵头、部门配合、社会参与”的税收协同共治新格局；顺利接收了 251 户托管管户，开展了帮所包村摸底调查；与国税联合开展实地核查 4 次，新增登记户 35 户，充分发挥了网格化税收管理的强大作用。

6. 开发区地税分局

1996 年至 2018 年 3 月，管户数量由 121 户增至 4518 户，年均增长 17.89%。1998 年，对辖区内的国有、集体、私营企业及个体工商户进行了全面清查，共查出漏征漏管户 104 户，补办税务登记证 104 户。2000 年，按照“大力宣传、拉网清查、逐户清理、不留死角”的工作思路，集中时间、集中力量进行“拉网式”清查，对检查的漏征漏管户严格按照规定补税并加收罚款。2001 年，对专业性市场和封闭性市场进行了重新认定和清理，调整了定额，完善了管户底册，加强了对管户的动态监控。2002 年，对全区的个体户进行了普查，集中清理了一批漏征漏管户，在此基础上实行了对个体业户按月检查制度，进一步规范了个体税收管理。2013 年，开展了税收专项检查工作，对未达起征点的个体户，也进行了登记管理、定额核定、汇总申报等工作；对辖区内 3 个封闭性市场内的经营户逐户进行检查，澄清实际经营户数量和经营规模，协调市场管理办公室协助统一办证，纳入正常的税务管理。

7. 其他市直分局

1994 年至 2018 年 3 月，管户数量由 928 户减至 664 户。其他市直分局主要管理隶属市属及以上企业。管户减少的主要原因：一是国有企业改制，钢铁、轻工、纺织等企业停产关门；二是 2007 年实行市县级财政体制改革，位于平定县、盂县的企业划归两县管理；三是由于招商引资、阳煤集团社会化职能分离等原因，市政府调整部分管户至城区地税局、矿区地税局、开发区地税分局。其他市直各分局之间管户也进行了调整。主要原因：一是实施税源专业化管理；二是 2010 年市地税直属四分局成立，分担了其他分局管户。直属二分局 2007 年至 2018 年 3 月，管户数量由 50 户增至 73 户。直属三分局 1994 年至 2018 年 3 月，管户数量由 314 户减至 133 户。直属四分局 2010 年至 2018 年 3 月，管户数量由 190 户减至 156 户。直属五分局 1994 年至 2018 年 3 月，管户数量由 614 户减至 302 户。

1994—2018年各县（区）局和直属分局管户情况表

表2-17　　　　　　　　　　　　　　　　　　　　　　　　　单位：户、%

年度	平定县	盂县	郊区	城区	矿区	开发区	二分局	三分局	四分局	五分局	合计	比上年增长
1994	2676	1309	1606	1186	683	—	—	314	—	614	8388	—
1995	2160	1340	1664	1809	900	—	—	324	—	731	8928	6.44
1996	2047	1290	1679	1887	982	121	—	305	—	565	8876	-0.58
1997	2040	1183	1552	1882	931	116	—	303	—	566	8573	-3.41
1998	4104	1856	1816	3529	1453	332	—	365	—	530	13985	63.13
1999	4833	3302	1507	3982	1401	415	—	310	—	470	16220	15.98
2000	4798	3302	1689	4656	1348	435	—	317	—	480	17025	4.96
2001	4324	2863	1830	4445	1887	395	—	294	—	473	16511	-3.02
2002	3789	3178	2076	5377	1590	487	—	307	—	453	17257	4.52
2003	3379	2743	1956	5726	1665	558	—	304	—	356	16687	-3.30
2004	4400	2944	2212	6167	1989	735	—	292	—	480	19219	15.17
2005	4888	2648	2526	5896	1963	645	—	282	—	484	19332	0.59
2006	4589	2493	2220	4486	1974	871	—	282	—	473	17388	-10.06
2007	4704	2656	2230	5129	2067	919	50	251	—	477	18483	6.30
2008	4861	3217	2564	6183	2133	1251	54	261	—	478	21002	13.63
2009	4937	3725	2936	6764	2326	1457	54	265	—	485	22949	9.27
2010	5872	3617	2890	7138	2009	1447	57	128	190	365	23713	3.33
2011	6068	3951	3256	7744	2376	1803	61	125	230	280	25894	9.20
2012	5959	4374	3031	8130	2225	2288	69	130	178	250	26634	2.86
2013	5018	4165	3195	7192	2887	2677	78	133	172	254	25771	-3.24
2014	5361	4594	3542	7540	2930	2755	79	137	171	257	27366	6.19
2015	5826	5197	3862	7637	2891	3482	79	135	170	265	29544	7.96
2016	6280	5448	4495	7806	2973	3699	77	133	160	263	31334	6.06
2017	8286	6505	3609	10057	3658	4364	73	132	161	302	37147	18.55
2018.3	8458	6718	3780	10148	3861	4518	73	133	156	302	38147	2.69

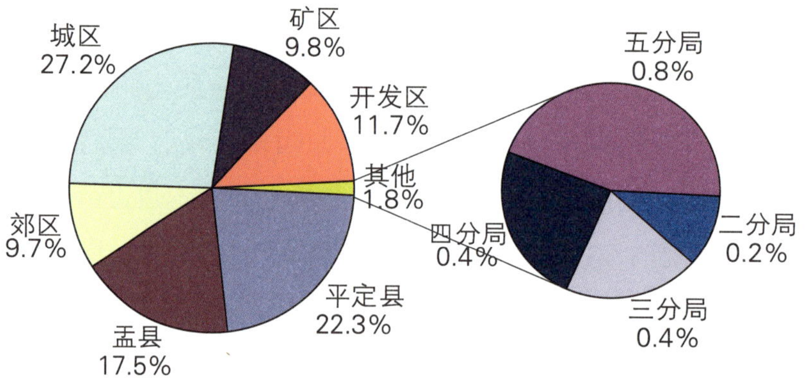

图2-9　阳泉市2017年管户分布图

五、税源管理

1994年，市地税局组建后，与市国税局联合换发了税务登记证。利用换证做到“六结合”即：换证与核发、审验发票购印证相结合；换证与认定一般纳税人相结合；换证与核发代扣代收税款证书相结合；换证与专项检查和财税物大检查相结合；换证与清理欠税、组织收入相结合；换证与税法宣传相结合。全市地税系统共换发税务登记证2389户，注册登记259户，办理委托代扣手续938户，核发发票购印证1427户，查补税款3.78万元。组织重新核发了代扣（收）税款证书；重新核定了车辆纳税定额；组织开展了非国有企业税源普查，共普查2449户，查补税款104.8万元，清理欠税105.8万元，入库税额110.6万元，加收滞纳金、罚款1万余元。

在全市范围开展协税护税网络建设。共发展协税护税组织64个，追缴税款80多万元。盂县成立了由分管县长牵头，由财政、国税，地税、工商、城建、交通、公安、矿管、农机、土地等部门参加的协税护税管理委员会和协调办公室，各乡镇和各村也分别成立了以乡镇党委书记、乡镇长和村支部书记、村主任为第一责任人的协税护税组织，聘请各村支部书记或村主任为本村的“税务代理人”。

抓好所得税、营业税、各项小税种及个体税收4个税收专项检查。9月，全市抽调100多人，组成80多个检查组，共检查4690户，查出有问题户2084户，查补各税2267.68万元，入库990.27万元。

1995年，在全市范围内组织开展了大规模税源调查，将管户按缴纳税款的多少分为大、中、小三类，按缴纳税款的情况分为正常、非正常户。针对地税税种多、税源小、收入隐蔽分散、征管难度大的特点，提出了“四先四后”的征管思路，即：先拔钉子户、后征易管户；先征外地户、后征本地户；先征临时户、后征固定户；先征税源小户、后征税源大户。推行局、所“双线控管”的办法促进纳税申报和税款征收，即在县区局和各税务所分别设置一套账表，县（区）局依据金库对账单填写税款入库情况，税务所依实填写纳税申报情况，局、所定期对账，对只申报不纳税和申报多纳税少的纳税户一经发现，严肃处理。完善了代征代扣网络和协税护税组织。全年共发展代征代扣户1650户，代扣代缴税款1904万元。

加强了个体、私营税收征管工作。一是对全市1713户个体进行了定额调整，调整面达85%，平均上调幅度为39.6%，月调增税金14.5万元；二是组织税务干部狠抓了市区和县城早、晚夜市的税收征管；三是在公安部门的配合下，依据

《中华人民共和国税收征收管理法》，坚决采取查封、扣押等税收保全措施；狠抓个人出租房屋税收和个人转租柜台税收的管理。全年共征收个体税收 2043 万元。与公、检、法、司、银行等部门密切配合，对那些屡催无效甚至抗税不缴的单位和个人，追究其行政和法律责任，全年全市共清理欠税 3000 多万元。

1996 年，贯彻落实省地税局新的征管规程，组织了 2 期征管规程培训班，对股所级以上干部进行了全员培训。11 月，抽调各基层局的征管科（股）长对征管规程的落实情况进行交叉检查，对存在问题及时纠正。加大清欠力度，市地税直属二分局对欠税试行了专人管理，对内制定清欠责任制，对外落实清欠计划；平定县地税局加强对清欠工作的领导，建立清欠专户台账，随时掌握欠税情况和清欠进度。全年共清理欠税 1088 万元。加强和完善代扣代缴工作，对代缴代扣单位进行了清理整顿。发放代缴代扣委托书，城区地税局、矿区地税局专门召开了代扣代缴工作座谈会，与代扣代缴单位进行了沟通，代扣代缴工作日趋规范。市地税直属一分局委托矿务局多营公司审计部门代征印花税，全年增加税金 10 万元。

1997 年，强化税源管理。一是摸清税源底数，市地税直属二分局对年纳税额在万元以上纳税户的税源情况进行调查摸底，建立起税源台账。二是狠抓欠税的清理。市地税局同各基层局签订清欠责任制，清理欠税的任务落实到每个专管员。平定县地税局城镇税务所在检查中发现平定县供水局长期拖欠税款 42 万元，依法对其开户行下达银行扣缴通知书，强行扣缴了税款。

1998 年，开展个体私营税收清理整顿。一是通过《阳泉日报》、阳泉人民广播电台对清理整顿情况进行宣传报道；郊区电视台对钉子户曝光；盂县电视台开设“地税专栏”。二是各基层局制定了严厉的奖惩措施。城区地税局抽查发现有 3 条街存在漏管户，局领导自罚 200 元，对有关责任人员罚款 3300 元，其中 3 人做了书面检查。矿区地税局推行了个体税务所所长竞争上岗办法，完不成清查目标的自动辞职。三是全市出动公安干警 101 人次，拔掉钉子户 50 多户，拘传 9 人。四是先后 3 次分别组织了抽查、重点检查和交叉检查。五是对 6090 户个体户的税收进行了调整，占定期定额征收户的 83.96%，定额由调整前的户均 156 元调整到户均 215 元，调整幅度为 37.3%，调整后年增加税款 328 万元。全市共清查漏管户 3515 户，查补税款 175.44 万元，罚款 9.85 万元。年底，市地税局荣获全省地税系统“个体税收十亿攻坚先进单位”荣誉称号。

1999 年，组织行政事业单位、社会团体税收专项检查，在财政、物价、纪检部门的配合下，组织了自查、重点检查和交叉检查，澄清了应税户数和应税项目，查补税款 1545 万元。对盂县地税局进行了解剖，抽调机关骨干对县局机关、稽查局和4个税务所有关执行政策、实施征管、执法规范、征管基础等各方面的工作情况进行了全面解剖，盂县地税局对检查发现的13个方面的问题进行了整改，促进了基层的基础建设。

强化执法力度，改善治税环境。全年累计下达限期缴款通知书517份，从银行强制扣款1134万元，采取税收保全措施和强制执行措施63次和14次，累计加收滞纳金罚款962万元。矿区政府成立了由法院、检察院、财政局、国税局和地税局组成的涉税案件办公室，对税收违法行为严查重处。全年各级司法机关共协助地税机关执法98次，对20余户纳税户采取了强制执行措施，清理欠税3744万元。

2000年，制定下发《专业市场税收管理办法》，开展了专业市场税收专项清理整顿，对全市6个专业市场和17个封闭性市场的个体工商业户逐户办理了税务登记，重新核定了定额，建立了专业市场和封闭性市场管户纳税档案，实行一户一档，将所有管户输入计算机实行动态监控，做到了税务登记、税收定额、税票“三到户”。全市计算机监控管户达12715户，占全市总管户的84.77%，监控税款达29163万元，占全市工商税收的89.75%；全年共清理入库固定资产投资方向调节税1871万元，为全年奋斗目标1120万元的167%；全年共清理各种欠税3875万元，占同期工商税收的11.93%。

2001年，成立解剖调查活动领导组，从全市抽调20名业务骨干组成解剖调查工作组，对城区局1999年以来征管改革、征收管理、组织收入、税收执法和内部管理的各个方面进行了全面解剖。对该局落实“改革与管理”工作思路中好的经验和做法进行了认真总结，同时也指出了工作中存在的问题，提出了改进的意见，并在全市通报。

制定下发《关于进一步开展个体税收检查整顿工作的通知》，全市各基层局开展了个体税收清理整顿。平定县地税局重点对专业市场进行了清理整顿，建立和完善了专业市场管户档案，进一步规范了专业市场税收管理。取得公安交警等有关部门的配合，对车辆税收进行了专项检查，为个体运输户提供了便捷服务，有效地防止了车辆异地上户，使之前在河北上户的车辆逐步返回了本地上户缴税；盂县地税局联合公安、工商、法院、国税、物价、供销社等单位对全县个体工商户进行了拉网式排查，在法院等部门的配合下，对“钉子户”“难缠户”采取了强制执行措施，净化了纳税环境；郊区地税局取得区政府和公安部门的配合重点对个体采掘业、交通运输业、个人举办的各类培训班等进行了清理整顿，边检查、边登记、边建档，做到了定额公开，税票到户；城区地税局重点对外来包工队、出租车、线路车、房屋出租、居民家庭装潢、饮食业等进行了清理整顿，加强对正常户的停歇业管理、零散税收和专业市场税收的规范化管理；矿区地税局在清理整顿中，探索推行个体税收“门牌法”管理办法，开展了“无漏管三街一区”创建活动；开发区地税分局对专业性市场和封闭性市场进行了重新认定和清理，调整了定额，完善了管户底册，加强了对管户的动态监控。全年共征收个体私营税收 4068 万元。

2002 年，开展了煤炭企业税收专项清理整顿。在全市地税系统抽调 45 名业务骨干，组成 18 个检查组，共检查 208 户企业，查补税款、加收滞纳金和罚款共计 841.52 万元，当年组织入库 534.91 万元。开展集贸市场专项整顿，积极开展创建“征管示范街”和“征管示范市场”，全面推进个体税收规范化管理。平定县地税局完善了委托代征制度，对辖区内三大专业市场进行了逐户清理核查，及时对查出的漏征漏管户补办税务登记、补征税款，并及时进行了定额公开；盂县地税局在治理整顿中积极推行个体税收定额民主评议制度，实行“阳光评税”，个体纳税申报率比 2001 年提高 40%。并通过司法程序拔掉了“钉子户”和“难缠户”。对 50 户拒不缴纳税款的纳税户提请人民法院强制执行，使多年的管理难点取得了突破；郊区地税局对全区的专业市场、房屋租赁、个体货运和各乡镇主要村庄繁华街道的个体业户进行了全面检查清理，并进行了定额调整；城区地税局对全区范围内 42 条街道和 6 个专业市场的个体户进行了地毯式清查，并经过认真测算，民主评议，对 1000 多户纳税户的定额进行了调整；矿区地税局与银行、工商、城管等单位及时沟通信息，加强了对外来施工队伍、房屋出租、个体医疗机构等的税收征管。开发区局对全区的个体户进行了普查，集中清理了一批漏征漏管户，在此基础上实行了对个体业户按月检查制度。全年共清理欠税 8820 万元，其中以前年度欠税 5118 万元，占同期税收收入的 10% 以上。

2003 年，开展了“基础管理示范单位”创建活动。12 月 8 日，召开了阳泉市地方税务局基础管理工作观摩交流会。组织开展了集贸市场税收专项整治，共抽调 73 名税务干部组成 28 个检查组，对全市 22 个集贸市场进行了检查。城区地税局建立了以“定期巡查、定额根据管户变动随时调整”为特点的市场动态管理模式，以四公司装饰城作为试点，试行简易账簿管理与定额征收相结合，要求市场内业户建立收支粘贴簿，以收支粘贴簿的记录情况为依据，与国税部门代开发票等情况相互核对，发现业户实际经营额超过税务机关核定税款 20% 而不主动申报的，从严处罚，以达到税源控管的目标；平定县地税局在东升市场管理中，积极探索出由市场管理中心集中按户建档，为市场内业户保管定额通知书、完税凭证的纳税资料管理模式。全市22个集贸市场基本达到了税务登记、税收定额、税票“三到户”。全市地税系统全年共清理以前年度欠税2800万元，占同期税收收入的9.84%。

2004年，开展房屋租赁情况摸底清查和私营、个体税收清理。调整个体户纳税定额，充分利用新的征管软件和征管网络，对非正常户进行动态监控，跟踪管理，全年全市个体和私营税收完成6093万元，比2003年同期增长39.97%，增收1740万元。全年共清理以前年度欠税3600万元，占全年税收收入的5.17%。

2005年，推行税收管理员制度和纳税评估制度。自行研制开发了《阳泉市地方税务局管户核对系统》，并在全省地税系统征管工作会议上进行了演示。统一实行阳泉市建筑安装业代开发票实行不低于5%的征收率，规范了代开建筑行业发票行为。全年共清理以前年度欠税3200余万元。

2006年，以煤炭、建筑、房地产行业为重点，对145户煤炭企业、62户建筑企业、38户房地产企业实施了纳税评估，对86户存在疑点的企业进行了约谈。通过约谈调增应纳税所得额3200多万元，增加各项税收1400多万元，对涉嫌偷逃税企业实施了重点稽查检查，查补税款1000多万元。10月下旬，召开了阳泉市纳税评估工作郊区观摩推进会，推动了纳税评估工作的全面开展，全年共清理欠税3057万元。

2007年，制定《阳泉市地方税务局个体工商户建账管理实施办法》，制定了税收管理员考核办法和岗位轮换办法。以“一图、一册、一簿”（“一图”即通过制作管辖区域图向纳税人明示税收管理员的管辖范围；“一册”即要求税收管理员通过管理手册随时记录日常管理情况，便于检查考核；“一簿”即要求税收管理员下户检查必须在外出登记簿进行登记，强化了对税收管理员的动态管理）为载体，进一步强化了对税收管理员的监督与考核，组织了对税收管理员的培训。全年共清理以前年度欠税7333万元。

2008年10月，省地税局在阳泉召开了全省地税系统基层基础建设和规范执法现场会，省地税局和各市地税局领导现场观摩了4个基层税务所，总结交流了阳泉市地税局在基层基础建设和规范执法方面取得的成功经验，供全省各级地税机关学习借鉴。

认真整改省审计厅审计9户企业存在的税收问题。涉及存在累计欠缴税款的企业3户，累计欠缴税款91.98万元，全部缴纳入库，同时加收滞纳金2.03万元，处以罚款7.21万元；涉及存在偷税企业2户，共偷税14.43万元，全部缴纳入库，加收滞纳金0.86万元，处以罚款7.21万元；涉及存在延期征收税款企业1户，延期征收税款 64.89 万元，全部缴纳入库，同时加收滞纳金 1.17 万元。

2009 年，城区地税局和矿区地税局作为全省建安行业的纳税评估试点单位，开展了建筑业纳税评估试点工作，建立了建筑业纳税评估指标体系和评估模型。把“两个减负”（减轻纳税人不必要的办税负担、减轻基层税务机关额外的工作负担）试点与提升征管质效紧密结合，利用全省统一的信息化管理平台，深入挖掘网络功能、整合征管资源、统一办税流程、在全市开始推行涉税事项同城通办，覆盖面达到 70% 的税务所，占全市管户的 71.14%。在减轻纳税人负担方面，平定县地税局采取了办税服务厅实行“黄绿卡”投票评议、领导现场办公、设置便民服务台、双定户简易申报、简并征期、取消重复报表和取消重复采集信息等措施；城区地税局采取了更新办税厅硬件环境、增设征收人员、合理设置办税窗口、推行银行批量扣税、合并基层调查事项、落实涉税事项内转外不转等措施。在减轻基层税务机关负担方面，平定县地税局采取了规范文书运用、规范信息采集、建立工作统筹协调和建立人员临时调配机制等措施，共为基层税务机关取消各种报表 31 种，取消各种台账 20 种，对除饮食业和减免税户外的 2480 户定期定额户实行按季征收、简易申报；对在县城及周边范围内的 4 个征收单位实行涉税事项同城通办，可以受理全县范围内的涉税事项；城区地税局采取了减少基层报表、减少对基层考核、整合办税流程、缩短办税程序等措施，城区地税局共为基层税务机关取消各种报表 18 种，对不达起征点、只缴纳个人所得税的 360 户定期定额户实行按季征收，对 720 户定期定额户实行银行批量扣税，对 1080 户定期定额户实行简易申报。抓好对重点行业、重点工程、重点企业、重点税种的“四重监控”。针对 2009 年全市建设工程，与市发改委协调，组织开展了重大建设项目税收管理情况摸底调查，及时掌握各项工程的立项、开工、投资、进度情况，跟进管理。

2010 年，对全市管户涉税信息纳入了“一户式”管理，提高了征管档案管理的电子化水平。矿区地税局开展了建筑安装业纳税评估试点工作。充分利用综合征管软件系统各项数据，采取“人机结合”、案头评估、实地调查等方法，结合日常管理中多方面收集、掌握纳税人的动态税收信息，加强与相关部门的横向联系，对企业各项涉税情况进行跟踪监控，查找企业在纳税中的问题，有的放矢地组织税务约谈，进行纳税检查，强化了信息管税，提高了税收征管质量，降低了税收风险，减少了税款流失。市直分局做好管户移交工作。将原由市直属二分局税源管理一科、市直属三分局税源管理三科负责管理的所有管户划归市直属四分局管理，10 月 19 日前办理了管户的纸质资料交接工作，10 月 26 日在征管系统内对移交市直属四分局管理的纳税人征管归属进行调整，将移交管户分配至市直属四分局税政征管科。市直属四分局税政征管科于10月27日前将接受的管户分配至各税源管理科，确定了税收管理员，对管户重新进行了税种认定。

2011年9月，在全市范围内选择煤炭行业、房地产、建筑安装行业等重点行业的80户重点税源户，启动了阳泉市重点企业纳税评估工作。专门组织了纳税评估业务培训，制定了工作方案，抽调业务骨干组成7个评估小组，对从全市选出的80户重点税源企业进行交叉评估，共评估34户重点税源企业，经评估应补缴地方各税（费、基金）近1.8亿元。深入开展“两税”比对工作。与国税相关征收信息进行关联比对，对发现的异常数据，进行逐户检查、逐户追缴税款入库，全市通过“两税”比对，共补征各项税费1035万元。

2012年，继续开展纳税评估。从2011年9月至2012年4月底，对全市12个行业的重点税源企业进行了纳税评估，补缴税费、基金共计81382万元，其中补缴税款52369万元，补缴规费12442万元，补缴基金16571万元。8月1日，平定县地税局上线新综合征管软件。9月26日，市地税局召开了全市地税系统税收征管档案管理暨培训工作会。

市地税局组织开展了住宅小区经营业户清理整顿活动，对全市范围内所有住宅小区内从事生产、经营的纳税人进行了全面清查。经过1个月的集中清理整顿，共对全市80余个小区进行了清查，清查总户数2627户，未办证户数232户，全部责令办理了税务登记；对存在发票违章的2户纳税人进行了查处，罚款1600元；对未按规定缴纳税款的14户纳税人，责令补征税款6.35万元，并处以罚款3500元。

2013年，开展“金税三期”工程上线工作。成立“金税三期”上线工作领导小组，征管、计财、税政、信息中心等部门协调配合，确保“金税三期”工程按期上线并成功运行。一是强化“金税三期”业务操作培训。先后派出20多人到北京、山东以及省地税局参加“金税三期”各类业务培训。7月4—11日分岗位组织了7期培训班，培训260人。二是认真组织双轨试运行。7月19日—9月25日，进行了2个多月的“金税三期”双轨试运行。三是选择了市地税直属一分局、平定县地税局、城区地税局、矿区地税局作为真实业务测试单位。7月19日—9月25日，4个单位在综合征管系统中发生真实业务，在“金税三期”软件中也全部进行对应录入。双轨试运行期间，全市地税系统在“金税三期”系统中发生的真实业务约53328户（次、笔），其中，税务登记529户，税费种认定536户，申报20308笔，完税证、缴款书开具19085份，发票发售、代开1439笔，文书受理 1500 份，已办结 1268 份，网上申报 759 户，其他业务 7904 笔。

组织开展管户清查，共补办税务登记 1564 户，其中比对清查处理管户 1255 户，清查处理非正常户 53 户，清查结果在全市地税系统进行了通报，对检查中发现的问题进行了整改。

2014 年，根据省地税局《关于做好管户数据比对清理工作的通知》精神，通过开展管户清理比对，共补办税务登记 498 户，修改核对信息 3955 户，补缴税款 37.86 元。核实欠税底数。在各基层局上报的基础上，通过“金税三期”系统比对核实，对全市地税系统的欠税底数进行了核实，并分管理局、分纳税人、分年度、分税种进行了统计。截至 2014 年 6 月底，全市地税系统欠税（费、基金）的有 1301 户，共计欠缴税（规费、基金）59726 万元，其中欠缴税金 56510 万元，欠缴规费 2054 万元，欠缴基金 1162 万元。组织清缴欠税。将各局欠税清理情况纳入目标责任制考核。对 2012 年评估未入库的基层局进行督导，确保评估应缴税款全部入库。截至 11 月底，全市共清理欠税 2361.55 万元。

对收入滞后的基层局开展重点解剖。市地税局领导带队，抽调 18 名业务骨干组成 6 个小组，对组织收入困难较大、进度较慢的平定县地税局、盂县地税局和市地税直属四分局进行重点解剖。解剖时间历经 40 多天，共解剖检查 39 户企业，缴纳各项税费 14343.47 万元，其中税款 13946.14 万元，规费 397.33 万元。

开展大企业税收专业化管理。自行开发了大企业税收服务和管理信息平台，建立了阳煤集团一户式数据库，掌握了阳煤集团在省内的组织架构，将原征管系统和“金税三期”系统涉及阳煤集团成员单位的数据全部迁入大企业税收管理系统，与“金税三期”系统进行关联，实现了对集团上下联动、横向互动管理目标。建立了以“一手册、一意见、三办法”为主要内容的“113”制度体系。2014 年 1—11 月，阳煤集团通过自查累计补缴各项税款及滞纳金 1.33 亿元。

2015 年，开展管户清查比对。一是利用上半年对各局的督查，进行实地抽查，对部分街道、小区、车站、市场内租赁业户、写字楼和住宅楼内等经营业户开展清查；二是通过“金税三期”系统开展国税、地税管户数据比对，共比对 5382 户次，补办税务登记 98 户；三是加大对同一法定代表人正常户和非正常户的清理，共清理 323 户。制定《阳泉市地方税务局关于开展对照检查强化征管专项行动的实施方案》，9 月，选择了房地产行业、建筑业、煤炭行业、新开道路两侧纳税人 4 个自查项目开展了自查。采取手工和“金税三期”系统相结合、案头分析与实地调查相结合的方式，积极开展纳税人自查、税源管理部门自查及市、县（区）局重点检查，共自查、检查 1058 户，查补入库税款 867 万元。开展风险评估和跟踪监控，确保重点企业、重点项目税收应收尽收和及时入库。在阳大铁路建设项目纳税服务中，成立项目组专题跟进、签订委托代征协议、开通绿色通道等方式实行“管家式”纳税服务与税收管理，实现了税收入库与项目推进的无缝对接，当年实现的1108万元税费全部入库。9月，省地税局通过风险管理系统共推送税收风险任务8696户次，应对反馈完毕8542户次、应对反馈率为98.23%，风险应对补税815.44万元。

2016年，依托国税、工商共享数据，开展管户核查工作与管户专项核实工作。全年共享国税信息27140户，共享工商信息71704户，利用国税、地税非正常户信息，对国税为正常管户，地税为非正常户的纳税户进行逐户核实排查，比对核实非正常户146户，通过比对纳入管理的有16户。10—12月，开展管户核实工作。市地税局与市国税局联合下发《管户核实工作方案》。交换管户信息，对双方管户信息不一致、双方纳税人状态不一致的管户信息进行了交换，通知未登记的纳税人到主管税务机关办理信息补录或纳税申报等相关涉税事宜。全市共进行信息补录（补办登记）纳入管理的452户。制定下发《关于进一步加强欠税管理工作的通知》，从规范欠税基础管理、做好营业税清缴工作、加大欠税清缴力度等方面做了安排部署。5月中下旬，由征管科牵头，税政一科、规费科配合组成督查组，对各县（区）局和市直分局的欠税管理工作进行了督查检查，督查期间，清理欠税1375.49万元。截至11月底，全市地税系统共清缴欠税（费）13530万元。加强风险应对，做好税收风险管理工作。全年共应对风险任务3194户次，应对完成率达到96.73%，风险应对入库税款37万元。分批次组织开展全市风险评估工作，下发2批共80户次风险任务，组织了纳税人自查，县（区）局评估，纳税人自查税款83.5万元，县（区）局评估税款177万元。继续做好了大企业税收专业化管理软件（二期）的测试、完善和验收工作。系统包含数据审核、税源监控、风险监控3大项64个功能模块，实现了对阳煤集团所有成员单位的税收和财务指标的监控。

2017年，定期开展管户清理比对，与市工商局、市国税局联合开展管户清查，管户信息核实比对，实时通过“金税三期”系统进行监控，及时督促通报各局开展管户清理。做好企业简易注销工作，对简易注销登记工作在全市地税系统进行了安排部署，明确了简易注销的操作流程，应填写保存的相关资料以及相关要求，降低了市场主体退出成本，确保了简易注销登记改革工作在阳泉市局落实到位。加强税收风险管理工作。一是积极组织完成总局、省地税局推送的税收风险任务。接收总局推送的“两税”比对税收风险数据15户次，省地税局推送的“土地使用税与房产税缴税信息不匹配”等4类税收风险数据4589户次，按时间要求 100% 应对完成，组织入库税款 340.06 万元。二是制定了阳泉市年度税收风险规划，设定了风险分析主题，分行业、分税种开展纳税人风险识别，风险等级排序，二季度、三季度，共向基层推送税收风险任务 2047 户次，补缴入库税款 633.50 万元。三是对 30 户纳税户实施评估，经过纳税人自查、县（区）局评估和市地税局重点督查，共评估税款 665.29 万元。

六、征管监控

2000 年，制定下发《征管质量达标竞赛实施方案》和《征管资料管理办法》，对征管资料的种类进行了科学的划分，对资料的收集、整理、保管、应用和考核等方面的程序、内容、管理责任进行了规范。开展了征管质量交叉大检查。10 月，市地税局抽调 53 名业务骨干，组成 9 个检查组，采取分组检查、集中汇报、分类汇总，统一考核打分的办法，在全市开展了征管质量交叉大检查，对发现的问题，责成各单位制定了整改措施，并对有关人员进行了责任追究。

2001 年，在全市地税系统组织开展了征管质量达标竞赛。一是按季对基层局征管质量进行考核通报，要求税收任务季季达进度，征管质量季季有提高。二是强化税源动态监控。从加强管户管理入手，对查出的漏征漏管户及时办理税务登记，输入计算机管理，并实行专人负责，定期清漏，有效地减少了漏管现象的发生。三是狠抓纳税申报管理。重点加强了对零申报户的检查和对逾期申报、申报不实以及不申报户的处罚。四是加强税收票证、税款入库管理。组织对基层局税收票证、税款入库管理情况进行了抽查，对存在的税票填开、使用，归档不规范、混库、延压税款等问题进行了纠正。五是严格追究征管责任。责成有关分局和县(区)局认真整改全省金融、保险业专项检查中发现的问题。对照省地税局《关于对部分县市执法检查情况的通报》中的问题进行了自查自纠。

2003 年，强化逾期未申报户和零申报户的管理。对经主管税务机关催报后逾期仍未申报的纳税户，严格按照税收征管法的规定予以处罚。全市平均申报率达到 95.14%；全市平均入库率达到 94.03%、滞纳金加收率达到 100%；全市地税系统共稽查检查纳税户 503 户，查补税款 784 万元，加收滞纳金 41 万元，罚款 327 万元。

2006 年，制定下发《阳泉市地税系统税收管理员工作实施办法》。在全市地税系统组织开展了“十佳税收管理员”考评活动，对评出的“十佳税收管理员”进行了表彰命名。

2007年，制定下发《阳泉市地方税务局新综合征管系统数据应用及征管质量考核办法》，编制了两大类26项考核指标，充分运用新综合征管系统的数据查询、统计功能，实现了对征管过程的实时、动态监控和考核。考核采取百分制，分三层逐级考核的原则进行，对税收管理员实行按月考核，对基层征管单位实行按季考核，对县（区）局、分局实行按半年考核，市、县（区）、分局、税务所征管单位可以在网上进行实时监控。省地税局于2007年9月原文转发，在全省推广借鉴。

2009年，在省地税局首次开展的全省地税系统基层税务所征管状况分析考评中，阳泉市42个税务所有35个税务所受到通报表扬，通报表扬率全省第一，其中平定县娘子关税务所的考核得分在全省800多个税务所中排名第一；在2009年全省优秀征收管理员现场网络评分选拔中，阳泉市地税局14名征收管理员全部入选，入选率为100%，再次获得全省第一，其中2人以满分获得税收管理员考核的全省并列第一名，3人分别获得登记人员考核的全省第一、第二、第三名。

2010年，成立了税源与征管状况监控分析领导组，负责部署和督导各类监控分析工作；完善了按季对全市税务登记、纳税申报、税款征收、税务行政处罚等环节的工作进行分析通报，各基层局根据通报情况进行分析，反馈给相关管理人员，采取针对性措施改进管理的市、县、税务所三级征管系统运行情况监控分析改进机制；在全省税源管理部门和办税服务厅征管状况监控考评中，市地税局42个基层税务所中受到省地税局表彰的28个，占比66.67%；15个税源管理科中受到省地税局表彰的9个，占比60%；7个办税服务厅中受到省地税局表彰的5个，占比71.43%。税务所受通报表彰的比例全省排名第二，税源管理科和办税服务厅受通报表彰的比例全省排名第三。

2011年，加强征管状况监控分析和考评，不断提高信息管税水平，在对2011年一季度的征管状况进行了认真细致的监控分析，从税务登记种类不准确，登记信息不完整、不准确，管户分配不及时，税种登记不及时，个体工商户不核定定额，代开发票不规范，发票管理弱化等10个方面进行了通报。各基层局、市直分局根据省地税局、市地税局的监控考核情况进行了全面的整改落实。二、三季度分别将市地税局通过网上监控和省地税局发布的监控信息反馈到各基层局、市直分局，并督促各单位及时修改不规范、不正确的信息。12月9日，省地税局对全省征收管理员进行考评，阳泉市地税局4人入围。

2012年，推行月度监控，季度考评，每个季度对所有税务所、税源管理科、办税服务厅进行征管状况监控考评，并打分排名，在全市范围内通报。

2013 年，推行业务培训、监控考评、运维保障、考核奖惩“四轮驱动”，狠抓征管绩效考核工作，征管绩效考核情况走在全省地税系统前列，催报率 100%、催缴率 100%。

2014 年，开展征管状况监控分析考评。从管户情况、登记信息情况、核定应纳税种情况、按期申报、按期征收、催报催缴等 7 个方面进行考评。按月对征管状况实施监控分析。每月监控数据量达 23 万多条，统计各类报表 10 余张；按季开展征管状况监控分析考评。全年催报率 100%、催缴率 100%、税务登记完整率 99.95%、税务登记差错率 0.05%、财务报表采集率 99.87%、按期申报率达 99.15%、网上申报率达 90.82%、电子缴税率 96.41%。

2015 年，持续加强征管质效考评。三季度税务所平均得分 95.36 分，同比提高 8.12 分，税源管理科平均得分 89.53 分，同比提高 1.9 分，办税服务厅平均得分 97.93 分，同比提高 1.4 分。由征管科撰写的《坚持“四轮驱动”狠抓绩效考核 征管质效全面提升》荣获省地税局 2015 年“三位一体促发展”主题征文二等奖，并在当年省地税局《要情反映》刊登。

2016 年，全面监控评价各基层局税收征管质效、税务人员主观努力程度、纳税人税法遵从度，并按月、季、年形成监控报表和评价意见。在考核指标的设置上，实时进行了动态的优化。

2017 年，完成总局“金税三期”数据质量检查整改工作。一、二季度共计 861 户次，三、四季度主要针对国地税数据进行比对，不一致的信息共计 10459 户次，占全省不一致数据的 2.22%。两次集中工作修正国地税数据，数据修正率达到 100%，位居全省第一。按季开展征管状况进行监控考评。分别从登记基础信息、税种认定、申报征收、催报催缴风险管理成效、管户清理比例等方面分解为 30 多项考核指标，对税务所、管理科、办税服务厅的征收管理情况进行量化考评，考评结果在阳泉市范围内进行通报，对监控分析中发现的问题要求各局限期进行整改。

第二节　税务稽查

1994—2018 年，税务稽查工作逐步实现了“三个转变”，即：由收入型向执法型转变，由粗放型向集约型转变，由一般化稽查向专业化项目化稽查转变。24 年间，稽查工作坚持以推行项目化检查促进稽查直接收入，以突破大要案件严厉打击发票违法犯罪行为，以持续开展业务培训提升队伍综合素质，以不断完善稽查管理制度夯实基础管理，科学实行分级分类检查，逐步建立选案、稽查、审理、执行的稽查工作体系，依法开展税收日常检查、专项检查、专案检查和大案要案的查处，有效加强与国税、公安、纪检等部门的协调配合实施联合办案，有力打击和震慑了偷税逃税等涉税违法行为。

一、稽查改革

（一）由单一的综合管理转变为分级分类稽查管理

1995—2010 年，市地税局稽查专业队伍实现了从无到有、由弱至强的变革，税务稽查工作由单一的综合管理逐步转变为分级分类稽查管理，更加趋向标准化和科学化。

1994 年 8 月 1 日，市地税局成立了稽查队，负责开展税收日常检查。1996 年 2 月 23 日，市地税局稽查分局成立，内设 3 个科室，分别为综合科、稽查一科、稽查二科，共有干部职工 19 人。

1998 年，稽查税款由原来的通知管理局入库变更为由稽查局直接入库。省地税局、市地税局对市地税稽查局下达查补税款的考核任务。4 月 15 日，市地税局、县（区）地税局都增设了税务违法案件举报中心，向社会公布了举报电话。11 月 1 日，根据国家税务总局《关于进一步加强税务稽查工作的意见》，阳泉市地方税务局稽查分局更名为阳泉市地方税务局稽查局。

2006 年，为规范税务稽查工作，提高稽查办案的准确性，市地税局开发了《税务稽查业务处理系统》。2007 年年初在市地税稽查局运行，2008 年在市地税稽查系统全面推广，先后有省地税局稽查局、大同地税务局稽查局等单位参观学习。

2008 年，市地税局稽查局积极探索和创新税务稽查新路子，在全省率先推行了分级分类稽查办法。

（二）“一级稽查”改革

2011—2018 年，市地税局实行“一级稽查”改革，实现了“选案、稽查、审理、执行”四分离，稽查工作逐步走向规范化和现代化。

2011 年 7 月，市地税局实行了“一级稽查”改革，将城区地税局、矿区地税局、郊区地税局稽查业务整合并入市地税局稽查局，改革后的市地税局稽查局主要负责市直分局、开发区地税局、城区地税局、矿区地税局、郊区地税局的管户和平定县、盂县地方税管户中按照分级分类管理办法确定的年纳税在 300 万元以上纳税户的税务稽查工作以及全市范围地税涉税举报案件的查处工作，并对平定县和盂县的地税稽查工作进行管理、指导、检查、考核。市地税局稽查局内设综合科、举报中心、审理科、执行科、稽查一分局、稽查二分局6个部门。

2013年，市地税局为全市地税稽查系统配置稽查软件。利用进驻阳煤集团检查的契机，市地税局稽查局在全省率先试运行了电子查账软件。5月，市地税局在稽查局增设发票检查分局，专门负责开展打击发票违法犯罪工作。平定县地税局稽查局、盂县地税局稽查局也增设了发票检查股。

2014年，市地方税务局稽查局与市地税局电税中心、计会部门协作，建立了能够充分反映企业基本情况的税务稽查案源信息库，自主研发了选案软件，促使稽查选案更加科学化。

2014年9月，全省地税稽查协查信息管理系统在阳泉上线运行。

2016年9月，根据省地税局印发的《关于撤销各级地税局稽查局发票检查机构的通知》，市地税局稽查局撤销了发票检查分局，县局稽查局撤销了发票检查股。

二、稽查管理

稽查管理是对稽查的程序、稽查对象、稽查结果等稽查涉及的各方面进行协调，使稽查工作得以顺利进行。

1997年，市地税局稽查局出台了《稽查工作制度》《廉政工作制度》《财务管理制度》等20余个制度，对各项工作和干部的执法行为进行规范。

2000年，市地税局将稽查工作的考核重点放在了对稽查执法和稽查质量指标上，促进了地税稽查由收入型向执法型转变。3月，市地税局在郊区地税局召开稽查工作现场会，总结和推广了郊区地税局稽查工作全面推行“税务稽查收入专户”制度和实行选案、检查、审理、执行四分离机制的经验，同时对全市地税稽查部门建立稽查回访制度、稽查税款入库跟踪制度、定期召开审理汇报会和税企座谈会制度、重大稽查案件宣传公告制度等提出要求。极大地防止了稽查“放水”等违法违纪的发生，加强了对稽查税款入库的跟踪监控，提高了稽查税款的入库率。

2005年，为规范全市地税稽查系统文书使用，市地税局多次召开专题会议，广泛征求意见建议，制定并下发了《阳泉市地方税务局稽查局稽查案卷资料整理办法》。

2008年，为加强对税务干部外出执法活动管理，市地税局出台了《外出公务签证制度》。在全系统探索推行分级分类稽查。按照纳税人的纳税规模将纳税人分为甲、乙、丙三类，按照市、县（区）两级税务稽查局的权限进行分级分类稽查。市地税局稽查局负责甲类纳税人和按照属地稽查原则确定的乙、丙类纳税人、县（区）稽查局提请的重大案件的查处；县（区）局稽查局负责按照属地稽查原则确定的乙、丙类纳税人和市地税局稽查局交办专案的查处。同时，根据案情需要，可实行市县联动稽查和异地交叉稽查。市地税局稽查局建立了税务稽查系统专用纳税人数据库，实行稽查选案计算机管理。通过实行分级分类稽查，进一步理顺了稽查渠道，增强了稽查的渗透性，调动了各方稽查资源，提高了税务稽查执法水平和质量。

2009 年，市地税局稽查局出台了《首办负责制》《查前告知制度》等 10 余个稽查管理服务制度。

2010 年，市地税局稽查局制定了《阳泉市地税局稽查局纳税服务年活动实施细则》，全面推行了查前告知、约谈，查中进行税收政策宣传、就税收检查相关问题开展税企税收政策座谈，充分听取纳税人陈述和申辩，查后进行跟踪回访等稽查服务措施。

2011 年，市地税局稽查局试行了项目化稽查办法，将复杂多样的检查流程、方式和内容，归集成顺序式、表格式，明确相对统一的稽查项目，通过对企业的收入、成本、存货、往来、发票等各个流程实施全方位检查，并通过借鉴近年查处的同行业案例、查阅纳税评估结果等途径，确定必查项目和稽查重点，提高稽查效率。

2012 年，适应“一级稽查”改革要求，实现稽查工作规范化、制度化，市地税局稽查局根据国家税务总局新修订的《税务稽查工作规程》和山西省地税局的稽查案卷评查办法等有关法律、规定，组织 10 余名业务骨干，经过 3 个多月的工作，广泛征求市地税局和基层稽查局的意见和建议，制定下发了《阳泉市地方税务局税务稽查选案工作暂行办法》等 8 个暂行办法和 100 多种相关文书，得到了省地税局肯定。经验材料在全省地税系统依法行政、依法治税经验交流暨促进会上进行了交流发言。同年，大力推行了“三三制”管理体制。即：一是在查前环节，开好预案预警会，落实稽查预案制度；二是在检查环节，开好工作汇报会议，落实查中指导制度；三是在审理环节，开好审理会，落实集体审理和审理约谈制度。

2013 年，结合省地税局出台的《山西省地方税务局稽查工作考核暂行办法》，市地税局稽查局修订了对各部门的考核办法，将稽查各项工作指标分解细化。修订完善了党内“三会一课”制度，党员党性定期分析制度、党员联系群众、服务群众制度、党内激励关怀帮扶制度等，进一步加强了党员队伍管理。8 月，“金税三期”稽查业务在阳泉上线运行。

2013年5月，按照省地税局要求，市地税局在稽查局增设了发票检查分局。8—9月，市地税局与市公安经侦部门联合，在全市范围内开展了两次打击整治发票违法犯罪专项行动。全市累计出警240余人，检查纳税单位413户，比对发票9000余份，查处违法发票30份，共计处罚12.5万元，严厉打击了使用假票、转借发票、重复使用发票等发票违法行为,《阳泉日报》、阳泉市电视台作了相关报道。

2014年，市地税局稽查局修订了《阳泉市地方税务局税收违法行为检举管理暂行办法》《阳泉市地方税务局稽查案卷资料整理与证据收集暂行办法》等8项制度，在工作步骤、工作环节等方面进一步细化，提高了工作质量和工作标准；通过“金税三期”系统采集、深入重点税源户调查以及对省地税局预警户分析等途径，广泛收集信息，建立了税务稽查案源信息库，并结合省地税局下达的专项检查计划和工作重点实施科学选案。

2015年，市地税局为全市稽查系统配置执法记录仪，市地税局稽查局建立了案件询问室。

三、举报案件管理

1998年4月，按照省地税局要求，市地税局在稽查分局成立了阳泉市地方税务局违法案件举报中心。县（区）局都设立了税务案件举报中心，建立了举报奖励制度。全市全年共受理涉税举报案件32件，查补税款208万元，加收滞纳金、罚款20万元。

2002年，市地税局稽查局共受理各类税务违法案件11件，其中6件移交有关各县（区）稽查局处理，市地税局稽查局查办5件。年底查结4件，共查补税款17万元，入库10.5万元。

2003年，市地税局稽查局共受理各类税务违法案件8件（其中省地税局转办3件，直接受理5件），共计查补各项收入12万元。平定县地税局稽查局共受理举报案件7件。

2004年，各级稽查部门为保证“饮食业定额发票刮奖活动”的顺利进行，方便群众举报，建立了举报查处工作机制，实行了24小时值班制度，开通了刮奖发票举报专线电话。全年全市稽查部门共受理发票举报案件130件，转办111件，解释答复130件，对9起假发票案件进行查办，共收缴罚款7.7万元。

2005年，各级地税稽查部门共受理举报案件20件，其中查处17件，累计查补各项收入 44 万元（其中税款 34 万元，滞纳金 1 万元，罚款 9 万元）。

2006 年，各级地税稽查部门共受理各类涉税举报 10 件，件件有着落，事事有回音。受理全市饮食业刮奖发票举报 37 起（其中市稽查局直接查处 11 起，转各县区查办 26 起），查补税款 1 万余元，罚款 1 万余元。

2007 年，市地税局稽查局共受理举报案件 9 件（其中省地税局转办 1 件，市稽查局直接受理并查处 4 件，县、区查处 4 件），查补各项收入 12 万元（其中税款 8 万元，罚款 3 万元，滞纳金 1 万元）。

2008 年，各级地税稽查部门共受理举报案件并查结 14 件（其中市稽查局直接查办 8 件，转各县、区查办 6 件），查补各项收入 43 万元（其中税款 25 万元，罚款 8 万元，滞纳金 10 万元）。

2009 年，各级地税稽查部门共受理举报案件并查结 15 件，查补各项收入 117.3 万元（其中税款 64.3 万元，罚款 44.3 万元，滞纳金 8.7 万元）。

2010 年，各级地税稽查部门共受理饮食业发票举报案件 6 起，查补各项收入 0.06 万元。

2011 年，"一级稽查"改革后，举报中心成为独立部门。全市受理税务违法举报案件 7 件，查处 5 件，有问题户 3 件。共计查补收入 27.8 万元（其中税款 13 万元，滞纳金 7.7 万元，罚款 7.1 万元），发放举报奖金 500 元。

2012 年，市地税局稽查局举报中心共受理税务违法举报案件 5 件，查处 5 件。其中 1 件为发票违章案件，罚款 1 万元；1 件为省地税局转办案件，查补各项税费 127 万余元；市稽查局直接受理 3 件，查补各项税费 18 万余元。

2013 年，市地税局稽查局举报中心共受理税务违法举报案件 5 件，查处 5 件。其中 2 件为实名举报的发票违章案件，共计罚款 1 万元；市稽查局直接受理 3 件，查补各项税费 35.79 万余元。

2014 年，市地税局稽查局举报中心共受理税务违法举报案件 5 件，其中省地税局转办 3 件。共计查补各项收入 111.2 万元（其中税款 63.41 万元，滞纳金 11.47 万元，罚款 36.32 万元），发放举报奖金 100 元。平定县地税局稽查局共受理发票举报案件 2 起，共收缴罚款 6.2 万元。

2015 年，市地税局稽查局举报中心共受理税务违法举报案件 2 件，均为省地税局交办案件。经调查，被举报单位的主管税务机关在同时接到举报后，对 2 户被举报单位进行了相应处理，为避免重复检查，经省地税局稽查局同意，市地税局稽查局撤回检查组，停止检查。

2016 年，市地税局稽查局接到省地税局稽查局交办案件 3 件，查补收入 56.9

万元。其中1件举报案件因涉案单位账簿资料由公安部门查扣，无法进行检查，作案件中止处理；1件为个人未申报缴纳税款案，查补收入12.7万元（其中税款6.88万元，滞纳金2.38万元，罚款3.44万元）；1件为某房地产公司偷税举报案，查补收入44.2万元（其中税款23.79万元，滞纳金8.52万元，罚款11.89万元）。

2017年，市地税局稽查局接到省地税局稽查局交办案件5件，查结4件。其中1件为某小区物业费涉税举报案，市地税局稽查局进行了调查（未检查），并按时答复省地税局；另外3件举报案查补收入114.14万元（其中税款50.77万元，滞纳金39.8万元，罚款23.57万元）。

四、稽查案件查处

1994—2018年，阳泉市地税局共对10218户企业实施税务检查，查补各项收入123653.51万元。

1994年，全市各级稽查机构共检查418户，查补收入1104万元。

1995年，全市各级稽查机构共检查纳税户1842户，查补收入899.8万元。全年共查处偷抗骗税案件立案3起，结案2起，查补收入66万元。

1996年，开展了房屋出租税收专项检查，共查补收入122.9万元。开展了固定资产投资方向调节税、土地使用税和行政事业收费营业税三个专项检查，其中土地使用税共检查1447户，查补收入113万元，投资方向调节税共检查120户，查补收入590.36万元，行政事业收费营业税查补收入100.8万元。共查处偷税案8起，移送检察院立案2起，结案2起，查补收入10万元。全年各项检查共查补收入1153万元。

1997年，开展了餐饮业、娱乐业纳税情况专项检查，清理漏管户136户。全年查补收入共1130万元。

1998年，开展了对行政事业收费、房屋租赁业、个人所得税代扣代缴以及饮食业、交通运输、建筑安装、娱乐业、装潢业等多方面的税收专项检查，共检查719户，查补收入1277万元。

1999年，组织了行政事业单位、社会团体税收专项检查，在财政、物价、纪检部门的配合下，组织了自查、重点检查和交叉检查，澄清了应税户数和应税项目；组织了投资方向调节税专项检查、个人所得税专项检查、印花税检查、涉外税收检查、执法大检查、土地使用税普查、营业税普查、劳动服务和福利企业年检抽查等工作，全年共检查824户，查补收入1913万元。

2000年，组织开展了投调税专项检查，出售、出租加油站税收情况专项检查，个人所得税专项检查，涉外企业税收重点检查，配合省地税局检查组开展了对金融企业的交叉检查。通过检查，全年查补入库税款1037.6万元，下达限期改正通知书2521份，通过银行强制扣款363.1万元，采取税收保全措施545户次，采取强制执行措施47户次，加收滞纳金罚款682万元，保证了税收收入的及时足额入库。4—5月，在全市开展了发票专项检查，共查出有问题户93户，违章发票4924份，共处罚款31.83万元，补税20.12万元。在城区公安分局税案办公室的配合下，查获两起饮食业假发票案，查出假发票1600份，票面金额21.07万元，补税罚款15万元，票贩子被公安机关依法逮捕。全年全市共计检查776户，查补收入2006万元。

2001年，集中开展了对城市公用事业单位和自收自支单位的解剖性税收检查。全年稽查检查918户，查补入库各项收入2687万元。

2002年，组织开展了企业所得税、营业税和个人所得税等专项检查，组织开展了1次发票检查，共查出违章使用发票业户83户，查出违章发票6410份，查补税款、滞纳金3.57万元，处以罚款3.3万余元。全年共稽查检查各类纳税户843户，立案查结839起，检查入库各项收入1732.39万元（其中税款1047万元，滞纳金63.86万元，罚款621.53万元）。

2003年，积极推进执法型稽查。在抓好对各类集贸市场和专业市场清理整顿的同时，组织开展了打击制、售假发票专项活动和专项清理整顿。开展了建筑安装企业普通发票专项检查，重点检查建筑安装企业用于工程项目成本的发票的真实性及记载业务的真实性；组织开展了个人所得税代扣代缴“零报告”户清理检查、企业所得税专项检查、服务业和娱乐业非典过后恢复经营情况的专项检查、个体税收专项清理整顿。全年检查241户，查补收入991万元。

2004年，开展了耐火行业专项检查和重点税源企业检查。全年查处338户，查补收入898万元。

2005年，开展了耕地占用税、契税税收专项检查和执法检查；开展了煤炭、钢铁、货运等行业专项检查，共查补税款和罚款合计1123万余元；开展了煤炭行业税收专项整顿，全年共查处283户，查补收入1564万元。

2006年，开展了以对饮食娱乐业、房地产及建筑安装业、煤炭生产运销企业为重点的税收专项检查；开展了教育劳务整顿工作和票证专项检查，全年查处276户，查补收入2135万元。

2007年，开展了以医疗、卫生、学校、汽车销售行业及房地产业、建筑安装业为主的专项检查和煤炭税收专项整治。全年检查236户，查补收入2532万元。

2008年，组织开展了对金融保险行业的重点检查；开展了对电信、煤炭、金融、保险、房地产开发行业以及建筑安装等行业和企业的税收专项检查。开展了打击制售假发票和非法代开发票专项整治集中行动。全年共检查298户，查补各项收入3137万元，查处100万元以上大要案件7起。

2009年，开展了对大型连锁超市及电视购物企业、建筑安装业、煤焦生产企业、营利性医疗机构及教育培训机构、三年以上未实施稽查的重点税源企业的重点检查和专项检查。组织邮政、电力、金融等行业对近三年来的纳税情况进行自查。全市共检查纳税单位178户，查补各项收入3292万元。全年查处100万元以上的大要案件6起，在全省地税稽查工作考核中名列第一名。

2010年，对煤炭、房地产、大型房屋租赁以及省地税局预警户和煤炭运销等企业的重点检查和专项检查。全市共开展大型发票检查行动27次，共对1260余户餐饮、茶馆、洗浴中心、建筑安装等行业纳税人的用票情况进行了检查，查获假发票1138份，使用收据代替发票3709份，二次使用餐饮业发票7624份，查补入库各项收入27.32万元，进一步整顿和规范了税收秩序。全年共检查纳税单位177户，查补收入4360.62万元。

2011年，以整顿和规范税收秩序为目标，持续抓了涉税违法案件查处、税收专项检查和专项整治、重点税源企业检查和发票专项整治。全年稽查部门共对209户用票单位的用票情况进行了检查，查处违法使用发票的用票单位107户，查获各类违章发票10712份，查补各项收入247万元。全年共检查纳税单位149户，查补收入5661.24万元。

2012年，对资本交易项目、学校、民营医院和驾驶员培训机构等的重点检查和专项检查，开展了打击整治发票违法犯罪专项行动。全年共查处发票违法案件6起，查获假发票10份，全年共检查140户，查补收入8003万元。

2013年，对证券、基金公司、全国性股份制商业银行、房地产及建筑安装业、煤炭行业等18户企业开展了税收专项检查，对煤炭行业、建筑业、服务业、房地产、运输业、金融业等36户重点企业进行了重点检查，开展了打击发票违法犯罪活动。

2013年8—9月，市地税局与市公安经侦部门联合，在全市范围内集中开展了两次打击整治发票违法犯罪专项行动。全市累计出警240余人，检查纳税单位413户，比对发票9000余份，查处违法发票30份，共计处罚12.5万元，打击了使用假票、转借发票、重复使用发票等发票违法行为，取得了有效成果。《阳泉日报》、阳泉市电视台作了报道。全市共计检查纳税人149户，查补收入22350

万元，查处百万元以上大案 2 件。

2014 年，全市地税稽查部门共检查纳税人 156 户，查补收入 29598 万元，其中，税款 21703 万元，滞纳金 3099 万元，罚款 4796 万元。共计检查发票纳税人 426 户，查处发票违法纳税人 74 户，查处非法发票 133 份，涉及金额 2019.68 万元，补缴税款 3127.33 万元，对发票违法行为罚款共计 23.18 万元。市地税局稽查局查处涉税百万元以上案件 9 件，其中千万元以上案件 3 件。查补收入占地税收入比例、直接查补收入占稽查查补入库率以及人均查补入库比例三项指标居全省第一。被省地税局授予“查补收入明星单位”和“完成目标责任优秀单位”。

2015 年，市地税局稽查局通过“金税三期”系统采集、重点税源户调查和对省地税局预警户分析等途径，广泛收集信息，建立税务稽查案源信息库，实施了科学选案。围绕重点行业积极开展税收专项检查和专项整治工作，对煤炭、房地产、金融业等 66 户重点企业进行重点检查。全年共计检查纳税人 120 户，查结 116 户，查补收入 9830.12 万元（含企业自查补税收入 8213.82 万元），其中，税款 8391.73 万元，滞纳金 941.87 万元，罚款 496.52 万元。市地税局稽查局审理涉税在百万元以上案件 3 件，其中 2 件千万元以上案件依法移交上级大要案审理委员会审理，并通过报刊对 5 起税收违法案件进行了公开曝光。

2016 年，全市检查查结 111 户，查补收入 11579.76 万元。其中企业自查补税收入 10276.2 万元，立案查补税款 686.65 万元，滞纳金 240.86 万元，罚款 376.04 万元。全年共计查结百万元以上案件 2 户。在打击发票违法犯罪活动中，共检查发票纳税人 45 户，查处发票违法纳税人 30 户，查处违法凭证 237 份，涉及金额 1222.84 万元，补缴税款 182.79 万元，加收滞纳金 58.16 万元，罚款 203.3 万元。其中，发现并查处了 1 例假发票大案，系税务检查人员在对山西平定某煤业有限公司进行税务检查时，发现原始票据记载内容与网络查询数据内容不吻合，初步判定 8 份发票涉嫌造假。发现线索后，稽查组人员先后往返于太原、阳泉多次，对相关单位进行调查取证。经过 2 个多月的缜密深挖和详细比对，最终查获 109 份假发票，票面金额合计 946 余万元。经过集体审理，决定依法对受票单位处以 2 万元的罚款，分别对石家庄金汇佳能商贸有限公司、平定县君诚贸易有限公司、山西皓特煤制品有限公司平定分公司 3 户相关企业进行了查处，合计补缴税费 55.58 万元、罚款 134.70 万元。

2017 年，全市检查查结 110 户，查补收入 3819.58 万元。其中企业自查补税收入 697.19 万元，立案查补税款 2213.49 万元，滞纳金 598.15 万元，罚款 310.75 万元。查结百万元以上案件 5 户。在打击发票违法犯罪活动中，全年共查处发票违法企业 40 户，完成省地税局计划 2.5 倍。累计查处非法发票 46 份，涉及金额 900.82 万元，查补税款 193.38 万元，加收滞纳金 86.22 万元，罚款 92.54 万元。全年稽查查结百万元以上案件 5 户。市地税局稽查局通过《阳泉日报》依法对河南天河建设工程公司、河北泽鑫建设工程有限公司、阳泉市远鑫电力化工有限公司、华通路桥集团阳泉鼎新砼业有限公司、平定县安顺交通工程机械队 5 家企业进行了公开曝光。

1994—2017 年市地税稽查局查补收入统计表

表 2-18　　单位：户、万元

年　度	检查企业	查补收入	年　度	检查企业	查补收入	年　度	检查企业	查补收入
1994	418	1104.00	2002	839	1732.39	2010	177	4360.62
1995	1842	899.80	2003	241	991.00	2011	149	5661.24
1996	277	1153.00	2004	338	898.00	2012	140	8003.00
1997	647	1130.00	2005	283	1564.00	2013	149	22350.00
1998	719	1277.00	2006	276	2135.00	2014	156	29598.00
1999	824	1913.00	2007	236	2532.00	2015	116	9830.12
2000	776	2006.00	2008	298	3137.00	2016	111	11579.76
2001	918	2687.00	2009	178	3292.00	2017	110	3819.58

第三节　票证管理

一、发票管理

1994 年，根据国家税务总局《关于中央、地方两套税务机构建立后税收征管有关问题处理意见的通知》规定，发票的管理按流转税归属划分。国家税务局负责征收管理的税收所需使用的普通发票，由国家税务局负责印制、发放和管理；地方税务局负责征收管理的税收所需使用的普通发票，由地方税务局印制、发放和管理。市地税局根据文件要求，与市国税局办理了发票交接手续，接收 7 种发票，开始发票管理工作。同时，重新核发了发票购印证，对交通运输票据进行了全面旧票清缴和新票换发。确定了发票印制企业，制定了发票印制管理制度，对印制发票的程序和要求进行了严格规定。建立了发票领、用、存制度，制定了票据保管、销售工作制度和程序，设专人、专库、专柜进行严格的保管，健全了防盗、防火、防潮、防虫、防损措施，建立了发票管理统一台账。委托税务咨询所发票销售处代理销售，对发票的印制和销售进行严格的审批把关。完成了公路交通运输发票的接收管理工作，组织了对原公路交通运输发票的收缴销票和新发票的销售管理工作。10 月底前，在市地税局征管科的监销下，销毁全部旧票据。

9 月 8 日，山西省机构编制委员会作出《关于地、市地方税务局直属事业单位机构编制的批复》，同意在各地、市成立票证管理所，隶属所在地、市地方税务局，名称统一为 ×× 市（地区）地方税务局票证管理所，为科级建制的全额预算事业单位，主要职责是负责税票、发票的发放、保管、检查等工作。

10 月 4 日，省地税局印发的《山西省公路水路货物运输税收征收管理办法》规定：公路水路运输发票一律由地方税务机关统一管理。发票供应采用“整本供应”“整本购买、拆本供应”“税务所代开”“委托代开”和“纳税人申请填开”等 5 种形式。要求各级地税机关和运输单位都要建立健全发票管理制度。运输发票必须做到专人、专账、专柜管理，要有防火、防盗、防水、防潮、防鼠、防蛀、防丢失的保管条件，领、购、用、存手续齐全，按时记账、报表。

1995 年，进一步完善了发票的领购用存等制度，做到了县局、税务所、用票人三级发票管理制度健全、登记正确、数字准确。总结出了“三先三后”的供票办法：先检查是否建立发票管理制度，后审核批准购、印发票；先检查购印手续是否齐全，后审核购、印发票；先处理违章使用发票，后继续供给发票。

1996 年 9 月 9 日，根据国家税务总局《关于进一步做好普通发票换版工作的通知》规定，从即日起，不得再使用底纹纸印制普通发票，一律改用水印纸印制，使用专用有色荧光油墨套印监制章和字轨号码。9 月 20 日，国家税务总局下发《关于全国统一更换新版普通发票的通告》，自 1997 年 1 月 1 日起，在全国更换使用具有统一防伪措施的新版普通发票，旧版普通发票同时停止使用。12 月 3 日，省地税局下发《关于全省饮食行业统一使用定额发票的通知》，在全省饮食行业中统一使用“山西省 ×× 市（县）饮食业定额发票”（简称“定额发票”）。规定：定额发票从 1997 年 1 月 1 日起实施，原“山西省 ×× 市（县）饮食业统一发票”同时废止。定额发票的面额有 10000 元、5000 元、1000 元、500 元、100 元、50 元、10 元、5 元、1 元等 9 种。

1997 年，结合发票换版工作，市地税局组织了全市范围内的饮食业定额发票专项检查。

1999 年，省地税局下发《关于各地票证管理机构变更为计算机管理中心的通知》，对地税部门内设机构进行调整。规定：各地（市）、县（市、区）地方税务局票证管理机构一律于 4 月底前停止运行。现有机构变更为计算机管理中心，编制随机构划转，票证管理所的职能划归征管科、股；明确非正式税务干部一律不得再从事发票管理工作。9月30日，省地税局下发《关于加强各类门票管理的通知》，明确规定，无论是征税还是免税，各类门票必须纳入发票管理范围，由地方税务机关依法进行管理。纳入发票管理范围的各类门票，由地方税务局统一审批、统一印制，套印全国统一发票监制章，自2000年1月1日起在全省范围内使用。同年，下发《关于加强饮食业税收管理的通知》，规定原来在供票环节预征税款的办法停止执行，改为在当月购票、次月核实征收上月税款的办法。完善了发票管理三级审批管理制度，由专管员、税务所长、征管股长（办税服务厅主任）三级审批，各负其责，对企业纳税和票证使用情况分级负责，追究责任。组织“城市客运交通客票”抽奖活动。在6万张客票中设立奖项6666个，奖金3.4万元。在市公安部门的配合下，市地税局稽查局查处了1起涉及金额达1168万元的倒买倒卖假发票大案，逮捕了倒买倒卖发票的3名嫌疑人李某平、李某军、李鱼某，对使用假发票的10余户纳税户处以罚款17.6万元。平定县地税局按照市地税局关于开展发票清理检查的通知精神，成立检查组16个，检查人员56人，对501户领用地税发票的纳税人，1997—1998年的用票情况进行了重点检查，共查处有问题户40户，涉及发票340份，处罚40户，处罚金额2100元。

2000年，市地税局印发《关于严格规范代开发票管理的通知》，加强了对代开发票的规范管理。明确规定，发票代开必须设立代开发票登记簿，必须使用专用发票，发票代开情况要按月向市地税局征管科上报。市地税局根据规定，组织了不定期随机检查。共查出有问题户93户，违章发票4924份，共处罚款31.83万元，补税20.12万元。在城区公安分局的配合下，一举查获2起饮食业假发票案，查出假发票1600份，票面金额21.07万元，补税罚款15万元。

2001年3月1日，省地税局下发《关于在全省推行使用税控收款机、出租车税控计价器和卷筒专用发票的通知》，要求各市（地）地税机关根据实际情况制定具体的实施办法，有计划、有步骤地开展推广应用税控收款机。在各类服务业、娱乐业、专业市场、出租汽车行业推行使用税控收款机。5月1日起，《中华人民共和国税收征收管理法》正式施行。规定税务机关是发票的主管机关，负责发票印制、领购、开具、取得、保管、缴销的管理和监督。纳税人必须按照规定安装、使用税控装置，不得损毁或者擅自改动税控装置。

2002年，组织开展了对地税部门管理的各类发票的全面检查，共查出违章使用发票户83户，查出违章发票6410份，查补税款、滞纳金3.57万元，处以罚款3.3万余元。平定县地税局组成检查组11个，检查人员42人，要求对重点行业用票户全面检查，其他行业用票户检查面不低于60%。有代开发票的基层税务所和征收分局都是这次发票检查的范围。全县领用地税系统发票的纳税人共 352 户，共检查用票户 333 户，检查达 94.6%。个体工商户有问题户 3 户，1 户为未按照规定开具发票 1 份，其余 2 户为未按规定保管发票 101 份，共补税 228.95 元，处罚 3 户，处罚金额为 180 元。

2003 年，结合岗责体系制定，修订完善了发票管理制度。按照新征管法和实施细则的要求，细化了发票管理岗位的工作规程，明确每一项执法行为的步骤、顺序、时限、形式和标准，以及岗位之间的工作关系和责任追究办法。在全市范围内组织开展了全市地税系统打击制、售假发票专项活动和专项清理整顿。开展了建筑安装企业普通发票专项检查，重点检查建筑安装企业用于反映工程项目成本的发票的真实性及记载业务的真实性。对存在涉税违法行为的单位进行了严肃查处。

同年，城区地税局印发《城区地方税务局发票保管审批管理制度》。矿区地税局推出了"1+3"全能岗位征收模式。规定每一个办税窗口在征收税款的同时，负责办理税务登记、供售发票、代开发票及有关地税事宜，做到"一站式"服务，即进入征收分局的每一位纳税人可以选择任何一个办税窗口就可办理所有纳税事项，第一个接待纳税人的税务人员为首问责任人，负责引导或办理纳税人的涉税事项。

2004 年，省地税局下发《关于统一发票分类代码和发票号码的通知》，开始正式启用新版发票。市地税局结合省地税局要求，制定下发《阳泉市地方税务局发票管理制度》和《阳泉市地方税务局发票开具和保管制度》；加强了货物运输业专用发票的开具管理，严格按标准认定自开票纳税人和代开票纳税人，统一安装和使用国家税务总局开发研制的专用开票软件开具发票和进行发票管理。5 月，在市直分局试行发票领购简化程序。对纳税人审批供应发票每半年按程序审批一次，在审批后的时间里，纳税人如需购买发票，凭发票购印证可直接到发票窗口购买，无须按次审批。8 月 1 日，市地税局在全市范围内全面推行饮食业定额发票刮奖活动。制定了《饮食行业定额发票刮奖活动实施方案》及 6 个配套实施办法，进行了深入宣传和充分发动，在全市开展饮食业户清查工作，建立了举报查处工作机制，保障了发票刮奖活动的顺利开展；加强了举报案件的受理、转办、查处的衔接，保证了有关饮食发票刮奖举报问题的及时查处；加强了饮食业发票使用和税款征收的统计分析，实施全面监控。年底，饮食业定额刮奖发票发售面额 1.5 亿元，征收税款 1044.47 万元。稽查部门共受理发票举报案件 130 件，转办 111 件，解释答复 130 件，并对 9 起假发票案件进行了查办，共收缴罚款 7.7 万元。

2005 年，市地税局稽查局组织开展了打击虚开货物运输发票和制售假发票等涉税违法犯罪专项整治活动。市公安、地税、国税部门联合开展了这项工作，严厉查处了一批假货物运输发票和偷税案件，规范了用票企业的行为，税收征管秩序进一步好转。

共查处涉及使用假货物运输发票企业20户，涉及假运输发票120份，涉票金额509万元，查补收入46.8万元。

2006年，市地税局税务票证管理所成立，负责省地税局批准的市级普通发票的印制及全市地税系统所有普通发票的调拨领购管理。

同年，平定县地税局对建筑业票、销售不动产票、运输业发票和代开的发票进行严格管理，对未按规定执行，造成的执法过错行为，严格按照《税收执法过错责任追究实施办法（试行）》追究税务人员过错责任。8月，对发票代开情况进行了专项检查，对发现的问题及时进行了整改，严格追究了相关单位和人员的责任。

2007年7月1日，全市各级地税部门综合征管软件上线。从发票印制、调拨领用、发票发售以及缴销核销等环节的发票管理正式纳入全省地税系统综合征管软件管理。

2008年，开展了打击制售假发票和非法代开发票专项整治集中行动。组成20个小组，与公安、新闻媒体等有关部门和单位协调配合，重点对餐饮业、娱乐业和服务业进行了集中突击检查。全市出动税务干部170余人次，公安干警40余人次，新闻媒体人员10人次，检查纳税户690户，检查出有问题的户74户，共查补各项收入3.5万元，其中，罚款1.98万元。对在集中行动中查出问题的纳税人，检查人员深入调查，及时取证，结合疑点、难点和焦点开展延伸检查。

2010年7月1日起，省地税局在全省开始启用建筑业和销售不动产发票开票系统和机打发票，统一停止使用手工版建筑业、销售不动产发票。

2012年，市地税局组织开展了旧版发票的缴销工作。全市地税系统共收回各类手工发票和定额发票51235本，机打发票52400份，统一进行了销毁。

2012年，对全市范围内的小型微型企业进行摸底调查，并按照国家要求免费供应普通发票，免收发票工本费。全市12853户小型微型企业中，使用发票的有2138户，年发票使用数量约800万份，发票工本费136万元。市地税局与财政部门沟通协调，将免收的小型微型企业发票工本费列入本级财政预算。组织开展了餐饮业户发票专项检查工作，共检查882户，占全部餐饮业户的48%。其中，存在发票违章或其他涉税违章问题的户数为33户，共查补税款4092.57元，罚款9400元。在检查过程中，还发现14户纳税人的定额明显偏低，对其进行了定额调整，补缴税款7万多元。10月26日，山西省首台24小时自助办税服务终端在城区地税局启动，纳税人通过24小时自助终端开出全省第一张普通发票。

2013年，全面取消发票工本费，对所有纳税人免费提供普通发票。这项政策是继2012年对小型、微型企业以及符合小微企业标准的个体工商户免收税务发票工本费后地税部门落实“清费减负”的又一举措。全年共免收发票工本费280余万元。7月1日，全市地税系统手工发票开具信息采集入网，发票开具全面纳入信息系统管理，实现了网上查询。9月1日，全市地税系统涉外发票纳入综合征管软件，从印制、调拨到发售、缴销等环节与其他普通发票一起进行统一管理。10月1日起，“金税三期”综合征管软件正式单轨运行。所有发票进行了统一规范的分类和编码，全面纳入“金税三期”系统进行管理。

2014年7月1日，按照全省的统一安排，在全市范围内停止使用山西省统一收款收据。市地税局稽查局开展了打击发票违法犯罪活动。开展了建筑业、房地产企业发票专项检查和整治活动。分7个小组对24户建筑业、房地产企业2009—2013年的发票开具和取得、使用情况进行了专项检查。开展了餐饮企业发票专项检查。联合市公安局经侦支队、市国税局、市工商局等部门对全市餐饮企业的发票使用情况进行了大规模的检查整治，全年共检查发票纳税人426户，查处发票违法纳税人74户，查处非法发票133份，涉及金额2019.68万元，补缴税款3127.33万元，罚款23.18万元，抓获犯罪嫌疑人2名，查获假发票9张。

2015年，市地税局稽查局严厉打击发票违法犯罪活动，查处假发票大案2起，查获假发票17张，查补税款69.71万元；检查涉票纳税人79户，查处发票违法纳税人43户，查处违法凭证112份，涉及金额6543.05万元，查补税款3331.85万元，加收滞纳金88.62万元，对发票违法行为罚款共计24.7万元。

2016年5月1日，“营改增”政策全面实施到位，阳泉市地税部门不再向纳税人提供普通发票。

二、税收票证管理

（一）税收票证沿革

1994年，市地税局成立之初，税收票证分为11大类、41种，使用方式全部为手工填开，税款征收方式为收取现金和银行转账。部分税收票证为某一税种专用，如增值税专用缴款书、城市维护建设税专用缴款书、固定资产投资方向调节税专用缴款书、国营企业所得税专用缴款书等。

针对流动经营的个体商贩使用税收定额完税证，1994年使用9250份，1995年使用62330份。1996年征收大厅建立后，开始使用电脑打印的税收票证、税收完税证（电脑专用）和税收缴款书（电脑专用）。

2003年，根据省地税局《税收票证实施办法》，市地税局制定下发了《阳泉市地方税务局税收票证管理制度》，税收票证的填开进一步标准化、规范化，税收票证使用方式转变为以电脑打印为主、手工填开为辅，税款征收方式仍为收取现金和银行转账，部分划卡缴税。税收票证种类减少，税收票证名称、使用范围、填写内容进一步规范。

2010 年，地税系统推广使用财税库银横向联网电子缴税，形成以电子税票为主、电脑开具纸质税票为辅的税款征收方式，纸质税收票证使用量大幅减少。

2013 年，“金税三期”上线后，开始使用表格式税收完税证明和文书式税收完税证明。

2017 年，根据国家税务总局修订的《税收票证管理办法》和《山西省地方税务局税收票证管理实施办法》，制定下发了新的《阳泉市地方税务局税收票证管理制度》。

2018 年，开通银联卡便捷缴税。纳税人可通过互联网申报和缴纳税款，个体工商户及自然人可以使用微信、支付宝等支付工具扫描二维码方式实现申报缴纳。税收票证种类、名称、使用范围更加适应税收信息化的发展，逐步向微信、支付宝等现代支付方式为主，其他方式为辅的税款征收方式转变，提高了征管质效和票款安全，降低了税款征收中的执法风险。

24 年间，全市税收票证管理坚持了以下几条原则：一是坚持基层用票人员每日核对税收票证和收取的税款，每月核对票款后向基层征收单位结报；二是基层征收单位每月核对票款后向基层核算机关缴销票款；三是基层核算机关每季度对所属基层征收单位税收票证使用及税款征收情况进行检查；四是每年至少组织一次对所管辖范围内的税收票证使用及税款征收情况的检查。

（二）税收票证使用情况

2010—2017 年，全市地税系统财税库银横向联网电子缴税逐步实现。2010 年三方协议签订 4308 户，签约率 21.58%，产生 36242 笔业务，电子税票 11316 份，入库税费 15052 万元。2011 年三方协议签订 12163 户，签约率 55.56%，入库税费 70549 万元。2012 年三方协议签订 18172 户，签约率 84.87%，入库税费 193373 万元。2013 年三方协议签订 18150 户，签约率 84.52%，入库税费 299746 万元。2014 年电子缴库笔数 264115 笔，占全部缴库笔数的 95.78%，电子缴库税费 242734 万元，占全部入库金额比重为 51.14%。2015 年电子缴库笔数 287808 笔，占全部缴库笔数的 97.46%，电子缴库税费 382567 万元，占全部入库金额比重为 85.69%。2016 年，财税库银横向联网电子缴税电子缴库笔数和金额比重均在 95% 以上，在电子缴税方式下，电子信息代替了纸质税票，网络传输代替了人工流转，税款实时征收实时入库，节约了纳税人办税时间。基层地税部门税款入库时间由 2 天左右减少到实时缴税、实时入库。方便了征纳双方，提高了税收工作效率，确保了财政资金的安全。

全市地税系统税收票证1994年期初结存100871份，累计领取6553476份，填用6015994份，作废123465份，损失核销268份，印刷废票20份，停用销毁408113份，2017年期末结存106487份。其中，邮政部门领用代开代寄个人所得税完税证明699000份，填用696785份，作废142份；印花税票1994年期初结存904944枚，累计领取94580枚，销售952004枚，2017年期末结存47520枚。

1994年填用税收票证77483份，1995年开始逐年增加，2002年321667份，2003年321987份，2004年339626份，2005年350121份，2007年323594份，2008年355327份，是使用量最高的一年，2009年后逐年减少，特别是财税库银横向联网电子缴税推广以后。2014年79579份，2015年62323份，邮政部门个人所得税完税证明120763份；2016年51673份，邮政部门个人所得税完税证明405552份；2017年57764份，邮政部门个人所得税完税证明170470份。

1994年销售印花税票92150枚，1995年开始逐年下降，特别是可以使用缴款书或完税证汇总缴纳印花税及财税库银横向联网电子缴税推广以后，促进了印花税票使用量减少。2017年销售5162枚。

（三）税收票证种类

1. 税收机关和代征单位汇解现金税款、银行转账缴税使用的各类凭证

（1）各种通用缴款书，1994年开具8335份。

（2）税收缴款书，1995—2014年开具2275094份。

（3）税收缴款书（固定比例分成专用），1994年开具497份。

（4）自收汇解缴款书，1994年未使用。

（5）税收缴款书（手工版），1994—2013年开具96883份。

（6）税收缴款书（银行经收专用电脑版），2014—2017年开具28633份。

（7）税收缴款书（银行经收专用手工版），2014—2017年未使用。

2. 直接缴入国库使用的各类凭证

（1）各种通用完税证，1994年开具18636份。

（2）涉外企业所得税完税证，1994年未使用。

（3）税收通用完税证（电脑票），1994—2015年开具1833970份。

（4）工商统一税完税证，1994年使用。

（5）税收通用完税证（手工票），1994—2014年开具299855份。

（6）税收缴款书（税务收现专用电脑版），2014—2017年开具32539份。

（7）税收缴款书（税务收现专用手工版），2014—2017 年开具 1098 份。

3. 各类标志及税款缴纳完成的证明凭证

（1）车船使用税完税标志，1994—2007 年开具 123726 份。

（2）车船使用税免税标志，1994—2007 年开具 2122 份。

（3）个人所得税完税证明，2006—2014 年开具 18269 份。

（4）税收完税证明（表格式），2014—2017 年开具 168202 份。

（5）税收完税证明（文书式），2014—2017 年 开具 697724 份。 其中邮政部门填用 696927 份。

（6）税收转账专用完税证，纳税人在银行缴纳税款，银行代开凭证。2009—2014 年开具 1223 份。

（7）税收电子转账专用完税证，通过财税库银横向联网电子缴税缴纳税款后，税务机关开具的完税凭证。2010—2014 年开具 14523 份。

（8）税票调换证，1994—2013 年开具 779 份。

（9）印花税票销售凭证，1994—2017 年开具 86895 份。

4. 纳税保证金收据

（1）税务代保管资金专用收据，2007—2017 年未使用。

（2）纳税保证金收据，1994—2010 年未使用。

5. 税收罚款收据

（1）税收罚款收据，1994—2013 年开具 34300 份。

（2）当场处罚罚款收据，1994—1998 年未使用。

（3）当场处罚罚款收据（拾元票），1999—2008 年未使用。

（4）当场处罚罚款收据（贰拾元票），1999—2008 年开具 50 份。

6. 代征代扣单位使用的凭据

（1）代扣代收税款凭证，1994—2014 年开具 134168 份。

（2）税收缴款书（代扣代收专用），2014—2017 年开具 93 份。

7. 定额完税凭据

（1）税收定额完税证，1994—2014 年开具 230675 份。其中壹元票 40828 份，伍元票 68582 份，拾元票 76855 份，贰拾元票 5420 份，伍拾元票 38990 份。

（2）其他定额凭证，1997—2007 年开具 4016 份。其中拾元定额凭证 1901 份，伍拾元定额凭证 2115 份。

8. 将税款退还纳税人的凭据

（1）税收收入退还书，1994—2017 年开具 8742 份。

（2）小额税款退税凭证，1994—2013 年开具 10 份。

9. 各类专用缴款凭据

（1）城市维护建设税专用缴款书，1994 年未使用。

（2）固定资产投资方向调节税零税率凭证，1994—2006 年开具 81 份。

（3）固定资产投资方向调节税专用缴款书，1994—2006 年开具 1685 份。

（4）教育费附加专用缴款书，1994 年开具 9746 份。

（5）教育费附加缴款凭证，1995—1996 年开具 4214 份。

（6）水资源补偿费缴款凭证，1994 年开具 342 份。

（7）水资源补偿费缴款书，1995—1996 年开具 1334 份。

（8）水资源补偿费专用缴款凭证，1997—1998 年开具 1078 份。

10. 税收票证专用章戳

（1）征税专用章。税务机关办理税款征收业务，开具税收缴款书、税收完税证明、印花税销售凭证等征收凭证时使用的征收业务专用公章。

（2）退库专用章。税务机关办理税款退库业务，开具税收收入退还书等退库凭证时使用的，在国库预留印鉴的退库业务专用公章。

（3）印花税收讫专用章。以开具税收缴款书代替贴花缴纳印花税时，加盖在应税凭证上，用以证明应税凭证已完税的专用章戳。

三、非税票证管理

（一）历史沿革

2011 年，规费征收所使用的票据大部分是由财政厅监制的“一费一票”专用票据，种类较多（6 种），规格不一，实行市地税局向省地税局统一领购、逐级发放的领用管理制度，管理较松散。

2011 年 5 月，《山西省地方税务局关于进一步加强规费票据管理的通知》对规费票据安全做了详细规定。

2012 年 7 月，规费征管软件上线，原有的规费票据进行了简化归并，“非税收入一般缴款书”启用，规费票据种类由原来的 6 种减少至 4 种，纳入系统管理，票据领、用、存逐步规范；山西省财政厅、中国人民银行太原中心支行发布了《关于进一步加强和规范使用“非税收入一般缴款书”的通知》，对“非税收入一般缴款书”的使用、解缴等进行了细化。

2013 年，出台了《阳泉市地方税务局规费票据管理办法（暂行）》，全市规费票据规范化管理水平进一步提升，得到了省地税局的肯定。10月，地方教育费附加纳入“金税三期”系统管理并使用税收票证，“地方教育附加专用缴款书”“地方教育附加专用票据（现金）”停止使用（票据种类减少至2种）。

2014年3月1日，规费网上申报和电子缴费业务开通后，《山西省地税系统征收（代征）规费电子转账缴费专用票据》开始启用。省地税局下发《关于进一步规范规费专用票据填开使用的通知》，对“非税收入一般缴款书”“山西省行政事业性收费基金地税系统专用票据”（2012年版）和“山西省地税系统征收（代征）规费电子转账缴费专用票据”3种票据的使用管理进行了进一步规范。

2016年4月1日，全市各项规费收入全部纳入“金税三期”系统管理，规费收入实行就地缴库，原有规费票据停止使用，全部使用税收票据开票征收，并从当年开始逐年对超过保管年限的规费票据进行核销。

煤炭可持续发展基金开征后，市地税局加强了对基金票据的管理，依据《山西省煤炭可持续发展基金征收管理办法》《山西省地方税务局煤炭可持续发展基金已缴证明缴（核）销办法（试行）》《山西省煤炭可持续发展基金征管规程》等规定，2012年出台了《阳泉市地方税务局煤炭可持续发展基金票据管理办法》。通过制度来规范基金票据领、用、存、缴销等环节的行为，提高基金票据业务的办理效率和征管水平。

（二）规费（基金）票据种类及使用时间

规费（基金）票据种类及使用时间表

表2–19

规费（基金）票据种类	使用时间
山西省行政事业性收费收据	1994—2003年
山西省河道工程维护管理费专用票据	1999—2003年
山西省行政事业性收费基金地税系统专用票据	2003年3月—2016年3月31日
山西省地税代收工会经费拨缴款专用收据	2007年6月—2012年6月30日
地方教育附加专用缴款书	2011年9月—2013年9月30日
地方教育附加专用票据（现金）	2011年9月—2013年9月30日
收入退还书	2011年9月—2013年9月30日
非税收入一般缴款书	2011年5月—2016年3月31日
山西省地税系统征收（代征）规费电子转账缴费专用票据	2014年3月1日—2016年3月31日
煤炭可持续发展基金专用缴款书	2007年3月1日—2014年12月1日
煤炭可持续发展基金专用票据（现金）	2007年3月1日—2014年12月1日
煤炭可持续发展基金已缴证明自开版	2007年3月1日—2014年12月1日
煤炭可持续发展基金已缴证明代开版	2007年3月1日—2014年12月1日

第三章　电子税务

1994—2018 年的 24 年间，阳泉市地税局主要从 3 个方面着手进行了税收信息化现代化建设：一是信息化硬件设施建设。主要是全市地税系统计算机及其相关设备的配备、更新，征收大厅的建设和功能的完善，计算机应用相关制度的建设完善和操作培训等。二是信息化网络的建设。主要是计算机局域网及系统安全、语音视频等设备的建设和完善。三是信息化软件的开发和应用。在进行信息化硬件设备和网络基础建设的同时，信息化软件的开发和应用水平也逐步提高。由地税部门组建初期的单机版软件到计会统计、人事软件的开发运用，从网络版征管软件和房地产一体化管理软件的运用到新征管软件，再到“金税三期”工程的全面上线运行，从软件在征收大厅、税务所等局域网上各自运行，到全系统全部计算机实行大规模联网运行，再到税务部门和其他政府部门的信息共享，从税收业务到公文处理，信息网络实现了全覆盖。到 2018 年，税务部门基本实现了税收信息现代化，阳泉市地税工作步入了电子税务时代。

第一节　信息化硬件建设

1994 年 8 月，市地税局组建初期，没有专职的信息技术人员，信息化工作由办公室兼管。省地税局投资 100 余万元用于各地市的计算机购置补贴。市地税局为提升办公质效，配备部分计算机。

1995 年，根据山西省地税局《关于在 116 个税务所、分局装配计算机强化税收征管的通知》，市地税局为 7 个重点税务所配备了美国 AST 品牌 486 型计算机 7 台（套），包括主机、键盘、显示器、票据打印机、不间断电源、工作台、转椅、软盘。同时，开展了操作人员培训工作，税务所开始应用计算机管理基础工作。全市共配备美国 AST 品牌 486 型计算机 22 台，打印机 35 台，建成专用计算机机房 22 间。

1996 年，市地税局为市局机关 8 个科室和市直分局的征收大厅配备了计算机，为 2 个县（区）局的征收大厅配备了计算机，为新成立的稽查分局和开发区分局配备了计算机，为部分重点税务所配备了计算机。全年新配备计算机 37 台、打印机 34 台，投资 50 多万元。市地税局专门举办了计算机基础培训班，各县（区）局也都举办了同类培训。机房重点防范部位配备了“三铁一器”（铁门、铁窗、铁柜、报警器）；积极推广省地税局光电录入纳税申报表和磁卡纳税办法。

1997年，全市配备服务器3台，计算机80多台，投资130多万元。

1998年，省地税局给市地税局配备了服务器1台，市局自筹资金购买服务器4台、计算机8台。全市共配备计算机97台，投入运行的局域网6个，上网运行工作站18台，装备打印机106台。全年信息化设备投入277万元。

1999年，为稽查局配备计算机15台。

2000年1月，山西省阳泉市地税局计算机管理中心成立。全市所有的税务所都配备了计算机，实现电脑征收。全市共配备服务器10台，计算机176台，投入运行的局域网7个，上网运行工作站31台，装备打印机150台。使用征管软件的基层单位数为7个。全年信息化设备投入28万元。

2001年，加快了计算机联网步伐。市地税局建成了机关办公自动化网络，实现了机关办公数据信息的共享。各基层局积极进行计算机联网试点，局域网的覆盖范围进一步扩大。城区地税局、矿区地税局、盂县地税局、平定县地税局分别建成了机关办公自动化局域网，实现了机关各科室和办税服务厅以及部分税务所的计算机联网和税收数据信息共享。

2002年，市地税局信息化建设进一步加强。制定《阳泉市地税系统办公自动化实施方案》。全市地税系统计算机配备，基本上达到了人均1台。各县（区）局、市直各分局和市地税局机关均建成了机关办公自动化局域网，市地税局机关和各基层局都实现了公文处理双轨运行和有关信息资料共享。平定县地税局通过租用联通线路的方式，建立了连接全县各税务所、各股室，具有内部电话、音频、视频和数据集中处理等多种功能的税收信息综合管理系统，为在资金缺乏的情况下进行信息化建设创出了一条可行的道路。平定县地税局建成了覆盖全县所有税务所的城域网，并实现了征收管理数据的县级集中。省地税局红头文件先后转发了平定县地税局信息化建设的做法和会计电算化内部管理制度，供全省地税系统学习借鉴。全市配备服务器18台，计算机333台，全市投入运行的局域网10个，上网运行工作站285台，装备打印机187台，全年信息化设备投入163.6万元。

2003年，制定了全系统办公自动化计算机网络实施方案，保证了各部门、各环节工作的协调有序进行。全市共配备服务器20台，计算机391台，全市投入运行的局域网10个，上网运行工作站288台，装备打印机204台，全年信息化设备投入48万元。12月，山西省阳泉市地税局计算机管理中心变更为山西省阳泉市地税局信息管理中心。

2004年，与阳泉网通公司合作，签订了合作协议。网通公司为市地税局新办公楼免费进行数据语音综合布线，为市地税局节省信息化投资费用约25万元。山西省邮电建设工程局设计的《新办公大楼综合布线工程的方案》从计算机内部办公网络，到接入互联网以及电话网都进行了周密细致的设计，共设计各类信息点728个，全部布设超五类双绞线。工程实施后解决了新办公大楼各办公室间的数据、视频、多媒体等信息高速安全可靠的传输，以及各任意信息点之间的计算机网络通信的需求，建立和完善了机关和基层的网站。平定县地税局、盂县地税局、城区地税局、矿区地税局都制作了内部网站，开发区分局开通了外部网站。全市共配备服务器20台，计算机461台，全市投入运行的局域网10个，上网运行工作站289台，共装备打印机205台。全年信息化设备投入62.67万元。

2005年，网通公司投资30万元，免费给新办公大楼布设信息点700余个。市地税局召开全市地税系统信息建设项目动员大会，全面安排部署全市信息化建设工作，成立了市地税局及各县（区）局和分局的信息化建设领导组和项目管理办公室，明确职责，分解落实工作任务。建立了信息化建设工作联系制度和巡查督促制度，加强了工作协调配合，定期对各基层局的工作进展情况进行督促检查，确保信息化建设项目的顺利实施。当年，全市地税系统机房建设投资43万元，11个县（区）机房建成并投入使用，光缆全部接入，网络设备安装调试完成。全市共有服务器13台，计算机395台，市地税局机关及直属分局实现干部职工每人配备1台计算机。全系统办公自动化水平进一步提高，市地税局和基层局都建立了局域网，开始了网上处理公文。下半年，市地税局彻底取消了纸质公文传递。

2006年，新建市地税局新办公楼机房，主要包括机房装饰、电气安装、空调新风、监控、消防和防雷工程，总投资200余万元。其中，综合布线子系统采用适用于千兆网的五类四对非屏蔽双绞线、大对数双绞线电缆相结合的布线技术。机房配备4个配电柜和两台APC SL60KH的UPS电源并机运行，为机房内存储、主机、控制、电瓶、网络等设备的正常运行提供可靠的用电保证；配备2台阿尔西机房专用空调，保证机房全年温度控制在20℃ ±2℃，湿度控制在60%。机房装修采用铝合金吊顶、防静电活动地板材料，优质环保。机房面积460平方米，在区间布局上，分为主机室、存储室、控制室、网络室，大面积采用玻璃隔断，增加机房整体通透性、拓展视觉空间，便于对设备直观监控。整个机房宽敞明亮，技术含量高，完全满足温湿度、洁净度、照明、防雷接地等国际要求。

市地税局新建电教室，配备了43台电脑，实现了语音、视频多媒体教学。市地税局采购计算机90台、打印机78台、服务器1台。投资100余万元。扩充了新办公楼IP电话，由省地税局配发的16部电话扩充到224部，覆盖了整个新办公楼。对征管信息系统、公文处理系统等重要信息系统确定安全等级，严格按照规范编写定级报告和备案表。12 月 20 日，市地税局与各县（区）局和市直各分局实现了计算机公文联网处理，市地税局与省地税局实现了联网运行，办公自动化迈出新的步伐。全市共配备服务器 41 台，计算机 534 台，打印机 236 台，交换机 29 台，安全设备 25 台。全年信息化设备投入 42.15 万元。

2007 年，新建市地税局视频会议系统。按照全省地税系统信息化建设总体规划和技术要求，市地税局投资 220 余万元招标采购买了中兴视频会议系统，包括市地税局 1 套 MCUzxmvc8900，1 套视频会议管理系统（zxms80），7 套视频终端（zxmvc T502）。实现主控会场面向下级单位召开网络高清视频会议，亦可作为分会场承接总局和省地税局召开的高清、标清视频会议，标清会议采用 768KB 带宽，高清会议采用 1.5MB 带宽，完全满足视频会议需要，市地税局视频会议系统覆盖县（区）局。

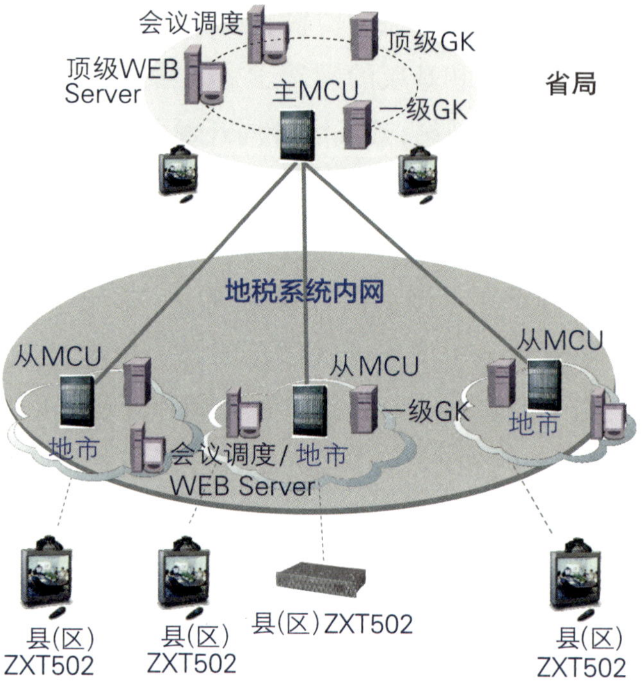

图 2-10　视频会议系统网络结构拓扑图

完成了市地税局新办公楼机房和省地税局异地备份机房的建设任务，投资 12.6 万元配备了电脑、打印机等。全市共配备计算机 876 台，打印机 376 台，路由器 39 台，交换机 59 台，安全设备 705 台。全年信息化设备投入 308.18 万元。

2008 年，省地税局调拨房地产税收一体化管理专用设备尊越 A360 计算机 5 套，价值 19600 元，曙光天阔服务器 1 台，价值 47300 元，各类设备价值总计 66900 元。

2009 年，全市共配备服务器 37 台，计算机 1273 台，打印机 518 台，交换机 68 台。全年信息化设备投入 65.52 万元。

2010 年，全市共配备计算机 1421 台，打印机 528 台。全年信息化设备投入 168.63 万元。

2011 年 5 月 30 日，市地税局购买 2 台数据回放服务器，用于存储往年征管软件数据。12 月 3 日，采购 7 台服务器，更新旧服务器。制定《阳泉市地方税务局信息系统运行维护管理办法》和《阳泉市地税系统网络与信息安全管理办法》。省地税局调拨房地产税收征收窗口建设专用计算机 7 台，价值 3.01 万元。

2012 年 2 月，山西省阳泉市地税局信息管理中心变更为山西省阳泉市地税局电子税务管理中心。同年4月23日，分别给市地税直属一分局、三分局、五分局购买服务器，用于更新原有通信、公文服务器。省地税局调拨房地产税收征收窗口建设专用计算机6台（其中二分局3台、平定县3台），价值2.9万元。

2013年，市地税局机关和直属分局投资200余万元，购置更换了128台电脑、13台交换机、6台服务器、4台UPS，从硬件上保证了“金税三期”工程上线的技术要求。根据省地税局关于印发《山西地税“金税三期”工程建设规划》（晋地税发〔2013〕101号）精神，投资28.6万元更换了机房和电教室的地板；投资80余万元购买了2台艾默生机房精密空调；投资200余万元更新了视频会议系统；投资134余万元购买了阳光税务监控系统。进一步完善了《网络设备日、周、月检查维护细则》，对制度建设、日常管理、应急演练、硬件建设、安全自查、软件运行等方面进行系统、全面的检测与维护，及时排查运行环节中存在的隐患，保证全市地税系统信息网络安全和信息系统稳定运行。

2014年，阳光税务监控系统建设完毕，实现了对全市地税系统所有办税服务厅的实时监控。

2015年“五一”期间，组织各办税服务厅、税源管理部门开展数据迁移业务验证。继续强化网络保障，全市地税系统的“金税三期”网络改造工程顺利通过了省地税局组织的终验验收。

2016年，实施“互联网＋税收服务”行动。投资11.2万元采购机房用不间断电源2台。

第二节　网络基础建设

1996年，市地税局第二分局编制的计算机联网程序调试成功投入使用，实现了内部计算机联网。

2000年，完成县以上“金税工程”二期覆盖建设，省地税局试运行省、市、县三级NOTES电子邮件系统，加快了信息交换。

2001年，市地税局投资3.6万余元建立了包含62个信息点的局域网，实现了机关办公数据信息的共享。各基层局积极进行计算机联网试点，局域网的覆盖范围进一步扩大。平定县地税局、盂县地税局、城区地税局、矿区地税局分别建成了机关办公自动化局域网，实现了机关各科室和办税服务厅以及部分税务所的计算机联网和税收数据信息共享。

2002年，建成了阳泉地税局内部网站，内容有政务公开、工作动态、办税业务、公众参与、专题栏目等内容的网站。

2003年，为了利用已有的信息网络资源，实现资源共享，提高工作效率，由市地税局与财政、审计、工商、国税等9个部门联合制定了信息共享办法。

2005年，加快计算机联网步伐。市、县、所三级信息化网络顺利建成，各级间主信道通过E1（市到县均为主备各1条E1、县到所均为1条E1）线路连接。市地税局到省地税局的主干线路采用6兆光纤线路，备份2兆光纤线路。

市地税局网络划分为办公内网区（OA）、业务区和公共服务区3个逻辑区域，各个区域通过防火墙进行隔离。主路由器和备份路由器通过主干SDH及备份SDH与省中心及县（区）节点连接，确保系统可靠运行。市地税局办公内网区主要完成市地税局内部办公操作，业务区主要完成对业务数据操作。市地税局网络主要包括主干、备份路由器、核心交换机、防火墙等网络及安全设备，通信服务器、OA服务器、网管服务器等系统设备，语音网关等VoIP语音设备，视频终端等视频会议设备。

县区网络划分为办公内网区（OA）、业务区和公共服务区3个逻辑区域，各个区域通过防火墙进行隔离，各区域间在保证安全的前提下，实现必要的数据交换。县区中心节点设置路由器通过主干SDH及备份PDH与市地税局连接，确保系统可靠运行。县区中心办公内网区主要完成县（区）内部的办公，业务区主要完成对业务数据的操作。县区节点包括接入路由器、交换机，防火墙等网络及安全设备，通信服务器、OA服务器等系统设备，语音网关等VoIP语音设备，视频终端等视频会议设备。

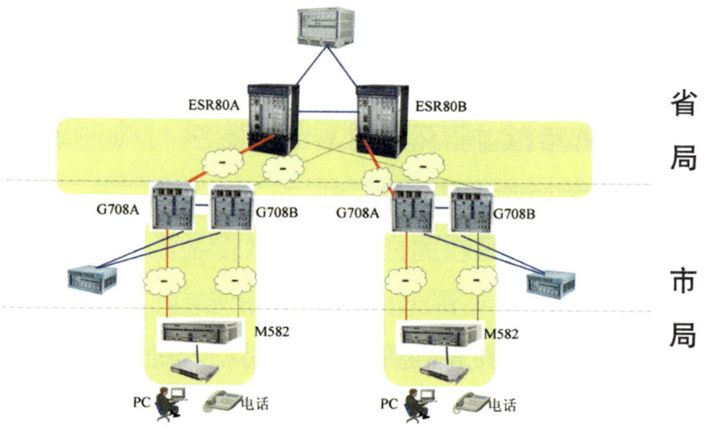

税务所级网络采用租赁网通E1线路与县区局连接。税务所节点配备路由器和交换机，有预留的语音和视频端口。

2006年，市地税局机关迁入北大街新办公楼后，进一步完善机房管理制度，完善网络IP电话，实现了上联省地税局，下通县（区）的网络通话。

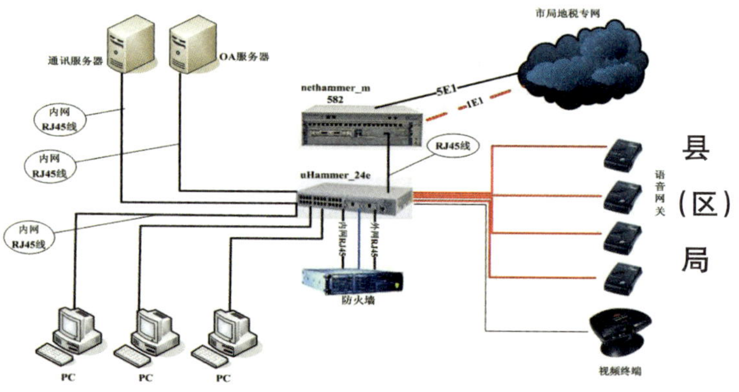

图2-11　地税县（区）网络物理连接图

2007年，按照省地税局对四

级网络延升的要求，建成了覆盖所有基层税务所的税务专网。

2008年，加强内网主干线路建设，提高了内网主干线路容量，顺利完成了内网主干线路从2兆带宽向6兆带宽的升级和平稳扩容。市地税局自主研发了网络线路检测程序，改变了过去依靠人工测试的旧做法，实现了对网络线路的实时、自动检测，在对省、市、县三级骨干广域网检测的基础上，扩大到对省、市、县、所四级广域网的全面实时监控。市地税局制定了《阳泉市地方税务局网络设备日、周、月检查维护细则》和“阳泉市地方税务局网络设备日、周、月检查维护登记表”，要求各基层局按时检测网络，分析网络日志，了解各类硬件设备及应用软件的运行情况，并将有关情况按月上报市地税局，保障了网络的畅通运行。努力提高省、市、县、所四级广域网络运行质量，按照省地税局部署，组织完成了四级网络终验工作。

2009年，省地税局要求各市地税局加强计算机信息安全工作，严格执行保密规定。按照要求，市地税局组织召开了全市地税系统网络信息安全工作会议，将全市地税系统的网络与信息安全工作任务落实到相关单位和相关人员。在全市地税系统深入开展了“信息安全教育宣传月”活动，组织了网络信息安全专题培训，明确要求在全局范围内不允许内外网直接互联互通和交叉使用U盘，不得在外网处理涉税数据，并及时更新有关设备，统一为干部职工配发光盘以代替U盘备份相关数据。对网络安全设备，特别是防火墙、杀毒软件的配置、使用情况等进行了安全管理检查，确保地税系统网络与信息安全。

2010年2月，根据财政部、中国人民银行、国家税务总局《财税库银税收收入电子缴税横向联网方案》，市地税局制定了实施方案，选定市直分局参加全省电子缴税试点。4月21—23日，全省地税系统网络与信息运维技术培训暨工作会议在阳泉市地税局召开，各市信息中心主任及业务骨干参加会议。与会代表参观了市地税局机房并听取了经验介绍，观摩了平定县地税局的上线工作。5月，市地税局申请域名，租用市经济信息中心服务器，建成了市地税局政务网站。网站设政务公开、工作动态、纳税服务、政策法规、征纳互动、专题栏目等6大板块，20多个大栏目，50多个子栏目。规范了计算机机房管理，制定了10种登记簿，分别为阳泉市地方税务局移动存储介质使用登记本、阳泉市地方税务局基层局信息化网络测试登记本、阳泉市地方税务局安全月报登记本、阳泉市地方税务局应用系统人员权限变动本、阳泉市地方税务局信息化设备维修登记本、阳泉市地方税务局机房进出人员登记本、阳泉市地方税务局发电机使用登记本、阳泉市地方税务局信息化设备及资产登记本、阳泉市地方税务局内网计算机接入登记本、阳泉市地方税务局违规信息检测登记本。

2012年3月，进一步推进财税库银横向联网电子缴税工作。省地税局选择3个市地税局作为银行卡刷卡缴税业务的试点单位，阳泉市确定平定县地税局全面参与试点。通过试点，确保了 POS 机刷卡缴税在全市的全面推广。

2013 年，全市财税库银税收收入电子缴税横向联网全部开通运行。7 月，“12366”税务服务热线成功上线，远程座席正常运行，全市所有单位开通网上申报。

2014 年，按照总局规划，实施“金税三期”网络改造工作。“金税三期”广域网络以每个省级单位（含国税、地税两个单位）作为一个网络节点，与北京数据处理中心和南海数据处理中心构成双星结构。“金税三期”广域网络建设包括骨干网和省网两部分。总局节点到省级节点间采用 155 兆 CPOS 线路，省地税局节点到地市节点间采用 10 兆线路，地市节点到区县节点间采用 2 兆线路。将市以下网络进行扁平化处理，税务所由原上联到县区局改为直接连到市地税局，提高了税务所业务处理速度。

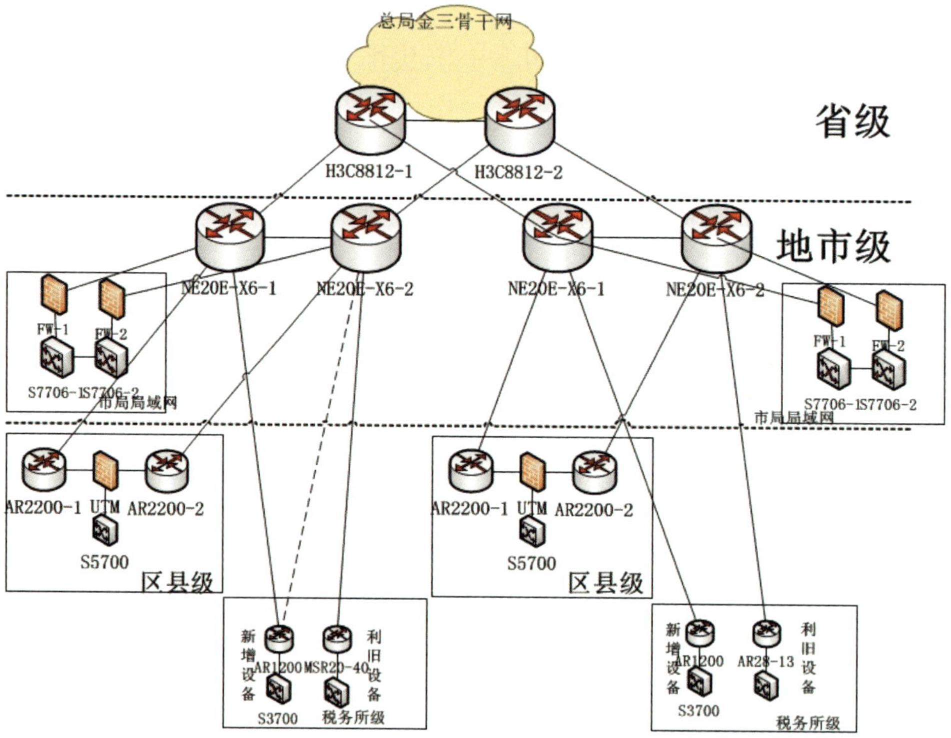

图 2-12　2014 年改造后的“金税三期”广域网拓扑图

第三节　软件开发应用

1995 年，开发了税收统计软件，缓解了分税种管理带来的管户多、工作量大的矛盾。

1996 年，全市的税款征收、票证管理、会统报表、人事报表、税源普查调查等各项工作纳入计算机管理。

1997年2月，省地税局将阳泉市地税局作为全省新征管软件首家试点单位。3月，新征管软件于城区地税局投入试运行，城区局1700多户不同类型的管户在办税服务大厅运用新软件进行征收。4月，市直分局的办税服务大厅运用新软件征收税款。

1998年，稽查局推广应用地方税务稽查软件。建立了农业特产税信息数据库，建立了车船使用税数据库，并查补税款8.3万元。完善了房产税、土地使用税税源数据库。市地税局先后组织了信息培训班、通用电子表格培训班、会计电算化培训班、计会培训班、票证使用培训班等，促进了税干业务素质的提高。

1999年，全市9个基层局全部安装了省地税局的网络版征管软件。市地税直属二分局开发了财务分析软件，定期对每个行业、每个系统及每个纳税企业的重要财务指标进行纵向、横向的对比分析，为加强税源管理和强化税收征管提供了准确、可靠的数据资料；在全市推广运用税收会统核算软件、Taxble通用报表系统软件，基本实现了计会数据的计算机管理和远程电子传递。组织计算机专业人员对全局计算机2000年问题（“千年虫”问题）进行检查，解决了全局计算机2000年问题。

2000年，大力推广农税征管软件，为有条件的农村税务所安装了省地税局开发的农税征管软件，平定县、盂县、郊区3个地税局的农税报表实现了计算机传输。市地税局编写了重点税源监控软件，市地税直属二分局编写了印花税管理软件和个人所得税管理软件，提高了应用计算机对税源进行动态监控、动态分析预测的水平。

2001年，大力推广各类税收管理软件。认真抓好稽查软件的试运行工作，组织了专门培训。根据重点税源变化情况，进一步修改完善了全市重点税源监控软件，提高了数据分析能力知动态监控水平。

2002年，市地税局全面推广应用公文处理软件。制定《阳泉市地税系统办公自动化实施方案》，对全市地税系统办公自动化工作进行了全面的规划。制定《阳泉市地方税务局机关计算机公文处理操作规程》，对计算机公文处理有关程序、相关人员的职责、权限进行了明确和规范。

2004年，市地税局推广使用了九鼎财务软件。

2005年7月1日起，市地税局机关取消公文纸质传递，文件收、发全部通过计算机在局域网上运行，向无纸化办公迈出重要步伐。全市各级地税局机关均应用总局推广的（ODPS4.0）公文处理软件，初步实现了公文传递的网络化和处理的自动化。市地税局与省地税局、与各基层局实现了公文远程传递。8月15日至9月20日，举办国家计算机应用一级考试培训班，市地税局机关全体干部和各县区局和市直各分局部分干部共计122人参加了全国计算机应用一级资格考试，全部考取了一级证书。成功开发了《阳泉市地方税务局管户核对系统（1.0版）》，地税系统管户监管由人工监管过渡到了计算机监管。市地税局采用省档案局的档案管理软件，档案管理实现了计算机管理。

2007年1月，山西省煤炭可持续发展基金管理系统正式上线运行。全国货物运输发票税控管理系统上线运行。市地税局作为全省试点单位，率先推广使用了全国统一的货物运输发票税控管理系统，完成了税务机关代开票本地系统的部署及上线工作。个人所得税基础信息管理系统上线运行。市地税局作为全省试点，推行个人所得税基础信息管理系统。此系统覆盖税务机关管理个人所得税业务的所有内容，包括信息汇集、分析比对、统计查询、完税证明管理等功能。4月19日，召开全市地税系统综合征管软件上线动员会，根据新综合征管软件对计算机设备的要求，对全市地税系统的计算机进行了更新和升级，按照省地税局的统一安排部署，各级地税部门全力以赴，完成了新版综合征管软件上线的各项工作。杀毒软件由原来的赛门铁克更换为江民网络版，内网计算机开始部署北信源桌面安全管理系统。

2008年，开发了考试平台，为市地税局的比武竞赛做好准备。

2009年，新版重点税源监测系统成功上线运行。重点税源监测分析管理系统，根据从综合征管系统中提取的重点企业税务登记信息、税款实现缴纳信息和财务报表信息及各种征收管理信息，进行数据信息的集中管理和综合分析，全面反映重点税源企业的运营效率、发展趋势、税收变动和税负状况。开发了企业所得税管理软件，把重点企业的生产经营资料纳入计算机进行管理。完成了个人所得税管理系统的升级和扩面工作，全市有600户重点税源企业安装使用了个人所得税管理系统。

2010年，税收分析预警系统在全市地税系统逐步推广使用。市地税局被省地税局确定为重点税源监测分析管理系统（改革版）的应用试点单位，编写了改版业务需求、业务流程和客户端操作手册，组织税收管理员和重点企业财务人员进行应用培训和测试工作，在全省率先使用新版重点税源监测分析管理系统，将重点税源监测分析管理系统与综合征管软件系统对接，实现了重点税源数据从综合征管软件系统随机提取，使原先需要纳税人和基层局手工报送的有关财务报表资料和有关信息，由纳税人通过重点税源监测分析管理系统一次录入就能满足基层局和市地税局多次查询分析的需要。达到了提高重点税源监控分析能力，减轻纳税人和基层局负担的“一提双减”的效果。

2011年4月30日，省地税局统一安装桌面安全系统，主要用于计算机的资产管理、访问控制及客户端系统漏洞修补，加强信息安全管理，尽可能防范安全威胁，如蠕虫病毒、木马程序等。财产行为税税源监控管理平台上线运行，通过采集工商、国税、国土、质监、规划、车管等第三方信息，以及纳税人所反映和各级地税部门所掌握的纳税人登记、税费缴纳、征收管理等信息形成数据库，将数据导入监控平台与征管软件进行数据处理和比对分析，对发现的异常数据和漏征漏管户，开展核查工作，督促纳税人及时办理税务登记、补缴相关税费。

2012 年 7 月 1 日，省地税局规费征管专用软件在全市地税系统上线运行。将采矿排水水资源费、河道工程维护管理费、残疾人就业保障金、工会经费和城镇退役士兵安置任务有偿转移资金的征管纳入专用软件管理。市地税局被确定为全省“项目管理和存量房评估信息共享平台”建设的试点单位。

2013 年 10 月 8 日，“金税三期”税收管理系统在全市上线运行。“金税三期”系统包括核心征管系统（由征管基础业务、法规业务、计会票证业务、税政一处相关业务、所得税业务、规费基金业务、稽查业务、契税和耕地占用税及相关业务组成）、个人所得税管理系统、决策支持 1 包（由计会统报表、征管状况监控分析、征管电子档案组成）、保留系统（由公路内河货物运输发票和财税库银横向联网电子缴税两个系统组成）、山西本地特色软件（由机打发票系统、网上申报系统、自助办税终端、电子缴税系统组成）。完成全省房地产一体化软件升级改造工作，对存量房漏采信息进行了补充，进一步完善了信息数据库，实现了与“金税三期”软件的顺利对接。

2014 年，以“金税三期”系统为依托，以阳煤集团为试点，市地税局自行开发了大企业税收服务和管理信息平台，建立了一户式数据库，并将原征管系统和“金税三期”系统涉及阳煤集团成员单位的数据全部迁入大企业税收管理系统，与“金税三期”系统进行关联，实现了对集团上下联动、横向互动管理目标。

2015 年，做好规费征管软件数据整合清理工作，为规费征收纳入“金税三期”系统做好准备。在全市地税系统推广应用“网上区域通办”和“创新网上服务”。

2016 年，“金税三期”优化版于 10 月 8 日上线。按照《山西地税“金三后”税收信息化发展规划》，推进信息系统升级融合，深化数据集成应用，做好运维保障工作，强化信息化对征管改革的技术支撑。做好人事信息数据更新工作，为推广“数字人事”系统奠定基础。

第四章　税收法制建设

1994—2018年，市地税局秉承“依法行政是税收工作生命线”的工作理念，坚持公平、科学、透明、规范的工作原则，努力打造公平、公正、公开、和谐的税收法制环境，推进法制建设，规范税收执法，加强执法监督，提高全系统税收执法水平，提升纳税人依法纳税意识，使税法得到了有效执行和普遍遵从。1994年至2008年2月，税收法制工作由征管科负责。2008年3月，市地税局组建政策法规科，全市地税系统的税收法制工作由政策法规科具体负责，全市各县（区）局和市直各分局的税收法制工作明确由各基层局征管部门负责。

第一节　法制基础建设

一、组织建设和制度建设

地税部门组建后，市地税局和各县（区）地税局先后成立了依法行政工作领导小组、“六权治本”工作领导组、普法工作领导组、重大税务案件审理委员会、税务行政复议委员会、法律顾问工作办公室等组织机构，实施“一把手工程”，不断加强和完善对税收执法工作的领导和监督。全市各级地税机关认识到了依法治税的重要性，自觉把依法治税贯彻到税收管理的全过程，进一步明确工作职责，建立规章制度，制定落实措施。形成主要领导亲自抓，分管领导具体抓，各部门协同配合，一级抓一级、层层有人管的工作机制。

在完善机构的同时，市地税局还积极建立健全各项规章制度，先后制定下发《关于贯彻落实税收规范性文件制定管理办法的通知》《阳泉市地税局重大税务案件审理工作规程》《阳泉市地方税务局关于贯彻落实〈山西省地税系统领导干部学法用法制度〉的意见》等文件。《关于贯彻落实税收规范性文件制定管理办法的通知》对规范性文件的制定管理权限、范围、程序、文书、备案审查和清理进行了规定。《阳泉市地税局重大税务案件审理工作规程》对重大税务案件的审理范围、审理程序、审理委员会及审理委员会成员单位工作职责等进行了详细规定，并规范了审理工作文书。《阳泉市地方税务局关于贯彻落实〈山西省地税系统领导干部学法用法制度〉的意见》，建立健全了领导干部日常学法机制、明确了学习内容和学习要求，实现了法制工作人员和全体税干法治培训全覆盖，在全系统形成学法、用法、守法、遵法的良好氛围，通过上述制度的完善和学习培训，使法规工作有章可循、规范运行。

二、执法责任机制

全市地税系统全面推行依法行政考核，将依法行政工作列入各单位工作考核指标，采取日常考核、被考核单位自查自评、市地税局检查抽查、听取意见建议等方式，建立了考核指标体系。在考核工作中，市地税局明确各部门职责，统筹组织实施，形成了党组统一领导、部门分工合作、干部积极参与的执法责任机制，保证了全市地税系统的法制工作有序推进。2009 年 3 月，市地税局被省委、省政府授予“公正执法十佳单位”称号。1994—2018 年，全系统有 3 个单位被省委依法治省领导组命名为省级“依法治理示范单位”，8 个基层单位创建成为“规范执法示范单位”，4 个基层地税局被省地税局授予“依法行政示范单位”或“依法治税示范单位”，2 个基层地税局被省地税局授予“法治税务示范基地”。

三、普法宣传

市地税局按照对内宣传与对外宣传相结合、日常宣传与“依法行政宣传月”“12·4”法制宣传日相结合的工作思路，将普法宣传打造成人们喜闻乐见的法制宣传活动，全面落实“谁执法谁普法”的普法责任制，坚持“六进”活动，将宣传工作延伸到社区、市场、企业、工地、学校、街道，做到市场里有传单、街面上有口号，在人流量密集的中心广场设立了宣传点，就市民关心的个人所得税问题、小微企业税收优惠、失业人员再就业、残疾人就业等税收优惠问题等进行宣传，为群众了解现行税收政策知识提供了方便。充分运用网络的便捷性、互动性和实效性，开通纳税服务 QQ 群、微信群，努力实现与纳税人的有效沟通，通过借力互联网这个平台，达到“网送税法连万家，万家结网护税法”的良好局面。市地税局抽调业务精干人员组成纳税辅导小组深入企业，向企业广泛宣传税收优惠政策，减少企业纳税风险，对企业在发展中存在的难题给予帮助，征求纳税人的意见和建议，着力解决纳税人的实际问题，受到纳税企业的广泛好评。2013 年，开展“深化法制宣传教育为实现伟大中国梦营造良好法治环境”学习教育活动，组织全市地税系统税务干部积极参与征文活动。2014 年，市地税局的普法活动被市委授予“党的十八届四中全会暨首个国家宪法日宣传活动优秀组织奖”。2016 年,市地税局的李国庆被市委授予“六五普法宣传教育先进个人”。2017 年,市地税局组织开展了“我与宪法的故事”系列征文活动,弘扬了宪法精神,培育了法治信仰,组织了“我与宪法微视频”征集活动,从百姓角度讲述身边宪法故事,促进了税务干部更好地了解宪法。组织全体干部参加了“12·4”法制答题活动,以 100% 的参与率得到了阳泉市依法治市办的好评。

建立普法示范教育基地。市地税局以普法示范教育基地建设作为法制建设的有效形式。2017 年,市地税局以“弘扬红色党史、展示山城税史”为特色,与矿区地税局共同创建了占地面积为 280 平方米的红色山城——阳泉税收展览馆,以平面展板、实物实体展示和立体造型相结合的风格,以影像、音像资料、触摸电子书等声、光、电现代手段呈现了阳泉税收的发展。

创办内部刊物《税收政策园地》。市地税局于 2012 年创办了内部刊物《税收政策园地》,按照每季度 1 期出版。2013 年 8 月,从内容、外观、编辑、美观方面进行了较大幅度的改版,增加了服务热线,反映税务管理相对人在税收政策、程序、执行方面的问题,改进了税务案例,大幅增加了稽查案件使用的方法、对案件的反思,为广大税务干部学习、理解和执行税收政策提供借鉴,增加了税收文苑,反映阳泉地税干部及子弟文化方面的面貌。

开展法制经验交流。市地税局一方面指导各基层单位开展经验交流,提升工作水平;另一方面,积极参加上级组织的经验交流活动,积极准备上级的各项工作验收,把上级的工作验收作为提高工作水平的重要手段。2014 年,市地税局的普法工作得到了市委依法治市办验收组的好评。2015 年,全市地税系统的税务执法案卷得到了省法制办验收组的充分肯定。2016 年,市地税局的法制工作得到了市法制办领导的直接表扬。

第二节　法制专项建设

一、执法培训

市地税局组建后,紧紧围绕“推进依法行政,建设法治地税”的工作要求,学法用法工作制度常态化。不仅把法制学习纳入中心组日常学习内容,把法律法规学习和政治业务学习结合起来,同时,把法治学习列入日常全员培训的主要内容,形成学法、用法、守法、遵法的良好氛围。

“六五”普法期间开展了3次全员培训，学习法律法规和党章200余件，人均年学法达40小时以上。2016年，市地税局政策法规科为全局干部作了税收规范性文件管理办法的专题讲座。2017年，市地税局政策法规科为全系统业务骨干作了法制专题讲座，市地税局法律顾问为市地税局干部作了法制专题讲座。2017年，全市地税系统参加全国税务人员执法资格统一考试，及格率为全省地税系统第一名。

二、法律顾问管理

2008年，市地税局聘请法律顾问。2014年，组建法律顾问办公室，充分发挥法律顾问审查把关、制度衔接、建言献策、应诉应议等方面有专业把关作用。对重大案件审理、举报案件、行政复议诉讼案件提前介入，为政策法规科提供案件意见。对市地税局签订的各类合同、征稿启事等提前介入进行法律咨询服务工作，确保不出现法律纠纷。对地税机关执法实践中经常遇到的问题进行研究，提供建议并出具法律意见书。对市地税局决策中遇到的问题，法律顾问及时研究后给予回复。

三、规范性文件管理

税收规范性文件的广义概念是指有关税收的一切法律、法规、部门规章等规范性文件。狭义概念是指县以上（含本级）税务机关依照法定职权和规定程序制定，依法对外公布，规定纳税人、扣缴义务人及其他税务行政相对人权利、义务；在本辖区内具有普遍约束力并反复适用的一类文件总称。

2006年，国家税务总局下发《税收规范性文件制定管理办法（试行）》，对税收规范性文件的起草、合法性审查、审议、公开发布、备案备查等环节作出明确要求，逐步理顺税收规范性文件管理机制。2010年，税务总局下发《税收规范性文件制定管理办法》，市地税局进一步完善税收规范性文件的管理，制定了在税收规范性文件出台前，经政策法规部门在立法依据、立法权限、立法程序等方面先进行合法性、合规性、是否符合公平竞争原则审核后签发的工作流程。2012年，市地税局制定了税收规范性文件5件，全部以公告的形式发布。2016年，市地税局制定了税收规范性文件2件，全部以公告的形式发布。2017年，市地税局制定了税收规范性文件2件，全部以公告的形式发布。

税收规范性文件备案，是指省以下（含本级）税务机关应当于税收规范性文件发布之日起30日内向上一级税务机关报送备案税收规范性文件，于每年年度结束后1

个月内向上一级税务机关报送本年度发布的税收规范性文件目录。市地税局严格落实税收规范性文件备案制度，对制定的税收规范性文件均按规定报送省地税局备案。

税收规范性文件清理，是指制定机关应当对税收规范性文件进行清理。清理采取日常清理和定期清理相结合的方法，日常清理由税务机关业务主管部门负责，定期清理由税务总局统一部署,每 2 年开展一次。税收规范性文件清理按照“谁制定,谁清理”的原则，由起草的科室负责提出清理建议。

2008 年，对 1994 年至 2008 年 6 月期间的税收规范性文件进行清理，集中解决税收规范性文件或条款存在的执行时间过期、管理对象灭失、内容重复、与上位法冲突、文件规定不合理、文件规定之间不协调等问题。

2011 年，按国家税务总局税收规范性文件三类划分标准，对地税组建后全系统 127 件文件进行了清理，审核确认税收规范性文件 96 件，通过梳理、审核、分类和汇总，确认税收规范性文件现行有效文件 28 件（含部分条款废止或失效的文件 14 件）、全文失效废止文件 67 件、拟重新公布的文件 1 件；规费和基金类规范性文件现行有效文件 3 件（含部分条款废止或失效的文件）、全文失效或废止文件 1 件。其中市地税局共计对 49 件税收规范性文件进行了清理，通过认真细致的梳理、审核、分类和汇总，确认税收规范性文件现行有效文件 20 件（含部分条款废止或失效的文件 9 件）、全文失效废止文件 28 件、拟重新公布的文件 1 件；规费和基金类规范性文件现行有效文件 2 件;县(区)局共计对 78 件文件进行了清理，审核确认税收规范性文件 47 件，通过认真细致的梳理、审核、分类和汇总，确认税收规范性文件现行有效文件 8 件（含部分条款废止或失效的文件 5 件）、全文失效废止文件 39 件；规费和基金类规范性文件现行有效文件 1 件、全文失效或废止文件 1 件。

2016 年，根据“营改增”后的新情况，对税收规范性文件进行了清理，经合法性审核等程序，公告作废了失效的税收规范性文件。

2017 年，根据征管改革的要求，全市地税系统公告作废了一批失效的税收规范性文件。

四、税收政策反馈调研

市地税局政策法规科不断强化对税收政策执行情况的调研，畅通税收政策执行情况反馈渠道，提高政策执行效力；全面分析现行税收政策实施效果，研究提出完善税收政策体系的意见和建议，每季度向上级报送稿件 1 篇。

2014 年，《关于增加税收收入的 8 条措施》得到市委、市政府的肯定。

2017 年，市地税局李国庆的《浅谈科学发挥税收职能促进生态文明建设》荣获省地税局 2016 度优秀税收科研成果二等奖、全省地税系统“地税改革与发展”主题征文一等奖。

2017 年，组织了税收政策调研会，盂县地税局许润厚提出的《税收优惠政策在扶贫工作中出现的问题》、矿区地税局张芸提出的《发放拖欠工资中的个人所得税问题》被省地税局采纳，并研究制定税收优惠政策。

地税部门组建期间，接到省地税局、市委、市政府、市人大征求意见函后，认真解读、研判，寻找各类依据，协调基层单位及时反馈报送各类意见建议，没有出现差错现象。

第三节　执法检查督察

一、模拟听证会

地税部门组建后很长一段时间，全市地税系统没有纳税人申请听证的案件，为了实战练兵，应对出现的听证申请，市地税局于 2014 年 11 月在盂县地税局举办了模拟听证会。模拟听证会包括说明听证主题、宣读听证会纪律、宣读听证申请人享有的权利和应履行的义务、听证会听证等多项议程。会上，控辩双方针对 4 个焦点问题积极发表自己的主张，内容丰富、证据充分、程序严谨，达到了实战练兵的效果。

二、税收执法全过程记录试点

2015 年，市地税局在矿区局开展以执法记录仪为载体的税收执法全过程记录试点，并结合试点实践出台《执法全过程记录制度试点工作方案》。这一方案按照公开透明、合法规范的原则，积极稳妥地推进执法全过程记录制度试点工作，通过文字、音像、电子数据等记录方式，实现了行政执法行为全过程记录及全过程留痕管理，为全省地税系统探索总结了可复制、可推广的经验作法。2017 年，矿区地税局被省地税局确定为执法全过程记录制度试点单位，市地税局出台的《执法全过程记录制度试点工作方案》也被省地税局转发并推广。

三、规范权力运行

市地税局按照上级要求，规范权力运行工作，不断改进全系统的行政审批工作。

2014 年，抓了权力清单和权力运行流程图的公开工作，强化权力运行的监督和制约。2016 年，以考核的方式落实市地税局制定的“六权治本”实施方案和《山西省税务系统规范税务行政处罚裁量权实施办法（试行）》。

四、强化执法监督检查

2008 年之前，全市税收执法督察工作由征管科负责，称执法检查。2008—2014 年，该项工作由政策法规科负责，称执法督察。2015 年，该项工作由督察内审科负责，仍称执法督察。

2009—2010 年，全市地税系统通过执法督察工作，共对 14 人（次）进行执法过错责任追究，其中责令书面检查 3 人（次），经济惩戒 11 人（次），惩戒金额 14385 元。

2011 年，市地税局对市稽查局和 2 个县局稽查局 2009 年和 2010 年的稽查案卷进行了评查，评查 32 卷典型案卷，查找出共性问题 14 个，个性问题 17 个，共对 51 人次进行了责任追究。其中，批评教育 10 人，通报批评 17 人，责令书面检查 22 人次，经济处罚 2 人（扣除 6 个月税务津贴），同时在案卷查评中总结经验 3 条。（此次案卷评查工作得到了省地税局的高度评价，在全省执法督察经验交流大会上，经验材料以幻灯片的形式作了交流展示。）

2012—2014 年，执法督察突出了 3 个特点：一是突出督察的目的。税务督察的目的不是为了严厉惩处税务人员，而是为了促进管理，实现依法治税。二是突出督察与基层局实际工作相结合。各基层局身处征收一线，管户实际情况千差万别，如二分局以房地产管理为主，五分局以金融保险业为主，市地税局在工作安排中，结合基层局的实际情况，要求实施重点报告制度，即要求各基层局在全面报告的基础上，对其重点工作进行报告，促进了督察效果的最大化。三是突出督察文书的运用。为规范税收执法督察文书运用，市地税局开展了税收督察文书评查工作，促进了税收执法督察工作。

第四节　税收法律救济

税收法律救济是指税务机关为排除税务具体行政行为对税收相对人合法权益的侵害，通过解决税收争议，制止和矫正违法或不当的税收行政侵权行为，从而使税收相对人的合法权益获得补救的法律制度的总称。

一、税收行政调解

2014 年，市地税局成立依法行政领导组，具体负责、协调和指导开展行政调解工作。领导组成立后，强化了税收行政调解工作。一是加强行政行为的规范化建设和透明化建设。针对契税办理、减免税办理、退税办理、税款征收、开具发票等工作中出现的常见性、多发性矛盾纠纷，以预防、化解矛盾纠纷作为工作重点，坚持抓早、抓小、抓苗头，严防矛盾纠纷激化，及时把矛盾纠纷化解在基层。二是以“分级负责、归口办理”和“谁主管、谁负责”为原则处理行政纠纷。对纳税人的来访，一般当场解决，一时难以解决的及时移交相关单位限期解决。三是严格考核问责。把调解工作作为工作考评的重要内容。对调解工作不落实，导致矛盾纠纷突出的基层单位，追究相关责任。这些措施实施后，共批评基层单位 2 次，考核问责 1 次，全市地税系统没有出现税务行政复议案件和税务行政诉讼案件。

二、税务行政复议

税务行政复议是指纳税人、扣缴义务人、纳税担保人及其他税务当事人不服税务机关及其工作人员作出的税务具体行政行为，依法向上一级税务机关（复议机关）提出申请，复议机关经审理对原税务机关具体行政行为依法作出维持、更正、撤销等决定的活动。

2008 年成立的政策法规科，是市地税局专门进行税务行政复议的机构，各县（区）局的行政复议工作由征管部门负责。为了开展这项工作，市地税局和各县（区）局都专门配备了业务骨干、电脑、打印机等行政复议办案装备。2018 年，全市有行政复议专兼职人员 17 名，全部为大专以上学历，其中 16 人拥有本科学历。市地税局还聘请了山西众晨律师事务所资深律师担任全市地税系统的法律顾问，组建了法律顾问办公室，提高了税务行政复议的专业化水平。

三、税务行政诉讼

税务行政诉讼是指公民、法人和其他组织认为税务机关及其工作人员的具体税务行政行为违法或不当，侵犯其合法权益，依法向人民法院提起行政诉讼，由人民法院对具体税务行政行为的合法性进行审查并作出裁决的司法活动。其目的是保证人民法院正确、及时审理税务行政案件，保护纳税人、扣缴义务人等当事人的合法权益，维护和监督税务机关依法行使行政职权。

2014，市地税局成立依法行政领导组，具体负责全市地税系统的税务行政诉讼工作，引导税务干部认识新形势下税收执法环境，知法、懂法，克服执法的随意性。

2014年后，一是加强税务执法人员的思想教育和职业道德教育。牢固树立执法为民的意识，加强执法人员业务素质培养，提高执法人员正确理解税收政策法规内涵的水平，掌握税收法律、法规知识，以防范执法风险。二是大力培养维权意识。要求在处理和解决税务行政纠纷过程中，准确界定与纳税人之间的权利义务边界，保护好纳税人合法权益的同时，保护税收利益，在运用调解手段解决征纳双方矛盾与争议的过程中，严格遵守税收法律、法规的规定，确保纳税人利益和税收利益不受损失。三是加强依法行政的宣传教育。一方面，通过讲座、讲课、业务研讨等活动，全市地税干部深刻地认识到“依法行政是税收工作生命线”的思想内涵，进一步强化了法治观念，增强了依法行政的主动性和自觉性。另一方面，做好纳税人的法制宣传，使得广大纳税人知晓法律，熟悉和掌握法律，增强自觉运用法律保护自己合法权益的意识。

第五章 纳税服务

阳泉市地方税务局组建后，包括税收政策宣传、税务咨询服务、提高办税效率措施等各方面的纳税服务就一直贯穿于税收工作始终。从 1994 年到 2018 年的 24 年间，通过“税收宣传月”和日常税收工作中各种形式的税收宣传活动，让广大纳税人了解税收意义，掌握税收政策，知悉办税程序。同时，通过设立办税服务厅、开展税务咨询等方式，通过制定并执行纳税服务各项制度，通过对企业开展纳税信用等级评价、便民办税春风行动等，不断提高纳税服务水平，持续改善税收营商环境。

第一节 税收宣传

一、“税收宣传月”活动

1994 年 1 月 23 日—3 月 15 日，组织了以“税收与改革”为主题的宣传活动;5 月，组织了《中华人民共和国个人所得税法》专题宣传活动。

1995 年 4 月，组织了“税收宣传月”活动。4 月 1 日，税企联手，在市区开展了千人上街宣传活动，出动了军乐队、锣鼓队和宣传彩车，市五大班子的领导、市检察院、市财委的领导与税务干部一起身披彩带，散发宣传资料，回答群众提问，宣传税收政策，规模宏大、场面壮观、影响较大。4 月 6 日，开展了“税法宣传咨询日”活动。“税收宣传月”活动中，全市共出动宣传车 45 辆，设立税法咨询点 85 个，散发宣传资料 10 万余份，接待咨询群众 5 万余人次。通过广播、电视、报纸等传播媒介进行了广泛的宣传活动，增强了公民的纳税意识。其间，全市有 374 人主动补缴税款 105.7 万元。平定县地税局利用春节前后电视收视率高的有利时机，请县电视台拍摄了税法宣传专题片，在县电视台每晚黄金时间连续播出，收到了很好的宣传效果。

1996 年，加强税法宣传教育工作。市政府成立了由市委副书记、市长魏德卿为组长，市人大常委会副主任杨宝国、市政协副主席张耀增、市委宣传部副部长高全怀及市政府办公厅和各党政群团组织、公检法司、财税部门、各新闻单位领导为成员的市“税收宣传月”活动领导组和办公室。4 月 1 日，市委、市政府、市人大、市政协及公检法、财税部门的领导和税务干部一起走上街头，散发宣传资料，回答群众提问。市委副书记、市长魏德卿在当晚黄金时间在市电视台作了专题讲话。郊区地税局与郊区报社联合开展了“税收知识百题竞赛”活动，与区委宣传部、广播电视局及工会、共青团、妇联等联合举办了乡镇企业和个体户“税收知识电视竞赛”。平定县地税局开展了“小小税法宣传员”活动，税务干部给学生讲税课、散传单，让小学生回家后讲给家长听；地税二分局设置了税法公告栏，对新的税收政策及时进行公告；城区地税局组织了个人所得税先进纳税人采访报道活动；矿区地税局开展了“送税法上门”活动，组织税务干部深入企业、矿井、居民区、集贸市场向纳税人发放宣传资料、宣传纳税知识，开发区地税局编制了纳税知识一览表，发给纳税企业等。这次税法宣传活动，在全市的宣传覆盖面达90%以上，直接受教育人数达40万人次。

市地税局与市电大一起组织开展企业所得税操作实务培训，全市报名人数达3400多人。市地税局与阳泉日报社联合在全市范围内举办了“个人所得税（有奖）知识竞赛”活动。各界人士都踊跃参加了这项活动，竞赛活动共收到答卷600余份。经过严格的评分阅卷，最后决出一等奖5名，二等奖10名，三等奖20名，纪念奖50名，组织奖15名。开展了对先进纳税人的宣传表彰活动，营造了良好的治税环境。

1997年4月，开展以“税收与文明”为主题的“税收宣传月”活动。各级地税部门利用广播、电视、报纸等各种媒体，采取各种形式进行税法宣传活动，如散发宣传材料、张贴标语、设立咨询点、表彰纳税先进单位、为企业领导及学生讲解税法、在报纸、电台开设专栏等。在“税收宣传月”中，全市地税系统共组织税法宣传102次，印发宣传资料57万余份。“六坚持一承诺”行动被省地税局评为优秀活动项目。经过宣传，纳税人主动补缴税款38.3万余元。

1998年4月，开展以“税收管理与依法治国”为主题的“税收宣传月”活动。市委、市政府领导和税务干部一起走上街头，宣传税法。全市共设立税法咨询点53个，散发传单7万余份，受教育人数达10万余人。市地税局与市委宣传部、市教委、市国税局联合在全市中小学生中开展了“税收在我身边”征文活动，市委常委、宣传部部长王克恭担任组长，全市共上报征文730余篇，有99篇被评为市级优秀征文，6篇被评为省级优秀征文。市地税局与阳泉电视台联合主办了《各界人士话税收》专题节目，邀请市委党校、市经济研究中心、市铝业公司、泉美大酒店的领导，就如何提高公民的纳税意识、税收与经济发展的关系等社会关注的问题进行了座谈，受到了各界人士的好评。表彰了10个模范纳税人，对10余户抗税不缴的“钉子户”进行了曝光和处理。市地税局开展的争创“六好服务明星”活动被省地税局评为最佳项目奖。

1999年4月的“税收宣传月”活动中，市五大班子领导与税务干部共同走上街头，散发宣传资料，解答群众的有关问题，广泛利用电视、电台、标语等形式进行宣传。组织了39个宣传队，开展了“走百村窜万户”活动，送税法上门，扫除税收宣传的死角。各税务所坚持利用黑板报宣传税收法律和政策，使纳税户在办理纳税事宜时，能够了解最新的税收政策动态。组织各行业纳税人开展税法知识竞赛活动，调动纳税人学习税法的积极性。举行了“城市客运交通客票”抽奖活动，对6万张客票设立奖数6666名，奖金3.4万元，促使消费者增强发票意识，了解发票知识。在繁华街道、集贸市场设置《中国税务报》阅报栏，方便纳税人学习、了解税收政策。开展了征集税收广告用语活动，并在中心路段设立了税收宣传公益广告牌。表彰了模范纳税大户，倡导依法纳税自觉纳税光荣。

2000年，开展全方位、多层次、多形式的税法宣传。一是在各个办税服务厅设置税法咨询台和公告栏，随时解答纳税人的有关问题，定期发布最新的税收法规和政策动态，把税法宣传贯穿到征收管理中。二是加强对企业财务人员的税收知识培训，全年全市共举办企业财务人员税收知识培训班20多期，有450名企业财务人员接受了培训。三是抓好“税收宣传月”的各项宣传活动。在全市设立了咨询点60多个，悬挂宣传横幅、标语30多条，组织散发宣传资料3万余份，接受群众咨询10万余人次，并充分利用电台、电视台、报纸等各种宣传媒体开展了生动活泼的税法宣传，力求做到图文声像并举。市地税直属二分局与市政广告中心联手，利用邮政专递广告刊登税法知识；郊区局借乡镇召开人民代表大会之际，向人大代表宣讲税法，赠送税法书籍；矿区局通过集中为下岗职工免费办理税务登记手续宣传有关优惠政策；市地税局购买300本《领导干部税收知识读本》向市四大班子赠送，与阳泉电视台联合举办了由纳税人参加的“个人所得税知识竞赛”，组织全市税干和纳税人参加了国家税务总局、《法制日报》联合举办的“税收知识百题竞赛”，观看《向纳税人报告》专题片，召开纳税人座谈会，推动税收宣传的广泛开展。集中对一批模范纳税大户进行了表彰，对一批偷、抗税分子进行了曝光和处理，在全社会营造了“依法纳税光荣，偷抗税可耻”的良好氛围。

2001年，围绕“税收宣传月”活动，开展了形式多样的税法宣传活动。市地税局在全市纳税人中组织开展了“税收法律、法规知识有奖答题”竞赛活动。在北大街制作15个税法宣传灯箱，既方便了广大市民随时了解税法，又美化了城市环境，受到市民的欢迎。各基层局也结合实际，开展了有声有色的宣传活动。盂县地税局采取“抓两头，促中间”的办法，对模范纳税人进行了表彰，对部分纳税不主动和新开业的纳税人进行了培训。平定县地税局利用农村庙会，开展税法宣传咨询。郊区地税局通过召开“乡镇党政领导话税收”座谈会，增强了地方党委政府对税收工作的支持。城区地税局将税收宣传与个体税收清理整顿和规范执法活动结合起来，开展了“纳税人有哪些权益”的宣传活动。矿区地税局在小学校园开展了“学税法，从小抓，税收知识带回家”的主题宣传活动。一分局利用公共汽车、出租车等流动广告体张贴宣传资料进行宣传。二分局通过电信局大型电子显示屏，定时播放税收知识等等。宣传月活动期间，全市共设立咨询点 10 个，散发宣传资料 7 万余份，出动宣传车 18 辆次，制作宣传板报 310 块、接受群众咨询 1200 人次，进一步营造了良好的税收环境。

2002 年的“税收宣传月”期间，市委、市政府领导和市地税局领导参加了宣传活动。全市地税系统共设立税法宣传咨询点 50 多个，制作宣传板报 150 多块，散发宣传资料 3 万多份，通过移动、联通以短信形式发送税法宣传知识 40 余条。举办了税收知识培训班，分别对全市煤炭企业矿长、财务科长和办税人员进行了《中华人民共和国税收征收管理法》知识培训，700 多人次参加了培训。参加了总局办公厅和中国税务报社共同举办的征文比赛，全市收到各类征文 30 篇，向省地税局报送 8 篇。

2003 年，开展第 12 个“税收宣传月”活动。3 月 31 日，市地税局隆重召开了对纳税人和代扣代缴单位的表彰大会，全市 30 户纳税大户和 20 户代扣代缴税款先进单位受到表彰，受表彰单位在《阳泉日报》和阳泉电视台进行了公布，在全社会营造了依法诚信纳税、认真履行扣缴税款义务的良好风气。“税收宣传月”期间，全市地税系统共散发宣传资料 3 万余份，在新闻媒体上刊登各种宣传稿件 20 多篇，发送税法宣传短消息 500 余条次。

2004 年，组织开展了一年一度的“税收宣传月”活动。市地税局和市地税直属二分局在市百货大楼前设立咨询台，解答纳税人咨询，散发宣传资料，组织了企业厂长经理话税收书法展览，达到了很好的效果。平定县地税局在县城主要市场和街道集中进行税法宣传；盂县地税局通过举办“税收—小康—发展论坛”等方式从 10 个方面宣传税收；郊区地税局采取送税法到机关、企业、专业市场、中小学、集市庙会、农家院落等方式，进行税法宣传；城区地税局向纳税人发放纳税温馨提醒卡，并与国税局联合举办了由 200 多人参加的税法培训班；矿区地税局在天利购物广场摆放宣传版面，并邀请锣鼓队表演助兴的方式进行宣传；市地税直属一分局与南煤集团联合举办“南煤杯”依法诚信纳税，共建小康社会税收宣传演讲活动，还在阳煤集团等企业举办了税收知识培训班；开发区分局开展送税法进社区活动，以下岗职工税收优惠政策为主题开展了专题宣传。税法宣传月活动达到了良好的效果，有 4 个宣传项目受到了省地税局的通报表彰。

2005 年，组织开展了以“依法诚信纳税，共建小康社会”为主题的“税收宣传月”活动。市地税局和各基层局税务干部都上街散发宣传材料，现场解答纳税人咨询。平定县地税局、盂县地税局深入学校向中小学生宣传税法；郊区地税局利用文艺宣传的方式宣传税法；城区地税局、矿区地税局开展送税法上门活动，向行政事业单位送宣传资料；开发区地税分局印制了税法内容的扑克，向行人发送；市地税直属一分局利用窗口单位的有利条件，专门印制了《纳税信息快递》，向前来缴税的纳税人宣传税收政策；市地税直属二分局向纳税人发送短信的方式向纳税人宣传税法；市地税直属三分局邀请阳煤集团、南煤集团等5家大企业的领导就“依法诚信纳税，共建小康社会”的相关问题进行了电视访谈；市稽查局通过阳泉移动通信公司和阳泉电视台向纳税人公布举报电话和举报奖励的措施，并积极配合各征收单位对税收举报案件进行查处。

2006年4月1日，市地税局在城市广场设立税收宣传咨询点，市地税局领导和参加税收宣传的地税干部深入市民中进行宣传。开发区分局在开发区繁华的市场门前设立税收宣传点，利用文艺节目、小学生漫画等作品进行了丰富的宣传。平定县地税局、盂县地税局、郊区地税局、城区地税局、矿区地税局也分别在人流集中的繁华地段以板报、街头文艺表演等多种形式组织开展了税收宣传。利用“两会”召开的时机，向人大代表、政协委员们赠送市地税局专门组织汇编的《地方税收优惠政策摘编》，为代表们更好地参政议政、献言建策提供税法支持；组织税务干部深入居民社区、街道，为下岗职工送去国家有关再就业税收优惠政策，并现场解答群众提出的问题；通过电视、电台、手机短信等媒体播放有关税收知识，扩大税收宣传的受众面；组织部分企业集团办税人员开展各类税收知识竞赛和税收演讲活动；开展各类税收知识培训、征文活动和漫画展；深入石太高速公路等省、市重点工程施工现场，组织各工程标段办税人员进行集中税法辅导，现场指导办税；组织各基层局在市、县、各乡镇繁华地带设置税法宣传点，张贴宣传画、宣传版面，发放宣传资料，进行现场税法宣传、咨询。

2007年，以让纳税人满意为标准，进一步和谐征纳关系。组织开展了“送税法进企业、进机关、进社区、进商场超市、进学校课堂”活动。市地税直属三分局开展了“企业老总话税收”征文、“税收知识竞赛”和“南煤杯”税法演讲活动。市地税直属二分局开展了“税企共建和谐书画、摄影比赛”活动。平定县地税局开展了“黄票、绿票评服务”活动。郊区地税局推出了“税企角色互换”活动，税务人员主动深入到企业“当一天会计”，同时请企业办税人员到税务所、办税服务厅“做一次税官”，亲身体验办税工作流程，增进税企了解，促进征纳关系和谐。

2008年，组织开展了以“税收·发展·民生”为主题的全国第17个“税收宣传月”活动。全市各级地税部门分别在繁华街道和中心广场设立税收宣传点23个，接受广大纳税人咨询，免费向群众发放税收宣传画、税收基础知识传单、现行税收优惠政策读本、支持服务业发展财税政策汇编、个人所得税、企业所得税等多种税收宣传材料。

全市地税系统累计接受咨询1700余人次,发放税收宣资料17000余份。通过电视、电台、手机短信、网络视频、税宣上出租车、税宣博客讲税法、税宣QQ在线解答等各种媒体大力宣传税收政策，解答涉税问题；通过建立青少年税法教育基地、组织小学生税收宣传书画比赛、国税地税联合举办税法知识大奖赛、税收宣传进社区等活动，建立起了税企联动、征纳互动、全社会参与，各单位配合的良好税收宣传氛围。郊区地税局的“漫画税法”活动,荣获了国家税务总局2008年全国“税收宣传月”活动优秀项目。经济技术开发区分局的“奥运福娃书签宣税法”活动和盂县地税局的“税法知识互动竞答”活动获得了“2008年全省地税系统‘税收宣传月’活动优秀宣传项目”。

2009年，开展了以“税收·发展·民生”为主题的全国第18个“税收宣传月”活动。在繁华街道和中心广场设立税收宣传点15个，紧紧围绕“税收·发展·民生”主题，以国家新颁布的重大税收政策和与广大公民密切相关的税收政策为核心，以税收热点、难点等问题为重点，积极开展宣传咨询；全市地税系统摆放彩印宣传版面70余块，悬挂条幅20余条，累计接受咨询1500余人次，发放税收宣传资料17000余份。通过形式多样的税收宣传活动，为纳税人提供了良好的政策服务，许多重要税收政策在第一时间传达到了纳税人，为推进依法治税创造了良好的外部环境。

2010年,创新宣传形式,营造依法治税氛围。一是综合运用报刊、广播、电视、网络、电话、短信等媒介和宣传画等形式,开展多层次、多渠道、多形式的政策解读、纳税辅导、咨询答疑，及时将税收法律法规、办税程序和税收优惠政策告知纳税人。二是积极开展各种个性化宣传。开展了送税法进机关、进乡村、进社区、进学校、进企业、进单位的“法律六进”活动;各基层局结合市地税局“网送税法”活动的要求，开展了“我为纳税服务献一策”“农民税校”“税宣小品”等活动，组织“税收宣传志愿者”队伍等纳税人喜闻乐见、各具特色的税收宣传活动。平定县地税局的税宣小品《相媳妇》被评为国家税务总局优秀税收宣传项目。

2011年，按照贴近实际、贴近民生、贴近群众、贴近基层的工作要求，紧紧围绕“税收宣传月”主题，市地税局召开专题会议进行全面安排部署。一是制定宣传方案，成立领导小组，落实分工，明确责任，确保宣传月活动有序、有效开展；二是积极征求意见，在全市范围内开展税收宣传“创品牌”征集活动，广泛征集宣传好思路、好项目、好方法；三是依托办税服务厅电子触摸屏、宣传栏和公告栏等便捷媒介的功能，做好“税收宣传月”活动的各项文字、图片等信息报道；四是利用电视媒体快捷、覆盖面广的特点，加强与市广播电视台的合作，制作税收宣传公益广告片，体现时代性和大众性，扩大税收宣传的社会影响力；五是动员全体干部职工参与到税收宣传工作中，宣传地税干部爱岗敬业、无私奉献、聚财为国、执法为民的先进事迹，体现全体税干爱党、爱国、爱民、爱税收事业的崇高职业情怀。在“税收宣传月”期间，全市地税系统摆放彩印宣传版面68余块，悬挂条幅20余条，累计接受咨询1300余人次，发放税收宣传资料11000余份。市地税局制作的《税收，发展，民生公益广告片》、盂县地税局制作的《盂城“的士”通税法万里行》被省地税局评为“税收宣传月”创新项目二等奖。举办了房地产税收一体化软件操作培训、个人所得税软件上线申报维护培训、网上申报机打发票培训等纳税人培训班44期，培训纳税人2637人次。

2012年，与国税局联合举办了“雷锋税收服务志愿者千里万户行暨第21个税收宣传月”活动启动仪式，市委常委、常务副市长王旭明出席了启动仪式，并向雷锋税收服务志愿者授旗。结合实际编写了29个系列共3万余字的税收宣传资料，并通过街头散发、办税服务厅发放、大屏幕播放、网送税法等多种形式送到纳税人手中。“税收宣传月”期间，共发放宣传资料87000余份，接受咨询715人次，政策服务水平进一步提升。

2013年，与国税局联合举办了“局长在线访谈”暨第22个“税收宣传月”启动仪式，围绕“税收·发展·民生”这一主题，与广大网民进行在线交流。利用微信、微博、微电影等“公益微税收”宣传方式，通过开办“纳税人学校”、纳税短信提醒、纳税评估、纳税辅导、24小时自助办税、窗口办税服务“直通车”、市地税局科室定点联系税务所和企业等方式，积极推进个性化服务需求，纳税服务由重氛围向重实效转变。共征集微信作品50篇、微博作品60篇，其中微博、微信各有3个作品在全省获奖。组织参加第九届全国税收动漫大赛和全省微电影评比，市地税局拍摄的公益微电影《税路》，荣获全省地税系统一等奖。

2014年，举办便民办税电视访谈，开启了第23个全国“税收宣传月”活动。通过开展电视访谈“聊”税法，“桃花节”里“送”税法，制作专题片“演”税法，召开座谈会“谈”税法，开办辅导班“教”税法，利用手机、网络“赠”税法等，深入开展“税法宣传月”活动，进一步提高纳税服务的针对性、实效性和专业化水平。“税收宣传月”期间，市地税局向4户A级纳税人免费赠阅了2014年的中国税务网络报。

2015年，“空中电波传税法”开启第24个“税收宣传月”活动。围绕“新常态、新税风”主题，打造特色鲜明的税收宣传活动。一是空中电波传税法。通过阳泉广播电台交通频道把税收政策、地税服务举措传到千家万户。二是现场受理讲税法。“12366”纳税服务热线走进办税服务厅，现场接待并当面解答纳税人疑难，深化“便民办税春风行动”。三是新兴媒体宣税法，纳税人通过阳泉地税微信公众号了解最新税收政策、服务举措等地税动态。四是开班培训学税法，设立纳税人学堂，定期或不定期组织纳税人进行税收政策培训。五是精确定位送税法，印制包括小微企业税收优惠政策、煤炭资源税改革、《纳税服务规范》等内容的宣传册，根据管户类型不同，有的放矢免费发放，提升税收宣传精确度。在省地税局组织的“税收宣传月”优秀项目评选活动中，市地税局推出的“三结合、五举措”荣获优秀奖。各单位税宣活动也丰富多彩。一分局推出“微信公众平台”，利用其宣传成本低廉、应用广泛、交流方便等特点，真正解决税收政策内容多、变化快、查询难的问题；三分局税收管理员走进矿山送税法；四分局借助纳税人学堂开展开展煤炭资源税专题培训。

2016年，邀请纳税人“互动问政话税改”启动第25个“税收宣传月”活动。围绕“聚焦‘营改增’试点、助力供给侧改革”主题，邀请20余户试点纳税人代表，就各行业关心的改革热点、难点问题进行现场座谈交流、沟通税收政策。国税、地税局局长就国家全面推开“营改增”对减轻企业负担、完善科学税制、激发市场活力的重大意义，以及全市国、地税系统加强合作实施系列便民办税新举措作了宣传阐释和介绍。市国税局、市地税局有关部门负责人现场解答和回应了“营改增”试点行业纳税人代表关心的增值税税收优惠、普通发票和增值税发票的使用衔接、特殊项目计税、过渡期征管办法等问题23个，当场答复15个，留待政策依据明确后回复的8个。同时，就如何更好地推进“营改增”工作收集纳税人代表意见建议12条。“税收宣传月”期间，阳泉税务系统把“营改增”相关政策和优化纳税服务的宣传作为“重头戏”，通过有奖知识问答、召开专题座谈会、举办纳税人学堂、参加省地税局“便民办税春风E路行”摄影大赛等形式，推进政策与服务全面落地。同时，结合国家经济发展，积极宣传“一带一路”涉税政策服务“走出去”企业、宣传推动诚信纳税机制建设的典型经验、宣传《深化国税、地税征管体制改革方案》，充分展示税务部门推动创新创业、服务经济发展的务实举措；深入开展“税收开放日”、税收政策宣讲“六进”活动，持续营造全社会关注税收工作、学习税收知识的良好氛围。

2017年，联合举办“税务局长话税改”访谈启动第26个“税收宣传月”活动。“税务局长话税改”访谈，紧紧围绕“深化税收改革助力企业发展”宣传主题，就深化税制改革、落实税收政策、全面推开“营改增”试点的情况、税务部门优化纳税服务、服务经济社会发展等热点、难点问题展开，分3期进行，市县国税、地税局局长作为访谈嘉宾陆续走进演播室，访谈节目在阳泉电视台黄金时段播出。“税收宣传月”期间，阳泉市国税、地税系统把宣传税收改革成效作为重点，通过税收优惠政策有奖知识问答、“民营企业共话税收”活动、大企业纳税人高层对话“互开门”活动、“营改增”政策新一轮大辅导等形式，推进税收政策全面落地。同时，结合国税、地税工作发展形势，积极宣传国地税合作、税收网格化管理、纳税信用体系建设等，为税收改革发展营造良好的舆论氛围。

2018年，与国税局联合举办第27个“税收宣传月”启动仪式暨办税事项“一次办结”新闻发布会。围绕“优化税收营商环境、助力经济高质量发展”主题，紧跟“便民办税春风行动”的步伐，开展一系列丰富多彩的宣传活动，通过落实办税事项“最多跑一次”清单和“全程网上办”清单，大力推行“一门办税、一次办结”模式；全力推进“税收政策服务年”活动，第一时间将最新税收政策送给纳税人，确保税收政策落地生效。此外，税务部门陆续推出了税企高层对话、纳税人开放日、税收政策进校园、走进税收展览馆等一系列活动，为全市经济转型发展营造良好的税收环境。

二、日常税收宣传

1994年，抓好新税制的培训工作。一方面，抓税务部门内部的学习、辅导，培训工作，建立了学习、培训制度，坚持集中组织学习和自学相结合、学习和考试相结合的“双结合”措施，举办了税务于部培训班，分期对全体税务干部进行轮训。另一方面，广泛开展对广大企事业单位的培训，对企业领导、财务人员、个体工商户等采取短期轮训、以会代训、进户重点辅导的形式，使企事业单位尽快掌握了新税制的有关内容和具体操作办法，全市全年共办各类培训班170多期。

2014年，对内举办了2期纳税服务培训班，重点对基层办税服务厅工作人员及分管领导80多人进行了纳税服务相关业务培训；将国家税务总局开发的“中税答疑”税法查询软件免费发送给纳税人，该软件有“查税法、验发票、财务软件”3大功能，对普及税法具有覆盖面广、成本低、易传播、持续性强的特点，方便各界群众了解和掌握相关政策；开展移动短信送税法，扩大税宣影响力。采取移动短信发送税法宣传公益广告的形式，为50户重点纳税人发送税法宣传公益广告，进一步扩大了税法宣传的广度和深度，架起了纳税人与地税部门沟通交流的桥梁。

2015年，对内举办了2期纳税服务培训班，重点对基层税务所、管理科的80多名税收管理员进行了纳税服务相关业务培训，并将《纳税服务规范》作为这次培训重点，基本覆盖了全系统每个税务所和管理科；对外在阳泉市会计函授学校举办了1期纳税人相关业务培训班，180多名纳税人参加了税法现场教学活动。这次培训内容涵盖了个人所得税申报操作方法、网上申报操作相关事宜、《纳税服务规范》及“三证合一”相关业务等内容。市地税局出资为所辖区A级纳税人、大中型企业等200余纳税户订阅2015年度《中国税务报》，使纳税人及时掌握国家税收方针政策，了解全国各地税收动态信息。

2016年，对内举办由基层办税服务厅工作人员参加的纳税服务培训班，培训内容办税服务礼仪、压力缓解与身心修炼、纳税服务创新发展与展望、纳税服务基础知识辅导等课程；对外举办了32期纳税人学堂，其中，国税、地税联合举办培训班9期，个人所得税操作及新版网报系统6期，培训人数超过1万人。

2017年，为了贯彻全省税务系统优化税收营商环境服务经济转型发展实施意见，让纳税人用好政策，享受政策红利，国税地税联合组织各类纳税人政策宣讲班18期，参加培训1600余人。

2018年，开展税收营商环境调查。对2017年度纳税额10万元以上单位纳税人采取办税服务厅、微信工作群、QQ群、短信、电话等渠道通知引导符合条件的纳税人扫描调查二维码参与问卷调查，有285户单位纳税人参与调查，在此基础上进行了电话回访，再次到征集纳税人对税收营商环境的意见建议12条，收到好的效果；积极举办纳税人学堂。一季度，共举办18期培训班，有4500余纳税人参加了培训。发放各类资料万余册。

第二节　税收服务

一、办税服务厅

（一）概况

1997年，市地税直属一分局、二分局组建了联合办税服务厅，平定县地税局、盂县地税局、郊区地税局、城区地税局、开发区地税分局等基层征收局，全部建起了办税服务厅（矿区地税局当时正建设办公大楼，1999年办公大楼建成后投入运行），实行了税款集中征收。市地税局与建设银行协商，实行税银联合兴建办税服务大厅。场地由建设银行投资，计算机硬件和软件网络系统由地税局投资，归地税局无偿使用，两家联合建成了市直分局联合办税服务厅。为使办税服务厅运行有序，各基层局还制定了有关各项规章制度，如《办税厅操作规程》《办税厅工作质量考核办法》《办税厅资料传递程序》等。

1998年，制定了《阳泉市地税系统办税十公开》，提高了工作透明度。

1999年，全面推行公开办税制度。实行承诺服务，明确服务项目、标准和时间，为纳税人提供限时优质服务；实行纳税人首问负责制，凡被纳税人询问的第一人为第一责任人，必须热情接待，认真解答纳税人的提问，并协助纳税人办理纳税事宜，对不能认真履行首问责任制规定的税务干部，依照奖惩办法进行严肃处理。

2000年，实行规范化管理，引深公开办税。制定了《阳泉市地税局税务所规范化管理标准》和《阳泉市地税局办税服务厅规范化管理标准》，下发《关于在全市地税系统继续推行政务公开加强行风建设的通知》和《阳泉市地方税务局关于推行政务公开开展行风评议工作的实施方案》，按照国家税务总局关于文明办税“八公开”的要求，对公开办税的内容做了进一步的统一和规范。

2001 年，市地税局响应市政府行政审批制度改革要求，在市政府行政审批大厅设立了税务登记窗口，负责集体以上企业办理税务登记，方便了纳税人，提高了办事效率。

2002 年，推行“纳税人意见回访制度”；推出了“十项服务承诺制度”和“检查人员廉政承诺书”等，创新了公开办税的形式，丰富了公开办税的内容，提高了服务质量。

2003 年，开展了“优化纳税服务示范单位创建”活动。设立纳税服务“直达通道”，实行首问负责制，实行延时办税、限时服务。推行了一站式服务、一窗式服务、联署办公等便民优化服务。办税服务厅设立纳税服务流程示意图、纳税申报样本，将发票审批以及 15 天以下的请销假审批等能够及时办结的审批职能进入办税大厅，最大限度地方便纳税人。

2004 年，改进服务设施。在全市 32 个办税服务厅（室）设立了意见簿、举报箱和举报电话，广泛征询纳税人的意见；多数办税服务厅为纳税人设立了税法咨询窗口，设置了资料台，配置了办税桌椅、沙发、办税公开栏以及饮水设施，平定县地税局、矿区地税局、开发区地税分局等单位利用电子显示屏，为前来办税的纳税人滚动播放纳税导向示意图、办税流程图，提高了服务效果。

2005 年，在市房地产交易中心设立“契税征收窗口”。为方便纳税人，实施了税费“一表式”申报，推行“一站式服务”“一窗式管理”服务。

2006 年，全面贯彻落实省地税局“两制”，制定了《阳泉市地方税务局涉税事项首办负责制和限时办结制实施细则》，设计了涉税事项办理传递卡、涉税事项限时办理进度登记卡，实行 AB 角零缺位制，修订完善了一次性告知制度、涉税事项集中受理制度、公开办税制度、服务承诺制度、内转外不转审批制度、延时服务、提醒服务、约谈服务、超时默认制度、重大投资项目跟踪服务制度等一系列制度，将日常工作中的一些做法和措施，进一步上升到制度层面，形成了全市统一的纳税服务工作规范。

2007 年，提出“国家利益至上、纳税人利益至上”的“两个至上”工作原则。推行“十项服务”（阳光服务、政策服务、效率服务、沟通服务、维权服务、信息服务、网络服务、特色服务、热线服务、跟踪服务），构建“一窗管理、一站服务、双简申报、一卡缴税、内转外不转、一单两书、量化考核”的办税工作体系。

2008 年，在加强硬件建设的同时，把基层基础建设的重点向提高“软实力”上转变，在全系统全面实施了以“八个统一”（统一规划改造基层办公环境，统一对外机构标识，统一便民设施设置，统一信息化建设标准，统一公开事项，统一监督、投诉、举报装置，统一税务人员台标、胸卡的格式和内容，统一征管资料整理归档模式）为主要内容的基层基础标准化、规范化建设活动。开展了争创“标准化税务所”“标准化办税服务厅”和争当“十佳税务所长”“十佳办税服务厅负责人”活动。11月11日，全省地税系统基层基础建设暨规范执法现场会在阳泉召开，基层基础建设和规范执法工作得到了山西省地税局的肯定。

2008年，在城区地税局开展“双定户”批量扣税操作系统试运行工作。试点落实“两个减负”，借助综合征管软件，实现信息共享和自行调取，减少要求纳税人多次报送资料，对定期定额个体工商户实行了按季申报，对停歇业的个体工商户取消复业手续，取消纳税人在代开发票时要求填写的代开发票申请表。在办税服务厅员工中广泛开展了“十点服务”（微笑雅一点，嘴巴甜一点，态度温一点，仪表美一点，动作快一点，做事勤一点，脑筋活一点，效率高一点，度量大一点，服务优一点）活动。

2009年，在全市各县区地税局推行“涉税事项同城通办”，作为2009年市政府创新项目。在全省地税系统征管科技与纳税服务工作会议上，阳泉市地税局以《推行“涉税事项通办”，努力探索管理与服务双提升之路》的专题汇报片作了经验交流，国家税务总局官方网站对此作了专门报道。全面推进办税服务厅标准化建设，在各基层局办税服务厅实行了以办税窗口设置，简化业务流程，引深“一表式”申报、“一窗式”办税、“一站式”服务和征管档案“一户式”管理，涉税业务同城通办，统一规范办税厅标识为主要内容的标准化窗口建设，设置了“税收优惠纳税服务绿色通道”。办税服务厅功能得到新的扩展和提升。

2010年，开展“纳税服务年”活动，以“双覆盖”深化“涉税事项同城通办”工作，即办理范围覆盖全市所有具备条件的税务所，办理内容覆盖日常的各项涉税事项，推动“涉税事项同城通办”工作的深入开展；以“坚持首违不罚、实行约谈服务、扩大同城通办、推行批量扣税、推广文书上线、定期网送税法、开展税法宣讲、精简办税环节、加强窗口建设和开展服务竞赛”等10项工作推动活动整体有序开展；修订完善了《税务首违不罚制度》和《税务服务约谈制度》；召开了全市首次税法宣讲会，全市重点税源户的财务负责人160人参加宣讲。

2011年8月8—10日，全省地税系统纳税服务工作现场推进会在阳泉召开，与会人员对市地税直属一分局的自助办税、网上申报和城区局同城通办进行现场观摩。会上，市地税直属一分局、城区地税局被授予全省地税系统“纳税服务工作先进集体”，4人被授予全省地税系统“纳税服务工作先进个人”。开展办税服务厅标准化建设。按照“八统一”的要求进行了标准化改造，将办税服务厅划分为咨询辅导区、办税服务区、自助办税区、等候休息区4个功能区，将过去纳税申报、税款征收、发票领购等窗口整合为“综合窗口”，形成了“窗口热情受理，后台严格复核，内部及时传递，限时快速办理”的工作机制。在办税窗口安装服务评价系统，进一步完善了服务监督改进机制。同时在全系统设立了纳税服务中心。按照省地税局部署，全面完成了“12366”服务热线开通运行的各项准备工作，标准化服务水平进一步提高。建立网上办税厅，进一步提高信息化服务水平。依托市地税局门户网站和综合征管软件等业务平台，初步建立了具有网上报税、发票查询、公示公告、政策法规查询、税法咨询、纳税服务投诉等多功能网上办税服务厅，为纳税人自助办税提供了新的平台。探索纳税人分类服务模式，进一步提高精细化服务水平。根据纳税人经营管理、财务核算、纳税申报的不同情况，将纳税人分为A、B、C三类。针对纳税人不同情况实行精细化服务。

2012年，采取“实地培训”和“网络培训”相结合的方式，开办“纳税人学校”。全年，全系统共培训企业负责人、财务科长和相关人员1600余人次。以城区地税局为试点单位，率先在全省地税系统启用了24小时自助办税终端，随时可以实行税款缴纳、发票代开、信息查询。全市地税系统逐步构建起以网上办税服务厅、实体办税服务厅、24小时自助办税服务终端为载体的“三位一体”办税服务新格局。

2013年6月17日，市地税局纳税服务科正式成立，将“12366”及部分税务咨询工作进行了优化整合，出台《阳泉市地方税务局关于加强纳税服务工作管理的实施意见》《阳泉市地方税务局纳税服务考核办法》，加强和量化对全员全过程服务管理的考核；整合纳税服务制度，编写了《阳泉市地方税务局纳税服务法规制度汇编》，明确了广大税务干部学习、行为规范，得到省地税局肯定；积极开展办税服务厅和办税人员星级评定，共评出二星级办税服务厅4个、三星级办税服务厅3个、三星级办税服务人员7名；启动多元化税企沟通平台，借助当地主流媒体、办税服务厅、税务网站、QQ群、“12366”纳税服务平台，通过发放宣传资料、税宣志愿者进驻办税服务厅、设立纳税咨询台、安装服务评价系统等方式，建立多层次纳税服务需求响应模式。

2014年，实行涉税审批事项办税服务厅集中办理，最大限度方便纳税人。7月1日，全市地税系统涉税审批事项全部前移至同级办税服务厅、有征收职能的税务所集中办理。涉税审批事项，按照“窗口受理、内部流转、限时办结、窗口出件”的要求办理。凡纳税人申请的涉税审批事项，均由其申报缴税的办税服务厅集中统一受理；办税服务厅按照首问责任制要求对受理的相关资料进行初步审核；对纳税人申请材料不齐全或者不符合法定形式的，应当一次性告知申请人需要补正的全部内容；对纳税人申请材料齐全、符合法定形式，或者申请人按要求提交全部补正申请资料的，应当立即受理。

2015 年，本着厉行节约的原则，整改规范办税服务场所标识。办税服务厅标识做到了清晰统一，整体美观大方。7 个办税服务厅及各办税服务室，对外部标识进行了统一规范化改造；对内部标识完成了形象墙的更新制作。进一步完善“阳光税务”监控平台。对全市 7 个办税服务厅和 20 个具有征收职能的税务所实现了远程办税指导、远程疑问解答、远程问题处理、远程服务监督。按照国税、地税合作《规范》要求，地税人员进驻国税办税厅征收城建税、教育费附加等，试运行期间共征收税费 86.5 万元，办理税务登记事项 190 余项，减少了纳税人在国税、地税两个办税服务厅之间的往返，达到了“进一家门、办两家事”的效果。

2016 年，推进国税、地税办税服务厅合作共建，在国税 6 个县（区）局和 1 个市直办税服务厅共派驻了 15 名地税工作人员，使纳税人在国税窗口办完增值税业务后，就近缴纳地方附税，解决了纳税人“多头跑”和重复报送资料等问题。全市 7 个办税服务厅均预设了“省内通办”窗口，并配备了 AB 角岗位。

2017 年，按省地税局要求全部完成了办税厅自助终端的升级管理工作，增强了自助办税终端的使用功能，由以往的单一功能拓展为综合申报、财产行为税申报、企业所得税申报、车船税申报、申报作废、税款缴纳、涉税资料报送 7 项功能;实现了国税、地税互派窗口全覆盖，7 个办税服务厅互设窗口，互派人员，开启了国税、地税业务“一厅办结”的服务新模式，实现了纳税人“进一家门、办两家事”。郊区国税、地税局在区政府的支持下，共建办税服务厅正式运行。盂县地税局成功进行了国税、地税业务“一窗办结”试点。

（二）基层办税服务厅

1. 平定县地税局办税服务厅

1997 年 10 月，平定县地税局在县局办公楼一层筹建设立地税征收大厅（无编制）。1998 年 1 月正式运行，主要负责当时的城镇税务所、集贸税务所和城关税务所的申报征收和发票事项。

2001 年 11 月 16 日，山西省机构编制委员会办公室、山西省地方税务局晋编办字〔2001〕152 号文件批准成立平定县地方税务局征收分局。

2002 年 2 月组建征收分局，办公地址由县局办公楼一层迁至县城南大街 29 号楼现地址。地税征收大厅更名为办税服务厅，隶属于县地税局征收分局。新的办税服务厅及附属设施总建筑面积 362 平方米，其中办税厅面积 163 平方米，办税窗口采用封闭式窗台结构，共设有申报纳税、发票管理、综合服务三大类 12 个窗口。

2005 年 6 月，征收分局更名为平定县地方税务局直属分局，下设办税服务厅、综合股。

2006 年 9 月 15 日，市地税局根据晋地税发〔2006〕92 号文件精神，平定县地方税务局征收分局更名为平定县地方税务局直属一分局。

2011 年 7 月，按照办税服务厅标准化建设规范，投资 65 万元改造办税服务厅，办税窗口完全采用低平台开放式结构，更新了窗口设置，设综合服务窗口、发票管理两类。设置了 4 个功能区，即办税服务区、自助办税区、咨询辅导区和等候休息区。完善了服务设施，对不符合规范标准的全部更新。在咨询辅导区，设置了咨询（导税）服务台，配置了排队叫号系统，填单服务台；在办税服务区，配备了服务质量评价器，安装了音视频监控系统，共安装 10 个摄像头，配备复印机、扫描仪、保险柜等办公设备；在自助办税区，配置查询系统、资料架、网上申报设施，安装 24 小时监控系统；在等候休息区，摆放有座椅、宣传资料架、饮水机、办税流程图等，还准备了雨伞、药品、老花镜等便民服务用品，安装电子显示屏。还设置了公告栏、意见箱、举报箱、廉政风险防控系统等。按照省地税局《标识手册》要求，统一制作了办税服务厅外标识、纳税服务中心外标识、形象墙、4 个功能区标识、12 个窗口标识以及各工作人员工作牌、台牌、办公室标识牌、宣传广告栏、公告公示栏、办公时间牌、禁止吸烟提示牌等各类内外标识。

2014 年 5 月，投资 35 万元对后院原锅炉房进行改扩建，改造成计算机房 1 间、档案室 1 间及发电机房 1 间；搬迁了计算机房，将原计算机房改造成了更衣间及休息室；改造后的办税服务厅及附属设施总建筑面积 411 平方米。另外，将办税窗口单屏电脑更换成了双屏显示电脑，购置了自助办税终端设备，更换了导税台。

2. 盂县地税局办税服务厅

2000 年建成的位于钟镇街盂县宾馆大门旁的办税服务厅使用面积较狭小，办公设施陈旧，不能满足日益发展的办税业务。盂县地税局决定新选地址，在新建路西侧新建了综合大楼，包含使用面积 304 平方米的办税大厅，大厅设置办税服务区、休息等候区、咨询辅导区、自助办税区等。配置了高标准的内部设施。设有服务厅设置税务登记窗口 1 个、发票发售窗口 1 个、综合服务窗口 4 个、基金征收窗口 2 个、房地产征收窗口 1 个，担负一所、二所、直属二分局纳税人的申报征收和全县的税务登记、二手房交易及 90% 以上的发票代开工作，2007 年开始投入使用。

2009 年，为进一步推进“两个减负”，根据市地税局《推行涉税事项通办，落实“两个减负”，优化纳税服务的指导意见》和《关于进一步推行涉税事项通办工作的通知》精神，从 6 月 1 日起，在盂县地税局直属一分局、直属二分局、第一税务所、第二税务所、秀水税务所开展涉税事项“同城通办”，极大地方便了纳税人。

2011年6月，按照《山西省地税局办税服务厅标识手册》的标准，投资6万余元对办税厅进行了改造，安装了标准化形象墙，合理划分了咨询辅导区、办税服务区、自助办税区、等候休息区4个区域，增设了触摸屏等设备。增设叫号机和服务质量评价器，在每个办税窗口增设双屏显示器，为纳税人办税方便和征收人员快捷办税提供了良好条件。改造后的服务大厅设有标准化办税服务厅1个，设有10个窗口，其中5个全职能窗口，5个专业窗口，机构设在直属一分局。并按照“八个统一”的建设要求，统一办税服务厅标识和各类指示牌、宣传牌、门牌等，设置办税服务厅形象墙、办税服务厅办税服务区、咨询辅导区、自助办税区、等候休息区。安装排队叫号系统，避免了秩序混乱现象，改善了服务环境，提高了工作效率。还安装服务评价器，让纳税人对窗口服务人员的服务态度、工作时限、业务熟练程度等进行按键式选择评价。同时，大力推广办税大厅一岗多能多责，提升办税效率，对441户纳税人施行了“减并征期”征税，进一步减轻了纳税成本。还积极借助网络信息平台，开设网上微博、税企QQ服务群、网送税法等多种形式，提高了纳税服务的响应速度，促进了品牌服务迈上新台阶。

盂县地税局在8个全职能税务所下设办税服务室8个，共设13个窗口，其中全职能窗口9个、专业窗口4个。办税人员24人，服务管户3604户。在办税服务区设置综合服务窗口和发票管理窗口，受理纳税人税务登记、纳税申报、税费征收、发票购买等涉税业务。在自助办税区，设置导税台，配备计算机、打印机和复印机等硬件设备，纳税人可以通过登录市地税局的网上办税服务厅，办理网上报税、发票查询、资料下载、税收政策查询等涉税事项。还设置了电子显示屏，及时播放税收法律法规、纳税事项须知、纳税动态等税收信息，配备有电子触摸屏，供纳税人自助查询有关税收信息。

2013年，通过在各税种、各环节、各岗位渗透管理服务，引导纳税人自觉主动地按照税法来纳税，积极充实大厅的硬件配置，优化办税环境，提升办税服务质量和水平，大厅开票人员都是30岁左右的女性工作人员，保证了大厅工作人员的年轻化。定期开展岗位练兵，培养服务能手，对于长期从事大厅工作的人员，定期进行岗位轮换，将定岗、轮岗、择岗结合起来，实现大厅人员的合理流动，实现了岗位轮换规范化。

2016年，在办税大厅设立了国库经收处，经办税款收现和支票划解入库业务。针对申报高峰期，纳税人排队等候，对办税程序不熟悉的情况，推行导税服务，在办税大厅设立导税员，缓解了办税窗口的压力，缩短了纳税人等候办税时间。还印制资料小册子，以《税收政策快递》的形式，免费放置在显眼位置，便于纳税人随时查阅，随时带走，作为随身资料。特别推出预约服务，即对每位征收人员都印制了服务联系卡，纳税人可以通过电话预约，无论节假日都能办理缴税事宜。2015—2016 年，盂县国税、地税联合办税正式开通。盂县国税、地税采取互派人员、互设窗口的方式共建服务厅，国税进驻地税大厅 2 个窗口，地税进驻国税大厅 3 个窗口。通过互设窗口基本实现了联合税款征收、联合登记管理等功能。

3. 郊区地税局办税服务厅

1994—2000 年，根据郊区乡镇设立情况，郊区地税局设立 13 个税务所（荫营税务所、三郊税务所、白泉税务所、河底税务所、西南舁税务所、东村税务所、燕龛税务所、平坦税务所、辛兴税务所、旧街税务所、李家庄税务所、杨家庄税务所、义井税务所），每个税务所都是全职能所，都设立 1 个征收室。

2001—2018 年，郊区地税局撤乡并镇后设置了 9 个税务所，分别为第一税务所、第二税务所（实际工作中第二税务所一直未成立）、河底税务所、平坦税务所、义井税务所、西南舁税务所、杨家庄税务所、李家庄税务所、旧街税务所。2001 年成立征收管理分局，主要负责荫营镇范围内的纳税人的税款征收工作，第一税务所成为管理所，但其他税务所依然是全职能税务所，仍设立征收室。2006 年，原征收管理分局改设为直属一分局。

4. 城区地税局办税服务厅

1997 年成立。2002 年升格为征收分局，副科级建制，后更名为直属一分局，下设综合股、计会股和办税服务厅 3 个部门。

2012 年，城区地税局直属一分局首家在山西省地税系统推出 24 小时办税服务终端。城区地税局办税服务厅先后获得“山西省地方税务局最佳办税服务厅”“山西省地方税务局十佳办税服务厅”“共青团阳泉市青年文明号”“阳泉市地方税务局最佳办税服务厅”等荣誉称号。

5. 矿区地税局办税服务厅

1999 年 10 月 8 日，矿区地税局办税服务大厅投入正式使用，矿区地税局实现了集体以上企业的集中征收、征管改革和“两个转移”（向基层转移、向征管转移）工作取得突破性进展。

1999 年 10 月，开发单机版开票软件，提高了开票速度。

2003 年，采用 POS 机刷卡，为纳税人提供多样性的交税方式；实行“双简申报”，纳税人可以采取简易申报、简并征期的纳税方式，为纳税人申报提供了极大便利；与农业银行联手推出了“税银一体化”服务，只需要携带银行储蓄充值卡，就可以在窗口划卡缴税。面对非典疫情，办税服务厅人员坚守岗位，为纳税人提供测量体温措施，防止疫情扩散，征收人员佩戴手套、口罩等防护措施，在特定困难下，保质保量完成了税收任务。

2003年，矿区地税局征收分局在办税窗口推出了“1+3”全能岗位征收模式。规定每个办税窗口在征收税款的同时，负责办理税务登记、供售发票、代开发票及有关地税事宜，做到“一站式”服务，即进入征收分局的每名纳税人可以选择任何一个办税窗口就可办理所有纳税事项，第一个接待纳税人的税务人员为首问责任人，负责引导或办理纳税人的涉税事项。这一制度的实施，缓解了由于专业化征收和办税窗口少形成的排队、拥挤局面，节省纳税人的缴税时间，受到了纳税人的一致好评，成为“税收宣传月”中一个亮点。

2004年，办税服务厅将高位式柜台改为低位式柜台，拉近了与纳税人的距离。

2005年，机打发票上线。由于阳煤集团每年到12月才开始审计，2005—2015年实施“营改增”改革前，矿区地税局连续十年为阳煤集团开启延时办公服务，有时甚至通宵开票。

2007年，建立首办责任制、延时服务制。办税窗口均为“全职能岗”，办税服务厅实行“集中受理、内部流转、限时办结、窗口出件”的“一窗口”服务，纳税人只需要向窗口提出申请，转办、审核、批复等工作全部由税务机关内部流转。

2009年，矿区地税局根据辖区特点，在辖区东部和中部增设两个办税服务厅，形成东、中、西“三点一线”的服务阵地；将“税务登记”“纳税申报”“发票验旧购新”“发票代开”“纳税咨询辅导”等常规办税事项，列入“同区同办”项目，纳税人可以选择就近办税。

2010年，创建标准化办税服务厅。从环境建设、服务制度、业务制度、队伍建设等方面不断完善服务功能，积极创建、不断完善标准化办税服务厅的各项要求，达到二星级办税服务厅标准验收。

2011年，开始使用三方协议、网上申报系统扣税，为了方便纳税人办税服务厅开设外网窗口，方便辅导纳税人网上申报。

2012年，大力改善办税服务环境，以创建“标准化税务所”“标准化办税厅”为标杆，实现机构标识统一、便民设施齐全、文明用语、着装规范、执法标准、服务措施、公示内容等“16个统一”，办税场所全部采用低位式柜台，拉进了征纳距离；无隔断阻挡，实现征纳“零距离”交流，电子屏、公告栏、叫号系统、24小时自助终端办税服务器、纳税评价系统便民服务台一应俱全，以完善和规范的服务践行依法行政、依法治税态度和决心。

2015年6月，从细微之处入手，不断创新服务方式，完善纳税服务设施，在办税服务厅安装了WiFi无线网络，免费开放给广大纳税人使用。走进矿区地税局办税服务厅，即可看到“欢迎连接免费 WiFi”的明显标识，纳税人只需用微信扫描“免费 WiFi”二维码即可连接无线网络。通过免费无线网络，纳税人可以用手机、ipad 等设备在办税服务厅浏览查询涉税信息、税收政策等内容，办税过程中遇到的疑难问题也可以随时查阅资料，为纳税人节省了手机流量，排遣了在排队办税时的等待时间。这一便民举措，进一步提升了纳税人的满意度，得到纳税人广泛好评。

2016 年，矿区地税局进驻矿区国税局办理业务。同年 12 月 14 日，国税局进驻地税办税服务厅，全面推行联合办税服务新举措，真正实现了“进一家门、办两家事”。矿区国税、地税局按照国地税合作规范服务标准，采用互相进驻对方服务厅，进一步强化联合办税服务。

6. 开发区地税分局办税服务厅

开发区地税分局在原办公楼二楼设有办税服务场所。2002 年，分局对办公楼进行了修缮改造，使办公场所达到了“四化”标准，进一步规范了申报征收、发票发售、税务咨询等窗口，配备了电话、桌椅、纯净水、老花镜等便民设施。2006 年新建的现有综合办公楼，建有专门的办税服务厅，在厅内为纳税人开设有税收公告栏、咨询窗口、绿色通道、自助办税区，设置了大型电子显示屏、资料台，还增设了休息区，配备了阅报栏、纯净水、老花镜、打气筒等便民设施，并合理设置了服务窗口，实施了“一条龙”服务方式，还安装了防盗门窗、监控系统等。同时，加强服务工作监督，设立服务质量监督岗、投诉电话，对服务质量进行全过程跟踪检查。印制了《纳税指南》《小微企业税收优惠政策》等精美的办税服务小册子备纳税人取阅。推行“延时服务”和“电话预约服务”制度。上班时间未办完纳税人涉税事宜，主动延长办税时间。

开发区地税分局办税服务厅有干部职工 9 人，其中女性职工 7 人。负责全区 3400 余户纳税人的税务登记、发票管理、纳税申报、发票代开等工作。文明服务是办税服务厅每一个人的“具体行动”，“用我们的真心换取纳税人的放心，用我们的热情赢得纳税人的满意”是办税服务厅的服务口号，办税服务厅干部职工牢固树立了“纳税人是功臣，收税人是公仆”的服务新观念，切实履行了“诚信为本、有诺必践、恪尽职守、率先垂范”的信用公约。几年来，办税服务厅没有接到一个投诉电话，多人次受到省、市、区局的表彰，被授予先进工作者、优秀公务员、业务能手荣誉称号，树立了良好的地税服务形象。

7. 直属一分局办税服务厅

阳泉市地税直属一分局办税服务厅担负着阳泉市区范围内私营以上企业的地方税务登记，市直各分局所辖 660 户纳税户的纳税申报、税费征收、税收会计统计、税收票证管理和发票发售、代开等工作。

8. 直属二分局税款征收窗口

1999 年 12 月，阳泉市房地产交易中心成立。市地税局农税科派专人进驻阳泉市交易中心设立税款征收窗口，负责全市范围内城区、矿区、开发区、郊区房屋交易契税及二手房工商税收的征收工作，阳泉市是全省进驻房地产交易中心并开展“一窗式、一站式”服务最早的城市。

2009 年，阳泉市房地产交易中心征税窗口积极开展部门协作，落实税收优惠政策。国家规定：“自 2008 年 11 月 1 日起，对个人首次购买 90 平方米及以下普通住房的，契税税率暂统一下调到 1%”。为了使这一政策执行到位，市地税局确立了“实行部门配合加强涉税联系”的工作思路，与国土、房产等部门进行协调，建立了涉税联系工作制度，在税务、国土、房产三部门间实行信息共享，利用房产管理部门所掌握的房产信息数据库优势，出台了享受这一优惠政策的操作流程。2009 年 5 月 21 日起到 2010 年年底，共为符合条件的 1185 户购房户办理了契税减征手续，涉税面积 4.7 万平方米，使购房户享受税收优惠 89 万多元。

2010 年，在市房地产交易中心契税征收窗口实行“先税后证”制度。出台了《阳泉市地方税务局加强房地产交易环节税收征收窗口建设的实施办法》，进一步完善了“一窗式”征收模式；按照“统一受理、内部流转、限时办结、窗口出件”的要求，实行了“先缴税款，后开税务发票，然后办理房屋产权证书、土地使用权证书”的“先税后证”制度，统一办理涉税事项，公开办税程序，加强税收政策宣传咨询，提升政策服务水平。

2010 年，整合契税征收资源，市房地产交易中心征税窗口建成“省级示范窗口”。积极推行房地产交易应用评估技术，开展房地产交易计税价格核定工作，科学合理确定交易计税价格。建立健全税收征管链条机制、办税服务机制、工作协调机制、内部管理机制，切实加强了征收窗口建设。同时，为整合税收资源，降低征收成本，提高征管效率，将郊区、矿区、开发区范围内的房地产交易契税集中到市房地产交易中心契税征收窗口统一征收、统一管理。年底，市房地产交易中心契税征收窗口被省地税局命名为“省级示范窗口”。

2011 年，市房地产交易中心征税窗口与市发改委、住房城乡建设局、国土局、规划局等部门建立信息联席机制，与市发改委、建委、国土局、规划局、房管局以及提供购房客户住房贷款和提供开发商基建贷款的银行等部门建立了定期信息交流比对制度，与国土部门建立了土地出让、转让环节的联系制度，掌握了房地产开发企业的有关信息，与住建部门建立了房地产交易环节的税源信息共享制度，利用申报资料和房管部门信息交换渠道，收集相关税源和税收管理信息，实现了与房管部门的网络连接，与市房地产交易中心建立了纳税事宜联系单制度。出台了房地产项目清税制度，对开发企业在办理“大产权证”手续时，交易中心各“受理窗口”与“税务窗口”建立协税联络机制，通过纳税联系单方式，对所受理的房地产开发项目涉及的税收进行审核，审核无误后中心各“受理窗口”方可办理“大产权证”。同时，印制统一的房地产项目各税审批表，要求房地产开发企业在项目竣工验收后，到房地产管理部门办理确权手续（即办理大产权证书）时，要如实填写，并要提供土地、规划、投资等相关资料，对当期纳税情况由所属税务管理部门签注意见，并提供税票复印件，经审核才能到房地产管理部门办理产权登记确权手续。

2011 年，在市房地产交易中心征税窗口建立了房地产一体化管理基础信息平台。为窗口架设了专用的公文处理服务器和一体化软件服务器，并将房地产交易中心征税窗口的电脑接入了省地税局内网。当年上线的软件有 3 个：一是房地产税收一体化管理软件，二是房地产项目税收监控软件，三是应用房地产评估技术加强存量房交易税收征管软件（简称存量房税收评估软件）。对全市范围内 70 个社区，505 个小区，共涉及 2510 幢楼房的房屋产权证数据信息和照片信息采集。

2012 年，在市房地产交易中心征税窗口推行了 POS 机刷卡缴税业务。为解决纳税人现金缴税“量大找现难”的问题，主动与银行联系，在契税征收窗口安装了 POS 机，倡导纳税人刷卡缴税，并提前告知纳税人，当年刷卡率达到 90% 以上。

2013 年，进一步强化了房地产税收信息化建设。在 2012 年的基础上，开展房地产税收一体化信息共享平台基础建设，对 9 个较大小区的存量房漏采信息进行了补采，并对信息数据中的“建成年份”进行了补充、完善。同时，对存量房评估系统产生的一些评估价格偏低的问题成因进行分析，及时进行调整，进一步健全、完善了信息数据库。与房地产税收一体化管理软件与综合征管软件在征税窗口成功对接，实现了两个软件的数据统一。“金税三期”工程软件上线后，及时将评估价格录入“金税三期”系统，两套系统同时运行。

2013 年，积极应对“国五条”出台前后的房地产交易热现象。在房地产交易中心征税窗口加大了房地产税收政策的宣传力度，解答纳税人咨询，简化办税手续，延长办税时间，完善 POS 机刷卡缴税业务，落实好涉及广大老百姓的契税税收优惠政策。当年，市房地产交易中心契税征收窗口共收到房地产交易中心出具的家庭唯一住房证明 1278 份，为符合税收优惠政策条件的纳税人全部办理了减免税手续，减免各项税费 7838.28 万元。

2014 年，以“金税三期”为依托，完善征税窗口的征收功能。将房地产开发企业的开发项目纳入项目管理，解决了增量房契税的征收问题。对因历史原因房地产开发企业的开发项目没有纳入项目管理或原开发企业已经不存在（注销或解散），而存在增量房的销售交易情况的，采取了自然人登记、增量房销售信息采集（选择承受方）、自然人税费种认定、契税申报的方式，解决了“五证”不全和企业注销等原因造成缴税、办证困难的问题。对拆迁安置、集资建房（经济适用房）、房改超面积以及1997年10月1日以前的增量房买卖契税税率，及时向市地税局征管科、省地税局“金税三期”运维平台反映后分别进行了维护，解决了拆迁安置、集资建房（经济适用房）、房改房超面积等契税征收问题。开展对存量房评估数据进行调整工作。依据省地税局要求，该局结合全市市场变化情况，积极与房产评估机构和房地产产权管理部门进行联系，细化评估数据，对新建的高层住宅如太行国际新城、新奥城等进行数据采集，完善存量房数据。对一些新旧小区原采集的数据进行细化，对比较偏低的数据如“凤凰城”小区进行数据调整。

2015年，开展存量房评估扩围即非住宅存量房信息采集，为非住宅存量房交易税收征管奠定基础。在进一步完善住宅类存量房交易税收征管的基础上，按照省直二分局和市地税局要求，开展了非住宅类存量房交易的税收征管。一是与市房地产交易中心档案管理部门取得支持，对已办理产权证的所有营业用房、写字楼，要求其提供基本信息包括建筑面积、建成年份等，进行基本情况摸底。二是采取多种方式监测房地产市场价格情况（包括房地产开发商的销售信息、窗口征税情况、房地产中介机构提供的信息），根据市场变化情况，及时修正评估模型，以保证同一区域内房地产具有较强的同质性和评估结果的准确性。三是开展了非住宅存量房的信息采集工作。经过认真考查，确定了由市房地产估价所完成非住宅存量房信息的采集工作，与该公司制定了信息采集与评估方案，当年以开发区大连路作为存量房扩围的试点范围，开展了信息采集与评估工作的前期工作。

2015年，积极回应社会关注，解决因历史原因形成的购房户房产证办理难的问题。多年来，一些购房户因无法办理房产证导致的上访的事件时有发生，给人民群众的生活和社会稳定造成了严重影响。但因这一问题成因复杂，一直未能解决。2015年，市地税直属二分局把此项工作作为一项重要工作来抓，一方面，积极寻求解决办法。通过省直二分局和市地税局向上反映，得到了省、市地税局的大力支持，同时，该局还组织业务骨干到忻州、晋城等地二分局学习调研，寻求解决办法。另一方面，按照摸清情况、找出症结、对症处理的3个步骤，对所涉及的7户开发企业及所开发的10个项目进行了详细摸底调查，对其办证难的症结及对应处理的建议及时形成书面报告上报市地税局，寻求分类解决办法。对不欠税款，仅因2个开发商接续开发，在“金税三期”中无法开具发票的南庄路8号底商住宅楼项目，为16户购房者开具了销售不动产发票。这一情况得到了国家税务总局、省政府有关部门、市政府及省地税局的高度关注，省住房城乡建设厅和市政府专门下发《关于限期对群众反映房产证办理难的房地产开发项目协调缴纳契税的函》，成立了解决这一问题的机构；国家税务总局财产行为税司也下发了《关于开展特殊情况下契税纳税申报有关问题的调研通知》，在全国各地就此问题展开调研，并于当年11月下达了2015年67号公告，为全面解决历史原因形成的购房办证难问题奠定了坚实基础。这一问题的解决得到了省、市地税局的肯定。省地税局专门在《要情反映》就阳泉市地税直属二分局解决这一问题的经验进行了介绍。

2015年，积极落实房地产税收优惠政策。对纳税人比较关注的税收优惠政策及时进行解答，并全面落实首套房证明查询制度。由纳税人提出申请，经房产交易中心档案部门审核，对符合条件的办理减征手续。当年，共为1245户符合条件的纳税户办理了契税优惠手续，减征契税454.41万元。

2016年，市政府将由于历史原因未办理房产证的9个小区列入了督办解决范围，为此，按照市政府和市地税局要求积极开展工作。依照国家税务总局下发的2015年第67号公告，积极解决因房地产开发企业转为非正常户或注销无法取得销售不动产发票，制约契税纳税申报问题。全市共涉及注销或转为非正常户房地产开发公司4家，共计856户。当年，对南山小区144户无法取得购房发票问题进行了清理，当年已解决110户契税纳税申报征收问题，为办理房产证扫清了障碍。

2016年5月1日，房地产业“营改增”税收新政正式实施。当天，阳泉市房地产交易中心征税窗口开出了代征二手房交易第一笔增值税税款发票，标志着房地产业“营改增”二手房交易税收新政在阳泉市正式落地。

2016年7月15日，非住宅评估系统顺利上线运行。截至2016年7月15日，采取批量评估模式，共采集456幢非住宅样本，涉及小区52个。此部分评估数据全部纳入新的评估系统。

2016年7月1日，阳泉市房地产交易中心变更为阳泉市不动产登记中心。取消了原来的房产证和土地证，实行“两证合一”的不动产登记证的登记办法。在不动产登记中心征税窗口，按照国家税务总局建设标准化服务厅的要求，配置了电子触摸屏，设立了咨询台，开通了纳税服务专线，设立了“营改增”二手房交易专用通道，提高了纳税服务水平。

二、特色服务

1994年，积极开展促产增收活动，全年共办促产增收项目62个。通过帮助企业引进技术，提供信息，推销产品，催收货款健全财务核算，改善管理，融通资金等，既有力促进了企业生产，也增加了税源。办理各类减免税 259 户，减免税款 366.8 万元。

2003 年，出台了税务人员着装上岗制度、优化纳税服务承诺制度、首问责任制、延时服务制度、办税窗口职责等相关制度，推行了办税九公开制度，进一步完善了“税务人员调查、税务所核定、县（区）局审批”的个体定额三级评议制，各基层窗口单位都设立了监督台、监督举报电话；各基层局实行了征收期局领导轮流在办税服务厅现场办公制度，公开了各窗口职责、办税程序和新近出台的税收政策。

2004 年，平定县、盂县、郊区、城区、开发区地税局投资对办税大厅进行改造，降低了征收柜台，增加了办税窗口，设置了吧台椅，对老弱病残等群体开展了上门服务，上门宣传税收法律法规。在全市地税系统全面推行了“首违不罚”和“约谈服务”，在办税大厅开辟了下岗职工政策咨询绿色通道和 A 级纳税人办税绿色通道。

2005 年，继续引深纳税服务。在全市地税系统推行简并征期、简化申报等纳税服务制度，推行了“一表式”服务。使原来需要填写 8 张的各种税费的申报表变成了一张“各税（费）综合申报表”，大大节省了纳税人的时间和精力，得到了广大纳税人的称赞。

2006 年，制定了《阳泉市地方税务局涉税事项首办负责制和限时办结制实施细则》，对 12 大类 70 多个涉税事项的工作流程、所涉岗位职责做了进一步细化。城区地税局制定的“五个零”（项目公开“零保留”、办税过程“零差错”、事项告知“零延迟”、受理办税“零障碍”、服务对象“零差别”）提升了服务水平。

2007 年，制定了《阳泉市地方税务局关于贯彻落实省地税局首办负责制限时办结制实务标准化操作示范和办税操作示范的实施意见》。认真落实省地税局关于税务所、办税服务厅建设、管理和考核制度，进一步完善和细化指标，形成了涵盖税务所、办税服务厅队伍建设、业务建设、日常管理、纳税服务、党风廉政、基础建设 6 个方面 60 多项内容的考核指标体系，年终组织对税务所和办税服务厅标准化建设情况进行了专项检查验收。所有窗口人员都将照片、姓名、职务、联系电话在办公场所公开，明示身份，挂牌上岗。

2008 年，在全市地税系统组织开展了优秀征收管理员考评活动。10 月，评选出 7 名征收管理员和 4 名办税服务厅人员参加了全省地税系统“优秀征收管理员”网上考核评选，参评的 11 人全部入选，阳泉市是全省唯一入选率 100% 的城市，全省优秀税收管理员的第一、二名均由阳泉市税务人员获得。

2009 年，在全省地税系统率先推行了“涉税事项同城通办”。涉税事项通办就是依托地税信息化技术平台，在数据高度集中的前提下，将纳税人在同一县（区）内办理的涉税事项，由原来的统一在办税服务厅办理，变为可任意选择办税网点办理。3

月，制定了实施方案，组织开展了税务干部岗前培训，重新定义了审批流程、统一了操作赋权，加强了票款安全管理，为涉税事项通办的实施奠定了基础。全市各级地税部门按照市地税局提出的科学发展、合理规划、统筹布局的要求，根据本地区经济发展、税源分布、人口集中度、办税事项工作量等因素，努力探索出了与自身条件相适应的通办模式。通办工作覆盖全市 70% 的税务所、13000 多户纳税人，占全市县（区）地税局全部管户的 71.14%。通过推行涉税事项通办，有效避免了纳税人长途奔波办税，减少了纳税人缴税排队时间和办税成本，合理分流了办税人员和事项，方便了纳税人办理涉税事项，得到了广大纳税人的欢迎。

2010 年，制定了《纳税服务年活动工作方案》，确定了把“坚持首违不罚、实行约谈服务、扩大同城通办、推行批量扣税、推广文书上线、定期网送税法、开展税法宣讲、精简办税环节、加强窗口建设和开展服务竞赛”等 10 项工作作为全市地税系统开展优化纳税服务的重点来抓。组织开展了向纳税人征求意见活动。通过发放调查问卷，收集梳理意见建议，积极回应纳税人需求，进一步完善了服务措施和办法。修订完善了《税务首违不罚制度》和《税务约谈服务制度》，最大限度地保护纳税人的合法权益。进一步简化办税程序，启用了新的纳税人领购发票票种核定申请审批表和纳税人领购发票申请表，减少了不必要的审批环节，并对现行的地方税（费）综合申报表做了进一步简化，提高了办税效率，降低了办税成本。邀请省地税局征管处的工作人员针对纳税人关心的热点问题举办了税法宣讲会，普及税法知识，提高纳税人的维权意识。把近年来制定的有关纳税服务制度和办法汇编成册，免费向广大纳税人发放，使纳税人能够全面了解地税部门的服务措施，并监督各项措施的落实。组织开展了“重点税源户纳税服务跟踪回访”活动，深入了解企业税收实务操作方面遇到的问题，受理和解决企业涉税诉求，为企业提供个性化纳税服务。全面开展争创“标准化税务所”“标准化办税服务厅”和争当“十佳税务所长”“十佳办税服务厅负责人”的活动，基层标准化、规范化服务窗口建设进一步加强，纳税服务能力进一步提高。

2011 年，市直分局建立了“纳税服务过程记录”档案，强化执法责任追究。市稽查局开展稽查回访。开发区分局开展为残疾人、行动不便者、家庭困难群众等特殊群体提供电话委托、上门服务、预约服务等特色服务。矿区地税局结合纳税人问卷调查中得到的信息，开展了“我为纳税服务献一策”活动，集思广益，制定了针对性的服务措施。城区地税局开展了“个人‘提’诺、组织‘审’诺、签名‘定’诺、干部‘践’诺、跟踪‘问’诺”的“五诺连环”推进服务承诺活动。郊区地税局与各乡镇农民职业技术培训中心联合举办“农民税校”，开展了税收法律法规培训。盂县地税局开展导税服务，办税服务厅有专门的导税员，纳税人初次上门办税或者有什么疑难问题的，由导税员全程陪同办理，避免纳税人跑冤枉路。制定了税收宣传志愿者服务管理章程，通过公开招募的形式，从社会各界选拔出50名税收宣传志愿者，组成税收宣传志愿者队伍，成为地税机关开展纳税服务的重要助手。平定县地税局在办税厅安装“有声视频监控系统”，强化服务监督，服务质量进一步提升；根据纳税人经营管理、财务核算、纳税申报的不同情况，将纳税人分为A、B、C三类，A、B类纳税人经营管理规范，财务核算健全。在每月征期结束前两天，税收管理员通过电子邮箱和电话告知等方式，开展提醒服务，催促纳税人按期申报。对C类纳税人实行专人跟踪服务管理，提高了纳税人申报纳税的遵从度和准确度。

2014年，积极开展“便民办税春风行动”。市地税局研究制定了《阳泉市地方税务局涉税事项办税服务厅集中受理管理办法》，认真落实“三减负”要求和窗口服务部门首问责任制、限时办结制、一次性告知等制度，不断优化纳税服务措施；通过开展“绿色通道”服务、预约延时服务、上门服务、政策宣传辅导服务、需求征集响应服务、示范效应服务、认真落实A级纳税人激励措施、纳税遵从评估服务等，推出对重点纳税人实行涉税服务激励措施，进一步拉近与纳税人的距离；制作“便民办税”联系卡，公开了市地税局内部职能部门负责人的工作职责和联络方式，按照“首问责任制”的要求对纳税人所咨询的问题给予及时、准确、满意的答复，让纳税人充分享受到优质便捷的服务，全面提高纳税服务水平，架起征纳双方沟通互动的连心桥；结合行政审批制度改革，按照国家税务总局取消15个纳税人填报的涉税文书报表的要求，强化“便民办税春风行动”落地生根。纳税人满意度测评全省排名第一。

2015年，开展“银税互动”，让纳税信用有形更有价。认真开展纳税信用评价工作，利用评价结果，与市国税局、市银监局及金融机构合作，搭建“银税互动”服务平台，将纳税人无形的信用评价变成扶持小微企业自身发展的有形信用资金，缓解小微企业融资难、融资贵的问题。活动开展以来，“银税互动”守信激励措施已经惠及3户小微企业，共发放信用贷款360万元。

2017年，与市国税局联合开展万名税务干部入企调研服务，制定了《万名税干入企调研服务专项行动实施方案》，提前向指定的247户企业寄送《告纳税人的一封信》，全面详细介绍全市税务干部入企服务的背景、目的、主要内容，赢得纳税人理解和配合。严格规范税务干部入企行为，实行廉政承诺回复单制度，国税、地税统一印制了的《致纳税人的一封信》、“阳泉市税务人员入企调研廉政监督卡”，每名入企税务干部持该卡入户，由企业为税务干部在调研服务过程中的廉政情况进行测评，共收集企业提出的问题273个，为企业发展献计献策391条；全面推行国地税“涉税事项一人通办”。2017 年 12 月，郊区国税、地税共建办税服务厅率先在全市实现了“一窗一人一机双系统”的新办税模式。

2018 年，与国税局共同开展了“两会代表话春风”活动。通过参观“红色山城·阳泉税收展览馆”和矿区国地税联合办税大厅，召开了“问计问需，共话税收”座谈会，达到了预期的效果。

三、创建服务型县（区）地税局

（一）平定县地方税务局

1998 年 1 月，通过管户进机、申报进机、征收进机、发票进机、滞纳进机、处罚进机等，全面实现了计算机的全程、全线、全方位有效监控，提高了征管质量和纳税服务效率。

2005 年，开展“巾帼文明岗”创建活动，税务干部的整体素质得到全面提高，服务质量提升了档次，工作作风有了明显转变，树立起了地税的良好形象，被全国妇女巾帼建功领导组授予“巾帼文明示范岗”称号。

2006 年，积极开展了“文明创建”“政风行风评议”“行政效能建设”“作风建设年，狠抓落实年”“满意在地税，服务下岗人”的活动，提出了文明办税和文明服务“三个一”工程，即一窗口受理、一户式管理、一表式服务；积极宣传有关税收政策，公布政策咨询热线，设立咨询台，做到了内转外不转，并严格执行首办负责、限时办结、延时服务、预约服务等措施，以一张笑脸搞服务，一杯热水暖人心，一个咨询求满意，一份意见见监督，一个电话行方便的服务标准，全面提升管理和服务水平。开展了“优质服务黄绿卡”投票活动。

2007 年，开展“讲文明，树地税形象”活动，牢固树立为纳税人服务的意识。一是公开办税程序，规范办税制度。进一步推行服务承诺制和限时服务；明确窗口职责，倡导文明用语；强化文明办税“九公开”办税制度，广泛接受社会监督。二是营造办税环境，建立温馨和谐的服务氛围。办税服务厅每天保持清洁整齐，配备脸盆、香皂、饮水机和一次性水杯，添置了桌椅、雨伞和针线包等便民设施。针对纳税人不熟悉发票领购手续和填写纳税申报表、纳税的一般规定、纳税常识等，编制了窗口人员必背资料，给纳税人进行现场咨询辅导。

2007 年 7 月 1 日起，全部使用新的综合征管软件上线，税务人员通过学习掌握了精湛的税收业务，还掌握了熟练的微机技能，在工作中做到办税迅捷、准确。对待纳税人来有迎声、问有答声、走有送声，对纳税人中年岁较大的和残疾人，优先办理纳税手续。

2009年4月，推行了涉税事项同城通办，确定部分涉税业务通办事项，有效解决了部分纳税人因路途遥远或其他原因带来的办税困难，为纳税人节约了办税成本，受到广大纳税人的好评。

2009年7月，开展了文书上线工作，确定4大类30小类征管文书上线。文书上线实现了一窗式办理纳税事项，提高了为纳税人办理涉税文书的效率，平均每户次节省办税时间9天。涉税事项通办和文书上线工作的顺利开展，真正形成了“一窗受理、内部流转、及时审批、限时完成、一窗回复”的工作机制，切实解决纳税人“来回跑、多头找、多次跑”的现象。推行“友情提示卡”和“工作联系卡”，发放到了广大纳税人手中，为征纳双方牵起的“友情红线”，使纳税服务更加周到贴心，更加细致入微。

2009年4月，在办税服务厅推行“导税服务”，为前来办税的纳税人提供引导、辅导、疏导等导税服务，为广大纳税人更加方便快捷地办理涉税事项提供了更为主动和贴心的服务，拉近了征纳双方距离。

2010年6月1日，实现财税库银横向联网电子缴税工作。办税效率进一步提高，为纳税人提供了更为便捷的纳税方式，纳税人通过电子缴税，避免了多次重复往返于税务部门与商业银行之间缴纳税款，足不出户就可纳税。

2013年，积极开展税法大宣传活动，充实完善电子显示屏和电子触摸屏中的播放内容，及时将最新的税收法律、法规、税收动态、纳税须知等宣传到广大纳税人。加强自助办税区网上申报学习培训，增强了向纳税人提供网上申报宣传、辅导、咨询工作的能力和水平，指导纳税人了解和掌握网上申报的工作流程和操作步骤。设立了监督台、征求意见箱和服务评议箱，公开了投诉监督电话和咨询电话，利用图版、公示栏、电子显示屏和触摸屏等形式公开了纳税服务制度和税务违法行为处罚标准，按月公开纳税人的税务违法处理结果，自觉接受全社会的广泛监督，坚决维护纳税人的合法权益。

2014年，积极开展“便民办税春风行动”，努力提升纳税服务质效。一是提升窗口人员的服务意识。通过组织窗口人员学习加强作风建设的相关文件，激发窗口人员的工作热情，强化窗口人员为纳税人服务的责任意识。二是严格落实首问责任制。将首问责任制纳入工作考核，并要求办税服务厅全体干部参与轮流导税服务工作，热情接待纳税人，一次性答复纳税人相关疑问并指导相关涉税业务，最大限度减少纳税人“跑冤枉路”的情况。三是提升便民服务水平。坚持为纳税人提供优质服务，特别是对情况特殊的纳税人提供便捷服务和优先服务，提高为纳税人服务的针对性和实效性，真正使办税服务厅成为“纳税人之家”。四是开辟税收宣传小栏目。自创自办“税收政策早知道”（简称“税知道”）和“政策快递”宣传栏目,一是坚持每周2期编写“税知道”宣传册子,主要收集纳税人关心的热点问题;二是及时把最新的税收政策装入“政策快递”宣传册内，放在宣传栏中，供纳税人随时查阅。实现了“点对点服务”，畅通税企交流和沟通渠道。五是减轻纳税人办税负担，简化纳税人涉税资料的报送，尤其是集中大批量的涉税业务实行“一次报送，规定期间有效”的方法，同时简化代开发票的办理，实实在在方便纳税人。

2015年，落实《纳税服务规范（2.1–2.3版）》。采取集中培训和个人自学相结合的方式，对涉及地税业务进行了梳理筛选打印成册，又摘录编印了常见业务办理规范供税务人员和纳税人办税时参考。前台办税业务严格按照纳税服务规范规定的办理流程、报送资料、办结时限和基本规范要求执行，着重落实“免填单”“首问责任制”“一次性告知”等工作制度，避免出现纳税人重复报送资料，多头跑，来回找的现象。优化服务机制。落实AB岗、一次性告知、限时办结等制度，确保办税渠道畅通；优化办税流程。严格按照《规范》要求，做到业务在内部流转、服务在岗位上拓展、质量在操作中控制。

根据《纳税服务规范》更新了办税流程图；制作了新的“网上申报流程图”，成为纳税人看图操作的小助手;编写“办税须知”和“导税指引语”宣传资料，绘制《办税厅功能区设置及服务设施示意图》，成为新登记纳税人的“导税员”。

开辟“小微企业税收优惠”专栏,编印了“文件公告”“政策问答”“新旧政策比较”等小微企业税收优惠政策宣传册。设立“小微企业优惠政策落实咨询服务岗”和“小微企业绿色通道”，方便小微企业办税。

2016年，一是开展办税事项二维码一次性告知宣传辅导工作。税务人员将56个二维码涉及的办税事项熟稔于心，并熟练操作扫二维码的流程，一方面借助办税厅窗口宣传二维码便捷办税；另一方面通过工作人员的家人广泛宣传二维码的使用。同时，在办税厅导税台、办税窗口、自助办税区等多处设置二维码图标册，由导税员、保安或者是窗口工作人员亲自示范，手把手帮助纳税人了解和使用二维码。

二是狠抓服务纪律。加强办税服务厅窗口人员的税风税纪工作，避免因过节而放松懈怠。严格落实中共中央《八项规定》、纳税服务规范中文明礼仪的工作要求，确保服务窗口人员着装规范、举止文明、服务热情，杜绝工作时间扎堆聊天、脱岗、浏览手机、进食、岗前饮酒等违反工作纪律行为。

三是积极宣传落实新的税收政策。重点是房地产交易税收优惠政策相关纳税服务保障工作。对房地产交易税收征收服务人员进行培训辅导，确保办税服务人员及时掌握新税收优惠政策的内容、执行口径以及办理纳税人税收优惠事项的具体操作方法，并安排专人负责解答纳税人申请相关税收优惠时遇到的问题。做好相关政策宣传工作，通过办税服务厅的电子显示屏进行宣传，让纳税人及时了解新的房地产交易税收优惠政策内容和享受优惠政策的具体办税流程等事项。合理调配人力资源，确保征收力量，为纳税人提供方便快捷的纳税服务，对相关办理申报窗口等候人员较多的，采取有效措施加以疏导，减少了纳税人排队等候时间，确保新的税收优惠政策实施后办税服务厅各项纳税服务工作有序开展，落实到位。

四是在“聚焦营改增试点、助力供给侧改革”为主题的第25个“税收宣传月”里，立足办税厅，掀起税法宣传的热潮。针对纳税人了解“营改增”相关情况的迫切需求，专门制作了“营改增”政策的宣传册，内容包括5月1日“营改增”后纳税人销售其取得的不动产和其他个人出租不动产，由地税局代征税款和代开增值税发票的相关规定；纳税人跨县（市、区）提供建筑服务增值税的征收管理暂行办法等。针对纳税人对外管证认识模糊这一现状，在办税厅现场组织讲解会，由办理外管证的工作人员就外管证的报验登记、核定税种、缴纳税款、开具发票、核销等办理流程做了详细讲解，特别强调到经营地报验的时限规定和回机构所在地核销要求。通过现场讲解，使纳税人知晓了外管证的使用与管理，杜绝再出现纳税人疏于外管证核销的情况。针对纳税人关注的热点问题，如工资、薪金所得个人所得税的缴纳、促进创业的税收优惠政策等，主要采用业务能手现场解疑答惑的方式，通过面对面的交流，让纳税人获得了具体翔实的解答，进一步和谐了征纳关系，提升了税法遵从度。

五是全力服务“营改增”工作。制作“营改增”纳税人温馨提示卡。温馨提示纳税人“营改增”后平定县地税机关和国税机关各自承办的具体业务及办公地址、办公电话，温馨提示纳税人可拨打“12366”纳税服务热线咨询“营改增”政策方面的疑难问题。张贴“营改增”二维码。纳税人只要扫一扫，就可详细了解“营改增”税收政策、征收范围、税率与征收率、税收优惠政策，房地产业、金融业、建筑业与生活服务业增值税税收政策等八方面内容。设置了“营改增”咨询服务岗。通过面对面咨询，纳税人明确了“营改增”后可在地税机关办理的业务。开设了“营改增”业务办理的绿色通道。

（二）盂县地方税务局

2009年，根据纳税人办税需求，在全系统内推行了“同城通办”涉税业务和“贴心、贴身、贴本”的“三贴”服务，直属一分局办税大厅、秀水税务所和路家村税务所办税大厅在“同城通办”业务中创新服务理念，在基层办税服务厅内部推行“六个零”

服务，办税服务厅日办理涉税事项达到2000余项，服务效率明显提高，提升了企业、纳税人对地税工作的满意度。在办税大厅专设税收优惠纳税服务绿色通道，确保了各类优惠政策的及时足额兑现，直属一分局荣获2009年度“全市地税系统文明单位”称号。

2010年，为推进财税库银横向联网电子缴税方式，携手财政、国税、银行等部门举办了“税银联动、便捷服务”为主题的部门协作、方便纳税人申报工作座谈会，共有680户纳税人办理了电子缴税业务，使财税库银工程的顺利完成。还开展“12·4”全国法制宣传日税收宣传和“我与税收”征文比赛等活动，通过“小手牵大手”，扩大了税法宣传效果。不断创新服务新模式，征管、信息部门借助网络信息平台，开设网上博客、税企QQ服务群、网送税法（每月25日作为网送税法日）等形式，促进了品牌服务迈上新台阶。

2012年，开展了“结对式”“贵宾式”“跟踪式”服务，在政策宣传、税收优惠、纳税辅导、便捷服务等方面为纳税人提供全方位服务。同时，还开展了“进百家企业、入百户门店、访百名纳税人”的税收宣传活动，让每个税务干部写一篇税收宣传信息，并收集一条纳税人对地税机关的意见和建议，为纳税人办一件好事、实事，把税收宣传向纵深推进。通过税收专题讲座，帮助各类型纳税人加深对相关税收政策的了解，还积极宣传结构性减税政策，多形式帮扶重点纳税企业做大做强，切实提高全社会依法诚信纳税意识和纳税遵从度。在干部职工开展了“优化纳税服务环境，促进征纳关系和谐”的集中教育活动。共撰写学习笔记100余本，心得体会30余万字，召开民主生活会17场次，使干部职工牢固树立服务至上理念，密切了税企关系、税群关系，促进了和谐税收环境的建立。

2014年，不仅注重办税服务厅硬件的优化升级，更新了电子屏，设立了导税指南和信息咨询平台，还增设了防寒防尘防晒设施，为纳税人提供贴心服务，加强一线开票人员的业务技能和服务素养，取得了良好效果。按照《纳税服务规范》，推行《全国县级税务机关纳税服务规范》，对所有征收岗位和税源管理岗位人员进行了专门培训。对设立登记、变更登记、注销登记、减免税备案等16项基本涉税事项实行“免填单”服务。同时，将以前由股室承办的核准类事项全部前移到办税服务厅，实现了“窗口受理、内部流转、限时办结、窗口出件”。发挥办税服务厅LED屏、公告栏、QQ群等平台的优势，使纳税人迅速认可和掌握电子缴税方式。

2015年，继续落实《全国县级税务机关纳税服务规范》，完善相关制度和配套措施，做到服务一把尺子、办税一个标准。开展“便民办税春风行动”，实行办税服务厅集中受理、同城通办、免填单等业务，加大网上办税服务厅、自助办税系统、电子缴税推广力度，强化优惠政策宣传解读，规范办税服务厅面对面咨询服务和“12366”

纳税服务热线，方便快捷办税，使纳税人享受税收优惠政策。

2016年，与财政、国税、银行等部门举办了“税银联动、便捷服务”为主题的部门协作，通过纳税人办理电子缴税业务，保障了财税库银工程的顺利开展，逐步实现国地税共建办税服务厅的便捷的服务。开通了“网上申报”办税业务，纳税人可以通过互联网纳税和申报，极大地方便了纳税人。“同城通办”业务的开办，覆盖到了全市所有具备条件的税务所，大大方便了纳税人办理涉税事项。

（三）阳泉市郊区地税局

1996年4月，与郊区区委宣传部、郊区电视台等新闻单位联合在全区开展了“厂长、会计、个体户税法知识竞赛”活动，荣获1996年度全省“税收宣传月”活动“优秀项目奖”。

2005年，与区国税局、文体局联合创办了《税苑飞红》税收宣传专场文艺节目，《税收服务一窗化》《税务战线创辉煌》《税苑百花开》《家贼难防》等文艺节目受到广大纳税人的一致好评。

2016年，国税、地税干部走上街头，借力传统庙会，联合开展“聚焦营改增试点，助力供给侧改革”主题宣传。

2017年，成立阳泉市首家国地税联合办税服务大厅，首先开展国地税业务通办，让纳税人实现“进一家门、办两家事”，极大地提高了纳税服务效率，方便了纳税人。为了促进业务的深度融合，郊区地税局组织全体干部和国税、地税的办税人员集中学习“最多跑一次”文件精神，认真的梳理办税清单，重点学习相关的流程和业务办理所需的资料清册，提高业务水平和技能。使大家能够熟知清单内的业务并熟练的进行办税操作，并且能够一次性的完成对纳税人涉税事项的告知工作，以减少因纳税人资料不全而引起的“多跑路”。同时加强宣传，让纳税人切实享受提速，自行印制了办税事项“最多跑一次”清单的宣传页，在办税厅的一楼导税区和二楼公告栏分别大量放置张贴。在大厅的等候区显示屏上滚动播放总局文件和详细的涉税事项的办理条件、办理时限、所需资料，让纳税人一目了然，营造良好的便民办税氛围。

（四）阳泉市城区地税局

2012年10月29日，城区地税局成功上线全省首家地税24小时自助办税服务系统。经过技术人员5个多月的调试，该系统实现了与“金税三期”税收管理系统、个税管理系统以及POS系统的相互衔接，在服务和方便纳税人上又迈出了新的一步。

2015年，依托“金税三期”系统全面推行免填单服务。在办税服务厅正式开通免费 WiFi 供纳税人使用，使办税等候趣味横生，也使税企沟通更愉快更畅通。

2016 年，持续提档升级自助办税大厅业务功能，协调国税部门增设了增值税自助代开 ARM 机，使自助办税功能实现了国税、地税业务全覆盖。

（五）阳泉市矿区地税局

矿区地税局充分运用网络的便捷性、互动性和实效性，开通纳税服务 QQ 群，努力实现与纳税人的有效沟通。一是通过 QQ 群共享纳税人以前需要到税务机关才能领取的各式文书、申报表等税务资料，纳税人可以在 QQ 群中直接下载使用，减少纳税人往返税务机关的时间，实现了税企的零距离。二是通过 QQ 群积极地向企业纳税人宣传地税征收的各种税种税率、常用税收政策、国家税收政策变化、有关征管要求，使纳税人在短时间内就能够按照要求了解和办理纳税事宜。三是通过 QQ 群积极宣传自行纳税申报的政策，让纳税人知晓享有的权利、应尽的义务以及不履行义务应承担的法律责任，从而积极配合地税征管。四是通过 QQ 群共享网上申报、机打发票的操作指南，同时借力 QQ 的远程协助功能，帮助纳税人及时解决使用中的问题。五是通过 QQ 群实现了催报提醒。六是通过 QQ 群论坛，方便纳税人随时留言提出涉税疑问，税务人员及时予以答复。

四、税务咨询

2011 年 11 月 1 日，山西地税“12366”服务热线呼叫中心正式上线，设立阳泉地税“12366”远程座席。“12366”纳税服务热线坚持“用声音传递政策、用声音拉近距离”的服务理念和“用心倾听真诚服务”的宗旨，以“听得见的纳税服务”为口号，耐心解答，努力服务纳税人。咨询内容涉及网上申报、变更注销登记、发票管理、车辆购置税、土地增值税、城镇土地使用税、房产税、企业所得税、个人所得税、服务投诉及涉税举报等各个方面。

2011 年以后，阳泉地税“12366”遵循首问负责制、一次性告知、限时办结、谨慎答复的原则，来电 100% 受理，答复 100% 使用文明规范用语，受话 100% 答复，非及时答复 100% 转办和回呼，对转办件 100% 督办，共接听 900 余条纳税人热线咨询，办结率 100%。其中，涉税举报 2014 年受理 4 条，2015 年受理 1 条，2017 年受理 1 条；服务投诉 2014 年受理 2 条，2015—2018 年均为“零投诉”。

为保证纳税人关注的税收热点、难点问题得到权威答复，促进“12366”纳税服务热线提升纳税服务水准，从日常受理的问题中，整理出提问频率高、回答难度较大的问题，编写答案，并经省地税局相关业务处室审核，按税种分类，汇编为 2 本小册子《“12366”热点问答 1》《“12366”热点问答 2》，免费提供给纳税人和税务干部参阅。各局还分类设立了比较详细的咨询电话，向社会公开，供纳税人进行服务咨询、投诉、举报等。

第三节　纳税信用评价

2004 年 9 月，市地税局与市国税局联合开展全市纳税信用等级评定工作。经过宣传发动、组织评定、公告授牌 3 个阶段的工作，在全市符合评定条件的 4700 户单位中，共评出纳税信用 A 级单位 153 户，占总评户数的 3.26%；评出纳税信用 B 级单位 3788 户，占总评户数的 80.6%；评出纳税信用 C 级单位 590 户，占总评户数的 12.55%；评出纳税信用 D 级单位 169 户，占总评户数的 3.59%。

2005 年 4 月，市地税局与市国税局联合举行纳税信用 A 级单位发证、授牌仪式，并在《阳泉日报》予以公告。

2006 年 4 月，市地税局与市国税局联合开展全市纳税信用等级评定工作，共评出纳税信用 A 级单位 46 户。

2008 年 11 月，市地税局与市国税局联合开展第三次纳税信用等级评定工作，全市参评的纳税人户数为 4078 户，占纳税人总户数比重为 33.59%。按照评定要求，经过纳税人自评、基层局初评、市地税局纳税信用等级联合评审委员会审定，全市共评定纳税信用等级 A 级纳税人 156 户，其中，国地税共管户 116 户、地税纯管户 40 户，颁发了证书和牌匾。同时，评定出 B 级纳税人 3771 户，C 级纳税人 150 户，D 级纳税人 1 户。

2010 年 6 月，市地税局与市国税局联合开展 2008—2009 年纳税信用等级评定工作。按照评定要求，参评的纳税人户数为 6928 户，占纳税人总户数比重为 33.69%。经过纳税人自评、基层局初评、市地税局纳税信用等级联合评审委员会审定，联合评定出纳税信用 A 级纳税人 143 户，其中国地税共管户 110 户、地税纯管户 33 户，B 级纳税人 5578 户，C 级纳税人 1207 户。A 级纳税人名单于 9 月 27 日在《阳泉日报》公示，颁发了纳税信用 A 级荣誉证书和牌匾。

2012 年 10 月，开展了 2010—2011 年度纳税信用评价工作。对纳税人两个纳税年度遵守税收法律法规、履行纳税义务以及接受税务机关管理的情况进行了纳税信用等级评定。根据纳税人的得分情况，确定纳税人对应的 A、B、C、D 纳税信用等级。全市纳税人总户数 26634 户，其中参评户数 5612 户，占全市总管户的 21.16%。最终评出 A 级纳税人 45 户，占参评户数的 0.80%；B 级纳税人 4867 户，占参评户数的 86.72%；C 级纳税人 699 户，占参评户数的 12.46%；D 级纳税人 1 户，占参评户数的 0.02%。

2015 年 4 月，开展了 2013—2014 年度纳税信用评价工作。全市纳税人总户数 29544 户，其中参评户数 7276 户，占总户数的 24.63%。经基层管理局初评，市地税局、省地税局审核，共评出 A 级纳税人 56 户（共管户 41 户、纯管户 15 户），B 级纳税人 6447 户，C 级纳税人 302 户，D 级纳税人 471 户。4 月 28 日和 29 日分别在各级办税服务厅、市地税局门户网站公布了全市的 A 级纳税人名单，接受广大纳税人的监督。

2016 年 4 月，开展了 2015 年度纳税信用评价工作。全市纳税人总户数 31334 户，其中参评户数 7677 户。经基层国、地税管理部门初评，市地税局、省地税局审核，共评出 A 级纳税人 134 户（共管 124 户、纯管 10 户），B 级纳税人 6686 户，C 级纳税人 563 户，D 级纳税人 294 户。4 月 27 日，按照省地税局统一部署，将 A 级纳税人名单在基层办税服务厅的公告栏内予以了公告。4 月 29 日，在市地税局门户网站公布了全市的 A 级纳税人名单。

2017 年 4 月，开展 2016 年度纳税信用评价工作。纳税信用评价依托“金税三期”纳税信用管理系统开展评价工作。评价范围包括 2016 年 12 月 31 日前已办理税务登记并纳入评价范围的企业，全市纳税人总户数 37147 户，其中参评户数 5366 户。经国、地税联合评出 A 级纳税人 345 户，B 级纳税人 4491 户，C 级纳税人 295 户，D 级纳税人 235 户。4 月 20 日，按照省地税局统一部署，将 A 级纳税人名单在基层办税服务厅的公告栏内予以公告。

2018 年 4 月，开展了 2017 年度纳税信用评价工作。此次纳税信用评价依托“金税三期”纳税信用管理系统开展评价工作。评价范围包括 2017 年 12 月 31 日前已办理税务登记并纳入评价范围的企业纳税人及 2018 年 4 月 1 日前新设立企业。2018 年纳税信用评价增设 M 级纳税信用级别，纳税信用级别由 A、B、C、D 四级变更为 A、B、M、C、D 五级。3 月初，按省地税局安排开展纳税信用评价工作，督促基层局完成了岗位设置、人工调整，市地税局进行审核工作。截至 2018 年 4 月 19 日，国税、地税联合评出 A 级纳税人 568 户，并将 A 级纳税人名单在各基层办税服务厅的公告栏内予以了公告。

第三篇

党政工作

第一章 党群工作

1994—2018 年，市地税局始终把党的建设作为各级党组织的重要工作内容，坚持“党组抓党建”工作思路，以建立和完善各项党建制度为基础，以提升党员队伍素质为重点，以加强基层组织建设为抓手，组织机构日渐完善，党员队伍不断壮大，党员素质不断提高，党组织的战斗堡垒作用和党员先锋模范作用有效发挥，党建与税收业务深度融合。同时，积极发挥工会、共青团、妇委会、税务学会等组织的作用，促进各项工作顺利开展。

第一节 党建工作

一、组织建设

（一）中共党员

市地税局从 1994 年组建后，始终坚持抓好入党积极分子的推荐确定、培养教育，发展对象的政治审查、公示，预备党员的接受、教育、考察、公示、转正等每一个环节的管理。按照“控制总量、优化结构、提高质量、发挥作用”的总要求，既保证了党员队伍不断壮大，也保证了党员的质量。1994 年成立初期，市地税系统共有党员 142 人，其中市地税局 34 人，县（区）地税局 108 人。1994—2018 年的 24 年间，共发展党员 342 人。2018 年 6 月底，市地税系统共有党员 546 人。其中，市地税局 185 人，县（区）地税局 361 人；男 360 人，女 186 人；在职党员 463 人，离退休党员 83 人。

（二）中共基层组织

市地税局成立初期，全系统共有党总支 2 个：中共阳泉市地方税务局总支部委员会、中共阳泉市郊区地方税务局总支部委员会；党支部 7 个：中共阳泉市地方税务局机关支部委员会、中共阳泉市地方税务局第一分局支部委员会、中共阳泉市地方税务局第二分局支部委员会、中共平定县地方税务局支部委员会、中共盂县地方税务局支部委员会、中共阳泉市城区地方税务局支部委员会、中共阳泉市矿区地方税务局支部委员会，各支部根据实际情况设立党小组。1996 年 5 月 17 日，中共平定县委组织部批准成立中共平定县地方税务局总支部委员会。1999 年 6 月 28 日，盂县县委批准成立中共盂县地方税务局支部委员会。2002 年，市地税局成立党建工作领导组及办公室，并成立了机关党务办公室，专门负责机关党建工作。各县区地税局也相继成立党建工作领导组。2003 年 3 月，盂县县委批准成立中共盂县地方税务局总支部委员会。

2004 年 11 月 23 日，市直机关工委批准成立中共阳泉市地方税务局机关委员会。2005 年 1 月，盂县县委批准成立中共盂县地方税务局委员会。2011 年，阳泉市矿区机关工委批准成立中共阳泉市矿区地方税务局总支部委员会。2015 年 12 月 25 日，阳泉市城区机关工委批准成立中共阳泉市城区地方税务局总支部委员会。2016 年 5 月，阳泉市直机关工委批准市地税局机关党委下设机关纪委。2017 年 3 月 23 日，成立阳泉市地方税务局党建工作领导小组及办公室、党风廉政建设领导小组及办公室，两个机构合署办公，原党建工作领导组及办公室不再保留。2017 年 7 月 12 日，经市地税局党组研究决定，成立市地税局“三基建设”（基层建设、基础工作、基本能力）领导小组，与市地税局党建工作领导小组合署办公。2017 年 12 月至 2018 年 2 月，根据国地税联合党建工作要求，平定县地税局、盂县地税局、郊区地税局、城区地税局、矿区地税局与国税局联合，在办税服务厅成立国地税联合党支部。2018 年 6 月底，市地税系统共有党委 2 个，党总支 4 个，党支部 59 个。

1994—2018 年阳泉市地税局机关中共基层组织领导人员名表

表 3-1

组织名称	职　务	姓　名	任　职　时　间
中共阳泉市地税局机关总支部委员会（1995.3—2004.11）	书　　记	商广真	1995.3—2002.6
		翟振华	2002.6—2004.11
	副 书 记	赵建宇	1995.3—2002.6
		张春光	2002.6—2004.11
	组织委员	赵爱国	1995.3—2002.6
		王　刚	2002.6—2004.11
	纪检委员	石润堂	1995.3—1999.5
		张千颂	2002.6—2004.11
	宣传委员	葛秉田	1995.3—2002.6
		赵书传	2002.6—2004.11
	保卫委员	史全保	2002.6—2004.11
	青年委员	王庭玉	2002.6—2004.11

续表 3-1

组织名称	职　务	姓　名	任 职 时 间
中共阳泉市地税局机关委员会（2004.11—2018.7）	书　　记	翟振华	2004.11—2012.8
		李巨荣	2012.8—2013.12
		秦　峰	2016.5—2018.7
	副 书 记	张春光	2004.11—2012.8
		张千颂	2004.11—2012.8
		秦　峰	2012.8—2016.5
		耿建明	2016.5—2016.10
		张志新	2016.10—2018.7
	纪委书记	赵永华	2016.5—2018.7
	组织委员	张春光	2004.11—2012.8
		耿建明	2012.8—2016.5
		史庆生	2016.5—2018.7
	党委委员	王　刚	2005.6—2011.9
	宣传委员	赵书传	2004.11—2010.12
		霍建国	2010.12—2012.8
		史庆生	2012.8—2016.5
		田世熙	2016.5—2018.7
	保密委员	王庭玉	2004.11—2012.8
	青年委员	李建全	2004.11—2010.8
		韩静涛	2010.8—2012.8
		霍建国	2012.8—2016.5
		穆世斌	2016.5—2018.7
	纪检委员	岳昱清	2004.11—2010.9
		张志勇	2010.9—2012.8
		王淑蔚	2012.8—2016.5
	生活委员	张志勇	2012.8—2016.5
		姚江涛	2016.5—2018.7
	女工委员	张志新	2016.5—2016.10
		耿建明	2016.10—2018.7
	工会委员	连智平	2016.5—2018.7

续表 3-1

组织名称	职　务	姓　名	任　职　时　间
中共阳泉市地税局机关支部委员会（1994.11—2016.5）	书　　记	赵建宇	1994.11—2002.6
		张春光	2002.6—2012.8
		李巨荣	2012.8—2014.8
		秦　峰	2014.8—2016.5
	组织委员	赵爱国	1994.11—2002.6
		王　刚	2002.6—2012.8
		耿建明	2012.8—2016.5
	纪检委员	赵书传	1994.11—2002.6
		岳昱清	2002.6—2004.8
		王淑蔚	2012.8—2016.5
	宣传委员	史全保	1994.11—1996.4
		郭富华	2002.6—2011.9
		田世熙	2012.8—2016.5
	青年委员	张千颂	1994.11—1995.12
		韩静涛	2002.6—2010.12
		张洲明	2010.12—2012.8
		李春红	2012.8—2016.5
中共阳泉市地税局机关第一支部委员会（2016.5—2018.7）	书　　记	李建印	2016.5—2018.3
		程瑞林	2018.3—2018.7
	组宣委员	赵　清	2016.5—2018.3
		王九花	2018.3—2018.7
	纪检委员	潘雅君	2016.5—2018.7
中共阳泉市地税局机关第二支部委员会（2016.5—2018.7）	书　　记	郭向东	2016.3—2018.3
		赵　清	2018.3—2018.7
	组宣委员	李　涛	2016.3—2018.3
		王慧忠	2018.3—2018.7
	纪检委员	王慧忠	2016.3—2018.3
		李　涛	2018.3—2018.7
中共阳泉市地税局机关第三支部委员会（2016.5—2018.7）	书　　记	李贵忠	2016.5—2018.3
		李建印	2018.3—2018.7
	组宣委员	王军梅	2016.5—2018.7
	纪检委员	陈贵涛	2016.5—2018.7

续表 3-1

组织名称	职　务	姓　名	任　职　时　间
中共阳泉市地税局老干部支部委员会（2002.4—2018.7）	书　　记	商广真	2002.4—2010.12
		郗建光	2010.12—2014.7
		张春光	2014.7—2018.7
	副书记	郭　虹	2014.7—2018.7
	组织委员	石润堂	2002.4—2010.12
		王三和	2010.12—2014.7
		王润兰	2014.7—2018.7
	宣传委员	葛秉田	2002.4—2010.12
		王海云	2010.12—2014.7
		王守庆	2014.7—2018.7

1994—2018 年阳泉市地税局直属单位中共基层组织领导人员名表

表 3-2

组织名称	职　务	姓　名	任　职　时　间
中共阳泉市地方税务局登记管理局支部委员会（2004.8—2005.6） 中共阳泉市地税局直属一分局支部委员会（2005.6—2018.7）	书　　记	岳昱清	2004.8—2010.8
		王庭玉	2010.8—2018.7
	组织委员	李惠平	2004.8—2010.8
		张良英	2010.8—2011.8
		牛战平	2011.8—2013.6
		冯彩云	2013.6—2018.1
		何　江	2018.1—2018.7
	宣传委员	尚保青	2004.8—2006.12
		张良英	2006.12—2010.8
		牛战平	2010.8—2011.8
		荆志强	2011.8—2012.6
		郭向东	2012.6—2012.10
		冯彩云	2012.10—2013.6
		何　江	2013.6—2018.1
		杨慧田	2018.1—2018.7
	纪检委员	冯彩云	2016.5—2018.1
		何　江	2018.1—2018.7

续表 3-2

组织名称	职　务	姓　名	任　职　时　间
中共阳泉市地税局直属二分局支部委员会（2010.12—2018.7）	书　　记	韩静涛	2010.12—2012.7
		连智平	2012.7—2018.7
	组织委员	刘永红	2010.12—2012.7
		宋利军	2012.7—2018.3
		翟文斌	2018.3—2018.7
	宣传委员	贾海维	2012.7—2013.5
		翟文斌	2013.5—2013.12
		岳维祥	2013.12—2018.3
		翟文斌	2018.3—2018.7
	纪检委员	贾海维	2016.5—2018.3
		岳维祥	2018.3—2018.7
中共阳泉市地方税务局第一分局支部委员会（1994.8—2001.12）中共阳泉市地方税务局征收一分局支部委员会（2001.12—2005.5）中共阳泉市地税局直属三分局支部委员会（2005.5—2018.7）	书　　记	葛秉田	1994.8—2002.1
		赵书传	2002.1—2007.1
		宋志刚	2007.1—2012.5
		穆世斌	2012.5—2018.7
	组织委员	韩建军	1994.8—1995.11
		张千颂	1995.11—1997.12
		张　涌	1997.12—2002.1
		郭润芳	2002.1—2007.1
		赵书传	2007.1—2011.9
		韩俊斌	2011.9—2018.1
		孙爱文	2018.1—2018.7
	宣传委员	赵宝贵	1994.8—1995.11
		张　涌	1995.11—1997.12
		赵宝贵	1997.12—2000.2
		李旭东	2000.2—2002.1
		何　江	2002.1—2007.1
		郭润芳	2007.1—2008.10
		田秀珍	2008.10—2011.9
		何　江	2011.9—2012.5
		李宏林	2012.5—2016.5
		韩俊斌	2016.5—2018.2
		孙爱文	2018.2—2018.7
	纪检委员	李宏林	2016.5—2018.7

续表 3–2

组织名称	职 务	姓 名	任 职 时 间
中共阳泉市地税局直属四分局支部委员会（2010.9—2018.7）	书 记	霍建国	2010.9—2018.7
	组织委员	王迎萍	2010.9—2012.7
		郭真祥	2012.7—2014.11
		张怀庆	2014.11—2016.5
		王 刚	2016.5—2018.1
		韩俊斌	2018.1—2018.7
	宣传委员	翟冠华	2010.9—2011.9
		王 刚	2011.9—2016.5
		赵宏志	2016.5—2018.1
		韩俊斌	2018.1—2018.7
	纪检委员	张怀庆	2016.5—2018.7
中共阳泉市地方税务局第二分局支部委员会（1994.8—2002.1） 中共阳泉市地方税务局征收二分局支部委员会（2002.1—2005.5） 中共阳泉市地方税务局直属二分局党支部（2005.5—2010.9） 中共阳泉市地税局直属五分局支部委员会（2010.9—2018.7）	书 记	石润堂	1994.8—1995.4
		张 涌	1995.4—1995.12
		聂富祥	1995.12—2002.5
		王庭玉	2002.5—2010.8
		李建全	2010.8—2012.7
		宋志刚	2012.7—2018.7
	组织委员	张 涌	1994.10—1995.4
		李旭东	1995.12—2000.1
		赵宝贵	2000.1—2002.5
		赵 波	2002.5—2018.7
	宣传委员	光全元	1994.10—2002.5
		田秀珍	2002.5—2009.6
		韩建军	2009.6—2012.7
		赵 波	2012.7—2018.2
		张洲明	2018.2—2018.7
	纪检委员	尚保青	2016.5—2018.7
	青年委员	梁红晓	2018.2—2018.7
中共阳泉市地方税务局稽查分局支部委员会（1996.4—1998.11） 中共阳泉市地方税务局稽查局支部委员会（1998.11—2018.7）	书 记	史全保	1996.4—2004.12
		李建全	2004.12—2010.7
		张志勇	2010.7—2018.7

续表 3-2

组织名称	职　务	姓　名	任　职　时　间
中共阳泉市地方税务局稽查分局支部委员会（1996.4—1998.11） 中共阳泉市地方税务局稽查局支部委员会（1998.11—2018.7）	组织委员	韩建军	1996.4—2009.5
		赵爱国	2010.7—2013.5
	宣传委员	李志龙	1996.4—2002.1
		赵爱国	2002.1—2010.7
		郭润芳	2010.7—2011.7
		陈　瑾	2011.7—2014.6
		翟文斌	2014.6—2018.1
		宋利军	2018.1—2018.7
	纪检委员	姬兆军	2012.7—2018.7
中共阳泉市经济技术开发区地税分局支部委员会（2003.5—2018.7）	书　记	张志勇	2003.5—2010.9
		岳昱清	2010.9—2018.7
	组织委员	李海翔	2003.5—2014.10
		郭真祥	2014.10—2018.7
	宣传委员	高文祥	2003.5—2011.9
		郭富华	2011.9—2013.6
		牛战平	2013.6—2018.7
	纪检委员	郭真祥	2016.5—2018.7

1994—2018年平定县地税局中共基层组织领导人员名表

表 3-3

组织名称	职　务	姓　名	任　职　时　间
中共平定县地税局支部委员会（1994.8—1996.5）	书　记	梁怀锁	1994.10—1996.5
	委　员	王德惠	1994.10—1996.5
		韩拉贵	1994.10—1996.5
		赵元喜	1994.10—1996.5
		杨德政	1994.10—1996.5
中共平定县地税局总支部委员会（1996.5—2018.7）	书　记	梁怀锁	1996.5—1996.12
		韩拉贵	1996.5—2002.1
		韩月明	2002.6—2007.12
		穆世斌	2007.12—2012.11
		李惠平	2012.11—2016.10
		翟冠华	2016.10—2018.7
	副书记	韩拉贵	1996.5—1996.12
		翟双胜	2002.6—2013.10

续表 3-3

组织名称	职　务	姓　名	任　职　时　间
中共平定县地税局总支部委员会（1996.5—2018.7）	组织委员	王德惠	1996.5—2002.1
		王守庆	2002.6—2006.12
		冯彩云	2007.12—2011.9
		康有柱	2012.11—2016.10
		贾宏如	2016.10—2018.7
	宣传委员	赵元喜	1996.5—2002.1
		穆世斌	2002.6—2007.12
		郭真祥	2007.12—2010.8
		付文勇	2010.8—2012.11
		赵振林	2012.11—2016.10
		王　兵	2016.10—2017.12
		刘文生	2017.12—2018.7
	纪检委员	杨德政	1996.5—2002.1
		刘永红	2002.6—2004.7
		张志新	2012.7—2012.11
		贾宏如	2012.11—2016.10
		王小宏	2016.10—2018.7
	保密委员	赵振林	2002.6—2012.11
		张志新	2012.11—2013.5
		梁　璞	2012.11—2016.10
	青妇委员	郭真祥	2002.6—2007.12
		贾宏如	2007.12—2012.11
		王　兵	2013.10—2016.10
		梁守斌	2016.10—2018.7
	综治委员	康有柱	2016.10—2017.12
	政法委员	赵振林	2016.10—2018.7
中共平定县地税局机关支部委员会（1998.5—2018.7）	书　记	岳景胜	1998.5—2007.12
		梁　璞	2007.12—2016.10
		梁守斌	2016.10—2018.7
	组织委员	王　金	2000.12—2003.6
		唐建国	2007.12—2018.7
	宣传委员	尹再存	2000.12—2007.12
		张九威	2007.12—2016.10
	纪检委员	郝志杰	2016.10—2018.7

续表 3-3

<table>
<tr><th>组织名称</th><th>职　务</th><th>姓　名</th><th>任　职　时　间</th></tr>
<tr><td rowspan="9">中共平定县地税局稽查局支部委员会
（2000.12—2018.7）</td><td rowspan="4">书　记</td><td>姚培祥</td><td>2000.12—2002.8</td></tr>
<tr><td>赵振林</td><td>2002.8—2011.10</td></tr>
<tr><td>杨志光</td><td>2011.10—2013.5</td></tr>
<tr><td>边进龙</td><td>2013.10—2018.7</td></tr>
<tr><td rowspan="2">委　员</td><td>焦建平</td><td>2000.12—2003.6</td></tr>
<tr><td>李荣魁</td><td>2000.12—2002.8</td></tr>
<tr><td>组织委员</td><td>许建喜</td><td>2016.10—2018.7</td></tr>
<tr><td>宣传委员</td><td>许建喜</td><td>2016.10—2018.7</td></tr>
<tr><td>纪检委员</td><td>焦建平</td><td>2016.10—2018.7</td></tr>
<tr><td rowspan="6">中共平定县地税局直属一分局支部委员会
（2006.12—2017.12）</td><td rowspan="3">书　记</td><td>郭真祥</td><td>2006.12—2007.7</td></tr>
<tr><td>贾宏如</td><td>2007.7—2012.2</td></tr>
<tr><td>张润华</td><td>2012.2—2017.12</td></tr>
<tr><td>组织委员</td><td>董巧全</td><td>2016.10—2017.12</td></tr>
<tr><td>宣传委员</td><td>董巧全</td><td>2016.10—2017.12</td></tr>
<tr><td>纪检委员</td><td>赵进贵</td><td>2016.10—2017.12</td></tr>
<tr><td rowspan="4">中共平定县国地税联合办税大厅联合支部委员会
（2017.12—2018.7）</td><td>书　记</td><td>张润华</td><td>2017.12—2018.7</td></tr>
<tr><td>纪检委员</td><td>王根林</td><td>2017.12—2018.7</td></tr>
<tr><td>组织委员</td><td>董巧全</td><td>2017.12—2018.7</td></tr>
<tr><td>宣传委员</td><td>董巧全</td><td>2017.12—2018.7</td></tr>
<tr><td rowspan="5">中共平定县地税局直属二分局支部委员会
（2010.11—2018.7）</td><td rowspan="2">书　记</td><td>王小宏</td><td>2010.11—2014.10</td></tr>
<tr><td>葛树森</td><td>2014.10—2018.7</td></tr>
<tr><td>组织委员</td><td>李　顺</td><td>2016.10—2018.7</td></tr>
<tr><td>宣传委员</td><td>李　顺</td><td>2016.10—2018.7</td></tr>
<tr><td>纪检委员</td><td>赵海珠</td><td>2016.10—2018.7</td></tr>
<tr><td rowspan="10">中共平定县地税局
第一税务所支部委员会
（2002.8—2018.7）</td><td rowspan="4">书　记</td><td>贾宏如</td><td>2002.8—2007.7</td></tr>
<tr><td>高　飞</td><td>2007.7—2013.2</td></tr>
<tr><td>王世斌</td><td>2013.2—2016.10</td></tr>
<tr><td>杨继平</td><td>2016.10—2018.7</td></tr>
<tr><td rowspan="4">委　员</td><td>郭真祥</td><td>2002.9—2006.12</td></tr>
<tr><td>王步文</td><td>2002.9—2006.12</td></tr>
<tr><td>石文珍</td><td>2007.7—2013.2</td></tr>
<tr><td>梁文怀</td><td>2007.7—2013.2</td></tr>
<tr><td>组织委员</td><td>白建新</td><td>2016.10—2018.7</td></tr>
<tr><td>纪检委员</td><td>梁文怀</td><td>2016.10—2018.7</td></tr>
</table>

续表 3-3

组织名称	职 务	姓 名	任 职 时 间
中共平定县地税局第二税务所支部委员会（2002.8—2018.7）	书 记	刘秋喜	2002.8—2006.12
		许建喜	2006.12—2008.11
		卢再庆	2008.11—2012.7
		高 飞	2013.2—2016.10
		王世斌	2016.10—2018.7
	委 员	穆富科	2002.9—2006.12
		翟金孩	2002.9—2006.12
		王海文	2008.11—2012.7
		白春明	2008.11—2012.7
	组织委员	梁海文	2016.10—2018.7
	宣传委员	梁海文	2016.10—2018.7
	纪检委员	白春明	2016.10—2018.7
中共平定县地税局锁簧税务所支部委员会（1998.5—2006.12）（2011.8—2018.7）	书 记	李非科	1998.5—2005.3
		杨慧田	2011.8—2011.10
		葛树森	2011.10—2013.2
		许建喜	2013.2—2013.5
		梁海文	2013.10—2016.10
		高 飞	2016.10—2017.12
		白国文	2017.12—2018.7
中共平定县地税局石门口税务所支部委员会（1998.5—2018.7）	书 记	翟金孩	1998.5—2000.12
		郭真祥	2000.12—2002.8
		卢再庆	2002.8—2005.3
		高 飞	2006.12—2007.7
		王小宏	2007.7—2008.11
		杨慧田	2008.11—2011.8
		杨继平	2011.8—2013.2
		葛树森	2013.2—2014.10
		王乃旭	2014.11—2018.7
中共平定县地税局巨城税务所支部委员会（2006.12—2018.7）	书 记	王乃旭	2006.12—2008.11
		梁海文	2008.11—2013.5
		白国文	2016.10—2018.7
中共平定县地税局城镇税务所支部委员会（1998.5—2002.3）	书 记	郝 龙	1998.5—2000.2

续表 3-3

组织名称	职　务	姓　名	任　职　时　间
中共平定县地税局城关税务所支部委员会（1998.5—2002.3）	书　记	贾宏如	2000.2—2002.3
中共平定县地税局冶西税务所支部委员会（1998.5—2017.2）	书　记	王拴义	1998.5—2003.11
		刘秋喜	2006.12—2008.11
		王世斌	2008.11—2013.2
		白春明	2013.2—2017.2
中共平定县地税局东回税务所支部委员会（1998.5—2011.8）	书　记	穆富科	1998.5—2002.4
		董巧全	2002.8—2003.6
		李非科	2006.12—2008.11
		尹再存	2008.11—2011.2
		杨继平	2011.2—2011.8
中共平定县地税局岩会税务所支部委员（1998.5—2001.5）	书　记	任珍元	1998.5—1999.6
		穆世斌	1999.6—2001.5
中共平定县地税局岔口税务所支部委员会（1998.5—2001.5）	书　记	许建喜	1998.5—2000.12
		王战勇	2000.12—2001.5
中共平定县地税局张庄税务所支部委员会（2006.12—2017.2）	书　记	卢再庆	2006.12—2008.11
		许建喜	2008.11—2013.2
		杨继平	2013.2—2016.9
中共平定县地税局娘子关税务所支部委员会（2000.12—2017.2）	书　记	刘永红	2000.12—2002.4
		王拴义	2002.8—2003.6
		葛树森	2007.7—2008.11
		王小宏	2008.11—2010.7
		卢丑生	2010.7—2011.9
		白国文	2011.9—2013.7
		王乃旭	2013.10—2014.11

1994—2018 年盂县地税局中共基层组织领导人员名表

表 3-4

组织名称	职　务	姓　名	任　职　时　间
中共盂县地税局支部委员会（1994.11—1999.6）	书　记	武润先	1994.11—1999.6
	组织委员	韩月明	1994.11—1999.6
	纪检委员	柴林义	1994.11—1999.6
	宣传委员	郭计才	1994.11—1999.6
	青年委员	秦　峰	1994.11—1999.6

续表 3-4

组织名称	职 务	姓 名	任 职 时 间
中共盂县地税局总支部委员会（1999.6—2005.1）	书 记	武润先	1999.6—2002.1
		李建全	2002.1—2004.8
		霍建国	2004.8—2005.1
	副书记	柴林义	1999.6—2005.1
	组织委员	秦 峰	1999.6—2000.1
		侯俊书	2000.4—2002.1
		郭计才	2002.1—2005.1
	纪检委员	梁志林	1999.6—2002.1
		张学峰	2002.1—2005.1
	宣传委员	张慧光	1999.6—2005.1
	青年委员	霍建国	2002.1—2004.8
		康有柱	2004.8—2005.1
	保卫委员	侯俊书	2002.1—2005.1
中共盂县地税局委员会（2005.1—2018.7）	书 记	霍建国	2005.1—2010.9
		张 涌	2010.9—2014.10
		曹 涛	2014.10—2018.7
	副书记	柴林义	2005.1—2010.9
		郭计才	2010.9—2012.7
		张慧光	2012.7—2014.10
		孟建国	2014.10—2018.7
	组织委员	郭计才	2005.1—2010.9
		康有柱	2010.9—2012.7
		岳维祥	2012.7—2014.10
		郭俊才	2014.10—2018.7
	纪检委员	张学峰	2005.1—2010.9
		岳维祥	2010.9—2012.7
		李玉晶	2012.7—2013.12
		赵文华	2013.12—2018.7
	宣传委员	康有柱	2005.1—2010.9
		孟建国	2010.9—2014.10
		李玉晶	2014.10—2018.7
	保卫委员	侯俊书	2005.1—2006.2
		郭俊才	2006.2—2010.9
		武向峰	2010.9—2015.1
		田有金	2015.1—2018.7

续表 3–4

组织名称	职 务	姓 名	任 职 时 间
中共盂县地税局委员会（2005.1—2018.7）	青年委员	张志新	2005.1—2010.9
		闫利军	2010.9—2015.1
		郝瑞丽	2015.1—2018.7
中共盂县地税局机关支部委员会（1999.6—2018.7）	书　记	柴林义	1999.6—2003.3
		霍建国	2003.3—2004.9
		韩计明	2004.9—2005.1
		郑建中	2005.1—2010.9
		刘丽芳	2010.9—2015.2
		郝瑞丽	2015.2—2018.7
	组织委员	郝宝志	1999.6—2003.3
		韩计明	2003.3—2004.9
		赵文华	2004.9—2005.1
		尹彩英	2005.1—2018.7
	纪检委员	付东玉	1999.6—2003.3
		赵文华	2003.3—2004.9
		张宏斌	2004.9—2005.1
		赵海红	2005.1—2010.9
		武向峰	2010.9—2015.2
		田有金	2015.2—2018.7
	宣传委员	孙俊富	1999.6—2003.3
		张学明	2003.3—2004.9
		赵海红	2004.9—2005.1
		田有金	2005.1—2010.9
		王丽莉	2010.9—2015.2
		闫利军	2015.2—2018.7
	青年委员	王希瑞	1999.6—2003.3
		赵海红	2003.3—2004.9
		张学明	2004.9—2005.1
		付永东	2005.1—2018.7
中共盂县地税局稽查局支部委员会（1999.6—2018.7）	书　记	张学峰	1999.6—2002.1
		孟建国	2002.1—2005.1
		王金海	2005.1—2010.9
		侯俊书	2010.9—2015.2
		张学民	2015.2—2018.7

续表 3-4

组织名称	职　务	姓　名	任 职 时 间
中共盂县地税局稽查局支部委员会（1999.6—2018.7）	组织委员	刘秀清	1999.6—2002.1
		闫永青	2002.1—2005.1
		赵贵福	2005.1—2010.9
		韩计明	2010.9—2018.7
	纪检委员	杨如元	1999.6—2002.1
		赵贵福	2002.1—2005.1
		韩计明	2005.1—2010.9
		赵宪国	2010.9—2015.2
		侯俊书	2015.2—2018.7
	宣传委员	王志瑞	2002.1—2005.1
		郭俊才	2005.1—2010.9
		王春燕	2010.9—2018.7
	青年委员	刘秋华	2002.1—2005.1
		王志瑞	2005.1—2010.9
		闫永青	2010.9—2015.2
		杨　康	2015.2—2018.7
中共盂县地税局直属一分局支部委员会（2006.7—2017.12）	书　　记	张志新	2006.7—2010.9
		韩志扬	2010.9—2012.7
		刘丽芳	2012.7—2017.12
	组织委员	刘丽芳	2006.7—2009.8
		牛晓红	2009.8—2015.4
		杜兰洁	2015.4—2017.10
		史雪娇	2017.10—2017.12
	纪检委员	赵海红	2006.7—2017.10
		韩晓燕	2017.10—2017.12
	青年委员	刘丽芳	2006.7—2009.8
		杜兰洁	2015.4—2017.10
		史雪娇	2017.10—2017.12
中共盂县地税局联合办税服务厅联合支部委员会（2017.12—2018.7）	书　　记	刘丽芳	2017.12—2018.7
	副 书 记	王钦奋	2017.12—2018.7
	组织委员	逯凯君	2017.12—2018.7
	纪检委员	史永志	2017.12—2018.7
	宣传委员	韩晓燕	2017.12—2018.7
	青年委员	史雪娇	2017.12—2018.7

续表 3-4

组织名称	职　务	姓　名	任　职　时　间
中共盂县地税局第一税务所支部委员会（1999.6—2018.7）	书　　记	杨富成	1999.6—2003.3
		郭俊才	2003.3—2005.1
		韩俊福	2005.1—2008.9
		李玉晶	2008.9—2012.7
		荣有奇	2012.7—2016.11
		刘秋华	2016.11—2018.7
	组织委员	张慧光	1999.6—2003.3
		梁爱平	2003.3—2008.9
		崔周平	2008.9—2018.7
	纪检委员	赵文华	1999.6—2003.3
		王春燕	2003.3—2005.1
		王万才	2005.1—2018.7
	宣传委员	武成敬	2003.3—2008.9
		王志瑞	2008.9—2012.7
		蔺崇哲	2012.7—2018.7
	青年委员	杨志光	2003.3—2005.1
		蔺崇哲	2005.1—2012.7
		赵婉清	2012.7—2018.7
中共盂县地税局第二税务所支部委员会（1999.6—2018.7）	书　　记	张学蕴	1999.6—2003.3
		韩俊福	2003.3—2005.1
		吴　凡	2005.1—2012.7
		张俊文	2012.7—2013.12
		刘秋华	2013.12—2016.10
		张宏斌	2016.10—2018.7
	组织委员	李玉堂	1999.6—2003.3
		郝润年	2003.3—2005.1
		刘根平	2005.1—2009.12
		赵长胜	2009.12—2013.6
		张丽华	2013.6—2015.4
		郝润年	2015.4—2018.7
	纪检委员	郭俊才	1999.6—2003.3
		李宝贵	2003.3—2005.1
		刘根平	2005.1—2009.12

续表 3-4

组织名称	职　务	姓　名	任　职　时　间
中共盂县地税局第二税务所支部委员会（1999.6—2018.7）	纪检委员	赵长胜	2009.12—2013.6
		张丽华	2013.6—2015.4
		郝润年	2015.4—2018.7
	宣传委员	张丽华	2003.3—2005.1
		郝润年	2005.1—2009.12
		张丽华	2009.12—2015.4
		王素兰	2016.10—2018.7
	青年委员	崔新平	2003.3—2005.1
		张丽华	2009.12—2013.12
		张丽华	2016.10—2018.7
中共盂县地税局秀水税务所支部委员会（2003.3—2018.7）	书　　记	李玉晶	2003.3—2005.1
		赵文华	2005.1—2008.9
		张学民	2008.9—2011.9
		吴　凡	2012.7—2016.10
		荣有奇	2016.10—2018.7
	组织委员	许润厚	2003.3—2005.1
		崔周平	2005.1—2008.9
		王学文	2008.9—2011.9
		王学文	2012.7—2018.7
	纪检委员	许润厚	2003.3—2005.1
		崔周平	2005.1—2008.9
		王学文	2008.9—2011.9
		赵宪国	2012.7—2018.7
	宣传委员	赵长胜	2003.3—2005.1
		赵建忠	2005.1—2008.9
		郝润年	2008.9—2011.9
		康建军	2012.7—2018.7
	青年委员	赵长胜	2003.3—2005.1
		赵建忠	2005.1—2008.9
		郝润年	2008.9—2011.9
		康建军	2012.7—2018.7

续表 3-4

组织名称	职　务	姓　名	任　职　时　间
中共盂县地税局南娄税务所支部委员会（2003.3—2018.7）	书　记	张志新	2003.3—2005.1
		荣有奇	2005.1—2008.9
		赵文华	2008.9—2013.12
		张俊文	2013.12—2016.10
		韩志扬	2016.10—2018.7
	组织委员	刘根平	2003.3—2005.1
		赵宪国	2005.1—2009.7
		田有金	2009.7—2011.4
		王素兰	2011.4—2015.4
		王志瑞	2015.4—2018.7
	纪检委员	刘根平	2003.3—2005.1
		赵宪国	2005.1—2009.7
		田有金	2009.7—2011.4
		王素兰	2011.4—2015.4
		王志瑞	2015.4—2018.7
	宣传委员	郝瑞丽	2003.3—2005.1
		李俊清	2005.1—2018.7
	青年委员	郝瑞丽	2003.3—2005.1
		李俊清	2005.1—2018.7
中共盂县地税局孙家庄税务所支部委员会（2003.3—2018.7）	书　记	荣有奇	2003.3—2005.1
		张学民	2005.1—2008.9
		崔新平	2008.9—2009.9
		刘根平	2009.9—2011.2
		张俊文	2011.2—2012.7
		赵建忠	2012.7—2018.7
	组织委员	李俊清	2003.3—2005.1
		张宏斌	2005.1—2009.9
		李培基	2009.9—2012.7
		王希瑞	2012.7—2018.7
	纪检委员	李俊清	2003.3—2005.1
		王计忠	2005.1—2009.9
		王希瑞	2009.9—2012.7
		李培基	2012.7—2018.7
	宣传委员	赵建忠	2003.3—2005.1
		王希瑞	2005.1—2009.9
		王翠花	2009.9—2012.7

续表 3-4

组织名称	职　务	姓　名	任　职　时　间
中共盂县地税局孙家庄税务所支部委员会（2003.3—2018.7）	青年委员	赵建忠	2003.3—2005.1
		崔新平	2005.1—2008.9
		王翠花	2009.9—2012.7
中共盂县地税局上社税务所支部委员会（2003.3—2018.7）	书　　记	韩志扬	2003.3—2005.1
		许润厚	2005.1—2009.8
		赵建忠	2009.8—2012.7
		田有金	2012.7—2015.1
		武向峰	2015.1—2018.7
	组织委员	武建英	2003.3—2009.8
		吕　宏	2009.8—2012.7
	纪检委员	武建英	2003.3—2009.8
		吕　宏	2009.8—2012.7
	宣传委员	史石林	2003.3—2005.1
		刘宝珍	2005.1—2009.8
	青年委员	史石林	2003.3—2005.1
		刘宝珍	2005.1—2009.8
中共盂县地税局路家村税务所支部委员会（2003.3—2018.7）	书　　记	田有金	2003.3—2005.1
		刘秀清	2005.1—2008.9
		荣有奇	2008.9—2012.7
		韩志扬	2012.7—2016.10
		张俊文	2016.10—2018.7
	组织委员	武向峰	2003.3—2005.1
		李玉晶	2005.1—2008.9
		杨志光	2008.9—2009.8
		王东明	2009.8—2018.7
	纪检委员	武向峰	2003.3—2005.1
		李玉晶	2005.1—2008.9
		杨志光	2008.9—2009.8
		周福虎	2009.8—2018.7
	宣传委员	康建军	2003.3—2005.1
		李培基	2005.1—2009.8
		王丽莉	2015.4—2018.7
	青年委员	康建军	2003.3—2005.1
		李培基	2005.1—2009.8

续表 3-4

组织名称	职　务	姓　名	任　职　时　间
中共盂县地税局 仙人税务所支部委员会 （2009.8—2018.7）	书　　记	张宏斌	2009.8—2011.1
		刘根平	2011.1—2018.7
	组织委员	王计忠	2009.8—2011.1
		张向峰	2011.1—2013.6
		赵长胜	2013.6—2018.7
	纪检委员	王计忠	2009.8—2011.1
		张向峰	2011.1—2013.6
		赵长胜	2013.6—2018.7
中共盂县地税局 西烟税务所支部委员会 （2009.8—2018.7）	书　　记	杨志光	2009.8—2011.10
		刘秋华	2011.10—2014.1
		许润厚	2014.1—2018.7
	组织委员	陈彦清	2009.8—2011.10
		陈彦清	2011.10—2014.1
		李向东	2014.1—2018.7
	纪检委员	陈彦清	2009.8—2011.10
		陈彦清	2011.10—2014.1
		李向东	2014.1—2018.7
中共盂县地税局 梁家寨税务所支部委员会 （2009.8—2018.7）	书　　记	张俊文	2009.8—2009.11
		崔新平	2009.11—2018.7
	组织委员	刘宝珍	2009.8—2009.11
		刘宝珍	2009.11—2018.7
	纪检委员	刘宝珍	2009.8—2009.11
		刘宝珍	2009.11—2018.7
	宣传委员	崔原华	2014.2—2018.7

1994—2018 年阳泉市郊区地税局中共基层组织领导人员名表

表 3-5

组织名称	职　务	姓　名	任　职　时　间
中共阳泉市郊区地税局 总支部委员会 （1994.6—2018.7）	书　　记	郗建光	1994.6—1998.4
		王庭玉	1998.4—2002.1
		聂富祥	2002.1—2010.9
		付文勇	2010.9—2016.9
		李惠平	2016.9—2018.7

续表 3-5

组织名称	职务	姓名	任职时间
中共阳泉市郊区地税局总支部委员会（1994.6—2018.7）	副书记	闫　林	2002.1—2013.3
		姚江涛	2013.3—2014.10
		赵　睿	2014.10—2016.9
		杨慧田	2016.9—2018.2
		王燕飞	2018.2—2018.7
	委员	王长命	1994.6—1995.12
		王淑蔚	1995.11—1998.6
		王永让	1995.11—1998.6
		李惠平	1997.3—1998.6
	组织委员	闫　林	1994.6—2002.3
		郭敏建	2002.3—2018.7
	宣传委员	李惠平	1998.7—2000.1
		霍建国	2000.1—2002.1
		梁志林	2002.1—2014.12
		王燕飞	2014.12—2018.2
		牛丽川	2018.2—2018.7
	劳动委员	董吉文	2002.4—2010.9
	群众委员	王永让	1998.7—2000.12
		康有柱	2002.4—2004.8
		董吉文	2010.9—2013.3
		卢再庆	2013.3—2018.7
	纪检委员	王淑蔚	1998.7—2002.4
		姚培祥	2002.4—2008.9
		李宏林	2009.5—2012.5
		王燕飞	2013.3—2014.12
		冯招明	2014.12—2018.7
	保密委员	杨拴玉	2010.9—2013.3
		李文宝	2013.3—2014.12
		吕爱英	2014.12—2018.7
中共阳泉市郊区地税局第一支部委员会（1994.6—2006.11）中共阳泉市郊区地税局机关第一支部委员会（2006.11—2013.4）	书记	闫　林	1994.6—2009.6
		李宏林	2009.6—2012.5
	组织委员	高存娥	1994.6—2011.7

续表 3-5

组织名称	职　务	姓　名	任　职　时　间
中共阳泉市郊区地税局第一支部委员会（1994.6—2006.11） 中共阳泉市郊区地税局机关第一支部委员会（2006.11—2013.4）	宣传委员	高存娥	1994.6—2002.3
		姚培祥	2002.3—2008.9
		赵志芳	2009.6—2013.4
	纪检委员	董吉文	1998.7—2002.3
	群团委员	董吉文	1998.7—2002.3
中共阳泉市郊区地税局第二支部委员会（1994.6—2006.11） 中共阳泉市郊区地税局机关第二支部委员会（2006.11—2013.4）	书　　记	王长命	1994.6—1995.12
		王淑蔚	1995.12—2002.4
		董吉文	2002.4—2013.4
	纪检委员	王守庆	1994.7—1995.12
		王长命	1995.12—2002.1
	群团委员	王守庆	1994.7—1995.12
		王长命	1995.12—2002.1
	组织委员	梁志林	2002.4—2013.4
	宣传委员	杨拴玉	2002.4—2008.6
		吕爱英	2008.6—2013.4
中共阳泉市郊区地税局机关支部委员会（2013.4—2018.7）	书　　记	姚江涛	2013.4—2014.10
		赵　睿	2014.10—2016.9
		杨慧田	2016. 09—2017.3
		卢再庆	2017.3—2018.7
	组织委员	赵志芳	2013.4—2018.7
	宣传委员	李文宝	2013.4—2018.7
	纪检委员	李雪香	2013.4—2016.9
		郭瑞萍	2016.9—2018.7
	群团委员	石俊华	2013.4—2018.7
中共阳泉市郊区地税局第三支部委员会（2002.4—2008.6） 中共阳泉市郊区地税局稽查局支部委员会（2008.6—2011.7）	书　　记	康有柱	2002.4—2002.8
		李常宏	2002.8—2005.2
		郭晓峰	2005.2—2011.11
	组织委员	冯彩云	2002.4—2004.6
		张　钧	2004.6—2009.6
		姜志强	2009.6—2011.11
	宣传委员	王永让	2002.4—2005.2
		李常宏	2005.2—2011.7

续表 3-5

组织名称	职务	姓名	任职时间
中共阳泉市郊区地税局第四支部委员会（2004.6—2008.6）中共阳泉市郊区地税局直属一分局支部委员会（2008.6—2017.12）	书记	冯彩云	2004.6—2004.8
		石俊智	2004.8—2005.2
		王永让	2005.2—2013.4
		康富兴	2013.4—2014.12
		田　静	2014.12—2017.12
	组织委员	薛建平	2004.6—2008.6
		石俊智	2008.6—2013.4
		郭敏建	2013.4—2014.12
		姚冬兰	2014.12—2017.12
	宣传委员	姜志强	2004.6—2005.2
		石俊智	2005.2—2008.6
	纪检委员	李俊花	2016.3—2017.12
中共阳泉市郊区地税局直属二分局支部委员会（2016.3—2018.7）	书记	石俊智	2016.3—2018.7
	组织委员	程海斌	2016.3—2017.3
		王永让	2017.3—2017.12
	纪检委员	姜志强	2016.3—2018.7
中共阳泉市郊区地税局第一税务所支部委员会（2008.6—2018.7）	书记	姜志强	2008.6—2009.6
		张　钧	2009.6—2014.12
		康富兴	2014.12—2018.7
	组织委员	翟延明	2008.6—2009.6
		郑方炜	2009.6—2011.1
		史万才	2014.12—2016.10
		段栋章	2017.3—2018.7
	纪检委员	王　波	2016.3—2018.7
中共阳泉市郊区地税局河底税务所支部委员会（2008.6—2018.7）	书记	冯招明	2008.6—2009.6
		薛建平	2009.6—2011.11
		王　兵	2011.11—2013.5
		张　钧	2014.12—2018.7
	组织委员	窦文才	2008.6—2009.6
		王　兵	2009.6—2011.11
		杨宝川	2016.3—2017.3
		史万才	2017.3—2018.7
	纪检委员	薛建平	2016.3—2018.7

续表 3-5

组织名称	职务	姓名	任职时间
中共阳泉市郊区地税局平坦税务所支部委员会（2008.6—2018.7）	书记	杨拴玉	2008.6—2013.4
		石俊智	2013.4—2016.11
		赵志成	2016.11—2018.7
	组织委员	薛建平	2008.6—2009.6
		姚冬兰	2009.6—2011.11
		赵彩红	2014.12—2016.3
		李石英	2016.3—2018.7
	纪检委员	窦文才	2016.3—2018.7
中共阳泉市郊区地税局李家庄税务所支部委员会（2008.6—2018.7）	书记	李建明	2008.6—2010.9
		康富兴	2010.9—2013.4
		翟延明	2013.4—2014.10
		程海斌	2014.12—2016.3
		李建明	2016.3—2017.3
		王晓杰	2017.3—2018.7
	组织委员	郑方炜	2008.6—2009.6
		宋桂芳	2009.6—2013.4
		阎晓春	2014.12—2016.3
		王晓杰	2016.3—2017.3
		宋桂芳	2017.3—2018.7
	纪检委员	张春花	2016.3—2018.7
中共阳泉市郊区地税局义井税务所支部委员会（2009.6—2018.7）	书记	李石英	2009.6—2013.4
		冯招明	2013.4—2014.10
		翟延明	2016.3—2018.7
	组织委员	冯招明	2009.6—2013.4
		王啸捷	2016.3—2018.7
	纪检委员	赵彩红	2016.3—2018.7
中共阳泉市郊区地税局杨家庄税务所支部委员会（2011.11—2018.7）	书记	李建明	2011.11—2016.3
		郑方炜	2016.3—2016.9
		郭晓峰	2017.3—2018.7
	组织委员	郑方炜	2014.12—2016.3
		程海斌	2016.3—2016.10
		程常青	2017.3—2018.7
	纪检委员	王晓玲	2016.3—2016.10
		乔先娥	2017.3—2018.7

续表 3-5

组织名称	职务	姓名	任职时间
中共阳泉市郊区地税局旧街税务所支部委员会（2011.11—2016.3）	书记	程常青	2011.11—2016.3
中共阳泉市郊区国税地税联合支部委员会（2017.12—2018.7）	书记	田静	2017.12—2018.7
	副书记	赵勇	2017.12—2018.7
	组织委员	姚东兰	2017.12—2018.7
	纪检委员	李俊花	2017.12—2018.7

1994—2018 年阳泉市城区地税局中共基层组织领导人员名表

表 3-6

组织名称	职务	姓名	任职时间
中共阳泉市城区地税局支部委员会（1994.5—2015.7）	书记	杨恕	1994.5—1998.4
		张千颂	1998.4—2002.1
		程志明	2002.1—2010.9
		许彦平	2010.9—2012.7
		翟冠华	2012.7—2015.7
	副书记	许彦平	2002.1—2010.9
		聂富祥	2010.9—2011.10
		王爱莲	2012.7—2013.5
		杨慧田	2013.5—2015.7
	支部委员	张春光	1994.5—1998.4
		聂富祥	1994.8—1995.12
		赵波	1994.8—1998.4
		许彦平	1995.6—1998.4
		孙爱文	1996.10—1998.4
	组织委员	许彦平	1998.4—2002.1
		孙爱文	2002.1—2010.9
		郭俊才	2010.9—2013.12
		牛丽川	2013.12—2015.7
	宣传委员	赵波	1998.4—2002.1
		李国庆	2010.9—2013.5
		史家亮	2013.5—2015.7
	青年委员	孙爱文	1998.4—2002.1
		田静	2010.9—2012.7
	文体委员	曹涛	1999.10—2002.1

续表 3-6

组织名称	职　务	姓　名	任　职　时　间
中共阳泉市城区地税局支部委员会（1994.5—2015.7）	纪检委员	王爱莲	2003.5—2012.7
		杨慧田	2012.7—2013.5
		张　青	2013.5—2015.7
	保卫委员	孙玉来	2010.9—2012.7
中共阳泉市城区地税局总支部委员会（2015.7—2018.7）	书　　记	翟冠华	2015.7—2016.10
		付文勇	2016.10—2018.7
	副书记	杨慧田	2015.7—2016.10
		贾完根	2016.10—2018.7
	组织委员	史家亮	2015.7—2016.10
		史家亮	2016.10—2018.7
	纪检委员	张　青	2015.7—2018.7
	宣传委员	牛丽川	2015.7—2018.2
		王　兵	2018.2—2018.7
中共阳泉市城区地税局第一支部委员会（2015.7—2018.7）	书　　记	张　莉	2015.7—2018.7
	组织委员	周效林	2016.10—2018.7
	宣传委员	杨　静	2016.10—2018.3
		白　雪	2018.3—2018.7
中共阳泉市城区地税局第二支部委员会（2015.7—2018.7）	书　　记	张宏钧	2015.7—2016.10
		陆　伟	2016.10—2018.7
	组织委员	张　瑜	2016.10—2017.7
		郑方炜	2017.7—2018.7
	宣传委员	徐子健	2016.10—2018.2
		姚玮玮	2018.2—2018.7
中共阳泉市城区地税局第三支部委员会（2015.7—2018.7）	书　　记	梁红晓	2015.7—2016.10
		张宏钧	2016.10—2018.7
	组织委员	孙玉来	2016.10—2018.7
	宣传委员	王　毅	2016.10—2018.7
中共阳泉市城区地税局联合支部委员会（2018.1—2018.7）	书　　记	高丽萍	2018.1—2018.7
	组织委员	张帅辉	2018.1—2018.7
	宣传委员	杨　静	2018.1—2018.7

1994—2018年阳泉市矿区地税局中共基层组织领导人员名表

表 3-7

组织名称	职 务	姓 名	任 职 时 间
中共阳泉市矿区地税局支部委员会（2000.1—2006.3）	书 记	李建全	2000.1—2002.1
	组织委员	曹 涛	2002.1—2006.3
	宣传委员	秦 峰	2002.1—2004.8
		张慧光	2004.8—2006.3
中共阳泉市矿区地税局总支部委员会（2006.3—2018.7）	书 记	张 涌	2006.3—2008.3
		仇慧琴	2008.3—2010.8
		李惠平	2010.8—2012.7
		曹 涛	2012.7—2014.10
		贾完根	2014.10—2016.9
		赵 睿	2016.9—2018.7
	副书记	仇慧琴	2006.3—2008.3
		曹 涛	2010.8—2012.7
		贾完根	2012.7—2014.10
		王晓艳	2012.7—2014.10
		刘文生	2014.10—2018.3
		赵 洁	2018.3—2018.7
	组织委员	曹 涛	2006.3—2010.8
		张慧光	2010.8—2012.7
		刘文生	2012.7—2014.10
		赵 洁	2014.10—2018.3
	宣传委员	张慧光	2006.3—2010.8
		贾完根	2010.8—2012.7
		杨志光	2012.7—2014.10
		赵志成	2014.10—2016.9
		梁红晓	2016.9—2018.3
	保密委员	武海珍	2014.10—2018.7
	纪检委员	张俊英	2014.10—2018.7
	青年委员	王永辉	2014.10—2018.7
中共阳泉市矿区地税局机关支部委员会（2006.3—2018.7）	书 记	彭 英	2006.3—2011.12
		张俊英	2011.12—2014.10
		赵 洁	2014.10—2018.7
	纪检委员	张俊英	2014.10—2017.4
		阎英伟	2017.4—2018.7
	组织委员	翟转转	2017.4—2018.7

续表 3-7

组织名称	职务	姓名	任职时间
中共阳泉市矿区地税局老干部支部委员会（2017.11—2018.7）	书记	刘润林	2017.11—2018.7
中共阳泉市矿区地税局直属一分局支部委员会（2006.3—2018.2）	书记	翟文斌	2006.3—2008.10
		彭英	2008.10—2014.10
		武海珍	2014.10—2018.2
中共阳泉市矿区国地税办税服务厅联合支部委员会（2018.2—2018.7）	书记	武海珍	2018.2—2018.7
	副书记	张瑞军	2018.2—2018.7
	组织委员	王鹏威	2018.2—2018.7
	纪检委员	杜佳音	2018.2—2018.7
中共阳泉市矿区地税局直属二分局支部委员会（2010.8—2018.7）	书记	杨有体	2010.8—2016.9
		李燕卫	2016.9—2018.7
中共阳泉市矿区地税局稽查局支部委员会（2006.3—2011.7）	书记	孙旺	2006.3—2011.7
中共阳泉市矿区地税局第一税务所支部委员会（2006.3—2018.7）	书记	荆文亮	2006.3—2013.7
		王永辉	2013.7—2017.4
		郝宪东	2017.4—2018.7
中共阳泉市矿区地税局第二税务所支部委员会（2006.3—2018.7）	书记	刘润林	2006.3—2013.7
		荆文亮	2013.7—2018.7
中共阳泉市矿区地税局第三税务所支部委员会（2006.3—2018.7）	书记	李燕卫	2006.3—2008.10
		王计平	2008.10—2011.1
		王永辉	2011.1—2011.10
		梁福东	2011.10—2014.10
		王勇	2014.10—2015.4
		郝宪东	2015.4—2017.4
		王永辉	2017.4—2018.7
中共阳泉市矿区地税局第四税务所支部委员会（2006.3—2018.7）	书记	王计平	2006.3—2011.10
		侯建旭	2011.10—2014.10
		赵志成	2014.10—2016.9
		杨有体	2016.9—2018.7

续表 3-7

组织名称	职 务	姓 名	任 职 时 间
中共阳泉市矿区地税局第五税务所支部委员会（2006.3—2018.7）	书 记	边进龙	2006.3—2011.10
		王计平	2011.10—2012.6
		边进龙	2012.6—2013.7
		王计平	2013.7—2014.10
		李燕卫	2014.10—2016.9
		梁红晓	2016.9—2017.4
		徐子健	2017.12—2018.7

（三）党建工作

市地税局始终坚持“围绕中心抓党建，抓好党建促税收”的工作思路，根据“党组抓党建”的要求，严肃党内政治生活，全面落实从严治党主体责任；建立了条块结合、机构健全的“纵合横通强党建”工作体系，推进全面从严治党，形成系统党组和当地党委对党建工作同抓共管的党建工作模式；开展了党组书记“联述联评联考”专项述职；建立了“下抓两级、抓深一层”工作机制推进全面从严治党向基层延伸，构建了地税系统全面从严治党新格局；充分发挥党组织的战斗堡垒作用，实行基层党支部建设“3456”工作法，即完善“三个清单”（问题清单、任务清单、责任清单），“四个名册”（党员名册、入党积极分子名册、发展对象名册、流动党员名册），“五本台账”（组织生活台账、党员承诺践诺台账、联系服务群众台账、党费收缴台账、综合材料台账），“六项制度”（民主生活会制度、领导干部双重组织生活会制度、谈心谈话制度、民主评议党员制度、党员领导干部讲党课制度、党支部主题党日制度），并逐项层层落实，推进支部规范化建设。

2003 年 12 月 11 日，山西省地税系统党建工作研讨暨平定现场会在阳泉召开。会议对阳泉市地税系统党建工作予以充分肯定，对平定县地税局依托计算机网络创新党建工作经验进行了总结推广。省地税局局长宋德晋、纪检组长徐景志，省直机关工委副书记陈跃钢，阳泉市委副书记李天太出席会议并讲话。

2003 年、2004 年、2005 年，开展了以“一个支部一个堡垒，一个小组一片阵地，一个党员一面旗帜”为主题的党员先进性教育活动和争先创优活动，发挥党支部的战斗堡垒和党员的先锋模范作用。2004 年、2005 年，开展了创建“五好党支部”和“无违纪党支部”活动。

2008 年，制定了标准化党支部建设实施办法，以标准化党支部建设进一步推动全市地税系统党建工作的深入开展。2010 年，深入开展创先争优暨建设学习型党组织活动。7 月 26 日，召开了动员大会，制定了实施方案，开展了“支部书记讲党课”“共产党员承诺”“争当优秀共产党员”、创建“五好党支部”等活动，制定下发了《阳泉市地方税务局关于建立创先争优活动联系点的通知》和《阳泉市地方税务局党组关于在全市地税系统进一步引深创先争优活动暨作风建设的意见》。

2013 年，组织开展星级党组织建设活动，市地税局机关党委被阳泉市委组织部命名为五星级机关党委，所属各支部均被命名为四星级党支部。2015 年，市地税局选派陈海峰到市地税局包点扶贫村担任“第一书记”，推进精准扶贫工作。

2017 年，推行党建联系工作制度，市地税局党组成员分别确定 1 个县（区）地税局、1 个税务所为党建联系点，各县（区）地税局党组成员也确定了党建联系点。

“三基建设”工作：2016 年以来，深入开展了以加强“基层组织”“基础工作”“基本能力”为主要内容的“三基建设”工作，成立了市地税局“三基建设”领导小组及办公室，每年制定“三基建设”工作任务清单，实行“月报告、季督导”制度。2017 年，党组书记、局长陈友福的《“三基建设”主战场在基层》在省地税局“三基建设”强队伍论坛作了交流发言。

二、思想建设

市地税局把思想建设作为凝聚党员共识、增强党性修养、树立远大理想的重要举措，根据不同时间节点、不同任务要求，分层抓好各级党组、党组中心组、党支部、党小组学习，开展形式多样的学习教育活动，为各项工作开展提供坚定的思想保证。

1994 年，针对机构分设后干部队伍思想情绪有所波动的现象，积极开展思想政治工作，组织广大税干学习了中共十三届三中、四中全会精神、《邓小平文选》三卷、《爱国主义教育发展纲要》等文献，开展爱国主义教育，把爱国主义教育具体到“爱地税、爱岗位、做奉献”上，开展了“比学习、看效果；比思想、看贡献；比工作，看成绩；比作风、看行动”的“四比四看”活动。

1995 年，组织全体税务干部学习《中国共产党章程》和邓小平建设有中国特色社会主义理论，市地税局领导亲自登台讲党课，引导大家抓住重点，抓住精髓，提高学习的效果；开展了抗战胜利 50 周年纪念活动，组织新党员到百团大战纪念碑举行宣誓仪式。

1996 年，开展了“全省要赶超，阳泉怎么办”大讨论和机关思想作风纪律整顿，分学习讨论、揭摆查议、整章建制 3 个阶段开展了机关思想、作风、纪律整顿，重点是整“三风”（政风、廉风、作风），揭摆出了 7 个方面的 13 个具体问题，建立健全了3项制度，即机关考勤制度和请销假制度、干部违法违纪领导追究制度、机关干部下基层登记制度，开展了“五讲五比”活动，即讲政治比执行政策好，讲宗旨比思想觉悟高，讲廉政比税风税纪好，讲学习比两个素质高，讲实干比任务完成好。

2000年，制定下发了《阳泉市地方税务局关于加强思想政治工作的实施意见》，逐级成立了思想政治工作领导组，进一步明确思想政治工作的职责、范围、对象和考核标准。3—4月，集中时间在市地税局领导班子和全系统副处级以上领导干部中开展了“三讲”教育，以“三个代表”重要思想为指针，严格按照“三讲”教育程序，圆满完成了“三讲”教育各个阶段的工作，使市地税局领导班子和副处级以上领导干部找准和抓住了在党性党风方面存在的问题，达到了“思想上有明显提高、政治上有明显进步、作风上有明显转变、纪律上有明显增强”的目的。同时，在各县（区）地税局领导班子中开展了“三讲”正面教育。

2002年，学习了江泽民“七一”讲话、中共十六大报告和新党章、《公民道德建设实施纲要》等，市地税局党组聘请市委党校教授作了“三个代表”重要思想专题讲座。

2004年，学习了中共十六届三中、四中全会会议精神，重点学习《中共中央关于加强党的执政能力建设的决定》。

2005年，开展保持共产党员先进性教育活动并纪念中国共产党建党84周年。开展了理想、信念教育，组织观看了牛玉儒、郑培民、汪洋湖、任长霞等共产党员的先进事迹专题片。参加了全省纪念抗日战争胜利60周年“太行吕梁颂”合唱大赛，进行爱国主义教育。

2012年，开展保持党的纯洁性学习教育活动，组织市直机关党员干部在狮脑山百团大战纪念馆重温入党誓词、进行廉政宣誓、接受革命传统教育，并聘请市直工委书记张晋蜀为市地税局和直属分局全体党员作保持党的纯洁性学习教育专题报告。12月，市地税局举办了以“建设五个地税、服务转型跨越”为主题的学习中共十八大文艺会演活动，有舞蹈、歌曲、快板、诗朗诵共16个文艺节目。矿区地税局、郊区地税局、平定县地税局获得了文艺表演一等奖，市地税局机关、城区地税局、盂县地税局、市地税稽查局、市地税直属二分局获得了二等奖，开发区地税分局、市地税直属一分局、市地税直属三分局、市地税直属四分局、市地税直属五分局获得了三等奖。市领导王旭明等、市地税局领导班子以及机关全体干部职工共90余人观看了晚会。

2014年，深入开展学习讨论落实活动，采取宣讲动员、专家授课、集中培训、座谈研讨、观看反腐倡廉专题片等方式，邀请太原市委党校教授做了题为《反腐倡廉从严治党》的专题讲座。2015年5月，开展了“三严三实”专题教育，专题教育中党组中心组集体学习12次、专家辅导4次，组织开展了以“严以修身”“严以律己”“严以用权”3次专题研讨，撰写对照检查材料30余篇。

2016年2月3日，市地税局在阳泉市委举办的《准则》和《条例》知识竞赛初赛中取得团体第一名、个人第一名的优异成绩。市地税系统组织开展“学党章党规、学系列讲话，做合格党员”学习教育，组织开展“四讲四有”专题研讨，班子成员先后两次带队深入基层调研，分析研究党建、思想政治工作、基层建设、组织收入、征收管理、纳税服务、队伍建设等方面的问题20多个。

2017年，阳泉市地税系统组织开展“两学一做”常态化制度化、维护核心见诸行动主题教育。2018年，面对国地税机构合并，狠抓思想政治工作，加强纪律教育，做到“确保税务队伍稳定、确保收入平稳增长、确保征纳关系和谐、确保干部遵规守纪”。

每年“七一”、党的重要纪念日，各级党组织都开展一系列纪念活动，并对优秀共产党员进行表彰。

2001年，开展了纪念中国共产党成立80周年系列主题活动，与市直机关工委和阳泉日报社联合举办“地税杯”纪念建党80周年征文活动，共向《阳泉日报》投递诗歌、散文、评论等征文60余篇；举办了全市地税系统纪念建党80周年书画展，并选送34件作品参加全省地税系统书画展；参加了市直机关工委组织的党史知识竞赛、歌咏比赛和书画比赛。

2003年，市地税局党总支和工会、共青团、妇委会联合举办了“我身边的共产党员”主题演讲会，9名税务干部进行了演讲。8月，在阳泉市直机关工委举办的“三个代表”重要思想知识竞赛中，市地税局代表队在全市70多支代表队中获第一名。

2005年，深入开展了共产党员明示服务活动，全体党员佩带共产党员胸章，醒目明示共产党员身份，放置“共产党员岗”标示牌。

2006年8月11日，举办了阳泉市地税系统纪念中国共产党建党85周年和红军长征胜利70周年歌曲演唱会，阳泉市地税系统11个单位参加了演唱，平定县地税局获得第一名，矿区地税局获得第二名，郊区地税局获得第三名。在市直机关工委组织的“学党章，促和谐，知荣辱，葆先进”电视知识竞赛中，市地税局获得第一名。

2007年，开展纪念中国人民全面抗日战争爆发70周年，组织广大干部职工参观了日本侵晋纪实图片展。2009年，以迎接新中国成立60周年为主题，积极开展爱国主义教育，组织了各种形式的文体活动。

2011年，开展创先争优“十个一”活动，内容包括召开组织生活会、党组织书记讲党课、党员重温入党誓词、专题学习讨论会、为群众办一件实事好事、民主评议党员、慰问老党员、开展社会公益活动、帮扶困难群众、选树优秀共产党员标兵等10项活动。10月，市地税局为民服务创先争优工作经验在山西省地税系统为民服务创先争优视频动员会上做了大会交流发言。开展了“山城先锋展风采”主题实践活动，主要内容为党员公开承诺、挂牌上岗、岗位竞赛和志愿者服务等。围绕纪念建党 90 周年，开展了纪念建党 90 周年知识竞赛、“迎七一・颂先锋”机关党的建设形象展示、“唱红色歌曲、读经典诗文、讲革命故事、传励志箴言”为主要内容的“唱读讲传”活动。

2012 年，开展创先争优活动，在全局党员中开展“争当优秀共产党员”“把身份亮出来，把责任担起来，把形象树起来”等主题实践活动，设立了党员示范岗，发放了党员服务联系卡，组织党员到企业送政策送服务、走访慰问等，在阳泉市开展了创先争优服务品牌创建和推荐活动，营造出一片“凝心聚力干事业，风清气正促发展”的和谐氛围，市地税系统共化解矛盾纠纷 17 件，调处信访积案 4 起，收集并解决群众反映强烈的突出问题 21 个，帮扶结对 224 个，落实帮扶资金 29 万余元，共为群众办实事好事 71 件，组织党员开展志愿服务 314 人次，建立创先争优长效机制 24 个。在全省地税系统创先争优总结表彰会暨合唱艺术节音乐会上，1 个先进集体、2 名先进个人受到了表彰。在“合唱艺术节”比赛中，市地税局参赛的作品获得了最佳演出奖、优秀组织奖、合唱作品一等奖三个奖项。

2014 年，开展建局 20 年党建工作巡礼活动，共征集到书画作品 153 件，摄影作品 212 件，制作了阳泉地税党建工作成果展板，反映了 20 年来阳泉地税党建工作的亮点和成果。

2015—2017 年，开展了深化“在职党员进社区”活动，全系统党员深入社区，开展服务承诺，认领服务岗位，报到率达到 100%，组织学雷锋志愿服务队为社区修整了院子和宣传栏，为新华西街社区捐助了 2 台电脑和打印纸等办公用品，市地税局党委被城区北大街办事处评为“在职党员进社区活动先进单位”。

2017 年，积极开展“党员先锋行”“共产党员加油干”等系列活动，在全系统掀起了学先进、赶先进、做先进的热潮。

三、作风建设

1994 年，市地税局聘请有关单位的 60 名纪检干部为义务监督员，并为其颁发证书。深入基层一线调查研究，了解基层工作情况，帮助基层解决问题，和一线税务干部战斗在一起，扑下身子抓收入。盂县地税局、郊区地税局聘请各乡镇纪检书记为义务监督员，并为其颁发证书。市地税直属二分局建立税务干部下企业用餐申报制度。

1995 年，市地税局开展狠刹“吃喝玩乐”风，推行专管员下企业用餐申报制度和红黄牌制度，从人大、政协、纪检、检察院等部门聘请 158 名党风廉政义务监督员，在税务所配备35名内部廉政监督员，定期召开座谈会，听取社会各界意见。开展机关作风整顿，干部职工的思想观念和作风纪律得到转变。组织干部职工学习《中国共产党章程》，市地税局领导登台讲党课，开展爱国主义教育，组织新党员到百团大战纪念碑举行宣誓仪式。郊区地税局邀请区人大、各乡镇人大主席召开廉政座谈会。

1996年，市地税局开展“讲政治比执行政策好，讲宗旨比思想觉悟高，讲廉政比税风税纪好，讲学习比两个素质高，讲实干比任务完成好”的“五讲五比”活动。开展“全省要赶超，阳泉怎么办”大讨论，明确了九大奋斗目标和六项重点工作。组织干部职工学习江泽民“领导干部一定要讲政治”讲话精神，建立学习制度，确定每月有两周的星期五下午为中心组(副科长以上干部)学习日，其余两周的星期五下午为机关全体学习日。领导干部深入基层，为群众解决实际困难和问题，转变工作作风，改进服务态度，提高服务质量，密切征纳关系，树立地税部门良好形象。平定县地税局理清工作思路，开展“规范化管理，标准化服务”活动，实行着装上岗、挂牌服务，文明征税，礼貌待人。

1997年，实行文明办税承诺制度，规定全市地税系统所辖纳税人在办税过程中所享受11项权利与税务机关及其工作人员在执法过程中应尽的11项义务，要求广大纳税人进行监督。在《阳泉日报》刊登行风评议表，请社会各界对地税部门的行风进行评议，得到社会各界的积极响应。郊区局建立廉政制度服务台、监督台，设立监督电话，将各项制度、规定上墙公示，接受群众监督。坚持每周两次的政治学习，制定下发学习中共十五大精神学习制度和学习计划，领导班子成员深入基层现场办公，发现问题及时研究解决。

1998年，在市人大、市政协、市纪检委、市监委、市财委、市工商局、市公检法部门、市新闻单位和企业聘请136名特邀监察员，定期召开座谈会，听取廉政意见和建议。开展“两学”“二讲”活动，组织党员干部进行“学理论、学党章”考试。分别于2月、4月、8月连续三次开展机关作风纪律整顿、反对官僚主义和行风评议活动，查找问题，深挖根源。10月，组织对各基层局领导班子成员进行全面考察和民意测评，增强凝聚力和战斗力。盂县地税局在《阳泉日报》上刊登致纳税人的公开信和行风评议表。

1999年，开展行风评议活动，对行风建设实行“一票否决制”，树立地税部门良好社会形象，市地税局被市纠风办评为阳泉市行风建设先进单位。各县（区）地税局也都在本区域行风建设中名列前茅。完善学习制度和干部培训制度，出台学习奖惩办法，按季组织考试，按考试成绩进行奖励和处罚，使干部职工由“要我学”变为“我要学”，提升干部队伍整体素质。

2000年，开展行风建设及评议活动，在全市设立66个举报箱和19部举报电话，公开受理纳税人的投诉和监督举报，聘请256名人大代表、政协委员和无党派民主人士作为特邀监督员，定期征询意见和建议，发现问题及时纠正。建立和完善思想政治工作机制，制定下发《阳泉市地方税务局关于加强思想政治工作的实施意见》，逐级成立思想政治工作领导组，明确思想政治工作的职责、范围、对象和考核标准，把思想政治工作贯穿到税收工作的各个环节。在市地税局领导班子和全系统副处级以上领导干部中开展了“三讲”教育，提高政治敏锐性和政治鉴别力，增强大局意识、改革意识、创新意识。制定下发《阳泉市地方税务局关于进一步改进领导工作作风的意见》，加强对各级领导班子的监督考核。

2001年，完善特邀监察员制度，吸收县（区）乡镇人大代表、机关企事业单位纪检书记、个体户、民主人士50人为特邀监察员，特邀监察员每半年向地税部门反馈一次文明执法调查评议表，发现问题，及时解决。开展“三个代表”重要思想学习教育活动，制定下发《关于在全市县区地税部门开展“三个代表”重要思想学习教育活动的通知》。3月，开展了为期3周的机关作风整顿，查找问题原因，制定整改措施。开展作风建设调研，广泛听取社会各界对地税部门的意见和建议。制定下发了《阳泉市地方税务局关于进一步加强机关工作的意见》，促进机关作风进一步好转。市地税直属三分局开展了行风社会调查活动。

2002年，开展纠风工作回头看。对11个基层窗口单位进行明察暗访，通报问题，加强整改。召开特邀监察员会议9次，收到意见、建议36条，发挥外部监督的职能作用。制定下发《机关政治业务学习计划》，对全年政治业务学习做了详细安排，组织干部职工学习江泽民“七一”讲话、“5·31”讲话和《公民道德建设实施纲要》，邀请市委党校教授作“三个代表”重要思想专题讲座。

2003年，开展行风“评优评差”活动，将“双评”工作列入工作目标责任制进行单项考核，实行年终“一票否决制”，完善首问责任制、办税公开承诺制、局长接待日等制度，向纳税人和社会各界提供“优质服务联系卡”、在办税窗口设立行风评议箱和监督举报电话，为纳税人提供优质服务。开展纪律作风整顿，针对干部职工在学习、思想、工作、作风、纪律等方面存在的问题，分析产生的根源，提出具体的整改措施和意见。平定县地税局在县局域网开辟电话语音绿色服务通道，为纳税人提供电话语音服务项目。盂县地税局利用手机短信提醒纳税人申报纳税。郊区地税局实行“一站式”税收服务模式。城区局建立外出工作人员“税勤档案”。矿区地税局开展“一个党员一面旗帜、一个团员一个榜样”的活动。市地税直属二分局开展“满意、不满意税干评议”活动。

2004年，开展“双评”活动，实行市地税局、县（区）地税局和市直分局、税务所三级联动，齐抓共管，加强领导。全系统设立行风评议箱56个，制作“双评”活动宣传版面 22 块，参加行评部门组织的“双评”活动现场会和《行风热线》现场直播 7 次，通过新闻媒体对地税部门“双评”工作进行报道 176 次，走访纳税户 672 人（次），召开纳税人座谈会 97 次、2407 人参加，聘请行风监督员 216 名，召开座谈会 22 次。在城区地税局召开的阳泉市“双评”活动现场推进会上，市地税局《实施三级联动，构建五个体系，进一步引深行风“双评”活动》经验材料，在大会上进行发言交流。组织学习了中共十六届三中、四中全会会议精神，开展了学习和贯彻实施宪法活动。开展了以“做人民公仆，树文明形象”为主题的纪律作风整顿，促进了干部职工思想作风的改善。盂县地税局制定下发了《引深“双评”活动解决重点问题整改实施细则》和《引深“双评”活动解决重点问题整改方案》。

2005 年，开展“优化发展环境、树立行业新风”政风行风评议活动，通过行风调查、纪律作风整顿、政风行风听证会等渠道，征求和听取各方意见建议，为纳税人提供优质服务。盂县地税局制定下发了《禁赌令和禁酒令实施办法》。郊区地税局召开了政风行风建设暨煤炭税收分类管理专题民主听证对话会。

2006 年，在《阳泉日报》刊登依法治税、税法宣传、政务公开、队伍建设、转变作风、强化监督 6 方面内容向社会公开承诺，组织召开税企座谈会、政风行风民主评议听证对话会，接受社会各界和纳税人的监督。开展旨在改进工作作风，提高为纳税人服务质量的作风纪律整顿，成立领导组，制定下发《全市地税系统作风纪律整顿工作方案》，明确每一阶段、每个环节和每一天的整顿内容、进度要求和达到的质量效果。郊区地税局参加郊区行评办组织的《政风行风热线》《政风行风面对面》和《政风行风监督》栏目。城区地税局开展项目公开“零保留”、办税过程“零差错”、事项告知“零延迟”、受理办税“零障碍”、服务对象“零差别”的“五个零”活动，提升服务质量。

2007 年，通过“走出去、请进来”、新闻媒体宣传、发放行风问卷调查表等多种方式，征求行风监督员、社会各界和纳税人的意见和建议。参加市行评办《政风行风热线》节目，通过热线电话现场解答听众提问。召开行风监督员座谈会，举办政风行风面对面和政风行风听证对话会，邀请社会各界、新闻媒体和纳税人代表进行座谈、听证、对话，征求意见和建议。围绕“作风建设年、狠抓落实年”学习教育活动，组织学习胡锦涛关于“八个方面良好风气”的论述，学习中国共产党的三代领导集体关于作风建设的论述，提高干部职工转作风、抓落实的紧迫感和自觉性。修订完善了市地税局党组（中心组）学习制度，健全和强化了中心组政治理论学习机制。平定县地税局实行优质服务“黄绿卡投票”活动。郊区地税局经验材料《角色互换换出税企和谐新风采》在阳泉郊区报《政风行风监督》栏目刊登。

2008年，召开行风监督员座谈会、民主评议政风行风听证对话会，参加《政风行风热线》节目和“口腔杯·政风行风建设大家谈”征文活动，开展行风问题专项调查和“百岗”考核评议，行业作风得到转变。2006—2008年，市地税局连续3年被市委、市政府评为“全市民主评议政风行风工作先进单位”。开展增强“五个意识”集中教育活动，认真对照检查，努力整改提高。开展“起到三个带头，做到五个不让，建设五型机关，树立五种形象”活动，认清形势，明确责任，各级地税部门和干部职工精神状态明显改进。郊区地税局开展向纳税人和行风监督员述职活动。市地税直属三分局召开行风特邀监督员座谈会。

2009年，市地税局被市行评办确定为“全市2009年度民主评议政风行风工作免评部门一年”。开展“百岗”考核评议，加强对重要工作岗位及其工作人员进行重点考核评议，通过开展业务宣传、征求意见建议、制定下发服务措施，深入企业为纳税人办实事好事，为纳税人提供高效、快捷、优质、文明的纳税服务。开展学习实践科学发展观活动，组织“我为科学发展建言献策”和“科学发展在我身边，从我做起，七树立，七争当”为主题的解放思想大讨论。郊区地税局参加区行评办组织的《政风行风热线》节目、《政风行风监督》栏目。城区地税局开展“个人‘提’诺、组织‘审’诺、签名‘定’诺、干部‘践’诺、跟踪‘问’诺”的“五诺连环”推进服务承诺活动。

2010年，制定下发了《阳泉市地方税务局关于进一步加强基层税务所和办税服务厅政风行风建设的意见》，对基层税务所和办税服务厅提出16项要求，提高办税效率和服务质量。召开民主评议政风行风听证对话会，向纳税人和社会各界做出政风行风公开承诺，参加《政风行风热线》节目，主动接受纳税人和社会各界的监督。弘扬“右玉精神”，组织党员领导干部到右玉县参观学习。落实省委“五个不准”，严肃工作纪律、狠刹不良风气，组织开展明察暗访和监督检查，保持良好工作作风。郊区局召开“优化纳税服务、共创税企和谐”为主题的行风面对面听证对话会。

2011年，开展政风行风评议工作，向社会公开服务承诺，设立投诉信箱，公布投诉电话，召开民主评议政风行风听证对话会，参加《政风行风热线》和《政风行风面对面》节目，落实纳税人和社会各界提出的问题和意见建议，事事有回音，件件有结果。在全系统所有办税窗口设置“服务评价器”，让纳税人对窗口服务人员的服务态度、工作时限、业务熟练程度等总体服务情况进行按键式选择评价，增强窗口服务的规范性。开展解放思想大讨论活动，对各项制度进行全面梳理，新制定出台制度9个，修订完善制度20个，进行分类汇编，形成按制度办事、用制度管人的工作局面。

2012年，参加市纪委组织的“政风行风主题宣传月”集中宣传活动，组织干部职工在北山公园进行现场解答咨询。通过推行公开办税、开展明察暗访、设立“服务评价器”、建立外部监督网络、推行税务所长向纳税人、当地党委政府述职述廉活动、问卷调查、走访座谈等方式，促进行业作风不断改进。学习宣传贯彻中共十八大精神，在《阳泉地税简报》《地税党建信息》、阳泉地税网站开辟“地税干部学习宣传贯彻党的十八大精神”专栏，营造良好氛围。集中开展保持党的纯洁性学习教育活动，组织党员干部在狮脑山百团大战纪念馆重温入党誓词、进行廉政宣誓、接受革命传统教育。平定县地税局自编自演的《清风雅韵颂廉政》音乐快板，在平定县民主评议政风行风“清风惠民”专场文艺晚会中演出。

2013年，深化政风行风建设，设立投诉电子邮箱，公布投诉电话，通过网会卡表线（网络媒体、召开座谈会、听证对话会、廉政回访卡、征求意见表、政风行风热线）等方式接受社会各界监督。先后两次参加市行评办、市纠风办、市广电总台举办的《政风行风面对面》节目，现场为纳税人答疑解惑，促进政风行风好转。省纪委监察厅派驻机构第五联组对市地税局和平定县地税局、城区地税局等窗口单位及工作人员改进作风、优化服务、促进项目建设情况进行专项督查。贯彻落实中央《八项规定》，制定下发《关于改进工作作风、搞好调查研究的实施办法》《关于改进工作作风、规范新闻报道的实施办法》《关于改进工作作风、精简会议活动和文件简报的实施办法》等文件，对领导调研、精简会议、改进文风会风等做了详细规定。全年市地税局机关信息简报比2012年同期减少34%。落实《市地税局机关与基层税务所和企业定点联系工作制度》和《记录工作日志制度》，建立领导督查与职能部门督查相结合的政务督查工作机制，确保上级决策部署落实到位。

2014年，开展“向人民汇报，请人民评议”的作风建设评议活动，以单位发展环境、转变职能、作风建设、服务群众、改善民生、依法行政、反腐倡廉等情况为评议内容，参与电话调查、网络测评等工作，提升评议结果的科学性和真实性。先后两次参加市广电总台组织的《政风行风热线》节目，通过热线与广大听众沟通交流、答疑解惑。开展党的群众路线教育实践活动，围绕“为民务实清廉”主题，坚持真学、真查、真改，建立专题网站，编印专题简报，开展“五个一”活动，通过听取讲座、事迹报告、专题讨论、集中调研、警示教育等形式，营造浓厚的活动氛围。开展学习讨论落实活动，在《阳泉地税简报》开辟“学习讨论落实活动”专栏，宣传学习讨论落实活动的好做法、好经验、好典型。平定县地税局、矿区地税局从2003年起连续12年被评为该县（区）行风建设第一名。

2015年，参加了市广电总台组织的《政风行风热线》节目，在线为广大纳税人答疑解惑，以党风带政风、促行风。开展“三严三实”专题教育，发放并收回征求意见建议表85份，共征集到纳税服务、工作作风、政策落实等方面33条意见建议。召开“落实主体责任”和“三严三实”专题民主生活会，查找问题，剖析根源，提出整改的具体措施，郊区局开展纪律作风专项整治活动。

2016 年，开展“两学一做”学习教育，通过学习党章党规和习近平系列重要讲话精神，对照“四讲四有”查找认识上的不足，提高思想觉悟。党员领导干部带头参加学习和双重组织生活会，开展批评与自我批评，接受党组织和党员群众的监督，推动全系统学习教育引向深入。

2017 年，推进“两学一做”学习教育常态化制度化和维护核心见诸行动主题教育，组织干部职工学习中共十九大精神和习近平视察山西重要讲话精神，以习近平新时代中国特色社会主义思想为指导，开展学习中共十九大精神系列主题活动。加强党员教育，以各级党组中心组学习示范带动基层组织学习，以支部学习带动基层党员学习，采取个人自学、集体讨论、专题辅导、邀请专家解读、线上线下测验、印发口袋书等方式，确保学深学透习近平新时代中国特色社会主义思想精髓，在市委组织的“维护核心见诸行动主题教育知识竞赛”中获得第二名，在市直机关直属党组织“学习贯彻党的十九大精神”集中考试中获得第一名。

2018 年，组织干部职工学习贯彻中共十九大精神，以习近平新时代中国特色社会主义思想为指导，增强“四个意识”，坚定“四个自信”，严明党的政治纪律和政治规矩。贯彻落实中共中央《八项规定》精神实施细则，坚持纠正“四风”，建立健全解决“表态多调门高、行动少落实差”等新“四风”问题的长效机制。

第二节　群团工作

一、工会

2001 年 4 月，市地税局工会委员会成立时，有会员 161 人。截至 2018 年 7 月，市地税局工会有会员 195 人。

2002 年 8 月，举办阳泉市地税系统“迎十六大，创文明行业”职工文体比赛，比赛设华牌、象棋、乒乓球、羽毛球 4 个项目。市地税局代表队获得乒乓球男女团体冠军和羽毛球男子团体冠军；城区地税局获羽毛球女子团体冠军；郊区地税局李长虹获象棋冠军；市地税稽查局胡铁军获花牌冠军。2004 年 8 月，在桃河公园举行纪念建局十周年长跑比赛，全系统 154 名选手参加比赛。2008 年 5 月，举办了阳泉市地税系统迎奥运健身运动会，省地税局和市委、市政府的主要领导出席运动会开幕式，12 支代表队、1080 人次参加了长跑、篮球、拔河、乒乓球、羽毛球、跳绳、华牌和中国象棋8个项目的比赛。2013年，组织参加了市直机关广播体操比赛，获得团体三等奖。2015年，参加了市直机关工委组织的运动会和“双拥杯”乒羽比赛；开展文艺创作征集活动，共收到文学作品173篇、摄影作品68件、微视频8部。

2008年2月，市地税局机关及直属各局为南方冰冻雨雪灾区捐款7960元，市地税系统干部职工为“中国税务林”捐款25240元。5月，“5·12”汶川特大地震发生后，市地税系统干部职工共向灾区捐款51.34万元，共产党员交纳“特殊党费”12.5万元。2010年，向青海玉树地震灾区捐款，参加“博爱一日捐”活动，组织省级青年文明号捐款，共计捐款13余万元。2013年，开展社会公益活动，“六一”儿童节市地税局向盂县肖家汇小学捐助3000元，捐助北下庄乡西关头村2台电脑和价值3500元的学习用品；在“博爱一日捐”活动中，捐款7000余元。2015年，利用工会平台组织开展“博爱一日捐”、扶贫助困等活动，捐款9000多元；组织税干到定点扶贫村开展植树活动，为定点扶贫村小学捐赠价值3000多元的体育用品。2016年，积极开展干部驻村、精准扶贫和社会公益活动，全年共捐赠10万余元，建成山西省首批“六有”工会示范点。2017年6月，在市直机关首届职工运动会上，市地税局获团体奖6项，单项奖8项，并获“优秀组织奖”；在山西省地税系统第六届职工运动会上，市地税局选派71名运动员参加了全部9个项目的竞赛，同时还选派30名舞蹈队员参加了开幕式演出，取得了女子100米冠军、女子800米冠军、女子4×100米接力冠军、华牌老年组亚军、羽毛球男子团体季军、女子跳远季军、跳绳团队季军等优异成绩，以总积分73分名列全省团体总分第4名，获得“最佳组织奖”。2018年5月，由市地税局工会牵头召开了全市地税系统职工运动会，包括8个竞技项目和5个趣味运动项目，全员参与，丰富了职工文化生活。

1994—2018年阳泉市地税局工会领导人员名表

表3-8

组织名称	职务	姓名	任职时间
阳泉市地税局工会委员会（2001.4—2018.7）	主席	郗建光	2001.4—2010.2
		李巨荣	2010.2—2012.8
		赵永华	2012.8—2018.7
	副主席	赵书传	2001.4—2012.8
	组织委员	赵爱国	2001.4—2002.7
		王　刚	2002.7—2012.8
		耿建明	2012.8—2018.7

续表 3-8

组织名称	职务	姓名	任职时间
阳泉市地税局工会委员会（2001.4—2018.7）	宣传委员	聂富祥	2001.4—2002.7
		赵爱国	2002.7—2012.8
		史庆生	2012.8—2018.7
	女工委员	李淑凤	2001.4—2008.8
		邓丽娜	2008.8—2012.8
		王淑蔚	2012.8—2018.7
		周丽霞	2012.8—2018.7
	生活委员	张　涌	2001.4—2004.10
		张同祥	2004.10—2018.7
	青工委员	田世熙	2004.10—2012.8
		赵　清	2012.8—2018.7
	文体委员	李惠平	2004.10—2010.8
		翟　敏	2012.8—2018.7
	工会委员	张志新	2017.6—2018.7
		程瑞林	2018.3—2018.7
	经费审查委员会 主任	韩建军	2001.4—2002.7
		赵　波	2002.7—2012.8
		姬兆军	2001.4—2012.8
	经费审查委员会 委员	梁逢煜	2001.4—2012.8
		李建印	2012.8—2018.7
		李　涛	2012.8—2018.7

二、共青团

共青团市地税局总支部委员会成立于 1996 年 5 月，设书记 1 名，委员 3 名。同时，成立市地税局机关团支部，市直各分局、各县（区）地税局也根据各自情况成立了团支部。

1996 年 7 月至 2018 年，市地税局团组织每年都在“五四”青年节组织团员和青年开展义务植树、大扫除、扶危济困、义务献血等青年志愿系列活动。市地税局团组织广泛开展青年文明号创建工作，参加“青年文明号开放周”“争当青年岗位能手”活动。各青年文明号集体立足岗位实际，凸显地税内涵，开展了一系列纳税服务，展现了新时期团员和青年的良好风貌。

1996 年“五四”青年节，组织机关全体团员到天安门广场参加升国旗仪式。同年

7月，开展“我为领导进一言，我为地税献一策”活动，组织了卡拉 OK 比赛，选派 4 名选手参加了市总工会组织的市直机关卡拉 OK 大赛，1 人获一等奖，2 人获二等奖，1 人获三等奖，并获优秀组织奖。2018 年 3 月，市地税局共青团组织青年团员，与国税局合作组建“青年志愿者服务岗”，开展了方便纳税人学雷锋志愿活动。“五四”青年节，开展了以“奋斗青春、放飞梦想”为主题的系列活动。

2018 年 6 月，全系统创建省级青年文明号 12 个，分别是平定县地税局石门口税务所、平定县地税局锁簧税务所，盂县地税局直属一分局、盂县地税局秀水税务所、盂县地税局孙家庄税务所，郊区地税局直属一分局、郊区地税局平坦税务所，城区地税局直属二分局、城区地税局第一税务所，矿区地税局直属一分局、矿区地税局第三税务所、矿区地税局第五税务所。

1994—2018 年共青团阳泉市地税局基层组织领导人员名表

表 3-9

<table>
<tr><th>组织名称</th><th>职　务</th><th>姓　名</th><th>任　职　时　间</th></tr>
<tr><td rowspan="8">共青团阳泉市地税局
总支部委员会
（1996.7—2018.7）</td><td>书　　记</td><td>韩静涛</td><td>1996.7—2011.10</td></tr>
<tr><td rowspan="2">组织委员</td><td>葛蓉晖</td><td>1996.7—1999.6</td></tr>
<tr><td>李　畅</td><td>1999.7—2001.12</td></tr>
<tr><td rowspan="2">宣传委员</td><td>岳维祥</td><td>1996.7—1999.6</td></tr>
<tr><td>赵宏志</td><td>1999.7—2001.12</td></tr>
<tr><td rowspan="2">文体委员</td><td>牛占平</td><td>1996.7—1999.6</td></tr>
<tr><td>王玉花</td><td>1999.7—2001.12</td></tr>
<tr><td>女工委员</td><td>史华琴</td><td>1996.7—1999.6</td></tr>
<tr><td rowspan="9">共青团阳泉市地税局
机关支部委员会
（1996.7—2018.7）</td><td rowspan="3">书　　记</td><td>葛蓉晖</td><td>1996.7—1999.6</td></tr>
<tr><td>李　畅</td><td>1999.6—2001.12</td></tr>
<tr><td>翟　敏</td><td>2017.12—2018.7</td></tr>
<tr><td rowspan="3">组织委员</td><td>李　畅</td><td>1996.7—1999.6</td></tr>
<tr><td>张怀庆</td><td>1999.7—2001.12</td></tr>
<tr><td>马思宇</td><td>2017.12—2018.7</td></tr>
<tr><td rowspan="3">宣传委员</td><td>王晓艳</td><td>1996.7—1999.6</td></tr>
<tr><td>李瑞宪</td><td>1999.7—2001.12</td></tr>
<tr><td>郝静静</td><td>2017.12—2018.7</td></tr>
</table>

三、妇委会

1996 年 3 月，市地税局妇委会成立，设主任 1 名，副主任 1 名，委员 3 人。各县（区）

地税局也根据各自情况成立了妇委会。截至2018年6月，市地税局妇委会有会员58人。

市地税局妇委会立足保障妇女权益，服务妇女工作生活，成立以来，每年“三八”妇女节都组织妇女进行“送健康、送温暖”体检、开展保健知识讲座；开展跳绳、踢毽子、下跳棋、登山、妇女才艺展、趣味游戏等活动；每年“六一”儿童节慰问扶贫村儿童，向孩子们捐赠图书、文具等学习用品，参加全市“送温暖、献爱心”活动，向定点学校赠送慰问金。1996年“三八”妇女节前夕，机关全体妇女开展了“向孤儿献爱心”活动，向孤残儿童捐献衣物110余件。8月，组织与贫困山区妇女的帮扶活动，捐款240元。2017年，组织女党员、女干部赴小河石评梅故居、狮脑山百团大战纪念馆互动学习，打造教育“实境课堂”。2018年3月，市地税局妇委会开展了“五个一”（读一本好书、开展一次红色主题教育、上一节保健课、开展一次征文、看一部主题电影）活动。市直属一分局被阳泉市妇联命名为“三八红旗集体”“阳泉市巾帼文明岗”荣誉称号。

1994—2018年阳泉市地税局妇女委员会领导人员名表

表3-10

组织名称	职　务	姓　名	任　职　时　间
阳泉市地税局妇女委员会（1996.3—2018.7）	主　　任	李淑凤	1996.3—2011.3
		王淑蔚	2011.3—2017.12
		张小英	2017.12—2018.7
	副书记	郭　虹	1996.3—2017.12
		赵　清	2017.12—2018.7
	委　　员	杨秀珍	1996.3—2017.12
		武改瑞	1996.3—2017.12
		王迎萍	1996.3—2017.12
		刘　荣	2017.12—2018.7
		武　慧	2017.12—2018.7
		郭　利	2017.12—2018.7
		穆志华	2017.12—2018.7

四、税务学会

阳泉市税务学会是开展税收理论、税收政策研讨和学术交流的非营利性群众性学术团体，业务主管部门是阳泉市地方税务局、阳泉市国家税务局。业务范围是研究和学习税收政策、法规，总结税收工作经验，深入调查研究，积极宣传税收政策、法规，开展有关税收的社会服务，有关部门交办的其他事项。

2016年6月5日，根据山西省税务学会和山西省地税局人事处《关于落实市级学会换届的函》和《关于尽快开展各市税务学会换届成立的函》，阳泉市地税局、国税局联合成立阳泉市税务学会筹备组，筹备成立市税务学会。8月4日，阳泉市税务学会召开第一届会员代表大会，共有97名理事出席大会。理事名额原则上每个市县地税局、国税局各2名，市地税局、市国税局直属征收单位各2名，市地税局、国税局局领导和有关科室代表各1名，市财政局、市发改委、市统计局代表若干名。会议由市地税局党组成员、总经济师秦峰主持。会议通过了《阳泉市税务学会章程（草案）》《阳泉市税务学会财务管理制度》《阳泉市税务学会会费收取办法》《阳泉市税务学会选举办法》，阳泉市税务学会拟任理事名单、阳泉市税务学会理事会拟任常务理事名单、阳泉市税务学会理事会拟任会长、副会长、秘书长、副秘书长名单。经选举，张春光（市地税局原副调研员）任会长，李兴文（市国税局党组副书记、副局长）、田世熙（市地税局办公室主任）、张琪（市地税局咨询所副所长）任副会长，田世熙任秘书长，王国英（市国税局办公室主任）任副秘书长，张琪为阳泉市税务学会法人。聘请张春光、李兴文、张琪、田世熙、王国英、夏继文（市国税局法规科科长）、赵士峰（市国税局收入核算科科长）、李国庆（市地税局规费科科长）、李建印（市地税局征管科科长）、梁全林（市财政局国库主任）、李育刚（市发改委财贸科科长）、魏海文（市统计局副局长）、赵清（市地税局老干科科长）13人为常务理事会理事。会上，张春光代表阳泉市税务学会作了《认真履职，发挥作用，促进全市税务学会工作跨越发展》的工作报告，市地税局党组书记、局长陈友福和市国税局党组书记、局长曾随正出席大会并讲话。

学会成立后，努力开展税收学术研究，2017年7月创办了内部资料《漾泉税务》。每年根据全市经济和税收工作形势及要求，拟定税收学术研究课题，以题编组，开展税收学术调研活动，推动阳泉税务社科理论研究。

第二章　队伍建设

1994—2018 年的 24 年间，阳泉市地税部门全面推进队伍建设，坚持严字当头，确保规矩纪律的严肃性，同时突出人文关怀激励，以情感人，不断提高队伍的履职能力。阳泉市地税部门持续强化干部教育，创建学习型组织；不断深化人事制度改革，建立了一系列人事制度改革机制；狠抓反腐倡廉，营造为税清廉的工作环境；不断加强文明建设，持续引深精神文明创建活动；加强地税文化建设，积极开展和参加各类文体技能比赛，创建成山西省第一批“六有”工会示范点，市局机关党委被命名为全市“先进基层党组织”，全市地税系统呈现出和谐奋进的良好局面。

第一节　队伍管理

一、人事管理

1994 年 5 月，根据国家分税制改革的要求，阳泉市地税局开始筹建，市税务局机关和直属分局率先进行了人员分流，共计 107 人分流到市地税局。5 月 12 日，省地税局指定了市地税局机关负责人。7 月 30 日，省地税局任命了市地税局领导班子。

1995 年，根据省地税局下达的机构设置方案，通过开展民意调查，按照工作岗位要求与个人工作技能相结合的原则，在充分酝造讨论的基础上，经多次召开党组会议研究，共提拔副科级纪检监察员 5 名，市直分局、科（室）正副科级干部 29 名，平均年龄 37 岁，其中大专以上学历 19 人，党员 21 名。在 1994 年交接农税人员的基础上，通过深入两县一郊各乡镇查阅工资底册，审核人事档案，对各单位接受人员的情况进行了检查清理，共接受符合文件规定条件的农税人员 96 名。当年，全市接收大中专毕业生 15 人，军转干部 1 人。

1996 年，在干部考核方面，制定下发《阳泉市地税系统国家公务员考核实施办法》，成立考核领导小组，由市地税局统一组织对全市地税系统干部职工 1994 年度和 1995 年度的工作进行了考核。考核按照个人总结、民主测评、分管领导提出考核意见、考核小组审核、部门负责人确定考核等次、将考核结果通知本人的程序进行。制定下发《阳泉市地税局对县（区）局、分局领导班子和领导干部的考核方案》，由市地税局党组成员分别带队，人事、监审两科人员组成考核小组，首次对下属9个基层局的领导班子进行了考察，经听取述职报告、民主测评，30名领导干部中6人被评为优秀，24人被评为称职，无不称职人员。在干部选拔任用上，按照干部选拔、考察、任免程序，为城区地税局配备了1名副局长，1名稽查局长；为郊区地税局配备了2名副局长，1名稽查局长；为盂县地税局配备了1名稽查局长。同年，接收大、中专毕业生18名，其中本科生3名，专科生10名，中专生5名。接收军队转业干部2名，根据个人所学专业和税收工作实际，全部分配到税收一线工作。在人事劳资管理上，完成了继1993年10月国家机关、事业单位实行职级工资制（岗技工资制）以来首次进行的大规模调资工作，为全市地税系统478名干部职工建立了工资档案卡三级清册，人事管理工作开始走向规范化。

1997年，开展了1996年度公务员年度考核工作。在调查研究的基础上，按照国家和省地税局文件要求，制定《阳泉市地方税务局公务员过渡实施方案》，成立了领导小组，组织全系统干部参加了市人事局组织的培训和考试。全局共设4个考点，15个考场，443人参加并全部通过考试，实现了平稳过渡。同时，认真做好大、中专毕业生的接收、分配和安置工作。当年共接收大中专毕业生18名，其中本科生6名、专科生4名、中专生8名，全部分配到征收一线工作。

1998年，按照公务员考核程序，组织了1997年度公务员考核。逐步推进和完善人事制度。制定下发《阳泉市地税系统国家工作人员平时考核暂行规定》，细化考核内容、方法、考核对象及权限。考核工作分平时考核和年度考核，重新修订了机关工作人员考勤制度，对于机关人员的请销假、奖惩、出勤进行了明确规定。加强班子队伍建设，10月下旬，按照听取述职报告、进行民意测评、个别谈话、综合分析、沟通反馈、汇报与材料归档的程序，对地税组建后的各基层局领导班子及成员进行了一次全面考察。10月底，对全市118名助征员、临时工进行了考核和闭卷考试。

1999年，根据省地税局要求，开展了干部人事制度的改革。推行干部竞争上岗、岗位轮换。4月，盂县地税局按照市地税局的要求，首先进行人事制度改革试点，制定《基层税务所长竞聘上岗的试行办法》，公开竞聘基层税务所长，竞聘上岗坚持公开、平等、竞争、择优和双向选择与组织分配相结合的原则。通过报名、演讲、回答评委和群众的提问等程序。14名经过竞争产生的税务所长走上工作岗位。全局基层税务所由16个精简为14个。之后，盂县地税局出台了“亮牌诫勉制”，即第一个月完不成各项任务指标的，县地税局给该所长亮黄牌；第二个月完不成各项任务的，县地税局给该所长亮红牌；第三个月完不成的，实行挂牌代理所长制；连续4个月仍不能完成各项任务指标的，县地税局将解除该所长的聘约，自动转为专管员，由县地税局视本人业务水平及综合能力安排到适当岗位。11 月下旬，市地税局党组出台《阳泉市地方税务局关于公开竞争部分科级领导职位的实施方案》，28 个科级领导职位实行公开竞争上岗。全市地税系统共有 127 人报名参加，除 6 人未通过资格审查，4 人弃权考试外，全市共有 117 人全程参加了公开竞争。年底，完成了演讲、答辩、考试、民主测评和组织考察工作。同年，开展了对 1998 年度公务员考核工作。接收安置大中专毕业生 13 名、军转干部 2 名、调入人员 8 名，对按期转正人员和晋升科员的人员进行考试、考核，对合格人员按期转正，办理任职手续，兑现有关待遇。

2000 年，以科级领导干部竞争上岗为契机，建立干部人事竞争激励机制。1 月，对 1999 年竞争上岗的 28 人进行了任命，并实行异地交流、异地任用。同时，对全系统人事制度改革中好的经验进行了总结，制定下发《阳泉市地方税务局人事制度改革实施方案》，对竞争上岗、岗位交流轮换、干部下基层锻炼、等级制、待岗制等环节的操作程序做了明确规定。各基层局也普遍推行了股所长竞争上岗，一些基层局推行了一般干部竞聘上岗。市地税局第二分局在竞争上岗中还推行了将点兵、兵选将的双聘制。当年下半年，市地税局制定下发《阳泉市地税系统领导干部末位淘汰制实施办法》，对县（区）局一把手进行了末位淘汰。各基层局也制定了末位淘汰制，对股所级干部进行末位淘汰，畅通了选人用人渠道。在开展竞争、竞聘上岗的基础上，根据市地税局统一部署，一些基层局推行了等级制、待岗制。盂县地税局在县稽查局试行了等级制。根据干部的工作能力和工作实绩，采取考试与考核相结合的办法，对干部进行评级定等，不同等级享受不同工资待遇。城区地税局推行了待岗制，对不负责任、造成漏征漏管的税务干部，实行了待岗，待岗期间扣发奖金，只发给基本工资。在全系统实行了科级干部和股所长异地交流，一般干部岗位轮换。同时，对 40 岁以下大中专毕业后直接进入机关工作的干部下基层锻炼。全市有 86 名股所级干部实行了交流，有 149 名一般干部实行了岗位轮换，交流、轮换人数达总人数的 47%，有 42 名干部由市、县（区）机关下到基层锻炼。

2001 年，按照市委、市政府机构改革中有关撤乡并镇的实施意见，结合地税工作实际，年初，对平定县地税局、盂县地税局、郊区地税局的税务所设置进行了调整。市地税局党组要求按照“保证正常税款征收和日常税收管理，保证基层工作的连续性和稳定性，保证机构改革期间思想不散、工作不乱”的原则，深化人事制度改革。按照这一要求，郊区地税局对 9 个股所级职位进行公开竞争，重新任命了所有股所级干部。盂县局对 80% 的股所长和一般干部进行轮岗；继续推进领导干部末位淘汰制。坚持竞争激励、动态评价、公开公正、奖优罚劣的原则，分改革发展目标、管理质量目标、个人素质目标三大项41个指标，采取个人述职、民主测评、个别谈话的方法，对县（区）地税局一把手进行考察考核。4月下旬，市地税局组织了“实施领导干部末位淘汰制考试”，县（区）地税局领导班子成员参加了考试。根据考核和考试，打分排队，对处于末位的县（区）局一把手实行书面诫勉，并扣发本人诫勉期内50%的奖金，同时对班子成员实行连带责任追究。各基层局根据各自的特点，实行了末位淘汰、待岗制、等级制。平定县地税局对股所长实施末位淘汰制，一年一考核，一年一淘汰；市地税直属二分局根据科级干部上管一级的实际情况，在一般干部实施竞争上岗后，又积极推行了落聘待岗制度；城区地税局将政治、业务考试作为待岗制的重要考核内容来抓，有4名连续考试名次名列前茅、工作能力较强的干部被提拔为股所长，有2人连续两次业务考试不及格，待岗学习3个月；盂县地税局在业绩考评中实行黄牌警告制度，先后有3人被亮黄牌；矿区地税局进行了公开选择、竞争上岗、双聘制、待岗制、岗位责任制、追究制、业务等级管理制等人事制度配套改革。4—11月，经过报名、资格审查、考试、加分、考核、录用等几个主要阶段，完成了全市地税系统考录国家公务员工作，全市共有118人参加了考试。11月下旬，全省市县地税局机构改革会议之后，市地税局党组根据省地税局机构改革方案制定下发《阳泉市地方税务局机构改革实施意见》和《阳泉市地方税务局科级职位竞争上岗实施方案》，并报经省地税局批准，12月30日，召开了全市地税系统机构改革动员大会，机构改革正式开始实施。

2002年1月，根据市地税局党组制定的《阳泉市地方税务局机构改革实施意见》《阳泉市地方税务局科级职位竞争上岗实施办法》，在重新定编定岗的基础上，免去所有科级干部职务，全面推行科级职位竞争上岗，全市地税系统有190人报名参加竞争。经过宣传动员、公布职位、公开报名、资格审查、笔试、面试、民主测评、民主推荐、组织考察、确定拟任人选、任前公示、组织任命等12个程序，共提拔和重新任命科级干部93人，科级干部交流和轮岗81人。县（区）地税局一把手交流面100%。经过改革，各级领导班子和领导干部的年龄结构发生变化。科级及以上干部的平均年龄由改革前的41.9岁降为39.9岁，大专以上文化程度的比例由改革前的84.3%上升为91.3%。同年，按照省地税局批准的阳泉市市县地方税务局机构改革实施意见，对市地税局、市直分局和县（区）局的机构设置进行了调整。经过调整，基层局的派出机构比原来减少14个，为引深征管改革奠定了基础。坚持做好人员分流工作。对提前离岗人员、转任非领导职务人员、不达学历岗位转换人员和下基层锻炼大中专毕业生，由各级一把手亲自谈话。通过入情入理的思想政治工作，确保了人员分流工作顺利进行。全市地税系统符合离岗条件的23名税务干部和1名工勤人员提前离岗；1名申请且符合提前退休条件的税务干部提前退休；7名因在基层工作不达两年的大专以上毕业生由市地税局机关下基层锻炼，4 人因不达学历要求由市直分局分流到县区地税局，1 名科级干部因不达学历要求改任非领导职务，圆满完成了机构改革各项任务。11 月，按照省地税局检查清理干部学历学位工作要求，成立了检查清理学历学位领导组，对全局干部学历学位情况进行了检查清理。

2003 年 1 月，制定下发《阳泉市地税系统领导班子及科级干部考核暂行办法》，明确了科级干部考核的原则、方式、内容、程序等，规范了对科级干部的考核和管理工作。由市地税局党组成员带队，按照个人述职、民主测评、确定考核等次等程序对所有科级干部上年度工作进行了认真考核。以学习贯彻《党政领导干部选拔任用工作条例》(以下简称《条例》) 为重点，继续探索建立良好的选人用人机制，深化人事制度改革。5 月，市地税局党组根据工作需要调整任用了一批科级干部。选任工作严格按照《条例》的规定和要求执行。认真研究确定拟配备的职位，提出了任职的条件。经过民主推荐、组织考核，职数审批、任前公示、研究任命等环节的工作。共提拔任命 28 名科级干部，调整任命 5 名科级干部。同时，根据年初科级干部考核情况对机构改革时新任命试用期满的科级干部进行了转正。继续推行领导干部末位淘汰制，认真抓好领导干部末位淘汰制的日常考核工作，对上年考核排在最后一名的基层局局长实行了诫勉谈话。同时，把领导干部末位淘汰制引深到对股所级干部和一般干部管理当中，城区地税局实行了积分制考核，对考核连续排在末位的股所长实行淘汰，对连续考核排在末位的一般干部实行待岗；开发区地税分局实行了一般干部竞争上岗，对竞争考试、考核积分最后一位的 1 名干部实行了待岗；市地税直属二分局实行了岗位竞争、双向选择，对无科室选择的 1 名干部实行了待岗；盂县地税局实行了股所长竞争上岗。各基层地税局都陆续进行了干部岗位轮换等改革，推动了人事制度改革深入进行。

2004 年，按照中央下发的《深化干部人事制度改革纲要》和《公开选拔党政领导干部工作暂行条例》等“5+1”法规性文件的相关要求，推进人事制度改革。1 月，市地税局党组成员带队分 5 个组按照个人述职、民主测评、个别谈话、意见反馈等程序对各基层局领导班子和全市地税系统科级干部上年度工作进行了认真考核。7 月，根据省地税局的要求和全市地税征管工作的需要，成立了阳泉市地税局税务登记管理局，配备了新的领导班子，同时调整任用了 22 名科级干部，其中，提拔 7 人，并对其中 6 人进行了异地交流，交流面达 95.5%。按照省地税局领导干部末位淘汰制考核办法，结合对各基层局领导班子和科级干部的年度工作考核情况，从工作目标责任制、党风廉政建设目标责任制、文明创建目标责任制的落实和完成情况等各个方面对各基层局一把手进行了认真考评。在严格考评的基础上，进行了打分排队。年内，及时完成了军转干部、信息中心计算机专业人员、招考录用和安置工作。共接收安置军转干部 2 名，招考录用计算机专业人员 4 名。

2005 年，继续完善干部管理制度。1 月，根据省地税局《实施领导干部末位淘汰制有关问题的通知》《领导干部末位淘汰制实施方案和考评办法》等，对基层局领导班子及一把手进行了考核、打分。组织开展了对全市地税系统科级干部一年一度的考核评议工作。组织了 2004 年度公务员考核工作。各基层局按照市地税局党组部署，继续深化人事制度改革。平定县地税局、盂县地税局、郊区地税局、城区地税局、市地税直属三分局、开发区分局等单位结合实际进行了竞争上岗、双向选择、待岗、轮岗等人事制度改革。全市地税系统 80% 以上的股所长实行了轮岗，一般人员选择了适合自己的岗位，个别人员被待岗，待岗人员在参加完学习培训之后才能重新竞争上岗。在深化人事制度改革的同时，各单位都加大了对各岗位的考核奖惩力度。市地税直属三分局将各岗位的日常各项工作进行细化、量化，制定了具体的岗位工作标准，进一步明确了各个岗位和各部门的工作职责，按月或季度按照工作标准和岗位职责对每个干部职工的工作进行考核、奖惩。

2006 年 3 月，按照《山西省地税系统领导干部末位淘汰制考评办法》，市地税局组成 5 个考核评议小组，由党组成员带队，分别对各基层局局长 2004 年和 2005 年两个年度实施末位淘汰制的有关工作进行了考评。考评结束后，市地税局党组按照改革与管理指标和个人素质指标所占分值比例，依据工作目标责任制、党风廉政建设目标责任制、文明创建目标责任制实施情况和各项测评情况，对 9 个基层局局长进行了领导干部末位淘汰制考评打分，并将考评情况及时上报省地税局。7 月，在充分调查研究的基础上，经多次征求各方面的意见，制定出台了《阳泉市地方税务局能级管理办法（试行）》。能级管理，即以能力管理为核心，以全面发展为目标，通过建立科学合理的评价体系，对每一岗位的干部所具备的能力进行评分定级，据此决定干部的选拔任用和待遇。一是按需设岗。将全市地税系统所有人员按照岗位性质划分为业务类和行政类两类。业务类能级制实行的范围包括全市地税系统直接从事税务登记、申报征收、发票管理、税务咨询、税政管理、规费管理、税收票证管理、税收计划会计统计、税源管理、税收法制、税务稽查、计算机管理等岗位的人员。行政类能级制实行的范围包括全市地税系统直接从事人事教育、党务、纪检监察、文秘管理、公文处理、后勤管理、财务管理等岗位的人员。二是按能定级。能级从高到低分为一至五级。参加能级评定的基本条件是：工龄 2 年以上，能够熟练运用所在岗位相关的知识，热爱本职工作，遵守职业道德，认真履行岗位职责，年度考核在称职（合格）以上。按照德、能、勤、绩 4 个方面，对所有干部职工进行考核，按照考核结果，对干部职工的能力做一个比较客观的评价。三是全面考核。能级实行动态管理，每两年进行一次能级评定，各能级级次只在一个评定期内有效。能级评定的内容包括考试与考核两个方面。考试划分为业务和行政两类，内容包括公共部分和岗位专业两部分；考核包括群众民主测评、日常工作考核、评委会测评。一般干部职工的日常工作考核按照部门领导登记台账进行工作记录的办法，将记录留作个人工作考核的凭证。日常工作考核结果须由分管局长审定。部门领导的工作考核由各单位评委会负责。考试与考核的得分按各自比例相加即为个人的综合测评得分。四是建立能级津贴。根据每个干部职工的评定情况，确定每个人的能级待遇，不同能级的干部职工享受不同的待遇，打破了过去“干好干坏一个样、成绩大小一个样”的旧习。成绩最好、素质最高、贡献最大的一部分干部职工被评定为一级，享受最高的能级待遇，依次类推，根据个人成绩、贡献和素质的高低大小分别评定能级级次，根据能级级次确定个人的能级待遇。10 月，开展了公务员登记工作。以《山西省贯彻落实公务员法实施方案》《山西省公务员登记实施方案》为依据，市地税局成立公务员登记工作领导组及办公室，按照《全省地税系统贯彻落实公务员法实施方案》规定的对象、条件、程序，依据干部档案材料，严格按照规定的编制和职数限额确定公务员的职务和级别，对公务员进行条件审核。每名干部都按要求填写了公务员登记表和公务员登记审批、备案表。经审核，全市地税系统共登记公务员 511 人，暂缓登记 6 人，不登记 1 人。同时，统筹兼顾，规范管理，认真做好机关工勤人员、事业干部、事业工人、事业聘干的登记工作，按其身份来源澄清底子，进行了认真细致的审核登记。12 月，对平定县地税局、市地税直属三分局、市地税直属五分局的领导班子进行了调整，充实了部分人员，对部分干部进行了岗位轮换和交流。

2007 年，完善干部考核评价体系。按照上级要求，结合实际制定《阳泉市地税局关于进一步加强全市地税系统领导班子和干部队伍建设的意见》《阳泉市地方税务局各县（区）局、市直各局领导班子和科级干部考核评价办法》《阳泉市地税局机关科级干部和干部职工考核评价办法》，并对全市地税系统领导班子和科级干部进行了量化考核。7 月，按照市人事局的安排，对公务员和其他人员的工资进行了套改。

2008 年，加强干部考核。市地税局制定下发《阳泉市地方税务局各县（区）局、市直各局领导班子和科级干部考核评价办法（试行）》《阳泉市地方税务局机关科级干部和干部职工考核评价办法（试行）》，明确了考核的原则、考核的方式、考核的内容、考核的程序、考核结果的评定运用及考核的具体实施和考核的纪律与监督等。年初，市地税局党组成员带队对全系统所有科级干部进行认真考核，考核主要采取个人述职、民主测评和个别谈话等方式进行。党组根据考核情况确定考核等次，作为将来提拔任用干部的重要参考。根据《山西省地方税务局党组关于调整全省地税系统部分税务所规格的通知》精神，认真做好税务所升格的各项准备工作。对全市42个税务所的人员配备、年龄结构、硬件配置、任务完成情况、编制情况等进行了摸底调查，做好税务所升格的各项基础工作。在此基础上，将42个税务所中的20个税务所升格为副科级税务所。9月，按照《党政领导干部选拔任用条例》和《党政领导干部交流工作规定》，注重培训、考核、任用紧密结合，将业务精、能力强的年轻干部放到基层重要岗位。经民主推荐、组织考察、提出拟任名单、进行公示、呈报省地税局审批职数、进行任命等程序对科级干部进行了调整，并为升格的税务所配备齐了副科级税务所长，共调整科级干部50人，其中提拔39人、交流11人。在20名副科级税务所长中，有6人是省级业务能手。继续深化人事制度改革。针对办税服务厅中的登记、征收、开票、计会等岗位的人员多年从事单一工作导致工作积极性下降的情况，对28名一般干部进行了岗位交流和轮换。

2009年，制定《阳泉市地方税务局各县（区）局、市直各局领导班子和科级干部考核评价办法（试行）》《阳泉市地方税务局机关科级干部和干部职工考核评价办法（试行）》，明确了考核的原则、考核的方式、考核的内容、考核的程序、考核结果的评定运用及考核的具体实施和考核的纪律与监督等。年初，市地税局党组成员带队对全系统所有科级干部进行认真考核，考核主要采取个人述职、民主测评和个别谈话等方式进行。党组根据考核情况确定考核等次，作为提拔任用干部的重要参考。

2010年，制定下发《阳泉市地方税务局各县（区）局、市直各局领导班子和科级干部考核评价办法（试行）》《阳泉市地方税务局机关科级干部和干部职工考核评价办法（试行）》。年初，由市地税局党组成员带队对全系统的领导班子和科级干部采取个人述职、民主测评和个别谈话等方式进行认真考核，党组根据考核情况确定领导班子和科级干部的考核等次。各基层局也结合实际，对干部职工进行考核评价。8月，根据工作需要，在全系统进行了科级干部选拔和岗位调整交流工作。按照《党政领导干部选拔任用工作条例》和省地税局的有关规定，出台《阳泉市地税系统科级干部推荐工作方案》和《阳泉市地税系统科级干部考察工作方案》，经过民主推荐、充分酝酿、拟定人选、组织考察、讨论决定、任前公示、呈报审批职数、进行组织任命等程序。全市地税系统共提拔和调整交流科级干部84人，其中提拔64人、调整交流20人。

2011年，完善干部考核评价机制。制定《阳泉市地方税务局各县（区）局、市直各局领导班子和科级干部考核评价办法（试行）》《阳泉市地方税务局机关科级干部和干部职工考核评价办法（试行）》，明确了考核的原则、方式、内容、程序、结果评定运用及考核的具体实施和考核的纪律与监督等。年初，市地税局党组成员带队对全系统所有科级干部进行了考核。考核主要采取个人述职、民主测评和个别谈话等方式进行。通过加大考核力度，使科级干部年度考核工作进一步得到规范。9月，根据工作需要，在全市地税系统进行了科级干部选拔和岗位调整交流工作。严格按照《党政领导干部选拔任用条例》和省地税局有关规定，出台《阳泉市地税系统科级干部推荐工作方案》和《阳泉市地税系统科级干部考察工作方案》，首次在全市地税系统实行了科级干部男53周岁、女50周岁转任非领导职务的办法。经过严格的民主推荐、充分酝酿、拟定考察人选、组织考察、讨论决定、任前公示、呈报审批职数、进行组织任免等程序，全市地税系统共提拔和调整交流了41名科级干部，其中提拔16名、交流18名、转任同级非领导职务7名。年内，推广使用干部选拔任用工作纪实监督系统。选派专人参加了省委组织部组织的培训，配置专用计算机，为推广使用干部选拔任用工作纪实监督系统做了准备。

2012年2月，按照《党政领导干部选拔任用工作条例》和省地税局有关规定，经过民主推荐、充分酝酿、拟定考察人选、组织考察、讨论决定、任前公示、呈报审批职数、进行组织任免等程序，提拔科级干部5名，交流轮岗科级干部4名。5月，对达到转非年龄的市地税局机关2名科级领导干部转任同级非领导职务。7月，制定下发《阳泉市地税系统竞争性选拔科级干部工作方案》，成立竞争性选拔科级干部工作领导组，对任职资格和条件做出明确规定，将竞争科级领导职务的年龄条件设为男48周岁以下，女45周岁以下，竞争科级非领导职务的年龄条件规定为男53周岁以下，女50周岁以下。同时，为了体现优先使用省级业务能手，规定经资格审查合格的获得2011年省级业务能手人员免予考试，直接进入竞职演讲环节，免予考试人员的成绩按照综合考试前三名人员的平均成绩计，以此组织实施了科级干部竞争性选拔工作。通过自愿报名、资格审查、综合考试、竞职演讲、考试人选、组织考察、党组研究、拟任公示、党组任命等程序，公开、公平、公正、择优选拔科级干部。共提拔科级干部37名，交流轮岗科级干部28名，其中提拔、交流基层局领导班子成员12名。9月，对达到转非年龄的2名科级领导干部转任同级非领导职务。当年，全系统共提拔交流科级干部76名，其中：提拔科级干部42名，交流轮岗科级干部30名，转任同级非领导职务4名。年内，根据省地税局的考核办法，将领导班子和科级干部年度考核纳入了年度目标责任制考核中，按照《阳泉市地方税务局2011年度目标责任考核方案》，市地税局党组成员带队对全系统的领导班子和科级干部进行了考核，对领导班子主要考核发挥职能作用情况，以及在思想政治建设、领导水平、工作实绩、完成重点工作、反腐倡廉等方面的实际成效等内容，对科级干部主要考核履行岗位职责情况，以及德、能、勤、绩、学、廉等内容。考核主要采取个人述职、民主测评和个别谈话等方式进行。经过严格考核，确定了4个领导班子、31名科级干部为优秀等次。继续抓好公务员管理信息系统建设工作，8 月，对公务员管理信息系统录入工作进行了统一部署，对上报数据认真的校对、审核，及时修正、补充、完善。10 月，圆满完成系统建设工作。年内，组织开展了机构编制核查工作。成立工作领导组，制定工作计划，明确核查范围、统计口径、填报要求，进行了认真考核，并对各单位实有在编在职人员进行为期一周公示。年内，组织开展了全市地税系统新录用公务员工作情况调研。通过发放问卷、会议座谈、听取汇报等形式，对 2008 年以来通过考录进入地税机关的公务员在岗适应能力及影响因素等情况进行了深入调研，形成报告上报省地税局。同时，做好新录用公务员调研、转正定级、接收安置等工作。10 月，经过考核，对 2011 年新录用的 17 名公务员进行了任职定级。

2013 年，按照《阳泉市地方税务局 2012 年度目标责任考核方案》，市地税局党组成员带队对全系统领导班子和科级干部进行了考核。对领导班子主要考核发挥职能作用情况，以及在思想政治建设、领导水平、工作实绩、完成重点工作、反腐倡廉等方面的实际成效等。对科级干部主要考核履行岗位职责情况，以及德、能、勤、绩、学、廉等内容。考核主要采取个人述职、民主测评和个别谈话等方式进行，经过严格考核，确定了 4 个领导班子、33 名科级干部为优秀等次。5 月，根据全市地税系统干部队伍现状，制定《阳泉市地税系统竞争性选拔科级干部工作方案》，进行了科级干部选拔任用工作。经过自愿报名、资格审查、网上竞职演讲、民主推荐、党组研究、组织考察、任前公示、组织任命等程序，共调整交流科级干部 61 人，其中提拔 34 人，交流轮岗 27 人。8 月、11 月，分别对 1 名和 5 名达到转非年龄的科级领导干部转任同级非领导职务。12 月，根据全市地税系统干部队伍现状，进行了科级干部选拔任用工作。经过公开报名、资格审查、网上竞职演讲、民主推荐、党组研究、组织考察、任前公示、组织任命等程序，共调整交流科级干部 24 人，其中提拔 15 人、交流轮岗 9 人。当年，全年共调整交流科级干部 91 人，其中提拔 49 人、交流轮岗 31 人、同级转任 11 人。同时，做好干部转正考核。制定了科级干部试用期考核方案，对试用期满的科级干部按期进行了转正；对 2012 年录用的 19 名公务员进行了转正定级。年内，组织开展了干部人事档案专项清理暨规范管理工作，对各全系统科级干部的“三龄两历一身份”（年龄、工龄、党龄，学历、工作经历，公务员身份）进行了核查，共审核科级干部档案 194 卷。根据审核情况，所涉人员全部填写干部基本信息审核认定表，经本人审核同意签字后，经市地税局党组会议讨论通过，对 194 名科级干部的“三龄两历一身份”进行了组织认定。同时，配合省地税局做好全省地税系统公务员招录工作，当年，共招录 13 名新录用公务员。配合省地税局在系统内遴选公务员，全市地税系统有 2 人通过遴选调入省地税局工作。

2014年年初，按照《阳泉市地方税务局2013年度目标责任考核方案》，由市地税局党组成员带队对全系统的领导班子和科级干部进行了考核，对领导班子主要考核发挥职能作用情况，以及在思想政治建设、领导水平、工作实绩、完成重点工作、反腐倡廉等方面的实际成效等内容，对科级干部主要考核履行岗位职责情况，以及德、能、勤、绩、学、廉等内容。考核主要采取个人述职、民主测评和个别谈话等方式进行。经过严格考核，确定了4个领导班子、33名科级干部为优秀等次，并将考核结果在全系统进行了通报。及时组织学习新修订的《党政领导干部选拔任用工作条例》，认真领会和贯彻条例精神，不断创新、拓宽和完善选人用人机制。1月、10月，分别对1名和2名达到转非年龄的科级领导干部转任同级非领导职务。10月，进行干部调整，全系统共调整交流科级干部41人，其中提拔18人、交流轮岗21人、同级转任2人。当年，全系统共调整交流科级干部42人，其中提拔18人、交流轮岗21人、同级转任3人。5—7月，在全市地税系统开展公开遴选公务员工作，经过制定方案、报名、资格审查、综合考试、演讲、确定遴选考察对象、组织考察、党组会议研究、确定遴选拟录用人员、进行公示等一系列环节，全系统有7人通过公开遴选进入市地税局机关和市直分局工作，其中市地税局机关5人、市直分局2人。同时，做好公务员年度考核工作。按照省地税局《关于在全省地税系统开展干部人事档案专项清理暨规范管理工作的实施方案》的相关要求，在上一年度对科级干部“三龄两历一身份”审核认定的基础上,对全系统所有干部的“三龄两历一身份”进行了组织认定。贯彻落实《中共中央组织部关于进一步从严管理干部档案的通知》和《关于更换人事干部档案卷盒的通知》精神，开展了人事档案规范化管理工作。对全市地税系统600多名在职干部人事档案进行了全面整理，建立了信息齐全、准确、有效的个人档案电子目录，达到了档案整齐划一、分类准确、信息真实、材料齐全、手续完备、便于调档使用的要求。年内，根据省地税局《关于深入开展机构和人员编制核查与进一步完善实名制管理工作实施方案》，组织开展了机构和人员编制核查与完善实名制管理工作。年内，开展了“吃空饷”“编外用人”和超职数配备干部专项整治。

2015年，按照《阳泉市地方税务局关于开展2014年度绩效管理与目标责任考核工作的通知》，由市地税局党组成员带队对全系统的领导班子和科级干部进行了考核，通过个人述职、民主测评和个别谈话等方式进行，确定了4个领导班子、33名科级干部为优秀等次，并进行了通报表彰。同时，做好公务员年度考核工作。10月起到年底，组织开展了职务与职级并行工作。10月16日，省地税局县（市、区）地税局职务与职级并行制度实施工作会议召开后，市地税局按照省地税局《关于县（市、区）地税局建立公务员职务与职级并行制度的实施方案》，制定了《关于开展职务与职级并行工作的安排意见》，在县（市、区）地税局实施了公务员职务与职级并行工作。一是在政策执行上“严”。严格实施范围，将开展职务职级并行工作的范围控制在县（区）地税局已进行公务员登记备案的在编公务员。严格晋升程序，按照县（区）局初审、市地税局初核、县（区）局民主测评、考核、公示、市地税局党组审批、发文通知等环节依序进行，每一环节都要求做到实施到位，资料齐全，否则严禁转入下一环节。严格晋升条件，对县（区）局公务员进行了全面摸底，对拟晋升职级的公务员，严把职务、任职年限、级别等条件，做到符合条件的一个不漏，不符合条件的一个不上。严格实施时间，明确县（区）局符合职级晋升人员 2015 年 1 月起晋升职级，2015 年 2 月起执行相应的职级待遇。严格监督检查，县（区）地税局对拟晋升职级的公务员在本单位进行了 5 个工作日的公示，接受群众监督，同时，市地税局对各单位的公示情况进行了检查。二是信息审核“细”。公务员晋升职级涉及对公务员的身份、出生时间、参加工作时间、所任职务、任职时间、级别、年度考核、处分情况等诸多信息的审核，为确保信息准确，认定无误，市地税局和县（区）地税局都确定专人负责对照干部信息审核认定表、年度考核表、任免审批表、工资审批表、处分情况登记表等人事档案资料，对拟晋升人员逐人逐项进行审核，对信息有错误的，及时反馈有关单位，核实改正；对信息有疑问的，通过综合分析判断，实事求是做出认定。三是工作推进“实”。在省地税局实施方案的基础上，结合阳泉市实际，细化实施方案，明确了市地税局和县（区）局的工作职责、工作步骤、工作要求、完成时间等具体内容，为工作有序推进打下了坚实基础。针对政策执行中遇到的具体问题，及时请示省地税局，及时向相关单位答复，保证了工作顺利推进。针对一些操作程序和要求不够具体的情况，统一对民主测评和考核的参加人员、组织形式、考核内容、考核方式等做了明确规定，同时，制作了考核报告、总体评价、公示、晋升职级请示等相关文书的范本，保证了具体实施过程中标准统一、操作规范。经过县（区）地税局初审、市地税局初核、县（区）地税局民主测评、考核、公示、市地税局党组审批、发文通知等环节，12 月上旬，顺利完成了此项工作。全系统县（区）地税局共有 188 名公务员晋升职级，其中晋升副处级 2 人、晋升正科级 6 人、晋升副科级 180 人。

2016 年年初，按照《阳泉市地方税务局 2015 年度目标责任考核方案》，组织对各级领导班子和科级干部进行考评。对领导班子主要考核发挥职能作用情况，以及在思想政治建设、领导水平、工作实绩、完成重点工作、反腐倡廉等方面的实际成效等内容，对科级干部主要考核履行岗位职责情况，以及德、能、勤、绩、学、廉等内容。考核主要采取个人述职、民主测评和个别谈话等方式进行，经过严格考核，确定了 4 个领导班子、33 名科级干部为优秀等次，并将考核结果在全系统进行了通报。继续扎实做好职务职级并行工作。5月，根据省地税局《关于县（市、区）地税局建立公务员职务与职级并行制度的实施方案》和市地税局安排，对2015年度符合晋升职级的公务员进行了晋升职级的相关工作。经过县（区）地税局对符合条件人员的初审和市地税局初核，并经县（区）地税局组织对其符合条件人员进行民主测评和考核、公示等环节，最后经市地税局党组会议研究批准，对11名符合条件的公务员晋升了职级。其中晋升副处级1人，晋升正科级2人，晋升副科级8人，进一步调动了基层的工作积极性。9月下旬，市地税局党组根据全市地税干部思想工作实际，开展了科级领导干部岗位交流。制定下发了《阳泉市地税局科级干部交流工作方案》，重点对在县（区）局领导班子任职5年及以上的班子成员，在同一副科级税务所所长岗位任职3年及以上的税务所长（县区局直属分局局长）等，进行了岗位交流轮换。共交流科级干部29名，其中，市地税局机关科（室）负责人2名，交流面11%；县（区）局一把手3名，交流面60%；县（区）局班子成员3名，交流面15%；县（区）局直属分局负责人、副科级税务所长21名，交流面65.6%。此外，配合省地税局做好2016年全省地税系统公务员招录工作。派专人参加了资格审核、面试录像、体检服务、政审等环节的工作。12月中旬，新录用14名公务员全部到达工作岗位。

2017年，按照市局党组部署以年度干部考核考评、目标责任制和绩效管理为抓手，促进班子队伍建设，激发干事创业热情。年初，开展2016年度绩效管理与目标责任考核工作。对领导班子主要考核发挥职能作用情况，以及在思想政治建设、领导水平、工作实绩、完成重点工作、反腐倡廉等方面的实际成效等内容，对科级干部主要考核履行岗位职责情况，以及德、能、勤、绩、学、廉等内容。考核主要采取个人述职、民主测评和个别谈话等方式进行。经过严格考核，确定了4个领导班子、35名科级干部为优秀等次，并进行了通报表彰。开展职务职级并行工作。根据省局《关于县（市、区）地税局建立公务员职务与职级并行制度的实施方案》（晋地税发〔2015〕152号）和市局工作安排，对2016年度县（区）局符合晋升职级的公务员进行了晋升职级的相关工作。经过对符合条件人员初审、初核、民主测评和考核、公示等环节。经阳泉市地方税务局党组会议研究批准，对17名符合条件的公务员晋升了职级。其中晋升副处级2人，晋升正科级4人，晋升副科级11人，进一步调动了基层的工作积极性。12月中旬，市局党组按照《党政领导干部选拔任用工作条例》和制定科级干部调整方案，进行了科级干部调整。坚持公平、公正、公开透明的工作原则和聚焦实干、突出业绩的选任标准，经过民主推荐、组织考察、党组研究、任前公示、职数审批等一系列程序，12月27日会议研究通过拟任人选。共涉及干部62人，其中提任领导职务11人，非领导职务11人，转任9人，岗位交流31人。

2018 年 1 月，市局党组对 2017 年年底研究通过的科级干部进行了任命。圆满完成了 2015 年以来全年地税系统规模最大的一次科级干部选拔调整工作。树立了良好的选人用人导向，进一步优化了队伍结构，激发了干部职工干事创业的激情，为全市地税事业注入了活力、增添了动力。上半年，按照《阳泉市地税局关于 2017 年度目标责任和绩效管理考评方案》，组织了领导班子和科级干部年度考评。对各级领导班子从思想政治建设、领导水平、工作实绩、完成重点工作、反腐倡廉等方面进行评价，全市共评出 4 个优秀领导班子。对科级干部从德、能、勤、绩、学、廉等方面对其履行岗位职责情况进行考评，评出了 36 名科级优秀公务员，并对连续 3 年评为优秀的公务员记三等功。开展领导干部重大事项报告工作首次组织全系统正科级领导干部进行重大事项报告。全市正科级领导干部共计 68 人按要求进行了重大事项报告，为干部监督和任用奠定了坚实基础。推进养老改革，完成养老保险数据移交、结算和首次发放工作。3 月，国税地税征管体制改革任务明确后，按照省局部署要求，组织开展了班子、机构、编制、人员以及工资情况的摸底统计，为机构合并后“三定”奠定基础。5—6 月，对全市地税系统干部档案进行了全面系统规范的整理，为机构合并后人事规范管理奠定了良好的基础。6 月，对 2017 年度县（区）局符合晋升职级的公务员进行了晋升职级的相关工作。经过对符合条件人员初审、初核、民主测评和考核、公示等环节，并经市局党组会议研究批准，对 8 名符合条件的公务员晋升了职级。其中晋升正科级 4 人，晋升副科级 4 人。此外，对 2017 年新录用公务员“三龄两历”进行了审核认定，全面完成人员工资调级上档和数据更新和审批工作，全面完成工人技师的新聘和续聘工作。

二、教育培训

1995 年，制订了年度阳泉市地税干部培训计划，结合省地税局业务统考，开展练兵与比武活动。以省地税局编发的《新税制学习教材》为内容编制课程表，确定了授课人，9 月 11—29 日，对机关全体干部进行了业务集中培训。各县（区）地税局都开展了学业务、搞培训的工作。矿区地税局聘请会计事务所人员，集中 20 天，系统进行了“两则”的培训；市地税局第二分局采用每周 10 题的方式，对管理科的专管员进行了专门考核；平定县地税局的领导亲自向农税人员讲授新税制。精心组织全系统业务统考，412 人参加了考试，参考率 98.09%。在全省地税系统业务统考中，阳泉市地税系统各基层单位全部达到了省地税局规定的参考人数。当年，全系统 40 余人参加了大中专函授学习。

1996年，根据全年培训计划，举办了文秘培训班、征管培训班、计会统软件培训班、企业所得税实务操作培训班、计算机基础知识培训班、档案管理知识培训班、农业四税基础知识培训班，参训人员400余人。鼓励干部职工参加在职学习深造，全系统15人参加了全国经济系列中级职称资格考试，10人参加了全国会计系列中级职称考试，8人参加了全国会计专业初级职称考试。

1997年，建立了严格的学习制度。以国家税务总局业务抽考和公务员过渡为契机，加强业务学习。郊区地税局利用每天上班前10分钟时间进行业务学习；平定县地税局开展“每季一百题，每月考考你”活动，并将成绩与目标责任制挂钩；市地税局稽查分局在业务学习中聘请了注册会计师进行了《企业财务通则》等方面的指导；矿区地税局组织开展了“个人所得税有奖答卷竞赛”，税务干部、企业负责人、财务会计等踊跃参加，发放试卷2000份，及格率98%。组织开展了全系统征管能手的考评和选拔工作，学习《征管规程》，聘请教师辅导，经过层层选拔，按成绩先后推荐10人参加了省级征管能手竞赛，其中3人被列为“百名征管能手”。组织了公务员过渡培训，476名税务干部，分8期参加了由人事局组织的公务员过渡培训，参加过渡考试人员全部顺利平稳过渡。全年全系统本科学历占6.5%，专科占36.2%，中专以上占68.1%，比1996年同期增长了7个百分点。另外，全系统有3人参加了全国经济系列中级职称考试，3人参加了会计系列中级职称考试，4人参加了全国会计专业初级职称考试，69人获得了山西省税务师资格审查委员会确认的税务师资格证书。

1998年，加强干部爱国主义教育，制定学习制度，规定学习的时间和内容，先后组织学习了邓小平理论、中共十五大精神、全国九届人大一次会议精神。开展了机关作风纪律整顿，开展了反对官僚主义的斗争，进行廉政教育。在学历教育方面，年内修订下发了《干部学历教育暂行规定》。全局本科占7.6%，专科占42%，初中以下减少至5%。另外，全市地税系统有11人参加了全国经济系列中级职称考试，2人参加了初级考试。

1999年，在学习中坚持7项制度：一是坚持每周五下午政治理论学习；二是业务学习坚持每周3个题；三是坚持政治、业务学习每季考试一次；四是坚持政治学习笔记半年检查一次，每半年写出一篇心得体会；五是每季的政治、业务考试成绩要出榜公布，各科（室）的考试及格率要与年底目标责任制挂钩；六是不分业务和行政科室，机关干部全体参加，人人写出体会；七是建立了学习考试奖惩制度。当年，提出“不培训不上岗”的干部培训思路，出台了奖惩措施。即：在全省抽考中，只要是进入全省前50名以内的，个人给予通报表彰，对抽考成绩总分在省级和市级征管能手入选率分别达到前三名的，市地税局将进行通报表彰。年内共举办稽查检查培训班、会统软件 TAXBLE 培训班、税收票证培训班、税收增长点研讨暨文秘培训班、城镇土地使用税税源管理与分析软件培训班，审计统计培训班、计算机培训班等各类培训班 8 期，共有 356 人次参加了培训，占全局人数的 63.6%。

2000 年，制定下发《阳泉市地税局干部教育培训规划》《2000 年全市地税系统国家公务员培训计划》，修订了《阳泉市地税局干部学历教育管理办法》。制定下发《业务学习奖惩制度》，各基层局按季组织业务考试，市地税局按季组织全市业务抽考。每季必考，考必通报，考必奖惩。各基层局建立干部教育培训登记卡。同时，不断创新业务学习的方式方法：平定县地税局在业务考试中设立“团队考试成绩优秀”流动红旗，盂县地税局开展“每周一题、一问一答、你问我答”及“一月一测试、一季一考试”活动，城区地税局变大规模的业务培训为班前班后集中学习。各基层局坚持按季组织业务考试，并向市地税局报送考试成绩和奖惩情况，市地税局按季对全系统干部进行抽考。当年，全市用于考试奖励的资金达 3.48 万元，421 人次因考试不及格受到处罚，罚款 9.23 万元。城区地税局用于考试奖励的资金 3 万元，用于考试处罚的资金 8 万元。市地税局组织开展了“征管”“税政”“计会”“文秘信息”培训；基层税务所结合管理实际，开展“一日一题”“一月一税”的岗位练兵活动。城区地税局编印了《2000 年业务竞赛复习手册》，开展了税收征管、税收检查、税收票证、公文写作、计算机操作等 7 项业务竞赛活动，涌现出一批征管能手、查账能手、开票能手和计算机能手。在学历教育方面，全年大专以上学历 301 人，占全市干部职工总人数的 53.18%。

2001 年 3 月，开展“三个代表”重要思想学习教育活动政治理论学习培训。平定县地税局每天下午抽出 2 个小时进行学习，日日坚持、雷打不动；城区地税局从局领导到一般干部，每周都要写出上千字的学习体会；矿区地税局聘请市委党校讲师进行专门授课。9 月，学习了江泽民“七一”重要讲话、在山西调研时的重要讲话和中共十五届六中全会精神。制定下发《阳泉市地税局机关政治业务学习计划》《阳泉市地税系统“十五”教育发展规划》《阳泉市地税系统干部教育培训规划》。坚持“不培训不上岗，不培训不任职，不培训不提拔”的要求，对 2001 年新分配到阳泉市地税系统的 2 名军转干部进行为期两个月的任职培训。继续开展专门业务培训和更新知识培训。市地税局机关抽调有关业务人员建立了稽查、征管、计会、文秘等业务联系题库。各基层局按照市地税局的统一部署，开展干部教育培训工作。当年，全市地税系统开展专门业务培训 39 次，培训人员达到 1829 人次，开展更新知识培训 15 次，培训人员达到 552 人次。鼓励干部参加学历教育。全年全局大专以上学历的达 358 人，占总人数的 67.8%。完善业务学习奖惩制度。当年，参加市地税局季度会考的人员

517 人次，奖励基金 2 万元，处罚基金 1.8 万元。开展选拔全市业务能手和优秀股所长活动，131 名股所长参加了业务练兵考试。在全市业务能手选拔考试中，命名了 15 个业务能手。

2002 年，狠抓业务能手选拔和培训。精选 30 名培训对象进行集中封闭培训，细化培训内容，聘请 16 名教师进行授课和讲解，强化练题考试，进行 30 多次模拟考试，引入淘汰机制，筛选出 9 人参加了省地税局的业务能手考试，以 7 名选手入选、77.8% 的入选率居全省地税系统第一名。做好公务员初任培训工作，对 2001 年考录的 93 名公务员进行了严格的全封闭初任培训。组织了公务员的执法资格考试。继续完善业务学习奖惩制度。坚持县（区）地税局季度统考和市地税局季度抽考，全年参加市地税局季度抽考的人员达到 400 多人次，奖励金额达到 3 万余元，处罚金额达到了 3.8 万元。组织开展了全市地税系统业务大比武活动。此次比武共设了业务竞答、业务考试、模拟查账、文字录入、计算机操作、文秘 6 个项目。通过近半个月的比武，盂县地税局、城区地税局、矿区地税局获得了 6 项比武的团体前三名，市地税稽查局获得业务竞答比赛团体第一名，城区地税局获得业务考试团体第一名，矿区地税局获得模拟查账团体第一名，市地税直属一分局获得文秘写作团体第一名，市地税局机关获得文字录入第一名，盂县地税局获得计算机操作团体第一名。赵书传、王继莲等 5 名选手分获文秘写作、业务考试等 5 项比武的第一名。参加比武 279 人次，单项个人奖和单项团体奖最高奖金均为 1000 元，综合个人奖和团体奖最高奖奖金均为 3000 元。比武结束后，市地税局召开了总结表彰会，拿出 40000 余元对获奖单位和优胜选手进行了奖励。当年，还抽调有关业务人员建立了稽查、征管、计会、文秘等业务练习题库，开展了更新知识工作，并拨出 10 余万元专款进行了业务培训。全年全系统开展专门业务培训 49 次，培训人员 2029 人次，开展更新知识培训 17 次，培训人员 561 人次。

2003 年，制定下发《阳泉市地方税务局党组关于学习中共十六届三中全会精神的通知》，重点学习全会作出的《中共中央关于完善社会主义市场经济体制若干问题的决定》。强化业务学习培训，一是加强了“一法一则”学习培训。2 月，市地税局组织机关全体干部、各基层局分管局长、征管科长和业务骨干进行了重点培训，各基层局也按照市地税局的要求，组织了全员培训。8 月，组织了全系统“一法一则”统考，派出 8 名地税干部参加了全省地税系统的“一法一则”抽考，取得了全省地税系统第二名的好成绩。二是加强税务业务师资力量的选拔和培训。市地税局根据往年历次考试的成绩，从各单位精选出 60 名学员分两个阶段集中封闭培训，进行了 10 多次的考试，提高了各级师资力量的业务水平。三是组织开展第二届业务比武活动，活动分税收业务知识竞赛、税收业务考试、财会知识考试、模拟查账、计算机操作、文秘写作 6 个项目组织实施了比武活动。全系统参加比武 150 多人次，市地税局对成绩优秀的单位和个人进行了隆重表彰。全年全系统开展专门业务培训 60 多次，培训人员 1600 多人次，参加市地税局季度抽考的人员 500 多人次。在各类业务考试中，各单位先后对 160 多人次进行了奖励，奖励金额累计达 11 万元，对 100 多人次进行了处罚，处罚金额 5 万元。

2004 年，制定下发《阳泉市地方税务局党组关于学习中共十六届四中全会精神的通知》，重点学习全会作出的《中共中央关于加强中共执政能力建设的决定》；组织开展了“三个条例”（《中国共产党纪律处分条例》《中国共产党党员监督条例》和《中国共产党党员保障条例》）的学习，举办了科级干部更新知识培训班，参加培训的人员包括全市地税系统副科级以上所有干部和市地税局机关全体共计 140 多人。在业务学习和培训方面，一是加强行政许可法的学习培训。组织人员参加了全省地税系统的行政许可法抽考，取得了好成绩。二是狠抓业务能手的选拔和培训工作。精选出 60 名学员进行第一轮的集中培训，又从中择优选出 30 人进行第二轮集中封闭培训。最后选出 13 名选手，组成参赛队伍参加了省地税局建局 10 年的首次业务比武，取得了第三名。选拔出 9 名选手参加全省地税系统业务能手考试，7 名选手被省地税局授予业务能手称号。三是组织开展了全市地税系统第三届业务比武活动。参加比武人数 150 多人次。全年全系统开展专门业务培训 60 多次，培训人员 1600 人次，参加市地税局季度抽考的人员 500 余人次。在各类业务考试中，各单位先后对 160 多人次进行了奖励，奖励金额累计达 10 万元，对 100 多人次进行了处罚，处罚金额达到了 5 万元。在学历教育方面，全年全系统干部职工大专以上学历占总人数的 82.6%，比 2003 年提高了 3 个百分点。9 月，省地税局组织召开的全省地税系统征收管理暨基层建设工作会议上，撰写的《健全机制，强化激励，常抓不懈，努力提高干部队伍素质》进行了大会经验交流，此项工作受到了省地税局的好评。

2005 年，组织干部职工认真学习《中华人民共和国公务员法》；开展中共十六届五中全会会议精神的学习，制定下发《阳泉市地方税务局党组关于学习中共十六届五中全会精神的通知》;组织开展了对“三个规定”（《山西省推荐领导干部工作规定》《山西省考察领导干部工作规定》《山西省讨论决定领导干部工作规定》）的学习，对干部人事制度执行情况进行了一次全面总结和自查；组织开展了对中央有关决定、相关重要文件精神、有关领导讲话等的学习。业务学习教育方面，继续坚持按季考试、考必奖惩的考试制度。强化业务能手的选拔和培训工作。5 月，精选出 60 名学员进行第一轮集中培训。7 月，又从中择优选择了 30 人，进行了 70 多天的集中封闭培训。10 月，选拔 9 名选手参加了全省地税系统业务能手的考试，全部被省地税局授予业务能手称号，人选率居全省第一名。对干部职工进行计算机应用全员培训，第一批120人通过了一级考试，占总人数的20%。学历教育方面，全局干部职工大专以上人员达87%。开展专门业务培训40多次，培训人员达到了1000多人次。在各类业务考试中，各单位先后对160多人次进行了奖励，奖励金额累计10万元，对100多人次进行了处罚，处罚金额5万元。

2006年，制定下发《阳泉市地方税务局党组关于学习中共十六届六中全会和省第九次党代会精神的通知》，加强了政治学习。组织开展了2006年全市业务比武活动。9月，举办了2006年全市地税系统业务比武活动，进行了文秘写作、模拟查账、财会知识、计算机操作、税收业务考试、税收业务知识竞赛6个项目的考试，参加比武的选手219名。29日，召开了总结表彰大会，对获奖选手进行了表彰和奖励。省地税局局长卢晓中到会并对阳泉地税局的做法做出肯定。9月，200余名干部职工参加了计算机国家一级考试。当年全系统所有50岁以下的535名干部职工全部接受计算机应用培训，通过率达到97%。选拔基层一线地税干部，组织参加了省地税局开展的以税收管理员、税务稽查人员、办税服务厅人员、反避税人员和税收统计分析人员为主的“六员”培训，加强了对“六员”培训工作的日常管理与监督及考核工作，将考核列入年度目标责任制考核。学历教育方面，全市地税系统干部职工大专以上学历86.53%，比2005年增长了3个百分点。

2007年，组织全局干部职工学习了中共十七大的有关文件、党章和胡锦涛讲话。加强“作风建设年、狠抓落实年”活动的各项学习，组织全体干部职工学习了《中国共产党章程》和有关加强作风建设的重要文件；学习了《建立健全教育、制度、监督并重的惩治和预防腐败体系实施纲要》；学习了省地税局和市委出台的进一步转变作风、狠抓工作落实各项指示和工作要求，狠抓作风建设和各项工作任务的落实。抓好党组中心组学习，全年开展了12次集体学习。抓好干部职工的日常政治学习，市地税局机关坚持每周五学习，各基层局经常组织开展对中央有关决定、相关重要文件和上级有关领导讲话等的学习。采取“请进来”“走出去”的学习办法，多次请党校的专家教授进行授课，多次组织广大干部职工通过视频的方式参加上级部门组织的专家授课；组织干部职工到革命老区学习老革命家的光荣传统。业务学习教育方面，加强干部职工的日常业务学习。从上到下层层坚持了周五集中学习制度、每日班前学习等制度。完善了以提高干部职工岗位业务能力为重点的市县两级联考制度，各县（区）地税局、市直分局每季度组织税务干部进行全员考试，在此基础上，市地税局每季度按一定比例组织税务干部进行业务抽考。完善了业务考试奖惩激励机制，规定在市地税局组织的季度考试中，对排名前5名和后5名的分别给予奖励惩罚。在提拔使用干部时，将历次业务考试的成绩作为重要的参考因素，并且将学习考试成绩列为单位和个人评先评优的重要条件。建立了待岗机制，对全年考试平均成绩排在最后的人员按照5%的比例实行待岗。开展岗位培训。按计划分期、分批组织不同岗位的干部职工进行培训，组织开展了“五员”业务培训公共管理核心内容培训，组织计会、征管、税政人员进行了税收预警机制培训，组织税收征管人员进行了新版综合征管软件的培训，参加了4月省地税局组织的税收管理员抽考和5月全国税务系统税收管理员业务考试。以省级业务能手选拔考试为契机，对26名业务骨干进行了封闭培训。选派了3批税务所长和1批科级干部、1批省级师资人员参加了省地税局组织的培训。从各基层局精选出26名学员，从7月开始进行了100多天的集中封闭培训。10月，选拔出9名选手参加了全省地税系统业务能手的考试，8人被省地税局授予业务能手称号，其中4人进入前10名，入选率居全省第一名。

2008年，抓好党组中心组学习。组织学习了中共十六大、中共十七大中关于科学发展观的一系列重要论述。抓好干部职工的日常政治学习。业务学习教育方面，按照《全省地税系统公务员公共管理核心内容培训实施方案》的要求，做好各级地税部门公务员公共管理核心内容培训，保证了全员通过。以稽查人员和税收管理员培训为重点，举办各类培训班。举办了公共管理高级研修、新企业所得税法培训、征管软件操作培训、征管规程培训、稽查人员培训等各类培训班7期，培训656人次；各基层局也结合实际，邀请省、市专业人员举办了更新知识培训、征管软件操作培训、征管规程培训、税收管理员培训等各类培训班5期，培训409人次。3—4月，首次在清华大学举办了两期科级以上干部全体参加的培训班。组织人员参加省地税局组织的各类培训。组织基层局长、税务所长、师资等人员参加省地税局组织处级干部培训班，第三期税务所所长培训班和第七期师资培训班。组织开展了全市地税系统第五届业务技能比武，设置了信息岗位人员比武、税收管理员岗位人员比武、税收计会岗位人员比武、开票岗位人员比武、公文写作比武、税收业务岗位人员6个项目，全市地税系统111人参加了比武。组织参加了全省地税系统技能比武。7月，对干部职工进行了新征管软件操作技能培训。在强化培训的基础上，选出税收管理员、计会人员、税务所长、信息技术人员、开票人员、登记人员12人参加了省地税局组织的“全省地税系统新征管软件操作技能比武”，有7人分别获得了个人二等奖和三等奖，获奖人数居全省地税系统11个参赛单位之首，同时取得了团体第二名的好成绩。在学历教育方面，鼓励干部职工参加提高学历的自学考试、计算机等级考试、注册会计师、注册税务师和律师资格考试，鼓励干部职工利用工作之余进行学历再教育，全年全系统干部职工大专以上学历达到了550人，比例达89%。

2009年，政治理论学习教育方面，一是继续抓好中共十七届四中全会精神的学习；

二是抓好对吴大观和“右玉精神”的学习。把学习“右玉精神”与学习贯彻中共十七届四中全会精神结合起来，与加强党性修养和作风建设结合起来，把学习弘扬“右玉精神”作为加强作风建设和干部队伍建设的一项重要内容。业务学习教育方面，一是继续坚持按季考试、考必奖惩的考试制度。继续坚持和完善了业务学习奖惩制度。二是举办了稽查人员业务培训班。3 月初，对参加考试的稽查人员进行了集中封闭培训，3 月 28 日组织考试人员到省地税局参加了考试。三是举办了新综合征管软件各岗位人员培训班。3 月，对全市地税系统税收管理员、税务所长（管理科长）、计会人员、开票人员、登记人员、信息人员、基层局长等岗位近 200 名干部职工进行了分类培训。四是坚持开展全员培训，对内先后举办了新企业所得税法培训班、征管软件操作分岗位培训班、稽查人员培训班、个人所得税系统上线培训班、税收预警知识培训班、业务骨干培训班等各类培训班 11 期，培训 570 多人次；各基层局结合实际，先后举办了更新知识培训班、征管软件操作培训班、企业所得税培训班、个人所得税培训班、税收管理员培训班、税收政策培训班、财会知识培训班、税收预警知识培训班、公文处理与文秘写作培训班等各类培训班 91 期，培训 2500 多人次。开展对外培训，针对纳税人先后举办了个人所得税软件培训班、企业所得税培训班、金融税收政策培训班、税收新政策培训班等 18 期，培训纳税人 1100 多人次，使纳税人及时了解和掌握最新的税收政策。五是组织开展了税收业务骨干培训，从 6 月底开始，利用星期六、星期日对各单位的业务尖子进行培训，通过考试，选拔选手进行再次的集中培训。先后组织授课 50 多天 400 多课时，组织考试 30 多次。9 月，在省地税局组织的全省地税系统省级业务能手选拔考试中，选派的 9 名选手全部入选，入选率全省第一。六是组织税务干部参加省地税局组织的处级干部培训班、税务所所长培训班和师资人员培训班。

2010 年，政治理论学习教育方面。9 月，组织市地税局机关各科室负责人，市直各局和县（区）局一把手到右玉县实地参观学习。转发了《关于在全省地税系统持续深入开展争做人民满意的公务员活动的实施方案》，要求全市地税系统精心组织，统筹坚固，确保活动取得实效。业务学习教育方面，按照年初制定的干部培训计划，定期组织开展季度考试，及时对考试情况进行了通报。加强了对干部职工的业务培训，先后组织参加了省地税局组织的各类培训 35 期，参加人员达到了 132 人次，市地税局举办了财税库银横向电子联网、重点税源监控分析、征管软件监控分析、土地增值税业务、业务骨干等各类培训班 15 期，参训人员达到了 776 人次。各基层局按照培训计划组织了综合征管软件操作、征管文书上线、税务稽查、两税比对、财税库银横向联网、企业所得税、个人所得税等各类培训班 111 期，参训人员 4259 人次。组织开展了全市地税系统第六届业务比武。制定下发了《阳泉市地税系统第六届业务比武实施方案》，业务比武设税务征收人员、税收管理员、税务所长、各分局管理科长、各局分管业务的班子成员、征管股（科）长、计会股（科）长、基金征管人员、信息技术人员共9个岗位，基本涵盖了税收业务岗位，在这些岗位上工作并符合年龄要求的干部职工全部参加，参赛人员达296人，占全系统干部职工的48.9%，占征收一线人员的90%以上，应考人员参赛率达到99%。组织参加了全省地税系统业务比武活动。年初，制定下发了《关于下达2010年干部教育培训计划的通知》，对全年的教育培训工作做了详细的安排，结合工作实际，组织开展了征管软件专项培训，各基层单位也都对本单位的干部职工进行专门培训。市地税局业务比武后，抽调人员进行了封闭培训。10月31日，参加了全省地税系统业务比武活动，市地税局选拔的9名选手参加了省地税局9项单项比武和团体比武，8名选手获得表彰，其中2名选手获得个人比武一等奖，4名选手获得个人比武二等奖，2名选手获得个人比武三等奖，个人获奖人数名列全省单项比武第一名。学历教育方面，组织开展了委托培养博士、硕士研究生工作，对取得博士、硕士学位人员，按照相关规定，给予学费、教材费、交通费等适当比例的报销，通过相关政策鼓励，干部职工积极攻读博士、硕士学位。当年，全市地税系统有博士研究生1人，硕士研究生20人（其中在读18人），大专以上人员占干部职工的90.23%。

2011年，制定下发《阳泉市地方税务局党组关于学习胡锦涛总书记在建党九十周年大会上的讲话的通知》，组织全局干部职工认真学习。业务学习教育方面，将全员培训作为强化队伍建设的重点工作，坚持每周二下午定期组织开展政治业务学习。分批在浙江大学和吉林大学举办了4期科学发展主题培训班。举办了业务能手选拔培训、企业所得税培训、政策法规培训、机打发票培训、税源监控培训、网上申报培训等各类培训班35期，培训干部790余人次。组织开展业务骨干培训，明确了市、县分级培训的范围，加强了市、县（区）两级师资队伍建设，加大了对培训教育的投入。先后组织授课40多课时，考试20多次。在当年全省地税系统省级业务能手选拔考试中，选派的9名选手全部考取省级业务能手，以入选率100%的成绩获得全省第一名，其中有3人进入全省前10名，郗涛获税收法制单科全省第一名。在国家税务总局企业所得税业务知识考试中，在全省各地市排名第一，7人进入全省前20名，是阳泉市地税局组建后第一次在国家级考试中名列全省第一。市地税直属二分局在全省地税系统直属二分局业务竞赛中获得一等奖。

2012年，制定下发《阳泉市地方税务局党组关于学习宣传贯彻中共十八大会议精神的通知》和《阳泉市地方税务局学习宣传贯彻中共十八大精神工作方案》，学习贯彻中共十八大精神专题会议。业务学习教育方面，坚持县（区）局每季业务统考和市地税局按季组织业务抽考制度，形成了“每季必考、考必通报”的学习激励机制。在坚持和完善制度的同时，采取“请进来”和“走出去”的培训方式，每季邀请一名专家学者为全市地税干部举办一次高端讲座，先后邀请中国人民大学、北京大学、省委党校、市委党校教授为干部职工作了形势、依法行政、学习中共十八大精神等方面的讲座。组织干部职工赴四川大学、厦门大学进行了科学发展主题的集中培训。同时，实行了处级干部讲课制度，处级干部人人登台、个个授课，领导干部示范，带动了全员学习。当年，以全省地税系统业务抽考为契机，举办了小企业会计准则、税收政策法规培训、企业所得税培训、文秘写作培训等各类培训班 134 期，培训干部 4555 人次。10 月底，全省地税系统业务抽考中，参考人员以总分 984 分、平均 82 分的成绩取得全省业务抽考团体第一名的好成绩。

2013 年，以学习宣传贯彻中共十八大、中共十八届三中全会、习近平系列讲话精神为重点，认真抓好党组中心组的学习，提高了班子成员分析和解决问题的能力。对全系统学习宣传贯彻中共十八大精神作出了安排部署。印发了市县局班子成员大宣讲、领导干部大调研、百名税干大宣传活动 3 个实施方案，市地税局领导深入包片基层局进行了中共十八大精神专题宣讲，结合工作实际，开展专题调研，税务干部深入企业宣传中共十八大精神和税收政策。中共十八届三中全会召开后，市地税局党组中心组及时学习了会议精神。在业务学习教育方面，坚持多年来形成的县（区）地税局每季业务统考和市地税局按季组织业务抽考制度。创新学习形式,采取了“请进来”和“走出去”的培训方式，全面提升学习层次。先后邀请了国家发改委、清华大学、中国人民大学、市委党校的教授为干部职工作了经济形势、文化强国、税制改革、语言艺术方面的讲座。组织干部职工赴北京大学进行了学习贯彻中共十八大精神专题培训，组织业务骨干在山西财经大学进行了财会知识专题培训。坚持每周二日常学习。学习中共十八大和中共十八届三中全会精神，学习习近平系列讲话精神。实行了科（室）负责人讲课制度，科（室）负责人人人登台、个个授课。举办了业务骨干封闭培训、“金税三期”相关培训、税收政策法规培训、所得税培训、重点税源监控培训、党务干部培训、廉政教育培训等各类培训班 125 期，培训干部 4667 人次。7 月，按照“各单位强化培训——市地税局组织考试——确定业务骨干——开展封闭培训——择优选拔人员”的程序，抓好业务骨干的培训。选出选手进行集中封闭培训。10 月底，按省地税局下达的参赛名额,选出 9 人参加全省业务能手考试竞赛,全部入选省地税局业务能手,以入选率 100% 的成绩蝉联全省地税系统团体第一名。

2014 年年初，制定下发《2014 全市地税系统干部教育培训计划》，提出了以工作和业务需求为导向，抓好全员培训；以队伍素质长远发展为导向，抓好业务骨干后备人才培训；以促学促训为导向，抓好业务抽考；以更新知识需要为导向，抓好自主选学培训；以干部职工多样化学习需求为导向，抓好干部在线学习的“以五个导向为抓手，大力推进全员干部教育培训”的干部教育培训工作思路，并狠抓落实。组织干部职工以中共十八大、中共十八届三中、四中全会精神和习近平系列重要讲话精神为重点，邀请党校老师、讲师团成员、先进典型代表和专家学者来授课，并采取专题培训、学习研讨、自主学习等方式，加强干部职工政治理论学习。业务学习教育方面，探索建立和完善抽考激励机制，实行每个季度按岗位、按人员类别确定抽考对象，将各基层局班子成员、税务所所长（业务科股长）、税收管理员（办税服务厅人员）、新录用公务员等分季度确定为抽考对象，组织季度抽考。2月，组织新录用的13名公务员参加了省地税局组织的初任培训。针对老中青不同年龄层次税务干部的不同需求，以岗位技能和政策业务为主，分级分类举办各类业务教育培训。全年共组织业务骨干培训、“金三”培训、纳税服务培训、廉政培训等各类培训128期，培训4655人次。知识更新方面，选派人员参加省地税局组织的兼职师资培训班、县（区）局局长培训班、税务所所长培训班、巡视干部业务培训等培训班，组织干部职工走出去进行知识更新培训。年内，基层局和市地税局分别到扬州税务学院、甘肃省委党校苏州培训基地、大连税务高等专科学校、复旦大学等学校进行了更新知识培训。自主学习方面，鼓励干部在岗自学，积极参加高层次学历教育和注册税务师、注册会计师等职业资格考试。同时，充分依托现有的局域网、互联网等网络条件积极开展干部在线学习。

2015年，结合在全省开展的“学习讨论落实活动”和“三严三实”专题教育活动，组织干部职工以中共十八大、中共十八届三中、四中、五中全会精神和“三严三实”的重要论述为重点，邀请市委党校、市委讲师团教授、先进典型代表和专家学者授课，并通过采取专题培训、学习研讨、自主学习等方式，加强干部职工政治理论学习。业务学习教育方面，一是针对老中青不同年龄层次税务干部的不同需求，以岗位技能和政策业务为主，分级分类举办各类业务教育培训。全年全系统共组织开展规费业务培训、《全国税收征管规范（1.0版）》培训、企业所得税年度纳税申报表培训、纳税服务培训、党务干部培训、廉政教育培训、网络安全信息化管理培训、督查内审业务知识培训等各类培训班109期，参训5234人次。二是组织好新公务员初任培训工作。1月和3月，分别组织2014年新录用的12名公务员参加了省地税局组织的初任培训。三是开展省级业务能手选拔培训。7月，组织全系统业务能手暨省地税局业务能手集训人员选拔考试，选出37名人员，经过3个多月集中学习，派出23人参加了省地税局业务能手选拔考试，其中16人在全省500名参考人员中获得了省级业务能手称号，通过率全省第一。知识更新方面，选派人员参加了省地税局组织的兼职师资培训班、处级干部任职和更新知识培训班、税务所所长更新知识培训班、新版企业所得税年度纳税申报表培训班、巡视干部业务培训班等培训班。组织干部职工分别到浙江省税务干部学校、哈尔滨工业大学、大连税务高等专科学校、全国干部教育培训武汉大学基地组织了多期更新知识培训。自主学习方面，鼓励干部在岗自学，积极参加高层次学历教育和注册税务师、注册会计师等职业资格考试。同时，依托现有的局域网、互联网等网络条件积极开展干部在线学习。

2016 年，组织学习习近平系列重要讲话精神，学习贯彻中共十八届三中、四中、五中、六中全会精神，开展“两学一做”学习教育活动，学习《中国共产党章程》以及《中国共产党廉洁自律条例》《中国共产党纪律处分条例》等党内法规。业务学习教育方面，一是按照总局、省地税局关于“岗位大练兵、业务大比武”活动实施方案和 2016 年“岗位大练兵、业务大比武”活动安排，围绕税务干部应知应会知识和业务技能，从行政管理类、纳税服务类、征管评估类、税务稽查类、信息技术类 5 个方面入手，组织开展业务比武活动。8 月 24 日，市地税局组织了岗位竞赛考试，全系统 12 个基层单位和市地税局机关共 267 人参加了竞赛，占全系统干部职工的 42.52%。在此基础上，根据省地税局要求，分岗位按 6% 的比例确定了各岗位可纳入“总局素质提升 115 工程—市级岗位能手项目”的人数。选出行政管理类 3 名，纳税服务类 3 名，征管评估类 7 名，税务稽查类 2 名，信息技术类 1 名为入选“总局素质提升 115 工程—市级岗位能手项目”和市地税局专业人才库人员予以通报表彰。二是组织开展各类培训。全年全系统共组织规费业务培训、税政业务培训、“金税三期”优化版师资培训、纳税服务培训、绩效管理培训、《准则》《条例》暨纪检监察业务培训、360 安全软件及运维管理培训、督查内审业务知识培训等各类培训 154 期，参训 6694 人次。三是选派人员参加了省地税局组织的巡视干部业务培训班、兼职师资培训班、处级干部培训班、业务能手培训班等培训班，圆满完成培训计划。在自主学习方面，充分依托“山西干部在线学院”这一网络平台，开展“干部在线学习”培训，将干部在线学习纳入绩效管理进行考核，规范干部网络培训管理，干部在线学习平台得到充分的运用。2016 年度全系统干部在线平均 40.23 学时，完成了干部在线学习任务。同时，在“互联网 + 税务行动计划”的大背景下，运用山西地税纳税服务、山西税友、中国政府网等微信平台公众号，通过有奖问答、在线浏览等方式掌握税务动态、学习税务知识和最新政治理论，满足了税务干部多样化、个性化的学习需求。

2017 年，加强政治理论学习，深入学习贯彻中共十九大精神和习近平新时代中国特色社会主义思想，全面推动“两学一做”学习教育常态化制度化，开展维护核心、见诸行动主题教育。组织党员干部开展“两学一做”“系列讲话”“十九大精神”天天学在线答题活动，以及省委组织部组织的每月一专题在线答题活动，全系统参与率、答题率均达 100%。加强业务学习和教育培训。制定《2017 全市地税系统干部教育培训计划》，在全系统继续开展“岗位大练兵 业务大比武”活动，全系统 96 人参加市局业务能手选拔，91 人参加市局的岗位竞赛选拔。7 月，市局组织全市地税系统岗位竞赛和业务能手暨省局业务能手集训人员选拔考试，根据考试成绩综合选出 33 名集训人员，开展了强化培训，选派 7 人参加省局岗位竞赛考试，10 人参加省局业务能手选拔考试，最终有 1 人以纳税服务全省第二名的优异成绩获得省级专业业务骨干称号，有 6 人获得了 2017 年省级业务能手称号。继续组织开展各类培训。2017 年全系统共组织了业务能手培训、规费业务培训、税政业务培训、党务干部培训、税务师事务所行政登记和监管培训、纳税服务培训、绩效管理培训、新入党人员纪律教育培训、税务网络身份认证技术培训、督查内审业务知识培训等各类培训班 155 期，参训 6521 人次。同时，积极参加省局组织的培训，选派人员参加了省局组织的巡视干部业务培训班、兼职师资培训班、处级干部培训班、业务能手培训班等培训班，圆满完成培训计划。此外，充分依托“山西干部在线学院”这一网络平台，积极开展“干部在线学习”培训。认真做好中国税务网络大学的推广使用工作。全系统所有正式干部职工均完成了中国税务网络大学的注册工作。运用山西地税纳税服务、山西税友、中国政府网等微信平台公众号，通过有奖问答、在线浏览等方式掌握税务动态、学习税务知识和最新政治理论，进一步丰富了干部自主学习形式，满足广大税务干部多样化、个性化的学习需求。

2018 年上半年，在广泛征求意见的基础上编制完成了《2018 年度全市地税系统教育培训计划》。计划立足实际，努力创新，确定了以“五个着力”为重点推动全市地税教育培训工作再上新台阶的思路。即：以工作和业务需求为导向，着力抓好全员培训；以税务长远发展为导向，着力抓好后备人才培训；以促学促训为导向，组织开展岗位练兵业务比武，着力抓好业务骨干培训；以更新知识为导向，走出去开展培训着力抓好更新知识培训；以满足多样化需求为导向，综合抓好在线学习、学历教育、三师资格考试等，着力抓好复合型人才培养，全面提升干部综合素能，为税收事业发展提供智力支撑。上半年，先后组织开展了所得税、内控平台上线、纳税信用、水资源税、环保税等培训，全系统共举办各类培训 55 期，培训 1897 人次。

第二节　廉政建设

一、廉政教育

1994 年，市地税局成立之初，加强廉政教育，建立学习制度，先后组织干部职工学习中共十三届三中、四中全会精神和邓小平文选等文献。开展“比学习、看效果；

比思想、看贡献；比工作、看成绩；比作风、看行动”的“四比四看”活动，提高干部职工的廉洁自律意识和拒腐防变能力。盂县地税局、郊区地税局组织学习了《领导干部廉洁自律五条规定》。

1995年，开展勤政廉政教育。组织干部职工学习《中国共产党章程》和邓小平建设有中国特色社会主义理论。组织党员干部到狮脑山百团大战纪念碑进行廉政教育。开展“不以权谋私，带头廉洁自律；不奢侈腐化，带头艰苦奋斗；不贪污受贿，带头奉公守法；不分亲疏远近，带头依法办事；不徇私枉法，带头秉公执法”的“五不带头”活动，营造地税系统反腐倡廉氛围。郊区地税局组织学习《山西省税务系统工作人员行政奖惩工作暂行办法》，市地税局第一分局制定下发《关于工作人员不准接受纳税户宴请和礼品的规定》。

1996年，邀请市审计局和山西财经学院专家进行廉政教育讲座。组织干部职工进行2次廉政知识考试。5月，开展了机关思想、作风、纪律整顿，重点是“整政风、整廉风、整作风”的“整三风”活动。盂县地税局制定下发了《盂县地税干部廉政制度》。

1997年，实施廉政建设“333工程”工作思路，即完成好领导干部的廉洁自律、大案要案的查处、纠正行业不正之风三项任务；开展好党性、宗旨、三观教育；建立起道德、纪律、法规三条防线。组织干部职工学习《中国共产党纪律处分条例（试行）》和《中国共产党领导干部廉洁从政若干准则（试行）》等“六个条规”，提出贯彻落实意见。参加省地税局举办的各地市地税系统党组书记、局长、纪检组长《廉政准则》培训班。6月，举办全市地税系统副科级以上干部廉政准则培训班。

1998年，先后制定下发了《谈话告诫制度》《税务人员职务违法行为责任追究办法》《廉政责任制考核办法》《干部任期责任审计规定》《内部审计工作规范化实施办法》《税务干部职业道德行为规范》《领导干部廉政档案管理办法》等7项廉政制度，筑牢廉政基础。市地税直属三分局实行以“廉”促“收”，制定下发了《反对官僚主义斗争实施意见》。

1999年，贯彻落实中共中央《八项规定》，清理通信工具，实行电话费包干制，严格会议接待标准，实行招待费审批制度，厉行节约，反对铺张浪费。在全市地税系统开展争当“廉政标兵”活动。郊区地税局开展讲学习、讲政治、讲正气的“三讲”教育活动。

2000年，制定《阳泉市地税系统税务人员职务违法行为责任追究操作规程》和“禁酒令”。建立党风廉政建设目标责任制落实情况定期汇报制度。组织开展廉政知识和党纪条规知识考试。开展警示教育活动，对照《关于1999年度全省地税系统违法违纪案件情况通报》中的案例和胡长清、成克杰案件，深刻反思。组织干部职工观看《生死抉择》和《一个被钱和色推向深渊的领导干部》等警示教育片，营造文明、廉洁、高效的工作氛围。郊区地税局组织学习"税务人员十五不准"内容。

2001年，在干部职工中开展"人该如何做？权该如何用？法该如何执？"的廉政大讨论。组织干部职工观看《厦门特大走私案》和《责任的呼唤》等警示教育片，为副科级以上干部发放《邓小平论党风廉政建设与反腐败》《警示教育读本》等书籍。组织开展廉政知识考试，把党风廉政建设知识和党纪条规知识列为每季政治理论考试的重点内容，教育干部职工知法、守法。

2002年，组织干部职工学习邓小平、江泽民关于党风廉政建设的一系列论述。组织开展廉政大讨论，做到警钟长鸣。制定下发了《关于加强对税收执法权和行政管理权监督制约的实施办法（试行）》。市地税直属三分局组织干部职工赴阳泉一监开展廉政警示教育。市地税局稽查局实行稽查廉政监督反馈卡。

2003年，组织干部职工学习"三个代表"重要思想和胡锦涛在西柏坡的讲话精神。开展党性党风党纪教育，提高干部职工的公仆意识和拒腐防变能力。组织开展"清清白白当公仆"主题教育活动，增强干部职工宗旨意识、公仆意识和坚持"两个务必"的自觉性。组织观看《慕绥新、马向东等案件透析》和《李真案件启示录》等警示教育片。全市地税系统处级干部参加市纪委组织的廉政知识答题活动，并取得较好成绩。制定《阳泉市地税系统行风监督员管理办法》《领导班子民主生活会规定》《对下级主要领导干部廉政谈话的规定》《阳泉市地税系统纪检监察工作管理办法》《重要案件线索报告制度的实施办法》《阳泉市地税系统纪检监察信访工作暂行办法》《阳泉市地税系统谈话诫勉办法》等7项廉政制度。盂县地税局制定下发了《"优化发展环境，转变政府职能，树立行业新风"评优评差活动的实施方案》。郊区地税局开展了"艰苦奋斗、廉洁从政"为主题的警示教育。

2004年，邀请中共阳泉市委副书记、市纪委书记林玉平讲授廉政教育课。在全市地税系统科级干部更新知识培训班上，专设廉政教育讲座。组织开展学习贯彻《中国共产党党内监督条例（试行）》和《中国共产党纪律处分条例》等规章制度，并结合实际开展警示教育，转发《2003年全省地税系统违纪违法案件情况通报》等，组织干部职工开展讨论，吸取教训，引以为戒。开展干部职工纪律作风整顿，召开科级干部民主生活会，自查自纠，揭摆存在的问题和工作差距。平定县地税局被县检察院确定为预防职务犯罪联络处，制定下发了《预防职务犯罪工作规则》。郊区地税局开展牢记"两个务必"、弘扬艰苦奋斗作风的学习讨论活动。

2005年，贯彻落实中共中央颁布的《建立健全教育、制度、监督并重的惩治和预防腐败体系实施纲要》，组织干部职工集中学习《实施纲要》和《惩防体系〈实施纲要〉

学习辅导问答》，观看中纪委下发的《实施纲要》辅导报告光碟，组织党员领导干部进行两个《纲要》知识竞答考试。制定地税部门《实施纲要》的实施办法（讨论稿），推动地税部门惩防体系不断健全和完善。集中开展警示教育活动，收看省纪委副书记李潭生作的廉政专题辅导报告，组织观看《内蒙古第一贪——肖占武受贿案警示》等廉政教育片。修订完善"三谈两述"制度，即纪检组负责人同下级主要负责人谈话制度、领导干部任前廉政谈话制度、诫勉谈话制度和述职述廉制度。郊区地税局开展警示教育系列活动。市地税直属三分局开展增强"五个意识"教育活动。

2006 年，开展理想信念教育，组织干部职工学习胡锦涛在中纪委六次全会上的讲话，深入开展社会主义荣辱观教育，形成讲道德、重修养、尚清廉的良好风气。组织干部职工观看《扭曲的人生》《忏悔录》等反面典型案例电教片，市地税局党组成员、纪检组长张千颂到基层单位巡回讲授党风廉政教育课。制定下发了《阳泉市地税系统廉政文化建设活动方案》，在全市地税系统征集美术、书法、摄影、箴言等反腐倡廉作品。在市地税局内部网站开设"廉政之窗"专栏，从党纪法规、制度建设、警示教育、廉政知识考试等方面构建廉政文化内容，开展网上视频教育课程，通过网络让干部职工接受廉政文化的熏陶和教育。10 月，在阳泉市组织的"唱正气歌、树荣辱观"廉政歌曲大合唱比赛中，市地税局荣获"特别奖"。11 月 16 日，在省地税局组织的廉政文化经验交流现场会上，市地税局撰写的《风清气正税自丰——阳泉市地方税务局廉政文化建设纪实》，作为全省地税系统 4 家经验交流单位之一，进行大会交流。制定《明察暗访考核办法》《建立健全惩治和预防腐败体系实施办法》《阳泉市地方税务局廉政教育制度》《阳泉市地方税务局税务行政过错责任追究实施办法》《阳泉市地方税务局涉税事项公示公告制度》《阳泉市地方税务局涉税咨询、举报、投诉事项工作规程》《阳泉市地方税务局行政首长问责制暂行办法》7 项廉政制度。

2007 年，组织干部职工学习《中国共产党章程》和胡锦涛倡导的"八个方面"良好风气的具体内容，学习中国共产党有关作风建设的重要文件，学习毛泽东、邓小平、江泽民等领导人对中国共产党作风建设的论述，学习《建立健全教育、制度、监督并重的惩治和预防腐败体系实施纲要》。以"环境向廉、家庭助廉、读书倡廉、谈话促廉、媒体传廉、案例警廉"为主线，推进税务廉政文化建设。通过"一张廉政贺卡、一堂廉政教育课、一次廉政形势分析会、一份廉政承诺书、一条廉政文化短信、一幅廉政文化对联、一篇廉政题材征文"活动，将反腐倡廉要求渗透到日常工作生活中。

2008 年，组织各基层局巡回播放《用生命铸就忠诚——记抗灾英雄李彬》和《走上被告席的大法官——吴振汉受贿案警示录》等廉政教育片。组织干部职工学习中共中央《建立健全惩治和预防腐败体系 2008—2012 年工作规划》、省委《实施办法》和市委《实施细则》，深刻把握3个文件的精神内涵。以纪念纪检监察机关恢复重建30周年为契机，开展反腐倡廉专题调研活动，制作廉政宣传版面，组织廉政知识答题考试，举办廉政格言警句和书法摄影展等。制定下发了《阳泉市地方税务局层级监督制度》《阳泉市地方税务局工作人员外出登记管理制度》《阳泉市地方税务局工作人员离岗告示制度》《阳泉市地方税务局工作人员违反工作纪律处理规定》4项廉政制度。盂县局制定党风廉政和政风建设主要工作任务分解表。郊区地税局开展“服务在身边，地税伴您行”主题活动。

2009年，加强廉政知识学习。组织干部职工学习《中国共产党巡视工作条例（试行）》《关于实行党政领导干部问责的暂行规定》《国有企业领导人员廉洁从业若干规定》《关于开展工程建设领域突出问题专项治理工作的意见》等文件精神，强化学习教育、责任落实、效能监察和制度健全，筑起廉政防线。制定《阳泉市地方税务局煤焦领域税费基金征管重点环节监管制度》。郊区地税局开展贯彻落实《建立健全惩治和预防腐败体系2008—2012年工作规划》知识答题活动。

2010年，组织处级干部参加全市领导干部反腐倡廉教育报告会，开展《山西省预防职务犯罪工作条例》知识答题和党员干部党纪条规知识考试，集中学习《中国共产党党员领导干部廉洁从政若干准则》和《领导干部报告个人有关事项的规定》等规章制度，观看《小官大贪》警示教育片和《建国大业》等电视电影片。制定下发《全市地税系统反腐倡廉宣教政研工作要点》，以撰写廉政论文、开展警示教育和红色教育、举办廉政书画作品展等为载体，用健康向上的廉政文化教育熏陶干部职工，营造廉政勤政氛围。市地税局在全省地税系统科级以上领导干部《廉政准则》统考中取得好成绩，受到省地税局通报表彰。制定下发《阳泉市地方税务局预防职务犯罪工作实施办法》《阳泉市地方税务局政风行风公开承诺》《阳泉市地税系统税源管理科和税务所工作人员述职述廉的实施办法》《阳泉市地税系统廉政预警制度》《阳泉市地方税务局关于进一步加强基层税务所、办税服务厅政风行风建设的意见》《阳泉市地税系统一案双查双报告制度》6项廉政制度。平定县地税局被县委、县政府确定为学习贯彻实施《廉政准则》联系点，参加县纪委组织的平定县“水务杯”《廉政准则》暨“四项监督制度”知识竞赛活动。盂县地税局、郊区地税局组织干部职工学习《廉政准则》，开展《廉政准则》知识答题。

2011年，制定下发《关于组织学习省纪委贯彻中央纪委六次全会精神大会主要精神的通知》和《学习贯彻总局中国共产党党员领导干部廉洁从政若干准则实施办法的通知》，组织干部职工学习《税务系统领导干部廉洁从政八不准》，为领导干部发放《反腐倡廉10个热点问题》等学习书籍，加强领导干部从政道德建设。组织参加“阳泉市'建行杯'反腐倡廉书法、篆刻、绘画、摄影展"。7月29日，市地税局党组成员、纪检组长李巨荣为各单位、各部门负责人讲授廉政警示教育课。盂县地税局组织干部职工观看《没有规划好的人生》和《"正风肃纪、创优环境"》警示教育资料片。郊区地税局开展反腐倡廉演讲比赛。市地税直属四分局制定《阳泉市地税直属四分局政治理论学习制度》和《阳泉市地税四分局民主生活会制度》。

2012年，组织干部职工学习中共中央、省、市关于反腐倡廉的工作要求，学习国家税务总局、省地税局建立健全惩治和预防腐败体系专题片，以《山西地税系统税务干部廉洁从政警示录》为警示，引导和教育干部职工部筑牢思想道德防线，提高自我防范能力。1月，开展作风纪律集中教育整顿月活动，弘扬"右玉精神"，发扬求真务实、艰苦奋斗的优良作风。2月，组织观看《赵生龙严重违法违纪案件》和《造假区长真面目》等警示教育片。8月，市地税局党组成员、纪检组长李巨荣为市地税局机关、市直各局干部职工做题为《谈谈我国的腐败问题及特点》的廉政教育课。10月，组织观看全省廉政文化精品剧目展演阳泉专场《廉吏于成龙》。开辟廉政文化学习园地，交流廉政心得体会、刊登廉政建设文章、发表养廉促廉见解，征集警言警句，初步构建起党风廉政建设"大宣教"工作格局。制定下发《阳泉市地方税务局违诺责任追究办法》《阳泉市地方税务局廉政建设常态化明察暗访制度》《阳泉市地方税务局进一步推进纪检监察案件查办工作实施办法》3项廉政制度。平定县地税局被县纪委确定为创建廉政文化"七进"活动中的廉政文化进机关示范点推荐单位。市稽查局邀请城区反贪局专家为干部职工讲授警示教育课。

2013年，组织干部职工学习《中国共产党章程》《廉政准则》、中共十八大和中纪委二次全会精神，开展理想信念和廉洁从政教育。通过观看廉政警示教育片、学习典型案例、组织各基层局班子成员和市地税局副科级以上干部职工到狮脑山廉政培训教育基地参观学习等方式，开展警示教育。重大节日组织召开廉政工作会，重申各项规定，强化廉洁过节的思想氛围。郊区地税局组织科级干部参观廉政文化美术、书法、摄影展览。

2014年，组织干部职工集中观看《割除毒瘤》和《作风建设永远在路上》等多部廉政警示教育片和典型案例。组织党员领导干部到阳泉一监参观，开展廉政警示教育。组织党员干部到市展览馆集体参观《作风建设永远在路上》主题展览，参观学习中央《八项规定》和各项禁令的具体要求。在全市地税系统的办公电脑（涉密电脑除外）上安装使用"清风阳泉"主题廉政屏保，时刻警醒税务干部清正廉洁。制定下发了《阳泉市地税系统重点岗位监督实施办法（试行）》。盂县地税局被市纪委授予"廉政文化进机关"示范单位。郊区地税局制定《劳务派遣人员违反工作纪律处理规定》。

2015年，分3期对全系统科级以上干部集中进行廉政教育轮训，筑牢干部职工廉政意识。9月，邀请市纪委专家进行廉政教育讲座，邀请市委巡回宣讲团对新修订的《中国共产党廉洁自律准则》和《中国共产党纪律处分条例》作专题报告，组织收看廉政警示教育片，结合典型案例开展廉政警示谈话，营造廉政文化氛围。制定下发了《关于落实党风廉政建设纪检组监督责任的实施意见（试行）》《关于进一步落实党风廉政建设纪检组监督责任的实施意见》《阳泉市地税系统深入开展违规经商办企业专项整治工作实施方案》《关于进一步加强全市地税系统纪检监察干部队伍建设的意见》《关于建立科级干部廉政档案的暂行办法》5项廉政制度。盂县地税局节日期间向干部职工发送廉政短信，发放廉政倡议书。市地税局稽查局开展对照中央《八项规定》精神等查思想、找差距，对照行政管理、干部管理中存在的风险点查行动、找苗头，对照明察暗访、专项整治工作中发现的问题查措施、找良策的“三查三找”活动。

2016年，组织干部职工学习贯彻中共十八届三中、四中、五中、六中全会精神和习近平系列重要讲话精神，学习领会全面从严治党深刻内涵，牢固树立政治意识、大局意识、核心意识、看齐意识。开展纪律教育，组织学习党章党规，在阳泉市委组织的《中国共产党廉洁自律准则》《中国共产党纪律处分条例》竞赛中，市地税局取得笔试团体和个人双第一的优异成绩。组织党员干部收看《贪与悔》和《永远在路上》等廉政教育专题片，开展学习讨论、撰写心得体会。在阳泉市纪委组织的“清风阳泉”微视频征集活动中，市地税局制作的《税务干部八小时以外言行规范》被评为一等奖。11月，市地税局组织“关键少数”赴山西省女子监狱开展警示教育活动，增强党员领导干部的责任意识和纪律意识。制定下发了《党风廉政建设约谈实施办法（试行）》《阳泉市地方税务局县（区）局纪检组向市地税局纪检组报告工作制度》《关于进一步加强全市地税系统基层党风廉政建设的实施意见》《阳泉市地方税务局关于进一步畅通涉纪信访举报渠道的通知》《关于进一步严格落实涉纪涉法有关事项报告报备制度的通知》《关于建立阳泉市地税系统纪检监察部门定期例会制度的通知》《关于进一步加强全市地税系统直属分局党风廉政建设的实施意见》《关于进一步加强对党员干部八小时以外监督管理的意见（试行）》8项廉政制度。盂县地税局邀请省委党校教授做《准则》《条例》专题讲座。郊区地税局邀请律师讲授预防职务犯罪课。

2017年，组织干部职工学习中共十九大精神和《中国共产党章程》、“两准则、四条例”等党内法规。4月，邀请省纪委专家围绕“把纪律挺在前面，预防职务犯罪”进行专题授课。5月，邀请市委常委、组织部长任建华作《中国共产党党组工作条例（试行）》辅导报告。8月，邀请市地税局法律顾问进行依法行政专题讲座。11月，组织开展学习贯彻中共十九大精神落实全面从严治党新要求专题教育。中秋节、国庆前组织各单位“关键少数”开展节前警示教育，推动全面从严治党向基层延伸。组织开展“抓两头、促中间”系列纪律教育活动，先后组织女干部共70余人赴狮脑山百团大战廉政教育基地开展廉政教育，组织中共十八大以来新入党党员和入党积极分子50余人开展“守纪律、讲规矩”专题教育，组织党员干部40余人赴麻田八路军总部纪念馆开展革命传统教育。参加市委组织部举办的“喜迎十九大、永远跟党走”维护核心见诸行动主题教育知识竞赛获得第二名，参加市纪委组织的“清风阳泉”微视频征集活动获得一等奖。组织参加“我的家风家教故事”征文活动和“树清廉家风，创最美家庭”主题演讲比赛，营造廉政氛围。制定下发了《阳泉市地税局党组关于进一步做好落实中央《八项规定》精神、纠正“四风”工作的通知》《阳泉市地方税务局党组关于对扶贫工作加强监督管理的通知》等廉政制度。

2018年，组织干部职工学习习近平新时代中国特色社会主义思想，学习贯彻中共十九大，十九届二中、三中全会精神。开展“抓两头、促中间”系列纪律教育活动，“三八”妇女节组织女干部共70余人赴大寨廉政教育基地开展廉政教育。参加省纪委组织的“清风山西”微视频征集活动，获得三等奖。制定下发了《关于全市地税系统纪检监察管理体制改革实施方案（试行）》。

二、纪检监察

1994年，成立反腐败领导组，开展领导干部廉洁自律、对使用公款或企业资金安装住宅电话、BP机的清理和对无偿占用企业钱物的清理三项工作。建立局长接待日制度，每月设4个接待日。设立举报电话和举报箱，全市地税系统共设举报电话18部，举报箱26个。制定来信来访制度，接待群众来信来访，落实信访事项，做到项项有落实、件件有回音。

1995年11月，成立监察审计科。加强领导干部廉洁自律，实行领导干部及子女婚、丧、嫁、娶申报制度和领导干部参加公款宴请、娱乐活动登记制度。开展反对铺张浪费活动，成立领导组和监督组，设立举报电话，制定《关于严格禁止大操大办的规定》，重申8个方面的具体要求。在全系统开展清房工作，对科级以上干部的住房情况进行调查摸底。

1996年，加强廉政建设。春节前召开反腐败斗争工作会议，安排部署“两节”期间的反腐败工作，提出7个方面的要求。4月，对廉政建设实行目标责任制管理，市地税局纪检组长石润堂与各基层局纪检组长签订廉政目标责任书。开展“一整两反”工作，成立领导组和办公室，设立举报电话，召开会议进行专题安排。组织预算外资金管理情况的自查，市地税局监审科与聘请的市会计事务所人员组成重点检查组对市地税局机关及平定县地税局、盂县地税局、郊区地税局、城区地税局、矿区地税局的财务收支情况，特别是预算外资金和小金库进行重点检查，配合省、市审计部门对1995年的财务收支情况进行审计。开展清理回扣、佣金、手续费工作和汽车、摩托车清理工作。给65名科级以上干部建立廉政档案。

1997年，制定下发“两节”期间做好反腐倡廉工作的文件，安排部署节日期间的反腐败斗争。4月14日，召开全市地税纪检监察工作会议，与各县（区）地税局、市地税局机关各科室签订廉政建设目标责任书，在全市发展义务纪检监察员。召开全市地税系统纪检工作暨推行政务公开现场会，对存在的问题进整改。

1998年，强化“一把手”工程，各级一把手签订廉政目标责任书，廉政工作由一把手负总责。5月，召开反腐倡廉和精神文明建设工作会议，市纪委副书记赵萱到会并讲话。加强内审工作，先后组织各基层地税局开展财务收支审计、票证专项审计、税务事业收费、税款过渡账户、发票保证金管理和使用的重点审计和对两名科级干部的离任审计，对审计中发现的问题进行处理。

1999年，对通信工具进行清理，实行电话费包干制，严格会议接待标准，实行招待费审批制度。加强对全市地税系统的经费、票证、税款、账簿和干部的离任审计，将监督贯穿到日常工作的每一个环节。

2000年，全系统各级地税部门成立党风廉政建设责任制领导组，严格按照“一岗双责”的规定，签订2000年阳泉市地税系统党风廉政建设目标责任书，在全系统形成“一把手”负总责，分管副职各负其责，各部门齐抓共管的党风廉政建设工作局面。加大案件查处力度，提出对有案不查、瞒报案件的严格追究“一把手”和纪检组长的责任。严格重大事项报告制度、收入申报制度及交通、通信工具使用规定，严格会议接待标准。开展向企业或下属单位借钱借物专项清理活动，印制明示书，从上到下逐级进行登记清理。开展内部交叉审计，加大源头治理腐败力度。

2001年，召开党风廉政建设工作会议，表彰“纪检监察先进个人”和“廉政标兵”。市地税局党组书记、局长翟振华与各基层局一把手签订党风廉政建设工作目标责任书，明确一把手负总责，其他分管副职各负其责的党风廉政建设工作责任。坚持党风廉政建设工作目标责任制落实情况定期汇报制度和定期分析制度，各基层局每季度就党风廉政建设向市地税局监审科和纪检组长写出书面报告，市地税局党组每季度召开一次专门会议研究党风廉政建设情况，形成党风廉政建设工作有计划、有安排、有分析、有检查、有落实、有总结的“六有”工作机制。严格执行国务院纠风办、国家经贸委、中国人民银行《关于严禁发放使用各种代币券卡的紧急通知》。开展清理清退税务人员接受赠送礼金、有价证券和支付凭证的工作。对副处级以上领导干部及其配偶出国

（境）情况进行登记。对全系统副科级以上干部参加健身活动接受奖励、赞助情况进行清理。对市地税局和基层地税局的银行账户进行清理，取消不符合规定的账户。强化“两权”监督，完善税收执法、财务、人事等方面的制度。

2002 年 1 月，监审科更名为监察室。督促领导干部加强廉洁自律。对超标配备小汽车、修建豪华住宅和机关办公楼及脱产学历教育等问题进行专项清理，对新提拔的干部进行廉政谈话。中秋节、国庆等节日期间，针对狠刹大操大办歪风问题进行专项督查。强化“两权”监督，市地税局加强“两权”监督经验在省地税局进行了大会经验交流。

2003 年，开展了以转变作风、遵章守纪、勤俭节约和维护稳定为主要内容的领导班子廉洁自律承诺签字活动，接受社会监督。建立健全各级领导班子工作目标责任分解实施意见，全系统各级领导进一步明确对分管部门的党风廉政建设工作所负的总责任和直接领导责任，做到分管业务工作与党风廉政建设工作同部门、同检查、同考核、同落实。完善定期汇报检查制度。各基层局每季度写出书面材料向市地税局纪检组汇报落实党风廉政建设责任制情况，市地税局纪检组每半年对各基层局的党风廉政建设责任制执行情况进行督查检查，并在全系统通报，市地税局党组每半年召开一次专门会议分析党风廉政建设进展情况。引深“两权”监督工作，健全完善加强内部控制、制约权力全过程的各项配套措施。开展“三项清理”工作，成立领导组，贯彻落实《关于制止奢侈浪费行为的意见》《关于清理领导干部多占住房的实施方案》和《关于纠正超标准超编制配备和使用小汽车的实施方案》，开展自查自纠和督查检查。

2004 年，召开党风廉政建设工作会议，安排部署工作任务，签订党风廉政建设目标责任书，落实“一岗两责”要求，形成一级抓一级、层层抓落实的党风廉政建设工作格局。加强廉洁自律工作，各级地税机关落实“一把手”不直接分管财务、人事的规定，遵守《廉政准则》及其他有关廉政规定。8 月，各级地税局班子层层召开领导班子民主生活会，开展批评和自我批评，有针对性地提出整改措施。引深“两权”监督工作，市地税局成立会计核算中心，7 月 1 日起运行，对市地税局机关和市直各局实行财务集中核算，统一财务归口管理，加强财务监管。

2005 年，召开党风廉政建设工作会议，传达贯彻上级会议精神，安排部署工作任务，签订党风廉政建设工作目标责任书，制定下发《阳泉市地税系统 2005 年党风廉政建设与反腐败工作的实施意见》。按照“一岗双责”要求，制定《2005 年全市地税系统党风廉政建设和反腐败工作任务分解意见》，对领导班子成员按照工作分工进行党风廉政建设责任制分解。市地税局召开领导班子专题民主生活会，将落实党风廉政建设责任制情况作为履行工作职责的一项重要内容，相互进行通报和自查。引深"两权"监督工作，细化执法责任，组织编写执法事项作业书，对税收执法各环节的具体事项、操作要求、岗位关系、考核评议、责任追究等进行分解，明确各部门及税收管理员的职责。推进"三项治理"工作，开展制止奢侈浪费专项检查，巩固清车和制止奢侈浪费工作成果，加强单位住房数据库管理，完成干部职工享受公有住房的调查摸底工作，开展干部入股投资煤矿的专项清理工作。

2006年，制定下发《阳泉市地方税务局建立健全惩治和预防腐败体系实施办法》。召开党风廉政建设工作会议，逐级签订党风廉政建设目标责任书，层层制定领导班子成员党风廉政建设工作责任分解意见，形成"一把手"负总责亲自抓、班子成员明确责任分工抓、纪检监察部门具体抓、职能部门密切配合合力抓、广大群众积极参与的廉政责任工作机制。开展税务执法监察工作，制定下发《关于开展税收执法检查（监察）工作的方案》，强化税务执法监察。加强领导干部廉洁自律，严格落实个人重大事项报告、收入申报、述职述廉、民主评议等，规范领导干部廉洁从政行为。开展治理商业贿赂专项工作，制定实施办法，对治理工作重点、工作步骤、工作要求等进行明确，推进专项治理工作。

2007年，召开党风廉政建设工作会议，逐级签订党风廉政建设目标责任书，层层制定2007年领导班子成员党风廉政建设任务分解意见，把廉政责任明确落实到单位领导、职能部门和具体责任人头上。2月8日，召开领导班子加强领导干部作风建设专题民主生活会。5月22日，召开"加强作风建设、促进工作落实"为主题的领导班子民主生活会。8月31日，围绕"吸取'黑砖窑'事件教训，加强领导班子和干部队伍建设"召开领导班子民主生活会。召开会议贯彻落实《中共中央纪委关于严格禁止利用职务上的便利谋取不正当利益的若干规定》，成立领导组及办公室，研究制定贯彻落实《规定》的实施方案，转发省地税局《关于严禁地税人员经商、办企业和在企业兼职的通知》，组织全市各级地税机关党员干部开展自查自纠和对照检查。强化"两权"监督，以落实税收管理员制度为抓手，开展对重点环节和关键部位的监管工作，制定税收管理员实施办法、考核办法和岗位轮换办法，细化岗位职责，规范办事程序，严格工作考核，防范不廉行为和违法违纪问题。平定县地税局实行所长述职述廉制度。

2008年，召开党风廉政建设工作会议，传达贯彻会议精神，安排部署工作任务，与各基层局签订党风廉政建设工作责任书，制定党风廉政建设责任制分解意见。对科级干部年度考核实行大会述职述廉，现场接受群众评议。组织开展对个人通信工具"小灵通"与单位办公电话捆绑使用问题的清理纠正工作。在全系统集中开展煤焦领域反腐败专项斗争，对2003年以来煤焦领域存在的涉税、涉费问题进行专项清理整治。

2009年，召开党风廉政建设工作会议，签订党风廉政建设责任制，制定党风廉政建设责任制分解意见。深化“两权”监督，把“两权”监督检查工作列入党风廉政建设责任制重要考核内容，逐条分解，落实到人，在自查自纠的基础上，加强对党员、中层干部和征收一线的监督。组织开展煤焦领域反腐败专项斗争“回头看”，开展对煤炭可持续发展基金票据管理的专项检查，制定下发《阳泉市地方税务局煤焦领域税费基金征管重点环节监管制度》，对煤焦企业重点环节的执法行为实施监管。全市各级地税机关重点围绕管户清查、税费征缴、票据管理、税收减免缓审批、稽查案件、优惠政策落实、税收执法、干部职工以税谋私8个方面开展督查，对发现的问题进行针对性的整改和治理。强化行政效能监察，制定《2009年全市地税系统行政效能建设及其监察工作要点》，从规范执法、便捷程序、提高效率、优化服务等环节入手，提高地税机关及其工作人员的税收执法效能、税收征管效能、纳税服务效能、行政管理效能和机关办事效能。开展狠刹“三股歪风”自查自纠活动，做到防患于未然。组织开展新税装着装情况检查，保持良好税容风纪。

2010年，推进煤焦领域反腐败斗争，组织开展煤炭生产企业管户清查，做好煤炭企业开户、变更、注销登记管理工作。对煤焦反腐败专项斗争开展以来的资金账务管理和核查清缴资金信息进行核实并录入信息采集软件。开展工程建设领域突出问题专项治理和“回头看”工作，成立领导组，制定实施方案，从规划审批、招标投标、建设程序、工程实施、质量安全、信息公开和资金管理等重点部位和关键环节入手，推进源头治腐。

2011年，召开党风廉政建设工作会议，签订目标责任书，对党风廉政建设和反腐败工作任务进行分解，将全年工作任务分解为40个项目，明确责任领导、责任部门、协办部门在全市地税系统党风廉政建设和反腐败斗争各项任务中所担负的职责、工作要求，形成“纵向到底、横向到边”，一级抓一级、一级带一级、一级对一级负责、层层抓落实的领导责任体系。开展廉政风险防控工作，探索和建立“权力阳光运行、监督全程跟踪、风险动态防控、腐败有效预防”的廉政风险防控机制。8月，召开全市地税系统廉政风险防控工作推进会，全面推开廉政风险防控工作。10月18日，山西省委常委、省纪委书记李兆前到地税部门调研指导廉政风险防控工作，对全市地税系统廉政风险防控工作成效给予肯定。市地税局开展廉政风险防控工作的经验在阳泉市廉政风险防控工作推进会上进行交流。11月，召开全市地税系统廉政风险防控工作汇报暨观摩会，组织各基层局开展学习观摩。加强“两权”监督，制定《关于开展税收执法权和行政管理权监督检查的实施方案》，明确了监督检查的83项内容。9月，开展了为期2个月的“两权”监督抽查检查，对平定县地税局、矿区地税局、开发区地税分局、市地税直属三分局、市地税直属四分局等5个基层局的“两权”运行情况进行监督检查。开展内部审计工作，对基层局的往来款项、固定资产管理等情况进行年度内审，对基层局“一把手”进行离任审计。引深煤焦领域反腐败专项斗争，8月，市地税局在《阳泉日报》上专版刊登《阳泉市煤焦领域行政机关政务公开内容和公开事项公示》，推进欠缴漏缴税费基金专项清理工作。在阳泉市煤焦办对16个涉煤部门的考核中，市地税局排名前列。开展治理工程领域问题“回头看”。制定下发《阳泉市地税系统关于开展清理和规范庆典、研讨会、论坛活动工作的实施方案》，开展自查自纠。制定下发《阳泉市地税系统贯彻落实〈关于开展党政机关公务用车问题专项治理工作实施意见〉的方案》,对全市地税系统公务用车进行专项检查。开展规范津贴、补贴自查自纠工作。开展税收资金安全检查，对各基层局税收票证管理、税款征收核算以及税收资金的实现、入库、退库、欠缴、减免等情况进行检查，规范全市地税系统税收资金的核算管理。平定县地税局、矿区地税局被市地税局确定为廉政风险防控工作试点单位。

2012年，召开党风廉政建设工作会议，制定《党风廉政建设目标责任制考核办法》，形成一级抓一级、层层抓落实的领导责任体系。开发出内控机制考核系统，对执法事项、执法过程、关键环节进行全程监控，实现事前、事中、事后的预警监控。国家税务总局监察局和省地税局纪检组等领导对市地税局内控机制建设情况给予肯定。市地税局代表省地税局在全国税务系统内控机制建设经验交流会上作重点介绍。对副科级以上领导干部落实党风廉政建设责任制情况和个人廉洁自律情况进行民主测评和考核，对基层局“一把手”进行廉政谈话，对新提拔和交流的副科级以上领导干部进行任前谈话。各级地税机关开展狠刹“闲话风、吃喝风、玩乐风”和“工作日饮酒风、领导干部赌博风、婚丧嫁娶借机敛财风”等不良风气的作风建设活动。开展“吃拿卡要”问题专项整治工作，公开15项承诺，接受群众监督。深化“两权”监督，对盂县地税局、郊区地税局、市地税直属五分局3个基层局的“两权”运行情况进行监督检查。

2013年，召开党风廉政建设暨党建工作会议，将市地税局领导班子成员职责范围内的党风廉政建设和惩防体系建设工作分解为40个工作项目。开展“访企查廉”活动，全系统共计访查692户，收集问题整理归纳为3大类16个，收集各类建议60条。加强领导干部廉政建设。分级召开以“廉洁从政、拒腐防变”为主题的领导班子专题民主生活会，班子成员对照《廉政准则》及各项廉洁自律规定，开展批评与自我批评。对副科级以上领导干部落实党风廉政建设责任制情况和个人廉洁自律情况进行民主测评和考核，对新提拔和交流的副科级以上领导干部进行任前廉政谈话。开展整治庸懒散奢、违规用车清退、会员卡清退、治理“吃喝不正之风”、停止新建楼堂馆所和清理办公用房等专项活动。深化内控机制建设，做好《税务干部廉洁自律网络评价系统》升级改造及试点工作，开展“两权”监督检查，对城区地税局、市地税直属一分局、市地税直属二分局等3个基层局的“两权”运行情况进行监督检查。平定县地税局被省地税局确定为税务人员廉洁从税网络评价工作试点单位。

2014年，召开党风廉政建设暨党建工作会议，制定《党风廉政建设目标责任制考核办法》，将党风廉政建设重点工作责任分解为26个项目。开展作风建设“巩固深化拓展”主题活动，对税务干部违规经商办企业情况进行全面清查，对公款吃喝、公车私用和日常工作纪律等方面进行督查检查。对发生重大违法违纪案件的基层局，实行年度工作目标责任制考核“一票否决”。开展“访企查廉”活动，全市地税系统共访查289户。开展规范行政执法行为专项检查和“两节”期间专项整治督查检查。

2015年，制定落实党风廉政建设“两个责任”实施意见和责任清单，落实纪检组长除纪检监察工作之外不分管其他业务工作的要求，制定下发《关于进一步落实党风廉政建设纪检组监督责任的实施意见》，重申办理婚丧嫁娶事宜有关规定等廉政制度，基本形成党风廉政建设责任“横向到边、纵向到底”的网格化落实机制。组织窗口单位“门难进、脸难看、事难办”、违规收送礼金红包、顶风大操大办婚丧喜庆等借机敛财专项整治工作。开展违规经商办企业问题专项整治工作，开展逐人谈话，进行信息比对，对收集到的线索逐人逐条进行调查核实，对发现的问题进行严肃处理。落实中央《八项规定》，加强对重要时间节点和重点问题的监督。中秋节、国庆等节日期间，组织对中高档饭店、会所进行专项检查，对餐饮发票进行检查。开展“访企查廉”活动，全市地税系统共访查121户，拓展廉政监督的广度和深度。建立科级干部廉政档案，对全系统科级干部落实“两个责任”、依法行政、廉洁勤政等情况进行全面记录。组织全市地税系统纪检监察干部业务培训，提升纪检监察干部业务水平。开展重点岗位监督检查，检查权力运行中的违纪违规问题和实施监督中的失职渎职问题。

2016年，开展“挺纪在前、服务大局”专项教育整治活动。针对个别领导干部违反中央《八项规定》精神问题，先后两次召开领导班子民主生活会，其他各级党组织层层召开民主生活会、组织生活会，举一反三、以案说纪。全市地税系统55个党支部设立纪检委员。定期召开落实监督责任汇报会，加强学习，分析形势，查找问题，安排工作。紧盯重要时间节点，组织开展违反中央《八项规定》精神等一系列专项整治，制定监督检查问题清单，开展“回头看”工作，对超标准办公用房、违规发放津补贴问题进行整治。开展廉政约谈，实现廉政约谈制度“全覆盖”。制定《预防职务犯罪工作方案》，加强预防职务犯罪工作。

2017 年，成立党建和党风廉政建设工作领导小组及办公室，建立全面从严治党联席会议制度，完善“条块结合”和“下抓两级、抓深一层”两个工作机制。制定下发《关于落实党风廉政建设纪检组监督责任的实施意见（试行）》《全面从严治党纪检组监督责任清单》《监督责任清单明细表》，将监督内容细化为 6 类 13 项 29 条，聚焦全面从严治党中心任务，突出监督执纪问责职能。紧盯重要时间节点，组织开展落实中央《八项规定》精神监督检查，覆盖面达到 50% 以上。开展扶贫领域不正之风和腐败问题自查自纠工作，制定下发《关于对扶贫工作加强监督管理的通知》，组织全市地税系统填报自查自纠表和问题统计表，强化对扶贫领域的监督管理。加强“五类人员”监督管理，定期了解情况。运用监督执纪“四种形态”，开展廉政约谈。对中共十八大以来全系统的信访线索和调查案卷进行完善整理，提升案卷的规范化水平。对 2014 年以来全系统违反《八项规定》精神案件进行剖析，对 2014 年后全系统转办问题线索进行大起底和“回头看”，促进执纪监督监察工作规范化。组织各县（区）地税局纪检组长参加中纪委在中国纪检监察学院北戴河校区举办的纪检监察业务培训班。组织参加市委巡察办组织的实务培训班，抽调部分纪检干部参加市委第三轮巡察工作。先后 6 次召开全市地税系统纪检工作例会，分析研判形势，部署工作任务。

2018 年，紧盯重要时间节点，对照党员领导干部必须严守“十条禁令”，形式主义、官僚主义问题，“四风”隐形变异等内容开展监督检查，制定监督检查实施方案和实施细则，印制下发工作手册，组织全市地税系统党员干部填报纠正“四风”自查自纠报告表，自查自纠覆盖面达到 100%，市地税局对县（区）地税局和市直分局监督检查覆盖面达到 100%。运用监督执纪“四种形态”，开展廉政约谈。深化纪检监察管理体制改革，制定下发《关于全市地税系统纪检监察管理体制改革实施方案（试行）》，从机构设置、领导体制、工作职责、人员配备、干部管理、考核管理、工作保障等作出明确规定。对历年全系统的调查案卷进行整理，完善科级干部廉政档案，提升案卷的规范化水平。召开纪检监察工作例会，学习领会上级精神，对纪检监察工作及时进行总结，对各项工作及时安排部署。

1994—2018 年，开展违法违纪案件查处和执法监察工作，对群众来信来访，件件有着落，事事有结果。市地税局纪检监察部门集中力量，及时查处信访举报、问题线索和上级批转案件。24 年间，全市地税系统共有 38 名干部职工受到党纪政纪处分。

第三节 文化建设

一、文明创建

1994 年，市地税局在广大青年税务干部中开展了“创文明岗位、做优秀青干”活动，号召广大税务干部积极作为、创先争优，不断凝聚队伍核心、提高队伍战斗力。各基层地税局围绕活动开展了形式不同的文明竞赛活动。

1996 年，将创建“文明税务所”“精神文明号”活动纳入目标责任制考核，制定了《创建文明税务所实施细则》，对队伍建设、执行政策、完成任务、所容所貌等方面明确了具体标准及量化指标。同时组成专项验收组，对照《细则》内容对基层推荐单位进行检查验收。

在创建活动中，全市各基层税务所涌现出了一批先进典型。盂县地税局城镇一所被省地税局、团省委、省工会命名为“青年文明号”；平定县地税局娘子关所被省地税局命名为省级文明税务所，盂县清城地税所、郊区辛兴地税所、城区新市街地税所和矿区马家坪地税所被市地税局命名为市级文明税务所。

1997 年，下发《关于阳泉市地税系统讲文明、树新风活动的意见》，组织开展“讲文明、树新风”群众性创建活动，结合该项活动的开展，选树基础工作扎实、创建工作有成绩的基层单位作为文明创建的样板，推动“文明税务所”“青年文明号”建设。发布了《关于保障纳税人合法权益，加强社会监督的公告》，在全市地税系统实行文明办税承诺制度，公告规定了纳税人在办税过程中所享受 11 项权利与税务机关及其工作人员在执法过程中应尽的 11 项义务，要求广大纳税人进行监督，双向推动地税机关精神文明建设。当年，全系统共建成 3 个省级文明税务所、2 个省级青年文明号、4 个市级文明税务所、3 个市级青年文明号。

1998 年，成立由局长挂帅的精神文明建设指导委员会，制定精神文明建设规划，建立完善相应制度，对全系统严格执法行为、接受社会监督、严守税务人员行为规范等方面做了全面规定。在全系统实行着装上岗、挂牌服务、文明优质服务。重新修订了市级文明税务所的标准，组织了对省市级文明税务所的检查验收。开展了“文明办税厅”的创建活动。

1999 年，继续开展争创“青年文明号”“文明税务所”“文明单位”“文明办税厅”，争当“六好服务明星”“征管能手”“查账能手”“优秀股所长”“廉政标兵”“优质服务标兵”等活动，将税收任务、征管指标、队伍建设、所容所貌等全部列入争创活动的内容。地税部门成立5周年之际，对5年间全系统涌现出的先进个人和集体进行了隆重表彰，推动了全市地税系统的文明创建活动的深入开展。当年，5个税务所被评为省级文明税务所、8个被评为市级文明税务所。

2000年，全面推行办税公开制，制定下发《阳泉市地税系统税务所规范化管理标准》和《阳泉市地税系统办税服务厅规范化管理标准》，从所容所貌、行为举止、工作规程、硬件建设等方面都规定了新标准，规范了创建文明税务所和最佳办税服务厅的活动。全系统79%的税务所和办税大厅达到了标准。当年，2个税务所被评为省级文明税务所、8个税务所被评为市级文明税务所，1个单位被评为省级青年文明号，7个单位被评为市级青年文明号。城区地税局办税大厅被命名为省级最佳文明办税厅。

2001年，开展优质服务年和规范执法年活动，修订完善《阳泉市地税系统税务所规范化管理标准》和《阳泉市地税系统办税服务厅规范化管理标准》，要求基层单位在创建中做到"两化两结合"，即争创内容具体化、争创标准数量化，把争创活动与干部教育培训相结合、与规范执法相结合，创建活动融于日常工作中。当年，全系统81%的税务所和办税大厅达到标准。2个税务所被评为省级文明税务所，8个被评为市级文明税务所。

2002年，与各基层局签订了创建文明行业目标责任书，要求在创建中做到思想认识、组织领导、工作措施、经费保障"四到位"，积极开展文明创建。当年，市地税局和平定县地税局、盂县地税局、郊区地税局、矿区地税局创建成市级文明单位。城区地税局、市地税直属一分局、市地税直属二分局、市地税局稽查局、开发区地税分局创建成为县（区）级文明单位。

2003年，开展了以创建文明单位、文明行业和争当优秀税务工作者、业务能手为主题的争先创优活动。全市各级地税部门结合实际，将创建活动与文明执法、办税公开、综合治理、优质服务相结合，在"美化""净化""绿化"硬环境上下功夫，在改进服务、提高素质、改善风气等软环境上使实劲，营造了"人人为创建活动建言献策、个个为创建活动建言献策"的良好氛围。当年，市地税局、平定县地税局、盂县地税局、郊区地税局、矿区地税局通过了省级"文明单位"验收。城区地税局、开发区分局、市地税局稽查局通过了市级"文明单位"验收。平定县地税局、盂县地税局、郊区地税局、城区地税局、矿区地税局跨入了县（区）文明行业。市地税局被团省委命名为"青年文明号创建工作优秀组织单位"，平定县地税局石门口税务所被团省委命名为省级"青年文明号"。

2004年，引深文明行业创建和青年文明号创建工作，坚持文明行业创建与税收工作同部署、同检查、同落实、同考核，在全市系统形成了领导高度重视，各级精心组织，税干积极参与，党政工团齐抓共管的创建格局，当年，市地税局机关和平定县地税局、盂县地税局、郊区地税局、矿区地税局被评为省级文明单位。平定县地税局娘子关税务所被评为国家级青年文明号，郊区地税局征收分局被评为省级青年文明号。

2005 年，针对地税干部中年轻人较多的特点，明确了青年文明号创建主题，修订了创建标准和制度，完善了青年文明号党团生活会制度、青年团员学习培训制度等。将青年文明号创建工作列入全年工作目标责任制进行考核，促进基层局加强创建工作，争取创建更高层次的青年文明号。当年，市地税局机关、平定县地税局、盂县地税局、郊区地税局、矿区地税局通过了省级文明单位复查验收，各基层局都创建成了市级文明单位，县（区）地税局都创建成了所在地的文明行业。当年，全市共创建成国家级青年文明号 1 个，省级青年文明号 6 个，市级青年文明号标兵集体 19 个，市级青年文明号 29 个，县区级青年文明号 10 个。全市地税系统的文明创建工作上了一个新台阶。

2006 年，修订和完善了《阳泉市地方税务局系统文明单位与优秀税务工作者评比表彰管理办法》，使管理办法更加科学、合理，更具有可操作性。以“知荣辱、创佳绩、共奋进”主题，开展了“青年文明号与祖国共奋进”活动，教育和引导青年文明号科室及全局干部职工树立马克思主义的世界观、人生观和价值观，自觉实践爱国守法、明理诚信、团结友善、勤俭自强、敬业奉献的基本道德规范，为构建和谐地税贡献力量。当年，市委、市政府授予郊区地税局全市“文明行业”称号，授予盂县地税局“标兵文明单位”称号。经过全省地税系统省级青年文明号交叉检查，所有获得文明单位荣誉称号的单位全部顺利通过验收。

2007 年，制定下发了《阳泉市地方税务局关于加强和谐地税建设的实施意见》，成立了由局长翟振华担任组长的创建省级文明和谐行业创建领导组，组织开展全系统的文明和谐行业创建工作。召开了全市地税系统创建文明和谐行业动员大会，与各基层局签订了创建目标责任书。开展了争创文明税务所青年文明号、争当“业务能手”“十佳税收管理员”“优秀股所长”“为人民服务的好公仆”“优秀税务工作者”等活动。在全系统开展了“抓依法治税体系建设实现各级党委政府满意，抓文明创建体系建设实现社会各界满意，抓优质服务体系建设实现纳税人满意，抓以人为本体系建设实现广大地税干部职工满意”的“四抓四满意”活动，在全市地税系统营造了“执法公正、征纳融洽、团结进取、敬业创绩”的良好氛围，开展“四抓四满意”活动经验材料在全省地税系统转发。当年，全市地税系统创建成省级文明单位 7 个，市级文明单位 10 个，县（区）级文明单位 11 个。

2008 年，以文明和谐行业创建为抓手，通过比创建氛围、比创新务实、比团结和谐、比作风形象、比奉献精神的“五比”，进一步推动解决纳税人反映的有关问题，进一步推动各单位解决自身存在的突出问题，实现了“五比”“两推动”的目标，树立“文明执法、优质服务”的良好社会形象。当年，全市地税系统共创建成国家级青年文明号 2 个，省级青年文明号 7 个。平定县地税局创建成全国税务系统先进集体，被授予“全市文明行业”，平定县地税局直属一分局创建成了“全国巾帼示范岗”。

2009 年，开展“十佳税务所”“十佳办税服务厅”“十佳税务所所长”“十佳办税服务厅负责人”的“双十佳”创建活动，对争创单位进行了检查验收。组织“双十佳”获得单位和个人参加了省地税局组织的“双十佳”巡回报告。通过报纸、电视台、网站、信息简报、内部局域网等形式，加强文明创建宣传报道力度，营造浓厚的创建氛围。各单位制作、陈列了精神文明建设展板，精心筛选了精神文明建设的指导思想、主要内容、目标要求等内容，在显示屏上播出、悬挂标语进行宣传，营造了浓厚的文明和谐氛围。

2010 年，健全文明创建的目标机制、管理机制和考核机制，与基层各部门签订了文明和谐行业创建目标责任书，组织开展了省级青年文明号的检查验收工作，并顺利通过团省委的检查。市地税局先后被省委、省政府授予山西省模范单位、政风行风评议先进单位、创业就业工作先进集体等荣誉称号。当年，市地税局对 2009—2010 年表现突出的 6 个集体授予“全市地税系统文明单位”荣誉称号，18 人被授予“全市地税系统精神文明建设先进工作者”荣誉称号。

2011 年，开展文明和谐单位创建活动，迎接省级文明单位的申报评选。当年，市地税局、平定县地税局、盂县地税局、开发区地税分局申报了“省级文明单位标兵”，市地税局机关、城区地税局、矿区地税局申报了“省级文明和谐单位”，并通过了市文明委的验收和公示。矿区地税局第三税务所通过了省级青年文明号的验收。

2012 年，健全文明创建的目标机制、管理机制和考核机制，与基层各部门签订了文明和谐行业创建目标责任书，把创建任务层层分解，积极开展学习宣传“我身边的好税官”先进事迹的活动，在全系统营造崇尚先进、学习先进、争当先进的氛围。当年，全系统 2 个集体和 1 名个人接受了省地税局“双十佳”考评组的考评验收。创建成“省级文明单位标兵”3 个，“省级文明单位”3 个，全系统的 13 个单位全部创建成市级文明和谐单位。

2013 年，对照省级文明和谐单位考核标准深化创建活动，积极完善软、硬件环境。先后采取了拍摄专题片、制作宣传册、举办道德讲堂等多种形式，接受了省、市文明委的指导、验收。按照团省委要求，做好青年文明号复查工作，做好 2012 年命名的省级青年文明号复查工作。积极开展争创青年文明号集体活动，确定矿区地税局第五税务所为省级青年文明号争创集体。按照团省委要求，积极做好 2012 年命名的省级青年文明号复查工作。市地税局机关利用办公楼楼梯间建成了文明创建格言墙，在食堂开展了文明餐桌活动。

2014 年，全面总结全系统创建青年文明号活动开展 20 年的经验做法并向省地税局上报。组织开展“五型机关”（责任型、学习型、效率型、廉洁型、服务型）创建活动，成立了阳泉市地方税务局志愿服务队，大力弘扬“奉献、友爱、互助、进步”的志愿服务精神，市地税局获得了“省级文明单位标兵”称号，并通过了国家级文明单位验收。

2015 年，开展了 2014 年度山西省青年文明号考核工作和 2015 年度山西省青年文明号评选工作。各基层单位按照省级文明和谐单位的考核标准，积极完善软、硬件环境，拍摄了专题片、制作了宣传册、举办了道德讲堂、整理了专门档案，接受了省、市文明委的指导、验收。根据团中央和全国创建“青年文明号”活动组委会《关于开展“2015—2016 年度全国青年文明号”创建工作的通知》要求，完成了全国青年号网络报备工作。

2016 年，对“十二五”规划时期全市地税精神文明建设和基层建设工作进行了总结。《以文明创建为突破、提升地税工作新高度》的经验在全省地税系统精神文明创建暨基层建设推进会上进行了大会交流发言。会后，市地税局党组对精神文明建设和基层建设做了专门安排部署，提出了新的目标和工作重点。当年，郊区地税局创建成省级文明单位。全市地税系统创建成国家级文明单位 1 个，省级文明单位标兵 3 个，省级文明单位 4 个，市级文明单位 6 个。

2017 年，继续深入开展精神文明创建活动，通过了全国文明单位、省级文明单位标兵复查验收。11 月，市地税局再次被中央精神文明委员会授予“全国文明单位”。参加全国税务系统百佳县税务局长和百佳办税服务厅主任的评选活动。矿区地税局局长刘永红、盂县地税局办税厅主任刘丽芳分别被市局推荐参加评选，最终刘丽芳被国家税务总局授予“百佳办税服务厅主任”。全系统开展争当“青年岗位能手”活动，市稽查局王继莲被团市委、省局推荐参加省级青年岗位能手的评选。做好青年文明号考核和新申报工作，盂县地税局孙家庄税务所新创建为省级青年文明号。

2018 年上半年，组织开展了全系统“青年文明号”向希望工程捐款活动，全系统共捐 1.2 万元。组织了“送温暖、献爱心”捐款活动，市局和市直分局共捐款 8700 元。截至 6 月底，全市地税系统有国家级文明单位 1 个，省级文明单位标兵 3 个，省级文明单位 4 个，市级文明单位 13 个，省级青年文明号 12 个。

二、文体活动

1995 年，市地税局开展了“热爱地税、献身地税”演讲比赛，并组织获奖选手在市地税局和各县（区）局开展巡回演讲，同时制作了专题录像，在平定县等县（区）

电视台播出。市委副书记郭良孝观看了巡回演讲首场演出，对地税部门从简办活动的做法给予充分肯定。随后，组织选手参加了全省地税系统“热爱地税、献身地税”演讲比赛，获三等奖1名。

1996年“五四”青年节期间，组织机关全体团员到北京参加了升国旗仪式，近距离接受爱国主义教育熏陶。7月，市地税局团总支组织了“我为领导进一言，我为地税献一策”活动和卡拉OK比赛，并选派4名选手参加市直机关卡拉OK大赛，获一等奖1名，二等奖2名，三等奖1名和优秀组织奖。

1997年，组织参加喜迎香港回归各类庆祝活动。在市财贸委组织的“庆七一、迎回归”文艺会演中获得组织奖，两个节目分别获得二等奖和优秀奖。“三八”妇女节期间，组织了拔河、象棋、歌舞晚会，评选出“文明家庭”“好婆婆”“好媳妇”等精神文明建设模范人物，自编自导颂扬地税精神风貌的节目，参加了省地税局文艺会演，受到了省地税局好评。

1998年，在元宵节、“三八”妇女节等节日期间，市地税局共青团总支组织开展了青年团员珠算、微机打票、打字等业务技能竞赛，组织了打靶、文艺会演等文体活动，活跃了职工精神生活，增强团队意识。

1999年“五四”青年节期间，组织了市地税局机关和市直分局的“奋进杯”男子篮球赛。参加了市直机关拔河、乒乓球等比赛，取得了女子团体第二的好成绩。组织了纪念国庆50周年各类文体活动。

2000年，参加省地税局组织的“专业市场税收管理”和“蓝色神韵——中国税务改革风采录”征文活动。获得“专业市场税收管理”征文活动组织奖，全市有9篇征文获奖，其中二等奖1篇、三等奖2篇、优秀奖6篇。组织了篮球比赛、乒乓球比赛，组织干部职工到百团大战纪念馆、西柏坡等地进行革命传统教育，增强了干部职工的责任感和使命感。

2001年，围绕纪念中国共产党成立80周年，与市直机关、阳泉日报社联合举办了“地税杯”中国共产党成立80周年有奖征文活动，全市地税干部投稿60余篇，其中34件作品参加了全省地税系统书画展。参加了市直机关工委组织的党史知识竞赛、歌咏比赛和书画比赛。组织党员到革命圣地参观学习，接受传统教育，重温入党誓词。通过活动，在广大干部职工中唱响了中国共产党好、社会主义好、改革开放好的主旋律。在“五一”、国庆等节日，举办了灯展、联欢会、棋牌、球类等多种文体活动，丰富和活跃了干部职工的业余文化生活。

2002年，组织了“迎十六大、创文明行业”职工文体活动。分摄影、乒乓球、羽毛球、华牌和象棋五项。共征集回200多幅摄影作品，精选35幅参加了省地税局比赛。

选拔了 10 支代表队 100 多名选手参加了省地税局比赛。市地税局团队获得体育道德风尚奖，盂县地税局王计忠的作品《丰收乐》获得摄影一等奖，同时还获得三等奖 1 个和优秀奖 2 个。市地税局稽查局王军民获得乒乓球个人第一名。

2003 年，举办了以“实践‘三个代表’、搞好文明创建”为主题的演讲比赛和书画展评活动。全系统共有 15 名选手参加了演讲比赛。赛后选拔出优秀选手和作品参加了省地税局比赛。演讲类获得 2 个优秀奖和 1 个创作奖。书画类 1 幅作品获得全省地税系统书画展评一等奖，5 幅作品获得优秀奖，市地税局获得优秀组织奖。

2004 年，以阳泉地税组建 10 周年为契机，组织开展“建局十周年”“一文一武一艺术”系列活动。“一文”即征文比赛，通过征文讴歌 10 年间为阳泉地税事业做出突出贡献的先进集体和个人。选出 12 篇优秀稿件在《阳泉日报》刊登。“一武”即在桃河公园举办长跑比赛。长跑距离 6000 米，参加人员 140 多人。选手中年龄最小的 21 岁，最大的 52 岁。市地税局领导带头参加了比赛，并跑完全程。“一艺术”即摄影展评活动，选出优秀作品参评省地税局的摄影展评活动，获二等奖 3 个、优秀奖 3 个。

2005 年，组织了“阳泉市地税系统第二届职工文体比赛”系列活动。包括税收征文、动漫作品创作、乒乓球比赛和羽毛球比赛。有 100 多名选手报名参加了比赛。对获得男女团体前三名的单位和男女个人前六名的选手进行了表彰。开展了纪念青年文明号活动开展 10 周年系列活动，组织各青年文明号集体举行了演讲比赛、征文比赛、摄影比赛和动漫作品大赛。

2006 年，举办了全市地税系统纪念建党 85 周年、红军长征胜利 70 周年歌曲演唱会。缅怀为新中国浴血奋战的革命英雄，全体干部职工受到了一次爱国主义教育，取得了圆满成功。

2007 年，组织全系统开展了职工歌咏比赛、书画比赛和各种联欢、联谊活动。17 名干部职工参加了省地税局组织的文艺会演。

2008 年，举办了全系统迎奥运健身运动会，省地税局、市委、市政府的主要领导出席了运动会开幕式，全市地税系统 12 支代表队，1080 人次参加了长跑、篮球、拔河、乒乓球、羽毛球、跳绳、华牌和中国象棋 8 个项目的争夺。9 月，组织参加了省地税局举办的全省地税系统运动会，推动了全市地税系统比学赶超工作局面的形成。

2009 年，积极组织开展读书活动，开展了举行一场演讲比赛、开设一栏税苑讲坛、举办一次读书征文、出版一本读书刊物、开展一项富有特色的读书活动等 6 项活动。利用内部网站开辟了读书活动专栏，下设“读书心得”“读书论坛”“读书沙龙”“税苑讲坛”4 个栏目。开展了读书演讲比赛，选拔优秀选手参加全省地税系统“奉献地税，做优秀税官”读书演讲比赛。采取“邀请专家学者讲、聆听名校教授讲、借助媒体视频讲、领导干部带头讲、税务干部现身讲”等方式开设“税苑讲坛”。举办了以“悦读、赏析、品味”为主题的读书征文活动。创办了读书刊物——《书海徜徉》，成为广大地税干部职工开阔视野、提升境界、促进学习、交流心得、提高素质的重要文化阵地。

2010年，开展全员读书活动。借助刊物《书海徜徉》的平台，及时征集、发表广大地税干部的读书感言、体会、诗歌、散文、书画、摄影等作品。共编辑了4期内部刊物《书海徜徉》，刊发了114篇稿件，促进了学习型税务干部建设和干部队伍综合素质的提高。

2011年，开展了以“唱红色歌曲、读经典诗文、讲革命故事、传励志箴言”为主要内容的纪念建党90周年“唱读讲传”活动，进一步坚定了广大党员和干部职工的理想信念。为丰富干部职工的精神文化生活，备战全省地税系统第四届职工运动会，组织开展了篮球、乒乓球、羽毛球等队员选拔活动，最终派出46名队员参加了省地税局运动会全部7个项目比赛，获得了体育道德风尚奖，飞镖团体二等奖，华牌中青年组团体三等奖，羽毛球男单三等奖、男双三等奖的好成绩，选拔了40名女税务干部，经过40多天排练，参加了省地税局开幕式文艺表演，受到了领导和现场观众的好评。

2012年，组织开展了“建设五个地税、服务转型跨越”学习中共十八大文艺会演活动，以丰富多彩的文艺节目鼓舞广大税务干部干事创业。全系统各单位开展了长跑、乒乓球、羽毛球等文体活动。在全省地税系统创先争优合唱艺术节音乐会上，市地税局选送的作品获得了最佳演出奖、优秀组织奖、合唱作品一等奖。

2013年，开展了“党员群众寄语十八大”主题征文和“贯彻落实十八大、立足岗位做奉献”主题演讲比赛活动，参加了市直机关工委和省地税局组织的演讲比赛，分别获得个人第四名、第三名和优秀组织奖的好成绩。制定下发了全市地税系统《“读好书学先进争做优秀地税人”活动实施方案》，在全系统开展了读好书、学先进活动，开展了读书先进人物推荐活动和读书征文活动。

2014年，在省地税局第五届职工运动会上，市地税局荣获体育道德风尚奖、开幕式文体表演活动优秀奖，华牌老年组团体赛中参赛队荣获三等奖。

2015年，在全市地税系统开展“读好书、学先进，争做最美地税人”活动。干部职工热情参与，共征集读书心得179篇，学先进感想31篇，选出25篇优秀征文上报省地税局。同时，将这些稿件编辑成两期《书海徜徉》杂志。

2016年，组织全系统认真开展了“传承好家风好家训”活动。积极推荐在家庭助廉、孝老爱亲、科学教子等方面表现突出的家庭参加“五好文明家庭”评选活动。结合道德讲堂等形式，诵读家训名篇佳句、讲述美好家风故事;党员领导干部带头讲党课“传承好家风好家训”，畅谈自己的家风故事。发动广大税务干部利用节假日，深入历史文化名村、名人故里、图书馆等地，收集、挖掘、整理当地的好家训好家规。全系统共征集当地好家风家训 30 多条（篇），税务干部家风家训 50 多条（篇）。

2017 年，组织参加“迎新春·健步行”徒步活动。4—5 月，在市直机关首届职工运动会中，获得了团体奖 6 项，单项奖 8 项。7—8 月，在全省地税系统第六届职工运动会中，选派 71 名运动员参加了全部 9 个项目的竞赛，同时还选派 30 名舞蹈队员参加了开幕式演出。在强手如林的赛场上，顽强拼搏、奋勇争先，取得了女子 100 米冠军、女子 800 米冠军、女子 4×100 米接力冠军、华牌老年组亚军、羽毛球男子团体季军、女子跳远季军、跳绳团队季军等优异成绩，以总积分 73 分名列全省团体总分第四名，获得“最佳组织奖”。

2018 年上半年，组织了全市地税系统职工运动会。5 月 11—20 日，举办了全市地税系统职工运动会。此次职工运动会，共设立田径、篮球、乒乓球、羽毛球、拔河、跳绳、华牌、中国象棋、趣味项目 9 个大项、24 个小项。全系统 600 多人，1100 余人次参加了运动会。比赛共决出篮球等团体奖牌 39 块，男子 100 米等个人奖牌 33 块，最佳组织奖 4 个，体育道德风尚奖 4 个。

三、服务社会

（一）扶贫济困献爱心

1994 年，组织广大干部开展向灾区和贫困群众捐衣捐赠送温暖活动，共捐赠衣被 80 件。市地税直属二分局组织税务干部利用周末时间到太旧公路项目现场义务劳动，现场学习了太旧建路人艰苦奋斗、开拓创新的精神并捐赠白面 10 袋。

1996 年，市地税局机关组织机关全体党员和入党积极分子向贫困山区的失学儿童捐资助教，共向盂县仙人乡仙人村贫困学生捐款 790 元，用实际行动纪念建党 75 周年；市地税局和市直分局的全体干部职工向全市月收入不足 60 元的特困家庭开展了“扶贫济困献爱心”活动。“三八”妇女节前，市地税局妇委会组织机关全体妇女开展了“向孤儿献爱心”活动，向孤残儿童捐献衣物 110 余件。组织了与贫困山区妇女的帮扶活动，捐款 240 元。

1997 年，组织税务干部参加市政府组织的义务献血活动。组织市直机关全体党员为希望工程捐款 490 元；郊区地税局全体税务干部为广灵县地税局困难职工杨宝龙捐款 730 元，献上兄弟单位的爱心。

1998 年，组织参加义务献血、捐书、巾帼救助等活动，向贫困山区学生捐款 690 元，扶助困难学生 1 名，向省税校捐书 1758 册。积极组织向当年长江、松花江、嫩江流域受洪涝灾害影响的群众捐款。市直分局捐款 11000 元。

1999 年，组织 24 名税务干部参加全市义务献血。“七一”期间，机关和市直分局全体党员向市地税局定点扶贫点平定县娘娘庙村捐赠扶贫款 1870 元。响应市政府号召向残疾人捐款 2594 元。当年夏，平定县、盂县遭受洪涝灾害。市地税局机关和直属分局捐款 1426 元。

2000 年，组织 36 名税务干部参加全市义务献血。开展扶贫济困送温暖活动，市地税局机关和市直分局捐款 3800 多元。

2001 年，组织 20 名税务干部无偿献血。开展扶贫济困送温暖活动，市地税局机关和市直分局捐款 4600 多元。

2002 年，组织开展了无偿献血、扶贫济困活动，市地税局机关和市直分局捐款 4600 多元。同时还为见义勇为基金会捐款 8880 元。

2003 年，全市地税部门和地税干部职工积极为战斗在抗击非典一线的医务人员捐款捐物共计 10.22 万元，其中集体捐款 7.62 万元、干部职工捐款 2.6 万元。市地税局扶贫小组到扶贫点盂县梁家寨乡蔡家坪村进行慰问，为村小学捐献了价值 3000 余元的电脑、打印机、笔记本和钢笔、铅笔等，向城区龙躺梁社区捐助了电脑、打印机和办公桌椅。

2007 年，组织税务干部参加义务献血、向灾区捐款、捐资助教、扶贫济困送温暖等社会公益性活动。全系统共捐物 1000 多件、捐款近 10 万元，向扶贫点和社区捐赠电脑 11 台；郊区地税局向贫困大学生上学资助 1.2 万多元；城区地税局税务干部自发向贫困学生捐款 8000 多元。

2008 年，市地税局机关和直属分局为南方冰冻雨雪灾区捐款 7960 元，全系统干部职工为中国“税务林”捐款 2.52 万元。“5・12”汶川特大地震发生后，全市地税系统捐款 51.4 万元，其中市地税局以单位名义捐款 15 万元、交纳“特殊党费”12.5 万元，以实际行动支持了灾区抗灾救灾。响应国家税务总局号召，为灾区捐建学校款 2460 元。市地税局制定了包点扶贫村盂县仙人乡烧瓷窑村的扶贫工作计划，帮助该村种植核桃树，为该村订阅《阳泉日报》，便于该村人民了解致富信息，掌握农业技术。

2009 年，向包点扶贫村盂县仙人乡烧瓷窑村捐助 1.2 万元，帮助该村种植核桃树 3000 棵；为该村订阅了《阳泉日报》。组织参加全市“送温暖、献爱心”社会捐助活动，市地税局为受灾群众捐款 5 万元，市地税局机关和市直分局干部职工捐款 1.56 万元。通过邮政局为甘肃省陇南市文县某学校捐赠“爱心包裹”1000 元，参加“生育关怀、温暖行动”捐助活动，捐款 610 元。

2010 年，向青海玉树地震灾区捐款、参加“博爱一日捐”活动、组织省级青年文明号捐款等共计捐款达 13 万余元。

2011 年，开展干部下乡住村“六个一”活动。市地税局领导多次与盂县北下庄乡西关头村支“两委”成员沟通，共同制定了发展规划。对西关头村学校大门、厕所进行维修，对学校操场进行硬化、美化。市地税局被市委、市政府授予干部下乡先进单位。

2012 年，全系统青年文明号单位集体开展了“真情助困送温暖、爱心奉献促和谐”活动，为困难家庭的青少年捐款 8000 多元。利用春节、“六一”儿童节等节日期间，组织慰问住村联系点西关头村的五保户、困难家庭和学生，并送去了米、面、学习用品等。市地税局为该村捐赠了 10 万元，主要用于种植核桃树等农业项目的推广。

2013 年，多次深入包村点西关头村实地调研杨树苗种植、核桃树种植项目，并捐赠 5 万元用于致富项目推广。春节期间走访慰问该村 36 户农村困难家庭，送去了面粉等过节物资。为包村点小学捐赠了 2 台电脑和 3500 元学生用品。捐赠了价值 7000 多元的篮球架和篮球。开展送温暖、献爱心社会捐助活动，市地税局及市直分局共捐款 1.835 万元。组织全系统青年文明号集体开展“一张纸、一份爱”活动，收集废旧报纸、打印纸，捐给山西省青少年扶贫基金会用于帮助困难的青少年，全年卖废旧纸张捐款共计 553 元。

2014 年，组织开展“聚爱青春、携手同行”活动，全系统的青年文明号集体为留守儿童、孤残儿童等弱势群体捐款 8900 元，平定县地税局石门口税务所与东回镇西回村困难留守儿童耿鸿斌结成了帮扶对子。深入到包点扶贫点西关头村开展“访、知、解”走访实践活动，向西关头小学捐赠电脑和图书，向老党员送去慰问金。筹措资金 5.88 万元为村里购置了玉米收割机，并帮助培训驾驶操作人员。

2015 年，包点扶贫村更换为郊区旧街乡新庄窝村，市地税局全面了解情况，并制定扶贫计划，选派 1 名干部到扶贫村担任“第一书记”，推进精准扶贫工作。

2016 年，联合包点扶贫村新庄窝村村支两委为扶贫对象建档立卡，对不符合贫困帮扶资格的清退，市地税局机关和直属分局 14 名处级、76 名科级共计 90 名干部职工与符合条件的 90 户共 194 名贫困对象结对子，并列入全年工作目标责任进行考核。局长陈友福和分管领导先后对该村 90 户精准扶贫户进行慰问，送去了米、面、油等慰问品 146 份，价值 1.28 万元。当年，市地税局向该村捐赠了价值 3 万余元的新型液晶电脑。投资购买国槐、柳树 300 余棵，陈友福带领对口帮扶工作人员 70 余名赴新庄窝村开展了绿化植树活动。

2017 年 6 月 1 日，党组书记、局长陈友福带扶贫队到定点帮扶村（郊区旧街乡新庄窝村）看望慰问少年儿童，送去了书包、新华字典、文具盒等学习用品。10 月 17 日，陈友福带队到扶贫村走访贫困户，送去价值 1 万多元的面粉。

2018 年 1 月 21 日，市地税局开展送温暖活动，派员为定点帮扶贫困村新庄窝的村民送去食用油、对联、台历等物品。2 月 10 日，春节前夕，市地税局领导班子成员深入退休老干部及老领导遗孀家中走访慰问，送去慰问品及节日祝福。

（二）义务植树

1994—2014 年，全市义务植树活动由市绿化办统一负责种植林木，各单位承担相关费用。市地税局从经费上保证了义务植树活动的开展。2015—2018 年，全市义务植树活动由各单位自行开展，绿化办不再负责具体种植。市地税局按照市绿化办统一部署，结合扶贫工作要求，多年来坚持开展好义务植树活动。

2015 年 5 月 13 日，市地税局干部职工在盂县扶贫村北下庄村开展义务植树活动，共种植侧柏 480 棵。

2016 年 4 月 12 日，市地税局机关干部职工在郊区扶贫村新庄窝村移民搬迁点开展义务植树活动，共植树 300 棵。4 月 13 日，在革命老区平定县南庄村开展义务植树活动，共种植侧柏 500 棵。

2017 年 4 月 27 日，市地税局机关干部职工在生态恢复点郊区下白泉村猫野山开展义务植树活动，共种植油松 500 棵。

2018 年 4 月 18 日，市地税局机关干部职工在郊区测石村车道沟荒山开展义务植树活动，共植树 1000 棵。

第三章　行政管理

1994—2018 年的 24 年间，市地税局把行政管理作为一项重要工作来抓，不断完善各项行政管理制度，努力做好文秘、科研、信息、公文处理、档案管理、后勤保障、综合治理等各项工作，为全市地税系统税收工作的顺利开展提供了保证。

第一节　制度建设

一、税收业务制度

1994—2018 年，阳泉市地税部门出台了一系列税收业务制度，主要有：

1995 年，《稽查工作程序、稽查工作报告制度》《延期申报处罚制度》《局所“双线控管”办法》《专管员下企业用餐申报制度》《红黄牌制度》。

1997 年，《税收计划、会计、统计、票证、经费工作考核办法》。

1998 年，《关于加强个体私营税收管理意见》《印花税征收管理专项考核暂行办法》《个人所得税和企业所得税规范化管理办法》《阳泉市地税系统办税十公开》。

1999 年，《阳泉市契税管理办法》《阳泉市地方税务局关于房屋出租税收征管办法》。

2000 年，《专业市场税收管理办法》《市地税局核定征收企业所得税实施办法》《阳泉市地方税务局税收票证管理办法》《阳泉市地方税务局关于房屋租赁业税收规范管理考核办法》《阳泉市涉外地方税收规范管理考核办法》《涉外税务审计规程》《阳泉市地方税务局关于进一步加强行政事业单位、社会团体税收征收管理的意见》《市地税局关于进一步深化征管改革的实施意见》《征管质量达标竞赛实施方案》《征管资料管理办法》。

2001 年，《阳泉市地方税务局规范税收执法年活动方案》《阳泉市地税系统内部税收执法评议实施办法》。

2002 年，《个体税收定额民主评议制度》《委托代征制度》。

2003 年，《阳泉市地方税务局纳税申报管理制度》《税收执法岗位责任制》《税收执法过错责任追究办法》《税务人员着装上岗制度》《优化纳税服务承诺制度》《首问责任制》《延时服务制度》《办税窗口职责》《行风监督员管理办法》《职务违法行为责任追究办法》《办税九公开制度》《优化纳税服务示范单位创建活动实施方案》。

2004 年,《技术改造国产设备投资抵免企业所得税管理办法》《饮食行业定额发票刮奖活动实施方案》《阳泉市地税系统税收征管规程》《税收执法检查制度》《税收执法评议实施办法》《税收执法责任制》《登记管理局工作职责》《登记管理局征收工作操作规程》《税务登记管理局》《征收分局和稽查局有关资料传递的规定》《地税人员岗位执法责任体系》《地方税收征管执法规程》。

2005 年,《税收执法责任制实施办法》。

2006 年,《阳泉市地税系统税收管理员工作实施办法》《阳泉市地方税务局首办负责制和限时办结制实施方案》《阳泉市地方税务局涉税事项首办负责制和限时办结制实施细则》《阳泉市地方税收岗位执法责任体系》《阳泉市地方税收执法服务规程》《AB角零缺位制度》《阳泉市地方税务局涉税咨询》《投诉事项工作规程》《税收管理员工作管理办法》《纳税评估管理办法》《2006 年关于开展税收执法检查(监察)工作方案》。

2007 年,《阳泉市地方税务局个体工商户建账管理实施办法》《阳泉市地方税务局税收预警工作管理实施办法(试行)》《阳泉市地方税务局新征管软件系统数据应用及征管质量考核办法》《市地税局 2007 年税收执法重点工作评查实施方案》《阳泉市地方税务局关于贯彻落实省局首办负责制和限时办结制实务标准化操作示范和办税操作示范的实施意见》。

2008 年,《窗口申报简易规程》《邮寄申报简易规程》《阳泉市地方税务局 2008 年税收执法检查和执法监察工作实施方案》。

2009 年,《房产档案联系与备案制度》《阳泉市地方税务局税收执法信息化考核方案》《新综合征管软件操作各岗位人员应知应会标准》《新综合征管软件操作各岗位人员应知应会标准》《阳泉市地方税务局煤焦领域税费基金征管重点环节监管制度》。

2010 年,《市地税局重大税务案件审理规程》《纳税服务年活动工作方案》《税务首违不罚制度》《税务约谈服务制度》。

2011 年,《2011 年税收执法督察工作实施方案》。

2012 年,《2012 年税收执法督察工作实施方案》《阳泉市地方税务局税务稽查选案工作暂行办法》《阳泉市地方税务局稽查审理工作暂行办法》。

2013 年,《组织收入考核办法》《阳泉市地方税务局规费票据管理办法(暂行)》《大企业税收专业化管理试点工作方案》《"纳税人之家" QQ 群管理办法》《大企业税收风险管理办法》《阳泉市地方税务局城镇土地使用税以地控税试点工作实施方案》《阳泉市地方税务局 2013 年税收执法督察工作实施方案》《阳泉市地方税务局关于加强纳税服务工作管理的实施意见》《阳泉市地方税务局纳税服务考核办法》。

2014 年，《组织收入攻坚的 20 条实施意见》《阳泉市地方税务局 2014 年税收执法督察工作实施方案》《阳泉市地方税务局税收违法行为检举管理暂行办法》《阳泉市地方税务局稽查案卷资料整理与证据收集暂行办法》。

2015 年，《关于深入推进依法治税的实施意见》。

2016 年，《税收规范性文件制定管理办法》《税收政策合规工作实施办法（试行）》《深化国税、地税征管体制改革方案》。

2017 年，《国地税衔接工作机制》《国地税关于落实进一步减税措施优化纳税服务工作的通知》《营造“六最”营商环境改革行动计划》《阳泉市地方税务局阳泉市国家税务局万名税干入企调研服务专项行动实施方案》。

二、行政管理制度

除了税收业务制度外，24 年中，阳泉市地税部门加强行政管理，出台了一系列行政管理制度，有力地配合了业务的开展，为建设廉洁高效的税务机关发挥了关键作用。行政管理制度主要有：

1994 年，《市地税局会议制度》《廉政制度》《公文处理试行办法》《催办查办制度》《信访工作意见》《保密工作规定》《信息工作制度》《来客接待制度》《干部考察任免制度》《干部学历教育规定》《安全保卫制度》《财产办公用品领发制度》《汽车使用管理制度》《机关财务管理制度》《服装领发管理制度》《医疗费管理使用办法》。

1995 年，《关于严格禁止大操大办的规定》《机关作风整顿方案》。

1996 年，《机关考勤制度和请销假制度》《干部违法违纪领导追究制度》《机关干部下基层登记制度》。

1998 年，《谈话告诫制度》《税务人员职务违法行为责任追究办法》《廉政责任制考核办法》《干部任期责任审计规定》《内部审计工作规范化实施办法》《税务干部职业道德行为规范》《领导干部廉政档案管理办法》《党课制度》《党员大会制度》《支委会议制度》《党小组生活会议制度》《党支部大会制度》《党支部民主生活会制度》《党内民主监督制度》《民主评议党员制度》。

2000 年，《2000 年税收工作目标责任书及其考核奖惩办法》《阳泉市地方税务局目标管理考核试行办法》《关于在全市地税系统继续推行政务公开加强行风建设的通知》《阳泉市地方税务局关于推行政务公开开展行风评议工作的实施方案》《阳泉市地方税务局人事制度改革实施方案》《阳泉市地税系统领导干部末位淘汰制实施办法》《阳泉市地方税务局关于加强思想政治工作的实施意见》《阳泉市地方税务局关于进一步改进领导工作作风的意见》《考察基层局领导班子和领导干部实施方案》《市地税局干部教育培训规划》《关于建立干部教育培训激励机制的实施方案》《阳泉市地税系统税务人员职务违法行为责任追究操作规程》《市地税局税务所规范化管理标准》《市地税局办税服务厅规范化管理标准》。

2001 年,《阳泉市地方税务局机构改革实施意见》《阳泉市地方税务局科级职位竞争上岗实施方案》《政治业务学习计划》《阳泉市地税系统"十五"教育发展规划》《阳泉市地方税务局在职干部成人学历教育管理办法》《阳泉市地方税务局关于进一步加强机关工作的意见》《市级文明税务所标准及考核办法》。

2002 年,《阳泉市地税系统办公自动化实施方案》。

2003 年,《加强干部队伍建设的实施意见》《加强干部队伍思想政治工作的意见》《阳泉市地税系统岗位执法责任制》《阳泉市地方税务局干部廉政制度》《阳泉市地方税务局关于贯彻执行领导干部报告个人重大事项的规定》《阳泉市地方税务局廉政谈话制度》《阳泉市地方税务局述职述廉制度》《阳泉市地方税务局诫勉谈话制度》《阳泉市地方税务局关于税务人员职务违法行为责任追究暂行办法》《关于加强税收执法权和行政管理权监督制约的实施办法》《关于制止奢侈浪费行为的意见》《关于清理领导干部多占住房的实施方案》《关于纠正超标准超编制配备和使用小汽车的实施方案》。

2004 年,《"双评"活动实施方案》、2004 年党风廉政建设目标责任书、《关于加强税收执法权和行政管理权监督制约的实施办法》。

2005 年,《阳泉市地方税务局政治业务学习制度》《阳泉市地方税务局党组中心组学习制度》《阳泉市地方税务局机关督促检查工作暂行办法》《阳泉市地方税务局文明服务规范》《阳泉市地方税务局能级管理办法》《阳泉市地方税务局业务能手管理办法》《政治业务学习制度》《集中学习考勤制度》《学习讨论交流制度》《群众监督评价制度》《工作督查制度》《党员教育监督制度》《领导责任制度》《阳泉市地方税务局业务培训办法》《阳泉市地方税务局明察暗访考核办法》《阳泉市地方税务局机关节约暂行办法》《2005 年全市地税系统党风廉政建设和反腐败工作任务分解意见》《纪检组负责人同下级主要负责人谈话制度》《领导干部任前廉政谈话制度》《诫勉谈话制度》《述职述廉制度》。

2006 年,《全市地税系统作风纪律整顿工作方案》《阳泉市地方税务局税务行政过错责任追究实施办法》《阳泉市地方税务局行政首长问责制》《阳泉市地税系统廉政文化建设活动方案》《阳泉市地方税务局建立健全惩治和预防腐败体系实施办法》《领导干部述职述廉制度》《廉政谈话制度》《重大事项议事规则》《纪检监察信访工作制度》《廉政建设学习教育制度》《阳泉市地方税务局关于开展民主评议政风行风活动实施方案》。

2007 年,《阳泉市地方税务局网络设备日、周、月检查维护细则》《阳泉市地方税务局关于加强基层基础建设的实施意见》《阳泉市地方税务局税务所建设标准（试行）》《阳泉市地方税务局办税服务厅建设标准（试行）》《阳泉市地方税务局税务所和办税厅建设与管理考核评分标准》《市地税局机关与基层税务所定点联系工作制度》。

2008 年，《保密制度》。

2009 年，《阳泉市地方税务局政务公开制度》《阳泉市地方税务局政府信息公开制度》《市地税局落实〈全省地税系统 2008—2012 年大规模培训干部实施意见〉实施办法》《2009 年全市地税系统行政效能建设及其监察工作要点》。

2010 年，《阳泉市地税系统科级干部推荐工作方案》《阳泉市地税系统科级干部考察工作方案》《阳泉市地方税务局开展工程建设领域突出问题专项治理工作实施方案》《阳泉市地方税务局关于加快推进全市地税系统反腐倡廉制度建设的实施意见》《阳泉市地税系统税源管理科和税务所工作人员述职述廉的实施办法》《阳泉市地税系统廉政预警制度》《阳泉市地方税务局关于进一步加强基层税务所和办税服务厅政风行风建设的意见》《阳泉市地税系统一案双查双报告制度》《阳泉市地方税务局预防职务犯罪工作实施办法》。

2011 年，《阳泉市地税系统科级干部推荐工作方案》《阳泉市地税系统科级干部考察工作方案》《2011 年全市地税系统行政效能建设及其监察工作要点》《关于开展税收执法权和行政管理权监督检查的实施方案》《阳泉市地税系统关于开展清理和规范庆典》《研讨会、论坛活动工作的实施方案》《阳泉市地税系统贯彻落实〈关于开展党政机关公务用车问题专项治理工作实施意见〉的方案》《阳泉市地税系统 2011 年“小金库”专项治理工作实施方案》。

2012 年，《市地税局年度目标责任考核办法》《年度考核细则》《党风廉政建设目标责任制考核办法》《阳泉市地方税务局廉政建设常态化明察暗访制度》《违诺责任追究制度》《税收违法违纪行为处分规定》《公务卡结算实施方案》《阳泉市地方税务局机关财务管理暂行办法》。

2013 年，《2013 年党建工作目标责任制考核办法》《关于改进工作作风搞好调查研究的实施办法》《关于改进工作作风规范新闻报道的实施办法》《关于改进工作作风精简会议活动和文件简报的实施办法》《关于厉行勤俭节约严格经费支出的实施办法》《阳泉市地方税务局机关驾驶员及车辆管理制度》《阳泉市地方税务局机关车辆油耗定额考核办法》。

2014 年，《2014 年工作目标责任考核细则》《阳泉市地方税务局干部教育中心财务管理暂行办法》《市地税局及直属单位政府采购管理试行办法》。

2015 年，《2015 年绩效管理与目标责任考核指标》《科级领导干部试用期满转正考核方案》《阳泉市地方税务局会议制度（试行）》。

2016年，《组织绩效管理办法》《党务公开制度》。

2017年，《市地税局党组成员基层党建工作联系点制度》《关于在推进“两学一做”学习教育常态化制度化中加强“三基建设”的实施方案》《组织绩效考评规则》《绩效管理加减分项目规则》《民主生活会制度》《领导干部双重组织生活会制度》《谈心谈话制度》《民主评议党员制度》《党员领导干部讲党课制度》《党支部主题党日制度》《进一步落实中央〈八项规定〉精神的实施细则》。

第二节　行政事务

一、公文处理

2005年7月1日，市地税局机关取消公文纸质传递，所有文件收、发全部通过计算机在局域网上运行，向无纸化办公迈出重要步伐。制定了《阳泉市地方税务局机关计算机公文处理操作规程》，市地税局办公室为公文处理管理部门，负责计算机公文处理的管理工作；市地税局信息中心为技术保障部门，负责计算机公文处理系统的技术维护工作。制定下发了《阳泉市地方税务局公文处理办法（暂行）》。

2006年12月20日，市地税局与各县（区）局和市直各分局实现计算机公文处理联网运行，同时实现市地税局与省地税局的联网运行，标志着办公自动化迈出新的步伐。

2010年9月28日，制定下发了《阳泉市地方税务局关于进一步规范电子公文传输的通知》。

二、档案管理

1994年，建立综合档案室，归属市地税局办公室，办公室确定1名档案人员，办公室主任负责部署和指导机关的档案工作，分管办公室的分管领导分管机关档案工作。各科室指定1名兼职档案员参与机关档案管理。档案鉴定销毁工作在本单位档案鉴定小组领导下进行，小组成员由主管档案工作的领导、档案部门人员和各科室档案员组成。

1996年12月，市地税局机关档案室和平定县等10个档案室均达到了省二级标准。

2001年，全系统所有单位档案管理达山西省一级标准。

2014年，市地税局机关和平定县地税局等10个单位全部通过了山西省档案管理一级标准复验，12 名干部被省档案局授予档案工作突出贡献个人。

2015 年，新成立的市地税直属一分局、市地税直属二分局、市地税直属四分局 3 个单位档案管理达到了山西省二级标准。

2017 年，市地税局档案工作得到了省政府档案专项督查组的肯定，市地税局专职档案员王九花被省人力资源和社会保障厅、省档案局授予“山西省档案系统先进个人”荣誉称号。

24 年间，制定下发了《阳泉市地方税务局档案管理办法》，建立健全了《档案保密工作制度》《档案查阅利用制度》《档案鉴定和销毁制度》《档案库房管理制度》等制度。档案室严格按照档案库房的规范标准建造，达到了“八防”的档案管理现代化要求，并配备了密集柜、五节铁皮柜、两门铁皮柜、空调、计算机、扫描仪、打印机、防磁柜、胶片扫描仪、彩色复印机、吸尘器、加湿器、移动硬盘等硬件设备。增设了查阅室，做到了办公、库房、查阅“三分离”。

档案的类目设置达到 8 个，包括文书档案、会计档案、专业档案、科技档案、声像档案、实物档案、专题档案、电子档案。市地税局机关档案的室藏量，除向市档案局移交的 155 卷档案外，档案室共收藏档案近 2 万卷（件）。其中，文书档案 16217 件，系统会计档案 1695 卷（本），专业档案 286 卷（本），科技档案 348 卷，照片档案 31 册，实物档案 342 件（枚），专题档案 154 卷，不仅室藏档案达到了一定的规模，还确保了门类齐全、结构合理、质量过硬、统一规范。

24 年间，市地税局利用档案材料编写了《阳泉市地方税务局大事记》《组织机构沿革》《基础数据汇编》《1994 年至 2015 年工作总结》等资料，为 2015 年全省地税系统《山西省志·地方税务志》的编写提供了丰富翔实的数据，大量完整的资料呈现出阳泉地税 24 年的变迁与进步。在省级文明标兵单位和国家级文明单位创建过程中，市地税局机关档案室提供了近百次纸质档案查询服务，保证了创建工作顺利进行。在办公楼进行维修时，查阅了基建档案各类图纸，对消防管道、排水管道、外墙、空调进行更新维修，杜绝了安全隐患。在公务用车制度改革过程中，提供了大量的财务数据，使公车改革顺利完成。在山西省档案管理一级标准复查验收中，验收组人员对市地税局档案的开发利用工作给予了高度评价。档案管理《严格标准，注重应用，不断提高地税档案管理工作水平》的经验材料在省地税局《要情反映》期刊上刊登。

三、保密工作

1994—2018 年，成立保密工作领导组，历任局长任领导小组组长，加强对保密工作的领导，领导小组始终认真履行工作职责，定期开展保密培训，不定期对各岗位保密工作进行检查，把党组会、局务会、印鉴、文印、档案、涉密文件等作为重点加强管理、检查和考核。

地税组建后的24年间，不断建立健全保密规章制度。制定下发了《阳泉市地方税务局非涉密计算机保密管理制度》《阳泉市地方税务局非涉密移动存储介质保密管理制度》《阳泉市地方税务局涉密计算机维修、更换、报废保密管理制度》《阳泉市地方税务局涉密计算机保密管理制度》《阳泉市地方税务局涉密网络保密管理制度》《阳泉市地方税务局涉密移动存储介质保密管理制度》《阳泉市地方税务局在公共信息网络上发布消息保密管理制度》等各项保密工作制度。与每名职工签订了保密承诺书。

在日常工作中，严格机要文件收发、传递、清缴手续；严禁公文随处丢放；涉密文件严格限制知悉范围，不随意扩散、复印；传达秘密文件按照有关的管理规定，除公务需要外，不得擅自携带秘密文件外出。

四、税收政务信息

地税部门组建24年来，全市各级地税部门对信息工作十分重视。组成了从市地税局机关各科室到基层局到税务所甚至大型企业的比较完善的信息传递网络。每个单位都有专职信息员，负责信息简报的收集、筛选、加工、编发和上报工作，并对领导批示的信息及时进行深入调研，及时反馈。1994—2018年的24年间，信息工作始终走在了全省地税系统前列，受到上级好评。

1994年8月8日，阳泉地税信息刊物《阳泉市地税信息快报》和《简报》发刊，刊物主要反映税制改革、税收管理、队伍建设、全市经济运行的新情况、新问题、新办法，交流工作经验，并对反映的问题及时向有关部门传递。办刊的宗旨是为经济建设服务、为领导决策服务，为基层服务。当年，地税部门上报的信息被山西省地税局信息刊物采用16条，被阳泉市委信息刊物采用12条，被市政府信息刊物采用4条。

1995年3月，《阳泉市地税信息快报》和《简报》分别改名为《阳泉地税信息》和《阳泉地税简报》。3月6日，制定下发了《阳泉市地税局税务信息工作制度》，该制度规定《阳泉地税信息》主要向上级反映税收工作中发现并需要解决的与税收有关的问题，重要工作进展情况，全市地税系统的重要活动和突发性事件等。《阳泉地税简报》主要反映全系统重要工作安排、工作经验、全系统各基层地税部门的工作情况等，同时，该制度对建立健全地税系统信息网络，信息刊物的编印、传递、报送、批办、考核奖惩、资料管理等方面做了具体规定。当年，全市地税系统全年编发信息与简报 85 期 168 条。其中，被省地税局采用 20 条，被省、市新闻媒体采用新闻稿 24 篇。当年的信息工作先进单位为盂县地税局、郊区地税局。优秀信息员为市地税局岳昱清、平定县地税局梁璞、盂县地税局秦峰、郊区地税局吕爱英、城区地税局孙爱文和市地税直属二分局陈瑾。

1996 年，制定下发了《关于进一步加强信息工作的意见》，首次将信息工作列入工作目标责任制进行考核，并规定：一是以季下达信息收集上报任务，以季通报采用情况。二是建立信息网络制度。在市地税局及各县区局机关、税务所、市直分局配备 1—2 名信息员，并从年收入 20 万元以上的纳税户中聘请 1 名特邀信息员，从年收入 50 万元以上的纳税户中聘请 2 名特邀信息员，为其颁发证书。三是制定了对信息及宣传报道的奖励办法。根据信息被采用级别及条数给予不同金额的奖励。6 月 4 日，举办了全市地税系统首期文秘培训班，其中包括对全市地税系统信息员的培训。当年，全市地税系统共编发信息简报 161 期 433 条。其中，被省地税局采用 43 条，被市委、市政府采用 18 条，被新闻媒体采用 35 篇。

1997 年，共编发信息简报 201 期 381 条。其中，被省地税局采用 48 条，被市委、市政府采用 12 条。当年信息工作先进单位为平定县地税局、盂县地务局、郊区地税局。优秀信息员为市地税局贾海维、平定县地税局郗贵喜、盂县地税局田世熙，郊区地税局赵志芳和市地税直属二分局陈瑾。

1998 年 3 月，召开全市地税系统信息工作会议，修订细化了信息考核奖励办法。同年 12 月 19 日，市地税局办公室编写上报的《平定县个体车辆税收大量流向河北》被省政府《山西信息》期刊采用。1999 年 1 月 4 日，阳泉市委、市政府办公厅和市地税局有关人员组成调查组到平定县地税局调查了解平定县个体车辆在河北上户缴税情况。根据调查情况，平定县地税局办公室写出了《关于平定县个体运输车辆税收大量流向河北问题的调查》一文，向省委、省政府及省地税局进行了反馈，得到省委、省政府、省地税局及市委、市政府的高度重视，及时解决了这一问题。

1998 年，全年共编发信息 250 期 314 条。其中，被省局采用 86 条，省委、省政府信息刊物采用 12 条，市委、市政府信息刊物采用 40 条，市级以上新闻媒体采用 58 条。

1999 年，制定出台了《阳泉市地税局机关工作规则》，其中《信息工作管理规则》对信息的登记、筛选、修改、审阅、签发、报送等都做了详细规定。1999 年，全年信息简报编发 326 条，被省局信息刊物采用 213 条，其中省局采用 3000 字以上调研信息 19 篇，省委、省政府信息刊物采用 63 条。信息工作在全省 11 个地市税务局中排名第二，被省地税局评为全省地税系统信息工作优秀单位。

2000 年，市地税局机关科室、基层局及税务所都分别确定了兼职信息员，并严格实行采编情况按季通报制度，当年共编发信息简报246期477条，其中被省局采用228条，省委、省政府采用58条。信息工作在全省各市地税局中排名第三，被省地税局评为信息工作优秀单位。

2001年，全年共编发信息简报110期440条，其中，被省局信息刊物采用226条，被省委、省政府信息刊物采用36条，在全省地税系统11个地市排名第三，被省地税局评为“信息工作先进集体”。当年，市地税局流转税科、市地税局计会科和平定县地税局、盂县地税局、矿区地税局5个单位被评为全市地税系统信息工作先进单位，平定县地税局翟敏、盂县地税局张宏斌、矿区地税局耿建明、市地税局流转税科岳昱清和市地税局计会科李建印5人被评为全市地税系统优秀信息员。

2002年，平定县地税局、城区地税局、矿区地税局被评为全市地税系统信息工作先进单位，平定县地税局翟敏、盂县地税局张宏斌、城区地税局程瑞林、市地税直属二分局陈瑾、市地税局郭晓军、市地税局计会科李建印、市地税局监审科梁逢煜和市地税局办公室贾海维被评为全市地税系统优秀信息员。

2006年10月，举办全市地税系统文秘信息公文处理培训班，邀请省地税局办公室领导和有关人员就文秘写作、信息收集、整理、编报、公文的计算机处理等进行了辅导。全市地税系统各基层局的分管局长、办公室主任、信息员及负责公文处理的人员参加了培训。

2010年，编写创先争优活动和学习型党组织建设专题简报32期。

2012年，在《阳泉地税简报》《阳泉地税党建信息》和阳泉地税网站开辟了“地税干部学习宣传贯彻党的十八大精神”专栏，为全系统学习贯彻中共十八大营造良好的舆论氛围。全年编发《阳泉地税简报》92期，《阳泉地税信息》41期。

2013年，“地税干部学习宣传贯彻党的十八大精神”专栏共编发专刊信息18期51篇。落实中共中央《八项规定》精神，精简信息简报，全年共编发《阳泉地税简报》60期，《阳泉地税信息》16期。

2014年，在《阳泉地税简报》开辟了“学习讨论落实活动”专栏，及时宣传学习讨论落实活动的好做法、好经验、好典型。举办了两期培训班，让相关工作人员了解掌握信息宣传写作技巧。全年共编发《阳泉地税简报》51期，《阳泉地税信息》10期。

2015年，全年编发《阳泉地税简报》48期，《阳泉地税信息》24期，采写的煤炭资源税政策调研建议被《中国税务报》头版采用，反映煤炭资源税改革对阳煤集团影响的信息被国务院办公厅采用。在省地税局关于2015年信息工作通报中排名第一。

2016年，全年编发《阳泉地税简报》49期，《阳泉地税信息》35期。在省地税局关于 2016 年信息工作通报中排名第一。

2017 年，全年编发《阳泉地税简报》49 期，《阳泉地税信息》21 期。在省地税局关于 2017 年信息工作通报中排名第一。市局被评为信息工作成绩优秀单位，市局办公室田世熙、马思宇，盂县地税局高晋华被评为信息工作成绩优秀个人。

五、税收科研

1994—2018 年的 24 年间，全市地税系统坚持税收调研为领导决策服务、为中心工作服务、为改革服务、为基层服务、为地方经济建设服务的工作定位，将调查研究贯穿于地税工作的各环节全过程，发挥了服务和促进地税工作的基础性作用。

1994 年，面临组建初期的一系列新情况新问题，深入开展税收调研。为解决组织收入进度滞后的问题，市政府常务副市长赵迪南率领市财委、财政、国税、地税部门的主要领导深入基层调查研究和督促收入，3 次召开全市地税局长会议，专题研究组织收入工作，实行了局领导包片、股（室）包点的促收办法；各基层局通过调研，针对管理薄弱环节，开展专项整顿。平定县地税局、矿区地税局加强个体税收征管，盂县地税局联合工商、动检部门制定了屠宰税管理办法，郊区地税局开展出租房屋税收管理，城区地税局对夜市进行税收整顿，市直分局委托房地产、建筑公司开展契税委托代征；税政部门召开 4 次新税制政策研究会，统一政策口径，纠正执行偏差，并在 7 月中旬抽调 18 名业务骨干组成 5 个调查组对全市 13 个行业、32 户企业开展税负测算和新税制运行情况调查；办公室根据新机构规范运行的要求，加强制度建设，制定了会议制度、廉政制度、公文处理试行办法等 16 个制度；人事科针对新机构新人员的特点，加强干部思想政治工作，在干部队伍中开展了“比学习、看效果；比思想、看贡献；比工作、看成绩；比作风、看行动”活动；全市地税系统在调查研究基础上，形成调查报告或论文 45 篇。

1995 年年初，在全市范围内组织了一次税源调查，提出了“先拔钉子户、后征易管户；先征外地户、后征本地户；先征临时户、后征固定户；先征税源小户、后征税源大户”的征管思路。8 月，在全市范围内对个人出租出包车辆、个体厨师、歌手等高收入个人组织了专项调查；开展了非国有经济税源普查，营业税、资源税调查等；市县地税领导带头开展税收调研，写出调查报告论文 30 多篇，推荐 5 篇参加了全省地税系统税收科研成果评选活动，3 篇获三等奖，2 篇获优秀奖。

1996 年，在全市地税系统建立了税收调研员网络，每个基层局和市地税局机关各科室确定 1 名税收调研联络员，使税收调研培训和调研工作推进都有人抓。盂县地税局被市地税局推荐并被省地税局科研所确定为全省地税系统科研联系点。完成了省地税局下达的“交通运输业税种选择”和“煤炭行业税源变化”的课题研究，召开了2次专题研究会，形成了专题报告。对地税部门组建后的税收科研成果进行了评比，共收到参评作品84篇，评出优秀组织奖2个，分别是盂县地税局和矿区地税局，特别奖9篇、一等奖6篇、二等奖9篇、三等奖15篇、优秀奖23篇、鼓励奖22篇。

1997年，经济形势严峻，组织税收收入面临很大压力。税收调研工作围绕组织收入工作开展，从组织领导、税收征管、税政研究、信息化建设、队伍管理等方面，寻求有效办法和措施，严密个体税收管理，强化个人所得税代扣代缴等调研建议都有效转化为征管措施和税收收入。

1998年，受亚洲金融危机和阳泉产业结构的影响，税源严重不足，围绕省地税局提出的“大税讲涵养，小税讲征管”的思路，开展了管户税源大清查，先后3次向省地税局提交了专题报告，使省地税局及时全面了解阳泉地方税源的真实状况，在此基础上建立了经济税源体系。围绕全市地税系统开展个体私营税收清理整顿的要求，对个体税收行业税源结构、管理现状、存在问题、改进措施等进行了深入调研，提出了以建立税收管理示范街和示范市场推进个体税收管理的建议，得到了省地税局肯定。

1999年7月21日，召开了全市地税系统税收增长点专题研讨会。省地税局党组成员、副局长巨宪华，省地税局科研所所长周平川到会指导，对做好地税系统税收调研工作提出了5个方面意见。之后，省地税局文件转发了市地税局税收增长点调研的情况和经验。借这次专题调研为契机，市地税局创办了《阳泉地税调研》内部刊物，以季登载全市地税系统税收调研成果，为全市地税调研成果交流展示提供了平台。全年共刊印税收调研稿件35篇,并刊登了省地税局下达的1999年重点科研课题成果《关于阳泉市地方税收与创业结构的相关分析和研究》，编发纪念地税机构组建五周年争先创优经验交流专刊1期，收集领导讲话、经验交流材料21篇。当年调研产生的直接效益500多万元。

1999年，在发展阳泉经济大讨论中受到市委、市政府好评。1997—1999年，全市地税干部共撰写各类调研报告300余篇，其中在各类报刊发表54篇，获全省地税系统优秀科研成果二等奖5篇，三等奖5篇，在全省地税系统组织的税收科学研讨会上交流4篇。共有35篇调研报告获奖，其中特别奖5篇、一等奖5篇、二等奖10篇、三等奖15篇，同时还评选出1997—1998年度在税收调研工作中成绩突出的3个先进单位，分别是平定县地税局、盂县地税局、矿区地税局。

2000年，开展“管理与税收”专题调研。9月14日，召开了阳泉市地税系统“管理与税收”研讨会,省地税局党组副书记、副局长巨宪华与科研所所长周平川到会指导。

各基层局局长、办公室主任、市地税局机关各科室负责人和部分调研报告作者70余人参加会议。专题研讨共收到调研报告76篇，精选出的55篇调查报告和论文进行了会议交流，其中发言交流16篇。专题调研会形成了会议综述，从政策执行、税收征管、征管改革、农业税管理、人事政策管理、经济与税源结构方面对调研成果进行了总结。市地税局党组书记、局长翟振华作了题为《围绕工作重点深化税收调研 全面提高全市税收管理水平》的讲话。会后，省地税局文件转发了市地税局开展“管理与税收”专题调研工作的情况；完成了省地税局下达的税收与经济协调发展的研究任务，形成了《关于如何使我市地方税收与经济保持协调发展的研究与分析》《保持地税收入平稳增长 促进经济调整壮大》等调研报告。全年编发《阳泉地税调研》4期，收录文章83篇。编发“三个代表”重要思想学习体会专刊1期，收录文章21篇。在全省科研成果评比中，获优秀奖7篇，一等奖、二等奖和三等奖分别为1篇、3篇和4篇。市地税局对2000年度上报的调研文章评比，评比获奖文章21篇，其中获特别奖1篇，一等奖5篇，二等奖10篇，三等奖15篇。同时，评出2000年度税收调研工作成绩突出的4个先进单位，分别为盂县地税局、郊区地税局、城区地税局、市地税局第二分局。

同年，市地税局与省地税局科研所联合组成“让利销售对经济与税收的影响”课题组，在全市进行了深入调研，写出的专题报告被推荐到省政府。还开展了“专业市场税收管理”“房屋租赁业税收管理”“个人所得税征收管理”3个重点课题的调研。参加了省地税局组织的“专业市场税收管理”和“蓝色神韵——中国税务改革风采录”征文活动，全市有9篇征文获奖，获二等奖1篇、三等奖2篇、优秀奖6篇。全年通过抓税收调研成果转化应用增加税收980余万元。

2001年，开展了“税收调研成果转化应用”活动。9月13日，召开了阳泉市地税系统税收调研成果转化应用经验交流会，形成了《努力实践“三个代表”重要思想 狠抓调研成果转化应用 不断提高地税调研水平》的会议综述。大会收到经验材料43篇，大会发言交流12篇，从全方位开展税收调研、健全调研工作机制、狠抓调研成果转化3个方面进行了梳理总结，通过调研成果转化，两年直接增加税收收入5000余万元。副市长王舰民和省地税局副局长巨宪华对阳泉市地税调研工作成果高度评价，会后，省地税局文件批转了阳泉此次会议的经验。

同年，与市直机关工委和阳泉日报社联合举办了“地税杯”纪念建党80周年征文活动，向《阳泉日报》投递征文60余篇。全年编发《阳泉地税调研》4期，共收录文章75篇，编发2000年度全市地税系统先进集体、优秀税务工作者材料专刊一期，收录文章30篇。完成了省、市地税局安排的各项专题调研和征文活动。市地税局被省地税局评为“科研工作先进单位”，被省地税局授予“组织收入大家谈征文优秀组织奖”。市地税局对2001年度成绩突出的5个调研先进单位给予表彰，分别是平定县地税局、盂县地税局、市地税局直属二分局、城区地税局、市地税局办公室。

2002年，继续深化对“地方税收与经济协调增长”的课题研究，市地税局将调研切入点选择在调产项目产生税收方面，通过对全市2001—2002年调产项目新增税源情况的调研和统计分析，形成了《产业结构调整新增税源有限》的调研报告，分产业、分规模、分项目、分行业、分区域分析产业调整项目所产生的税源，提出了对调产的对策和建议。全年编发《阳泉地税调研》2期，择优收录文章45篇。

2003年，开展省地税局重点调研课题的调研，形成了《对改革和完善地方税制的思路》和《总量与税收同步增长 效益与结构逐步改善》的调研报告，对全市民营企业发展概况、长足发展的原因和今后趋势进行展望，揭示了民营经济的基本。为促进全市地税调研工作深入开展，在深入调研基础上，形成了《关于阳泉市地税系统税收调研通讯员队伍现状的调查》报告，既总结了6个好的方面，也从配备不平衡、实践锻炼少、岗位轮换不够等方面提出了改进的建议。全年编发《阳泉地税调研》2期，择优录用文章59篇。

2004年，开展了“煤炭极差收入与税收应对措施”专题调研，在对全市50户煤炭典型企业调查基础上，形成了《对改革现行煤炭资源税的思考》的调研报告，从计税依据不合理、不符合国民待遇原则、调节职能弱化、补偿作业不足、刚性不足等方面指出了现行煤炭资源税存在的不足，提出了新定位、提高税率、给地方政府必要的资源税税额调整权等建议。全年编发《阳泉地税调研》2期，择优收录文章45篇。

2005年，开展了全市耐火行业税源情况和税收完成情况调研。针对煤炭税收征管薄弱环节开展了专项调研，结合地税部门实际，提出意见建议，被市政府采纳，并联合财政、国税部门制定了《强化煤炭行业税收管理》的意见，由市政府转发全市执行。

2006年，开展了技术改造税收优惠政策抵免企业所得税管理存在问题、对中部崛起有关税收政策问题、对全市房地产开发企业所得税征管情况的调查研究，针对发现的问题提出了改进建议，为上级制定政策提供了依据。

2007年，开展了煤炭企业经营状况调研，为煤炭可持续发展基金的征收奠定良好基础。开展税收管理员制度落实情况的调研，制定了税收管理员考核办法和岗位轮换办法。组织开展了“抓制度落实、促政风行风，抓工作效能、优纳税服务”调研。市地税局领导带头深入基层局和纳税户，围绕税收收入完成情况、煤炭可持续发展基金征收情况及存在的问题、“四项建设”进展情况、新征管软件上线情况、“作风建设年、狠抓落实年活动”开展情况、基层对市地税局工作的意见建议等6个方面的问题开展专题调研。选报田世熙、田有金、程瑞林、张芸、黄晓琳、陈瑾6人为省地税局科研通讯员，进一步增强全系统科研队伍建设。完成省地税局“煤炭可持续发展基金征收管理”重点课题调研。在省地税局“和谐地税大家谈”主题征文活动中，获一等奖 1 篇、三等奖 2 篇、优秀奖 2 篇，并获优秀组织奖。在省地税局“狠抓四项建设贯彻实施”主题征文活动中，获一等奖 2 篇、三等奖 3 篇。在省地税局 2006 年度优秀科研成果评比中，获一等奖 1 篇、二等奖 1 篇、三等奖 2 篇。全年在《税收理论与实践》刊发稿件 86 篇，居全省第一。市地税局被省地税局评为全省地税系统 2007 年度税收科研工作优胜单位。

2008 年，完成了“关于煤炭行业税收情况的调研”重点课题。在省地税局“税收与民生”主题征文活动中，获一等奖 1 篇、二等奖 1 篇、三等奖 2 篇、优秀奖 4 篇。在省地税局“税收管理与地税发展”主题征文活动中，获一等奖 1 篇、优秀奖 1 篇。在省地税局 2007 年度优秀科研成果评比中，获一等奖 1 篇、二等奖 1 篇、三等奖 2 篇。全年在《税收理论与实践》刊发稿件 63 篇。市地税局被省地税局评为全省地税系统 2008 年度税收科研工作先进单位。

2009 年，围绕学习实践科学发展活动，确定调研课题，局领导带队深入基层和纳税人中开展专题调研，与基层和纳税人共同查找制约地税科学发展的问题，研究和探讨破解制约地税科学发展的措施和办法，形成了 72 篇高质量的调研报告。完成了“新形势下确保地税收入增长的对策研究”重点课题调研。在省地税局“税收在我身边”主题征文活动中，有 8 篇稿件被评为优秀作品，并获优秀组织奖。在省地税局 2008 年度优秀科研成果评比中，获一等奖 1 篇、二等奖 2 篇、三等奖 1 篇。全年在《税收理论与实践》刊发稿件 58 篇。市地税局被省地税局评为全省地税系统 2009 年度税收科研工作先进单位。

2010 年，开展了规费基金调研，规范了征管流程，确保规费基金计划完成。完成了“促进资源型地区经济发展的税收政策研究”重点课题调研。在省地税局“保收入、强管理、重服务、优作风、促发展”主题征文活动中，获二等奖 1 篇、三等奖 1 篇、优秀奖 2 篇。在省地税局“综合治税与组织收入”主题征文活动中，获一等奖 1 篇、二等奖 1 篇、三等奖 1 篇、优秀奖 3 篇。在省地税局 2009 年度优秀科研成果评比中，获一等奖 1 篇、二等奖 1 篇、三等奖 2 篇。

2011 年，开展了煤炭、房地产、建筑业、服务业等重点行业税源调查，进行了行业税负测算，及时发现各行业存在的问题以及征管方面的薄弱环节，增强了组织收入的预见性。以开展解放思想大讨论为契机，开展政策调研，向省地税局提出 28 条税收政策建议，受到了省地税局肯定和国家税务总局的重视。总局所得税司领导专门就有关问题到阳泉进行了调研，对市地税局的建议予以肯定。完成了“资源型经济转型综合配套改革试验区税收政策研究”“关于在山西省地税系统开展远程教育培训的可行性分析”重点课题调研。

2012年，完成了省地税局“关于地方税收与经济协调发展的调查研究——以山西省阳泉市为例”和“营业税改征增值税后确保地方财力稳定增长的对策”重点课题调研。在省地税局“抓好五项重点工作”主题征文中，获一等奖1篇、二等奖1篇、三等奖1篇、优秀奖3篇。在省地税局2011年度优秀科研成果评比中，获一等奖1篇、三等奖3篇。全年在《税收理论与实践》刊发稿件56篇。

2013年，在年初和年中开展了两次组织收入大调研。同时，以省地税局开展收入专项调研为契机，深入部分基层局和重点企业，就典型企业税源状况和全市组织收入工作进行专题调研，促进了组织收入工作的有效开展。完成了“完善地方税制体系”和“新形势下挖掘新的地方税收增长点的探索”重点课题调研，开展了“向管理要收入”专题调研。在省地税局“落实精神、强化管理、促进收入、惠及民生”主题征文活动中，获一等奖1篇、二等奖1篇、三等奖4篇。全年在省地税局《税收理论与实践》上刊发稿件85篇。在省地税局2012年度优秀科研成果评比中，获一等奖1篇、二等奖1篇、三等奖3篇。

2014年，组织开展了两次全市地税系统组织收入督查大调研活动，召开了督查调研分析会和局务会议，对各征收单位、各行业经济发展状况以及发现的薄弱环节和问题进行了综合剖析，制定了整改措施，并以文件印发给各基层局执行。完成了“地方税收增长点研究”和“建筑业‘营改增’问题研究”重点调研课题。在全省地税系统2013年度优秀科研成果评选中，获一等奖1篇、二等奖1篇、三等奖4篇；在2014年全省地税系统“地税二十年”主题征文活动中，获一等奖1篇、二等奖1篇、三等奖1篇、优秀奖4篇。

2015年，开展组织收入调研，提出收入攻坚措施，解决了组织收入的难点，得到市委主要领导肯定并批示上报省政府，在省地税局文件全文转发。选报黄晓琳、马思宇、陈瑾、薛志亮、张芸5人为《税收理论与实践》通讯员。市地税局承担的省地税局重点课题《“营改增”对地税工作的影响》被省地税局《要情反映》全文刊发。市地税局采写的煤炭资源税政策调研建议被《中国税务报》头版采用，反映煤炭资源税改革对阳煤集团影响的调研被国务院办公厅采用，反映群众办证难问题的调研受到总局关注，并专门出台了国家税务总局67号公告作为政策依据。全年有10篇综合稿件被省地税局要情反映采用。完成了省地税局重点调研课题“税收新常态下的地方税体系建设研究”和“‘营改增’对地税工作的影响”，有66篇信息调研被省地税局采用，10篇工作经验被省地税局《要情反映》采用。在全省地税系统2014年度优秀科研成果评选中，市地税局获一等奖 1 篇、二等奖 2 篇、三等奖 6 篇。

2016 年，与兄弟地市共同完成了“科技创新税收政策实施效果评估”科研课题，得到了省地税局领导批示，并在《山西信息》刊发，同时上报国办；《互联网 + 云平台税收应用研究》在《晋政信息》刊发；《以“四轮驱动”促文明创建》在《中国税务》刊发。在省地税局“推进地税现代化”主题征文中，获一等奖 1 篇、二等奖 3 篇、三等奖 1 篇。全年有 10 篇综合稿件被省地税局《要情反映》采用。在全省地税系统 2015 年度优秀科研成果评选中，获一等奖 1 篇、二等奖 2 篇、三等奖 2 篇。

2017 年，围绕“造环境促转型”与贯彻落实国务院 42 号文件和省地税局 118 号文件精神，以处级干部大调研活动和万名税务干部入企服务活动为契机，深入开展调研工作。成立了 6 个调研组，将活动内容拓展到充分发挥税收职能作用、学习贯彻中共十九大精神和习近平视察山西重要讲话、加强基层组织建设、加大扶贫工作力度、坚持“深化依法治国实践”和重视信访工作等 5 个方面，对基层单位的各项工作进展情况进行全面调研，推动了全市地税系统各项工作整体推进。6 月底，印发《阳泉市地税系统调研稿件报送管理办法》，对稿件的报送、考核等作出具体要求。对 2015—2016 年度优秀税收科研工作者梁璞、许润厚、姚冬兰、孙荣、张芸、郭晓军、高晓琴、贾海维、薛志亮、赵宏志、程瑞林、陈瑾、黄晓琳、郭文君、李国庆、张来明、李彦昞、张洲明、陈贵涛予以通报表彰。选报黄晓琳、马思宇、陈瑾、薛志亮、张芸、高晋华 6 人为《税收理论与实践》通讯员。在省地税局“地税改革与发展”主题征文中，获一等奖 5 篇、二等奖 3 篇、三等奖 10 篇、优秀奖 8 篇，并被评为优秀组织奖。《坚持问题导向　创新管理方式　推动地税征管工作稳步前进》《以党建工作统领全局　地税工作再上新台阶》《依托“网格化”管理服务平台　积极探索深化“放管服效”改革新模式》等 7 篇综合文稿被《山西信息》全文登载。其中，《房地产去库存成效明显》调研报告受到省委、省政府重视，被上报国务院办公厅采用。有 3 篇综合稿件被省地税局《要情反映》采用。

第三节　后勤保障

一、设施建设和设备配置

（一）办公场所建设

1994 年国税、地税机构分设时，位于三角线 8 号办公楼的一部分和北大街 73 号办公楼归市地税局使用。三角线 8 号办公楼名为财税综合楼，总层数 5 层，建筑面积 2169.45 平方米，其中的两层归市地税局使用，其余部分归市国税局和市财政局拍卖中心使用。1998 年以后，经市地税局领导多次与市国税局、市财政局协商，采取购买和调整等多种方式，将市国税局和市财政局所占用的部分及后院全部交由市地税局使用和管理。北大街 73 号办公楼总层数 4 层，建筑面积 2373.94 平方米，由市地税局使用和管理。

1994 年国税、地税分设时，南大街办公楼和北大街 73 号办公楼未办理地税的房产、土地证书。2013 年 3 月，北大街 73 号办公楼办理了土地使用证；2013 年 7 月，南大街办公楼办理了土地使用证。2014 年 1 月，南大街办公楼办理了房产证；2014 年 2 月，北大街 73 号办公楼办理了房产证。

1995 年，基础建设向基层倾斜。当年，郊区地税局完成办公楼建设投入使用；平定县地税局办公楼和宿舍楼完成主体工程，4 个税务所办公用房开始建设。

1996 年，全系统新建 4 个税务所，改扩建 13 个税务所。11 月，市地税局三角线职工宿舍楼动工建设，共 54 套。平定县地税局新办公楼、职工宿舍楼落成使用。

1997 年，市直分局联合办税服务厅、城区地税局办税服务大厅建成使用。平定县地税局、盂县地税局、郊区地税局、开发区地税局办税服务大厅建成投入使用。在办税服务厅建设的过程中，市地税局与建设银行共同努力，探索出了在互利基础上实行税银联合兴建办税服务大厅的路子。市直一、二分局联合办税厅和城区地税局的办税服务大厅都是与建设银行共同投资建设的，场地由建行投资，计算机硬件和软件网络系统由地税局投资，归地税局无偿使用。同年，盂县地税局投资 30 万元，改善了交口、上社、西烟 3 个税务所的办公条件。

1998 年，市地税局三角线职工宿舍楼建成使用；开发区地税局的办公楼和宿舍楼投入使用；矿区地税局的办公大楼和职工宿舍楼基本竣工，各县（区）地税局还分别对 12 个税务所进行了改造和修缮，干部职工的工作环境和生活条件有了新改善。

1999 年，全市地税系统新建税务所 4 个，改建税务所 11 个。盂县地税局、矿区地税局办公楼投入使用，城区地税局办公楼动工，市地税局当年用于基层建设的投资达 500 多万元。

2000 年 3 月，在平定县地税局召开了基层基础设施建设现场会，总结和推广平定县地税局基层基础设施建设经验，推动了全市地税系统基层基础设施建设工作的进展。同年，城区地税局迁入新的办公大楼。

2003 年 10 月 11 日，北大街 38 号新办公楼奠基。

2004 年，全系统有 4 个基层税务所建成并投入使用。市地税局北大街 38 号新办公楼主体工程建设完工，进入装修阶段。完成了新办公楼的综合布线方案的制定下发、审批工作。完成了新办公楼闭路电视、广播系统及监控系统实施方案的制定工作。全系统建立了手机专用虚拟网和全系统固定电话虚拟网，为干部职工工作和生活提供了更加便利的条件。

2006 年，北大街新办公楼竣工。10 月，市地税局和市地税直属一分局迁入新楼办公。新办公区由主楼、辅楼、后院小二楼组成，主楼总层数 13 层（含地下室），建筑面积 12926.13 平方米；辅楼总层数 3 层，建筑面积 1318.5 平方米；后院小二楼总层数 2 层，建面积 781.20 平方米。

同年，盂县地税局新办公楼工程和开发区地税局新办公楼工程建设基本完工，进入装修阶段。郊区、平定县、城区等县（区）局对税务所进行了修缮。年底，市地税局召开了税务所规范化建设现场会，省地税局党组成员、副局长张彭湧专程到会并对阳泉市的税务所规范化建设工作给予充分肯定。

2007 年，全系统在基层基础建设中，按照省地税局提出的“实用、耐用、够用”的原则，采取“新建、扩建、购买、置换、修缮”五种方式，因地制宜推进基层税务所建设。当年，全市新建税务所 11 个，改扩建和维修税务所 15 个；完成了南大街办公楼和北大街办公楼的维修改造；盂县地税局、开发区地税局新办公大楼建成使用。

2008 年 12 月，北大街 38 号办公区取得土地使用证。2010 年 12 月，取得北大街 38 号办公区房产证。

2009 年，全系统基层税务所基本实现了每个税务所都有办公用房，每个税务所、办税厅都有征管用车，网络连接到了税务所和办税厅。11 月 11 日，全省基层基础建设暨规范执法现场会在阳泉召开，基层基础建设和规范执法工作得到了省地税局充分肯定。

2010 年，在继续完善硬件建设的同时，把基层基础建设的重心转移到加强标准化、规范化服务窗口建设，提升基层“软实力”上。

2011 年，按照省地税局“八个统一”的要求，对办税环境进行了标准化改造，将办税服务厅划分为咨询辅导区、办税服务区、自助办税区、等候休息区 4 个功能区，将纳税申报、税款征收、发票领购等窗口整合为“综合窗口”。

2012 年，逐步构建起以网上办税服务厅、实体办税服务厅、24 小时自助办税服务终端为载体的“三位一体”办税服务新格局。

2013—2018 年，除做好办公场所日常修缮维护工作外，按照中共中央《八项规定》要求，重点加强了办公面积管理，对不符合要求的办公场所进行了改造，全系统办公面积均符合国家规定。

（二）其他不动产建设

1994 年国税、地税分设后，共有 63 套职工宿舍归市地税局所有。其中南大街观象台 13 号楼 6 套，总建筑面积 326.50 平方米；南大街观象台财税综合楼 4 套，总建筑面积 213.87 平方米；平潭街二小区 3 号楼 3 套，总建筑面积 177.81 平方米；平潭街二小区 4 号楼 4 套，总建筑面积 228.83 平方米；华盛街 22 号楼 4 套，总建筑面积 249.42 平方米；华盛街 21 号楼 1 套，建筑面积 63.39 平方米；华盛街 3 号楼有 1 套，建筑面积 58.88 平方米；巨兴街 6 号楼 2 套，总建筑面积 155.81 平方米；新华西街 1 号楼 27 套，总建筑面积 1709.67 平方米；新华西街 5 号楼 5 套，总建筑面积 358.94 平方米；公园路 1 号楼 6 套，总建筑面积 423.23 平方米。1995 年，开展了清房工作，全系统共查出超出住房标准 9 人，超占面积 86.86 平方米，全部进行了整改。1998 年，按照房改政策将 63 套宿舍先后全部出售给职工个人，并办理了个人房产证书。同年，市地税局三角线建成一幢宿舍楼，共 3 个单元，54 套，每套建筑面积 89—110 平方米，小区配备了一个老干部活动室。

2005 年，为职工购买了丰泽园小区 2、3 号楼经济适用房，共购置经济适用房 68 套，每套建筑面积约为 115 平方米，按当时政策享受新房的人员要腾退旧房，用旧房面积折抵新房面积，并按规定补交超面积部分的房款。折抵回的房屋产权归市地税局所有。2008 年 5 月，折抵回房屋 52 套。市地税局按照市政府公管房出租相关规定，将这些公管房优先租给市地税局无房职工和住房困难职工，缓解了职工住房困难。2013 年，市地税局向太行工贸房地产公司团购盛世华府小区商品房 223 套，每套建筑面积约为 160—180 平方米，基本解决了市局和市直分局职工住房的后顾之忧。

（三）公车配置

24 年中，阳泉市地税系统公车配置逐年增加。1994 年，国税、地税分设时，共有 1 辆公务用车归市地税局使用。1995 年，市地税局机关新增桑塔纳汽车 1 辆，共有公务用车 2 辆。1996 年，市地税局机关共有公务用车 2 辆。1997 年，市地税局机关新增桑塔纳汽车 1 辆，共有公务用车 3 辆。1998 年，市地税局机关新增桑塔纳汽车 2 辆，共有公务用车 5 辆。1999 年，市地税局机关新增金杯面包车 1 辆，共有公务用车 6 辆。2000 年，市地税局机关共有公务用车 6 辆。

2001 年，市地税局机关新增桑塔纳汽车 1 辆、宇通客车 1 辆，共有公务用车 8 辆。2002 年，市地税局机关共有公务用车 8 辆。2003 年，市地税局机关新增桑塔纳汽车 1 辆，有公务用车 9 辆。2004 年，市地税局机关新增桑塔纳汽车 1 辆，共有公务用车 10 辆。

2005 年，市地税局机关新增帕萨特轿车 1 辆、马自达汽车 2 辆、别克轿车 4 辆，共有公务用车 17 辆。2006—2007 年，市地税局机关共有公务用车 17 辆。2008 年，市地税局机关新增桑塔纳汽车 1 辆，共有公务用车 18 辆。2009 年，市地税局机关新增丰田客车 1 辆、丰田越野车 1 辆、志俊轿车 4 辆、雅阁汽车 5 辆；报废桑塔纳汽车 1 辆、金杯面包车 1 辆，共有公务用车 27 辆。

2010 年，市地税局机关新增轿车 1 辆。报废宇通客车 1 辆、桑塔纳汽车 1 辆，共有公务用车 26 辆。2011 年，市地税局机关新增帕萨特轿车 3 辆、雅阁汽车 1 辆、志俊轿车 2 辆；报废桑塔纳汽车 3 辆、昌河车 1 辆，共有公务用车 28 辆。2012 年，市地税局机关新增帕萨特轿车 2 辆、轿车 1 辆，共有公务用车 31 辆。2013 年，市地税局机关共有公务用车 31 辆。2014 年，强制报废黄标、老旧车辆 3 辆，市地税局机关共有公务用车 28 辆。2015 年，市地税局机关共有公务用车 28 辆。2016 年，拍卖公务用车 15 辆、调拨公务用车 4 辆、盂县局调入 1 辆，共有应急公务用车 1 辆、执法执勤车 9 辆。2017—2018 年，市地税局机关共有公务用车 10 辆。

二、后勤管理

（一）制度建设

1994—2006 年，后勤工作归口办公室统一管理期间，建立了后勤安全保卫制度、财产办公用品领发制度、汽车使用管理制度、来客接待制度。1998 年，制定了机关门卫制度及机关门卫职责。2005 年，按省地税局要求，制定了领导干部用车制度，严格控制领导干部驾驶公车。

2007 年 1 月，后勤服务中心成立。当年，制定下发了《阳泉市地方税务局车辆管理制度》《机关办公大楼文明行为规范》《阳泉市地方税务局办公楼音响设备管理制度》。2008 年，制定下发了《前后院安全保卫管理制度》《办公楼前后院车辆存放管理制度》《地下室日常值班管理制度》《空调主机房的管理制度》《空调冷却塔管理制度》《消防管理制度》《机关卫生制度》《消防设备管理制度》《消防控制室管理制度》《大楼内各办公室、客房等电路系统维护保养管理制度》《各办公室、会议室、客房等空调设备维护保养管理制度》《污水池污水泵使用维护管理制度》《配电室维护保养管理制度》《空调控制室维护管理制度》《水泵房维护管理制度》《变频室维护保养管理制度》《煤气使用维护、保养管理制度》《发电机维修保养管理制度》《12 楼水箱间维护保养管理制度》《霓虹灯维护、保养管理制度》《弱电井维护管理制度》《强电井维护管理制度》《管道井管理制度》《楼内天花板维护管理制度》《后院水池维护管理制度》《化粪池储油池维护管理制度》《热水器使用维护管理制度》《显示屏维护、保养管理制度》《电梯及机房维护保养管理制度》《楼内供水系统维护、保养管理制度》《楼内供电系统维护、保养管理制度》《厨房、地下室等排气排风系统维护保养管理制度》《南楼卫生间使用管理制度》《食堂管理制度》。2012 年，制定下发了《防汛抢险应急预案》。2013 年，制定下发了《阳泉市地方税务局机关驾驶员及车辆管理制度》《阳泉市地方税务局机关车辆油耗定额考核办法》。2014 年，制定下发了《阳泉市地方税务局公务接待管理制度》，修订了《阳泉市地方税务局机关食堂管理制度》。2015 年，修订了《阳泉市地方税务局车辆管理制度》。2016 年，制定下发了《阳泉市地方税务局机关司机轮班制度》《门卫管理规定》。

（二）设备维护

1994—2018 年，始终把安全责任放在第一位，做好日常办公大楼、宿舍区的用水、用电、用气中的安全隐患排查，做好防火、防盗等各种风险防范工作，定期对各种设备、设施进行安全检查和日常保养维护，确保办公楼的安全和各项设备设施的正常运转。

在安全防范中，采取“外部配合 + 科技防范”办法，强化平安工作。一是除管好现有的保安和工程人员外，还注重与专业公司部门协作，协调市质监局、市食药局定期检测专业设备和食堂，并将管理难度大的电梯、中央空调、消防设施等维保工作交给专业公司负责，保证了设施设备工作状态良好。二是强化科技防范。运用监控系统、防盗防火报警系统，由专业公司网络随时监控中央空调运转状况，对安全隐患及时处理。

（三）社会治安综合治理

1994 年 8 月市地税局组建后，专题研究并部署开展了社会治安综合治理工作。1996 年，成立了综合治理领导组，设立了办公室，建立了治保会、民调会、联防队等组织，制定了处置突发性事件的预案，加大了对综合治理设备配备的资金投入，在所有办公区做到了“五有”（有牌子、有房子、有人员、有档案、有制度）、“四上墙”（组织机构上墙、联络网络上墙、目标制度上墙、重点工作上墙）。在财务室、仓库、票证室、机房等重点防范部位配置了“三铁一器”（铁门、铁窗、铁柜、报警器）；传达室、值班室配备了“三防一保器械”（激光电击手电、灭火器等）。2006 年，北大街 38 号办公区建成使用后，完善了监控设备、防盗报警设备、消防报警设备，全方位无死角保障大楼安全。2015 年，将监控设备升级为高清设备。2017 年，按消防要求，市地税局机关组建微型消防站。此外，三角线家属区建成安装了红外线防盗设备、监控设备。

全局形成单位、领导、个人层层重视安全管理和综合治理工作的格局，把是否重视安全管理和综合治理作为考核各级领导班子的重要标准，每年都层层签订目标责任状。坚持领导带班制度，严格值班制度、来客登记制度。做好定期用水、用电、用气中的安全隐患排查，做好防火、防盗等各种风险防范工作，做好设备巡视，食品安全隐患排查工作，每周进行一次安全卫生检查。1996—2017 年，市地税局每年都被城区政府综合治理委员会授予“红旗单位”。

（四）公务用车管理

1994—2018 年，市地税局严格执行公务用车相关规定，做好公务用车外出审批、登记工作，控制公车运行成本；实行单车油耗定额考核，节约油耗费用开支；实行定点修车制度，减少车辆维修费用；杜绝公车私用，机关车辆实行回单位停放制度和节假日封存制度；严禁公车参加非公务活动。市地税局加强驾驶员安全意识教育，杜绝酒后驾车、开带病车上路，严守交通规则，文明驾驶，爱护车辆，定期保养，及时清洁，车辆要保持“两洁”（车容整洁、车内整洁），做好“三检”（出车前、出车中、出车后的车辆检查），确保“四良”（制动、转向、灯光、信号良好），不开带病车，不超载行车，确保车辆安全行驶。24 年来，全市地税系统未发生重大交通安全事故。

（五）食堂管理

1995 年，在南大街办公区设立机关食堂，服务市地税局及直属分局职工家属就餐。2007 年 7 月，在北大街 38 号办公区后院小二楼二层设立机关一食堂，南大街办公区机关食堂改为机关二食堂，北大街机关食堂主要服务市地税局机关及直属一分局、直属三分局、直属四分局、直属五分局职工及家属就餐。南大街机关二食堂，主要服务市地税稽查局、直属二分局职工及家属就餐。各食堂把食品安全放在做好食堂工作的首位，严格控制好原料采购、食品加工、餐具消毒、厨师、服务员身体检查等每一个环节，确保食堂饭菜的安全。2013 年，机关 2 个食堂都通过了城区食品药品监督局的验收，餐饮服务达到量化分级考评 B 级单位。

（六）打造节约型机关

1994—2018 年，修改完善了公务接待办法，本着既热情又节俭的原则做好公务接待工作。在保证运行的前提下，降低中央空调主机有效功率，改造纯净水系统，回收利用纯净水制水产生的中水。更换大楼霓虹灯，逐步更换照明光源为 LED 光源，节约每一度电、每一滴水。做好资产管理工作，对资产进行逐项登记，并与实物账、资产账进行认真核对，确保资产账实一致。严格落实中共中央《八项规定》，确保办公房面积不超标，其他各种设施的配备全部符合规定要求。

（七）抗击非典疫情

2003年，非典疫情发生后，拨出专款50多万元，一是建立了防治非典专项基金。二是为干部职工购买了预防药品、消毒药剂和口罩、手套、体温计等防护用品，并按照需要及时地给干部职工补充和更换口罩、手套等防护用品。市地税局统一为各县(区)和各分局以及全市所有的办税服务厅购买了快速体温测量仪。非典期间，全系统用于为干部职工购买各种防护药品和防护用品投入资金20余万元。三是深入开展爱国卫生运动。组织干部职工对所有的办公场所、家属宿舍区、食堂、车辆等各个部位进行了全面的卫生清理和定时消毒，保持了良好的工作、生活环境。四是抓好疫情监测。建立了体温测量登记制度和疫情日报告、零报告制度，及时动态地对干部职工及家属的身体健康情况进行监测。五是严格控制人员聚集。暂停了会议、培训和考试，工作往来尽量实行电话联系。对地税干部职工中的婚丧嫁娶事宜，实行了申报制度，婚事尽量推迟，丧事严格控制规模，一切从简，防止传染。六是严格控制人员外出。七是加强值班和安全保卫工作。从市地税局到各基层地税局实行了办公楼、办税厅、税务所以及家属宿舍区的值班和安全保卫工作。建立了领导带班，全天候24小时值班登记制度。对进入各单位机关、大厅、税务所以及家属宿舍区的外来人员详细进行登记。八是抓好办税服务厅的预防。制定了办税服务厅出现紧急情况的应对预案，各县（区）地税局和市直各分局都成立了办税服务厅出现紧急情况后的应急小组，确保征收工作正常进行。九是做好非常时期的非常服务。针对征收期容易出现纳税人在办税厅聚集的情况，及时对征期进行了调整，延长了征收期。并通过张贴布告、报纸、电视台进行公告以及电话告知等方式，及时将征期调整情况通知给纳税人，并采取分地区、分行业、分时段让纳税人申报纳税的办法减少人员聚集。各单位在办税服务厅都设立了值班席，简化申报程序，提高办税速度，减少了纳税人在办税服务厅停留的时间，防止了意外的发生。十是积极做好科普宣传，使税务干部职工掌握正确的预防知识，增强自我保护意识。

（八）证照管理

1994—1998年，市地税局使用山西省质量技术监督局颁发的中华人民共和国机关法人代码证。1998年至2016年7月，市地税局使用山西省质量技术监督局颁发的中华人民共和国组织机构代码证，并且每年3—8月进行年检，每5年换证一次。2006

年 8 月，市地税局使用山西省机构编制委员会颁发的统一社会信用代码证书，不再使用组织机构代码证。

（九）阳泉市昌盛印刷厂

2003 年 5 月，市地税局开始筹建阳泉市昌盛印刷厂，为自负盈亏的企业，张同祥为厂长。2003 年 9 月 28 日，昌盛印刷厂开业。2014 年，山西省新闻出版广电局、山西省工商行政管理局授予阳泉市昌盛印刷厂“2012—2013 年度优质双效、守合同、重信用印刷厂”。2018 年，阳泉市昌盛印刷厂拥有设备总数 105 台，资产总价值 811.60 万元，累计上缴国家税费 659.91 万元。

第四篇

人物

第一章 人物传略

张耀华

张耀华（1940—1999） 男，汉族，阳泉市郊区人。1957 年 6 月参加工作。1965 年 10 月加入中国共产党。中专学历。1957 年 6 月在平定县东回学校任教。1958 年 8 月任平定县瓦岭学校教师、教导主任。1965 年 2 月任平定县“四清”工作团政治处副主任、主任。1966 年 10 月任平定县东回公社办公室主任、公社团委书记。1976 年 2 月任中共平定县委组织部干事。1977 年 3 月任中共阳泉市委组织部干事、办公室主任。1986 年 11 月任阳泉市税务局副局长。1994 年 7 月任阳泉市地税局局长。1994 年 10 月任阳泉市地税局党组书记、局长。1997 年 11 月任阳泉市地税局调研员。1999 年 2 月因病去世，终年 59 岁。

韩月明

韩月明（1956—2011） 男，汉族，山西盂县人。1976 年 4 月参加工作。1978 年 12 月加入中国共产党。高中学历。1994 年 8 月任盂县地税局副局长。1996 年 10 月任盂县地税局党组成员、副局长。2002 年 1 月任平定县地税局党组书记、局长。2006 年 12 月任阳泉市地税局直属五分局局长。2010 年 8 月任盂县地税局主任科员。2011 年因病去世，终年 55 岁。

2002 年，被评为山西省地税系统优秀税务工作者。

张千颂

张千颂（1955—2016） 男，汉族，山西平定县人。1974 年 12 月入伍。1978 年 1 月加入中国共产党。大专学历。历任广西某部队司令部通讯营无线连航行台台长、连长、副营长、通讯参谋。1987 年 10 月转业到阳泉市税务局工作。1988 年 10 月任阳泉市税务局二分局办公室主任。1989 年 12 月任阳泉市税务局行政科科长。1994 年 8 月任阳泉市地税局行政科科长。1995 年 11 月任阳泉市地税局一分局副局长。1998 年 4 月任阳泉市城区地税局党组书记、局长。2001 年 12 月任阳泉市地税局党组成员、纪检组长。2010 年 2 月任阳泉市地税局党组成员、副局长。2012年5月任副调研员。2015年5月退休。2016年2月因病去世，终年61岁。

在部队服役期间，荣获嘉奖4次，荣立三等功。1999年9月，被国家税务总局授予全国税务系统优秀税务工作者称号。2001年5月，被授予阳泉市劳动模范称号。

葛秉田

葛秉田（1945—2018） 男，汉族，山西平定县人。1965年3月应征入伍。1967年7月加入中国共产党。高中学历。1965年3月起，在部队历任排长、助理员。1984年5月转业到阳泉市税务局工作，历任阳泉市税务局办公室科员、副主任，一分局副局长、局长。1994年8月任阳泉市地税局第一分局局长（正科级）。1995年11月任阳泉市地税局一分局副局长（主持工作，正科级）。1997年7月任阳泉市地税局一分局局长（副处级）。2001年12月离岗。2005年8月退休。2018年2月去世，终年73岁。

1999年，被山西省地税局评为水资源补偿费征缴先进个人。

第二章 人物简介

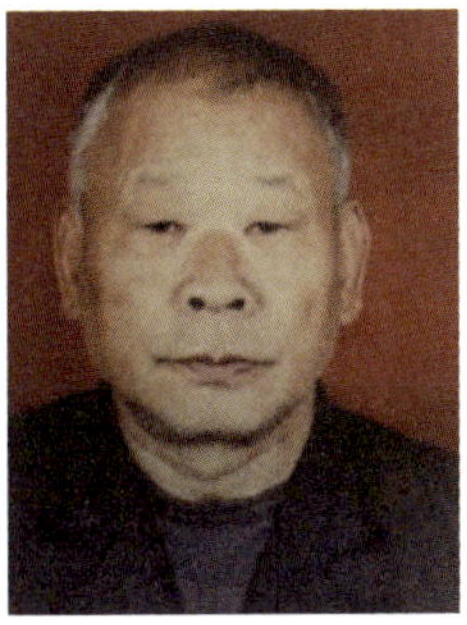
杨恕

杨 恕 男，汉族，1938 年 2 月生，山西平定县人。1956 年 6 月参加工作。1959 年 11 月加入中国共产党。初中学历。1956 年 6 月任平定县上南茹小学教师。1958 年 8 月在平定县宁艾乡工作。1973 年 2 月在平定县财税局工作。1974 年 2 月先后任平定县马山公社革委会副主任、代主任、主任、党委副书记。1980 年 12 月先后任古贝公社革委会主任、乡长、党委副书记。1984 年 8 月任平定县税务局副局长（正科）。1992 年 4 月任阳泉市城区税务局局长、党支部书记。1993 年 12 月任阳泉市城区税务局党支部书记。1994 年 8 月任阳泉市城区地税局党支部书记。1996 年 10 月任阳泉市城区地税局党组成员、党支部书记。1997 年 7 月任阳泉市地税局助理调研员。1998 年 3 月退休。

是平定县第七届人大代表。1987 年，被评为平定县劳动模范、十大标兵；同年，被山西省人民政府授予财税物价大检查先进个人称号。1992 年，被评为阳泉市城区劳动模范。

石润堂

石润堂 男，汉族，1939 年 5 月生，山西平定县人。1958 年 5 月参加工作。1956 年 10 月加入中国共产党。大专学历。1958 年 5 月在平定县岩会乡工作。1972 年 11 月在平定县财政税务局工作。1984 年 5 月起先后任阳泉市税务局第三分局副局长、第二分局局长、稽查队第一副队长、稽查队教导员。1994 年 8 月任阳泉市地税局第二分局副局长（正科级）。1995 年 4 月任阳泉市地税局党组成员、纪检组长。1997 年 5 月任阳泉市地税局助理调研员。1999 年 6 月退休。

1988 年，被阳泉市经委评为技术进步先进工作者。1995 年，被市纪委评为廉政建设先进个人。其论文《简析税收制度的建立和发展》《承包给企业带来勃勃生机》分别获阳泉市 1986 年优秀学术论文三等奖、1989 年优秀学术论文二等奖。

姚忠信 男，汉族，1943 年 1 月生，山西阳泉人。1961 年 8 月入伍。1970 年 7

月加入中国共产党。中专学历。1961 年 8 月在第 17 航空学校培训。1962 年 8 月起历任空军机械员、机械师、机务分队长、机务中队长、机务副大队长、机务教导队长。1985 年 1 月任阳泉市矿区税务局副局长。1994 年 8 月任阳泉市矿区地税局局长。1999 年 5 月任阳泉市地税局助理调研员（同时兼任阳泉市矿区地税局局长至 1999 年 11 月）。2003 年 2 月退休。

姚忠信

是中国共产党阳泉市矿区第二、第三、第四次代表大会代表，阳泉市矿区第五届、第六届人大代表，阳泉市矿区第四届政协委员。1979 年，参加对越自卫反击作战，荣立三等功 1 次。1984 年，因连续 3 年实现保障队伍政治、军训、后勤“三个安全”，荣立三等功 1 次。1997 年，被山西省地税局授予全省地税系统先进工作者称号。1999 年，被评为阳泉市财贸系统模范个人。

商广真　男，汉族，1946 年 9 月生，山西阳泉人。1963 年 8 月应征入伍。1966 年 6 月加入中国共产党。高中学历。1963 年 12 月在空军部队服役。1974 年 2 月在阳泉市税务局工作。1992 年 5 月任阳泉市郊区税务局局长。1994 年 7 月任阳泉市地税局副局长。1994 年 10 月任阳泉市地税局党组成员、副局长。2002 年 1 月离岗。2006 年 10 月退休。

商广真

1986 年，出席全市军队转业干部安置工作先进单位和军队转业干部先进个人代表会议，被阳泉市直机关工委授予优秀共产党员称号。1987 年，被阳泉市委、市政府授予“双增双节”先进工作者称号。1993 年，获阳泉市财贸委员会表彰，荣立个人三等功。2003 年，被阳泉市委、市政府授予干部下乡模范队员称号。

韩拉贵　男，汉族，1947 年 12 月生，山西平定县人。1975 年 4 月参加工作。1972 年 1 月加入中国共产党。初中学历。1975 年 4 月先后在平定县石门口乡、岩会乡、岔口乡工作。1983 年 5 月在平定县税务局工作。1994 年 8 月任平定县地税局副局长。1996 年 12 月任平定县地税局局长。2000 年 1 月任平定县地税局党组书记、局长。2002 年 1 月离岗。2008 年 1 月退休。

韩拉贵

1993 年，被平定县人民政府评为劳动模范。1997 年，被中共山西省委宣传部、山西省地方税务局评为文化事业费征管工作先进个人。1998 年，被山西省地方税务局、山西省水利厅、山西省财政厅评为河道工程维护管理费征管工作先进个人。1999年，被授予全省地税系统优秀工作者荣誉称号。2000年撰写的《关于对平定县地税收入形势变化及发展趋势的调查与思考》论文入选《2000年中国税官论税制改革》大型丛书。

王德惠 男，汉族，1948年8月生，山西平定县人。1964年9月参加工作。1971年4月加入中国共产党。初中学历。1964年9月先后在平定县岩会供销社、冶西供销社、南坳供销社工作。1983年4月调入平定县税务局工作。1994年8月任平定县地税局副局长。2000年1月任平定县地税局党组成员、副局长。2002年1月离岗。2008年9月退休。

王德惠

史全保 男，汉族，1949年7月生，山西阳泉人。1966年12月参加工作。1985年5月加入中国共产党。高中学历。1966年12月在阳泉市饮食公司阳泉饭店工作。1972年6月在阳泉市商业局工作。1973年6月在阳泉市供销社工作。1973年12月调阳泉市税务局工作。1986年3月任阳泉市税务局所得税科副科长。1992年4月任阳泉市税务局所得税科科长。1994年8月任阳泉市地税局所得税科科长。1995年11月任阳泉市地税局稽查分局副局长（正科级，主持工作）。1997年7月任阳泉市地税局稽查分局局长（副处级）。2004年5月任阳泉市地税局助理调研员。2009年8月退休。

史全保

郗建光 男，汉族，1949年11月生，山西平定县人。1969年2月应征入伍。1970年5月加入中国共产党。高中学历。1969年4月在海军部队服役。1984年4月起历任阳泉市郊区税务局白泉税务所所长、办公室主任、副局长。1994年8月任阳泉市郊区地税局局长。1996年10月任阳泉市郊区地税局党组书记、局长。1997年11月任阳泉市地税局党组成员、副局长（同时兼任郊区地税局党组书记、局长至1998年4月）。2004年7月任阳泉市地税局调研员。2009年12月退休。

郗建光

在部队服役期间2次被评为五好战士，1次被评为标兵，受到团党委通报嘉奖1次。1995年，被山西省地税局授予山西省地税系统先进工作者称号。2003年，被中共阳泉市委授予优秀共产党员。2004年4月，被阳泉市委、市政府授予阳泉市劳动模范称号。

1998—2004年，6次被山西省地税局评为信息工作优秀组织者。2005、2006年，2次被阳泉市委、市政府评为城市环境综合整治活动先进个人。

李如岗

李如岗 男，汉族，1951年3月生，山西平遥人。1971年11月参加工作。大专学历。经济师，注册税务师。1971年11月在阳泉市纺织厂工作。1985年2月调阳泉市税务局工作。1989年11月任阳泉市税务局稽查大队副队长。1993年6月任阳泉市税务局稽查大队队长。1994年8月任阳泉市地税局第二分局局长。1995年11月任阳泉市地税局第二分局副局长（正科级，主持工作）。1997年7月任阳泉市地税局第二分局局长。2001年12月任阳泉市地税局征收一分局局长。2006年7月任阳泉市地税局副调研员。2011年4月退休。

是政协阳泉市第七届至第十届委员、第十届常委。1986、1992年，被阳泉市劳动竞赛委员会2次授予阳泉市劳动模范称号。1989、1993年，两次被山西省税务局评为先进工作者。1991年，被山西省人民政府评为税收、财务、物价大检查先进个人。1997年，被山西省总工会、山西省财贸竞赛领导组评为全省财贸系统优质服务标兵。1999—2000年，被山西省水利厅评为山西省河道工程维护管理费征管工作先进个人。2001年，被评为山西省地税系统先进工作者。

武润先

武润先 男，汉族，1951年5月生，山西盂县人。1969年2月入伍。1970年5月加入中国共产党。大专学历。1969年2月在海军部队服役。1973年在东北重机学院学习。1976年12月在海军工程筹备处工作。1982年在中国人民解放军某工厂经济技术研究室工作。1984年在中国人民解放军某工厂技术科任科长。1987年12月在盂县税务局工作。1994年8月任盂县地税局局长。1996年10月任盂县地税局党组书记、局长。2002年1月任盂县地税局主任科员。2011年6月退休。

王守庆

王守庆 男，汉族，1952年6月生，阳泉市郊区人。1971年12月参加工作。1989年9月加入中国共产党。高中学历。1985年10月从无线电四厂调入阳泉市郊区税务局工作。1989年任辛兴税务所所长。1992年任平坦税务所所长。1994年8月任阳泉市郊区地税局平坦税务所所长。1995年5月任阳泉市郊区地税局征管股股长。1996年10月任阳泉市郊区地税局党组成员、副局长。2002年1月任平定县地税局党组成员、副局长。2006 年 12 月任阳泉市地税局直属三分局主任科员。2012 年 7 月退休。

赵建宇

赵建宇 男，汉族，1952 年 7 月生，山西平遥人。1970 年 9 月参加工作。1978 年 1 月加入中国共产党。大专学历。1970 年 9 月在阳泉市建筑材料厂工作，历任财供科副科长、副厂长、代厂长。1987 年 3 月调入阳泉市财政局工作。1987 年 5 月任阳泉市财政局工交科副科长。1988 年 3 月任中央企业省营企业驻厂组组长（正科级）。1991 年 1 月任财政部驻阳泉中央企业驻厂组组长（正科级）。1994 年 7 月任阳泉市地税局副局长。1994 年 10 月任阳泉市地税局党组成员、副局长。2009 年 8 月任阳泉市地税局副调研员。2012 年 8 月退休。

2000 年，被市直机关团委评为共青团工作热心支持者。2006 年，评为全省价格调节基金征收先进个人。2007 年，荣立山西省一等功。2008、2010 年度，被山西省地税局评为煤炭可持续发展基金征收管理工作先进个人。

赵元喜

赵元喜 男，汉族，1952 年 11 月生，山西平定县人。1976 年 10 月参加工作。1979 年 1 月加入中国共产党。初中学历。1976 年 10 月在平定县巨城信用社工作。1978 年 1 月在平定县巨城镇财税所工作。1983 年 4 月在平定县税务局工作。1994 年 8 月任平定县地税局副局长。2000 年 1 月任平定县地税局党组成员、副局长。2002 年 1 月离岗。2012 年 12 月退休。

王海云

王海云 女，汉族，1953 年 2 月生，山西阳泉人。1970 年 10 月参加工作。2002 年 6 月加入中国共产党。中专学历。1970 年 10 月在阳泉市纺织厂工作。1981 年 3 月在阳泉市轻工业局工作。1984 年 12 月在阳泉市税务局工作。1994 年 8 月任阳泉市地税局计划会计科副科长。1998 年 5 月任阳泉市地税局计划会计科科长。2002 年 1 月离岗。2008 年 3 月退休。

张春光 男，汉族，1954 年 3 月生，山西阳泉人。1969 年 12 月入伍。1973 年 10 月加入中国共产党。大专学历。1969 年 12 月起先后任乌鲁木齐军区工建团通讯班战士、副班长，团政治处电影放映员、放映组长。1975 年 3 月起先后任乌鲁木齐军区

张春光

工程兵教导队副连职、正连职、副营职宣传干事。1987年2月转业到阳泉市税务局工作。1989年12月任阳泉市税务局第二分局副局长。1993年12月任阳泉市城区税务局局长。1994年8月任阳泉市城区地税局局长。1996年10月任阳泉市城区地税局党组书记、局长。1997年7月任阳泉市地税局党组成员、纪检组长（兼任阳泉市城区地税局党组书记、局长至1998年4月）。2002年1月任阳泉市地税局党组成员、副局长。2011年2月任阳泉市地税局副调研员。2014年4月退休。

是阳泉市城区第十四届人大代表，政协阳泉市第十一届委员。1995年，被阳泉市城区区委、区政府授予十大标兵党员称号。1996年，被阳泉市城区区委、区政府授予十佳公仆称号。2001年，被阳泉市委、市政府授予干部下乡模范工作队员称号。2003年，荣立阳泉市二等功。2005年，被授予阳泉市社会主义精神文明建设优秀领导干部称号。2008年，被阳泉市委评为优秀共产党员。2010年，被山西省精神文明建设指导委员会评为山西省2008—2009年度先进工作者。2010年，被阳泉市委评为优秀党务工作者。2010年，荣立山西省个人一等功。

仇慧琴

仇慧琴　女，汉族，1954年4月生，河北井陉人。1970年12月参加工作。1987年12月加入中国共产党。1970年12月在阳泉市税务局工作。1984年7月起在阳泉市矿区税务局工作。1994年8月任阳泉市矿区地税局副局长。1995年6月任矿区地税局副局长兼纪检监察员。2000年1月任阳泉市矿区地税局党组成员、纪检组长。2008年9月任阳泉市矿区地税局主任科员。2009年5月退休。

2001年，获山西省地税系统廉政标兵称号；同年，获阳泉市首届“十大女杰”提名奖暨“三八”红旗手称号。

赵书传

赵书传　男，汉族，1954年4月生，山西盂县人。1972年12月参加工作。1985年5月加入中国共产党。大学本科学历。1972年12月至1977年3月在部队服役。1977年4月在盂县教育局工作。1985年7月在盂县县委工作。1987年7月在阳泉市供销联社工作。1988年6月任阳泉市税务局办公室副主任。1994年8月任阳泉市地税局办公室主任。2002年1月任阳泉市地税局征收一分局副局长。

2006 年 12 月任阳泉市地税局直属三分局副局长。2011 年 9 月任阳泉市地税局直属三分局主任科员。2014 年 5 月退休。

1989 年、1990 年、1991 年，连续 3 年被山西省税务局和阳泉市委、市政府评为优秀信息员。

翟振华

翟振华 男，汉族，1954 年 6 月生，山西昔阳人。1972 年 9 月参加工作。1986 年 5 月加入中国共产党。1972 年 9 月在阳泉矿务局三矿工作。1974 年 1 月在阳泉市税务局工作。1986 年 12 月任阳泉市税务局税政二科副科长（主持工作）。1989 年 12 月任阳泉市税务局二分局局长。1992 年 4 月任平定县税务局局长。1994 年 7 月任阳泉市地税局副局长。1994 年 10 月任阳泉市地税局党组成员、副局长。1997 年 11 月任阳泉市地税局党组副书记、副局长（主持工作）。1998 年 3 月任阳泉市地税局党组书记、局长。2011 年 5 月任山西省地税局副巡视员。2014 年 8 月退休。

是阳泉市第十二届、第十三届人民代表大会代表，中共阳泉市第八次、第九次、第十次代表大会代表，中共山西省第九次代表大会代表。

聂富祥

聂富祥 男，汉族，1954 年 9 月生，山西寿阳人。1970 年 12 月参加工作。1985 年 7 月加入中国共产党。大专学历。1970 年 12 月在阳泉市煤炭工业局机修厂工作。1977 年 7 月在阳泉市煤炭工业局工作。1987 年 11 月任阳泉城区税务局办公室主任。1993 年 3 月任阳泉市税务局办公室副主任。1994 年 8 月任阳泉市城区地税局副局长。1995 年 11 月任阳泉市地税局第二分局副局长。2002 年 1 月任阳泉郊区地税局党组书记、局长。2010 年 8 月任阳泉城区地税局党组书记、局长。2011 年 9 月任阳泉市地税局稽查局主任科员。2014 年 10 月退休。

2003 年，荣立阳泉市个人三等功。2006 年，被阳泉市委授予优秀共产党员称号。2007 年，被评为全省地税系统创建省级文明单位和谐行业先进工作者。2008 年，被评为全省地税系统 2006—2007 年度精神文明建设先进工作者。2008、2009 年，两次被评为全省地税系统煤炭可持续发展基金征收管理工作先进个人。2010 年，被阳泉市委授予优秀党务工作者称号。

张学峰　男，汉族，1954年10月生，山西盂县人。1976年12月参加工作。高中学历。1976年12月在盂县财税局工作。1977年3月在盂县税务局工作。1994年8月任盂县地税局稽查队队长。1996年10月任盂县地税局稽查局局长。2002年1月任盂县地税局党组成员、纪检组长。2010年8月任盂县地税局主任科员。2014年11月退休。

张学峰

许彦平　男，汉族，1954年11月生，河北井陉人。1970年12月参加工作。1979年5月加入中国共产党。大专学历。1970年12月在阳泉市电子工业局工作。1974年12月应征入伍，历任战士、班长、军校学员、技师（技术员）、工程师。1988年11月转业至阳泉市城区税务局工作。1994年8月起先后任阳泉市城区地税局科员、纪检监察员、纪检组长、副局长、主任科员。2014年11月退休。

许彦平

1995年10月，被评为山西省地税系统纪检监察先进工作者。2003年3月，被山西省地税局评为党建工作先进个人。2005年，荣立阳泉市个人三等功。2008年10月，被阳泉市精神文明建设指导委员会授予精神文明建设先进工作者。

梁怀锁　男，汉族，1955年3月生，山西平定县人。1975年4月参加工作。1978年12月加入中国共产党。大专学历。1975年4月在平定县张庄、阳胜乡工作。1976年8月调入平定县财税局工作。1984年1月任平定县财政局副局长。1993年3月任平定县财政信用资金管理办公室主任（正科级）。1994年8月任平定县地税局局长。1996年11月调任山西省阳泉市信托投资公司副总经理兼阳泉市财政局党组成员、副局长。

梁怀锁

闫　林　男，汉族，1955年3月生，阳泉市郊区人。1973年12月应征入伍。1976年11月加入中国共产党。大学本科学历。1973年12月在中国人民解放军第二炮兵通讯营服役。1976年6月在中国人民解放军第二炮兵通讯总站服役。1987年12月转业至阳泉市郊区税务局工作。1994年8月任阳泉市郊区地税局副局长。1996年10月任阳泉市郊区地税局党组成员、副局长。2011年9月

闫林

任阳泉市郊区地税局主任科员。2015年4月退休。

高文祥 男，汉族，1955年10月生，山西阳泉人。1979年9月参加工作。1992年6月加入中国共产党。大专学历。1979年9月在阳泉市第三中学工作。1984年7月在阳泉市委农工部工作。1988年8月在阳泉市税务局第三分局工作。1993年1月在阳泉市税务局稽查队工作。1994年8月在阳泉市地税局第二分局工作。1995年11月任阳泉市地税局经济技术开发区分局副局长。2011年9月任阳泉市地税局经济技术开发区分局主任科员。2015年11月退休。

高文祥

郭润芳 女，汉族，1955年12月生，山西阳泉人。1970年11月参加工作。1990年11月加入中国共产党。大专学历。1970年11月在阳泉市化肥厂工作。1973年12月起在阳泉市税务局工作。1992年9月任阳泉市税务局所得税科副科长。1994年8月任阳泉市地税局税政一科副科长。1995年11月任阳泉市地税局所得税科科长。2002年1月任阳泉市地税局征收一分局副局长。2006年12月任阳泉市地税局直属三分局副局长。2008年9月任阳泉市地税局稽查局副局长。2011年1月退休。

郭润芳

张良英 女，汉族，1956年7月生，山西阳泉人。1973年3月参加工作。1996年7月加入中国共产党。大学本科学历。1973年3月在平定县锁簧镇西峪村插队。1975年3月在山西省汽车运输公司阳泉公司工作。1986年9月任阳泉市财政局农税科副科长。1995年11月任阳泉市地税局农税科科长。1998年12月任阳泉市地税局农税分局局长。2006年12月任阳泉市地税局直属一分局副局长。2011年8月退休。

张良英

李巨荣 男，汉族，1956年9月生，山西昔阳人。1974年12月应征入伍。1976年5月加入中国共产党。大学本科学历。1974年12月起在部队服役，历任战士、班长、排长、副连长、侦察参谋、协理员。1989年9月转业至晋中行署税务局工作，任人教科科长。1995年4月任太谷县地税局见习局长。1995年10月任晋中市地税局人教科科长。1998 年 9 月任和顺县地税局党组书记、局长。1999 年 9 月任晋中市地税局人事教育科科长。2001 年 12 月任阳泉市地税局党组成员、总经济师。2010 年 2 月任阳泉市地税局党组成员、纪检组长。2013 年 9 月调任晋中市地税局副调研员。

李巨荣

2010 年、2011 年，先后两次被评为全省地税系统煤炭可持续发展基金征收管理工作先进个人。

李旭东　男，汉族，1956 年 11 月生，山西昔阳人。1974 年 8 月参加工作。1995 年 12 月加入中国共产党。大专学历。1974 年 8 月在阳泉市郊区下乡插队。1977 年 1 月在阳泉市铝氧厂工作。1982 年 9 月在阳泉市税务局工作。1994 年 8 月起在阳泉市地税局第二分局工作。1995 年 11 月任阳泉市地税局第二分局办公室副主任。2000 年 1 月任阳泉市地税局第一分局办公室主任。2002 年 1 月任阳泉市地税局第一分局综合科科长。2003 年 5 月任阳泉市地税局税务咨询所所长。2011 年 9 月任阳泉市地税局主任科员。2016 年 12 月退休。

李旭东

柴林义　男，汉族，1957 年 8 月生，山西盂县人。1979 年 9 月参加工作。1984 年 1 月加入中国共产党。大专学历。1979 年 9 月在盂县财税局工作。1984 年 4 月任牛村税务所所长。1988 年 1 月任盂县税务局第二税务所所长。1991 年 2 月任盂县税务局第一税务所所长。1994 年 8 月任盂县地税局副局长。1996 年 10 月任盂县地税局党组成员、副局长。2011 年 9 月任盂县地税局主任科员。2017 年 9 月退休。

柴林义

韩建军　男，汉族，1958 年 3 月生，河北唐山人。1975 年 8 月参加工作。1990 年 11 月加入中国共产党。大专学历。1975 年 8 月先后在阳泉市郊区霍树头村、娘子关电厂工作。1982 年 10 月在阳泉市税务局工作，先后任科员、分局副局长。1994 年 8 月任阳泉市地税局第一分局副局长。1996 年 1 月任阳泉市地税局稽查局副局长。2008 年 9 月任阳泉市地税局直属二分局副局长。2011 年 4 月任阳泉市地税局直属五分局副局长。2011 年 9 月任阳泉市地税局直属五分局主任科员。2018 年 4 月退休。

韩建军

1990 年，被授予山西省税务系统先进工作者称号。

董吉文 男，汉族，1958 年 6 月生，阳泉市郊区人。1980 年 9 月参加工作。1988 年 11 月加入中国共产党。大专学历。1980 年 9 月在阳泉市郊区三郊小学任教师。1981 年 9 月在阳泉市郊区荫营镇二中筹建处任教师。1984 年 5 月任阳泉市郊区税务局科员。1994 年 8 月任阳泉市郊区地税局办公室主任。1996 年 10 月任阳泉市郊区地税局党组成员、副局长。2011 年 9 月任阳泉市郊区地税局主任科员。2018 年 7 月退休。

董吉文

王庭玉 男，汉族，1959 年 8 月生，山东利津人。1977 年 8 月参加工作。1995 年 12 月加入中国共产党。大学本科学历。注册税务师。1977 年 8 月在阳泉市郊区白家庄村插队。1980 年 12 月在阳泉市房管局工作。1982 年 10 月在阳泉市税务局工作。1994 年 8 月任阳泉市地税局流转税科副科长。1998 年 4 月任阳泉市郊区地税局党组书记、局长。2001 年 12 月任阳泉市地税局征收二分局局长。2010 年 7 月任阳泉市地税局直属一分局局长。

王庭玉

2004 年，被山西省地税系统党建工作领导组评为党组抓党建先进个人。2005 年，被山西省地税局评为优秀税务工作者。2007 年，被山西省地税局评为优秀公务员。2008 年，荣立山西省二等功。2011 年，被评为全省地税系统煤炭可持续发展基金征收管理工作先进个人。

郭计才 男，汉族，1959 年 12 月生，山西盂县人。1975 年 9 月参加工作。1979 年 12 月加入中国共产党。大专学历。1975 年 9 月在盂县王村公社工作。1979 年 9 月在盂县财税局工作。1984 年 4 月在盂县财政局工作。1994 年 8 月任盂县地税局党组成员、副局长。2011 年 9 月任盂县地税局党组副书记、副局长。2012 年 7 月任盂县地税局党组副书记、主任科员。2013 年 5 月任盂县地税局主任科员。

郭计才

2007 年，被授予阳泉市劳动模范称号。

赵爱国 男，汉族，1960 年 2 月生，山西昔阳人。1977 年 9 月参加工作。1988

年5月加入中国共产党。大专学历。1977年9月在阳泉市矿区人民政府工作。1984年5月起在阳泉市税务局工作。1992年10月任阳泉市税务局行政科副科长。1994年8月任阳泉市地税局人教科副科长。1995年11月任阳泉市地税局人教科科长。2002年1月任阳泉市地税局稽查局副局长。2013年5月任阳泉市地税局稽查局主任科员。

赵爱国

宋志刚　男，汉族，1960年8月生，山西昔阳人。1983年9月参加工作。1993年11月加入中国共产党。大学本科学历。1983年9月在阳泉市体委工作。1990年5月在阳泉市税务局工作。1994年8月起在阳泉市地税局第二分局工作。1995年11月起先后任阳泉市地税局办公室副主任、计算机中心主任兼办公室副主任、办公室主任。2006年12月任阳泉市地税局机关后勤服务中心主任。2007年1月任阳泉市地税局直属三分局局长。2012年5月任阳泉市地税局直属五分局局长。

宋志刚

1999年，被中共阳泉市委评为模范工作队员。2004年，被评为全省地税系统优秀税务工作者。2006年，被中共阳泉市直工委授予优秀共产党员称号。2008年，荣立山西省二等功。2008年、2009年、2011年、2012年，先后4次被评为全省地税系统煤炭可持续发展基金征收管理工作先进个人。2013年，被阳泉市残疾人就业保障基金征收领导组评为先进个人。

翟双胜　男，汉族，1960年9月生，山西平定县人。1978年2月应征入伍。1980年6月加入中国共产党。大专学历。1978年2月任新疆南疆军区司令部机要处机要参谋。1986年12月在平定县财政局工作。1994年8月任平定县地税局办公室主任。1995年6月任平定县地税局纪检监察员（副科级）。1996年10月任平定县地税局纪检组长。2000年1月任平定县地税局党组成员、纪检组长。2002年1月任平定县地税局党组成员、副局长。2012年7月任平定县地税局党组副书记、主任科员。2013年10月任平定县地税局主任科员。

翟双胜

张慧光　男，汉族，1960年11月生，山西盂县人。1977年3月参加工作。1993年12月加入中国共产党。大学本科学历。1977年3月在盂县南社乡南社村下乡插队。

1978 年 9 月在山西省卫生厅技校学习。1980 年 7 月在盂县人民医院工作。1986 年 4 月在盂县税务局工作。1994 年 8 月在盂县地税局工作。2002 年 1 月任盂县地税局征收分局局长。2004 年 8 月任阳泉市矿区地税局党组成员、副局长。2012 年 7 月任盂县地税局党组成员、副局长。2013 年 11 月任盂县地税局副主任科员。

张慧光

田秀珍　女，汉族，1961 年 4 月生，山西平定县人。1980 年 4 月参加工作。1998 年 12 月加入中国共产党。大专学历。1980 年 4 月在阳泉市兴隆街商店工作。1982 年 9 月在阳泉市税务局工作。1994 年 8 月起在阳泉市地税局工作。1995 年 11 月任阳泉市地税局第一分局税政科副科长。2000 年 1 月任阳泉市地税局第一分局征管科科长。2002 年 1 月任阳泉市地税局征收二分局副局长。2006 年 12 月任阳泉市地税局直属二分局副局长。2008 年 9 月任阳泉市地税局直属三分局副局长。2011 年 9 月任阳泉市地税局直属三分局主任科员。2016 年 5 月退休。

田秀珍

王迎萍　女，汉族，1961 年 5 月生，山西平定县人。1977 年 9 月参加工作。1996 年 9 月加入中国共产党。大专学历。1977 年 9 月在平定县运输公司工作。1981 年 10 月在阳泉市税务局河底税务所工作。1994 年 8 月起在阳泉市地税局第二分局工作。1995 年 11 月任阳泉市地税局稽查分局稽查一科副科长。2002 年 1 月任阳泉市地税局征收二分局管理三科科长。2010 年 8 月任阳泉市地税局直属四分局副局长。2011 年 9 月任阳泉市地税局直属四分局主任科员。2016 年 6 月退休。

1994 年，被授予阳泉市巾帼建功岗位明星称号。

王迎萍

李海翔　男，汉族，1961 年 7 月生，阳泉市郊区人。1979 年 11 月应征入伍。1995 年 6 月加入中国共产党。大专学历。1979 年 11 月在解放军 52851 部队服役。1981 年 2 月在阳泉市无线电厂工作。1982 年 11 月在阳泉市税务局工作。1983 年 10 月在阳泉市郊区税务局工作。1994 年 8 月起在阳泉市郊区地税局工作。1996 年 10 月任阳泉市郊区地税局稽查局局长。1999 年 11 月任阳泉市地税局开发

李海翔

区分局副局长（副科级，主持工作）。2002 年 1 月任阳泉市地税局开发区分局副局长（正科级）。2014 年 10 月任阳泉市地税局直属四分局主任科员。

1998 年，被共青团省委授予优秀青年卫士称号。1999 年，荣立山西省一等功。

梁志林 男，汉族，1961 年 10 月生，山西盂县人。1979 年 9 月参加工作。1987 年 7 月加入中国共产党。大专学历。1979 年 9 月在盂县财政税务局工作。1985 年 11 月先后任盂县税务局清城税务所所长、稽查队队长。1994 年 8 月任盂县地税局城镇税务所所长。1995 年 6 月任盂县地税局纪检监察员（副科级）。1996 年 10 月任盂县地税局党组成员、纪检组长。2002 年 1 月任阳泉市郊区地税局党组成员、副局长。2011 年 9 月任阳泉市郊区地税局党组成员、副局长、主任科员。2014 年 10 月任阳泉市郊区地税局主任科员。

梁志林

张　涌 男，汉族，1961 年 10 月生，山西黎城人。1979 年 7 月参加工作。1986 年 12 月加入中国共产党。大学本科学历。1979 年 7 月在阳泉市电子局参加工作。1982 年 11 月起在阳泉市税务局工作，先后任阳泉市城区税务局副局长、阳泉市税务局第三分局副局长。1994 年 8 月起先后任阳泉市地税局第二分局副局长、第一分局副局长。2002 年 1 月任阳泉市矿区地税局党组书记、局长。2010 年 8 月任盂县地税局党组书记、局长。2014 年 10 月任阳泉市地税局主任科员。

张涌

2004 年，被授予阳泉市劳动模范称号。2008 年、2012 年，先后荣立山西省三等功、二等功。2010 年、2011 年，先后被评为全省地税系统煤炭可持续发展基金征收管理工作先进个人。2012 年，被山西省地税局评为“我身边的好税官”。

赵　波 男，汉族，1962 年 1 月生，山西昔阳人。1980 年 4 月参加工作。1994 年 5 月加入中国共产党。大学本科学历。1980 年 4 月在阳泉市总工会参加工作。1984 年 8 月起在阳泉市城区税务局工作。1990 年 7 月起任阳泉市城区税务局新市街税务所副所长、所长。1994 年 8 月任阳泉市城区地税局副局长。1996 年 10 月任阳泉市城区地税局党组成员、副局长。2002 年 1 月任阳泉市地税局征收二分局副局长。2006 年 12 月任阳泉市地税局直属二分局副局长。2011

赵波

年 4 月任阳泉市地税局直属五分局副局长。2017 年 12 月任阳泉市地税局直属五分局主任科员。

1999 年，被评为全省地税系统先进工作者。2007 年，荣立山西省二等功。

王刚

王　刚　男，汉族，1962 年 5 月生，阳泉市郊区人。1980 年 10 月应征入伍。1986 年 3 月加入中国共产党。大专学历。1980 年 10 月任海航烟台莱山场站警卫连战士。1984 年 8 月任海航某中队机械师。1989 年 10 月起先后任海航某中队副指导员、指导员。1995 年 4 月起先后任海航某团大队副教导员、教导员。2000 年 10 月转业至阳泉市矿区地税局工作。2002 年 1 月任阳泉市地税局党办副主任。2006 年 12 月任阳泉市地税局党办主任。2010 年 10 月任阳泉市地税局直属四分局副局长。2017 年 12 月任阳泉市地税局直属四分局主任科员。

2003 年、2005 年，先后被山西省地税局评为党建工作先进个人。2006 年，被山西省地税局评为优秀党员。2011 年，被山西省地税局党建工作领导组评为党建工作先进个人。2004 年、2008 年、2011 年，先后被阳泉市直机关工委评为优秀党务工作者。

陈友福

陈友福　男，汉族，1962 年 6 月生，山西太原人。1984 年 8 月参加工作。1993 年 10 月加入中国共产党。山西农业大学农业经济管理专业毕业，在职研究生学历，研究员（正高级）。1984 年 8 月在中共太原市委党校工作。1988 年 12 月在山西省政府农村发展研究中心工作。1991 年 7 月在山西省农业办公室工作。1994 年 10 月在山西省地税局办公室工作。1997 年 3 月任山西省地税局办公室副主任。2005 年 7 月任山西省地税局税收科学研究所所长。2008 年 8 月任山西省地税局计会处、收入规划核算处处长。2015 年 2 月任阳泉市地税局党组书记、局长。

是阳泉市第十五届党代表，阳泉市第十四届、十五届人大代表。多次被省地税局评为优秀公务员、优秀党务工作者、优秀党员、先进工作者、文明职工标兵。多次被省委、省政府办公厅评为督查工作优秀组织者、实施目标责任制优秀组织者、信息工作优秀组织者及先进信息工作者。2011 年，被省委、省政府授予个人一等功。2017 年，荣获阳泉市五一劳动奖章。

曾发表论文 100 多篇，出版著作多部，并有多篇论文被国家级刊物转载，获各类奖项。

王志军 男，汉族，1962年7月生，山西平定县人。1983年9月参加工作。1995年7月加入中国共产党。大专学历。1983年9月在平定县财税局工作。1984年1月起在平定县税务局工作。1994年8月先后任平定县地税局城镇税务所所长、税政股股长。2001年3月起在阳泉市地税局工作。2003年5月任阳泉市地税局征管科副主任科员。2008年9月任阳泉市地税局政策法规科副科长。2010年8月任阳泉市地税局征管科科长。2017年12月任阳泉市地税局征管科主任科员。

王志军

1995年，被授予省级征管能手称号。2011年，被山西省地税局评为纳税服务工作先进个人。2013年，被评为全省地税系统优秀共产党员。

郭富华 女，汉族，1962年8月生，山西阳泉人。1984年9月参加工作。1992年12月加入中国共产党。大专学历。1984年9月在阳泉市矿区税务局工作。1989年5月在阳泉市税务局稽查局工作。1994年8月在阳泉市地税局办公室工作。1995年11月任阳泉市地税局财产税科副科长。2000年1月任阳泉市地税局财产税科科长。2002年1月任阳泉市地税局税政管理一科科长。2011年9月任阳泉市地税局开发区分局副局长。2012年9月任阳泉市地税局人事教育科主任科员。2017年9月退休。

郭富华

邓丽娜 女，汉族，1962年9月生，江西黎川人。1980年11月参加工作。大专学历。1980年11月在阳泉市房管局参加工作。1982年11月在阳泉市税务局河底税务所工作。1985年12月在阳泉市城区税务局工作。1994年8月在阳泉市城区地税局工作。2002年1月任阳泉市地税局农业税征收管理局副局长。2006年12月任阳泉市地税局直属五分局副局长。2011年4月任阳泉市地税直属二分局副局长。2012年9月任阳泉市地税直属二分局主任科员。2017年10月退休。

邓丽娜

康有柱 男，汉族，1962年11月生，山西平定县人。1982年9月参加工作。1992年5月加入中国共产党。大专学历。1982年9月在平定县财政税务局工作。1984年3月在平定县税务局工作。1994年8月在平定县地税局工作，先后任南坳税务所所长、冶西税务所所长、城关税务所指导员、稽查局稽查一股股长。2002 年 1 月任阳泉市郊区地税局稽查局局长。2004 年 8 月任盂县地税局党组成员、副局长。2012 年 7 月任平定县地税局党组成员、副局长。2014 年 10 月任平定县地税局党组副书记、主任科员。2017 年 12 月任平定县地税局主任科员。

康有柱

2008 年，被阳泉市劳动竞赛委员会授予代征工会经费先进个人称号。

程凤英 女，汉族，1963 年 1 月生，山西左权人。1979 年 8 月参加工作。2002 年 6 月加入中国共产党。大学本科学历。1979 年 8 月在阳泉市税务局北大街税务所工作。1984 年 8 月在阳泉市税务局工作。1994 年 8 月起在阳泉市地税局工作。1995 年 11 月任阳泉市地税局特别税科副科长。2000 年 1 月任阳泉市地税局特别税科科长。2002 年 1 月任阳泉市地税局税政管理二科科长。2013 年 5 月任阳泉市地税局主任科员。2018 年 2 月退休。

程凤英

2011 年，获阳泉市创业服务功臣称号。2012 年，获阳泉市“三八”红旗手称号。

王淑蔚 女，汉族，1963 年 2 月生，阳泉市郊区人。1980 年 3 月参加工作。1990 年 6 月加入中国共产党。大学本科学历。1980 年 3 月在郊区电杆厂工作。1984 年 10 月在阳泉市郊区税务局工作。1994 年 8 月起先后任阳泉市郊区地税局计会股股长、纪检监察员、纪检组长。2002 年 1 月任阳泉市地税局纪检组副组长、监察室主任。2013 年 5 月任阳泉市地税局监察室主任科员。2018 年 3 月退休。

王淑蔚

2005 年，被评为山西省地税系统纪检监察先进工作者。2005 年，被山西省地税局评为行风评议先进个人。2007 年，被阳泉市纪委、人事局、监察局评为先进工作者。2007—2010 年，连续 4 年被阳泉市纪委、监察局评为反腐倡廉宣教政研工作先进个人。2011 年，被阳泉市妇联授予巾帼建功标兵称号。

李贵忠 男，汉族，1963 年 3 月生，山西阳泉人。1980 年 9 月应征入伍。1984 年 7 月加入中国共产党。大学本科学历。1980 年 9 月考入空军导弹学院学习并参军。1996 年 9 月部队转业后至阳泉市

李贵忠

地税局工作。2000 年 1 月任阳泉市地税局计算机管理中心副主任。2002 年 1 月起先后任阳泉市地税局计算机管理中心主任、信息管理中心主任、电子税务管理中心主任。

1989 年，被部队授予个人三等功。1998 年，被中共阳泉市直属机关工作委员会评为优秀共产党员。2003 年，被授予全国税务系统信息化建设先进工作者称号。

陈明泽

陈明泽 男，汉族，1963 年 8 月生，山西柳林县人。1983 年 10 月参加工作。1985 年 9 月加入中国共产党。研究生学历。1983 年 10 月在柳林县财政局工作。1989 年 5 月任柳林县铸造焦厂副厂长、党支部书记。1994 年 8 月任柳林县地税局副局长。1994 年 11 月任柳林县地税局党组书记、局长。1998 年 3 月任吕梁市地税局党组成员、纪检组长。2010 年 2 月任阳泉市地税局党组成员、副局长。2011 年 5 月任阳泉市地税局党组书记、局长。2015 年 2 月任临汾市地税局党组书记、局长。

在阳泉市地税局工作期间，是阳泉市第十四届人民代表大会代表。2014 年，被授予山西省劳动模范称号。2010 年、2011 年，先后被授予全省地税系统煤炭可持续发展基金征收管理工作先进个人。2013 年，被山西省水利厅授予全省采矿排水水资源费征缴工作先进个人。2011—2014 年，连续 4 年被山西省地税局评为优秀公务员，被山西省地税局记三等功 1 次，嘉奖 3 次。

张晋姝

张晋姝 女，汉族，1963 年 10 月生，河北高阳人。1979 年 12 月参加工作。2002 年 10 月加入中国共产党。大学本科学历。1979 年 12 月在阳泉市税务局工作。1994 年 8 月起在阳泉市地税局工作。1998 年 5 月起先后任阳泉市地税局流转税科副科长、税政一科副科长、规费科科长、煤炭基金征收管理科科长。2016 年 11 月任阳泉市地税局督察内审科主任科员。

2006 年，被评为全省价格调节基金征收先进个人。2007—2010 年，4 次被评为全省地税系统煤炭可持续发展基金征收管理工作先进个人。2007 年、2008 年、2010 年，3 次荣立山西省一等功。2007 年，被山西省林业厅、财政厅、地税局评为林业基金征管工作先进工作者。2010 年，获山西省五一巾帼奖；同年，获阳泉市劳动模范称号。

段红卫 女，汉族，1963 年 11 月生，山西阳泉人。1981 年 11 月参加工作。2005

年7月加入中国共产党。大学本科学历。1981年11月在阳泉市石油公司工作。1984年12月在阳泉市税务局工作。1994年8月在阳泉市地税局工作。2002年1月任阳泉市地税局办公室副主任科员。2010年8月任阳泉市地税局咨询所副所长。2012年2月任阳泉市地税局咨询所所长。2013年12月任阳泉市地税局计财科主任科员。

段红卫

李建全 男，汉族，1963年11月生，河北安平人。1981年7月参加工作。1990年12月加入中国共产党。大学本科学历。1981年7月在阳泉市百货公司工作。1982年11月在阳泉市税务局工作。1985年7月任阳泉市矿区税务局科员。1993年11月任阳泉市矿区税务局副局长。1994年8月任阳泉市矿区地税局副局长。1999年11月任阳泉市矿区地税局局长。2000年1月任阳泉市矿区地税局党组书记、局长。2002年1月任盂县地税局党组书记、局长。2004年7月任阳泉市地税局稽查局局长。2010年7月任阳泉市地税局直属二分局局长。2010年12月任阳泉市地税局直属五分局局长。2012年5月任阳泉市地税局党组成员、副局长。

李建全

1999年，被省地税局评为个体税收“十亿攻坚”先进个人。2000年、2002年，两次被授予全省地税系统优秀税务工作者称号。2001年，被阳泉市委、市政府授予“为人民服务的好公仆”称号，被阳泉市委评为优秀共产党员，被省人事厅、省国税局、地税局授予山西省税务系统先进工作者称号。2002年，被共青团阳泉市委授予第二届阳泉市“十大杰出青年”称号。2008年，荣立阳泉市个人一等功，被省地税局授予优秀共产党员称号。

张志勇 男，汉族，1964年3月生，山西平定县人。1983年12月参加工作。1989年5月加入中国共产党。大学本科学历。1983年12月在阳泉市税务局二分局工作。1992年6月任阳泉市税务局稽查大队副队长。1994年8月任阳泉市地税局征管科副科长。1995年11月任阳泉市地税局征管科科长。2001年12月任阳泉市地税局开发区分局局长。2010年7月任阳泉市地税局稽查局局长。

张志勇

2005年，被团省委授予山西省优秀青年卫士称号，并荣立山西省个人二等功。2006年，被评为全省地税系统党组抓党建先进个人。2008年，荣立阳泉市个人一等功。2010年，被评为全省地税系统煤炭可持续发展基金征收管理工作先进个人。2010年，被授予阳泉市劳动模范称号。2013年，被评为山西省地税系统优秀共产党员。

付文勇 男，汉族，1964年4月生，河北灵寿人。1981年10月应征入伍。1996年11月加入中国共产党。大专学历。1981年10月在中国人民解放军某部队服役。1984年12月转业至阳泉市税务局第一分局工作。1988年7月任阳泉市税务局稽查队分队长。1994年8月任阳泉市地税局二分局管理科副科长。1995年11月任阳泉市地税局二分局管理二科副科长。2000年1月任阳泉市地税局一分局管理科科长。2002年1月任阳泉市地税局征收一分局管理一科科长。2006年12月任平定县地税局党组成员、副局长（正科级）。2010年8月任阳泉市郊区地税局党组书记、局长。2016年9月任阳泉市城区地税局党组书记、局长。

付文勇

2011年，被评为全省地税系统煤炭可持续发展基金征收管理工作先进个人。2011年，被评为阳泉市精神文明建设先进个人。2012年，获阳泉市委创先争优活动时代先锋称号。

贾海维 男，汉族，1964年5月生，山西平定县人。1989年7月参加工作。2002年7月加入中国共产党。山西大学哲学系毕业，大学本科学历。1989年7月在阳泉市政府经济技术研究中心任研究实习员（中级职称）。1997年1月在阳泉市地税局工作。2002年1月任阳泉市地税局开发区分局管理科副科长。2010年8月任阳泉市地税局直属五分局综合科科长。2011年4月任阳泉市地税局直属二分局综合科科长。2017年12月任阳泉市地税局咨询所所长。

贾海维

1999—2006年，连续8年被评为全省地税系统优秀信息员。2010—2014年，4次被评为市地税系统优秀公务员。2012年，被阳泉市市直机关工委评为优秀党务工作者。1999—2018年，2次被市局机关工委评为优秀共产党员，5次被评为优秀税务工作者。2001年和2003年报送的2篇信息受到省委、省政府领导批示，被省地税局评为“好信息”。

姚培祥 男，汉族，1964年6月生，山西阳泉人。1982年10月应征入伍。1986

姚培祥

年 5 月加入中国共产党。大学本科学历。1986 年 10 月在阳泉市城区税务局工作。1994 年 8 月起先后任阳泉市城区地税局北大街税务所所长、集贸二所所长。2000 年 1 月任平定县地税局稽查局局长。2002 年 1 月任阳泉市郊区地税局党组成员、纪检组长。2008 年 9 月任阳泉市地税局直属二分局税源管理二科科长。2011 年 4 月任阳泉市地税局直属五分局税源管理二科科长。

1986 年，被部队记三等功。

连智平

连智平 男，汉族，1964 年 8 月生，山西忻州人。1982 年 10 月应征入伍。1986 年 12 月加入中国共产党。大学本科学历。1982 年 10 月入伍后，历任战士、学员。1987 年 7 月任武警阳泉支队排长。1997 年 12 月任武警阳泉支队后勤处副处长。2000 年 12 月武警阳泉支队副支队长。2003 年 5 月转业至阳泉市地税局工作，任阳泉市地税局征收一分局登记科科长。2004 年 7 月任阳泉市地税局登记管理局登记科科长。2006 年 12 月任阳泉市地税局直属一分局登记科科长。2008 年 9 月任阳泉市地税局机关后勤服务中心主任。2012 年 5 月任阳泉市地税局直属二分局局长（兼任阳泉市地税局机关后勤服务中心主任至 2012 年 7 月）。

2009 年，获全省地税系统精神文明建设先进工作者称号。

司京梅

司京梅 女，汉族，1964 年 9 月生，山西阳泉人。1982 年 10 月参加工作。2003 年 4 月加入中国共产党。大学本科学历。1982 年 10 月在阳泉市汽运一公司工作。1984 年 12 月在阳泉市税务局工作。1994 年 8 月起在阳泉市地税局工作。2002 年 1 月任阳泉市地税局计财科副科长。2010 年 8 月任阳泉市地税局计财科科长。2011 年 9 月任阳泉市地税局规费科科长。2014 年 10 月任阳泉市地税局规费科主任科员。

1999 年，获林业建设基金征管工作先进工作者。2000 年，被阳泉市妇联授予巾帼助教、扶助春雷活动先进个人称号。2001—2003 年，3 次被山西省地税局授予水资源补偿费征缴先进个人称号。2010 年，获阳泉市“三八”红旗手。2012 年，荣立山西省一等功。2013 年，被山西省水利厅授予全省采矿排水水资源费征缴工作先进个人。

曹　涛　男，汉族，1964年11月生，河北邢台人。1994年8月参加工作。1994年5月加入中国共产党。大学本科学历。1984年5月在阳泉市城区税务局工作。1994年8月在阳泉市城区地税局工作。1996年10月任阳泉市城区地税局稽查局局长。2000年1月任阳泉市矿区地税局党组成员、副局长。2011年9月任阳泉市矿区地税局党组成员、副局长、主任科员。2012年7月任阳泉市矿区地税局党组书记、局长。2014年10月任盂县地税局党组书记、局长。

曹涛

2004年1月，获山西省优秀税务工作者称号。2007年，获阳泉市劳动模范。2008年，荣立山西省二等功。

孙爱文　男，汉族，1964年12月生，山西盂县人。1986年8月参加工作。1995年6月加入中国共产党。山西师范大学毕业，大学本科学历。1986年8月在阳泉一中工作。1988年10月在阳泉市城区税务局工作。1994年8月任阳泉市城区地税局办公室主任。1996年10月任阳泉市城区地税局党组成员、副局长。2010年8月任阳泉市地税局政策法规科科长。2013年5月任阳泉市地税局税政二科科长。2017年12月任阳泉市地税局直属三分局副局长。

孙爱文

2006年，荣立阳泉市一等功。2012年，被评为全省地税系统依法行政依法治税先进个人。

孟建国　男，汉族，1965年2月生，山西盂县人。1987年9月参加工作。1995年6月加入中国共产党。大学本科学历。1987年9月在阳泉市郊区建设银行工作。1988年3月在盂县税务局城镇税务所工作。1994年8月任盂县地税局下曹税务所所长。1997年12月任盂县地税局南娄税务所所长。2002年1月任盂县地税局稽查局局长。2011年9月任盂县地税局党组成员、副局长。

孟建国

2003年，被团省委、省地税局授予优秀青工称号。1995年，被山西省地税局评为先进工作者。2005年，被盂县人民政府评为“十大杰出青年”。

岳昱清　男，汉族，1965年2月生，山西平定县人。1988年7月参加工作。1996年10月加入中国共产党。中南工业大学毕业，大学本科学历。1988年7月在阳

岳昱清

泉市税务局工作。1994 年 8 月在阳泉市地税局办公室工作。1995 年 11 月任阳泉市地税局办公室副主任。2000 年 1 月任阳泉市地税局流转税科科长。2002 年 1 月任阳泉市地税局人教科科长。2004 年 7 月任阳泉市地税局税务登记管理局局长。2010 年 7 月任阳泉市地税局开发区分局局长。

2008 年，荣立阳泉市一等功。

赵永华

赵永华 男，汉族，1965 年 2 月生，山西平定县人。1983 年 9 月应征入伍。1988 年 5 月加入中国共产党。西安空军电讯工程学院毕业，大学本科学历，军事学学士学位。1983 年 9 月在西安空军电讯工程学院学习。1987 年 7 月在天津空军某部队服役，历任排长、副连长。1990 年 3 月任阳泉市军分区副连职参谋。1990 年 9 月转业至阳泉市税务局工作。1994 年 8 月在阳泉市地税局工作。2000 年 1 月任阳泉市地税局人事教育科副科长。2006 年 12 月任阳泉市地税局人事教育科科长。2012 年 5 月任阳泉市地税局干部教育中心主任（兼任阳泉市地税局人事教育科科长至 2012 年 7 月）。

1996 年，被阳泉市老龄委员会授予老龄工作先进个人称号。2000 年，被山西省地税局授予“税收宣传月”先进个人称号。2008 年，被山西省地税局授予 2006—2007 年度山西省地税系统精神文明建设先进工作者称号。

穆世斌

穆世斌 男，汉族，1965 年 3 月生，山西平定县人。1988 年 11 月参加工作。1997 年 6 月加入中国共产党。大学本科学历。1988 年 11 月在平定县税务局东回税务所工作。1994 年 8 月在平定县地税局工作。1996 年 9 月任平定县地税局娘子关税务所所长。2000 年 1 月任阳泉市地税局第二分局税政征管科副科长。2002 年 1 月任平定县地税局党组成员、副局长。2006 年 12 月任平定县地税局党组书记、局长。2012 年 5 月任阳泉市地税局直属三分局局长（兼任平定县地税局党组书记、局长至 2012 年 7 月）。2012 年 7 月任阳泉市地税局直属三分局局长。

1998 年，被山西省地税局评为个体税收十亿攻坚先进个人。2000 年，被阳泉市直工委授予优秀共产党员。2006 年，被阳泉市委、市政府授予劳动模范称号。2007 年，荣立阳泉市一等功。2008 年、2009 年，荣立阳泉市二等功。2008 年、2011 年，先后两次被评为全省地税系统煤炭可持续发展基金征收管理工作先进个人。2009 年，被省地税局授予优秀共产党员。2009年，被市文明办评为阳泉市精神文明建设优秀领导干部。2010年，被省人社厅、省国税局、省地税局授予全省税务系统先进工作者称号，并荣记个人二等功。2010年，被省文明委授予山西省精神文明建设先进工作者。2010年，被评为山西省地税系统精神文明建设先进工作者。2010年，被平定县委、县政府评为精神文明建设十大功臣。2012年，被授予阳泉市五一劳动奖章。2012年被市委宣传部授予宣传工作先进个人。

张洲明

张洲明　男，汉族，1965年5月生，阳泉市郊区人。1984年12月参加工作。1996年6月加入中国共产党。大专学历。1984年12月在阳泉市郊区税务局工作，历任办事员、科员、副所长。1994年8月在阳泉市郊区地税局工作，历任所长、股长。2000年1月任阳泉市地税局征管科副科长。2006年12月任阳泉市地税局票证管理所所长。2011年9月任阳泉市地税局税政一科科长。2017年12月任阳泉市地税局直属五分局副局长。

1997年，被授予省级征管能手称号。2010年，被阳泉市地税局荣记个人三等功。

岳维祥

岳维祥　男，汉族，1965年6月生，山西平定县人。1988年7月参加工作。1996年11月加入中国共产党。山西大学毕业，大学本科学历。1988年7月在阳泉市税务局工作。1994年8月起在阳泉市地税局工作。2002年1月任阳泉市地税局征收二分局计会科副科长。2003年5月任阳泉市城区地税局稽查局局长。2010年8月任盂县地税局党组成员、纪检组长。2012年7月任盂县地税局党组成员、副局长。2013年12月任阳泉市地税局直属二分局副局长。

赵振林

赵振林　男，汉族，1965年6月生，山西平定县人。1985年8月参加工作。1997年6月加入中国共产党。大学本科学历。1985年8月在平定二中任教。1986年8月在平定维社中学任教。1988年8月在平定县税务局工作。1994年8月起先后任平定县地税局南坳税务所副所长、所长，张庄税务所所长。2002年1月任平定县地税局稽查局局长。2011年9月任平定县地税局党组成员、副局长。

1996年，被山西省财政厅评为水资源补偿费征缴工作先进个人。2005年，被团省委授予优秀青年卫士称号，并荣立山西省二等功。2011年，被山西省地税局授予支部书记讲党课活动优秀奖。

程志明 男，汉族，1965 年 11 月生，山西阳泉人。1981 年 8 月参加工作。1995 年 6 月加入中国共产党。大学本科学历。1981 年 8 月在阳泉市郊区政府服务公司工作。1983 年 12 月在山西省石太铁路局白羊墅车站工作。1986 年 8 月在阳泉市郊区税务局工作。1994 年 8 月起先后任阳泉市郊区地税局税政征管股股长、荫营税务所所长、办公室主任。2000 年 1 月任平定县地税局党组成员、副局长。2002 年 1 月任阳泉市城区地税局党组书记、局长。2010 年 2 月任阳泉市地税局党组成员、总经济师（兼任阳泉市城区地税局党组书记、局长至 2010 年 8 月）。2012 年 5 月任阳泉市地税局党组成员、副局长。

程志明

2003 年，被山西省地税局评为优秀县（区）局党组书记。2003、2008 年，两次荣立阳泉市一等功。2004 年，获阳泉市劳动模范称号。2004 年，获全省地税系统优秀税务工作者。2005 年，获全省税务系统先进工作者。2007 年，被山西省委、省政府授予山西省劳动模范称号。2008 年、2010 年、2011 年，3 次被评为全省地税系统煤炭可持续发展基金征收管理工作先进个人。

史庆生 男，汉族，1965 年 11 月生，山西沁源人。1985 年 8 月参加工作。1999 年 12 月加入中国共产党。大专学历。1985 年 8 月在山西省粮食学校任教。1997 年 2 月调入阳泉市城区地税局工作。1998 年 5 月任阳泉市城区地税局办公室主任。2000 年 2 月调入阳泉市地税局工作。2002 年 1 月任阳泉市地税局办公室副主任。2008 年 9 月任阳泉市地税局办公室主任。2012 年 7 月任阳泉市地税局人事教育科科长。

史庆生

2010 年，被阳泉市委办公厅授予全市党委系统优秀督促检查工作者。2012 年，被阳泉市委办公厅、市政府办公厅授予信访工作先进个人。2016 年，被授予全省地税系统优秀党务工作者。2017 年，被山西省人社厅、省地税局授予 2015—2016 年度山西省地税系统先进工作者。1999 年以来，先后 12 次被评为优秀公务员，两次荣记三等功。2012 年 7 月、2016 年 5 月，两次当选为市局机关党委委员。

冯彩云 女，汉族，1965 年 12 月生，河北鹿泉人。1984 年 12 月参加工作。1997 年 12 月加入中国共产党。大学本科学历。1984 年 12 月在阳泉市郊区税务局工作。

1994年8月在阳泉市郊区地税局工作，历任旧街所、平坦所、荫营所所长和征收分局局长。2004年8月起先后任平定县地税局党组成员、纪检组长、副局长。2011年9月任阳泉市地税局直属一分局副局长。2017年12月任阳泉市地税局直属一分局主任科员。

冯彩云

2007年，被山西省妇联评为“三八”红旗手。2009年，获阳泉市精神文明建设先进工作者。2013年，被山西省人民政府残疾人工作委员会授予全省残疾人就业保障金征收管理工作先进个人称号。2009—2017年，先后8次被阳泉市地税局评为优秀公务员。

郭俊才 男，汉族，1966年1月生，山西盂县人。1984年4月参加工作。1988年12月加入中国共产党。大专学历。1984年4月任盂县王村乡人民政府财政所所长。1994年8月先后任盂县地税局科员、办公室主任。2010年8月任阳泉市城区地税局党组成员、副局长。2013年12月任盂县地税局党组成员、副局长。

郭俊才

崔　军 男，汉族，1966年2月生，山西武乡人。1989年8月参加工作。1988年11月加入中国共产党。研究生学历。1989年8月在山西省税务局工作。1994年7月起在山西省地税局工作。2000年8月任山西省地税局税政一处副处长。2005年7月任阳泉市地税局党组副书记、副局长。2010年2月调任山西省地税局信息中心主任。

崔军

在阳泉市地税局工作期间，2009年，被山西省地税局评为优秀公务员，并嘉奖。

岳丽平 女，汉族，1966年6月生，山西平定人。1989年8月参加工作。山西大学物理系毕业，大学本科学历，会计师，注册税务师。1989年8月在阳泉市太行工贸公司工作。1994年8月调入阳泉市地税局。2002年1月任阳泉市地税局计算机中心副主任科员。2010年8月任阳泉市地税局后勤中心副主任。2012年7月任阳泉市地税局直属四分局管理一科副科长。2013年12月任阳泉市地税局咨询所所长。2017年12月任阳泉市地税局离退休人员工作科主任科员。

岳丽平

秦峰

秦　峰　男，汉族，1966年10月生，山西盂县人。1984年1月参加工作。1989年6月加入中国共产党。大学本科学历。1984年1月在盂县实验小学印刷厂工作。1984年12月考入盂县税务局，先后任人事教育股副股长、股长。1994年8月任盂县地税局办公室主任。2000年1月任阳泉市矿区地税局党组成员、副局长。2004年8月任阳泉市地税局计财科副科长（主持工作）。2006年12月任阳泉市地税局计财科科长。2010年2月任阳泉市地税局干教中心主任（兼任阳泉市地税局计财科科长至2010年8月）。2012年5月任阳泉市地税局党组成员、总经济师。2012年8月任阳泉市地税局机关党委副书记。2016年5月任阳泉市地税局机关党委书记。

是阳泉市城区第十六届人大代表。1995年、1996年，连续两年被山西省地税局评为优秀信息员。1998年撰写的《关于煤炭资源税建设的思考》等两篇论文入选《中国财政改革文选》一书，《关于煤炭资源税建设的思考》在全国深化国有企业改革理论与实践研讨会上获优秀论文二等奖。2001年、2002年，连续两年被山西省地税局评为信息工作优秀组织者。2010年，被阳泉市委农村工作领导组评为干部下乡模范队员。2011年，被授予全省地税系统煤炭可持续发展基金征收管理工作先进个人。2014年，被山西省档案局评为档案工作中做出突出贡献个人，被山西省地税局评为优秀公务员，并嘉奖。2017年，被评为全省地税系统优秀党务工作者。

李惠平

李惠平　男，汉族，1966年12月生，阳泉市郊区人。1987年10月参加工作。1995年3月加入中国共产党。大学本科学历。1987年10月在阳泉市郊区税务局工作。1994年8月起在阳泉市郊区地税局工作。2000年1月起先后任阳泉市地税局第一分局检查科副科长、征收一分局管理二科科长、税务登记管理局副局长、直属一分局副局长。2010年8月任阳泉市矿区地税局党组书记、局长。2012年7月任平定县地税局党组书记、局长。2016年9月任阳泉市郊区地税局党组书记、局长。

1993年，获阳泉市新长征突击手称号。1998年，获全省十亿攻坚先进个人荣誉称号。2013年，被山西省水利厅授予采矿排水水资源征缴工作先进个人称号。

尚保青　男，汉族，1967年4月生，山西昔阳人。1990年8月参加工作。2003年1月加入中国共产党。大学本科学历。1994年8月在阳泉市地税局工作。2000年1

月任阳泉市地税局计财科副科长、科长。2004 年 7 月任阳泉市地税局登记管理局综合科科长。2006 年 12 月任阳泉市地税局直属一分局综合科科长。2011 年 9 月任阳泉市地税局直属五分局副局长。

尚保青

1998 年，被山西省财政厅评为全省清产核资工作先进个人。1999 年，被省财政厅、省经济贸易委员会、省地税局评为城镇集体企业清产核资工作先进个人。

王　兵　男，汉族，1967 年 4 月生，河北石家庄人。1991 年 8 月参加工作。2002 年 7 月加入中国共产党。大专学历。1991 年 7 月在阳泉市郊区税务局工作。1994 年 8 月起先后任郊区地税局平坦税务所、稽查局、旧街税务所、白泉税务所、西南舁税务所、征管股副所长、股长、所长。2008 年 9 月任阳泉市郊区地税局河底税务所所长。2013 年 5 月任平定县地税局党组成员、副局长。2017 年 12 月任阳泉市城区地税局党组成员、副局长。

王兵

1997 年，被授予省级征管能手称号。2010 年，被阳泉市地税局荣记三等功。

朱宝芳　女，汉族，1967 年 5 月生，山西平定县人。1992 年 12 月参加工作。高中学历，技师。1992 年 12 月在阳泉市自来水公司工作。1994 年 8 月起在平定县地税局城关税务所工作。2002 年 6 月在平定县地税局征管和科技发展股工作。2017 年 6 月退休。

2011 年，被省妇联授予“三八”红旗手。2012 年，被全国妇联授予全国“三八”红旗手、全国妇女创先争优先进个人。

朱宝芳

张　青　女，汉族，1967 年 6 月生，山西阳泉人。1985 年 12 月参加工作。1997 年 12 月加入中国共产党。大学本科学历。1985 年 12 月在阳泉市平定县税务局工作。1988 年 12 月在阳泉市城区税务局工作。1994 年 8 月在阳泉市城区地税局工作。2004 年 8 月任阳泉市城区地税局副主任科员。2010 年 8 月任阳泉市城区地税局第七税务所所长。2013 年 5 月任阳泉市城区地税局党组成员、纪检组长。

张青

何　江　男，汉族，1967 年 8 月生，山西平定县人。1984 年 12 月参加工作。

何江

2001年7月加入中国共产党。大学本科学历。1984年12月，在阳泉市矿区税务局工作。1994年8月任阳泉市矿区地税局马家坪税务所所长。2000年1月任阳泉市地税局开发区分局副局长，2002年1月任阳泉市地税局征收一分局综合科副科长，2003年5月任阳泉市地税局征收一分局综合科科长，2006年12月任阳泉市地税局直属三分局综合科科长，2013年5月任阳泉市地税局直属一分局副局长。

2001年，被评为阳泉市法制宣传教育先进工作者。2001年，被山西省地税局评为优秀税务工作者。2006年，被阳泉市直工委评为党的先进性教育活动先进共产党员。2009年，被阳泉市直机关工委评为学习实践科学发展观活动先进共产党员。

郭向东

郭向东　男，汉族，1967年11月生，山西阳泉人。1989年9月参加工作。2004年10月加入中国共产党。大学本科学历，会计师。1989年9月在阳泉市城区财政局工作。1992年6月在阳泉市财政局工作。1994年8月在阳泉市地税局工作，先后任农业税征收管理局副局长、直属五分局副局长、直属一分局综合科科长。2013年12月任阳泉市地税局煤炭基金征收管理科科长。2016年11月任阳泉市地税局督察内审科科长。2017年12月任阳泉市地税局政策法规科科长。

1999年，被授予全省地税系统农业税收工作先进个人。

韩俊斌

韩俊斌　男，汉族，1967年11月生，山西和顺人。1984年12月参加工作。1997年11月加入中国共产党。大学本科学历。1984年12月先后在阳泉市税务局第二分局、阳泉市税务局检察室、阳泉市税务局稽查大队三分队工作。1994年8月任阳泉市地税局第二分局稽查科科长（股级）。1995年11月任阳泉市地税稽查局稽查二科副科长。2002年1月任阳泉市地税征收一分局税政科副科长。2003年5月任阳泉市地税征收一分局税政科科长。2006年12月任阳泉市地税直属三分局税政科科长。2011年9月任阳泉市地税直属三分局副局长。2017年12月任阳泉市地税局直属四分局副局长。

2007年，被评为全省地税系统煤炭可持续发展基金征收管理工作先进个人。2017年，被评为阳泉市纪念建市70周年运动会十佳运动员。

刘永红

刘永红 男，汉族，1967年11月生，山西平定县人。1988年11月参加工作。1996年6月加入中国共产党。大学本科学历。1988年11月在平定县税务局工作。1994年8月起在平定县地税局工作。2002年1月任平定县地税局党组成员、纪检组长。2004年8月任阳泉市地税局登记管理局综合科副科长。2006年12月任阳泉市地税局直属一分局综合科副科长。2008年9任阳泉市地税局直属五分局副局长。2010年8月任阳泉市地税局直属五分局副局长（正科）。2011年4月任阳泉市地税局直属二分局副局长。2012年7月任阳泉市地税局后勤服务中心主任。2014年10月任阳泉市矿区地税局党组书记、局长。

2001年，荣获山西省青年文明号优秀号长称号。2003年，荣获阳泉市五四青年奖章。2005年，荣获山西省优秀青年卫士。2005年，荣立山西省二等功。2014—2017年，连续4年被阳泉市地税局评为优秀公务员，记三等功。

翟文斌

翟文斌 男，汉族，1967年11月生，山西昔阳人。1988年8月参加工作。2000年12月加入中国共产党。大学本科学历。1988年8月在阳泉市矿区税务局工作。1998年任阳泉市矿区地税局桥头税务所副所长。2002年1月任阳泉市矿区地税局征收分局局长。2006年12月任阳泉市矿区地税局直属分局局长。2008年9月任阳泉市矿区地税局党组成员、纪检组长。2010年8月任阳泉市矿区地税局党组成员、副局长。2013年5月任阳泉市地税局直属二分局副局长。2014年1月任阳泉市地税局稽查局副局长。2017年12月任阳泉市地税局直属二分局副局长。

宁新帅

宁新帅 男，汉族，1967年12月生，山西稷山人。1990年7月参加工作。2000年3月加入中国共产党。大学本科学历。1990年7月在山西省税务局工作。1994年7月在山西省地税局工作，先后任所得税处科员、副主任科员、主任科员，税政二处主任科员。2005年8月任山西省地税局税政二处助理调研员。2008年8月任山西省地税局税政一处副处长。2008年1月任阳泉市地方税务局党组成员、副局长（挂职锻炼）。

贾宏如 男，汉族，1967年12月生，山西平定县人。1988年11月参加工作。

1997年7月加入中国共产党。大专学历。1988年11月在平定县税务局工作。1994年8月起先后任平定县地税局石门口税务所副所长、所长，城关税务所所长，第一管理局局长，第一税务所所长。2003年5月任平定县地税局副主任科员。2006年12月任平定县地税局直属一分局局长。2012年7月任平定县地税局党组成员、纪检组长。2014年10月任平定县地税局党组成员、副局长。

贾宏如

刘文生　男，汉族，1968年3月生，阳泉市郊区人。1990年9月参加工作。2003年6月加入中国共产党。大学本科学历。1990年9月在阳泉市郊区财政局工作。1994年12月起在阳泉市郊区地税局工作。2008年9月任阳泉市郊区地税局平坦税务所所长。2012年7月任阳泉市矿区地税局党组成员、纪检组长。2017年12月任平定县地税局党组成员、副局长。

2008年，荣立山西省二等功。

刘文生

李宏林　男，汉族，1968年11月生，山西盂县人。1988年8月参加工作。1999年12月加入中国共产党。中央党校在职研究生学历。1988年8月在阳泉市城区税务局工作。1994年8月在阳泉市城区地税局工作。2002年1月任阳泉市城区地税局副主任科员。2003年4月任阳泉市地税局征收二分局计会科副科长。2004年7月任阳泉市地税登记管理局计会科副科长。2006年12月任阳泉市地税局直属一分局计会科副科长。2008年9月任阳泉市郊区地税党组成员、纪检组长。2011年9月任阳泉市郊区地税局党组成员、副局长。2012年7月起任阳泉市地税局直属三分局副局长。

李宏林

李玉晶　男，汉族，1968年12月生，山西盂县人。1990年8月参加工作。1996年1月加入中国共产党。大学本科学历。1990年8月在盂县税务局工作。1994年8月起先后任盂县地税局下曹税务所、第二税务所副所长。1997年1月起先后任盂县地税局秀水税务所、路家村税务所所长。2008年9月任盂县地税局第一税务所所长。2012年7月任盂县地税局党组成员、纪检组长。2013年12月任盂县地税局党组成员、副局长。

李玉晶

2006 年，被中共阳泉市委授予优秀共产党员。2008 年，荣立阳泉市个人二等功。2010 年，被评为全省地税系统煤炭可持续发展基金征收管理工作先进个人。

郭真祥

郭真祥 男，汉族，1969 年 3 月生，山西平定县人。1985 年 6 月参加工作。1992 年 5 月加入中国共产党。大学本科学历，助理会计师。1985 年 6 月在平定县财政局工作。1994 年 8 月任平定县地税局办公室主任。1998 年 3 月任平定县石门口税务所所长。2002 年 1 月任平定县地税局征收一分局局长。2006 年 12 月任平定县地税局党组成员、纪检组长。2010 年 8 月任平定县地税局党组成员、副局长。2012 年 7 月阳泉市地税局直属四分局副局长。2014 年 10 月任阳泉市地税局经济技术开发区分局副局长。

霍建国

霍建国 男，汉族，1969 年 3 月生，山西平定县人。1988 年 11 月参加工作。1998 年 6 月加入中国共产党。大学本科学历。1988 年 11 月在平定县税务局工作。1994 年 8 月起在平定县地税局工作。2000 年 1 月任阳泉市郊区地税局稽查局局长。2002 年 1 月任盂县地税局党组成员、副局长。2004 年 8 月任盂县地税局党组书记、局长。2010 年 2 月任阳泉市地税局直属四分局局长（兼任盂县地税局党组书记、局长至 2010 年 8 月）。

2005 年，被评为山西省地税系统优秀税务工作者、山西省地税系统党组抓党建先进工作者。荣立 2006—2007 年度社会主义劳动竞赛一等功。2010 年、2012 年，两次荣获阳泉市总工会荣誉工会积极分子。2011 年，被评为全省地税系统煤炭可持续发展基金征收管理工作先进个人。2012 年，荣获阳泉市残疾人就业保障金征收工作先进个人。2012 年，荣立山西省一等功。2014 年，被山西省人力资源和社会保障厅、山西省国家税务局、山西省地税局联合授予全省税务系统先进工作者荣誉称号。

姬兆军

姬兆军 男，汉族，1969 年 3 月生，山西平定县人。1988 年 8 月参加工作。1997 年 2 月加入中国共产党。大学本科学历。1988 年 8 月在阳泉城区税务局工作。1994 年 8 月起在阳泉城区地税局任税务所所长。2000 年 2 月在阳泉市地税局工作。2002 年 1 月任阳泉市地税局稽查局稽查一科副科长。2010 年 8 月任阳泉市地税局直属三分局税源管理一科科长。2012 年 7 月任阳泉市地税局稽查局副局长。

1994 年，被山西省团省委、省劳动厅、省地税局授予优秀青工称号。1995 年，被评为全省地税系统先进工作者。2008 年，荣立阳泉市个人二等功。2010 年、2011 年，两次被评为全省地税系统煤炭可持续发展基金征收管理工作先进个人。

牛战平 男，汉族，1969 年 11 月生，山西平定县人。1988 年 10 月参加工作。1997 年 10 月加入中国共产党。大学本科学历。1988 年 7 月在阳泉市税务局工作。1994 年 8 月在阳泉市地税局第二分局工作。1995 年 11 月任阳泉市地税局第二分局管理科副科长。2000 年 1 月任阳泉市地税局征收二分局管理科科长。2008 年 9 月任阳泉市地税局直属三分局税源管理一科科长。2010 年 9 月任阳泉市地税局直属一分局副局长。2013 年 6 月任阳泉市地税局经济技术开发区分局副局长。

牛战平

2008 年、2009 年，连续两年被评为全省地税系统煤炭可持续发展基金征收管理工作先进个人。2012 年，被中共阳泉市直属机关工作委员会评为创先争优活动优秀共产党员。

赵文华 男，汉族，1969 年 12 月生，山西盂县人。1988 年 11 月参加工作。1995 年 6 月加入中国共产党。大学本科学历。1988 年 11 月在盂县税务局工作。1994 年 8 月在盂县地税局第一税务所工作。2004 年 8 月任盂县地税局秀水税务所所长、副主任科员。2008 年 8 月任盂县地税局南娄税务所所长。2013 年 12 月任盂县地税局党组成员、纪检组长。

赵文华

2004 年，被授予省级业务能手称号。2011 年，获得阳泉市地税局嘉奖。2011 年，获全省地税系统“支部书记讲党课”活动优秀奖。2012 年，被山西省地税局评为依法行政依法治税先进个人。

史家亮 男，汉族，1970 年 1 月生，阳泉市郊区人。1989 年 5 月参加工作。2000 年 6 月加入中国共产党。大学本科学历。1989 年 5 月在山西省阳泉市交通征费稽查局工作。2010 年 12 月调阳泉市矿区地税局工作。2012 年 2 月任阳泉市地税局直属四分局综合科副科长（主持工作）。2013 年 5 月任阳泉市城区地税局党组成员、副局长。

史家亮

是阳泉市城区第九届政协委员。

宋利军

宋利军 男，汉族，1970 年 1 月生，阳泉市郊区人。1990 年 7 月参加工作。1999 年 6 月加入中国共产党。大学本科学历。1990 年 7 月在阳泉市郊区税务局工作。1994 年 8 月起在阳泉市郊区地税局工作。2003 年 5 月起先后任阳泉市地税局直属三分局管理一科副主任科员、后勤服务中心副主任。2010 年 8 月任阳泉市地税局直属四分局管理一科科长。2012 年 7 月任阳泉市地税局直属二分局副局长。2018 年 1 月任阳泉市地税局稽查局副局长。

1995 年，被授予省级征管能手称号。荣立阳泉市个人三等功 1 次、阳泉市地税局三等功 2 次。

杨慧田

杨慧田 男，汉族，1970 年 6 月生，山西平定县人。1990 年 10 月参加工作。2001 年 6 月加入中国共产党。大学本科学历。1990 年 10 月在平定县税务局基层税务所工作。1994 年 8 月在平定县地税局基层税务所工作。2005 年 5 月任平定县地税局岔口所所长。2008 年 9 月任平定县地税局锁簧所所长。2011 年 9 月起先后任城区地税局党组成员、纪检组长、副局长。2016 年 9 月任郊区地税局党组成员、副局长。2017 年 12 月任阳泉市地税局直属一分局副局长。

2007 年，获山西省第七次见义勇为二等功，同年获山西省创建省级文明和谐行业先进个人和山西省地税局创建省级文明和谐行业先进工作者。2009 年，获山西省地税局煤炭可持续发展基金征收管理工作先进个人。2010 年，获阳泉市首届十佳道德模范，荣记一等功。2011 年，获全省地税系统支部书记讲党课活动三等奖。

冯招明

冯招明 男，汉族，1970 年 9 月生，阳泉市郊区人。1988 年 12 月参加工作。2001 年 7 月加入中国共产党。大学本科学历。1988 年 12 月在阳泉市郊区税务局工作。1994 年 8 月起先后任阳泉市郊区地税局义井所副所长、稽查局稽查一股股长、三郊所所长、平坦所所长、河底所所长。2008 年 9 月任郊区地税局义井税务所所长。2014 年 10 月任阳泉市郊区地税局党组成员、纪检组长。

2002 年，被授予省级业务能手称号。2007 年，获山西省优秀青年卫士称号。2010 年，荣立阳泉市地税局三等功。

陈瑾

陈　瑾　男，汉族，1970 年 12 月生，山西平陆县人。1990 年 12 月参加工作。1999 年 11 月加入中国共产党。大学本科学历。1990 年 12 月在山西省平陆县工商行政管理局工作。1992 年 12 月起在阳泉市税务局稽查大队工作。1994 年 8 月在阳泉市地税局二分局工作。2002 年 1 月任阳泉市地税局征收二分局综合科副科长。2008 年 9 月任阳泉市地税局稽查局综合科科长。2011 年 7 月任阳泉市地税局稽查局副局长。

2003 年，在阳泉市市直机关工委组织的学习“三个代表”重要思想知识竞赛中荣获一等奖。2003 年、2004 年，被省地税局评为优秀信息员。2011 年，被阳泉市市直机关工委评为优秀共产党员。论文《浅谈地税部门征管改革的配套措施》曾获阳泉市第四届社会科学研究优秀成果三等奖。2010—2017 年，先后 5 次被市地税局评为优秀公务员。

田世熙

田世熙　男，汉族，1970 年 12 月生，山西盂县人。1994 年 8 月参加工作。1996 年 12 月加入中国共产党。大学本科学历。1994 年 8 月在盂县地税局工作，历任科员、办公室副主任。1999 年 11 月在阳泉市地税局办公室工作。2002 年 1 月任阳泉市地税局开发区分局综合科副科长。2010 年 8 月任阳泉市地税局直属四分局综合科科长。2011 年 9 月任阳泉市地税局机关党务办公室主任。2012 年 7 月任阳泉市地税局办公室主任。

2000 年，被山西省地税局授予 1999 年度全省优秀税收科研成果一等奖。2016 年，被国家税务总局授予各省（区、市）税务局先进工作者称号。

杨志光

杨志光　男，汉族，1971 年 1 月生，山西盂县人。1990 年 10 月参加工作。1993 年 12 月加入中国共产党。大学本科学历。1990 年 10 月在盂县财政局工作。1994 年 8 月在盂县地税局工作。1995 年先后任盂县地税局农税股副股长、第二税务所副所长、企业管理局副局长、秀水所副所长、路家村税务所副所长（正股级）。2010 年 8 月任盂县地税局副主任科员兼西烟税务所所长。2011 年 9 月任平定县地税局稽查局局长。2013 年 5 月任阳泉市矿区地税局党组成员、副局长。2017 年 12 月任阳泉市地税局纳税服务科副科长（主持工作）。

是政协阳泉市矿区委员。1999 年，被山西省地税局授予全省农业税收工作先进个人。2008 年，被山西省地税局授予山西省优秀征收管理员，并获盂县劳动模范称号。

卢再庆

卢再庆 男，汉族，1971 年 2 月生，山西平定县人。1987 年 12 月参加工作。1999 年 2 月加入中国共产党。大学本科学历。1987 年 12 月在平定县税务局工作。1994 年 8 月在平定县地税局工作，先后任集贸所所长、石门口所所长。2008 年 9 月任平定县地税局第二税务所所长。2012 年 7 月任阳泉市郊区地税局党组成员、副局长。

2008 年，被评为全省地税系统煤炭可持续发展基金征收先进个人。

雷志刚

雷志刚 男，汉族，1971 年 8 月生，山西平遥人。1993 年 7 月参加工作。2005 年 6 月加入中国共产党。大学本科学历，公共管理硕士学位。1993 年 7 月在阳泉市矿区税务局工作。1994 年 8 月在矿区地税局工作。2003 年 5 月任阳泉市地税局稽查局稽查三科副主任科员。2006 年 12 月任阳泉市地税局票证所副所长。2010 年 8 月任阳泉市地税局直属四分局税源管理二科科长。2012 年 1 月任阳泉市地税局党组成员、总会计师。

是阳泉市十二届人民代表大会代表，财政经济委员会委员。2002 年、2011 年，先后两次被授予省级业务能手称号。2004 年，获阳泉市纪委、市委组织部、市委宣传部组织的“城信杯”党内法规知识竞赛一等奖。2006 年，获阳泉市直工委组织的“先锋杯”知识竞赛一等奖。2007 年，被阳泉市十二届人大常委会授予优秀市人大代表。2007 年、2008 年，连续两次荣立山西省二等功。2008 年、2009 年、2010 年，连续 3 次被评为全省地税系统煤炭可持续发展基金征收管理工作先进个人。

王燕飞

王燕飞 男，汉族，1972 年 4 月生，阳泉市郊区人。1997 年 10 月参加工作。2002 年 7 月加入中国共产党。北京科技大学毕业，大学本科学历，工程硕士学位。1997 年 10 月起先后任阳泉市郊区地税局科员、税政征管股副股长、征收分局副局长、办公室主任。2008 年 9 月任郊区地税局副主任科员。2011 年 9 月任郊区地税局党组成员、纪检组长。2014 年 10 月任郊区地税局党组成员、副局长。

2004 年，被评为山西省地税局优秀信息员。2006 年，荣获阳泉市劳动模范。2013 年，被山西省预防职务犯罪工作领导小组评为全省预防职务犯罪先进工作者。多次被评为阳泉市地税系统优秀税务工作者。

李春红

李春红 男，汉族，1972年7月生，山西昔阳人。1996年7月参加工作。1996年6月加入中国共产党。太原工业大学毕业，大学本科学历，工程硕士学位。1996年7月在阳泉市地税局工作。2002年1月任阳泉市地税局计算机管理中心副主任。2012年2月任阳泉市地税局税务票证管理所所长。

2006年，被阳泉市委、市政府评为信息化建设先进个人。2008年1月，被授予全省地税系统信息化建设先进工作者称号。3次被评为阳泉市地税系统先进工作者。5次被评为市地税局优秀共产党员。

张志新

张志新 男，汉族，1972年8月生，山西盂县人。1987年7月参加工作。1992年7月加入中国共产党。大学本科学历。1987年7月在盂县印刷厂工作。1988年11月在盂县税务局工作。1994年8月起在盂县地税局工作，先后任科员、孙家庄税务所所长、第二税务所所长、南娄税务所所长。2003年5月任盂县地税局副主任科员。2004年8月起先后任盂县地税局征收分局局长、直属一分局局长。2010年8月任平定县地税局党组成员、纪检组长。2012年7月任平定县地税局党组成员、副局长。2013年5月任阳泉市地税局监察室主任。2016年9月任阳泉市地税局机关党委副书记、党办主任。2017年12月任阳泉市地税局督察内审科科长。

1995年，被盂县县委、县政府授予劳动模范称号。2013年，获全省地税系统党组抓党建先进个人。

贾完根

贾完根 男，汉族，1972年10月生，山西平定县人。1996年5月参加工作。1994年5月加入中国共产党。山西矿业学院毕业，大学本科学历，工学、财政学学士学位。1996年5月在平定县地税局工作。2000年3月任张庄税务所副所长。2001年3月任巨城税务所副所长。2005年4月任第二税务所副所长。2008年9月在阳泉市地税局征收管理科工作。2010年8月任阳泉市矿区地税局党组成员、纪检组长。2012年7月任阳泉市矿区地税局党组成员、副局长。2016年9月任阳泉市城区地税局党组成员、副局长。

2012 年，荣立阳泉市矿区一等功。

梁逢煜

梁逢煜　男，汉族，1972 年 11 月生，山西洪洞人。1995 年 8 月参加工作。1994 年 12 月加入中国共产党。大学本科学历。1995 年 8 月在平定县地税局工作，历任城镇税务所科员、税政股副股长（主持工作）。2000 年 2 月在阳泉市地税局监察室工作，历任监察室科员、副主任科员。2010 年 8 月任阳泉市地税局直属五分局管理三科科长。2013 年 5 月任阳泉市地税局纳税服务科科长。2017 年 12 月任阳泉市地税局税政一科科长。

2010 年，被阳泉市地税局记三等功。

翟冠华

翟冠华　男，汉族，1973 年 2 月生，山西昔阳人。1992 年 12 月参加工作。2002 年 6 月加入中国共产党。大学本科学历。1992 年 12 月在阳泉市针织厂工作。1995 年 12 月起先后在平定县地税局、阳泉市地税局经济技术开发区分局、阳泉市城区地税局工作。2004 年 8 月任阳泉市地税局征收一分局管理二科副科长。2006 年 12 月任阳泉市地税局直属三分局税源管理二科科长。2010 年 8 月任阳泉市地税局直属四分局副局长。2011 年 9 月任阳泉市城区地税局党组书记、局长。2016 年 9 月任平定县地税局党组书记、局长。

2002 年，被评为全省文化事业建设费征收工作先进个人。2003 年，被授予山西省青年文明号优秀号长称号。2003 年，被评为山西省地税系统优秀税务工作者。2003 年，荣获阳泉市青年五四奖章。2004 年，被山西省地税局评为优秀税务工作者。2007 年，荣立山西省二等功。2010 年，被评为全省地税系统煤炭可持续发展基金征收管理工作先进个人。2012 年，获山西省五一劳动奖章。

张小英

张小英　女，汉族，1973 年 4 月生，山西盂县人。1997 年 7 月参加工作。2006 年 6 月加入中国共产党。北京物资学院毕业，大学本科学历。1997 年 7 月在阳泉市地税二分局工作。2002 年 4 月起在阳泉市地税局工作。2008 年 9 月任阳泉市地税直属一分局副主任科员。2010 年 8 月任阳泉市地税局票证所副所长。2012 年 2 月任阳泉市地税局计划财务科副科长。2012 年 7 月任阳泉市地税局离退休人员工作科科长。2014 年 10 月任阳泉市地税局规费征收管理科科长。

2017 年 12 月任阳泉市地税局计划财务科科长。

2017 年，被阳泉市地税局记三等功。

李建印

李建印 男，汉族，1973 年 6 月生，山西盂县人。1995 年 8 月参加工作。2006 年 6 月加入中国共产党。大学本科学历，山西大学公共管理硕士学位，会计师，经济师。1995 年 8 月在盂县地税局工作。1995 年 12 月起在阳泉市地税局工作。2003 年 5 月任阳泉市地税局经济技术开发区分局副主任科员。2010 年 8 月任阳泉市地税局计划财务科副科长。2012 年 2 月任阳泉市地税局计划财务科科长。2017 年 12 月任阳泉市地税局征管与科技发展科科长。

2003 年，被评为阳泉市第二次全国基本单位普查先进个人。2009 年，被评为阳泉市统计工作先进个人。2016 年，被阳泉市地税局记三等功。

王晓艳

王晓艳 女，汉族，1973 年 6 月生，山西平定县人。1995 年 1 月参加工作。2006 年 6 月加入中国共产党。大学本科学历，会计师。1995 年 1 月在阳泉市地税局工作。2002 年 3 月在阳泉市地税局直属一分局工作。2007 年 7 月在阳泉市地税局工作。2010 年 8 月任阳泉市地税局直属四分局副主任科员。2012 年 7 月任阳泉市矿区地税局党组成员、副局长。

1997 年，被中共阳泉市委评为优秀信息员。1997 年，被山西省地税局评为优秀信息员。2013 年，被阳泉市妇联评为优秀妇联干部。

张来明

张来明 男，汉族，1973 年 6 月生，山西平定县人。1994 年 8 月参加工作。2005 年 12 月加入中国共产党。大专学历。1994 年 8 月在阳泉市地税局第二分局工作。2002 年 1 月在阳泉市城区地税局工作。2010 年 8 月任阳泉市城区地税局副主任科员。2011 年 9 月任阳泉市地税局征管和科技发展科副科长。2017 年 12 月任阳泉市矿区地税局党组成员、副局长。

是阳泉市矿区政协委员。2002 年、2007 年，两次被授予省级业务能手称号。

张　旋 男，汉族，1973 年 7 月生，山西汾阳人。1995 年 9 月参加工作。1998

张旋

年 12 月加入中国共产党。山西大学毕业，大学本科学历，山西省委党校研究生学历。1995 年 9 月在山西省地税局人事处工作，先后任科员、副主任科员、主任科员。2005 年 7 月任朔州市地税局党组成员、纪检组长。2012 年 2 月任阳泉市地税局党组成员、副局长。

是政协阳泉市第十二届委员。2011 年，被授予山西省五一劳动奖章。2012 年，被授予 2011 年度全省地税系统煤炭可持续发展基金征收管理工作先进个人称号。2013—2016 年，连续 4 年被山西省地税局评为优秀公务员，记三等功 1 次，嘉奖 3 次。

韩静涛

韩静涛 男，汉族，1973 年 12 月生，山西阳泉人。1994 年 7 月参加工作。1993 年 11 月加入中国共产党。中央财政金融学院毕业，大学本科学历，中国人民大学法学硕士学位，中国人民大学经济学博士学位，会计师，注册会计师、注册税务师。历任阳泉市地税局税务咨询所副所长（主持工作）兼税务事务所所长、征管科科长。2010 年 2 月任阳泉市地税局直属五分局局长（兼任阳泉市地税局征管科科长至 2010 年 8 月）。2010 年 12 月任阳泉市地税局直属二分局局长。是阳泉市地税局团总支书记、阳泉市直机关团工委委员，共青团山西省十四届委员会委员。

2011 年 10 月，参加中央和国家机关公务员遴选，到国家粮食局工作。

张怀庆

张怀庆 男，汉族，1974 年 3 月生，山西平定县人。1998 年 7 月参加工作。1996 年 12 月加入中国共产党。大学本科学历。1998 年 7 月在阳泉市地税局工作。2000 年 2 月在阳泉市地税局开发区分局工作。2008 年 9 月任阳泉市地税局开发区分局计会科副科长。2011 年 9 月任阳泉市地税局开发区分局计会科科长。2014 年 10 月任阳泉市地税局直属四分局副局长。

1999 年，被评为山西省地税系统行风建设先进个人。2008 年，荣立阳泉市二等功。2009 年，被共青团阳泉市委、阳泉青联会评选为阳泉市十大优秀青年。2015 年、2016 年、2017 年，连续 3 年被评为阳泉市地税系统优秀公务员，记三等功。

田　野 男，汉族，1974 年 9 月生，山西沁源人。1991 年 9 月应征入伍。1992

田野

年9月加入中国共产党。大学本科学历。1991年9月起在空军某部队服役，历任航材军械股助理员、团政治处干事、航材军械股政治指导员。1998年5月起在太原警备区工作，历任万柏林区人武部干事、小店区人武部政工科长、预备役通讯团营长。2005年7月转业至太原市迎泽区地税局工作。2010年3月任山西省地税局人事处主任科员。2014年7月任阳泉市地税局党组成员、纪检组长。2018年1月任太原市地税局党组成员、纪检组长。

2017年，被山西省地税局评为优秀公务员，并被嘉奖。

耿建明

耿建明 男，汉族，1974年10月生，山西平定县人。1996年12月参加工作。1996年4月加入中国共产党。大学本科学历。1996年12月在阳泉市矿区地税局桥头税务所工作。2000年5月任阳泉市矿区地税局办公室副主任。2002年5月在阳泉市地税局人事教育科工作。2008年9月任阳泉市地税局人事教育科副科长。2012年7月任阳泉市地税局机关党务办公室主任。2016年9月任阳泉市地税局纪检组副组长、监察室主任。2012年7月任阳泉市地税局机关党委组织委员。2016年5月任阳泉市地税局机关党委副书记。

2001年，被山西省地税局评为优秀信息员。2013年，被评为全省地税系统党建工作先进个人。2015年，被阳泉市直机关授予优秀党务工作者称号。2013—2017年，连续5年被阳泉市地税局评为优秀公务员，并记三等功1次，嘉奖3次。

高飞

高　飞 男，汉族，1974年12月生，山西平定县人。1990年1月参加工作。2001年6月加入中国共产党。大学本科学历。1990年1月在平定县税务局工作。1994年8月在平定县地税局工作。2008年9月任平定县地税局第一税务所所长。2012年7月任平定县地税局第二税务所所长。2016年9月任平定县地税局锁簧税务所所长。2017年12月任阳泉市矿区地税局党组成员、纪检组长。

2008年，被评为山西省煤炭基金征收先进个人。2008年、2009年，两次荣立阳泉市二等功。2010年，被评为阳泉市十大优秀青年。2008年，被评为山西省地税局先进个人。2012年，被评为全省煤炭可持续发展基金征收管理工作先进个人。

赵清

赵　清　女，汉族，1975年2月生，山西盂县人。1997年10月参加工作。2000年7月加入中国共产党。太原重型机械学院毕业，大学本科学历，公共管理硕士学位。1997年10月在盂县地税局工作。2003年1月任阳泉市矿区地税局监察室主任。2010年8月任阳泉市矿区地税局副主任科员。2012年7月任阳泉市地税局办公室副主任。2017年12月任阳泉市地税局离退休工作科科长。

创作的《桃河河畔党旗红》获全市优秀编辑奖。论文《围绕“科技加管理”积极探索新形势下信用纳税的新模式》获第五届全省地税系统税务统计分析优秀奖。《加强行政效能构建和谐地税》获全省地税系统征文三等奖。

赵睿

赵　睿　男，汉族，1975年12月生，山西平遥人。1997年10月参加工作。2012年6月加入中国共产党。大学本科学历，山西财经大学公共管理硕士学位。1997年10月在阳泉市地税局经济技术开发区分局工作。2010年8月任阳泉市地税局直属五分局税政科副科长。2013年5月任阳泉市地税局直属二分局税政科科长。2014年10月任阳泉市郊区地税局党组成员、副局长、主任科员。2016年9月任阳泉市矿区地税局党组成员、副局长、主任科员。

2003年，在全省地税系统“一法一则”考试中成绩显著。2010年，被阳泉市地税局荣记三等功。

李国庆

李国庆　男，汉族，1976年10月生，山西平定县人。1997年7月参加工作。2004年12月加入中国共产党。大学本科学历，学士学位，会计师，注册税务师。1997年7月起先后在第二分局、征收一分局、直属三分局工作。2008年9月在阳泉市地税局政策法规科工作。2010年8月任阳泉市城区地税局党组成员、副局长。2013年5月任阳泉市地税局政策法规科科长。2017年12月任阳泉市地税局规费管理科科长。

1999年，被授予市级征管能手称号。2002年、2007年，两次被授予省级业务能手称号。2010年，获“全省业务局长类”第一名。2010年起，被阳泉市地税局荣记三等功3次。

姚江涛　男，汉族，1977年3月生，山西太原人。1998年7月参加工作。2005

年8月加入中国共产党。大学本科学历。1998年7月在阳泉市矿区地税局工作。2003年1月任阳泉市矿区地税局企业管理局副局长。2004年7月任阳泉市矿区地税局第四税务所副所长。2005年1月任阳泉市矿区地税局税政科科长。2008年12月任阳泉市矿区地税局办公室主任。2010年8月任阳泉市矿区地税局副主任科员。2011年9月任阳泉市郊区地税局党组成员、副局长。2014年10月任阳泉市地税局后勤服务中心主任。

姚江涛

2000年，被授予市级业务能手称号。2005年，被授予省级业务能手称号。2007年，荣立山西省二等功。2010年，被阳泉市地税局荣记三等功。

程瑞林 男，汉族，1978年2月生，山西平定县人。1997年10月参加工作。2002年6月加入中国共产党。大学本科学历，公共管理硕士学位，会计师，注册税务师。1997年10月在阳泉市地税局工作。1997年12月起在城区地税局工作，先后任办公室副主任、主任。2008年9月任阳泉市城区地税局第一税务所所长。2011年9月任阳泉市地税局直属五分局综合科副科长（主持工作）。2012年7月任阳泉市地税局直属五分局综合科科长。2017年12月任阳泉市地税局机关党办主任。

程瑞林

2002年、2009年、2015年，3次被授予省级业务能手称号。2006年，被山西省地税局评为优秀信息员。2010年、2016年、2018年，被阳泉市地税局记三等功4次。2015年，被评为全省地税系统“勤奋学习型”党员标兵，被山西省地税局授予税收法规、征管纳服、税务稽查岗位标兵。2016年，入选“总局素质提升115工程—省级业务骨干”和“省局专业人才库”。

王小宏 男，汉族，1979年7月生，山西平定县人。1999年7月参加工作。2005年12月加入中国共产党。大学本科学历。1999年7月在平定县地税局工作。2005年3月起先后任平定县地税局征管股副股长、股长、石门口税务所所长、娘子关税务所所长、直属二分局局长（股级）。2010年8月任平定县地税局直属二分局局长。2014年10月任平定县地税局党组成员、纪检组长。

王小宏

2004年、2009年，先后两次获省级业务能手称号。2006年，被平定县委授予依法治税先进工作者。2010年，被阳泉市地税局荣记个人三等功2次。

2011年，被山西省地税局授予纳税服务工作先进个人称号。

翟敏

翟　敏　女，汉族，1980年9月生，山西平定县人。1999年8月参加工作。2001年6月加入中国共产党。大学本科学历，公共管理硕士学位。1999年8月在平定县地税局工作，先后任税政股股长、人教股股长。2008年9月起在阳泉市地税局工作，先后任政策法规科副科长、人事教育科副科长。2013年5月起先后任阳泉市地税局直属四分局综合科科长、阳泉市地税局离退休人员工作科科长。2017年12月任阳泉市地税局税政二科科长。

2003年，获阳泉市市直机关工委学习“三个代表”重要思想知识竞赛一等奖。2004年，获阳泉市“城信杯”党内法规知识竞赛一等奖。2004年，被授予省级业务能手称号。

牛丽川

牛丽川　男，汉族，1982年3月生，河北元氏人。2005年11月参加工作。2013年7月加入中国共产党。中北大学毕业，大学本科学历，山西财经大学公共管理硕士学位。2005年11月在阳泉市地税局工作。2012年7月任阳泉市城区地税局第一税务所所长。2013年12月任阳泉市城区地税局党组成员、副局长。2017年12月任阳泉市郊区地税局党组成员、副局长。

2014年、2015年、2017年，3次被市地税局评为优秀公务员。

第三章 人物名录

第一节 获省部级表彰个人

获省部级表彰个人人名表

表 4-1

年度	获奖人姓名	获奖人单位	荣誉称号	颁发部门
1999	张千颂	城区地税局	全国税务系统优秀税务工作者	国家税务总局
1999	李海翔	郊区地税局	山西省青年卫士，个人一等功	团省委等单位，省劳动竞赛委员会
2000	翟振华	市地税局	山西省五一劳动奖章	省劳动竞赛委员会
2001	翟振华	市地税局	山西省劳动模范	省委、省政府
2003	李贵忠	市地税局	全国税务系统信息化建设先进工作者	国家税务总局
2005	刘永红	平定县地税局	山西省优秀青年卫士，个人二等功	团省委等单位，省劳动竞赛委员会
2005	赵振林	平定县地税局	山西省优秀青年卫士，个人二等功	团省委等单位，省劳动竞赛委员会
2005	张志勇	市局开发区分局	山西省优秀青年卫士，个人二等功	团省委等单位，省劳动竞赛委员会
2007	程志明	城区地税局	山西省劳动模范	省委、省政府
2007	翟振华	市地税局	个人一等功	省劳动竞赛委员会
2007	赵建宇	市地税局	个人一等功	省劳动竞赛委员会
2007	张晋姝	市地税局	个人一等功	省劳动竞赛委员会
2007	雷志刚	市地税局	个人二等功	省劳动竞赛委员会
2007	王晓英	市局直属一分局	个人二等功	省劳动竞赛委员会
2007	赵　波	市局直属二分局	个人二等功	省劳动竞赛委员会
2007	翟冠华	市局直属三分局	个人二等功	省劳动竞赛委员会
2007	翟双胜	平定县地税局	个人二等功	省劳动竞赛委员会
2007	康有柱	盂县地税局	个人二等功	省劳动竞赛委员会

续表 4–1

年度	获奖人姓名	获奖人单位	荣誉称号	颁发部门
2007	姚江涛	矿区地税局	个人二等功	省劳动竞赛委员会
2007	卢再庆	平定县地税局	山西省优秀青年卫士，个人二等功	团省委等单位，省劳动竞赛委员会
2007	冯招明	郊区地税局	山西省优秀青年卫士，个人二等功	团省委等单位，省劳动竞赛委员会
2008	翟振华	市地税局	个人一等功	省劳动竞赛委员会
2008	赵建宇	市地税局	个人一等功	省劳动竞赛委员会
2008	张晋姝	市地税局	个人一等功	省劳动竞赛委员会
2008	雷志刚	市地税局	个人二等功	省劳动竞赛委员会
2008	宋志刚	市局直属三分局	个人二等功	省劳动竞赛委员会
2008	王庭玉	市局直属二分局	个人二等功	省劳动竞赛委员会
2008	刘文生	郊区地税局	个人二等功	省劳动竞赛委员会
2010	张春光	市地税局	个人一等功	省劳动竞赛委员会
2012	朱宝芳	平定县地税局	全国“三八”红旗手	中华全国妇女联合会
2012	朱宝芳	平定县地税局	全国妇女创先争优先进个人	中华全国妇女联合会
2012	程志明	市地税局	全省就业工作先进个人	省政府
2012	司京梅	市地税局	个人一等功	省劳动竞赛委员会
2012	霍建国	市局直属四分局	个人一等功	省劳动竞赛委员会
2012	张　涌	盂县地税局	个人二等功	省劳动竞赛委员会
2012	付文勇	郊区地税局	个人二等功	省劳动竞赛委员会
2013	翟冠华	城区地税局	山西省五一劳动奖章	省劳动竞赛委员会
2014	陈明泽	市地税局	山西省劳动模范	省委、省政府
2016	田世熙	市地税局	各省（区、市）税务局先进工作者	国家税务总局
2016	郝慧明	市地税局	在“金税三期”工作中表现突出，嘉奖	国家税务总局
2018	刘丽芳	盂县地税局	百佳办税服务厅主任	国家税务总局

第二节 获厅级表彰个人

一、省人社厅授予的荣誉

省人社厅、省国税局、省地税局授予的全省税务系统先进工作者

2001 年 李建全

2005 年 程志明

2014 年 霍建国

省人社厅、省国税局、省地税局授予的全省税务系统先进工作者、并记二等功

2009 年 穆世斌

省人社厅、省地税局授予的全省地税系统先进工作者、并记三等功

2017 年 史庆生 吕可勤 崔新平 王 勇

二、省文明委授予的荣誉

2006—2007 年度精神文明建设先进工作者

2008 年 郭计才

2008—2009 年度精神文明建设先进工作者

2010 年 张春光 穆世斌

2012—2013 年度精神文明建设先进工作者

2014 年 耿建明

山西省文明和谐行业创建活动先进个人

2007 年 杨慧田

三、省妇联授予的荣誉

“三八”红旗手

2007 年 冯彩云

2011 年　朱宝芳

“三八”红旗手、十行百优妇女

2001 年　仇怀秀

2005 年　张润华

四、省青年文明号活动组委会授予的荣誉

团省委、省劳动厅、省地税局授予的优秀青工

1994 年　姬兆军

青年文明号优秀号长

2001 年　刘永红

2003 年　翟冠华

2007 年　葛树森

山西省青年文明号活动先进工作者

2007 年　郭敏建

五、省委办公厅授予的荣誉

1999 年度优秀信息员

1999 年　赵书传

六、省见义勇为协会授予的荣誉

山西省第七次见义勇为二等奖

2007 年　杨慧田

七、省地税局授予的荣誉

全省地税系统先进工作者

1995 年　王志军　孟建国　郗建光　姬兆军　光全员

1996 年　李晋武　安　清　李建全

1997 年　姚忠信

全省地税系统优秀税务工作者

1998 年　赵　波

1999 年　韩拉贵

2000 年　李建全

2001 年　李如岗　何　江

2002 年　岳昱清　韩月明　李建全

2003 年　翟冠华　宋志刚

2004 年　程志明　曹　涛

2005 年　霍建国　王庭玉

全省地税系统 2006—2007 年度精神文明建设先进工作者

2008 年　赵永华　聂富祥

全省地税系统 2008—2009 年度精神文明建设先进工作者

2010 年　连智平　穆世斌

我身边的好税官

2012 年　张　涌

个体税收“十亿攻坚”先进个人

1999 年　姚培祥　穆世斌　李建全　李惠平　侯建旭

农业税收工作先进个人

1999 年　张良英　郭向东　尹再存　高　娟　王晓玲　杨志光

全省地税系统信息化建设先进工作者

2007 年　唐建国　郭利明　郭　利　张　琪　荆军红　李春红

全省地税系统纪检监察先进工作者

2007 年　张千颂　仇慧琴

2010 年　王淑蔚　郭真祥

全省地税系统创建省级文明和谐行业先进工作者

2007 年　聂富祥　杨慧田

全省地税系统十佳税务所所长，并荣记三等功

2007—2008 年度　张学民

2009—2010 年度　赵文华

全省地税系统十佳办税服务厅主任，并荣记三等功

2007—2008 年度　李　敏

2009—2010 年度　王海金

2011—2012 年度　赵海红

全省地税系统煤炭可持续发展基金征收管理工作先进个人

2008 年度　赵建宇　张晋姝　雷志刚　张彦庆　穆世斌　翟双胜　董巧全　卢再庆　高　飞　霍建国　康有柱　赵建忠　赵文华　张学民　张宏斌　聂富祥　梁志林　吕爱英　张　钧　程志明　张　涌　冯志斌　宋志刚　田秀珍　牛战平　檀晓辉　王金枝

2009 年度　翟振华　赵建宇　张晋姝　雷志刚　张彦庆　付文勇　王贵平　杨慧田　李　顺　杨继平　霍建国　康有柱　韩志扬　赵文华　张学民　李玉晶　聂富祥　梁志林　张　钧　刘文生　程志明　张　涌　岳昱清　宋志刚　田秀珍　牛战平　张爱田　王金枝

2010 年度　翟振华　陈明泽　张千颂　李巨荣　程志明　赵建宇　张春光　张晋姝　张彦庆　潘艳华　王庭玉　宋志刚　姬兆军　王金枝　翟冠华　张志勇　岳昱清　穆世斌　郭真祥　董巧全　张　涌　康有柱　李玉晶　杨润英　付文勇　吕爱英　张　惠　李惠平

2011 年度　陈明泽　张　旋　李巨荣　程志明　雷志刚　李健全　秦　峰　赵建宇　张春光　张千颂　张晋姝　张彦庆　李丽娜　董巧全　高　飞　张　涌　郭计才　王红梅　宋志刚　姬兆军　王金枝　霍建国　梁志林　张　钧　王庭玉　岳昱清　李惠平

林业建设基金征管工作先进工作者

1999 年度　司京梅

水资源补偿费征缴先进个人

1999 年　翟振华　王海云　司京梅　葛秉田　张　钧　刘秋喜　张慧光

2001 年　司京梅　李建印

2002 年　司京梅　付文勇

2003 年　司京梅　付文勇　郭俊才　韩月明　柴林义　石其慧　冯招明　檀晓辉

省财政厅、林业厅、地税局授予的育林费征收先进个人

2002 年　李文宝

八、省地税系统党建工作领导组授予的荣誉

党组抓党建先进个人

2004 年　葛树森　王　刚

2005 年　霍建国　王　刚

2006 年　张志勇　王守庆

2008 年　许彦平　王　刚

党建工作先进个人

2011 年　王　刚

2013 年　耿建明

全省地税系统优秀党务工作者

2016 年　史庆生

2017 年　秦　峰

优秀县（区）局党组书记

2003 年　韩月明

优秀总支书记

2003 年　张春光

优秀党支部书记

2003 年　程志明　王庭玉

优秀税务所支部书记

2003 年　张志新　康有柱

优秀共产党员

2005 年　岳昱清　闫　林

2006 年　韩静涛　聂富祥

2008 年　穆世斌　李建全

2011 年　李建全　武海珍

2013 年　张志勇　王志军

2016 年　张海涛

2017 年　田世熙　武海珍　赵宏志

全省地税系统“勤奋学习型党员标兵”

2015 年　程瑞林

2016 年　王继莲

全省地税系统“优质服务型党员标兵”

2015 年　刘　妍

2016 年　赵重亮

全省地税系统“勇于创新型党员标兵”

2015 年　张来明

2016 年　郗　涛

全省地税系统“转型跨越杯”优质服务先进个人

2012 年　郝宪东

2010—2012 年全省地税系统创先争优工作先进个人

2012 年　周丽霞

九、其他厅局授予的荣誉

省文化事业建设费征收领导组授予文化事业建设费征管工作先进个人

1999 年　张晋姝

2001 年　张晋姝　安　清

2002 年　徐子健　郭爱军

2003 年　刘惠平

省河道费管理费征收先进个人

2001 年　李如岗

省人民政府价格调节基金管理领导委员会授予的全省价格调节基金征收先进个人

2006 年　赵建宇　张晋姝　雷志刚　岳军青

省财政厅授予的山西省行政事业单位资产清查竞赛一等奖

2008 年　连智平

省水利厅授予的全省采矿排水水资源费征缴工作先进个人

2013 年　陈明泽　雷志刚　司京梅　郗　涛　郭爱军　李惠平　许润厚　梁志林　张　钧　翟文斌

省政府残疾人工作委员会授予的残疾人就业保障金征收工作先进个人

2013 年　冯彩云　石其慧　程瑞林　李文玲　李瑞芳　张　芸

省第二次全国经济普查领导小组授予的山西省第二次全国经济普查先进个人

2010 年　王　晶

第三节　获市委、市政府表彰个人

阳泉市劳动模范

2001 年　张千颂

2004 年　程志明　张　涌　郗建光

2007 年　穆世斌　曹　涛　郭计才　王燕飞　李飞娥

2010 年　张晋姝　张志勇　韩志扬

阳泉市十佳道德模范

2009 年　杨慧田

为人民服务的好公仆

2001 年　李建全

干部下乡先进个人

2010 年　秦　峰

2011 年　孙爱文

“三八”红旗手

2010 年　司京梅　张　莉　白建峰

信访工作先进个人

2011 年　史庆生

市委授予的优秀党务工作者

2010 年　张春光　聂富祥

2017 年　秦　峰

市委授予的优秀共产党员

2006 年　聂富祥

2008 年　张春光

市委授予的城市环境综合整治活动先进个人

2005 年　郗建光

市委授予的优秀信息员

2001 年　贾海维

2003 年　贾海维

市委授予的阳泉市信息化建设先进个人

2005 年　李春红

市委授予的信息工作优秀组织者

2003 年　史庆生

市委授予的 2008—2009 年度全市党委系统优秀督促检查工作者

2008—2009 年度　史庆生

市政府授予的 2011 年度阳泉市创业服务功臣

2011 年度　程凤英

市劳动竞赛委员会授予的阳泉市五一劳动奖章

2012 年　穆世斌

2017 年　陈友福

立功人员

个人一等功

2003 年　程志明

2008 年　张志勇　李建全　薛志亮　王　荣　岳昱清　张　涌　程志明　梁志林　霍建国　穆世斌

2009 年　杨慧田

个人二等功

2003 年　张春光　聂富祥

2004 年　董吉文

2008 年　郑　娟　张怀庆　姬兆军　王金枝　穆志华　王晓英　武改瑞　王计平　边进龙　张彦庆　翟文斌　曹　涛　陆　伟　周金良　韩长红　王爱莲　姜志强　段栋章　李建明　荣有奇　李玉晶　韩俊福　康有柱　许建喜　卢再庆　董巧全　高　飞

个人三等功

2002 年　李　敏

第四节 省级业务能手

省级征管能手

1995 年 王志军 边进龙 王金海 宋利军

1997 年 张洲明 王 兵 吴月军

1999 年 郝慧明

省级业务能手

2002 年 雷志刚 李国庆 王继莲 程瑞林 张来明 冯招明 胡铁军

2004 年 王小宏 赵文华 翟 敏 郗 涛 石俊华 王丽莉 张彦庆

2005 年 李 畅 薛志亮 曹海霞 郑方炜 韩长红 戴瑞春 王军梅 刘鑫涛 姚江涛

2007 年 岳军青 赵志成 张来明 武海珍 杜鹏敏 刘丽芳 李瑞芳 李国庆

2009 年 程瑞林 王继莲 韩志强 王小宏 陈贵涛 卢钢春 刘守宙 张 惠 白国文

2011 年 刘丽芳 郗 涛 穆志华 雷志刚 张 哲 王德生 张 芸 李 征 郭晓华

2013 年 王贵平 王玉花 史静赟 田 斌 岳军青 王军梅 韩长红 程海耀 翟延明

2015 年 王继莲 程瑞林 杨志隆 李彦晒 王庆玮 李鹏飞 张 芸 周效林 常小鑫 王 芳 韩晓燕 翟 亭 侯志明 王瑜丹 王雯琦 李江江

2017 年 岳利强 荆 玏 王卫东 苏 桥 李向东 王 波

第五节 市级业务能手

市级征管能手

1996 年 宋利军 边进龙 王金海 王志军

1997 年 张州明 冯招明 王春燕 吴月军 王 兵

1999 年 郭晓华 高 娟 周丽霞 程瑞林 梁逢煜 郭爱军 韩静涛 郝慧明 刘鑫涛 李国庆 胡铁军 赵文华 李瑞芳 田 斌 王军梅 韩志强 崔周平 雷志刚 王爱莲

市级业务能手

2001 年	翟敏	田静	穆世斌	李计明	张来明	郄涛	王继莲	赵志成
	穆琛莹	陆伟	赵睿	戴瑞春	王小宏	刘秀清	姚江涛	
2005 年	李畅	刘守宙	薛志亮	曹海霞	岳山	陈贵涛	郑方炜	程常青
	张芸	武海珍	程海耀	韩长红				
2007 年	杜鹏敏	刘丽芳	岳军青	卢钢春	穆志华	张惠	王芳	康富兴
	张海涛	翟美荣	翟延明	王贵平				
2009 年	白国文	王德生	刘晓军	葛永玲	岳丽琴	李有芳	李征	郝瑞丽
	岳艳梅	张哲	武慧	刘莎				
2011 年	王玉花	田有金	李彦昞	闫振江	孙瑞芳	周效林	高海涛	张志岗
	李江江	张晓金	王晓琴	闫晓春				
2013 年	史静赟	杨志隆	王雯琦	吴燕婷	李鹏飞	常小鑫	郭霞	苏桥
	荆夏华	赵素民	李丽	郝宪东				
2015 年	王庆玮	韩晓燕	翟亭	侯志明	王瑜丹	杨静	王小瑄	李向东
	杜佳音	荆玏	韩国平	贾磊刚	刘家曦	张滢	张素钢	李小龙
	卜秀婷	吴怡娴	张圣霖	朱伟杰				
2017 年	岳利强	王卫东	王波	李冉	吕伟	冯治广	李鱼峰	张文燕
	李勇超	杜兰洁	史雪娇	翟转转				

附录

一、文稿选录

阳泉市地方税务局隆重召开成立大会

1994 年 8 月 8 日，阳泉市地方税务局隆重召开成立大会和挂牌仪式。市委副书记、市长薄应贤，市委副书记梁志祥，市委常委、常务副市长赵迪南，市政协主席李希曾，市人大副主任杨宝国，以及市委办公厅、组织部、市政府办公厅、市财委、市经委、市计委、市财政局、市审计局、市国税局、市法院、市检察院、市公安局、市工商局、市人事局、市国有资产管理局、市人行和各专业银行、市保险公司等单位领导应邀参加了大会。省国税局、省地税局发来了贺电。市财委主任马玉隆主持了大会。赵迪南副市长宣读了省国税局、省地税局联合发来的贺电，宣布了省地税局对市地税局领导班子的任职通知。薄应贤市长发表了热情洋溢的讲话。市国税局局长延宗周、市地税局局长张耀华讲了话。在欢乐的掌声和鞭炮声中，市长薄应贤和市委副书记梁志祥为阳泉市地方税务局牌匾揭幕。会议气氛隆重热烈。

薄应贤市长在讲话中说，实行分税制财政体制和组建两个税务机构，是党中央、国务院的重大决策，对于建立中央税权和地方税权体系，加强国家宏观调控、充分调动中央和地方两个积极性、保证财政收入稳定增长具有重要意义。特别是地方税务局成立，将直接关系到我市财政收入的稳定增长和国民经济持续、高速、健康发展。

他殷切希望市地税局要与市国税局互相支持、互相配合、努力工作，共同为阳泉经济的发展做出新贡献。

（原载《阳泉地税简报》1994 年第 1 期）

总结经验　发扬成绩　坚定信心　再鼓干劲
为完成 1995 年的各项地税工作任务而奋斗

——在全市地税系统 1994 年度总结表彰大会上的讲话（节选）

张耀华

（1995 年 2 月 24 日）

1994 年是我国实行分税制财政体制的第一年，是我国税收史上极不平凡的一年，税收工作改革力度之大，涉及范围之广，各种情况之复杂，工作任务之繁重都是建国以来少有的。我市各级地税部门自组建以来，在市委、市政府和省地方税务局的正确领导下，在各级、各部门及社会各界的大力支持配合下，克服组建初期的重重困难，面对艰巨的税收任务，勇挑重担，忘我工作，完成了各项工作任务，取得了可喜的成绩。概括起来，主要做了以下几个方面的工作：

1. 大力组织收入，超额完成了各项税收任务。1994 年，全市地税系统共组织各项收入 25653.9 万元。其中，完成工商税收 18112.3 万元，占年计划的 102.10%，超收 372.3 万元，比上年同期增长 38.23%，增收 5008.9 万元；完成农业四税 1472 万元，占年计划的 108%，超收 109 万元，完成水资源补偿费 2660 万元。

全市各级地税部门自去年 5 月份组建以来，面对收入进度缓慢、企业资金紧张和人员少、任务重、征管范围广而难度大等重重困难，发扬勇挑重担、连续作战的作风，千方百计抓收入。市、县、所三级层层签订了工作目标责任书，将税收任务落实到人，明确目标、严格奖惩；认真组织开展了个体运输、房屋出租、投调税、营业税、个人所得税等专项检查和财税物大检查，以查促收，以查促管，以查堵漏；大力抓好清理欠税工作，层层制定了清欠计划，落实了清欠任务，从严控制税款缓缴审批，强化银行扣缴，促进了欠税清理；积极转换观念，狠抓薄弱环节，强化了对个体收的征收管理，调整了税收定额，完善了代扣代缴，加强了源泉控管，减少了税款流失；增强了执法力度，严厉打击了偷抗税行为，查处了两起偷税大案，追回税款 30 多万元；广泛开展了促产增收活动，发动税务干部帮助企业融通资金，推销产品，提供信息，改善管理，提高了效益，培植了税源；加强了征管基础建设，重新换发了税务登记证，完成了公路运输货票的控管工作，调整了公路交通运输定额，开展了非国有经济税源普查，建立健全了协护税网络，清理了漏管户，健全了征管资料，加强了税收收入进度的跟踪分析工作，为确保税收任务的全面完成奠定了良好的基础。

2. 积极稳妥地完成了两套税务机构分设和地税局的组建工作。我市的两套税务机构分设和地税局组建从去年5月初开始到7月底结束，在短短两个多月时间里，完成了市县两级地税机构领导班子的考察组建，人员分流，办公地址的落实，临时机构的设立，征管资料、管户的交接，等等。到7月底，实现了市政府要求的人员、机构、办公地址、征管对象、征管任务、征管措施“六到位”。市地税局于8月8日正式成立，各县区局、分局也分别于8月9日、10日正式成立。

3. 认真贯彻落实新税制，保证新税制的顺利实施。为了保证新税制的顺利实施，我市税务部门从1993年年底就开始了实施新税制的各项准备工作，成立了税制改革领导组和办事机构，动员全市各级税务干部开展了多种形式的新税法宣传教育活动，增强了社会各界对新税制的理解，消除了社会各界对新税制的一些误导现象；广泛深入地开展了对新税制的学习培训工作，组织力量就新税制实施对我市经济发展的影响进行了广泛的调查研究；认真开展了对新税制运行情况的跟踪监控，做好新旧税制的衔接，保证了税款的收缴入库。经过一年的磨合之后，已步入正常运行轨道。新税制在加强宏观调控，规范分配行为，促进经济发展，增加财政收入等方面的作用正在逐逐渐显示出来。

与此同时，我们还加强了领导班子建设、干部队伍建设和党的基层组织建设，开展了以“创文明岗位，做优秀青工”为内容的文明竞赛活动；建立健全了一系列的规章制度，保证了各项工作的有序进行；在各级财政的支持下，力所能及地进行了一些基础设施的建设，为正常工作提供了必需的条件。

在过去的一年中，为了圆满完成各项地税工作任务，广大地税干部付出了大量的心血和汗水，涌现出了一批先进集体和先进个人。经过全市各级地税部门自下而上的认真评选，共评出出席全市地税系统的先进单位5个、先进集体16个、先进工作者45名。今天，我们把他们请到这里用用会议的形式来表彰他们，号召全市地税干部向他们学习，在全市地税系统形成一个学先进、赶先进、争做贡献的热潮。

1995年，省委、省政府提出了打好“四大战役”、实现“五个一工程”的宏伟目标，其中全省可用财力达到100亿元是我们财税部门义不容辞的职责。市委、市政府提出了实现“111314”工程的奋斗目标，对全市财税部门提出了更高的要求，我们必须以更高昂的战斗姿态和更顽强的战斗精神来迎接新的挑战。1995年我市地税工作的指导思想是：以党的十三届三中、四中全会精神为指导，壮大地方税源，推进地方税制改革，强化依法治税，把工作中心转移到征管，转移到基层，转移到干部队伍的建设，确保地方税收任务的圆满完成，为促进国民经济持续、快速、健康发展做出新的贡献。在工作思路上，概括为“围统一个中心，抓住两个重点，加强三项建设，开展四个教育，搞好五项活动”，即以组织收入为中心，以强化征管和队伍建设为重点，搞好制度、机构、后勤保障三项基础建设；开展税法宣传教育、爱国主义教育、反腐倡廉教育和职业道德教育，组织开展“四比四看”（比学习，看成绩；比思想，看行动；比作风，看纪律；比工作，看贡献）竞赛活动，岗位练兵活动，促产增收活动，打击偷抗税活动，依法纳税先进单位竞赛活动。具体来讲，要着重抓好以下几项工作：

1. 统一思想、转换观念、坚决完成今年地税收入任务。在春节前的全市财税工作会议上，市局已将今年的税收任务分解下达各基层局，并签订了工作目标责任书。今年的税收任务很艰巨，省局给我们下达了两本账，市委、市政府又给我们下达了两本账，一本考核账，一本奋斗账。对此，全市地税部门和地税干部必须统一思想，形成共识。既要清醒认识今年收入任务的艰巨性，又要充分认识完成任务的可能性，树立起必胜的信心和勇气，把注意力集中到加强征管和挖掘潜力上来，发扬勇挑重担的精神，把收入组织上来。具体工作要从八个方面来抓：一是抓班子，加强对组织收入的领导。二是抓落实，建立完善工作目标责任制，将税收任务落实到人。三是抓重点，建立稽查机构，充实稽查力量，开展全方位的纳税检查。四是抓难点，采取有效措施，大力清理欠税，防止出现新的拖欠。按照省局要求，一季度重点要将去年欠缴的水资源偿费全部收缴入库。五是抓弱点，加强对零散个体税收的征管，堵塞跑冒滴漏，加强源泉控管，减少税款流失。六是抓案件查处，增强执法力度，严厉打击偷抗税行为，保证税款应收尽收。七是抓基础，健全征管资料，强化纳税申报，加强发票管理、报表统计等基础性工作。八是抓税源建设，广泛开展促产增收活动，培植税源，为税收增长奠定基础。

2. 推进地方税制改革，进一步巩固和完善新税制。要对去年新税制的运行情况进行一次全面检查，纠正和解决执行中存在的问题。要做好即将出台的地方税种的调查测算工作，组织好对新出台地方税种的宣传培训工作；要积极开展以纳税申报、税务代理、税务稽查为核心的征管改革的探索，并力争取得新的突破。

3. 加强干部队伍建设，提高干部队伍素质。在干部队伍建设上要强调两个字：一个是“严”，一个是“实”。“严”就是要严明纪律、严格要求、严格管理；“实”就是要求真务实，切忌形式主义，办实事，求实效。努力改进服务态度和服务质量，提高办事效率，为广大纳税人服务好。要开展好争创文明税务所和征管达标竞赛活动，争当文明单位，争创一流业绩。

4. 狠抓基础建设。一是要按照省局的要求积极稳妥地搞好机构设置和人员充实工作；二是要继续加强制度建设，推动各项工作进一步向规范化、制度化迈进；三是要坚持少花钱、多办事的原则，加强基础设施的建设，不断改善干部、职工的工作和生活条件。

对优化地方财政收入结构的思考

翟振华

（2008 年 8 月）

“十五”计划时期，阳泉市经济、税收、财政收入呈现出发展步伐不断加快、收入形势持续向好、收入规模不断扩大的良好发展态势。但是，我们在关注经济、税收、财政收入总量的同时，也应该清醒地看到，阳泉市经济税源结构性矛盾仍然比较突出，财政总收入中一般预算收入所占比重偏低，一般预算收入的增长相对于经济、税收和财政总收入的增长而言仍然比较缓慢，发展后劲不足的现状仍未根本改观，一般预算收入占财政总收入比重呈下降趋势。因此，我们应该紧紧抓住全国宏观经济持续稳定增长和宏观经济运行环境持续改善的有利时机，采取对策，乘势而上，加大经济结构调整力度，积极培植地方财源，在财政总收入不断增加的同时，努力增加地方级财政收入。

一、“十五”计划时期阳泉市经济、税收和财政总收入发展概况

“十五”计划时期阳泉市经济、税收和财政总收入增长迅猛，均实现了历史性的突破，税收作为财政收入主要来源的职能作用充分发挥。

1.“十五”计划时期阳泉市经济持续、快速、健康发展，经济规模实现了历史性跨越。全市生产总值从“九五”计划末期的 98.09 亿元跃升到“十五”计划末期的 200.3 亿元，收入规模翻了一番。“十五”计划期间累计实现生产总值 731.13 亿元，按现价年均递增 15.35%。

2.“十五”计划时期阳泉市税收规模增长幅度高于经济规模增长幅度，税收超经济增长，宏观税负进一步提高。在经济快速增长的拉动下，全市税收进入新一轮的快速增长期，税收收入连续突破 20 亿元和 30 亿元大关，从“九五”计划末期的 10.23 亿元增长到“十五”计划末期的 34.99 亿元，收入规模增长了 2.42 倍。“十五”计划期间阳泉市税收累计完成 110.94 亿元，年均递增 27.87%，税收与经济增长弹性系数达到 1.82。

“十五”计划时期阳泉市宏观税负升幅加快。“十五”计划时期全市宏观税负逐年快速攀升，各年的税负水平分别为 13.09%、13.63%、14.16%、15.68%、17.47%，五年全市平均税负为 15.17%，“十五”计划末期的税负水平比“九五”计划末期的税负

水平（10.43%）上升了 7.04 个百分点，上升幅度达 67.5%。

3. 阳泉市财政总收入在全市税收的积极支持下，也实现了跨越式增长。财政总收入规模从“九五”计划末期的 10.97 亿元增长到“十五”计划末期的 37.12 亿元，收入规模增长了 2.39 倍，“十五”计划期间累计完成财政总收入 115.86 亿元，年均递增 27.62%。

税收作为阳泉市财政总收入的主要来源，所占比重越来越高、贡献也越来越大，税收的职能作用充分发挥。“十五”计划期间，全市税收占全市财政总收入的平均比重为 95.76%，比全省平均比重 91.74% 高 4.02 个百分点，比全国平均比重 93.99% 高 1.77 个百分点。全市税收对全市财政总收入的增长贡献达 94.65%。

尽管“十五”计划时期阳泉市经济、税收和财政总收入呈现出良好的发展态势，但是作为地方可用财力主要来源的全市财政一般预算收入却没有实现与财政总收入的同步增长，一般预算收入占财政总收入的比重逐年下降。“十五”计划时期全市财政一般预算收入累计完成 40.32 亿元，年均增速 21.69%，比全市财政总收入的年均增速 27.62% 低 5.93 个百分点；占全市财政总收入的平均比重为 34.80%，比“九五”计划时期的平均比重 44.76% 下降了近 10 个百分点，从“九五”计划末期的 44.18% 下降到“十五”计划末期的 34.82%。在现行分税制的财政收入体制下，地方财政一般预算收入是地方财政可用财力增长的主要来源，地方财政一般预算收入占财政总收入的比重下降，不利于地方财政优化收支结构以及保障地方经济和社会各项事业的快速发展。因此，深入分析造成地方财政一般预算收入比重下降的原因，积极探索优化地方财政收入结构的途径，成为摆在我们面前紧迫而重要的课题。

二、“十五”计划时期，阳泉市财政一般预算收入占全市财政总收入比重下降的主要原因

（一）在现行税制和财政体制下，中央和地方共享税种收入比重大、增长快，地方固定税种收入比重小、增长慢，市县一般预算收入增长缺少财税制度的积极支持

我国现行税制和财政体制规定了主体税种（增值税）和有增长潜力的税种（所得税）为中央和地方共享税种，且中央分享比例高，地方分享比例低。我国税制结构以增值税为主体，而增值税收入的 75% 为中央级收入。近几年企业所得税快速增长取代营业税而成为第二大税种，而企业所得税收入的 60% 为中央级收入；个人所得税是近年来增长最快的税种之一，个人所得税收入的 60% 为中央级收入。同时，省财政

在2002年也把营业税、资源税、土地使用税的全部收入以及增值税和两个所得税留地方的部分按省分享35%、市县分享65%进行了改革。这样，增值税的收入就成了中央级75%、省级8.75%、市县级16.25%；企业所得税和个人所得税的收入就成了中央级60%、省级14%、市县级26%；营业税、资源税和土地使用税的收入就成了省级35%、市县级65%。自此全市税收中有增长潜力的主要税种均改为中央、省、市县共享税种，中央和省拿走了收入的大头，留给市县的收入很小，这直接导致了主体税种和有增长潜力的税种主要提供上级财政收入，市县财政收入的绝对额虽然也在增加，但比重在逐渐下降。

1.“十五”计划时期，全市税收的快速增长主要体现在中央和地方共享税种的收入增长导致中央和省级收入增长快于市县级收入。

“十五”计划期间，经济发展对税收的拉动作用主要体现在增值税和两个所得税上。三个税种五年累计收入809409万元，收入规模从“九五”计划末期的72986万元增长到“十五”计划末期的281746万元，翻了近两番，年均递增31.02%，比全市税收的年均增速高3.15个百分点。占全市税收的比重从“九五”计划末期的71.31%提高到“十五”计划末期的80.52%，提高了9.21个百分点。三个税种对“十五”计划期间全市税收的增长贡献达到84.32%。其中，增值税收入规模从“九五”计划末期的63425万元提高到“十五”计划末期的231703万元，占全市税收的比重从61.97%提高到66.22%；企业所得税迅速成长为全市税收的第二大税种，收入规模从“九五”计划末期的4143万元提高到“十五”计划末期的32514万元，年均增长50.99%，占全市税收的比重从4.05%提高到9.29%；个人所得税收入规模从“九五”计划末期的3461万元提高到“十五”计划末期的12425万元（不含个人储蓄存款利息个人所得税），年均增长29.13%。但是增值税的83.75%、两个所得税的74%为中央和省级收入，留给阳泉市财政的收入却只有增值税的16.25%和所得税的26%。

2.在我省的财政收入体制下，原属于市县固定收入税种的营业税、资源税、土地使用税也实行了省和市县分享，这进一步影响了市县一般预算收入的增长速度。

在2002年我省进行的财政收入体制改革中，省财政除参与增值税和两个所得税地方收入分享外，还把地方税收中主要税种营业税、资源税、土地使用税三个税种改为省分享35%、市县分享65%。而且在阳泉市的金融、保险企业缴纳的营业税绝大部分由省汇总缴纳，为省级收入。

一方面，营业税和资源税是阳泉市除增值税和所得税外最大的两个税种，收入基数大、税源稳定、在地方税收中所占比重高，另外资源税和土地使用税还有因税额调高而大幅度增加的因素，而且资源税与阳泉市煤炭资源息息相关，具有重要的财政意义。省财政参与这三个税种特别是营业税和资源税的分享，无疑进一步减弱了税收增长对市县级财政一般预算收入的拉动作用。“十五”计划期间资源税年均增长33.58%，比全市税收平均增速快5.71个百分点。资源税快速增长的主原因是2004年7月1日起煤炭资源税税额从1.6元提高到3.2元，加之煤炭产量快速攀升，促进了资源税的增长；土地使用税理论上讲，也属收入规模相对固定的税种，但也由于计税土地等级和单位税额调整的原因，也保持了17.6%的增长速度。

另一方面，在营业税、资源税、土地使用税三个税种的收入中，市县级分享比例高，加快这三个税种的发展对增加市县级财政收入仍具有重要意义。但是，“十五”计划期间，由于受营业税增长滞后的影响，这三个税种增长却相对较慢。五年三个税种累计收入133399万元，年均增长18.94%，比全市税收平均增长速度低8.93个百分点，比中央与地方共享的增值税和两个所得税收入增长速度低12.08个百分点，占全市税收的比重从“九五”计划末期的17.96%下降到“十五”计划末期的12.50%，降低了5.46个百分点。营业税则由于金融保险业税率由8%降到5%、信用社营业税税率由5%降到3%以及2003年以来国家出台的一系列优惠政策等政策因素和阳泉市第三产业发展相对不足，导致营业税增长较低，“十五”计划期间营业税年均增长13.41%，比全市税收平均增长速度低14.46个百分点。市县分享比例高的税种发展明显慢于全市税收增长速度，导致市县级收入比重逐年下降。

3. 除中央和省与市县共享税种外，市县级固定收入税种不仅规模小，而且增长慢。

市县级固定收入税种如房产税、印花税、城市维护建设税、车船使用税、契税、耕地占用税等地方小税，这些税种增加的每一笔收入都构成了市县级一般预算收入，但这些税种大都收入规模不大、增长潜力有限。“十五”计划期间，市县级固定收入税种累计完成84208万元，年均增长18.07%，比全市税收的年均增速低9.8百分点，比中央和地方共享税种年均增速低12.95个百分点，比省和市县共享税种年均增速低0.87个百分点。占全市税收的比重从“九五”计划末期的10.24%降低到“十五”计划末期的6.87%。

这部分税收增长较低的主要原因：

一是部分税种收入规模比较固定。如房产税，一般与应税房产规模扩展直接相关，一般情况下纳税人经营性房产规模不会增长太快。“十五”计划期间，全市房产税增长12.29%，低于全市税收平均增长速度15.58个百分点，比中央和地方共享税种平均增长速度低18.73个百分点，比省和市县共享税种年均增速低3.36个百分点。

二是部分税种停征。如固定资产投资方向调节税、农业税、农业特产税、屠宰税等税种相继停征，这些税种在停征前的收入规模合计每年约2500万元，这也削弱了市县级固定收入税种的增长潜力。

三是市县级固定收入税种中增长比较活跃的税种由于规模小，对市县级收入拉动作用不大。契税、土地增值税等税种收入增长比较活跃，但收入规模较小，对市县级收入拉动作用不大。“十五”计划期间全市契税和土地增值税累计完成7235万元，年均增长55.57%，比“九五”计划末期翻了三番还多，是全市税收中增长最快的税种。但是这两个税种占全市税收的比重仅为0.65%，占全市市县级固定税种收入的比重仅为8.59%，占全市财政一般预算收入的比重仅为1.79%，根本不足以拉动全市财政一般预算收入的增长。

（二）在阳泉市的经济结构下，对市县一般预算收入贡献大的第三产业发展相对不足

1. 阳泉市经济结构以能源原材料为主体，第三产业发展相对不足。

从阳泉市经济结构在全国的水平看。2005年阳泉市生产总值中三次产业的构成为1.8∶57.6∶40.6，全省的构成比例为6.3∶56.3∶37.4，全国的构成比例为12.6∶47.5∶39.9。单从第三产业比重看，阳泉市第三产业比重并不低，还高于全省和全国平均水平。但是与第三产业发展相对较快的城市相比，我们还有一些差距，比如中部六省的城市中（经济普查前数据，比较的年份为2004年），湖南省张家界三次产业构成比例为18.1∶27.1∶54.8，湖南省怀化市三次产业构成比例为22∶29.8∶48.2，湖南省益阳市三次产业构成比例为26.2∶29.2∶44.6，湖南省永州市三次产业构成比例为28.9∶28.5∶42.6，湖南省长沙市三次产业构成比例为9.1∶44.5∶46.4，湖南省湘潭市三次产业构成比例为15.2∶43.2∶41.6，湖北省武汉市三次产业构成比例为5.7∶44.6∶49.7，湖北省神农市三次产业构成比例为18.8∶29.8∶51.4，安徽省黄山市三次产业构成比例为18.8∶35.9∶45.3，河南省郑州市三次产业构成比例为4.6∶53.6∶41.8，山西省太原市三次产业构成比例为2.7∶46.3∶51，山西省忻州市三次产业构成比例为15.2∶38.2∶46.6，山西省大同市三次产业构成比例为5.7∶51.7∶42.6，这些城市的第三产业所占比重均高于阳泉市。

而且，阳泉市的地域小，农业县区少，在全省105个农业县区中阳泉市仅有3个，仅占全省农业县区的2.85%，第一产业比重低是由于阳泉市的地域小而决定的。如果剔除农业，单纯考察第二产业和第三产业之间的构成，阳泉市第二产业和第三产业之比为58.7∶41.3，而全省为60.9∶39.1，全国为54.3∶45.7，阳泉市第三产业比重比全省平均水平高，但低于全国平均水平，与以上第三产发展较快的城市相比，阳泉市的差距则更大。

从以上对比不难看出，阳泉市第三产业发展相对不足，经济发展主要靠资源的拉

动。如，"十五"计划期间，全市煤炭产量从"九五"计划末期的2569万吨翻番到"十五"计划末期的5560万吨，煤炭增加值在产量和价格上涨的双重拉动下翻了两番多，"十五"计划末期煤炭增加值占全市生产总值的比重为38.47%，对全市生产总值的增长贡献率达到60%以上。

2. 阳泉市经济结构反映在税收上，仍然体现了第三产业税收发展滞后。

从"十五"计划期间各产业提供的税收占全市税收的比重看，第一产业提供的税收占0.2%，第二产业提供的税收占76.44%，第三产业提供的税收占23.37%。第二产业提供的税收在全市税收中起主导作用，而且第二产业对全市税收的影响呈加强之势，其比重从2001年的70.91%提高到2005年的79.30%，平均每年提高2个百分点（其余年份为：2002年为71.71%、2003年为76.24%、2004年为78.58%）；同时，第二产业对全市税收的增长贡献达到84.87%，各年税收增收额中第二产业所占比重均大于其占总体税收的比重，导致全市税收发展对第二产业的依赖性越来越强。

各产业税收比重与全国和全省比较看，阳泉市第二产业税收比重高，第三产业税收比重较低。"十五"计划末期阳泉市三次产业税收结构为0∶79.3∶20.7。与全国平均水平相比，同期全国三次产业税收比重为0.02∶59.28∶40.70，阳泉市第二产业税收比重比全国平均水平高20个百分点，而第三产业税收比重则比全国平均水平低20个百分点。与全省平均水平相比，同期全省三次产业税收比重为0∶72.22∶27.78，阳泉市第二产业税收比重比全省平均水平高7个百分点，而第三产业税收比重则比全省平均水平低7个百分点。

3. 现行税制和财政体制确定了第二产业主要提供中央级收入，第三产业主要提供地方级收入，阳泉市第三产业发展相对不足，制约了市县级收入的进一步增长。

与我国财政收入体制和税制结构相对应，不同产业、不同行业对市县一般预算收入的贡献不同。随着国家取消征收农业税和对第一产业发展扶持力度的加大，第一产业基本不提供税收，第二产业和第三产业为税收的主要来源。对市县级财政收入的贡献取决于现行财政收入体制和税制结构与各产业的发展状况。现行的税制是以增值税为核心的流转税和所得税并重的税制结构。所得税的征税范围和税率结构基本不存在行业差别，而流转税中增值税和营业税的征税范围不同、对财政一般预算收入贡献不同，使得不同行业对财政一般预算收入的贡献也不同。

增值税的主要征税范围为工业和商业（含煤炭运销，下同），而占全市税收65%以上的增值税收入中83.75%为中央和省级收入，因此以工业为主的第二产业和第三产业中的商业主要提供中央和省级收入。营业税的主要征税范围为第二产业中的建筑业和第三产业中除商业以外的所有行业，营业税的65%为市县级收入，因此第三产业主要提供市县级一般预算收入。

第二产业（不含建筑业）提供税收情况。“十五”计划期间，阳泉市除建筑业以外的第二产业提供税收累计为815927万元，占全市税收的比重为73.55%。分税种看，除建筑业以外的第二产业主要提供增值税和企业所得税，占到除建筑业以外的第二产业提供税收总量的86.7%，其中增值税占75.55%，企业所得税占11.15%。分收入级次看，中央级收入占64.16%，省级收入占10.61%，市县级一般预算收入占25.23%。

建筑业提供税收情况。“十五”计划期间，阳泉市建筑业提供税收累计为32089万元，占全市税收的比重为2.89%。分税种看，建筑业主要提供营业税，占到建筑业提供税收总量的82.50%。分收入级次看，中央级收入占4.93%，省级收入占30.4%，市县级一般预算收入占64.67%。

商业提供税收情况。“十五”计划期间，阳泉市商业提供税收累计为127132万元，占全市税收的比重为11.46%。分税种看，商业仍主要提供增值税和企业所得税，占到商业提供税收总量的92.41%，其中增值税占84.82%，企业所得税占7.59%。分收入级次看，中央级收入占67.96%，省级收入占8.56%，市县级一般预算收入占23.48%。

除商业以外的第三产业提供税收情况。“十五”计划期间，阳泉市除商业以外的第三产业提供税收累计为132100万元，占全市税收的比重为11.91%。分税种看，除商业以外的第三产业主要提供营业税和企业所得税，占到除商业以外的第三产业提供税收总量的75.74%，其中营业税占46.66%，企业所得税占29.08%。分收入级次看，中央级收入占20.70%，省级收入占22.32%，市县级一般预算收入占56.98%。

除商业以外的第三产业主要提供市县级一般预算收入不仅仅表现在营业税上，而且体现在地税征收的大量地方固定收入税种上。一是营业税的增长可以带动城市维护建设税的较快增长。随着城市发展水平的进一步提高和居民生活水平的进一步改善，城市对第三产业发展需求将迅速加大，因此第三产业的发展空间主要集中在城市。而从工业化进程看，前期工业化发展一般在城市，城市工业渐处于饱和状态，发展空间趋小，后期工业化发展主要在城市以外的地区发展。而现行城建税税率城市为7%、县城（建制镇、工矿区）为5%、其他为1%，因此发展第三产业可以较快地促进城市维护建设税的增长；二是随着房地产业的进一步发展和房产交易市场的进一步活跃，一些带有行业性质而又全部是市县级一般预算收入的税收如契税、土地增值税等也将以较快速度增长。

从以上分析可以看出，“十五”计划时期，由于受财政收入体制和税制以及阳泉市经济结构的影响，使得阳泉市经济发展对全市税收总收入的贡献远大于对税收总收入中市县财政一般预算收入的贡献。

“十五”计划期间，阳泉市百元生产总值提供的市县级一般预算收入增长较慢，没有实现与百元生产总值提供的税收总收入的同步增长。百元生产总值提供的市县级一般预算收入从“九五”计划末期的4.94元提高到“十五”计划末期的6.45元，提高幅度为30.57%。而同期百元生产总值提供的税收总收入从“九五”计划末期的10.43元提高到“十五”计划末期的17.47元，提高幅度达67.5%，也就是说百元生产总值提供的市县级一般预算收入增长幅度不达百元生产总值提供的税收总收入增长幅度的一半。

“十五”计划末期百元生产总值提供的税收比“九五”计划末期提高了7.04元，其中百元生产总值提供的市县级一般预算收入仅比“九五”计划末期提高了1.51元，仅占百元生产总值税收提高部分的21%。也就是说，经济发展、经济效益提高所带来的税收增收效益中有近80%的效益并未转换为市县级一般预算收入，市县级一般预算收入增长缺乏强有力的经济税源支持。

阳泉市百元生产总值提供的市县级一般预算收入增长速度总是滞后于百元生产总值提供的税收总收入增长速度，经济发展对全市税收总收入的贡献远大于对税收总收入中市县级一般预算收入的贡献，造成市县级一般预算收入占财政总收入的比重呈逐渐下降趋势。

三、立足现实，积极探索优化地方财政收入结构的途径

通过上述分析，目前阳泉市优化地方财政收入结构必须以提高地方级财政收入的比重为核心，以经济结构调整为着力点，积极争取税收政策支持，增强经济发展后劲，实现经济发展和地方财政收入持续增长的良性互动。

1. 抓住机遇，多层次、全方位加快第三产业发展。

第三产业的快速发展是生产力提高和社会进步的必然结果。加快发展第三产业，可以促进市场充分发育、提高服务的社会化、专业化水平、增强社会保障能力。从许多国家经济发展的规律看，当经济发展到一定水平时，第三产业的发展速度普遍高于第一、第二产业，对于整个国民经济的发展，将起到明显的促进作用。第三产业占经济总量份额的增加，是产业结构演进的方向，也是产业结构高级化的重要标志之一。第三产业的发展要以第一产业和第二产业为基础，同时第三产业的发展又能够反过来支持第一产业和第二产业的结构调整。发展第三产业，第一可以提升城市服务经济和社会的功能，增强城市承载经济和社会快速发展的能力；第二可以促进经济结构的调整，转变经济增长方式，构筑经济和社会全面、协调、可持续发展的稳固平台；第三

可以增加就业岗位，缓解就业压力，为其他产业的结构调整和整个社会经济发展提供稳定的社会环境；第四可以繁荣地方经济，优化地方财政收入结构。

在现行的财政体制和税制情况下，第三产业发达则三产实现的税收就多，留给地方的收入就多。如，北京、上海、广州、深圳、大连等经济发达地区，第三产业税收大都超过了第二产业税收，或与第二产业税收非常接近，如2004年第三产业税收占税收总额的比重北京市为68.9%、上海市为46.5%、广州市为54.7%、深圳市为56.2%、大连市为49.5%，相应他们的财政一般预算收入就高。从阳泉市的经济结构和所处的地理位置虽不能与上述经济发达地区相比，但是加强经济结构调整、大力发展第三产业无疑是增加市县级一般预算收入最有效和最现实的途径，就是从阳泉未来发展及城市功能的完善和环境的改善上讲，也需要我们调整经济结构、发展第三产业。因此，必须结合阳泉市经济实际，制定第三产业发展的长远规划，促进阳泉市产业结构的整体升级。

一是提高认识，统一规划，宏观管理，政策扶持。第三产业作为国民经济和社会发展的有机组成部分，在国民经济和社会发展中有着不可替代的重要作用。因此，发展第三产业必须在党和政府的正确领导下，依据阳泉市经济和社会建设的发展目标，对重点行业制定较为详尽的发展规划，包括短、中、长期总体规划以及各行业规划，使第三产业有目标、有重点、有步骤地全面协调发展。同时，根据国民经济发展的要求，对第三产业按行业经济活动规律进行指导、组织、协调、监督、服务，有效地实行行业管理。制定有利于第三产业发展的政策，从转变观念、规范行为、适当扶持和增加投入等多个方面加以引导。努力发展各具特色的第三产业，逐步形成一个有地方特色、能够适应多层次需要的第三产业发展格局。

二是加快城市化建设步伐，推动第三产业发展。以“园林城市”和“卫生城市”为目标，加快城市建设步伐，促进第三产业发展。第三产业是以城市经济繁荣发展为特征的、以城镇为基础载体的产业，城市是第三产业的主要载体，城市不发达，第三产业就发展不起来。城市建设要有长远的科学规划，合理布局，要突出新颖，避免功能的重复和浪费。搞好城市绿化，不断完善基础设施，拉开城市框架，使之成为布局合理、交通便利、功能齐全、环境优美、设施完善的经济、政治、文化、科学技术服务和娱乐休闲中心。

三是规范房地产业管理，带动第三产业发展。房地产业的发展既可以刺激投资需求，也可以推动消费需求，还可以带动建筑、建材、化工机械等行业的发展，改善居民的居住条件，推动城市化进程。城市化进程的加快又为第三产业的发展拓展空间。因此要抓住阳泉市旧城区改造和新区建设的机遇，把城市建设规划与第三产业发展规划结合起来，以房地产业为先导，重新布局第三产业网点，健全和完善房地产物业管理，扩大社区服务功能，带动和促进全市第三产业发展。

四是加快农村第三产业发展步伐。农村人口多、地域广，农村第三产业的快速发展有利于加快农业产业化进程，促进农民增收。阳泉市农村第三产业非常薄弱，科技文化、商贸流通、金融保险、各种服务等等，远远不能适应农村经济发展和农民生活水平提高的需要。农村第三产业的发展要以为农业产前、产中、产后服务以及为提高农民素质和生活质量的行业为重点，处理好农工贸的关系，增加农村第三产业的比重，从而促进农村的富余劳动力向第二、第三产业转移，以逐步缩小城乡经济发展的差距。

五是要大办交通，建立快速、通畅的交通网络，提升交通服务水平和货物运送集散能力。阳泉处于晋煤外运的东大门，历来是我省东六县商品物质的运转枢纽和集散地，太旧高速公路和即将建成的高速铁路途经阳泉，有便利的交通条件，充分利用阳泉所处的地理位置和交通优势，大办交通，提升货物和客流的周转速度，以便捷、高效、优质的交通来更好地服务于经济和社会的发展。

六是要建立现代物流体系，加快信息产业发展。建立广泛、系统的物流信息交流平台，提供准确的物流信息，加快货物的流转速度，形成物流产品完整通畅的供应链，为经营者提供多功能、一体化的综合服务。同时，以此来推动信息产业的发展，拓宽信息产业的发展领域和服务领域，提升信息产业对经济发展的服务能力。

七是搞活特色旅游，活跃旅游产业，拓展旅游消费，整合旅游资源，形成完整的旅游链，打造良好的文化和红色旅游品牌。从各地经济发展规律可以看出，旅游业作为极具开发潜力的朝阳产业，投入产出效益高，对区域经济的发展有着“画龙点睛”的效果。阳泉市应以天下第九关娘子关、百团大战纪念碑、盂县藏山古晋文化、近代文化名人石评梅故居、翠枫山自然风景区为旅游链，整合周边旅游景点，建立东到西柏坡、正定，西到晋中庄园和大院文化，南到大寨，北到五台山的旅游网络，形成阳泉境内一条龙服务的旅游线路。

八是搞活商贸，大力发展文化体育娱乐业。加大城市环境整治和改造力度，提高服务业从业人员的整体素质，建立良好的购物、休闲、娱乐、健身和生活环境，形成吃在阳泉、住在阳泉、消费在阳泉、投资在阳泉的良好氛围。

2. 优化第二产业发展，走整体升级和节约能源之路。

一是对阳泉市第二产业发展进行整体战略规划。第二产业作为阳泉市的基础产业，对阳泉市经济发展影响重大。优化第二产业发展，要改变以往高投入、高消耗、粗加工、低效率、扩产能、损环境的状况，不再重蹈粗放生产的老路。要着力提升产业技术水平，转变经济增长方式，发展循环经济，提高资源综合利用效率，加强资源和环境的保护，走第二产业整体升级之路。深入研究阳泉市第二产业现状，组织有关专家对阳泉市第二产业发展方向进行战略论证，在此基础上制定阳泉市第二产业发展的中长期规划，对不适合阳泉市发展的、损害阳泉市生态环境的、耗费能源大的产业要限制或禁止发展，已存在的要逐步淘汰出局。同时，鼓励适合阳泉市发展的高新技术产业，积极支持资源消耗低、成长性优、市场前景好、具有地方特色的产业群形成规模、发展壮大，并建立长远的支持发展政策。

二是坚持以信息化带动工业化，实施“大企业、大项目”战略。以培育辐射性强的大项目为重点，加大重组整合力度，进一步优化资源配置。结合重大项目、关键生产过程的技术改造，加快信息技术的应用，推动经济社会信息化、数字化进程。

三是现有主导产业要走优化和整体升级之路。煤炭行业作为阳泉市主导产业，对阳泉市经济发展做出了巨大贡献，并将对阳泉市今后经济持续发展和产业结构调整产生深远影响。所以，必须重视加强煤炭行业的发展。第一，要增强资源技术含量，最大限度地降低资源开采对生态环境的破坏，提升和发挥主导产品的价值，达到提效增收的目标。第二，要提高煤炭开采效率，加快中小型煤矿的整顿和改造，进行资源整合和资产重组，实现集约化开发经营，推进煤矿采煤工艺改革和技术改造，提高煤炭开采效率，减少煤炭资源浪费，限制过度开采。第三，要积极推进煤炭技术发展。要提高煤炭深加工程度，增强煤炭产品的科技含量和经济价值，发展洗煤、配煤和型煤技术，降低原煤的销售比例，探索煤炭液化、气化产业发展之路，带动以煤炭为基础的新型能源化工产业发展，最大限度地延伸煤炭产业链。第四，要建立资源与环境的良性发展秩序和资源的自我循环和反哺体系。加强资源综合利用，努力扩大煤炭为本地经济服务的效能，探索和建立煤矸石、煤泥、煤层气、矿井排放水以及与煤伴生资源的综合开发利用的有效途径，努力变废为宝，变害为利，最大限度地节约资源，充分发挥资源效能。

四是提高开放水平，创优发展环境。要进一步转变理念、完善制度、制定政策，积极优化投资环境，简化政府审批和办事流转环节，建立良好的经济发展环境。加大对外开放力度，要全方位、多层次、宽领域地推进对外开放程度，更多、更好地引进资金、项目、技术、人才，真正使引进的资金、项目、技术、人才能够落地生根、发展壮大。引导资金流向阳泉急需发展的产业，投向高新技术领域，利用高新技术和先进适用的技术改选传统产业，推进高新技术产业化，提升产业整体技术水平，形成拥有更多自主知识产权的知名品牌，带动阳泉经济的可持续发展，提高阳泉经济的发展水平。

3. 优化税制结构，为地方各项事业的发展提供持续稳定的财政收入。在既定的经济结构下，现行的税制结构和财政收入体制，导致市县级一般预算收入缺乏持续增长的制度保障，其收入不能与经济和税收总收入同步增长。加之，地方可用财力占财政总收入的比重本身偏低，这与地方政府承担的地方经济和社会各项事业发展的绝大部分事权极不相称，与社会各项制度的完善、社会各项事业的进步导致的地方事权扩张速度也不相称。因此，要进一步优化税制结构，建立市县级一般预算收入持续增长的制度保障。

优化税制结构可采取循序渐进的方法进行，目前应着重从以下几方面进行：

一是要合理确定地方税收入规模，有利于地方经济和地方财政收入的持续稳定增长。实施分税制的财政体制改革，其核心是对中央和地方财政收入分配进行调整和规范，目的是在增强中央宏观调控能力的同时，调动和发挥地方培植财源、增加财政收入的积极性。从实际情况看，只有将各级政府的事权与财权统一起来考虑，使财权与事权相对应，才能达到实施分税制的目的。这就要求根据各级政府现有的事权，确定一个能够确保事权实现的收入规模，使地方财政收入能够主要依靠地方税收入，把转移支付更多地用于特定项目而非一般补助上，这是调整税种配置、完善地方税制的基础。

二是合理设置地方税制结构，完善地方税收体系。对地方税制改革的核心是进一步理顺地方税种结构。比如，改革城市维护建设税，改变当前按增值税、营业税、消费税附加形式征收的办法，同时拓展征税范围，扩大收入规模，增加城乡基础设施投入；改革营业税，使营业税能够更好地促进第三产业发展和地方财政收入的增长；进一步完善资源税结构，提高煤炭资源税税额；进一步完善财产税体系，适时开征财产税；开征社会保障税；加快清费立税步伐，尽快改变费挤税、费税错位现象。

三是合理划分地方税收管理权限，有利于地方税收更好地服务于地方财政。应本着统一税法与分级管理相结合的原则，将中央税和共享税的税收立法权和政策解释权集中于中央。对全国统一开征，且对宏观经济影响较大的地方税，由中央制定基本法规和实施办法；对全国统一开征，但对国家宏观经济影响较小的一些地方税，可以在中央制定基本法规的基础上，由地方制定实施细则，并赋予地方适度的税率调整、税收减免等权限。这既符合我国幅员广阔、地区资源分布和经济发展水平差异较大的实际，也便于地方政府有效调控区域资源配置，实现经济和社会效益同步发展。

4. 加大征管力度，进一步加强地方小税种的征收管理。

小税种大多属于地方固定收入，是地方财政收入的重要组成部分，对地方财政收入的稳定增长具有重要的作用。但是地方小税种税源分散、税额小、征收难度大。因此，要针对地方小税种的特点，采取措施，进一步加强小税种的管理：一是加快地方小税种管理的信息化进程。目前，地方小税种信息化程度低，税源管理信息资料不全，不能对地方小税种的税源变化情况进行及时监控。所以，要加大地方小税种信息化建设的投入，使地方小税种的税源信息资料和税收管理都纳入税收征管信息化管理，方便对地方小税种的管理、稽查和税源分析，提高地方小税种的征管效率。二是针对各个地方小税种的特点，制定灵活有效的征收管理办法。如，加强与有关部门的联系和沟通，积极推进委托代征；根据地方小税种的税源特点进行核定征收；加强地方小税种的稽查检查，真正提高地方小税种的纳税人缴纳税款的自觉性和征管效率。三是加大对地方小税种税收政策的宣传力度，使纳税人能够了解和掌握地方小税种税收政策。四是提高对地方小税种征管的重视程度，进一步加强对地方小税种的征收管理。五是充分发挥地方各级政府的职能作用，加强综合协调和配合。地方小税种的管理是一个比较复杂的系统工程，涉及地方各级政府和社会各有关单位、部门的方方面面，单靠税务部门的力量是远远不够的。因此，各级地税部门要紧紧依靠当地党委、政府，进一步加强与公安、检察、法院、国税、工商、审计、国土、金融、保险、房管、社区等部门的配合，综合协调和充分利用社会各方面的力量，建立和完善协税护税网络，形成对地方小税种齐抓共管的合力。

强基固本挖潜力　创新发展求突破

——加强阳泉地方经济税源建设的思考

陈明泽

（2011 年 10 月）

“十一五”规划时期，我市经济和税收均呈快速增长之势，经济和社会发展水平明显提高。尤其是地方税收，增长速度远高于我市经济增长水平、高于全省地税平均增长水平，在全省各市中名列前茅，有力地支持了我市财政收入的稳定增长。“十二五”规划时期，市委、市政府提出了“千亿阳泉，百万新城”的发展目标，我市经济和社会将进入新的发展阶段。本文立足于阳泉经济税源实际，就如何加强阳泉地方经济税源建设，从而更好地服务于全市的转型跨越发展，做一些粗浅的探讨。

一、我市经济和地方税源现状

（一）阳泉经济和税收在全省的位置

任何一个地区的经济发展都会受到地理区位和地理空间、自然资源和自然条件、社会经济技术和政策等因素的制约，阳泉的经济发展也必然会受这些因素的影响。阳泉区域规模在全省 11 个市中最小，全市面积 4570 平方千米，占全省面积的 2.94%；管辖 2 个县、3 个市辖区、1 个省级开发区，占全省行政单位总数的 4.2%；全市人口 136.85 万人，占全省人口总数的 3.83%。阳泉经济规模在全省 11 个市中也排在最后，2009 年全市产业活动单位数为 11260 个，占全省产业活动单位总数的 4.18%；2010 年地区生产总值为 429.4 亿元，占全省生产总值的 4.72%。

税收来源于经济，经济决定税收。阳泉的区域特征以及较小的经济规模，决定了阳泉税收的收入能力，导致财政收入规模在全省的排名靠后。2010 年，全市实现财政总收入 100.2 亿元，占全省财政总收入的 5.53%，收入规模在全省排第 9 位。从地方税收收入情况看，2010 年全市地方税收完成 40.5 亿元，占全省地方税收收入的 6.87%，地方税收规模在全省排第 8 位。我市地方税收和财政收入规模在全省各市的位置比经济总量排名靠前，主要是靠煤炭、建筑等行业拉动实现的。

全省各市主要经济数据对比表

表 1

市名	面积（万平方千米）	人口（万人）	所辖县（市、区）	2009 年产业活动单位（个）	2010 年地区生产总值（亿元）	2010 年财政总收入（亿元）	2010 年地方税收（亿元）	地方税收负担（%）
全　省	15.67	3571.21	85 县 11 市 23 区，24 个开发区	269095	9088.1	1810.7	589.2	6.48
太原市	0.70	420.16	3 县 1 市 6 区，5 个开发区	40098	1778.1	321.9	104.7	5.89
大同市	1.41	331.81	7 县 4 区，1 个开发区	23047	694.3	138.4	44.9	6.46
阳泉市	0.44	136.85	2 县 3 区，1 个开发区	11260	429.4	100.2	40.5	9.43
长治市	1.38	333.46	10 县 1 市 2 区，2 个开发区	30217	920.2	198.0	68.3	7.42
晋城市	0.95	227.92	4 县 1 市 1 区，1 个开发区	21726	730.5	153.2	53.7	7.35
朔州市	1.06	171.49	4 县 2 区，1 个开发区	11857	670.1	132.5	35.0	5.22
忻州市	2.51	306.75	12 县 1 市 1 区，1 个开发区	23198	435.4	90.2	28.9	6.63

续表 1

市名	面积（万平方千米）	人口（万人）	所辖县（市、区）	2009 年产业活动单位（个）	2010 年地区生产总值（亿元）	2010 年财政总收入（亿元）	2010 年地方税收（亿元）	地方税收负担（%）
晋中市	1.64	324.94	9 县 1 市 1 区，3 个开发区	27217	763.8	147.1	52.9	6.92
吕梁市	2.11	372.71	10 县 2 市 1 区，3 个开发区	18370	845.5	196.2	50.3	5.95
临汾市	2.06	431.66	14 县 2 市 1 区，2 个开发区	33860	892.1	106.3	47.0	5.27
运城市	1.41	513.48	10 县 2 市 1 区，4 个开发区	28245	827.0	80.3	25.4	3.07

说明：人口数据来源于第六次人口普查公告；行政区划来源于山西省人民政府网站；产业活动单位来源于统计年鉴 2010；地区生产总值来源于各市统计公报

（二）阳泉的经济税源结构

我市的经济结构以煤为主，煤炭对我市经济发展作用重大。从我市的产业结构看，2010 年全市地区生产总值为 429.4 亿元，其中第一产业、第二产业和第三产业增加值占全市生产总值的比重分别为 1.5%、59.5% 和 39.0%，在第二产业中工业增加值的比重达到 89.21%。工业比重高、贡献大是我省经济运行的共性特征，但是我市工业增加值中煤炭增加值占到 78.4%，比全省平均水平高出近 23 个百分点，这充分体现了我市煤炭带动工业、工业带动第二产业、第二产业拉动全市经济的运行特点。“十一五”规划时期，煤炭对全市工业增加值的增长贡献达到 84.13%，对全市生产总值的增长贡献达到 45.33%，2010 年底煤炭行业职工人数为 11.2 万元，占全市职工总数的 47.86%。煤炭对全市经济社会发展的影响重大。

经济结构决定税源结构，我市地方税收也是以煤为主。“十一五”规划期间，全市地方税收累计完成 1235835 万元，其中，第二产业地方税收累计完成 870391 万元，占地方税收的比重为 70.43%，第三产业地方税收累计完成 365440 万元，占地方税收的比重为 29.57%。第二产业中，工业地方税收累计完成 730239 万元，占第二产业地方税收比重为 83.9%；煤炭地方税收累计完成 663093 万元，占工业地方税收的比重达到 90.8%。煤炭地方税收占全市地方税收的比重为 53.66%，比“十五”计划期间提高了 12.17 个百分点，煤炭行业对全市地方税收的增长贡献达 63.04%，煤炭行业支撑了全市地方税收的持续快速增长，全市地方税收以煤为主的税源特征显著。

"十一五"规划期间阳泉市各项税收分行业完成情况表

表 2　　单位：万元、%

项目	"十五"计划末	"十一五"规划末	年均增长	增长贡献率	"十五"计划合计	平均比重	"十一五"规划合计	平均比重
总计	104839	405048	31.04	100.00	331705	100.00	1235831	100.00
第二产业	70939	298598	33.30	75.83	209873	63.27	870391	70.43
煤炭	50536	239777	36.53	63.04	135679	40.90	663093	53.66
制造业	4796	10222	16.34	1.81	19111	5.76	36667	2.97
电力燃气及水的生产供应	4152	5333	5.13	0.39	21528	6.49	25852	2.09
建筑业	10462	42899	32.61	10.80	32089	9.67	140152	11.34
其他工业	993	367	-18.05	-0.21	1466	0.44	4627	0.37
第三产业	33900	106450	25.72	24.17	121832	36.73	365440	29.57
交通运输仓储邮政业	6200	12882	15.75	2.23	24766	7.47	45665	3.70
批发零售业	4590	23019	38.06	6.14	19831	5.98	67615	5.47
金融保险业	3056	13544	34.68	3.49	9409	2.84	41763	3.38
商务和居民服务业	8238	11217	6.37	0.99	31447	9.48	53702	4.35
房地产业	3255	18436	41.46	5.06	9102	2.74	62968	5.10
其他行业	8561	27352	26.15	6.26	27277	8.22	93727	7.58

说明：按照全国统一统计口径，批发零售业含煤炭及制品批发

（三）近几年地方税收发展状况

"十一五"规划期间，我市地方税收收入规模从 2005 年的 104839 万元提高到 2010 年的 405048 万元，翻了近两番，年均递增 31.04%，比全省地税的平均增幅 24% 高 7.04 个百分点，与我市生产总值年均增速 15.89%（现价）相比，地方税收与经济的增长弹性达 1.95。2010 年地方税收负担达到 9.43%，是全省平均税负的 1.44 倍，我市地方税收的税负水平和增长水平在全省均处于最高位置。

我市地方税收之所以实现快速增长，主要来源于煤炭价格上涨、资产交易和重点工程投资等非生产经营活动所带来的超额税收。

一是煤炭价格上涨贡献大。煤炭价格上涨给企业创造了超额收益，同时也带来了超额税收。"十一五"规划期间，全市煤炭生产规模变化不大，煤炭产量从 2005 年的 5560 万吨增长到 2010 年的 5723 万吨，煤炭生产增长提供的税收有限。而全市煤炭吨煤平均价格从 2005 年的 233 元上涨到 2010 年的 455 元，翻了近一番。按吨煤价格上涨提供 10—15 元的税收和"十一五"规划期间全市煤炭累计产量 2.9 亿吨测算，煤炭价格上涨

提供地方税收约 29 亿元至 44 亿元，对全市地方税收增收贡献约为 32% 至 49%。

二是重点工程投资拉动税收作用明显。“十一五”规划期间，全市固定资产投资累计完成 913 亿元，是“十五”计划期间 203 亿元的 4.5 倍；建筑业和房地产业税收累计完成 20.31 亿元，是“十五”计划期间 4.12 亿元的 4.93 倍，增加了 16.19 亿元。如，石太铁路工程入库税收 12600 万元、金联置业滨河世纪城工程入库税收 8833 万元、阳五高速工程入库税收 4650 万元等。这部分税收对地方税收的增长贡献约为 20%。

三是资产交易助推税收快速增长。主要是阳煤集团转让全资子公司新景矿和开元煤矿，取得转让收入，合计缴纳企业所得税 14 亿元。其中，2009 年 3 亿元，2010 年 11 亿元。这部分税收为一次性收入，对地方税收的增长贡献约为 15%。

二、经济税源发展中存在的问题

（一）区域规模性制约因素渐显，经济税源增长能力受限

税收的发展是建立在一定的经济发展基础之上的，而经济的发展又离不开区域规模、区域环境和区域产业结构的支撑。我市较小的区域规模和较为便利的区位优势，有利于在较短时间内提高我市经济发展水平，但是随着经济发展达到一定程度，提升空间变小、提升速度趋缓，区域规模较小与经济税收进一步扩张的矛盾开始显现，经济税源增长受到制约。

从我市的资源看，我市资源以煤为主。长期以来，我市定位于能源重化工基地，煤炭开采历史较早、开采能力提升较快，在早期促进了阳泉经济的较快发展。但是随着煤炭开采的深入发展，开采成本增加、煤炭资源有限、环境欠账较多等问题制约了煤炭生产的进一步发展。据统计，1990 年、1995 年、2000 年、2005 年、2010 年我市煤炭产量占全省煤炭产量的比重分别为 11.93%，9.85%，9.97%，9.65%，7.21%，我市煤炭生产增长趋缓，这也是我市近年来经济增长相对较低的重要原因。根据阳泉市煤炭企业整合重组方案，全市地方煤炭保有储量为 24.9 亿元，按设计能力仅够开采 50 多年。而且，有些煤矿资源枯竭，已经停产，有的仅够开采十几年，资源的制约因素日渐突显。

从土地资源看，阳泉地域狭小，地处太行山区，山地、丘陵居多，平原地、耕地少。全市山地面积约占总面积的 75.5%，丘陵面积约占总面积的 14.1%，平原面积约占总面积的 10.4%，全市 262.7 万亩未利用土地中，仅有 16.8 万亩可开发成耕地，人多地少，后备资源缺乏。阳泉这种地形地貌结构，决定了阳泉可利用的土地资源较少，限制了城市的拓展空间，加大了开发利用成本。随着工业化、城市化进程的加快，土地资源稀缺的问题也逐步显现。

从区位空间看，阳泉地处太原、石家庄中段，石太铁路、太旧高速路经阳泉，在太原、石家庄两大城市的辐射和带动下，在工业早期阶段，促进了阳泉经济的快速发展。但是随着高速公路、高速铁路以及互联网的快速发展，阳泉紧邻两大城市的区位优势不仅在逐步消失，反而由于空间距离的拉近，压缩了阳泉的发展空间。根据经济增长极理论，经济增长通常是从一个或数个“增长中心”逐渐向其他部门或地区传导，这些增长中心具有“磁极”作用，称之为增长极。增长极具有极化效应，吸引和拉动各种生产要素向增长极回流和聚集。如果说，太原和石家庄是两个区域的增长极，阳泉同样也面临极化效应所导致的发展空间有限的问题。

从“八五”“九五”“十五”“十一五”四个时期我市地区生产总值、人均生产总值和居民消费水平在全省的排名看，我市地区生产总值在全省的排名从“八五”计划时期的第九位上升到“九五”计划时期的第八位，“十五”计划时期开始下滑，到“十一五”规划时期下滑到第十一位；我市人均生产总值和居民消费总水平由“八五”“九五”“十五”计划时期的第二位，下滑到“十一五”规划时期的第五位，与全省平均水平及其他市的差距显著缩小。这也进一步印证了我市区域规模因素对经济发展的制约作用。

主要年份全省各地市地区生产总值及人均情况表

表 3　　　　单位：亿元、元 / 人

市名	1995 年			2000 年			2005 年			2009 年		
	地区生产总值	人均生产总值	居民消费总水平	地区生产总值	人均生产总值	居民消费总水平	地区生产总值	人均生产总值	居民消费总水平	地区生产总值	人均生产总值	居民消费总水平
全省	1092	3569	1589	1644	5137	2037	4180	12495	4172	7358	21522	6854
太原	239	8538	3656	347	11386	4633	893	26107	7839	1545	44319	13688
大同	124	4126	1657	170	6083	2098	370	11913	3759	596	18710	5894
阳泉	62	5177	2100	95	7646	3004	205	15811	6063	349	26383	7776
长治	100	3335	1558	170	5472	2009	399	12363	3961	775	23558	8116
晋城	95	4660	1263	145	6897	1884	316	14356	3926	606	27108	8347
朔州	53	4098	1399	84	6100	2029	182	12094	3219	561	36452	7897
忻州	59	2090	933	83	2847	1173	167	5519	2429	349	11292	5301
晋中	102	3471	1481	138	4589	1831	331	10772	3685	637	20335	6597
吕梁	76	2399	1034	85	2525	1283	310	8800	3149	612	16904	5297
临汾	104	2819	1192	170	4286	1674	523	12741	3691	767	18215	5674
运城	110	2431	1079	172	3592	1526	471	9473	3648	723	14218	5159

说明：本表数据均来源于各年度的山西统计年鉴，其中地区生产总值作亿元处理

（二）经济增长向个别行业集聚，产业结构失衡状况加重

多元化的发展模式有利于经济持续稳定增长。近几年来，我市经济发展主要靠煤炭、批发零售、金融业等行业的快速增长拉动，这些行业发展快、效益高，导致经济利益、资金资本等生产要素向这些行业集聚，产生“马太效应”，加重了产业结构单一的局面。

从工业发展情况看，2000 年以来我市钢材、生铁、化学肥料、平板玻璃、纱、布、酒等工业产品相继停产，就是维持生产的工业产品如耐火、水泵、铝、硫酸、石墨碳素、陶瓷等也由于市场及生产技术原因，发展不足。相反，近几年来煤炭市场需求强劲，煤炭产销两旺，价格持续快速上涨，煤炭企业效益提升、收入增加，煤炭及与煤相关的加工、运销行业发展加快，强有力地支持了全市经济、税收的快速增长。“十一五”规划时期，煤炭增加值占工业增加值的比重从 2005 年的 71.95 提高到 2010 年的 78.4%，煤炭资产总额占工业资产总额的比重从 2005 年的 68.99% 提高到 2010 年的 84.61%，煤炭主营业务收入占工业主营业务收入比重从 2005 年的 65.98% 提高到 2010 年的 83.76%。煤炭地方税收从“十五”计划末的 50536 万元增加到“十一五”规划末的 239777 万元，增长了 3.74 倍，增加了 189241 万元，对地方税收的增长贡献达 63.04%；五年累计完成煤炭地方税收 663093 万元，比“十五”计划期间增加了 527414 万元，占地方税收的平均比重为 53.66%，比“十五”计划期间提高了 12.17 个百分点。煤炭行业成为推动我市工业经济发展的主力。

从第三产业发展情况看，批发零售、金融业发展步伐加快，占第三产业的比重上升。“十一五”规划时期，批发零售业占第三产业增加值的比重从 2005 年 16.2% 提高到 2010 年的 19.2%，金融业占第三产业增加值的比重从 2005 年的 10% 提高到 2010

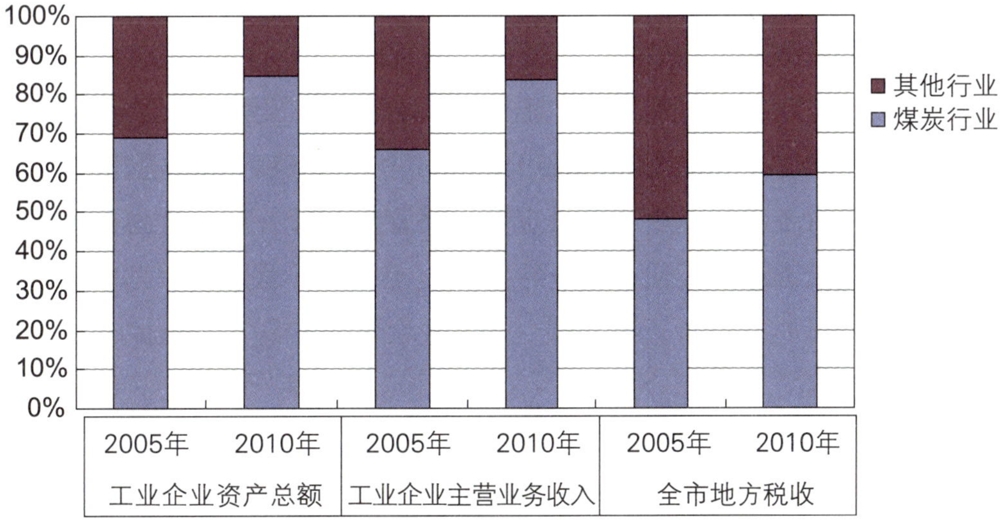

图1　主要年份煤炭行业资产、收入、税收比重变化图

年的 11%。其他服务业占第三产业增加值的比重从 2005 年的 34.8% 下滑到 2010 年的 30.1%。批发零售业以缴纳增值税为主，金融业的营业税大都实行汇总缴纳，这两个行业对地方税收的拉动作用不大。而其他服务业发展趋缓，影响了第三产业地方税收的快速增长。第三产业占地方税收的比重从“十五”计划期间的 36.73% 下降到“十一五”规划时期的 29.57%，降低了 7.16 个百分点。

（三）民营经济比重较小，对经济发展的贡献能力低

民营企业具有产权明晰、经营灵活、目标明确、适应能力强的特点，是最活跃的市场主体。发展民营企业有利于充分调动生产者的积极性，提高市场的竞争力，促进资源的最优配置。改革开放以来，凡是民营经济发展好的地区，经济都实现快速发展。如，浙江、山东、广东、江苏等省份的民营经济都比较发达，促进了这些省份经济的腾飞。从就业人员中非公经济单位从业人员的比重看，浙江省达到 72.35%，江苏省达到 57.05%，广东省达到 57.58%，山东省达到 60.91%；从固定资产投资中私营企业的投资比重看，浙江省达到 25.31%，江苏省达到 36.27%，广东省达到 34.59%，山东省达到 33.94%；从工业经济中私营企业的比重看，浙江省达到 44.35%，江苏省达到 32.20%，广东省达到 27.58%，山东省达到 37.79%。民营经济有效提升了这些省的经济增长活力，拉动了经济快速增长。2009 年，广东、江苏、山东、浙江的地区生产总值均超过了 22000 亿元，经济总量在全国排前四名。

我市民营经济规模比较小，民间资本投入不足，民营经济对我市经济社会发展的贡献小。我们同样以上述指标为例，我市从业人员中非公经济单位从业人员比重仅占 8.26%，就是与全省 29.74% 的比重相比，还有不少差距；固定资产投资中私营企业的投资比重为 9.32%，略低于全省 10.41% 的平均水平；工业经济中私营企业的比重仅占 3.68%，与全省 11.80% 的平均比重相差 8.12 个百分点。可以说，我省的民营经济发展水平与发达省份相比，本身就存在不少差距，而我市与全省平均水平相比较，也还存在较大差距。这也充分说明了，我市经济发展中公有制经济占据了绝对的主导地位，民营经济发展不足，市场竞争活力不强，缺乏大品牌、知名度高的民营企业和民营企业家引领民营经济的发展。

（四）财政预算的刚性需求导致税收基数不断推高，税源有限与税收持续增长矛盾显现

随着经济和社会事业的快速发展，需要更多的财政收入来提供保障。财政支出具有很强的约束性，社会保障、基础教育、医疗卫生、公路交通、基础设施等公共产品

所需财政资金只能随着社会的不断发展进步而增加，导致财政预算收入只能在上年的基础上不断增长。税收收入作为财政收入的主要来源，财政预算的这种刚性需求，要求税收必须保持不断地增长，才能保证财政支出的需要。所以，每年的税收收入任务必须在上年实绩的基础上按照一定的比例保持增长，而不能出现下滑，导致收入基数不断堆高。

在资源、技术、制度一定的情况下，一个地区的经济提供的税收收入能力是有限的，在税收只增不减的情况下，不可避免地出现税源紧张、增长困难的问题。目前，我市地方税收高基数所带来的税源紧张、增长困难的问题已经显现。“十一五”规划时期，我市地方税收规模从 2005 年的 104839 万元提高到 2010 年的 405048 万元，年均递增 31.04%，地方税收负担从 2005 年的 5.1% 提高到 2010 年的 9.43%，税收与经济的增长弹性达 1.95，税负水平和增长弹性在全省均处于最高位。一般情况下，我市地方税收增幅与全省平均水平接近，如“九五”计划时期我市地方税收年均增长 6.54%，全省为 10.44%；“十五”计划时期我市地方税收年均增长 24.89%，全省为 23.18%。

造成我市“十一五”规划时期高税负、高增长的主要原因是，2010 年阳煤集团转让新景矿缴纳一次性企业所得税 11 亿元，当年我市地方税收增长 46.72%，是全省地税平均增幅 21.38% 的 2.19 倍。2010 年阳煤集团这 11 亿多元，相当于我市 2009 年各项税收收入的 40%，相当于 2010 年各项税收收入的 27%，对我地方税收的发展影响巨大。对于 2011 年及以后年度来说，不仅每年要弥补这没有对应税源的 11 亿元税收，而且还得弥补这 11 亿元所带来的递增基数。按照年均增长 15%—20% 粗略估算，2011 年至 2015 年各年分别需要弥补 12.7 亿—13.2 亿元、14.6 亿—15.9 亿元、16.8 亿—19.1 亿元、19.3 亿—22.8 亿元、22.2 亿—27.4 亿元，五年合计弥补 85.6 亿—98.4 亿元，接近于 2010 年我市的财政总收入。从当前我市的税源状况看，我市税收很难消化这 11 亿元一次性税收所形成的税源缺口。

三、加强地方经济税源建设的对策建议

我市经济税收发展中存在的一些规模性、结构性等深层次问题已经显现，亟须破解发展瓶颈，打开增长空间，促进经济税收的可持续增长。

1. 加强技术创新，改造提升传统产业。煤炭是我市的基础产业，是地方税收的主体税源，煤炭行业发展是否稳定，对我市经济税收影响极大。所以要紧紧抓住国家资源型经济综合配套改革试验区和国家建设晋东煤炭基地的机遇，加快煤矿的现代化改造和煤层气的开发，煤炭资源整合重组效益要尽快见效；利用阳泉无烟煤富集的优势，

围绕“肥、醇、炔、苯、油”，发展煤化工产业群；利用阳泉处于“西电东送”最佳电源点的区位优势，大力发展坑口电站、煤矸石电厂等，把阳泉建设成为重要的电能输出基地。通过煤化工、煤转电和开采提质，拓展煤炭产业链，激发煤炭发展活力，提升煤炭产业可持续发展的能力，为我市经济和税收发展提供强有力的支持。

耐火材料、粉末冶金、铝工业、机械装备等传统优势制造业，是我市加工制造业发展的基础，也是税收收入的重要来源。这些工业产品经过市场经济的洗礼而保留下来，适合在我市生存发展。所以要扶持、做强这些传统产业，加大特种铝型材、耐火材料、化工材料、高分子材料、合金粉体材料等材料的生产和研发，做强电器、仪表、电瓷、矿山机械、悬臂起重机、平衡吊、水泵、阀门、标准件等加工制造产品，打造新型材料及装备制造业基地，提升我市工业产品的竞争力，使传统工业产品焕发新的生命力，为我市经济税收发展再立新功。

2. 创新发展制度，引领民间资本创业。阳泉作为地处内陆的资源型城市，长期以来形成“靠山吃山，靠煤吃煤”的等靠依赖思想，投资理财也多采取“存到银行”或“购房买地”的传统方式，再创业、再发展动力不足。这固然与传统的思维习惯有关，但是与创业鼓励政策不到位、创业环境不宽松有很大关系。所以，要学习借鉴先进城市的好经验、好做法，解放思想，大胆创新，制定宽松政策，营造创业氛围，促进我市民营经济的发展。

一是放宽投资领域。除国家明令禁止的外，所有领域向民间资本开放，取消自行设置的限制条件，允许民间资本投资或参与市政公用事业、基础设施建设、社会事业等。二是放宽准入条件。放宽对投资者的资格限制，放宽投资限额，取消自行设置的行政许可。三是提升服务水平和支持力度。如，简化行政审批手续、简并审批环节，全面落实税收优惠政策等扶持政策。可制定灵活的财政返还政策，加大对民营企业的财税支持力度。四是建立民间资本投资鼓励制度。如，提供财政贴息贷款，建立发展奖励金制度等。

3. 构建晋东区域中心城市，主动融入经济圈发展战略。阳泉地处晋东中心地带，是晋东传统的经济、人文交流汇集区。所以，要利用阳泉的资本、技术优势，辐射晋东区域城镇，强化晋东经济区域中心城市地位，使阳泉的发展与晋东县城镇的发展实现良性互动，从而解决阳泉发展所面临的资源、环境、区域承载能力下降问题，解决阳泉乃至晋东区域的发展瓶颈，实现晋东区域经济腾飞。

主动融入太原经济圈、石家庄经济圈和环渤海经济圈，科学定位阳泉在三大经济圈的位置，在主导产业上要实现优势互补。要加快阳泉公路、铁路建设，完善交通网络，缩短与三大经济圈核心城市的时空距离，真正实现产业互补和强强联合，为我市经济提供新的发展机遇。

4. 加快现代服务业和高新技术产业的发展，积聚经济转型发展后劲。大力发展生产型、知识型和公共型等现代服务业，提高对金融、信息、技术、商务、科研、文化、物流、居民社区等服务业的投资和支持力度，向社会提供高附加值、高层次、知识型服务。结合我市特点，尝试建立文化、生产技术等某一领域的研发或教育中心，鼓励和支持民间资本、外地资金投资建立一批高质量、高品位的一流服务企业，引领我市服务业的发展。

发展高新技术产业，为经济和城市发展提质。科学规划产业布局，最优组合各种生产要素，加强市、县高新技术开发区或工业园区建设，改善基础配套设施，制定宽松优惠政策，提升承载承接能力，引进大资本、大企业、大项目，引进先进的制造业项目、高科技项目，真正“筑好阳泉的巢”引来“高科技的凤”。同时，要促进高新技术产业与阳泉传统产业的融合、与阳泉经济社会发展的融合，积聚阳泉可持续发展的能力。

5. 创优发展环境，打造文化阳泉。党的十七届六中全会指出：“文化在综合国力竞争中的地位和作用更加凸显……文化越来越成为民族凝聚力和创造力的重要源泉、越来越成为综合国力竞争的重要因素、越来越成为经济社会发展的重要支撑”。英国著名经济管理学家德鲁克认为，今天真正占主导地位的资源以及绝对具有决定意义的生产要素，既不是资本，也不是土地和劳动，而是文化。著名的发展经济学家佩鲁指出，各种文化价值在经济增长中起着根本性的作用……在当代社会，文化已成为经济发展的力量之源，是科技创新和进步的土壤，是区域竞争力的重要体现。而且文化影响着非正式制度的形成，影响着劳动力素质的提升。

阳泉要发展，首先要打造文化阳泉，建设开放的新阳泉，不仅要打破“观念瓶颈”，而且发展成为技术创新、观念创新的摇篮。一是以文化产业发展，带动文化阳泉建设。随着知识经济的发展和人们生活水平的提高，文化产业必将成为区域经济新的增长点和消费点。因此，我们必须增加投入，加快文化体制改革，做大做强广播、电视、新闻、出版、娱乐、电影等文化产业，构建阳泉的文化氛围，引领观念创新。二是以教育发展，提升阳泉文化品位。教育发展可以提升一个城市的文化氛围，要根据我市特点，发展不同门类的教育，尤其是产业、技能、高校、素质、观念、企业家等教育，通过教育培植我市深厚的文化基础。三是加强文化教育联合，提升阳泉文化层次。积极与国内有实力的科技或生产研发中心联合，争取研发项目落户阳泉；积极与国内知名高校联合，在阳泉建立教育培训基地。

6. 积极优化地方财源结构，促进地方财力的可持续发展。在制定发展战略、政策措施中，要把培植地方财源、服务地方社会发展作为考量的重要因素。建国以来，阳泉不仅向全国提供了大量的优质无烟煤，而且财政收入大部分也被集中，阳泉贡献多而回报少，留下很多历史欠账。长期以来我们对财力的评价注重的是财政收入总量，习惯上把财政总收入作为衡量一个地区财力的重要指标，在财源建设、收入考核和管理上，也是更注重财政收入总量。实际上，一个地区的财政预算收入中，只有一般预算收入是地方政府的可用财力。所以，我们在制定政策、调整结构、投资建设等过程中，要更加注重培植地方可用财源，提升经济创造财政收入的能力，提高一般预算收入占财政总收入的比重，进一步优化地方财源结构，使尽可能多的税收留在地方。

以文明创建为突破 提升地税工作新高度

——阳泉市地税局文明创建的做法及成效

陈友福

（2017 年）

“十二五”规划以来，阳泉市地税局按照省局部署，不断深化对文明创建与税收工作内在规律的认识，坚持理念先行、夯实内容、丰富形式、完善机制的“四轮驱动”工作法，持之以恒抓创建，收到了以文明创建促进税收工作的良好效果。

一、文明创建的主要做法

（一）树立“四种理念”，提升文明创建层次

思想是行动的先导，理念是实践的指南。我们根据阳泉地税的工作实际及形势的发展变化，在文明创建中提出“融合、渗透、持久、开放”四种理念。所谓融合就是改变以往为创建而创建、文明创建与税收工作“两张皮”的倾向，将文明创建与地税工作有机结合起来，以文明创建为突破口，带动提升地税工作；所谓渗透就是改变以往文明创建仅靠某些职能部门单兵作战的格局，将文明创建贯穿到地税工作的所有部门、全体人员和各个环节；所谓持久就是改变以往文明创建热一阵冷一阵、一劳永逸的状况，坚持常抓不懈、驰而不息、持之以恒，推动文明创建工作不断升级、不断突破；所谓开放就是改变以往系统内部封闭式搞创建的模式，做到上下齐心、内外联动、征纳互动，敞开大门搞创建。正是在这些理念的引导下，全系统文明创建工作搞得既生动活泼，又稳妥实在，实现了境界和层次的升华。

（二）推进“四大工程”，夯实文明创建内容

1. 推进铸魂塑型工程。坚持每周二下午政治理论学习制度雷打不动，通过组织理论交流、专题讲座、观摩评比、典型剖析、普法讲座和道德讲堂等多种形式，深入持久地开展了理想信念教育、税收法制教育、职业道德教育、勤政廉政教育、社会公德教育，使广大干部职工拧紧理想信念的“总开关”，树起职业道德的“新标杆”，守住做人做事的“最底线”。

2. 推进素质提升工程。在全系统倡导“业务不过关、不是好税官”的职业追求。立足岗位实际，坚持干什么学什么、缺什么补什么，组织开展了全员“岗位大练兵、业务大比武”活动,采取“走出去”“请进来”的方式开展更新知识培训。坚持每训必考、考必通报、考必奖惩制度，增加学习培训的压力。同时，在干部选任、评先评优、组建专业人才库等方面，对业务能手、专业骨干给予倾斜，形成了学业务、强素质、做能手、比技能的良好风气。

3. 推进精细管理工程。我们以专业化为目标，对煤炭、电力、房地产等骨干行业实施精细化管理。借助信息化手段，依托数据集中的优势，开展信息比对，建立数据模型，组织纳税评估，推行风险管控，开展分级分类稽查，完善业务流程和人员配备，税收管理的针对性实效性进一步增强。

4. 推进优化服务工程。我们将纳税服务作为法定义务，摆到与税收征管同等重要的位置。以办税服务厅和税务所为重点，推行八统一、创四星办税服务。以提高纳税人遵从度为目的，开展政策宣传、纳税辅导、信用评定、法律救济等工作。以提高办税效率为目标，积极深化国地税征管体制改革，推进国地税业务深度融合，推行“三证合一”商事制度改革，大力推行网上办税、税库银联合办税、批量扣税、税易贷等服务举措。尤其是抓好省、市政府制定的为企业减负 60 条和 62 条措施，以及小微企业、“双创”等民生性、创业性、结构性减税等优惠政策，“十二五”规划期间累计依法减免税收 21.3 亿元，以实际行动帮扶企业走出困境。我们针对群众信访中反映的房屋产权确认历史遗留问题，其实也是全国性的复杂的老大难问题，由于涉及规划、国土、住建、税务等多个职能部门，虽经市政府多年来屡次协调，但受国家政策规定的限制进展不大。由于办理房产证实行先税后证的捆绑性办法，许多不了解政策的群众认为办不了证是税务机关的责任，致使基层地税机关面临很大的信访压力。在此情况下，我们主动担责，积极作为，力求为问题的解决提供政策方面的帮助。经过几个月的认真调研、考察学习、调查摸底和集中论证，我们向市委、市政府提交了专题报告，说明了全市 10 个开

发项目的3类情况，并从各相关部门的职能出发，提出了可行性建议。同时，我们向省直二分局进行专题汇报，以求在税收政策方面打开突破口。在省局的积极努力下，国家税务总局出台了《关于契税纳税申报有关问题的公告》(〔2016〕67号)，明确了一些不能取得销售不动产发票的税务处理情形，从税收政策方面为彻底解决这一老大难问题创造了条件，缓解了地税机关面临的维稳压力。目前，我们已为1个小区的110户办理了房产证，另外7个小区的856户已具备缴纳契税的条件，正在积极办理之中。这样就为其他住宅小区乃至其他地区解决房屋产权确认历史遗留问题提供了借鉴和帮助。

（三）运用“四种方法”，丰富文明创建形式

1. 领导带头。领导带头做表率是文明创建取得实效的关键。一是做抓文明创建的表率，各级班子成员按照“一岗双责”要求，在抓好分管业务工作的同时，亲自抓文明创建工作的决策、安排和落实，层层传导压力，层层压实责任。二是做讲政治的表率，带头学习政治理论，带头增强党性修养，做增强政治意识、大局意识、核心意识、看齐意识的表率。三是做敬业奉献的表率，增强法治意识，钻研本职业务，成为行家里手，勇于担当，甘于奉献，业绩突出。四是做清廉为税的表率，讲规矩、守纪律，重品行、有底线，严格要求自己、家属和身边工作人员清清白白做人，本本分分做事。

2. 全员参与。为突出文明创建的群众性，我们结合市局机关、基层局、行政科室、业务部门等的特点，分别制定了工作职责和工作指标，将所有部门和人员纳入文明创建工作之中。按照“人人都是窗口，个个都树形象”的要求，开展了“坚持文明办税、推行文明上岗、承诺文明服务、严格文明执法、塑造文明形象、建设文明单位”的“六个文明”系列活动。

3. 典型引路。坚持以工作创新、群众公认为原则，在全市地税系统推选出绩效管理与目标责任、依法治税、征收管理、纳税服务、队伍建设、党工青妇等方面的市级先进集体和个人；同时，每个基层局都有体现本单位特色的先进典型。通过选树先进典型，使干部职工心中有全局、手中有典型，学有榜样、赶有标杆，收到了点亮一盏灯、照亮一大片的带动效应。

4. 搭建平台。全系统各单位都建立了文体活动室、阅览室、荣誉室，市局组织开展了“文明创建理念”征集、“我与地税精神”征文、“组织收入攻坚”征文、书画摄影展、“赈灾救济、扶贫帮困”、职工运动会等一系列活动，吸引广大地税干部职工在健康向上的活动中接受熏陶，带动全系统呈现出和谐向上的良好局面。

（四）强化“四个保障”，完善文明创建机制

精神文明是一项长期的系统工程，要取得实效必须有健全的机制做保障。一是组织保障。从市局到各基层局健全完善了精神文明创建组织领导体系，全面实施“一把手”工程，统筹推进全系统文明创建工作。二是制度保障。制定了《全市地税系统“十二五”文明创建规划》《创建省级文明单位及文明标兵实施意见》《创建学习型、创新型、服务型地税机关实施方案》等制度，将文明创建纳入制度化轨道。三是财力保障。在全系统从严从紧控制经费支出的情况下，只要文明创建工作需要，就全力给予资金保障，并纳入年度预算专款专用，为文明创建活动提供了必要的物质条件。四是考核保障。将创建工作与目标责任考核、绩效管理、选先树优等工作挂钩联动，与税收工作同部署、同考核、同奖惩，并加大考核分值，加重奖惩力度，促进了文明创建目标的实现。

二、文明创建的初步成效

（一）通过弛而不息抓文明创建，促进了收入任务的完成

在全市经济形势异常严峻、经济税源结构不合理的情况下，连年圆满完成了收入任务。“十二五”规划时期累计组织各项收入 335.92 亿元，是“十一五”规划时期的 1.75 倍，其中，地方税收收入累计完成 244.37 亿元，是“十一五”规划时期的 1.98 倍。特别是 2015 年，在经济下行的巨大压力下，制定了向强化责任要收入、向主体税源要收入、向税种管理要收入、向挖潜堵漏要收入、向综合治税要收入的综合性收入攻坚措施，通过系统上下干部职工负重拼搏，在全省率先完成了收入攻坚目标，成为全省既保持收入正增长又完成省考核任务的两个市局之一，其中公共财政收入增幅 4.95%，在全省 11 个市局中排名第一。

（二）通过弛而不息抓文明创建，促进了核心业务的深化

“十二五”规划期间，在重点税源监控、纳税评估、执法评查等方面形成了具有阳泉特色的管理模式，征管质效考核名列全省前列。大企业税收专业化管理获得国家税务总局创新项目二等奖。在全省率先推出首违不罚、同城通办、24 小时自助办税等服务项目。全省纳税服务现场会在阳泉召开，既是对阳泉地税工作的肯定，又大大推动了阳泉地税文明创建及各项税收业务工作的开展。2014 年，阳泉市局纳税人满意度调查名列全省第一，并以 100% 的满意度通过了市人大对地税工作的测评。

（三）通过弛而不息抓文明创建，促进了队伍素质提升

“十二五”规划期间，全市地税干部职工人均接受教育培训 38.3 人（次），业务骨干人均接受市级以上培训 107 人（次），在全省地税系统业务能手选拔考试中，3 次以入选率排名全省第一。同时，还在 2011 年全国企业所得税抽考、2012 年全省地税系统业务抽考中获得全省第一名。全系统干部职工大专以上学历人数比例由 90.78% 提高到 94.63%。

（四）通过弛而不息抓文明创建，促进了文明和谐局面的巩固

“十二五”规划期间，全系统共创建省级文明单位 6 个，其中标兵单位 3 个；省级青年文明号 11 个，市局于 2015 年成功迈入全国文明单位行列，并连续 4 年被评为全省地税系统优秀领导班子，4 次在省局目标责任与绩效管理考核中获优秀单位。全系统有 5 个单位荣获省级依法治理示范单位和省级依法行政示范单位。全系统获市级以上先进集体荣誉 150 项（次）、先进个人荣誉 220 人（次）。

二、获省级以上表彰单位名录

获省级以上表彰单位一览表

表

获奖年度	受表彰单位	荣誉称号	颁发单位
1994	盂县地税局企业管理局	省级青年文明号	省劳动厅、团省委、省地税局
1997	平定县地税局锁簧税务所	省级青年文明号	团省委、省地税局
1997	阳泉市城区地税局企业管理局	省级青年文明号	团省委、省地税局
1999	阳泉市地税局	全国税务系统清产核资先进单位	国税总局
1999	阳泉市地税局	全省行风建设先进单位	省政府
1999	阳泉市地税局	全省政府系统信息先进集体	省政府
2001	阳泉市地税局	全省依法行政先进单位	省政府
2002	平定县地税局石门口税务所	省级青年文明号	省青年文明号组委会
2003	平定县地税局	全国税务系统信息化建设先进单位	国税总局
2003	阳泉市郊区地税局征收一分局	省级青年文明号	省青年文明号组委会
2004	阳泉市地税局	2002—2003 年度文明和谐单位	省文明委
2004	平定县地税局	2002—2003 年度文明和谐单位	省文明委
2004	盂县地税局	2002—2003 年度文明和谐单位	省文明委
2004	阳泉市郊区地税局	2002—2003 年度文明和谐单位	省文明委
2004	阳泉市矿区地税局	2002—2003 年度文明和谐单位	省文明委
2004	平定县地税局娘子关税务所	国家级青年文明号	国税总局、共青团中央
2005	平定县地税局	全国税务系统先进集体	人事部、国税总局
2005	阳泉市地税局	再就业工作先进单位	省政府
2005	阳泉市地税局	2004—2005 年度文明和谐单位	省文明委
2005	平定县地税局	2004—2005 年度文明和谐单位	省文明委
2005	盂县地税局	2004—2005 年度文明和谐单位	省文明委
2005	阳泉市郊区地税局	2004—2005 年度文明和谐单位	省文明委
2005	阳泉市矿区地税局	2004—2005 年度文明和谐单位	省文明委
2005	阳泉市地税局开发区分局	2004—2005 年度文明和谐单位	省文明委

续表

获奖年度	受表彰单位	荣誉称号	颁发单位
2006	阳泉市地税局	集体二等功	省劳动竞赛委员会
2006	阳泉市郊区地税局河底税务所	省级青年文明号	省青年文明号组委会
2007	阳泉市地税局	就业再就业工作先进单位	省政府
2007	阳泉市地税局直属一分局	集体一等功	省劳动竞赛委员会
2007	盂县地税局孙家庄税务所	省级青年文明号	省青年文明号组委会
2007	阳泉市郊区地税局平坦税务所	省级青年文明号	省青年文明号组委会
2008	盂县地税局	2006—2007 年度文明和谐单位标兵	省文明委
2008	阳泉市地税局	2006—2007 年度文明和谐单位	省文明委
2008	平定县地税局	2006—2007 年度文明和谐单位	省文明委
2008	阳泉市郊区地税局	2006—2007 年度文明和谐单位	省文明委
2008	阳泉市城区地税局	2006—2007 年度文明和谐单位	省文明委
2008	阳泉市矿区地税局	2006—2007 年度文明和谐单位	省文明委
2008	阳泉市地税局开发区分局	2006—2007 年度文明和谐单位	省文明委
2008	阳泉市郊区地税局河底税务所	国家级青年文明号	国税总局、团中央
2008	阳泉市地税局	集体一等功	省劳动竞赛委员会
2008	阳泉市地税局直属三分局	集体一等功	省劳动竞赛委员会
2008	阳泉市地税局直属三分局	集体一等功	省劳动竞赛委员会
2008	盂县地税局秀水税务所	省级青年文明号	省青年文明号组委会
2009	阳泉市地税局	1999—2009 年度公正执法十佳单位	省委、省政府
2009	阳泉市地税局	集体二等功	省劳动竞赛委员会
2009	盂县地税局直属一分局	省级青年文明号	省青年文明号组委会
2010	阳泉市地税局	山西省模范单位	省委、省政府
2010	阳泉市地税局	创业就业工作先进集体	省政府
2010	阳泉市地税局	政风行风评议先进单位	省政府
2010	盂县地税局	2008—2009 年度文明和谐单位标兵	省文明委
2010	阳泉市地税局开发区分局	2008—2009 年度文明和谐单位标兵	省文明委
2010	阳泉市地税局	2008—2009 年度文明和谐单位	省文明委
2010	平定县地税局	2008—2009 年度文明和谐单位	省文明委
2010	阳泉市城区地税局	2008—2009 年度文明和谐单位	省文明委
2010	阳泉市矿区地税局	2008—2009 年度文明和谐单位	省文明委

续表

获奖年度	受表彰单位	荣誉称号	颁发单位
2010	阳泉市城区地税局	集体三等功	省劳动竞赛委员会
2010	阳泉市城区地税局直属二分局	省级青年文明号	省青年文明号组委会
2011	阳泉市地税局	集体三等功	省劳动竞赛委员会
2011	阳泉市矿区地税局第三税务所	省级青年文明号	省青年文明号组委会
2012	阳泉市地税局	山西省五一劳动奖状	省劳动竞赛委员会
2012	平定县地税局	2010—2011 年度文明和谐单位标兵	省文明委
2012	盂县地税局	2010—2011 年度文明和谐单位标兵	省文明委
2012	阳泉市地税局开发区分局	2010—2011 年度文明和谐单位标兵	省文明委
2012	阳泉市地税局	2010—2011 年度文明和谐单位	省文明委
2012	阳泉市城区地税局	2010—2011 年度文明和谐单位	省文明委
2012	阳泉市矿区地税局	2010—2011 年度文明和谐单位	省文明委
2012	阳泉市地税局直属三分局	集体一等功	省劳动竞赛委员会
2012	平定县地税局	集体一等功	省劳动竞赛委员会
2012	盂县地税局	集体二等功	省劳动竞赛委员会
2014	阳泉市矿区地税局第五税务所	省级青年文明号	省青年文明号组委会
2014	阳泉市地税局	2012—2013 年度文明单位标兵	省文明委
2014	平定县地税局	2012—2013 年度文明单位标兵	省文明委
2014	阳泉市地税局开发区分局	2012—2013 年度文明单位标兵	省文明委
2014	盂县地税局	2012—2013 年度文明单位	省文明委
2014	阳泉市城区地税局	2012—2013 年度文明单位	省文明委
2014	阳泉市矿区地税局	2012—2013 年度文明单位	省文明委
2014	阳泉市郊区地税局计划会计股	山西省巾帼文明岗	省妇联
2015	阳泉市地税局	全国文明单位	中央文明委
2015	阳泉市郊区地税局	山西省职工职业道德建设标兵单位	省总工会
2016	盂县地税局直属一分局	“三八”红旗集体	省妇联
2016	矿区地税局直属一分局	省级青年文明号	省青年文明号组委会
2016	阳泉市地税局	2014—2015 年度文明单位标兵	省文明委
2016	平定县地税局	2014—2015 年度文明单位标兵	省文明委
2016	阳泉市地税局开发区分局	2014—2015 年度文明单位标兵	省文明委
2016	盂县地税局	2014—2015 年度文明单位	省文明委

续表

获奖年度	受表彰单位	荣誉称号	颁发单位
2016	阳泉市郊区地税局	2014—2015 年度文明单位	省文明委
2016	阳泉市城区地税局	2014—2015 年度文明单位	省文明委
2016	阳泉市矿区地税局	2014—2015 年度文明单位	省文明委
2017	盂县地税局孙家庄税务所	省级青年文明号	省青年文明号组委会
2017	阳泉市地税局	全国文明单位	中央文明委
2018	阳泉市地税局	2016—2017 年度文明单位标兵	省文明委
2018	平定县地税局	2016—2017 年度文明单位标兵	省文明委
2018	阳泉市地税局开发区分局	2016—2017 年度文明单位标兵	省文明委
2018	盂县地税局	2016—2017 年度文明单位	省文明委
2018	阳泉市郊区地税局	2016—2017 年度文明单位	省文明委
2018	阳泉市城区地税局	2016—2017 年度文明单位	省文明委
2018	阳泉市矿区地税局	2016—2017 年度文明单位	省文明委

后记

《阳泉市地方税务志》编纂工作始于2016年10月，至2018年12月付梓，历时两年多时间。在本志编纂过程中，阳泉市地方税务局领导十分重视，把修志工作作为地税部门的一件大事来抓，要求全面总结、客观反映阳泉地税成立24年的发展历程，力争为后人留下较为完整的、可资借鉴的历史资料。市地税局机关和所属各基层单位特别是参与编纂工作的全体人员共同努力，辛勤工作，终于在较短的时间内完成了书稿。

2016年10月，市地税局党组研究决定编纂《阳泉市地方税务志》，编纂内容为1994年至2016年这一时期的阳泉地税历史。为此，制定下发了编纂工作方案，组成了《阳泉市地方税务志》编纂委员会及办公室，编委会主任为陈友福，副主任为张旋、程志明、雷志刚、李建全、秦峰、田野，由秦峰负责主抓编纂工作，具体由办公室牵头承办。同时明确了参与编纂的科室和基层单位及各单位联络员，对工作流程、工作质量提出了具体要求，把资料收集和初稿的撰写任务分解到了市地税局各科室和各基层地税局。

2016年10月上旬，召集市地税局各科室和全市各基层单位有关人员召开会议，对编纂工作进行安排部署，对各科室和各基层地税局所确定的资料收集和撰稿人员进行集中培训。

2016年10—12月，各科室和各基层单位对原始资料包括文字和照片进行收集、整理。

2017年1月，根据资料收集情况，对编纂工作做出进一步安排，并下发撰写模板，提供给各科室和各基层单位进行参考。至2017年5月，所需资料基本收齐。

2018年2月下旬，重新确定部分编纂人员，并邀请市地方志办公室有关专家对志书大纲重新进行审核和修订。

2018年3月，国家决定对国税、地税征管体制进行改革，地税、国税两个部门将合并，但未明确合并时间。为加快编纂进度，市地税局编委会召开会议，重新确定编纂工作方略，决定把编纂工作作为“一把手”工程重点抓，同时从全系统抽调人员组成编纂工作小组，各县（区）抽调 2 人，市直各局抽调 1 人，共 22 人组成联合工作小组。3 月 20 日至 5 月 30 日，采取集中办公的方式开展资料完善、各局初稿撰写、修改工作，并再次明确了各个章节的撰稿责任人，同时暂定把志书记述的时间下限修改为 2018 年 3 月底。

2018 年 3 月 27 日，市地税局召集各科室负责人和各基层局分管编纂工作的局领导召开会议，就加快志书的编纂工作进行了安排部署。

2018 年 4 月 16 日至 5 月 8 日，各科室陆续把重新修订后的原稿交由外聘市地方志专家和总纂负责人进行审阅。专家审阅后，同各章节撰稿责任人进行交流，对稿件提出修改意见，再次返回进行修改。同时，编纂人员开始对交回的比较成熟的章节进行修改与编辑，做到交回一章，修改一章、编辑一章，同步进行。与此同时，4 月初开始，由负责图片编辑的人员对照片也进行了分类筛选和编辑，对选出的照片都加注了文字说明。

2018 年 5 月 9 日，对交回后经过初步修改的章节组织文字和业务水平较强的人员进行了交叉审读。具体人员为：第一篇第一章、第二章由赵永华、翟敏进行审读；第二篇第一章、第四章由孙爱文审读，第二章、第三章、第五章由李建印审读；第三篇第一章、第二章由张志新审读，第三章由赵清审读；第四篇由程瑞林审读。为在保证审核质量的情况下加快进度，分管志书编纂工作的副总编秦峰多次督促并亲自进行复审。到 5 月底，全部审读人员交回稿件，并提出了修改意见。

2018 年 6 月开始，由负责文字总纂的人员对交回的稿件进行全面修改。

2018 年 6 月 29 日，鉴于市地税、国税明确将于 7 月 5 日合并的情况，经市地税局办公会研究，《阳泉市地方税务志》编委会决定将记述内容的下限时间确定为 2018 年 6 月底；并成立《阳泉市地方税务志》后续编纂工作领导小组，以保证和促进地税、国税部门合并后编纂工作继续进行。

2018 年 7 月 15 日，志书各章节全部修改完成，其附属的序言、凡例、概述、大事记也都基本撰写完成。经过筛选的照片也初步完成了编辑工作，并从中选出部分照片加入了志书样稿中。

2018 年 7 月 18 日至 8 月 2 日，印出志书样书并交由编纂委员会全部委员及市、县（区）地税局部分退休人员进行审核。

2018 年 8 月 3 日至 9 月 30 日，根据各方反馈的修改意见和建议，编纂人员对志书样书进行了再次修改，对照片进行了进一步筛选。

2018 年 9 月 30 日，将修改后印出的书稿交市地方志办公室。10 月 11 日，市地方志办公室对书稿进行核审，提出意见，反馈给市地税局编纂人员修改，进一步完善了志书中的部分内容。10 月 13 日，交由方志出版社审核。

本志设 4 篇，总计 13 章。总纂为贾海维。序言由陈友福撰写；概述、后记由贾海维撰写；第一篇由史庆生编审；第二篇由李建印编审；第三篇由程瑞林编审；第四篇由王慧忠编审。照片除个人照由人事教育科提供外，其余文前彩图由市地税局办公室提供，李春红遴选、审核；附录由市地税局办公室、人事教育科整理；图表由李建印、李彦昞、王晧设计；税收及各种统计数据由相关科室提供。

本志编纂过程中，得到了市地税局各科室及市地税局直属各局、各县（区）地税局及阳泉市地方志办公室的大力配合与支持。市地税局退休老领导赵建宇、张春光、郗建光以及曾经担任过市地税局科室负责人的赵书传、郭富华、王志军等提出了十分中恳、具体的意见和建议，对志书的完善起到了十分重要的作用。对此，《阳泉市地方税务志》编委会一并表示衷心的感谢！

由于编纂者水平有限，时间仓促，难免会有不足或错误之处，敬请读者指正。

编　者

2018 年 12 月